국제협상의 이해

International Negotiation

[2ND EDITION]

Negotiation

Analysis, Approaches, Issues

국제협상의 이해

갈등 해소를 위한 분야 간 협력 연구

빅토르 A. 크레메뉴크 엮음 | 차재훈 편역

김문경·김희준·박남수·박병일·윤경민·윤상용·표언구 옮김

한울
아카데미

차례

협상이라는 단어의 사전적 의미는 '어떤 목적에 부합되는 결정'을 만들기 위하여 참여자들이 서로 의논한다는 과정적 의미로 이해된다. 따라서 협상의 결과는 합의 도출 상황만을 의미하지 않으며, 성공과 실패의 범주 사이에서 다양한 모습으로 나타나게 된다. 즉 협상 개념의 범주는 타협, 합의, 갈등, 경쟁 등 다양한 개념을 통해 이해되며, 협상 과정은 물론 수단이나 결과까지 포함하는 포괄적 개념으로 이해되어 왔다.

그러나 이처럼 의미의 폭과 깊이가 구체화되지 못하는 '협상' 개념을, 필요에 따라 제한할 수 있다는 생각 속에서, 무리하게 진행시키는 연구는 대체로 합리적이지 못한 접근이 될 수밖에 없다. 이러한 '협상' 개념을 범사회적 대상과 일련의 범위에서 다룬다면, 그 연구는 특정 학문 분야에서 독점적으로 연구주제화를 하기에는 너무나도 불명확하고 불확실한 주제가 될 것이다.

다만 이러한 현상을 역으로 본다면, 협상은 사회 전 범주에 걸쳐 이루어지고 있는 문제해결 개념이다. 특히 국가들 사이에서 이루어지는 협상을 '전쟁'의 대안이라는 수단 혹은 개념으로 확정시키는 경우, 그 정리와 현실적용이라는 과제를 성립시켜야 하는 문제는 매우 중요하다.

협상에 대한 경쟁적 개념을 모두 협상 개념 속으로 정리해 넣어보더라도, 적용되는 범주가 사회심리학적 이해로부터 정치·경제·사회 등 전 사회적 분야에서 연구의 책임을 느껴야 한다는 주장은 피할 수 없을 것이다. 즉 심리 연구로부터 경제·사회적 과정과 정치·행정적 구조 및 결과를 망라하는 전 과정이 협상의 범주가 되므로, 이를 명백하게 형해화하는 연구는 불가능하기 때문이다.

결국 '협상'이라는 주제는 학문 간 울타리를 넘나드는 탈영역의 연구과제로서, 특정한 분야로 제한되는 연구 상황에서는 합리적이거나 체계적으로 진행되기 어려운 상태에 놓이게 되는 연구과제이다. 이러한 논리를 감안하면, 우리 사회에서 '협상'이라는 주제와 관련되어 훌륭한 연구가 다수 배출되기는 어려웠음을 이해하기 용이해진다. 또한 여러 분야의 전문가들이 협력을 통해 합리적인 연구결과를 얻게 되는 경우가 일반적인 것이 된다.

이번에 경기대학교 정치전문대학원에서 차재훈 교수를 중심으로 '협상' 관련 연구를 진행해 온 아홉 분의 전문가들이 정성을 기울여, 크레메뉴크 교수 편저인 『국제협상의 이해』를 번역해 낸다는 소식을 듣게 되었다. 차재훈 교수는 일찍이 1990년대 초, 통일연구원에서 본인과 함께 '남북한 협상 행태'를 주제로 연구를 진행한 바 있는 경험 많은 학자이다. 당시 연구원이 막 출범하여 모든 것이 부족한 속에서도 국제사회에 감추어져 있는 자료들을 찾아내고, 읽어내고, 분석하는 고된 작업을 경험한 학자로서, 이제 조금 늦기는 했으나 우리 사회를 위해 담당해 주어야 하는 숙제를 하나 풀어내는 모양새이다.

한편 이 번역작업에 참여해 주시는 여덟 분의 전문가들도, 그 면면을 보면 이들이 왜 이 귀찮고 책임 많은 작업에 동참하게 되었는지 수긍이 간다. 각자 우리 사회에서 담당해 온 역할들이 '협상' 개념을 이해할 수밖에 없는 어려운 직무 — 언론인, 국방안보 전문가, 그리고 협상연구자 — 를 담당해 온 분들이다. 항상 우리 사회의 갈등 부분에 관심을 기울이고, 앞장서 해법을 찾으려 했던 전문가들이 여기 번역작업 참여자로 나선 데 대해 노고를 치하드린다.

충북대학교 정치외교학과 명예교수
전 한국협상학회 회장
김 도 태

이 책은 2000년대 국제협상의 현안이 복잡해지고 다양해짐에 따라 국제협상 연구 프로세스가 시작되었고 공공 및 국제 정부기관의 지원하에 출판을 하게 되었다. 한편 세계적인 연구기관인 국제응용시스템분석연구소(IIASA)의 후원으로 공동연구를 통해 작성되었다. 저자들은 정치적 고려와 가장 관련성이 적은 협상의 측면에 집중했다.

이 책은 국제분쟁이나 협상연구 사례에 대한 응용시스템 분석을 적용하는 논문으로 제1부를 시작했다. 대개의 연구 챕터들은 다양한 유형의 국제분쟁 및 협상 문제에 적용 가능한 분석의 다른 수준을 중심으로 진행되었다. 시스템, 프로세스, 의사결정구조, 구조, 전략 등 협상결과를 기반으로 하는 수준들이 주요 논문이었다. 제2부에서는 국제협상 연구의 기존 접근방식을 개관하고, 각 접근방식의 장점을 설명하고 있다. 다양한 학문 분야 간 상호 교류가 어떻게 학술적 발전을 보여주며 패러다임 전환이 가능한지 보여주고자 했다.

저자들은 각 분야의 국제협상에 대한 접근방식을 제시하면서도 각 분야의 접근방식의 특징이나 주요 연구항목, 접근방식의 문제점까지 국제협상의 실제 사례에 어떤 역할을 할 수 있는지 상세한 문제점을 제시했다. 분석 프레임워크, 분석 수준, 단계, 접근방식의 차이가 가져올 수 있는 연구 결과물 등 다른 이슈 영역에서 국제협상사례 분석이나 이론과 실제 사례를 모두 어우르기 위한 과제를 제시했다. 특히, 다음 세대의 학자와 실무자를 위한 교육 및 훈련 아이디어 까지 연구의 적용 가능성과 미래의 과제를 제시하면서 마무리를 짓고 있다.

이 책은 다소 전문적인 이론과 기술적인 내용을 담고 있음에도 일반인들의 개인적인 관계를 비롯해서 모든 유형의 사회적 분쟁적 관계에 참여하는 사람들에게 관심 가질 만한 교재이다. 분쟁 및 갈등 협상 프로세스 분석이 개인적이건 국가적이건 지역적이건 그 구조분석의 프로세스가 모두 동일하고 국제외교와 마찬가지로 같은 관련성을 갖고 있다는 점이다.

국제협상 연구의 '국제'라는 용어에서 보듯이, 냉전기 국제협상 연구의 초점은 대부분 외부적 위협이나 국가 간 갈등에 주어져 있었다. 그러나 국가 중심적인 연구는 부분적으로 문제가 있는 듯 보인다. 분석 단위에서 국가에 특권적 지위를 부여했고, 외교 안보적 갈등(권력적 갈등관계)을 주요 이슈로 가정해 왔으나, 일련의 다른 의제들과 요소들의 능력이 커지기 시작했고, 국가의 능력에 영향을 주는 국내적 문제, 즉 응집의 문제와 갈등이 더 커지기 시작했다. 대부분의 냉전기 국제관계나 국제협상 연구가 외부적 자원과 위협에 초점을 맞추었고, 국내적 응집의 문제나 보호되어야 할 가치는 당연히 근대적 공화국 국가체계의 자연적 요소로 취급되면서 연구영역의 중심에서 사라졌다.

그러나 냉전이 끝났음에도 종족 간 갈등이나 내전이 전면화하면서 국내적 안정성과 정권의 정통성, 응집의 문제가 중요 이슈로 대두되었다. 월퍼스의 말대로 위협은 공동체가 가지고 있는 가치관에 대한 공격과 공포(Arnold Wolfers, 1952)의 문제이다. 획득된 가치에 대한 정통성 시비 같은 위협의 부재가 문제이지 총이나 미사일 같은 군사력의 숫자가 아니다. 정권이 갖고 있는 정당성 위기, 국가 정통성 시비 그리고 응집력 분열 문제가 국가 위기다. 한국은 국가적 위기를 군사적 위기로만 인식하는 데 한계가 있어 보인다. 여전히 쌍무적 동맹 위주의 갈등 해결전략에 놓여 있는 것이다.

기존 북핵 관련 핵협상 결과를 분석하는 국내 연구들도 대부분 협상결과 평가나 전략평가 수준에 그치고 있다. 이 책 제8장 아릴 운데르달의 연구에 나오는 행위자 평가나 효율성 평가 같은 다양한 이론이, 국내에서는 여전히 적용되거나 시도되지 않고 있는 것이다. 협상은 맥락에 대응하는 영화 대본과도 같다. 장소나 환경에 대응하는 연기자와 같다. 왜? 협상 프로세스가 어렵고 상대방의 부정적 이미지가 지속되는지 부정적 이미지 지속에 대한 인지역학적 접근 같은 것이 필요한 실정이다.

이 책이 세상에 나오는 데 많은 분들의 도움을 받았다. 경기대학교 정치전문대학원 외교안보학 박사님들의 도움이 결정적이었다. 예비역 중장 출신으로 육사교장을 역임하시고 합동참모본부 전구 동맹 전쟁연습 검토조정관을 역임하신 박남수 장군님, 남북전략문화 비교 연구자이신 YTN 통일외교안보부장 김문경 박사님, 한국여성기자협회 부회장 겸 YTN 국제부장이신 김희준 박사님, SBS 보도국 선임기자이자 부국장 겸 정책사회부장이신 박병일 박사님, LG헬로비전의 보도국장이시고 북일 교섭과 청중비용 연구의 전문가이신 인덕대학교 겸임교수 윤경민 박사님, SBS 남북 교류협력단장이신 표언구 박사님, 미국외교정책과 청중비용 연구자이신 한국국방안보포럼(KODEF) 연구위원 및 국방부정책자문 윤상용 박사, 마지막으로 꼼꼼한 교정 편집 번역 업무의 총괄을 맡아준 정치전문대학원 이정용 선생까지 이 모든 과정이 위의 분들의 노력과 관심으로 이 책이 세상에 나오게 되었음을 밝힌다.

원 저작이 출간된 지 좀 지났지만 교제가 갖고 있는 소중한 가치를 인정해 주시고 기꺼이 출판을 허락해 주신 한울 엠플러스 측에 감사의 인사를 드린다. 저의 첫 번역서인 동경대 출간물 『일본의 대미무역협상』 시절부터 기획 업무를 맡아오신 윤순현 차장님께도 꼭 감사 인사를 드리고자 한다. 모든 분들의 관심과 지원으로 이 책이 나오게 되었다.

이제는 하늘나라에서 저의 출판을 기뻐하시고 지원해 주실 아버님 차태식 요셉 님께 이 책을 바친다. 김마리아 어머님의 건강을 위해서도 아울러 기도한다. 소중한 가족들의 응원이 항상 저를 끊임없이 움직이게 한다. 안젤라와 필립이가 빨리 성장해서 이 책의 리뷰를 다는 날이 오길 기대한다.

2023. 11. 서대문 연구실에서
역자를 대표하여 차 재 훈

초판 머리말

이 책은 국제협상의 현안과 기회에 대한 공공 및 정부 관료들의 우려가 커지는 상황에서 그에 대한 대응으로 출판되었다. 세계적인 연구 기관인 국제응용시스템분석연구소(IIASA)의 후원하에 공동 연구를 통해 작성되었으며, 세계 연구 분야에서 중립적이고 질 높은 연구를 수행해 온 이 연구소의 신뢰성 있는 자료를 바탕으로 제작되었다. 이 책은 협상에 대한 모든 질문에 대한 모든 해답을 담고 있지는 않지만, 국제적이고 다학제적인 시각에서 우리가 지금까지 알고 있는 것과 알아야 할 것을 종합적으로 정리한 결과물이다.

국제적 분쟁에서 군사적 해결책(무력) 대신 항상 대안적으로 사용되어 온 것이 협상이다. 세계 평화를 옹호하는 이들에게는 국가들이 서로 다른 견해를 해결하기 위한 문명적인 방법인 협상이 아주 소중한 역할을 하며, 협상은 강제력을 사용할 필요가 없는 경우에도 당사자들이 서로 활동을 효과적으로 조율하고, 이해관계와 입장을 공동 분석하고 상호 수용 가능한 합의를 도출할 수 있는 거의 유일한 수단이 된다. 국제협상의 중요성은 최근에도 계속해서 증대되어 왔다. 20세기 말, 정치인들은 문제해결 능력에 대한 새로운 과제를 마주하면서 더 많은 것을 기대받게 되었다.

국내 혹은 국제 협력의 맥락에서 사용되더라도, 국제협상은 비폭력적 방법으로 상호 작용하는 프로세스로서 대안을 찾는 과정이다. 또한 갈등의 예방, 해결, 조정을 통해 국제시스템 전반에서 안정화 역할을 한다. 국제협상은 국제시스템을 이루는 각국 간의 협력 관계를 형성하고 유지하는 제품과 촉진자이자, 국제시스템 안정과 각국 간의 열망하는 유익한 협력 관계를 촉진하는 매우 유력한 수단이다.

하지만 현대 국제협상의 결과는 때로 인상적이지 않을 수 있다. 협상 분석가들은 종종 국제협상 프로세스를 비판한다. 게다가 국제협상이 더욱 놀라운 결과를 내도록 바라는 이들의 긴장과 기대감은 대조적이다.

이 책의 편집자들은 국제협상을 개선할 방법을 찾을 수 있다는 견해를 가지고 있다. 그러나 이것이 협상 당사자들의 정치적 결정과 의지에 많이 달려 있다는 것을 이해하고 있다. 이러한 이유로 저자들과 편집위원회는 국제협상의 효과를 향상시키기 위한 단순한 호소보다는 최근 또는 진행 중인 협상의 분석, 이 분야의 주요 문제에 대한 체계적이고 논리적이며 솔직한 진단, 그리고 최근 동-서 관계의 발전과 과학 연구의 성과에 기반한 가능성 있는 혁신적인 해결책의 제안을 통해 기여할 수 있다고 믿고 있다.

국제협상은 국내 정책과 외교 정책의 측면을 결합하지만, 둘의 합보다 더 많은 영역을 포함한다. 이러한 정책 수립의 두 수준 간의 상호 작용은 복잡하고 예측하기 어렵다. 국제협상은 그 중요성에 대해 입을 벌리는 것조차 정부를 어렵게 만들어 분석가들이 협상 효과를 향상시키기를 원하는 것을 어렵게 한다.

협상 프로세스 연구에 대한 또 다른 중요 동력은 물리학과 사회과학 분야에서 수많은 연구가 이루어진 것이다. 지난 20년에서 25년 사이에 이 분야에 대한 연구와 연구량이 크게 증가했다. 과거에는 협상에 대한 학생들은 드 칼리에르(de Callières), 니콜슨(Nicholson) 등 소수의 저자들만 의지할 수 있었지만, 1960년대 초반에는 새로운 진지한 연구자들과 협상 주제에 대한 저자들이 등장하기 시작했다. 오늘날 미국, 서유럽 및 소련에는 이 분야의 연구를 지속적이고 일관된 방식으로 추진하는 여러 유명한 연구 센터가 있다.

내용 개요

저자들은 정치적 고려와 가장 관련성이 적은 협상의 측면에 집중했다. 이 책은 국제협상의 연구와 사례에서 응용시스템 분석의 역할을 추적하는 장(챕터)이 제1부의 첫 장으로 시작한다. 이 장에서는 현재 노력을 실현시킨 IIASA에서 협상에 대한 관심의 역사를 개요로 제시한다. 제1부의 나머지 장들은 어떤 유형의 국제협상에도 적용 가능한 분석의 다른 수준에서 프로세스를 연구한다. 시스템, 프로세스, 의사결정, 구조, 전략, 주체 및 결과를 기반으로 하는 수준들이 이에 해당된다. 대안적 분석 프레임워크는 협상 결과가 결정되는 방식에 대한 다른 통찰력을 얻을 수 있는 가능성을 제공한다.

제2부는 국제협상 연구의 기존 접근방식을 개관하면서 각 접근 방법의 장점을 설명하고, 연구를 발전시키는 최선의 방법은 학제 간 상호 교류에 있다는 생각에 기여한다. 저자들은 자신의 분야에서 국제협상에 대한 특정한 접근방식을 제시하면서 다음과 같은 질문에 대해 답변을 제시하도록 요청받았다.

1. 이 접근방식의 주요 특성은 무엇인가?
2. 해당 접근방식의 주요 연구 항목은 무엇인가? 이 접근방식은 국제협상의 이해와 분석을 위해 어떤 통찰력을 제공하는가?
3. 이 접근방식의 한계와 제한은 무엇인가?
4. 이 특정한 접근방식이 실제 국제협상의 실제 사례에서 어떤 역할을 할 수 있는가?

제3부는 분석 프레임워크, 분석 수준(단계) 및 연구 접근방식의 적용을 보여주는 다른 이슈 영역에서의 국제협상 탐구에 전념한다. 일곱 가지 분야가 이러한 검토를 위해 선택되었으며, 참여 저자들은 다음 네 가지 질문에 답변할 것을 요청받았다.

1. 해당 이슈 영역에서의 갈등과 협상의 특징은 무엇인가?
2. 이 영역에서 어떤 종류의 갈등 관리 또는 협상 체제가 등장했는가?
3. 협상 이론과 사례에 대한 일반적인 교훈은 무엇인가?

4. 분석에서 제안된 미래 학문과 연구를 위한 특별한 질문은 무엇인가?

제4부는 협상 교육과 훈련에 대한 중요한 문제를 다루는 세 개의 장(챕터)으로 구성되어 있다. 협상 이론과 실제 사례를 모두 어우르기 위해서는 다음 세대의 학자와 실무자들을 보다 체계적으로 교육하고 훈련시키는 아이디어를 필수적으로 개발해야 할 것이다.

마지막으로, 이 책은 전체적인 연구 결론을 이끌어낸 것이기 때문에, 후기에서는 앞으로의 연구와 적용 가능성에 대한 몇 가지 기회를 지적한다. 이를 통해 협상 분야의 지속적인 발전과 미래의 협상 연구에 대한 더 많은 탐구가 이루어지길 바란다.

프로젝트의 배경

이 책은 카네기 재단의 후원을 받아 1986년에 시작된 국제협상 프로세스(PIN) 프로젝트의 직접적인 결과물이다. 이러한 지원으로 1987년 5월, 오스트리아 락센부르크(Laxenburg)에서 동서양 많은 나라의 협상자와 연구원들이 만나 군비축소와 해체와 관련된 아이디어를 교환하고 미래의 연구 주제를 논의하는 PIN 회의가 개최되었다. 이 회의 결과는 절차록 형태로 출판되었다(Mautner-Markhof, 1989).

PIN 프로젝트는 IIASA에서 비교적 최근에 개발된 것으로, 기존에는 에너지, 식량, 인구, 환경 및 기술의 영향과 같은 문제에 대한 시스템 의사결정 과학 및 글로벌 의사결정에 중점을 둔 기관이었다. 그러나 IIASA의 최초 이사장인 하워드 라이파(Howard Raiffa, 미국)와 이사회의 초대 회장인 제르멘 M. 그비시아니(Jermen M. Gvishiani, 소련)와 같은 유명 학자들의 노력으로 국제협상 프로세스에 대한 연구를 IIASA의 연구 안건으로 도입한 결과는 매우 효과적이었다. PIN 프로젝트는 이제 IIASA에서 잘 확립되었으며, 새롭고 중요한 많은 주제에 대한 연구를 자극할 것으로 기대하고 있다.

IIASA는 이번 책의 결과물을 마무리하는 데 이상적인 연구 센터로 입증되었다. 그것의 동서양적 성격, 평소 사람들을 연결하고 협력에 기여하는 문제에 대한 지향성, 서로 다른 견해를 수용하고 이를 공통적인 접근으로 통합하는 능력은 특히 효과적으로 작용했다. 특히 우리가 직접 작업을 수행할 수 없었던 상황에서 IIASA는 중심점이자 만남의 장, 친근한 안식처, 그리고 우리의 노력을 더 나아가게 하는 동력으로서 역할을 해왔다.

PIN 프로젝트의 연속은 이 책을 위한 자극제가 되었다. 이는 국제 과학위원회가 공동으로 기획하고 작성한 최초의 책이다. 1988년 여름, IIASA 총장이자 PIN 프로젝트의 새로운 리더인 로버트 H. 프라이(Robert H. Pry)가 우리를 모았을 때, 미래의 PIN 편집위원회의 여섯 명이 함께했다. 이들은 오스트리아 외무성의 빈프리트 랑(Winfried Lang), 본(Bonn) 대학과 빌레펠트(Beiefeld) 대학의 빌프리드 지베(Wilfried Siebe), 스웨덴 국제문제연구소의 군나르 셰스테트(Gunnar Sjöstedt), 존스홉킨스 대학교의 I. 윌리엄 자트먼(William Zartman), 소련과학아카데미 출신인 안드레이 조토프(Andrei Zotov)와 나 자신이다. 제프리 루빈(Jeffrey Rubin)은 하버드 협상 프로그램(Harvard Program on Negotiation)에서 활동하며, 첫 번째 회의에 참석하지 못했지만, 우리 그룹의 일원이 되고자 하는 열의를 보였으며 우리의 작업에 크게 기여했다. 나중에는 소르본 대학교(University of Sorbonne)의 기 올리비에 포르(Guy-Olivier Faure)도 합류하여, 이 프로젝트에 지적 활력을 제공했다.

편집위원회의 작업은 주요 과제임이 입증되었다. 만약 IIASA 총괄부서의 조력(특히 이사 보좌관인 클라우디아 스타인들(Claudia Staindl)과 리네스 크라우스(Lynneth S. Kraus), 울리케 노이데크(Ulrike Neudeck)와 같은 능력 있고 헌신적인 직원들의 지원)이 없었다면 이 책은 결코 완성되지 못했을 것이다. 또한, 편집위원회 구성원들은 각자 다른 업무와 의무가 있었기 때문에 누구도 IIASA에서 상주할 수는 없었다. 이 책의 편집자이자 연구원으로서 나는 일부 시간만 락센부르크에 머무를 수 있었고, 나머지 구성원들도 석 달마다 최대 일주일 동안만 오게 되었다. 그러나 우리는 효과적으로 네트워크를 운영할 수 있었다. 우리는 지속적으로 연락을 유지하며 최신 학술 기술을 활용하여 전화, 텔렉스, 팩스 등을 통해 의견, 입장 및 정보를 교환했다. 단, 캐리어 비둘기를 제외하고는 모든 기술 시설을 활용했다.

1989년 여름에는 기여한 저자들이 모두 참석한 회의를 열었다. 일부 저자들은 이전에 다른 저자들을 만난 적이 없었고 출판된 작품만을 알고 있었지만, 이들은 이해와 상호 관심의 정신으로 일했다. 이 회의는 책을 완성하는 계획을 추진하는 데 큰 도움이 되었을 뿐만 아니라, 10개 국가를 대표하는 연구원들 간에 더 강한 개인적 유대 관계를 형성하고 이 분야의 국제적인 연구자 집단을 형성하는 데도 중요한 역할을 했다.

현재 이 책에 기여한 학자들은 서로 다른 정치체제, 이념적 유대 관계 및 방법론적 접근을 대표하지만 공통적인 연구 관심과 국제적 협상 기존 메커니즘 개선에 대한 공유된 의지로 통합되어 있다. 동 - 서 관계에서 최근 중요한 변화, 이러한 관계에서의 새로운 정치적 사고의 등장 및 의사결정 지원 과학 분야의 시스템 분석의 양과 결과를 고려할 때, 이처럼 야심 찬 프로젝트를 완수하는 것은 우리에게 가능한 일로 보였다.

독자에게

이 책은 광범위한 독자층을 대상으로 작성되었다. 첫째, 우리는 실제 협상에 참여한 사람들에게 이 책이 유용하게 사용될 것을 희망한다. 최신 기술 및 그 평가를 기반으로 한 실용적인 제안을 제공하기 때문이다. 둘째, 이 책은 기술적인 측면에도 불구하고, 사람들의 개인적인 관계를 비롯한 모든 유형의 사회적 상호 작용에 참여하는 사람들에게도 흥미로울 것이다. 이 책은 국제협상에 대한 교훈에 초점을 맞추고 있지만, 협상 분석의 매력 중 하나는 프로세스가 기본적으로 동일하기 때문에 개인적이고 지역적인 행동에 대해서도 국제외교와 마찬가지로 관련성이 높다는 것이다.

협상 분야의 학자들은 이 책에서 연구 및 이론에 대한 새로운 아이디어와 권장 사항을 찾을 수 있을 것이다. 저자들은 매우 많은 학문 분야에서 나오며 많은 다른 나라의 시각에서 쓴다. 또한 이론과 연구와 실천에 대한 방향성이 서로 다르다. 이러한 기여 사이에서 합의와 불일치의 영역을 찾아내는 것은 분석적인 이론 구축을 위한 더 많은 '재료'가 될 것이다.

하지만 이 책의 주요 독자는 모든 사람과 갈등 및 협상에 관해 연구를 하는 학생들로서, 국제 관계, 외교 정책, 국제무역, 사업, 노동, 환경, 행정 또는 글로벌 문제에 특별히 관심이 있더라도 해당된다. 우리는 협상의 이론과 실제에 관심이 있는 모든 이들이 이 논문집에 대해 생각하고 고민할 수 있기를 바란다.

1990년 11월
빅토르 A. 크레메뉴크
오스트리아 락센부르크에서

개정판 머리말

약 10년 전 초판이 출간된 이후로 국제협상 분야는 성장하고 진화해 왔다. 이 책에서 제시된 분석, 접근방법, 이슈들에 대한 기본적인 이해는 여전히 견고하며, 이러한 이해는 양극화된 냉전 시대에서 도출되었다는 사실을 고려하면 더욱 놀라운 성취이다.

그러나 냉전 이후 갈등과 협력이 확산되면서 협상의 필요성이 커져, 협상에 대한 학문적 이해도 실무와 보조를 맞춰 성장했다. 초창기에 이 분야를 정립하는 데 기여했던 많은 학문 분야가 발전하면서 협상 자체에 대한 전문가 네트워크에 맡겨졌다. 경제학은 이 분야를 제쳐두고, 사회심리학은 다른 주제에 대한 실험에 집중하고 있으며, 국제관계학도 이론적 탐구를 추구하면서 협상의 기본적인 요소에 거의 주목하지 않았다. 그럼에도 정치학자, 사회심리학자, 경제학자는 게임 이론가, 비즈니스 경영 전문가, 역사학자 등과 함께 개념의 발전, 사례연구의 탐구, 협상 프로세스의 지적 해석을 통해 지식과 이해의 경계를 넓히고 있다.

이 과정에서 국제응용시스템분석연구소(IIASA)의 국제협상 프로세스(PIN) 프로그램의 스티어링 위원회(steering committee)는 중요한 역할을 했다. 분석가나 실무자를 위해 협상 프로세스에 대한 지식을 확장하고 전파하는 활동을 시작한 것이다. 우리가 자신에게 과제를 부여했지만(조금 불규칙한 경우도 있지만) 두 가지 방향으로 에너지와 헌신으로 이루어졌다. 이 책이 대표하는 초기 명제에 이어, 연구 회의의 모델을 기반으로 한 연구 논문 시리즈가 출판되어 이 주제의 한 측면을 일관성 있는 조사로 재정립되었다. 이러한 연구에서는 주제의 개념적 측면과 적용 요소에 모두 관심을 기울였다. 또한 스티어링 위원회 자체가 로빙 컨퍼런스(roving conference) 또는 '로드 쇼(road shows)'를 통해 지역 관객에게 다가가며, 세계적인 학자 및 실무자 네트워크를 활용하여 연구 회의에 참여하는 것과 같이 청중에게 다가가고 있다.

이 책이 처음 출간된 후 초기 연구 두 가지는 국제제도의 협상에 초점을 맞추었으며, 특히 환경에 대한 관심을 가졌다. 그 하나는 다수의 환경 사례를 바탕으로 결론을 도출했고, 다른 하나는 주요 환경 회의에 대한 첫 번째 분석적 설명을 제공했다. 그것은 군나르 셰스테트가 엮은 『국제환경협상(International Environmental Negotiation)』(Sage, 1993), 그리고 버트람 스펙터(Bertram Spector), 군나르 셰스테트와 I. 윌리엄 자트먼이 엮은 『국제체제협상: UN환경개발회의로부터 배운 이론(Negotiating International Regimes: Lessons Learned from the UN Conference on Environment and Development)』이다(Graham and Trotman, 1994). 세 번째 연구는 일반적으로 대규모 협상의 복잡한 과정을 다루며, 거의 모든 협상 이론의 주제를 이루는 두 사람 게임과 개념적으로 구분된다. 유럽 공동체의 단일 유럽법안과 GATT 우루과이 라운드 사례연구를 사용하여 I. 윌리엄 자트먼과 동료들이 지은 『국제 다자간 협상(International Multilateral Negotiations)』(Jossey-Bass, 1994; 일본어판 Keio University Press, 2000)이다.

환경 문제, 특히 수로에 관한 협상은 문화적 방식과 문화적 차이가 협상 프로세스에 미치는 영향을 연구하는 두 번째 주요 주제의 사례를 제공했다. 이 분석은 기 올리비에 포르와 제프리 루빈이 엮은 『문화와 협상(Culture and Negotiation)』(Sage, 1993, UNESCO의 지원과 스페인어판, 중국어판 포함)에서 추구된다. 협상자 자신의 문화에 대한 연구에서 이 분석은 군나르 셰스테트와 빈프리트 랑이 엮은 『전문적인 문화와 협상(Professional Cultures and Negotiation)』(IIASA, 2001)에서 계속된다. 새로운 연구는 프레드 찰스 이클레(Fred Charles Iklé)의 고전 연구 『국가는 어떻게 협상하는가(How Nations Negotiate)』의 보완으로, 전 세계 지역 참가자의 시각에서 일반적인 협상 프로세스를 풀이한다. 이는 기 올리비에 포르가 엮은 『사람들은 어떻게 협상하는가(How Nations Negotiate)』(2001)이다.

새로운 연구 세 가지가 이전에 협상의 주제로 다루지 않았던 활동 분야에 대한 협상 분석에 초점을 맞추었다. 하나는 경제 주제에 대한 협상에서 경제적 설명과 협상적 설명의 결과를 대조한다. 빅토르 크레메뉴크와 군나르 셰스테트가 엮은 『국제경제협상(International Economic Negotiation)』이 그것이다(Elgar, 2000).

두 번째는 예방적 외교의 범위를 넓혀 협상이 성공적으로 사용된 일련의 문제 영역에서 충돌 예방을 검토함으로써 예방적 외교의 범위를 확장시킨 것이다. 이는 I. 윌리엄 자트먼이 엮은 『예방적 협상: 충돌 확대의 방지(Preventive Negotiation: Avoiding Conflict Escalation)』(Rowman and Littlefield, 2000, 치명적인 분쟁 방지를 위한 카네기위원회의 지원)이다.

세 번째 연구는 군사 및 민간 응용 분야에서 세계에서 가장 위험한 물질을 다루는데 협상의 역할을 검토한다. 이는 루돌프 아벤하우스, 빅토르 크레메뉴크, 군나르 셰스테트 엮음, 『극소량 함유: 원자력 안전 보장에 관한 국제협상(Containing the Atom: International Negotiation on Nuclear Security and Safety)』이다 (IIASA, 2001).

PIN 프로그램에서 수행하는 또 다른 분석 유형은, 별도로 연구되었지만 협상 연구와 밀접한 관련성이 있음에도 비판적으로 결합되지 않은 관련 개념에 대한 것이다. 그러한 연구 중 하나는 권력 개념을 다루며, 대칭적 대 비대칭적 상황에서 효과적인 협상에 대한 새로운 발견이 제시된다. I. 윌리엄 자트먼과 제프리 Z. 루빈이 엮은 『권력과 협상(Power and Negotiation)』(University of Michigan Press, 2000)이 그것이다. 또 다른 연구는 충돌 확대의 메커니즘을 조사하여 충돌의 경과와 교섭의 가능성 간의 관계를 파악하여 충돌 확대가 해결을 위한 교섭을 결정하는 데 미치는 영향을 새롭게 조명하고 있다. 기 올리비에 포르와 I. 윌리엄 자트먼이 엮은 『갈등 비용과 협상(Escalation and Negotiation)』(2001)이 그것이다. 세 번째 연구는 싸움을 끝내기 위한 협상과 충돌의 근본적 원인을 대처하기 위한 협상 간의 관계에 대한 질문에 직면하여 두 가지 모두가 충돌을 종결시키기 위해 필요하지만 종종 모순되는 것을 발견한다. 그것은 빅토르 크레메뉴크와 I. 윌리엄 자트먼이 엮은 『미래 결과와 과거 결과의 협상(Negotiating Forward and Backward Looking Outcomes)』(2002)이다. 새로운 프로젝트는 위험한 불확실성이 존재하는 문제를 협상하는 데 미치는 영향을 조사한다. 이는 루돌프 아벤하우스와 군나르 세스테트가 엮은 『리스크와 협상(Risk and Negotiation)』(근간)이다. PIN 프로그램과 관련된 국가 네트워크 중 하나의 회원이 지원을 받아 조직한 다른 연구는 유연성 개념을 통해 협상을 조사하여 협상에서 움직임을 부여하고 융통성을 높이는 메커니즘을 발견한다. 그것은 대니얼 드럭먼과 크리스토퍼 미첼이 엮은 『국제협상과 중재의 유연성(Flexibility in International Negotiation and Mediation)』(Sage, 1995)이다.

PIN 프로그램 참여와 함께 수행된 국가 네트워크에 의한 다른 연구들은 협상에 대한 일반적인 주제를 다루며, 이를 전 세계적인 관객들의 관심사로 끌어들이고 있다. 여기에 몇 가지 예시가 있다.

- 아르헨티나: 『국제협상(La negociación internacional)』, J. C. 벨트라미노(J. C. Beltramino) 엮음(CARI, 1997).
- 일본: 『협상 연구의 최근 발전(Current Advances in Negotiation Research)』, H. 기무라(H. Kimura) 엮음(IRJCJC, 1998; 일본어판/영어판).
- 프랑스: 『협상: 상황, 문제, 응용프로그램(La négociation: Situations, problematiques, applications)』, G.-O. 포르(G.-O. Faure), L. 머밋(L. Mermet), H. 투자르(H. Touzard), C. 뒤퐁(C. Dupont) 엮음(Dunod, 2000).
- 미국, 영국: 『국제협상: 관련자, 구조, 프로세스, 가치(International Negotiation: Actors, Structure, Process, Values)』, P. 버튼(P. Berton), H. 기무라(H. Kimura), I. W. 자트먼(I. W. Zartman) 엮음(Bedford/St.Martin's, 1999).

PIN 프로그램은 2년마다 발행되는 뉴스레터 《PIN 포인트(PIN Points)》를 통해 전 세계 네트워크의 약 4000명의 회원과 연락을 유지한다. 그리고 스티어링 위원회는 국제적 학술지 《국제협상: 이론과 실천 저널(International Negotiation: A Journal of Theory and Practice)》(클루워, 1996~)의 국제 자문위원회의 핵심으로 활동하고 있다. 해당 학술지는 매년 3회 발행되며, 각 호는 협상 연구의 특정 주제에 전념한다. 과거 주제는 교육과 훈련, 인종적 교섭, 과거 소비에트 연방 및 유고슬라비아, 물류, 오슬로 회담, 유럽 연합, 그리고 긴장(intensity)과 내전에 관한 은유 등이 있었다.

출판된 연구물 이상으로, PIN 프로그램은 새로운 연구 결과를 촉진하고 보급하며, 협상 주제의 일반적인 검토를 촉진하기 위한 노력으로, 스티어링 위원회(steering committee) 회원들이 전 세계의 학계 및 전문가 대상으로 초청하여 발표하는 소회의를 포함한다. 이러한 '로드 쇼'는 종종 지역 PIN 네트워크의 출판물의 기반이 되었으며 프로그램의 워크숍은 프로그램의 출판물 프로그램의 기반이 되었다. PIN 로드쇼는 1995년 10월 아르헨티나 국제관계위원회에서, 1996년 8월 일본 국제연구센터에서, 1996년 10월 하버드 대학교 협상 프로그램에서, 1997년 6월 스웨덴 스톡홀름 국립연구소에서, 1997년 10월 카사블랑카의 하산 II 대학교(the University Hassan II)에서, 1998년 3월 하이파(Haiffa)의 갈등해결센터에서, 1998년 10월 네덜란드 국제문제연구소인 클링엔달(Clingendael)에서, 2000년 7월 핀란드 헬싱키에 있는 PIN 네트워크에서, 2000년 10월 베이징 대학교에서, 2001년 6월 유럽연합 및 벨기에 루뱅 가톨릭 대학교(Catholic University of Louvain)에서 개최되었다.

이것은 빙산의 일각일 뿐이다. 사실상 의사결정 방식 중 매우 적은 수에 해당하는 주제에 대해 다른 학자들도 많이 연구하고 있다. 개정판에서는 성장하는 이 문헌과 협상을 통해 실제적으로 의사소통이 이루어지는 상황의 수를 종합적으로 검토하고자 한다. 특히 냉전이 끝나고 국제관계에 새로운 맥락이 형성되면서 발생하는 불확실성과 국제 및 국내 지배(통치) 구조에서 발생하는 불확실성에 특별히 주목한다. 구조적 불확실성, 효과적인 권한과 결정 규칙이 부재하며, 문제를 해결하고 분쟁을 해결하기 위한 일방적인 방법이 막힌 상황은 모두 협상을 요구한다. 따라서 새로운 천년기의 도전에 더욱 잘 대처하기 위해 현재 지식의 상태를 다시 한 번 살펴보는 것이 중요하다.

✓ **편집자 노트** ㅣ 초판의 많은 장을 해당 저자들이 새로운 내용으로 완전히 개정했다. 법적 관점과 게임 이론에 관한 몇 가지 경우에는 PIN 스티어링 위원회의 구성원인 프란츠 세데와 루돌프 아벤하우스가 각각 새로운 챕터를 작성했고, 기 올리비에 포르가 협상과 문화에 관한 추가 챕터를 준비했다. 위원회 구성원 중 세 명이 사망한 특별한 경우에는 그들의 원래 기고를 유지하기 위해 노력했다. 빈프리트 랑의 환경협상에 대한 장은 군나르 셰스테트가 일부 재작성했으며, 제프리 루빈의 장은 각각 심화 및 업데이트된 부록으로 보완되었다. 심리학적 접근방식에 관한 딘 프루잇(Dean Pruitt)의 부록과 주요 행위자에 관한 I. 윌리엄 자트먼의 부록이 이에 해당한다.

2001년 12월

빅토르 A. 크레메뉴크

✓ **PIN 스티어링위원회 위원 명단**

루돌프 아벤하우스(독일)

프란츠 세데(오스트리아)

기 올리비에 포르(프랑스)

빅토르 A. 크레메뉴크(러시아)

파울 W. 메이르츠(네덜란드)

군나르 셰스테트(스웨덴)

I. 윌리엄 자트먼(미국)

제1부

분석 층위

이 책 제2부에서는 국제협상 프로세스 연구의 다양한 학문적 접근을 다룬다. 이러한 접근들은, 마치 걸작 영화 〈라쇼몽〉에서 자신만의 관점으로 살인 사건의 본질을 바라보는 각각의 등장인물들처럼 협상을 이해하는 규범적 프리즘으로 여겨질 수 있을 것이다. 제3부는 이러한 여러 학문적 접근을 군비통제와 국제무역에서 테러리즘과 지역 분쟁에 이르는 다양한 협상 영역에 적용한다.

문제 영역의 협상이 최종 결과이고 다양한 협상 접근방식이 적용 가능한 학문적 관점을 구성하는 경우, 제1부의 장들이 전체 구조를 뒷받침한다. 다양한 이슈로 이루어진 등심원의 중심에는 협상에 대한 모든 접근의 특징인 분석의 여러 층위가 존재한다. 제1부의 여덟 개 장은 모든 접근법, 이슈, 그리고 적용을 분석하는 데 사용할 협상의 구문을 제공한다.

제1장은 국제협상 프로세스에서 응용시스템 분석의 역할을 다룬다. 국제응용시스템분석연구소(International Institute for Applied Systems Analysis: IIASA) 설립에 대해 자세히 설명하고 이 역사를 협상 프로세스의 예로 제시한다. 기술적(descriptive)·규범적(normative)·처방적(prescriptive) 분석(있는 그대로의 행동, 이상적인 행동, 더 나은 조언을 통해 될 수 있는 행동에 대한 분석)을 구분한 다음, 국제

협상의 몇 가지 중요한 분석적 문제들을 고찰한다.

　제2장에서는 세계의 체제가 과도기에 있으므로 국제협상의 성격 또한 과도기, 즉 변화를 겪고 있다는 관점을 전개시킨다. 최근 몇 년간 국제협상은 그 수와 복잡도, 범위 면에서 많이 증가했다. 전에는 협상이 국제안보나 무역, 국경 등의 사안에 국한되었으나 이제는 생태학, 과학기술, 인도주의적 문제를 포괄한다. 냉전 종식과 함께 군사력의 가치가 줄어들면서 국가 간 상호 의존도는 높아졌다. 따라서 전통적인 협상 모델에 대한 대안, 더욱더 비공식적이고 더 장기적 관점에서 바라보며 공동 문제해결을 추구하는 대안이 제시되어야 한다.

　제3장은 국제협상에 대한 접근법을 개괄한다. 첫째, 협상을 전략적 행동으로 정의하거나, 둘째, 권력 일반의 문제에 초점을 맞추거나, 셋째, 협상을 참여자 간에 정보교환이 이루어지는 설득적 논쟁의 관점에서 보거나, 넷째, 게임이론에 의해 이해하는 접근방식들을 다룬다. 어떤 접근법이든 한 가지는 분명하다. 과정에 대한 고려 사항은 모든 상황에 적용되는 협상 프로세스에 대한 일반적인 사고방식을 다루기 위해 내용과 맥락의 문제를 의도적으로 넘나드는 것이다.

　제4장은 국제협상의 본질을 이해할 수 있는 네 가지 은유(또는 숨은 주제

subtext themes)가 지난 몇 년 사이에 나타났다고 주장한다. '교섭(bargaining)'의 은유는 협상을 한쪽이 이익을 보면 그만큼 다른 쪽은 손해를 볼 수밖에 없는 제로섬 관계로 본다. '공동 선택(joint choice)'은 협상의 본질이 여러 대안의 공동 평가와 양쪽의 수용 가능성이라고 가정한다. 세 번째 은유인 '공동 연구(joint research)'는 협상을 관련 당사자들의 공동 분석과 주의를 필요로 하는 문제로 간주한다. 이에 따라 흔히 특정한 종류의 문제에 대한 전문 지식을 갖춘 구성원으로 이루어진 전문가 팀이 만들어져야 하며 그 결과 복잡한 문제를 다루는 데 필요한 다양한 기술을 갖춘 관료 조직이 만들어지기도 한다. 네 번째 은유인 '미래의 공동 건설(joint construction of the future)'은 협상의 현재 상태뿐 아니라 참여자들이 통제 밖에 있는 미래의 발전에도 초점을 맞춘다.

제5장에서는 구조적 분석이 협상 작동 방식을 이해하는 열쇠가 될 것이라고 제시한다. 동등한 권력을 지닌 두 사람이 단일한 이슈를 협상하는 사례 고찰로 시작하여 제약을 완화함으로써 얻을 수 있는 기회들을 탐색해 본다.

제6장에서는 협상자들이 갈등에 대처하기 위해 양보(yielding), 경쟁(contending), 문제해결(problem solving)이라는 세 가지 일반적 전략 가운데 하나를 선택해야 한다고 주장한다. 다양한 조건이 선택에 영향을 미친다. 시간의 압박,

이슈의 중요성, 이슈 프레이밍 등이 대표적이다. 협상자들이 원활한 관계를 유지하고 있으면 경쟁의 경향(한쪽이 다른 쪽을 일방적으로 양보하도록 설득)이 크게 줄고, 규칙을 만들어 따르면서 '윈-윈(win-win)' 해결책을 강구하게 된다.

제7장은 협상에서 개인 또는 집단적 '행위자', 즉 의사결정을 담당하는 개인이나 조직에 주목한다. 이 행위자들이 누구이며, 어떤 제약 조건이 있는지, 각각의 협상자들 사이에 다른 협상 효과가 나타나게 하는 자질은 무엇인지, 개별 행위자가 행사할 수 있는 리더십의 기회는 어떤 것들인지를 살펴본다.

마지막으로, 제8장은 협상 성과를 합의, 효율성, 안정성, 비용과 편익의 배분, 오프닝 포지션과 목표로부터의 거리 등 다섯 가지 측면에서 살펴본다. 처음 세 측면은 '집단적 성공' 개념과 뒤의 둘은 '개인적 성과' 개념과 관련된다. 저자는 최근까지도 분배 측면 연구에 지나치게 많은 지적 에너지가 편중되었다고 주장하며, 오늘날 가장 중요한 과제는 집단적으로 효율적인 성과를 거두기 위한 조건과 전략을 더욱 잘 이해하는 것이라고 본다.

제 1 장

국제협상에 대한 응용 시스템 분석의 기여

하워드 라이파

국제응용시스템분석연구소(International Institute for Applied Systems Analysis: IIASA)는 조심스럽고 불규칙적으로 협상의 세계로 나아가고 있다. 어떤 의미에서는 1972년 IIASA의 설립, 혹은 그보다 5년 전에 IIASA 같은 연구소를 설립하기로 한 아이디어의 탄생 그 자체가 세계 외교의 협상 게임장으로 가는 중요한 움직임이었다. 이 계획은 냉전기 긴장을 완화하고 양쪽 진영을 이어줄 교량을 건설하기 위한 시도였으며, 신뢰 구축을 위한 조치였다. IIASA 헌장 채택을 위한 협상에서는 수많은 의문점을 다루었다. 연구소 내에 연구원들로 이루어진 중앙 조직이 있어야 할까, 아니면 로마 클럽[1]처럼 느슨한 연맹의 형태가 되어야 할까? 연구소 관리 형태는 어떠해야 할까? 위치는? 재정은? 회원은? 언어는? 연구 의제는? 간행물은? 검열이 있다면 관련 정책은? 방법론과 응용 연구 사이의 균형은? 형태는 정부 기구와 비정부기구 중 어느 쪽이 나을까?

이 협상은 급격히 오르락내리락하는 냉전 시대의 외부 정치 사건과 따로 분리되지 않았으며, 이전에도 단 한 번도 분리된 적이 없었다. 어쨌든 설립자들은

---

1) (옮긴이 주) 로마 클럽(Club of Rome)은 1968년 이탈리아의 아우렐리오 페체이(Aurelio Peccei)가 창설한 NGO로, 기업인·과학자·교육인 등이 모여 '지구의 유한성'이라는 문제의식에 대해 논의하는 단체이다.

인내심을 갖고 노력해 12개국의 대표 12인이 고국에 돌아가 조약을 비준하도록 설득했다. 물론 조약 내용 전체에 완벽하게 만족한 대표는 아무도 없었다. 모든 것을 감안할 때, 그것은 타협이었다. 참여국들은 주판알을 튕겨보고 헌장이 채택되는 것이 아예 채택되지 못하는 것보다는 낫다는 사실을 받아들였을 뿐이다. 모두가 받아들일 만한 타협안을 내려면 주어진 이슈에 대한 어느 정도의 담합이 필요했다.

협상의 두 중심 세력은 미국 — 대표는 맥조지 번디(McGeorge Bundy)에서 필립 핸들러(Philip Handler)로 교체 — 과 소련 — 대표는 제르멘 그비시아니(Jermen Gvishiani) — 이었고, 그 안에서 제각각 형성된 별도의 연합들도 있었다. 하지만 어떤 주제(예컨대 위치 문제)에 대해서는 동-서 진영을 가로지르는 하위 연합이 있었다. 대체로 실질적인 양보는 공식 회의장 밖 외부의 비공식적인 만남 자리에서 성사되었다.

헌장 초안 작업이 이루어지면서 여러 개의 초안이 돌아다녔으며 전체적인 과정 자체가 혼란스러웠다. 결국, 대표들은 솔리 주커먼 경(Sir Solly Zuckerman)이 중재자 역할을 맡는 것에 동의했다. 공식 회의를 주재하고 진행하는 것 외에 그의 임무는 그럴싸한 상용구와 해결하지 못한 조건으로 이루어진 임시 헌장 비슷한 여러 다른 제안을 하나의 협상 문구로 합치는 일이었다. 그런 다음 협상자들은 이 조건들을 조금씩 각자 원하는 방향으로 수정해 모두가 잠정적으로 받아들일 수 있는 헌장을 도출했다. 결국 투표까지 간 위치 결정을 제외하면 전반적으로 의견일치 과정이었다. 하지만 행위자 모두 다 모든 문제가 전부 해결될 때까지는 아무것도 해결된 것이 아니라는 데에 동의했다.

성가신 문제 하나는 기관명의 선정 문제였다. '기관(Institute)'으로 하느냐 '센터(center 또는 centre)' 아니면 '회의'라고 해야 하느냐이다. 1967년 영국 서섹스(Sussex)에서 열린 첫 회의에서 단체 스스로 '선진 산업사회의 공통 문제 연구를 위한 센터(The Center for the Study of Problems Common to Advanced Industrialized Societies)'라고 칭했다. 하지만 서서히 회의가 일어났다. 과연 이 문제들이 공통적인 문제였는지, 선진 사회에 대한 동의가 없었는지, 우리가 연구, 조사, 혹은 해결방안 제안 중 어느 쪽을 하려고 하는지에 대해 일관된 연구방향을 갖고 있지 않았다. 약 1년 동안 서방의 '무명 센터 혹은 기관(No-Name Center or Institute)' 아니면 '번디 기관(Bundy Institute)', 그리고 동방 진영에서는 '그비시아니 기관(Gvishiani Institute)'이라고 불렀다. 서서히 합의가 이루어지기 시작했다. 이들은 운용 과학(영국식으로는 operational research), 경영 과학, 정책 분석, 사이버네틱스, 시스템 역학 및 시스템 분석과 같은 분야의 (집합) 통합 분야의 활동을 찾으려 했다. 몇몇 협상자들은 특히 로마 클럽의 글로벌 모델에 관심을 보였으나 한편에서는 맹렬히 반대했다. 이름 하나 짓는 사소한 문제가 한동안 심각한 문제가 되었다. 문화적 차이가 두드러진 데다 사이버네틱스와 같은 단어가 동·서방의 협상자들에게 다른 의미로 받아들여졌기 때문에 문제는 더 악화되었다. 계속해서 '시스템 역학(Systems Dynamics)' 또는 '시스템 분석(Systems Analysis)'이라는 제목으로 되돌아왔지만, 이들 이름 역시 의문이 제기되었다. 심혈관계나 뇌와 같은 인체 의학적 문제, 또는 태양계의 역학을 우리의 연구 범위에 포함시켜야 할까? 아니었다. 새로운 기관은 사람들을 포함하는 동적이고 상호 작용하는 시스템, 그리고 인류의 복지를 위해 인간이 영향을 미칠 수 있는 시스템을 연구하고 이해하고 싶은 것이었다.

1960년대 초에 필자는 『응용 통계 결정론(Applied Statistical Decision Theory)』(Raiffa, 1961)을 썼으며, 초기 협상자들에게 '응용시스템 분석(Applied Systems Analysis)'이라는 제목을 주저하면서 제안했다. 이 제목은 사람들에게 이 개념이 실제로 무슨 의미인지에 대한 사전 인식이 없었기 때문에 호응을 얻었다. 이것은 필자가 IIASA 헌장을 쓰다가 부딪친 몇 번의 기로에서 사용했던 기술로, 이것을 '창의적 불명료화(creative obfuscation)'라고 명명했다.

창의적 불명료화의 또 다른 예가 있다. 우리는 선진 사회(advanced societies)라는 용어에서 걸렸기 때문에 현대 사회(modern societies)라는 용어로 대체했지만, 사실 그 말이 무슨 의미인지는 아무도 몰랐다. 마침내 협상자들이 헌장에 동의하고 조인되기 전에 주커먼이 케도르세[2]의 전문가에게 헌장의 '법률 용어'를 점검해 달라고 요청했고 다시 자연스럽게 이 질문으로 돌아왔다. "현대 사회란

---

2) (옮긴이 주) 케도르세(Quai d'Orsay): 프랑스의 외무부 소재지.

무슨 의미인가?" 여기서 다시 3개월이 소요되었다. 사소했지만, 심리적 함정의 고전적인 예였다. 사소한 문제인데 다른 쪽이 양보하고 그 해석을 채택하면 안 되는 것일까?

넓은 의미로 해석해서 응용시스템 분석이란 무엇인가? "IIASA가 하는 일이다!"와 같이 기계적으로 정의할 수는 없다. 왜냐하면 누군가는 "그것은 IIASA가 해야 할 일이다!"라고 주장할 것이기 때문이다. 응용시스템 분석의 특징을 처음 파악하기 위해 복잡한 사회적 문제에 그 문제와 그 결과를 더욱 잘 이해하려는 의도로 시스템 분석을 응용하는 것이라 말할 수 있다.

두 권으로 된 마이저와 쿼이드의 『시스템 분석 핸드북(Handbook of Systems Analysis)』(Miser and Quade, 1985, 1988)은 응용시스템 분석이 무슨 의미인지 기술하고 있는데, 그 편집자 중 한 사람인 휴 마이저(Hugh Miser)는 IIASA 감독 로버트 H. 프라이(Robert H. Pry)에게 보낸 1988년 8월 10일자 서한에 이렇게 썼다. "시스템 분석 초기, 이 3중의 특성은 때로 불안한 균형을 이루고 있기는 하지만 매우 생생하게 살아 있었습니다. 하지만 최근 기관 구조가 분석가들을 자신이 다루는 문제의 현실에서 멀리 떨어지게 하고, 거의 모든 관심이 기술적(descriptive) 측면에 집중되면서('모델링'에 대한 반복적인 강조가 나타남), 처방적 측면에는 소소한 관심만을 기울이고, 설득적 측면에는 거의 관심을 두지 않는 경우가 많습니다. 이러한 불균형은 처음부터 IIASA의 일에 지속적으로 수반되었습니다."

IIASA의 연구 의제

실제 적용 사례에서 성공적으로 운용 과학이 사용된 경우를 기록한 문헌에는, 소통 채널이 초기에 수립되고 분석가와 고객 사이에 열려 있어야 한다는 주장이 반복해서 제시되고 있다. IIASA의 경우 응용시스템이 처방적 혹은 권고적 기능으로 사용되는 경우 고객을 특정할 수 있어야 하는데 이것이 문제가 된다. IIASA의 후원으로 수행된 분석이 다른 국가에 비해 특정 국가에 이익이 되도록 사용되어서는 안 되며, IIASA가 도움이 필요한 국가를 우선적으로 선택해서도 안 된다.

초기에 헌장에 조인하기 전에 창립자들은 두 가지 연구 유형, 보편적 및 글로벌 유형을 논의했다.

교통, 교육, 폐기물 처리 등 **보편적 문제**(Universal problems)는 모든 나라가 공통적으로 겪는 문제이다. 한 국가에서 보편적 유형의 문제를 고찰하여 다른 국가에서 활용할 수 있는 기법, 모델, 통찰 등이 있을 것이다. 여러 국가들이 공통 문제를 어떻게 처리하는지 비교하여 각국에 적합한 권고를 더 정확하게 제공할 수 있을 것이다. 문제는 X 국가의 대표들이 Y 국가의 문제해결에 자체 예산을 너무 많이 써야 하는 경우 인내심을 잃을 수 있다는 점이다. 사실 아무에게도 처방적 권고를 시도하지 않고 그저 추상적으로 보편적 문제를 다루는 것이 훨씬 쉽다. 현실 세계의 문제들은 추상성의 원동력이 될 수도 있지만, 그러고 나서 추상성만 계속된다.

글로벌 문제(Global problems)란 단일 국가가 혼자서 해결할 수 없는 문제를 말한다. 예를 들어 기후, 산성비, 국제 하천 시스템 관리 등에 대한 인간의 영향 같은 문제가 이에 속한다. 여기서도 역시 IIASA는 고객에게 접근하기가 어렵다. IIASA의 분석은 한 국가가 다른 국가보다 이득을 얻도록 돕는 방향으로 사용되어서는 안 된다. 따라서 IIASA는 자연과학 현상의 배후 모델링을 연구하는 경향이 생긴다. IIASA는 항상 시스템의 모델링이나 산성비의 기술적 (예측) 모델 개발에 막대한 노력을 기울이지만 국가 간 협상 프로세스에는 개입하지 않는다. 의사결정자들로부터는 편안한 거리를 유지하는 것이다.

이런 문제점들은 기관 설립자들과 각 위원회 이사들에 의해 자세히 논의되었다. 초기 IIASA의 존재는 외교 정치학이나 국제협상의 그물망에 얽혀들어서는 안 될 정도로 매우 불안정했다. 시간이 흐르면서 각 이사들은 IIASA의 강점인 기술(모델링) 분석에 처방적(권고적) 요소를 보충하여 좀 더 균형 잡힌 연구 프로그램으로 발전하기 위해 노력했다.

협상 프로젝트에 대한 초창기 관심

1980년 IIASA는 동 - 서 진영을 대표하는 국제협상운영위원회를 결성했다. 이 운영위원회는 1981년 6월 IIASA가 국제협상 프로세스를 연구할 것을 전폭적으로 권고했다. 회원들은 협상 연구 프로젝트가 IIASA의 가장 적합한 프로젝트라고 여기고 IIASA가 현재 진행 중인 정치적 분쟁에 휘말릴 수 있는 위험성과 난관에 대해 충분히 숙고한 후 이러한 권고를 했다. 위원회는 IIASA가 다루어야 할 분쟁이 응용시스템 분석 연구에 적합한 강력하고 복잡한 상호 의존성과 상호 작용을 포함한다고 제시했다. 주역들은 복잡한 국제협상에서 과학적 사실을 구조화하고 물리적 현실의 동적인 상호 작용을 모델링할 수 있는 분석 집단의 중립적 중재를 환영할지도 모른다. 이는 IIASA가 산성비나 대(大)하천 시스템과 같은 프로젝트에서 수행했던 임무였다.

국제협상운영위원회의 권고는 1980년대 초에 부분적으로 시행되었으나, 그 노력은 꽃을 피우지 못했다. 왜냐하면 추가 재원이 필요했는데 당시 재정은 상당히 쪼들렸기 때문이다. 게다가 탐색 협상 활동에서 이루어졌던 몇 가지 예정된 활동은 다른 IIASA 인원들과 잘 융합되지 않았다. 하지만 협상 프로젝트라는 아이디어는 IIASA 위원회 안에 여전히 살아남았다.

PIN 프로젝트와 네트워킹

1984년 국제협상 프로세스(Processes of International Negotiation: PIN)의 이해와 개선을 도모하기 위한 소규모 프로젝트를 시작하자는 제안이 이사회에서 채택되었다. 이 제안은 IIASA의 후원국들 사이에서 PIN 그룹 네트워크 형성을 촉진할 목적이었다. IIASA가 네트워크의 중심이 되어 느슨한 조정과 정보 배포를 제공할 예정이었다. 이 책 역시 이런 국제적 공조 노력의 산물 중 하나이다. 미국 예술과학연구원(American Academy of Arts and Sciences)3)을 통해 미국 PIN 프로젝트 자금 지원을 요청하면서 우리는 다음과 같이 근거를 제시했다.

---

3) (옮긴이 주) 1780년에 설립된 미국 내 최고(最古) 연구기관 중 하나. 미국 건국의 아버지인 존 애덤스(John Adams), 존 핸콕(John Hancock), 제임스 보든(James Bowdoin), 앤드류 올리버(Andrew Oliver) 등이 미국 독립전쟁 시기에 매사추세츠주 캠브리지에 설립했다. 다양한 인문학을 비롯한 과학 예술 분야와 공공정책 등을 연구하고 있다.

현대 기술, 커뮤니케이션 속도, 무역을 통한 국가 간 상호 의존, 공통의 천연 자원에 대한 의존 증가 등으로 인해 각국은 항시적으로 접촉하고 있다. 대부분의 국가는 내부 분쟁을 효율적이고 공평하게 해결하기 위한 전통과 제도를 발전시켰지만 이러한 제도는 안보 문제, 경제 문제, 글로벌 환경 통제 등 어느 영역에서든 복잡한 국제 분쟁을 다룰 수 있을 수준으로 성숙하거나 강력하지 못한 것이 현실이다. 국제적 상호 의존관계가 점차 빠르고 복잡하게 늘고 있으므로 이에 성공적으로 대처하려면 보다 뛰어난 지성이 필요하다. 이제 우리는 인류의 운명을 획기적으로 개선할 수 있는 기술 역량과 지식을 갖추고 있지만, 여전히 국가로서 상호 문제해결 활동에 공동으로 참여하고 효율적인 결과를 찾는 법에 대해 배울 것이 많다.

국제협상은 분쟁의 평화적 해결과 안정과 국제관계의 어느 정도의 예측 가능성을 유지하기 위해 필수적인 메커니즘이다. 전쟁과 평화의 균형은 우리를 가르는 차이점의 성격이 아니라, 그 차이를 해결하기 위해 사용하는 과정의 성격에 달려 있을 것이다.

국제협상 프로세스에 관한 연구는 충분히 진행되지 않았다. 현재 이루어지고 있는 연구는 충분히 조정되거나 배포되지 않았다. 현재의 연구 노력은 학문 간, 실무자와 연구자 간, 국경을 넘어 상호 교류되고 있지 않다.

유감스럽게도 경제학자, 수학자, 철학자, 게임 이론가들의 협상 분석 관련 주제에 대한 심오한 이론화는 대체로 실행에 거의 또는 전적으로 영향을 미치지 못했다. PIN 프로젝트가 대답해야 할 중요한 질문은 왜 이런 일이 벌어졌는가의 여부이다. 중요한 이유 한 가지는 효과적 커뮤니케이션과 이론적 연구 결과 배포의 부재임이 명백하다. 양쪽 세계에 모두 익숙하고 이론이 어떻게 실행에 영향을 미치며 실행이 다시 이론가들의 연구 의제에 영향을 미칠 수 있는지에 대한 정보 전달을 촉진하는 중개인으로 활동할 수 있는 중재자들이 더 많다면 커뮤니케이션은 개선될 수 있을 것이다. 정보는 양방향으로 흘러야 한다. 많은 실무가는 타당하며 매우 유용하고, 때로 심오한 통찰과 분석을 발전시켜 왔고 이는 해당 분야 연구자들의 의제의 방향을 안내하는 역할을 해야 한다.

미국 PIN 프로젝트

미국 PIN 프로젝트는 국제환경 분쟁, 국제경제 분쟁, 문화적 차이, 협상 분석을 위한 시스템 분석 기술(결정 지원 도구 포함), 교육 프로그램 등을 전담하는 팀들이 제각각 독립적이지만 상호 작용할 수 있도록 설계되어 있다. 미 PIN 교육 전담팀은 필자와 하버드 로스쿨의 로저 피셔(Roger Fisher) 교수가 이끌었다. 우리는 하버드 협상 프로그램과 협력하여 1986년에서 1990년 사이에 매년 여러 국가의 젊은 외교관 대상의 잘츠부르크 세미나에서 2주간의 집중 워크숍을 후원했다. 이 프로그램의 교육생 중 다수가 미래의 분쟁 협상의 주역이 될 인물이었다. 이 프로그램은 의도적으로 사례와 시뮬레이션 연습문제를 국제 분쟁 외의 내용에서 가져왔다. 한 시뮬레이션 연습에서는 이스라엘인과 팔레스타인인으로 구성된 팀이 국내 공동체 분쟁을 놓고 그리스 및 튀르키예계 키프로스인 팀과 협상할 수 있다. 협상자가 궁극적으로 가장 큰 영향을 미치고 싶어 하는 사건과는 다른 사건에서 협상 프로세스에 대한 새로운 사고방식을 배우기가 더 쉽기 때문이다.

협상에 관한 이론이 점점 더 단편적 사건(노사협상 또는 국제협상과 같은)을 초월하고 있다는 주장이 제기되고 있다. 따라서 국제협상 분야의 외교관과 실무자는 이 이론을 연구해 보는 것이 득이 될 것이다. 물론, 특정 응용 분야에서 실무자들은 사건의 구체적인 사항들을 알아야 하지만 제도적 지식을 늘 함께 숙달해야 한다는 법은 없다.

미국 PIN 프로젝트는 또한 수학적 배경이 없는 협상 전문가들에게 협상 실무와 관련이 있다고 인정받는 게임 이론(game theory) 및 의사결정이론(decision theory)의 기본 개념을 전달하기 위한 설명 기고문(Young, 1991)의 준비를 지원했다.

IIASA의 PIN 프로젝트에 대한 일각의 반감은 IIASA가 언제나 이상적인 의제를 가져야 한다는 뿌리 깊은 의견에서 비롯된 것이었다. 분쟁에서 한쪽을 돕는 대가로 반대편을 희생시키는 일에 개입해서는 안 된다는 것이다. 하지만 PIN 프로젝트의 옹호자들은 한편으로 이런 이상주의에 공감하면서도 그 함의에는 반대했다. 그들은 필자만큼이나 강력하게, '협상은 종종 공동으로 효율적인 결과를 초래하며, 모든 당사자에 대해 개선이 이루어질 수 있다'고 느꼈다. 제로섬의 세계에서 함께 이익을 얻는 것이 가능하다는 비(非)제로섬 세계로 사고의 패러다임 변화가 필요하다. 물론 실제 협상에서 협동의 요소와 아울러 경쟁적 요소가 있음을 배제하는 것은 아니지만 상호 이익이 되는 결과를 만들어내려고 노력하는 것이 분석의 역할이기도 하다.

협상의 맥락 자유 이론

협상은 어디에나 있으며 우리 모두 항상 협상을 한다. 어린아이들도 부모나 형제자매들과 협상한다. 그 내용은 가족 간 다툼에서부터 노사분규, 계약 분쟁, 환경 분쟁, 규제 분쟁에 이르기까지 다양하다. 시스템 분석의 특징 하나는, 한 시스템에서 다른 시스템으로 유추하여 공통점과 특별한 점을 규명하고, 한 시스템에서 작동하는 것을 다른 시스템에 (창조적 수정을 거쳐) 적용할 수 있는 것을 찾는 것이다. 그렇다면 국제협상에서 특별한 점은 무엇인가? 사건 간 차이의 특수성에 너무 깊이 들어가기 전에 국제협상의 내용 간 차이에 주목해야 한다. 이러한 차이는 국제해양법 또는 관세 및 무역에 관한 일반 협정(GATT)[4]과 같은 협상에서 단일 발행 통화 계약에 대한 양자 협상에 이르기까지 광범위하다.

대개 국가들은 획일적이지 않다. 각국 내의 내부 협상은 외부 협상과 일치화해야 한다(노사협상이나 지역사회협상의 경우도 마찬가지다). 국가 간 협상은 일회성이 아니라 반복적이다(하지만 대부분의 민간상업 협상도 마찬가지다). 국가 간 협상이 결렬되더라도 그 분쟁을 판결할 더 높은 권위 있는 기관이 없는 경우가 많다(하지만 다른 많은 사건에서도 분쟁이 해결되지 않으면 그냥 해결되지 않고 유야무야된다). 국제분쟁에서 힘은 종종 지배적 역할을 한다(다른 사건들에서도 새로운 사

---

4) (옮긴이 주) '관세 및 무역에 관한 일반 협정'은 1947년에 체결된 다자간 협정으로, 1948년 1월 1일부터 전 세계 무역대상국 85%에 적용되었다. 주요 골자는 국제무역 촉진을 위해 관세나 쿼터(quote)를 비롯한 무역 장벽을 최소화하거나 제거하는 데 두고 있다. 1995년 1월 세계무역기구(WTO)가 승계했다.

실은 아니다). 국제협상은 흔히 대중의 눈에 노출되는 상황에서 이루어지며 미디어는 비공식적이고 탐색적인 대화 과정에 개입한다(그러나 다시 한 번 이것은 국내 협상에서도 여러 상황에서 일어난다).

이 연습의 요점은, 국제적이든 아니든 모든 분쟁에는 구별되는 특징이 있지만, 주어진 문제의 본질을 조사하면 할수록 분쟁들 사이의 공통점이 많은 것에 놀라게 될 것이라는 사실이다. 필자는 이러한 분쟁들 간의 공통점으로 인해 사건의 맥락으로부터 자유로운 협상 이론에 관해 이야기하는 것이 가능하다고 믿는다. 수학적 체계에서와 같이 순수한 추상적 체계는 추상과 다양한 현실 세계의 실상 사이를 오가면서 더욱 풍요로워질 수 있다. 한 협상 맥락은 공통된 추상과 추상 내의 차이를 고려함으로써 가장 효과적으로 다른 건과 비교할 수 있다.

기술적·규범적·처방적 분석

벨, 라이파, 트버스키(Bell, Raiffa, and Tversky, 1989)는 개별적 의사결정에서 기술적·규범적·처방적 분석 양식의 구분에 대해 논한 바 있다. 문헌에 따르면 처방적 범주는 주로 규범적 범주에 속한다. 여기서는 이보다 더 상세한 구분이 우리의 목적에 더 부합할 것이다.

기술적(descriptive) **분석**은 실제로 사람들이 어떻게 행동하는가에 관한 것이다. 사람들이 어떻게 불확실성을 지각하며, 증거를 축적하고, 지각된 내용을 업데이트하는가, 그리고 사람들이 어떻게 생각하는지, 왜 그렇게 생각하는지에 관한 것이다. 이는 사회과학자의 영역에 들어맞는 고도의 경험적이며 임상적인 분석 방식이다. 국제외교의 기술적 연구는 역사, 정치 과학, 그리고 국제법의 영역에 있다. 때로 기술적 분석은 복잡한 수학적 모델링과 정교한 통계적 분석을 포함한다. 시스템 분석 기술은 혼란스러운 실증 데이터에 구조를 부여하는 데 사용할 수 있다. 학자들은 행동을 수정하거나, 영향을 미치거나, 설교하지 않으면서 이 영역을 연구할 수 있다.

규범적 또는 추상적 분석은 이상화되고 합리적이며 고도로 총명한 사람들이 어떻게 행동해야 하는지를 다룬다. 규범적 분석의 특징은 정확하게 명시된 요구 사항이나 공리의 관점에서의 일관성과 합리성이다. 경제 문제에는 이상적인 기업가, 소비자 또는 투자자에 대한 이론이 있다. 그리고 완전 시장 이론, 합리적 기대 이론, 순수 경쟁 균형 이론 등이 있다. 게임 이론은 이상화된 경쟁 및 협력 행동의 규범적 모델이다.

지난 10년간 게임 이론에 관한 연구 활동은 눈에 띄게 급증했는데, 이는 저명한 학술지, 박사학위 논문, 세미나 및 컨퍼런스에 발표된 논문 수가 증명한다. 많은 이론가가 협상 분석의 주제를 통해 동기가 부여되어 이러한 문제에 대한 일반적인 이해도를 높였지만, 이러한 이론을 실제 적용하기는 쉽지 않다. 규범적 및 처방적 관점의 구별되는 점 몇 가지를 살펴본 후, 게임 이론을 처방적으로 적용하기가 왜 어려운지를 설명하겠다.

처방적 분석은 그 본질상 권고적이다. 벨, 라이파, 트버스키(Bell, Raiffa, and Tversky, 1989, p.17)는 다음과 같이 밝혔다. "더 나은 선택을 하려면 개인은 어떻게 해야 할까? 어떤 식의 사고, 결정 지원 도구, 개념적 도식이 이상화되고, 신비적이며 탈심리화된 로봇이 아니라 실제 사람들에게 유용할까? 기술적·규범적·처방적인 세 가지 기능 간 차이점은 각각의 평가 기준을 통해 조명할 수 있다. 기술적 모델은 **경험적 타당성**에 의해 평가된다. 규범적 모델은 **이론적 적절성**, 즉 합리적 선택에 대한 수용 가능한 이상화를 제공하는 정도로 평가한다. 처방적 모델은 **실용적 가치**, 즉 사람들이 더 나은 결정을 내리도록 돕는 능력에 의해 평가된다."

게임 이론: 공통적인 규범적 이론

게임 이론은 게임의 모든 참가자에게 높은 수준의 합리성을 상정한다. 이런 관점에서 훌륭한 서술적 이론이라 할 수 없다. 그뿐만 아니라 이 이론이 객관적으로 도출된 균형을 찾으려면 실제 세상의 예는 고도로 인공적이고 억제된 방식으로 추상화되어야 하며, **상식**을 바탕으로 논리적 상부구조를 구축해야 한다. 만일 한 참가자가 비밀 지식을 갖고 있다면, 모든 참가자가 **공통으로** 이 비밀 지식이 도출된 확률 분포를 알고 있어야 한다. 참가자는 상대방의 행동 공간이나 사용 구조를 알지 못할 수 있지만, 상황이 진실된 게임으로 표현되는 경우 이러한 행동 공간과 효용 구조는 공통 지식인 확률 분포에서 유도되어야 한다. 게임이론은 상호 합리성과 공통 지식 가정의 이중 제약을 받기 때문에 기술(descriptive) 이론으로 널리 적용되지 않으며, 특히 대부분의 현실 협상에서 논쟁자 또는 중재자(촉진자, 중재자, 조정자)에게 조언을 제공하는 데 사용할 이론으로는 유용하지 않다. 규범 이론으로서 게임 이론은 기술적 및 처방적 분석을 안내하는 데 극히 유용하다. 게임 이론은 우화적 의미에서 어떤 근본적 사고를 바로잡고 실무자들이 미묘한 문제를 민감하게 감지하게 하는 데 사용될 수 있으며, 실제로 그렇게 사용되어 왔다. 게임 이론은 창의적으로 사용되어 처방적으로 분쟁 해결 메커니즘(예컨대 제한된 자원을 할당하기 위한 복잡한 경매 및 입찰 시스템 또는 동적 절차)을 제시해 왔으나, 그런 사례는 기술적으로 그리 널리 퍼져 있지 않다.

협상에 대한 비대칭적 처방적-기술적(descriptive) 접근

필자는 저서(Raiffa, 1982)에서 결정 분석 기법을 단일의사결정자로 취급되는 논쟁자나 중재자가 합리적인 선택을 하도록 (처방적으로) 돕는 데 사용하자고 제안했다. 그러한 의사결정자는 불확실성 속에서 의사결정 문제에 직면하게 된다. 협상 내용에서 두드러진 차이점은, 다른 의사결정자들과 같은 생각을 하는 사람들의 고의적 행동으로 인해 발생하는 불확실성도 있다는 것이다. 하지만 이것이 게임 이론의 특징 아닌가? 필자는 다음과 같이 언급한 바 있다(Raiffa, 1982, p.2).

게임 이론은 분쟁의 주역들이 매우 합리적이어서, '참가자들'이 '게임의 규칙'을 너무나 잘 이해하고 있으므로 각 참가자는 자신이 생각하는 것에 대해 다른 사람이 생각하는 것을 알 수 있다. 하지만 실제 사례는 좀 다르다. A사 운영 부사장인 X 씨는 자신에게 문제가 있다는 것을 알고 있지만, 자신에게 가용한 결심 대안이 무엇이 있는지는 잘 모르며 그의 적(B사와 C사)이 문제의 존재 여부 자체를 인식하는지조차 확신하지 못한다. 만일 A, B, C사가 이러저러한 방식으로 행동한다면 그는 각각에 대한 보상이 어떻게 될지 예상할 수 없으며, 적의 보상은 커녕 자신의 보상을 어떻게 평가해야 할지도 모른다. B사와 C사의 선택과 관련된 것 외에도 온통 불확실한 것투성이며 이러한 부수적 불확실성에 대한 객관적 확률 분포를 알 수 없다. X 씨는 불확실성과 자신이 직면한 가치 절충에 대한 스스로의 생각을 정리하기도 어려우며, B사의 Y 씨와 C사의 Z 씨가 자신이 생각하는 것에 대해 어떻게 생각하는지 평가할 마음의 여유가 없다. 실제로 X 씨는 주로 Y와 Z가 자신들의 문제와 완전히 무관한 것으로 간주할 특이한 문제에 대해 생각하고 있다. 하지만 게임 이론은 극도로 스마트하고 모든 것을 알고 있는 사람들이 경쟁 상황에서 행동해야 하는 방식만을 다루므로, X 씨가 처한 문제의 늪에 직면했을 때 해줄 수 있는 말이 거의 없다.

필자의 저서(Raiffa, 1982)는 비대칭적으로 처방적 - 규범적이다. 다른 논쟁자들에 대한 행동의 기술 모델에 기초하여 주어진 논쟁자에 관한 결정 분석 기법을 처방적으로 적용한다. 형식 이론은 주관적 기대 효용 이론에 기반을 두지만 효용 함수를 완전히 공식화하지 않아도 의사결정 분석에 대한 통찰력을 얻을 수 있는 경우가 많다.

현명한 처방은 이상적으로 훌륭한 기술에 바탕을 두어야 한다. 그런 점에서 국제협상의 훌륭한 분석은 변화를 위한 처방에 앞서야 한다. 국제협상이 어떻게 이루어지는지를 근본적으로 이해하기 전에 그러한 협상이 어떻게 이루어져야 한다고 규정하는 것은 주제넘은 일이라고 말하는 사람도 있을 것이다. 하지만 얼마나 근본적이어야 하는가? 이해의 과정은 끝이 없으며 처방적 분석은 무기한 연기될 수 없고 그래서도 안 된다. 사실, 처방의 지향은 기술적 연구의 새로운 프레임워크를 강조한다. 기술과 처방은 함께 성숙해 가야 한다.

협상의, 협상을 위한 분석

문헌에는 과거 협상에 관한 회고적 연구 내용이 풍부하며, 그중 일부는 행동과 전략을 합리화하고 이해하기 위한 체계적 분석과 모델링을 사용한다. 분석을 통해 실제 행동이 단순화된 유사 게임에서 합리적 행위자의 이상적 행동과 어떤 면에서 비슷한지 연구할 수 있다. 더욱이 게임 이론적 추론은 경험적 연구의 패턴에 영향을 미칠 수 있다. 추상적 이론에서 얻은 통찰 없이는 분명하지 않을 각도에서 조사를 추구하도록 할 수 있다. 이 모든 활동은 **협상**의 분석으로 볼 수 있다.

협상의 분석은 기술적이며 규범적 (혹은 추상적) 연구에서 아이디어를 얻을 수 있다. **협상을 위한 분석**은 다른 경향을 띤다. 논쟁자와 중재자(촉진자, 중재자, 또는 조정자)가 특정한 현실 세계의 협상 문제를 좀 더 잘 다룰 수 있도록 돕기 위해 고안되었기 때문이다. 앞서 살펴보았듯이, IIASA는 시스템 모델링에 대한 연구를 통해 협상을 위한 분석에 참여했다. 서유럽 국가들은 산성비 퇴적물 통제 방법에 대해 협상할 때 IIASA의 'RAINS' 모델을 사용한다. 협상자들은 국제 하천 관리 분쟁에서도 IIASA 모델을 사용한다. 식품 생산과 배급 시스템에 대한 IIASA 모델은 일부 국가에서 식량 정책 수립에 이용되어 왔다. 매사추세츠 공과대학교(MIT) 모델에 기반한 해양법 협상에서 심해저 채굴 관련 분쟁의 해결에 중요한 역할을 하기도 했다.

하지만 협상을 위한 분석은 분쟁 환경의 배경 모델링과는 다른 측면이 있다. 분석은 논쟁자나 중재자가 협상 전, 중간, 후의 행동 선택을 돕는 데 어떻게 사용될 수 있는가? 여기서 패러다임은 게임 이론적이기보다는 결정 분석적이다. 예를 들어, 대안은 무엇인가? (이익, 가치, 다른 논쟁자의 행동 및 물리적 매개변수의) 불확실성은 무엇인가? 정보를 수집할 때까지 어떤 행동을 지연할 수 있는가? 상충되는 여러 가지 목표는 어떤 것인가? 분석가는 이러한 행동 대안에 대한 확률 분포 평가를 위해 다른 사람들이 취해야 할 행동을 모델링할 수 있다. 이런 점에서 이와 관련하여, 정교한 분석가라면 행동 결정 이론에 관한 증가하고 있는 방대한 문헌을 활용해야 한다. 분석가는 자신의 결정 방법을 결정하기 위해 다른 사람들이 어떻게 결정을 내리는지 연구해야 한다.

분석가는 고객의 (효용) 보상을 최적화하려고 한다. 이는 IIASA와 같은 신규 기관에 비대칭적으로 경쟁적인 방향으로 보인다. 만일 고객이 중재자이거나 협상 규칙을 만든 사람이라면 그렇지 않을 것이다. 하지만 만일 고객이 논쟁 국가라 해도, 잠재적으로 윈-윈(win-win)이 가능한 세계에서는 놀랍게도 협력적으로 비대칭적 처방적 권고가 통하는 경우가 아주 흔하다. 다른 사람들의 필요에 공감함으로써 스스로에게도 이득이 될 수 있기 때문이다.

사전 중재 분석

IIASA는 관습적인 해결책이 통하지 않는 국제 분쟁, 너무 다루기 어려워 가능하면 균형 잡힌 동적 피드백 메커니즘을 포함하도록 주의 깊게 타협안을 도출해야 하는 분쟁들에 대해 적절하게 사전 중재 분석을 실시한다. 이러한 분쟁에는 팔레스타인-이스라엘 분쟁, 키프로스 분쟁 및 대기법에 관한 협상이 포함된다. 국가들이 협상에 들어가기를 꺼리는 이유 중 하나는 합의가 없는 불확실한 미래보다 더 정치적으로 나은 가능한 타협안이 보이지 않기 때문이다. 타협안이 받아들여질 수 있으려면 불확실성으로 가득한 복잡한 상호 작용 시스템을 지배하는 적응 제어 메커니즘을 통합해야 할 것이다. 이러한 논쟁의 실현 가능한 해결은 심층적 분석 없이는 불분명하다.

사전 중재 분석에는 다음 사항이 포함된다.

1. 중립적 관점에서 당사자들의 인식에 대한 요약을 포함한 갈등에 대한 역사적 설명
2. 당사자의 기초적·기본적 이익과 운영상의 이익에 대한 연구
3. 합의가 없을 때 시스템의 진화 방식에 대한 예측적(확률적) 연구
4. 갈등이 우호적으로 해결될 수만 있다면 잠재적 미래의 비전을 포함, 갈등 해결을 위한 창의적 혁신을 일으킬 브레인스토밍 및 고안 활동
5. 공식 당사자를 기꺼이 협상으로 유도할 수 있을 잠재적이고 공동으로 효율적인 일련의 계약 규명
6. 필요한 경우, 엄중한 처벌 없이 실제 탐색적 협상을 중단할 수 있는 방법 연구(Raiffa, 1985a)

IIASA는 이러한 사전 중재 연구를 하는 데 이상적인 환경이 될 것이다.

국제협상의 분석적 문제

양자 협상에서 가장 쉽게 논의할 수 있지만, 다자 협상에서도 마찬가지로 강력하게 적용할 수 있는 몇 가지 분석적 이슈를 살펴보자. 두 국가 A와 B가 복잡한 다중 이슈 협상을 하고 있다고 가정하자. 협상 이전의 단계에서 양국은 결정해야 할 문제를 정하고 각 이슈에 대해 몇 가지 가능한 해결책을 탐색했지만, 어떤 이슈에 대해서도 해결책에 공동으로 합의에 이르지 못했다. 이런 유형의 협상에 대한 이해를 돕기 위해, 각각 25개씩 네 개 그룹으로 분류한 100가지 이슈가 있다고 가정하자. 예를 들어 한 그룹은 경제 문제, 다른 그룹은 거버넌스, 안보, 주권 등에 관한 것이라고 하자. 각 그룹은 다시 계층화된 문제들로 구조화되어 있을 것이다. 협상 이전 단계에서 당사자들이 양쪽 모두에 공동의 이득을 가져올 수 있도록 창의적으로 문제 그룹을 규정하려 한다고 하자. 또한 이러한 문제에 대한 강력한 입장을 정하기 전에 먼저 해결해야 할 문제들을 종합함으로써, 공동의 원-윈 가능성이 있는 의제 형성 시도에 방해가 되는 성급한 전술 주장을 당사자들이 자제했다고 가정하자.

내·외부 협상의 동기화

각 당사자는 이제 해결해야 할 어려운 내부 협상을 하게 된다. A 국가의 경우를 보자. 국가의 전략과 전술을 인도할 수 있도록 $\{A_1, \cdots, A_i, \cdots, A_m\}$ 기관 내 위원회가 대표들로 형성되었다. 대표 A_1는 정치 분야를 대표하고, 대표 $\{A_{i1}, A_{ij}, A_{ini}\}$와 하위 협상에 참여할 수 있다. 또한 A 국가에는 단일한 외부 협상자 A^*가 있으며, 그는 자문단을 거느리고 있다고 가정하자. 우리는 A^*를 주인(principal) $\{A_i, \cdots, A_m\}$을 대리하는 대리인(agent)으로 간주할 수 있다. 가장 흥미로운 사례에서 주인들은 한마음이 아니다. 각 주인은 몇 가지 특별한 이익의 수호자일 것이다. 이러한 내부 협상이 공식화되어 있지 않은 국가는 많으며, 위원회는 합의 기반으로 운영된다. 따라서 외부 협상자 A^*에게 지침이 주어질 때, 그 지침은 주인 $A_1, \cdots, A_m$ 각각의 목록과 양립할 수 있는 극단적 입장을 취하게 된다.

이러한 내부적 합의는 *B*국가에서도 거울 이미지(mirror image)를 가지게 될 것이다. 따라서 *A**와 *B**(*B*국가의 외부 협상자)의 초기 입장이 서로 양립 불가능 하다는 사실은 놀랍지 않다. 어느 정도의 가식과 함께 정보가 교환되고 *A**는 다시 주인들에게 새로운 지침을 구하며, *B**도 마찬가지다. 이렇게 외부에서 내부로, 다시 외부로, 계속 오고 가며 협상이 진행된다. 외부 협상은 *A**와 *B**의 창의적 탐색은 거의 없이 입장 협상이 되는 경향이 있다. 각각이 내부의 분열된 파벌이라는 제약으로 발이 묶이기 때문이다. 만일 외부 대리인 *A**와 *B**가 기적적으로 공동 타협안에 동의한다 해도, 제안된 합의는 내부의 각 주인에게 비준받아야 한다.

많은 경우, 외부 대리인 - 협상자에게 주어지는 연속적 지침은 엄밀하게 구성되며 이슈 간 균형을 어떻게 평가할지에 대해서는 거의 알 수 없다. 그저 "다시 돌아가서 알아내라"가 작전 전략이라 할까.

마이어(Mayer, 1988)는 시뮬레이션 환경에서 이 문제를 단순화하여 조사한다. 외부 대리인 *A**에게 두 주인(A_1, A_2)만이 있고 외부 협상에서는 두 이슈(돈과 시간)만을 다룬다. 주인 A_1은 이슈 1의 수호자이고 A_2는 이슈 2의 수호자이다. 실험실에서 팀 {A_1, A_2}는 *A**에게 *B**와 A_1과 A_2의 이익이 균형을 이루는 타협안을 모색할 것을 지시한다. 대리인 *A*는 이러한 제약 때문에 *B**와의 차이를 이용하여 공동으로 바람직한 외부적 성과를 결과를 얻어낼 수 없다. *B**의 이익 때문에 아마도 *A* 팀은 A_1과 A_2의 이익과 균형을 이루지 못하는 외부 합의에 동의하는 것이 바람직할 수도 있다. 예를 들어, A_1은 기뻐 날뛰는데 A_2에게는 어느 정도만 유리하거나 어쩌면 다소 불리할지도 모른다. 마이어의 실험에서 A_1과 A_2는 한 가지 문제만이 아니라 다른 문제들에도 관여한다. 대리인 *A**는 내부적으로 A_2보다 A_1에 유리한 합의를 *B**와 선택할 수 있다. 하지만 그다음 A_1은 이 외부 문제를 다른 기회에 *B*와 연결하여 다른 측면에서 창의적으로 A_2에게 보상을 할 수 있을 것이다.

창의적 보상

필자는, 국제협상이 효과적으로 타결되지 않는 이유는 종종 내부 협상이 제대로 이루어지지 않고 내부와 외부 협상이 조정되지 않기 때문이라고 생각한다. 그 전형적인 예가 무역 협상이다. 두 국가 간 무역 자유화는 각국에 이익이 될 수 있지만 한 국가 내에 큰 손실을 보는 집단(예: 농부, 산업근로자 등)과 수많은 작은 이익을 보는 이들이 있을 수 있다. 내부 협상의 요령은 승자들이 패자들에게 적절한 보상을 함으로써 협상을 막는 연합이 형성되지 않게 하는 것이다.

무역 협상에서 전략적 게임 이론 문제도 잠시 언급해야겠다. B 국가가 무역 정책을 자유화하지 않는다 해도 A는 자유화하는 것이 이익이 될 수 있다. 하지만 A가 자유화되면 B는 무임승차로 역시 이익을 보게 되며, B가 자유화하지 않으면 안 되도록 A가 자유화하지 않는 것이 A에게 이익이 될 수도 있다. 만일 A가 자유화하지 않겠다고 위협하면 역설적으로 B에게 이익이 될 수 있는데, 왜냐하면 이 경우 B가 잠재적 패자(내부의)들에게 좀 더 타협적으로 되도록 호소하거나, B의 잠재적 승자에게 패자를 무시하거나 매수하도록 호소할 수 있기 때문이다.

내부 중재자로서의 외부 협상자

이제 외부 대리인의 예로 돌아가 보자. A^*는 주인 A_1에서 A_m까지를 대표해야 한다. 어떤 상황에서는 A^*가 외부 협상자뿐 아니라 내부 협상의 촉진자 또는 중재자 역할도 해야 한다. 외부적으로 B^*와 합의를 이루려면 A^*는 A_1에서 A_m의 하위 집합이 다른 하위 집합에 대해 공통 전선을 제시하는 내부 연합의 역학에 들어가지 않을 수 없다. 물론 이는 A^*가 내부 논쟁의 중립적 중재자로 받아들여지고 싶은 경우 위험한 게임이 될 수 있을 것이다.

내부든 외부든 협상은 공적일 수도 사적일 수도 있고 이에 따라 문제는 더욱 복잡해진다. 예를 들어 A 국가의 내부 협상이 공적인데 B 국가는 사적이라고 해 보자. 이 상황이 A에게 불리할까? 어떤 경우는 그렇지만, 어떤 경우는 주인 A_i

의 내부 입장이 A^*의 약속을 더욱 신뢰할 수 있게 만들 수도 있다. 미국-캐나다 무역 협상에서 미국의 내부 논쟁은 내부 캐나다 파벌들의 입장을 더욱 굳건하게 만들었다. 시스템을 하나의 유기적 전체로 보고 미묘한 타협안을 만들 수 있을 것이다.

상충관계(Trade-Offs) 공식화

이제 뒤로 물러나서 문제를 단순화해 보자. A^*가 주인이 한 명만 있거나 주인들이 한마음이었다면 이상적으로 A^*는 A 국가가 문제에 대해 어떻게 느끼는지 일관성 있게 상세히 알아야 한다. A^*의 지침에는 각 문제의 다양한 가능한 해결 방법에 대한 우선순위와 다양한 문제의 중요성이 표시되어야 한다. 협상 중, A^*는 이슈 전반에서 다양한 상충관계에 맞닥뜨리게 된다. A 국가는 이슈 j에 대한 움직임에 보상이 있다면 이슈 i에 대한 해결책을 한 층위에서 다른 층위로 옮기는 것을 선호할까? A^*의 지시가 완전하고 일관된 상충관계를 명시했다면, 상대 B^*와 공동으로 효율적인 결과를 건설적으로 추구할 수 있었을 것이다. 만일 이러한 지시가 불완전했다면, A^*는 더 명확히 하기 위해 주인에게 여러 번 돌아가야 했을 것이고 외부 협상 프로세스는 성가시고 지지부진했을 것이다.

주인 한 명이 여러 이슈 전반에 걸쳐 완전하고 일관적인 상충관계를 표현하기조차도 어렵다. 더욱이 여러 명의 주인이 서로 대치할 때는 말할 것도 없이 훨씬 어려워진다. 만일 A^*의 지시가 애매하다면, 자기 모순적은 아니라 해도, A^*가 특정 상충관계를 가지고 주인들에게 돌아가면 주인들의 집단적 마음을 집중시키는 데는 도움이 될 수도 있다. A 국가에 이런 제안을 할 유혹을 느낄 것이다. "외부로 나아가기 전에 내부 행동을 완전히 통합하라". 하지만 이 조언은 A 팀의 내부 협상이 지나치게 분열적이지 않는 한 부적절하다. 내부에서 약간의 조화를 이루기 위해 외부 협상에서 어느 정도의 효율성은 희생해야 할지도 모른다.

서로 다른 이슈에 대한 서로 다른 해결책 사이의 상충관계를 결정하는 데는 각국이 이러한 상충관계를 보다 기본적인 기저 이익과 관련시키는 것이 도움이 된다. 이슈에 대한 해결책은 기본적인 기저 이익이라는 목적을 위한 도구적 수단으로 간주할 수 있는 경우가 많다. 협상 당사자들이 이슈 간 타협(목적을 위한 수단)을 해야 한다고 해도, 기본적 이익에 대해 서로 공개적으로 공유하는 것은 건설적인 일이 될 것이다. 이러한 이익을 서로 더 잘 이해함으로써 타협과 혁신에 대한 창의적 아이디어를 자극할 수 있다. 물론 때로는 당사자들이 문제 수준에서 타협에 동의하면서 더 근본적인 이해에는 완전히 적대적일 수도 있다. 수단과 목적에 대한 이러한 언급은 내부 및 외부 협상에도 마찬가지로 적용된다.

협상의 분해

이제 큰 이슈 집합을 몇 개의 하위 집합으로 편리하게 나눌 수 있는 경우로 돌아가 보자. 예를 들어 100개 이슈를 각각 25개 문제로 구성한 네 개의 하위 집합(경제, 안보, 환경, 정치)으로 나눌 수 있다. 경제, 안보, 환경, 정치라는 그룹에 걸쳐 있는 문제들보다 경제 문제들 사이에서 일관된 상충관계 집합을 명확히 표현하는 것이 더 쉽다. 실제로 A^*의 주인 중 상당수는 특히 지식이 풍부하고, 예를 들어 경제 문제에만 관심이 있을 수 있다. 극단적으로 전체 협상을 네 가지 하위 협상 집합으로 편리하게 분해될 수 있다. 하지만 두 가지 점에서 느슨하게 묶여 있을 수도 있다. 먼저, 예를 들자면 경제 하위 집합의 상충관계는 경제 영역 외부의 이슈들이 어떻게 해결되느냐에 달려 있을 수 있다. 더 공식적인 용어로는 일련의 경제 문제는 비경제적 문제와 항상 독립적이지는 않다. 둘째, 네 가지 하위 협상은 공동의 이익을 추구하려는 시도로 연결될 수 있다. 예를 들자면 한쪽에서 경제 사안에서 양보하고 그 대가로 안보 사안에서 이익을 취하는 식이다.

협상의 분해 문제에 대해 논평하면서 A^*와 B^*에 대한 지침에서 경제 사안의 집합이 우선적으로 다른 사안과는 독립적이라는 단순화된 가정에서 출발하자. 이 경우 양국이 사안을 분해한 뒤 경제적 사안의 하위 협상에 참여하는 것이 합리적일 것이다(마찬가지로, 군비통제 협상에서는 전략적 핵무기를 재래식 군비와 분리하여 협상하는 것이 바람직할 것이다). 하지만 경제 하위 협상에서 경제, 안보, 환경, 정치 간의 폭넓은 상충관계를 무시한 채 독립적으로 경제 사안을 해결하려 한다면 효율적이지 않을 것이다. 만일 A 국가와 B 국가가 이 사안 집단에 중요성을 달리 부여한다면 영역별 형평성이 제공되지 않는 해결책을 찾는 것이 더욱 효율적일 수 있다. 다시 말해, 경제적 사안에서 혜택을 일부 포기하고 그 대신 다른 사안에서 보상을 받는 것이 바람직할 수 있다는 뜻이다. 그렇다면 A^*는 경제 문제를 협상하게 될 하위 대리인들에게 어떤 지시를 내려야 할까? 경제 사안의 상충관계를 고려하면 경제 문제 하위 대리인은 경제 문제에서는 B로부터 확실한 타협안에 이르고 싶어 하지 않을 것이다. 만일 경제 하위 대리인이 25가지 경제적 사안을 다루고 있다면 수백만 가지 공동 협약이 가능하겠지만, 이 중 대부분은 공동(또는 파레토) 비효율적일 것이다. 여기서 하위 대리인들의 임무는 공동으로 비(非)경쟁자를 제거할 수 있는 정보를 공유하고, 하나의 효율적인 타협이 아니라 공동에게 효율적인, A에게 불행한 것에서부터 특별히 바람직한 것에 이르는 일련의 계약을 규명하는 것이다. 우리가 변경에 있으므로, 이들은 B에 대해 역순(逆順)으로 우선순위를 가질 것이다. 적절한 선택을 위해 경제 및 기타 문제의 균형 유지는 하위 에이전트의 조정자 A^*의 임무로 하면 주인과 협력하여 경제 문제에 대한 타협적 합의에 이를 수 있을 것이다.

지금까지 경제적 문제의 하위 대리인의 임무에서 기술했듯이, 이 협상의 성격은 이런 식으로 분해된 대부분의 협상들과는 다른 특징을 갖는다. 협상에 참여한 당사자는 생성과 요구 전술 간의 균형을 세심하게 유지해야 한다. 자신에게 유리한 자기주장을 약화시키지 않는 한 공동의 이익 추구를 위한 정보 교환에 지나치게 협조적이어서는 안 된다. 하위 협상으로 분해된 협상에서 하위 대리인들의 목적은, 요구 전술은 줄이고 창의적이고 탐색적인 전술은 늘리는 방향이어야 한다. 필자는 하위 대리인들이 이러한 탐색적 임무를 수행할 적절한 지시를 받지 못하고 있다고 생각한다. 하위 대리인들은 지나치게 자신의 영역에서 합의에 이르는 데에만 급급하여 전체적인 영역 간에 충분한 타협이 이루어지는 합의를 방해하는 경향이 있다.

분해가 가능한 협상의 논의를 계속하기 위해 위에서 잠깐 언급한 또 다른 측면에 대해 언급하겠다. 경제 문제뿐만 아니라 비경제적 문제의 협상을 감독해야 하는 A^*에게는 경제 하위 협상을 위해 하위 대행인들에게 지시를 하는 것이 어려울 것이다. 왜냐하면 경제적 사안에 관한 상충관계가 비경제적 문제에 대해 합의된 바와는 우호적으로 독립적이지 않기 때문이다. 선형 계획법의 분해 기술에 익숙한 독자는 문제뿐 아니라 '과정은 반복적이어야 한다'는 잠재적 해결책을 모두 다 잘 알 것이다. 비경제적 문제에 대한 가능한 결과의 범위가 점차 명확해짐에 따라 경제적 문제에 대한 상충관계는 비경제적 문제에 대해 예상된 결과에 따라 수정되어야 한다. 문제는 과정이 재귀적이라는 것이다. 비경제적 이슈의 상충관계는 경제 하위 협상의 해결에 달려 있다. 이러한 영역 전반에 걸친 선호가 더 밀접할수록(다시 말해 더 우호적인 상호 의존이 있을수록), 그 과정은 더욱 반복적으로 된다. 물론 실제로 수렴되지 않을 수도 있다. 중요한 점은 과정이 복잡하다는 사실이다. 과정은 고도로 분석적이어야 하지만 실제 협상에서는 거의 그렇지 못하다. 제대로 되지 않았을 때의 처벌은 각 영역(예: 경제)에서 형평성을 달성하는 대신 부문 전반의 효율성을 추구하지 않는 타협을 택하는 경향이 있다는 것이다. 더욱이 이러한 경향은 경제학 영역 내에서도 동일한 과정이 작동하기 때문에 증폭될 수밖에 없다. 경제 내에서의 분해도 같은 반응을 일으킬 수 있다. 또한, A 측에 경제 문제와 관련된 몇몇 주인들이 있을 수 있다. 그들은 서로 간에 형평성을 원할 것이고 승자에서 패자에 이르기까지 창의적 측면 보상을 사용하는 것이 허용되지 않을지도 모른다. 이 모든 것이 진정한 창의적인 해결책을 위한 범위를 제한하는 경향이 있다.

일부 골치 아픈 국제분쟁(예: 아랍-이스라엘 분쟁, 영국-아일랜드 분쟁, 키프로스 분쟁)의 까다로움과 환경 문제(예: 지구 온난화—중국이 석탄을 사용하지 않도록 누가 돈을 지불할 것인가?)에 관한 선진국과 개발도상국 간 협상의 엄청난 복잡성을 고려할 때, 가능하다면 합의는 독창적으로 되어야 하며 우리가 기대하는 일반적인 보수적이고 점진적인 협상 합의와는 근본적으로 달라야 한다. 협상 수행 과정은 논쟁자들 사이의 대처하기 힘든 차이점보다는 해결책 창출의 측면에서 더욱 중요하다. 그리고 훌륭한 응용체계분석이 여기서 유용한 역할을 할 수 있을 것이라고 확신한다.

제 2 장

새롭게 떠오르는 국제협상 체제

빅토르 A. 크레메뉴크

국제협상에 대한 전통적인 관점은, 주권을 가진 당사자들이 만나 분쟁에 대한 합동 혹은 상호 간에 수용 가능한 해결책을 찾고자 느슨하게 묶인 자율적인 상황의 집합체라는 인식이다. 여기에는 그럴 만한 이유가 있는데, 협상 집단은 모국이나 해외에서 전통적인 구식 외교를 펼칠 때 '간섭자'들로부터 격리된 곳에서 대화하는 데 관심을 가져왔다는 것이다. 이는 협상 관리(management)의 전통적 방식인 협상 테이블에서 특별 대표를 통해 정부 대 정부 간 의사소통을 가능하게 했다. 의사결정 과정 역시 동일선상에서 조직화되어 왔다.

협상 프로세스의 중심은 협상자이다. 이 협상자의 기술, 지식, 경험, 지적 수용력, 사교 능력이 보통 협상의 결과를 이끌어낸다. 이런 조건에서의 협상 효율성을 높인다는 것은 적절한 사람을 고르고, 이들을 교육하고, 이들이 해야 할 일은 제대로 하기를 기대함을 뜻한다. 정부와 협상자 간의 강력한 연결 관계는 보통 협상자에게 행동의 자유를 거의 주지 않는다. 협상자가 할 수 있는 것은 허용된 권한의 범위 내에서 능력을 최대화하는 것뿐이다. 협상 상대방 역시 똑같은 역할을 하므로, 적절한 협상 전략을 선택하고 상대방이 이를 받아들이게 설득하는 것이 협상 프로세스의 핵심이 되어왔다.

이는 오늘날에도 별반 다르지 않다. 정부는 협상자에게 제한적인 권한 위임을 지속하면서도 모든 협상은 결정 지원 과정에서 외교 관례와 과학적 연구 간의 연결 강화를 통해 바람직한 결과를 도출해 오기를 기대한다. 협상은 본질적으로 국가 외교정책의 연장이라는 원칙은 협상과 관계된 모든 개인과 정부 기관의 사고 속에 견지되어 왔다.

하지만 이면적으로 보면, 국제협상 영역에 중요한 변화가 있었다. 우선 협상 빈도가 늘었고, 기술적·정치적으로 더 복잡해졌을 뿐 아니라, 논쟁 중인 이슈에 대해 강제적인 해결책을 대안으로 선택할 새로운 차원도 열렸다. 이런 발달과 계속 지속 중인 전통적인 접근법 간의 중첩되는 부분은 장애물을 만들고 교착 상태를 일으켰고, 나아가 이론가와 실행가들 사이에 광범위한 불만을 야기했다. 흔히 협상이 길어진다고 하더라도 그 효율성이 함께 높아지는 것은 아니라고 말한다. 그렇게 합의서에 서명이 이루어졌다 하더라도, 그 협상이 불평등하거나 불공평하다고 간주되는 경우가 많으며, 결과 역시 회의적으로 될 수 있다.

국제협상 영역에서 돌파구를 마련하기 위해서는 무엇인가를 해야 한다. 이번 장에서 제시하는 접근방법 하나는, 국제협상이라는 전체 덩어리를 자기만의 규칙과 절차를 갖춘 새롭게 떠오르는 하나의 체계로 간주하는 것, 그리고 그 결과를 적절하게 평가하고자 하는 것이다.

국제협상의 새로운 발달

수많은 국제협상이 지속적으로 늘어나고 있다는 사실을 새삼 진지하게 입증할 필요는 없다. 현존하는 정보만으로도 실제 협상의 수가 제2차 세계대전 후, 그리고 냉전 후에 꾸준히 증가해 왔다는 충분한 증거를 제시한다. 국제연합(United Nations: UN)과 산하 기구, 그리고 국제단체에서는 다양한 이슈에 대해 끊임없는 협상이 이루어지고 있다. 심지어 유럽안보협력기구(Organization for Security and Cooperation in Europe: OSCE)나 유럽연합(European Union: EU), 세계무역기구(World Trade Organization: WTO), 북대서양조약기구(North Atlantic Treaty Organization: NATO), 경제협력개발기구(Organization for Economic Cooperation and Development: OECD) 같은 상설 협의 포럼도 존재한다. 그뿐만 아니라 아프리카, 동남아, 아랍 세계, 라틴아메리카 같은 세계 곳곳의 지역에서는 지역 기구의 정기적인 회의가 열린다. 개별 국가들은 안보, 무역, 양자 관계, 영사 문제, 예술, 과학 교육 분야 교류 같은 이슈를 놓고 협상을 시작한다. 국제협상의 커다란 동력이 된 것은 범국가 기업(Transnational Corporations: TNC)의 등장과 국경을 추월하는 활동의 증가 추세이다. 협상의 증가는 협상자 및 의제 목록의 증가와 평행을 같이한다.

국제무대에서 가장 중요한 행위자는 여전히 협상에서 가장 주요 '통화(通貨)' 역할을 하는 '주권'의 독점적인 소유자인 국민국가(nation-state)이다. 비록 협상의 최종 결론은 돈, 혹은 국제 관계의 경우 감축시킬 무기의 양, 앞으로 취하게 될 조치 등으로 측정할 수 있지만, 실제 협상에서 교섭은 자주성 문제에 기반한다. 협상의 결과로 협의서를 얻으려면, 협상에 임한 양쪽은 각자의 자주성을 제한하고, 접촉자(Point of Contact: POC)끼리 사전에 정한 내용을 따라가기로 합의해야 한다. 현존하는 국제체제에서는 오로지 국민국가만이 이런 것들을 할 권리가 있으며, 국제협정에 대한 동의는 항상 정부에 의해 빈틈없이 보호되는 정치적 문제이다. 특히 '세계적 관여주의자(globalist)'와 그 대척점에 선 집단 간의 논쟁과 논란이 최근 떠오르는 국제체제의 핵심 단계 신호로 발전하면서, 지난 몇 년간 매우 두드러져 왔다.

하지만 정부와 나란히, 국제관계에서 민족국가의 축복을 받고 협상자로의 권리를 얻은 새로운 집단이 등장했다. 국제기구, 주요 기업과 산업체, 정치집단과 운동단체, 사회와 종교공동체 등이 그들이다(이 분야를 분석하려면 제7장 참조).

오래전, 국제기구는 국제 행위자의 위상을 얻었다. 만약 19세기에 처음 설립된 기구가 단순한 등록사무소 정도에 지나지 않았다면, 현대의 국제기구는 국제적 위상을 갖추고 있고, 협상이 진행되고 집단이 협상하는 만남의 장소 역할도 한다. 주요 기업은 정부로부터 얻은 허가서를 갖고 해외와의 거래 성사를 위한 협상을 한다. 정치 집단이나 운동, 그리고 사회 및 종교공동체도 오늘날 동일하다. '공공외교'라는 표현은 협상 교환과 거래에서 공공 기관의 적극적인 역할을 나타내기 위해 만들어졌다(예를 들자면 '그린피스'[1]의 그것을 말한다).

협상 의제에 대한 이슈 범위 또한 엄청나게 높아졌다. 과거의 전형적인 협상은 주로 안보, 국경, 무역 이슈에 중점이 맞춰졌다. 이들 이슈는 주로 앞선 선례에 근거해 어떻게 협상해야 하는지에 대한 검증된 패턴이 있었다. 이제는 신기술의 등장, 협상자의 증가, 안보, 무역, 국경 문제의 등장으로 더 상세해지고 다양해졌다. 또한 이슈의 범위는 과학과 기술의 변화, 인도주의적 문제 등이 포함될 만큼 넓어졌다. 전통적으로 순전히 내부적인 문제로 간주했던 여러 이슈는 국제적인 문제가 되었다. 이 범위는 인권 문제부터 시작해 위성 전송 기술의 등장에 따라 TV 프로그램까지 커버했다.

국제협상은 이미 시설이 확립되고 인정받은 지역(뉴욕, 제네바, 빈, 스톡홀름)에서 서서히 떠오른 고정된 인원으로 외교 활동을 하는 영구적인 형태가 되었다. 군비통제와 무장해제 영역에서 협상 프로세스는 평균 5~7년이 걸렸으며, 종종 그보다 길어지기도 했다. 다자간 협상의 새로운 형태는 그저 끝도 없을 것으로 간주하는 것이 보통이었다.

피셔(Fisher, 1986)는 이 분야의 주요 난제들을 종합해 보고자 했다. 그의 분석은 두 가지 협상 모델을 사용한다. 하나는 전통적(T) 방식, 또 하나는 대안(A)이다. 전통 모델은 실상에서 보통 벌어지는 일을 가장 정확하게 묘사하며, 대안 모델은 협상 관례의 새로운 요소에 대한 그의 관측과 향후 변화에 대한 가장 바람직한 반응을 적절히 포괄한다.

T 모델 구조에서 협상은 외교관들이 포함되어 매우 정중하고 공식적인 협상 기간을 갖는 경우에서 일어난다. 정부는 공식 회의 전에 자국 외교관들에게 매우 상세한 지침을 하달한다. 이 과정은 즉각적인 단기 결과에 목적을 둔 협상 혹은 양보 조건의 교환이다. 협상자들은 구속력을 갖춘 협의서를 가지고 협상장을 떠나고 싶어 한다.

모델 A 포맷에서의 협상은 비공식적인 실무 협의 기간에 일어난다. 보통 정부나 비정부 전문가 혹은 임시 위원회가 이 기간에 참여한다. 각 정부는 자국 대표단에게 권고를 하달한다. 이 과정에는 행위자들 간의 공동의 문제해결과 브

---

1) (옮긴이 주) 그린피스 인터내셔널(Greenpeace International)을 말한다.

레인스토밍(brainstorming)이 포함된다. 이러한 협의는 보통 조언이나 지침을 결과물로 제시한다.

두 서술 모델을 통해 설명하려는 피서의 시도는 협상 구조의 내재적 변화가 적절한 변화의 방향을 가리킨다는 점을 보여준다. 다양한 국내 및 국제 차원의 장기 요소적 결과로 협상의 형식과 구조는 이미 진화하기 시작했으며, 이 변화의 본성을 이해하고 이 게임의 새로운 규칙을 만들기 위한 시도가 요구된다.

변화에 대한 기본적 전제 요소

국제협상의 성장은 처음에는 자연발생적이고, 통제할 수 없는 과정으로 보였다. 사실 국제협상이 어떤 방식으로 진행되어야 한다는 방법의 변화를 결정하는 일반적인 국제회의나 포럼은 없다. 그런데도 협상 프로세스의 개혁은 특별한 결정을 통해 소개되었고, 각각은 협상 집단의 필요에 대응하고 있다. 하지만 그 뒤에는 즉흥적으로 보이나, 모든 국제관계 영역에서는 변화를 짜는 지배적인 역할을 하는 국제개발 목적의 논리가 있다.

세계 체제는 전환 단계에 있다. 구조적으로 이는 1950년대의 양극화 세계에서 훨씬 더 다양해진 세계 구조로 이동 중이다. 우선 이는 전통적인 배열과 현존하는 분쟁 해결책의 패턴을 재고할 필요성을 일깨웠다. 전통적인 동맹들을 느슨하게 하고, 새로운 영향의 중심과 세계관의 변화, 문화적 접근법을 가져왔다. 두 가지 기본적인 협상 모델(동맹과의 협상, 그리고 비동맹국과의 협상)은 긍정적인 요소(공동의 문제해결 접근법 사용의 증가)와 부정적인 요소(가장 적합한 이가 살아남는다) 모두를 포함한 매우 특정되지 않은 하나의 모델로 통합되고 있다.

이 과정이 완성되려면 아직 갈 길이 멀다. 탈식민지화는 거대하다 못해 다소 느슨한 정치 단체들(즉, 구(舊)식민제국)을 새로운 독립 국가 집단체로 변모시켰다. 이들 국가는 국제 체계를 자신들의 문제(개발, 국경 분쟁, 무장 충돌, 국내 분쟁)이자 접근법(비동맹 철학, 지역 기구의 적극적인 역할, 국제기구의 새로운 집합체, UN의 투표방식 변화)으로 삼았다. 이들 국가는 계속해서 다양화하고 있다.

냉전 종식과 소비에트 연방 해체의 결과로 다수의 새로운 독립국(구소련 동맹국과 소비에트 연방국)이 출범했으며, 그에 따라 안보와 경제개발 분야의 활동이 크게 증가했다.

세계경제개발의 여러 결과는 새로운 정치세력과 권력의 중심 및 영향을 야기했고, 새로운 이슈와 새로운 논쟁거리도 등장하게 되었다. 선진국의 세계에는 '8개국(미국, 캐나다, 영국, 독일, 이탈리아, 프랑스, 일본, 러시아)'이 주기적으로 살펴보는 그 자체만의 경제 문제가 존재한다. 유럽연합(EU)은 드디어 진정한 공동체 달성의 희망을 안고 추진되었다. 동시에 구(舊)공산 국가들은 잘못 설계된 경제개발을 시도하면서 큰 고난을 겪었으며, 구식민제국의 거대한 지역이 일종의 석기시대 경제로 회귀했다.

기능 측면에서 이 과정은 국가 간 교류의 전통적 의미 변화와 함께했다. 군사력의 가치는 핵전쟁의 불가능성과 법체계의 힘이 증가함에 따라 갈수록 약해졌다. 경제력의 가치 역시 그 중점이 단순한 상품과 원자재의 생산에서 금융 및 기술적 혁신으로 이동하면서 변화했다. 인도적 문제 중요성의 증가 역시 전통적 권력 체제와 교류에 대한 새로운 차원을 열었다.

이들 과정의 최종 결론은, 국제 수준에서 해결되어야 할 문제가 계속 늘어나고 있다는 것이다. 여전히 제2차 세계대전의 최종 단계와 관련된 일(예를 들자면 러-일 평화조약)을 비롯한 해결해야 할 전통적인 문제들에 더하여, 지역 분쟁 해결이나 잠재적 NATO 확장의 결과 완전히 새로운 문제들이 등장하였다. 예를 들면 산성비, 오존층 파괴, 우주 공간의 비군사화, 기술이전 등등이 그것이다.

이들 절차는 국제체제의 다른 요소와 겹치거나 상호 연관성을 갖는다. 바로 국가 간 상호 의존성 증가의 문제이다. 이 상호 의존성은 여러 측면이 있으며, 그중 가장 중요한 핵심은 안보 문제에서의 상호 의존성이다. 현시대에서 모든 국가의 국가안보는 타국의 안보와 분리될 수 없다. 타국의 안보를 위협한다면, 그것은 한 국가에 대한 안보 위협으로 끝날 수 없기 때문이다. 안보 문제의 유일한 해결책은 공동 안보로, 이는 국제협상의 통합적이고 논리적인 체계를 통해야만 달성할 수 있다. 다른 측면은 경제이다. 경제성장과 국가의 개발은 그들만의 국정이 아니게 되었다. 크건 작건 그 어느 국가도 외부 세계로부터의 협력,

그리고 외부 세계와의 협력이 없이는 대응할 수 없다. 다음 측면은 협상해야 하는 환경 문제의 중요성 증가다.

상호 의존성 증가의 과정은 국가들이 상호 간 의존적으로 되는 새로운 영역이 포함되도록 광범위해질 뿐 아니라 강화될 것이다. 그 의미는 국가들이 상호 간 의존적으로 되는 영역 역시 상호 의존적이 된다는 말이다. 예를 들자면 안보와 경제 사이, 군비통제 및 개발(국제회의에서 수많은 토의의 이슈가 되는 '평화 배당금') 사이, 경제와 환경 사이의 상호 의존성을 생각해 보면 된다. 안보는 신뢰에 의존하는 바가 크다는 점을 고려하면, 인권 문제 역시 국제적인 관심사가 되어 가고 있다.

논란이 되는 여러 문제 또한 이들 상호 의존성의 두 영역의 단면에 나타났다. 가끔 이들 문제는 전통적인 특징을 띤다. 안보, 무역, 금융, 환경 등등의 논란과 분쟁이 그것이다. 하지만 상호 의존성의 복잡한 네트워크를 존재하게 하고 만들어내는 환경적 관점에서 보자면, 이런 논란의 이슈는 상호 연결되고 의존적인 분쟁 네트워크를 이룬다. 이때 이러한 분쟁의 주요 특징은 다른 영역으로 흘러넘치거나 확대된다는 것이며, 따라서 모든 논쟁적 이슈가 상호 연결된 분쟁의 '다층적' 형태를 이룬다.

상호 의존성 증가의 객관적 과정에 크게 추가되는 것은 탈냉전 시대의 새로운 정치 상황이다. 그 특징 중 하나는 세계의 무결성에 대한 인식과 현재나 미래가 분열됨에도 정치 상황을 완전한 시스템으로 간주하려는 시도이다. 이런 관점에서 보자면, 모든 살아 있는 생물 체계의 자기 파괴 가능성을 완벽하고도 절대적으로 제거하기 위한 수단과 방법을 찾아야 하는 문제가 있다. 또 다른 특징은 변화가 분쟁의 씨앗으로 전환되지 않도록 적응적 구조를 창조하는 아이디어이다. 세 번째 특징은 이데올로기 분쟁과 종교적 성전 가능성을 배제하는 공통적 인간 가치에 대한 기본 체계를 만드는 목표이다.

새로운 정치 상황의 출현은 세계 관계의 속성 변화를 공고히 하기 시작했으며, 국제관계에서 '적'의 이미지를 파괴하고 '반(反)이데올로기화'하는 데 적극적으로 이바지하고 있다. 이는 예전 적들의 적대 관계에 있어 긴장 수위를 낮추는 일련의 결정을 채택하게끔 해주었다. 덧붙이자면, 이는 환경 보전이나 경제, 사회 안전과 같은 시급한 국제문제의 해결책을 찾는 데 대한 희망을 부여했다.

국가 간 관계의 새로운 원칙은 국제협상 프로세스에 중요한 발자취를 남겼다. 첫째, 이들은 수년 동안 협상이 진행되어 온 이슈 일부에 대해, 특히 전략적 전력 감소 분야에서 잠재적 해결책을 이미 제시한 바 있다.

둘째, 새로운 발달이 협상 실행에 대해 훨씬 더 개방성과 신뢰를 강화했으며, 또한 최소한 현존하는 협상은 성공적으로 완수될 것이라는 강한 희망을 부여했다. 이 점에서 새로운 생각이 가져온 특별한 특징은 협상 집단의 유동성이 더욱 커지고 입증된 문제에 대한 해결책을 적극적으로 찾는다는 점이다. 덧붙이자면 국가적 화해 정책의 새로운 발달을 가져왔고, 이는 지역 분쟁 일부에 대한 해결책을 제시할 수 있을 것이다.

셋째, 전 세계적으로 관계의 새로운 단계가 등장하고 미래 협상의 잠재적 의제로 새로운 문제 집단이 떠올랐다. 여전히 군비통제나 군비축소에 관한 일부 문제는 해결하기 위한 큰 관심거리로 남아 있다. 만약 세계 정책의 현재와 같은 경향이 지속한다면, 국제협상의 수는 갈수록 늘어갈 것으로 예측해도 크게 틀리지 않을 것이다.

공동의 문제해결 대 죄수의 딜레마

증가하고 있는 국제협상의 가장 큰 결과 중 하나는, 대체로 전통적인 선상에서 조직 중인 협상 프로세스가 갈수록 효과가 떨어지고 있다는 사실이다. 최소한 그중 가장 중요한 협상은 갈수록 더 오래 걸리고, 국제환경의 진화에 비해 뒤처지고 있다. 가장 분명한 예시는 안보, 무역과 금융, 기술과 관련된 문제이다. 달성된 협정은 매우 자주 부족하다고 간주하며, 이 때문에 비판에 취약하고 상대방의 폐기 주장을 허용하기도 한다. 국제협상 영역의 현 상태는 불만족스러우며 실질적인 개혁이 필요하다.

이는 오래된 국제협상 문제에도 적용되는데, 바로 서로 목표가 중첩됨에도 다른 두 개의 차이를 달성하기 위해 협상을 관리하는 것이다. 국제협상에서 한쪽의 목표를 달성하는 것, 그리고 동시에 과정이 안정되도록 하고 성공적인 결과가 도출되는 데 이바지하는 것(가끔 이는 첫 목표와 비슷하다)이 그것이다.

이들 목표를 달성하고 이에 따라 국제협상을 관리하는 방법은, 흔히 말하는 협상력을 키우고 이를 이용하여 효과적인 협상 전략과 적절한 전술을 강화하는 것이다. 기본적으로 이 방식은 대부분은 아직도 유효하다. 그렇다면 대체 무엇이 문제일까?

문제는 관리의 목적으로서의 국제협상이 더 복잡하고도 정교해졌다는 점이며, 갈수록 심해지는 이들의 복잡성에 대응하기 위해서는 성공적인 협상자가 전통적으로 말하는 협상력의 핵심을 고려해야 할 뿐 아니라 협상자 자신의 옵션과 제약은 이 시대 국제협상의 변화하는 환경 때문에 제한된다는 사실을 알아야 한다. 관리 과정과 관리 목표 간의 상관관계는 무엇이 관리되고 이를 어떻게 관리할 수 있는지 간의 균형을 맞추기 위해 다시 분석해야 한다.

단지 한 사람의 전술을 변화하거나 상대방 파트너의 허를 찌를 새로운 방법을 찾기 위한 목적이라면, 이 정도로는 부족하다. 국제협상은 새롭고 중요한 기능을 획득하기 위한 과정에 있으며, 이에 대한 적절한 평가가 없다면 이를 관리하기 위한 진정한 새로운 접근법에 대해서 말하는 것조차 불가능하다. 가끔 이런 새로운 기능은 그 자체로도 자명하지만, 때때로는 가시적이지 않기도 한다. 하지만 이것이 국제협상의 모든 문제를 전통적 접근의 재구성과 재고를 요구하는 국제환경의 새롭고 중요한 특성으로 다루기 위한 필요성을 변화시키지는 못한다.

이론적으로 전통적인 접근은 '죄수의 딜레마(prisoner's dilemma)' 모델에 기반한다. 분쟁과 협력 관계의 조합은 항상 협상의 중심에 있으며, 초창기 상태(대화를 시작하기로 한 협의)에는 최소한의 협력만 존재하다가 끝에 가서 합의서에 서명할 때가 되면 최대한으로 변한다. 협상은 이 두 시점 어디에선가 적절하게 이루어지며, 모든 과정의 골자는 분쟁을 극복하는 것이다. 이는 협상을 외교적 수단으로 계속 이어지는 분쟁으로 보이게 한다. 이 분쟁에서는 협상에 참여한 모든 집단의 주요 관심사가 협상력을 높이는 방법으로 이득을 최대화하는 것이다. 현실에서 이는 길고 긴 교섭이 되며, 심지어 최종 타협이 나오기까지 수년이 걸리기도 한다. 종종 협상이 실행 가능한 합의를 만들어내지 못하는 것도 이 이유 때문이다.

이 접근법은 전통적인 대립의 시대에서 협상이 관계의 기준인 더 큰 분쟁의 관점으로 보는 결과에 따라 형성되었다. 셸링(Schelling, 1960)은 이 접근법의 이론적 기반을 매우 특출하게 연구했으며, 전면적인 대결 상태에서 협상은 오로지 분쟁의 작은 일부분만 해결할 수 있는 복합적인 동기들이 깔린 분쟁의 경우로 봐야 한다고 결론을 내렸다. 이는 협상 전략에서 암시하는 초과제(超課題) 때문이다.

이 접근방식의 가장 주요한 현실적 결과는, 앞서 말한 바와 같이 협상이 매우 오래 걸린다는 점이다. 교섭, 양해 교환, 요구의 저울질, 요구 대응(counter-demand)은 모두 엄청난 시간을 소비하며, 특히 국내 협상에서 만들어진 요소들과 협상 테이블에서 각각의 새로운 상황이 본국의 관료주의 절차에 따라 관계 정부 기관과 입법기관을 모조리 거쳐야 한다면 더욱 그렇다. 다른 결과는 균형이 깨진 협의로, 이는 보통 타협이 즉흥적인 환경의 압력 아래에서 이루어졌거나 상대방의 양보를 짜낼 목적으로 이루어졌을 때 나타난다. 하지만 이런 즉흥적 요소의 중요성을 간과한다면, 협상의 정당성과 쌍방의 결과에 대한 평등성에 심각한 의구심이 발생하게 된다. 이는 본국과 해외에서 야기되는 비판에 취약할 수밖에 없게 하며, 이 때문에 합의는 무시당하거나 공식적으로 폐기되기도 한다.

더 많은 이론적 연구를 통해 이 접근방식에 대대적인 변화가 야기되었다. 액셀로드(Axelrod, 1984)는 죄수의 딜레마 모델에서부터 협상 집단의 교류가 일회성 사건에 제약받지 않고 순서대로 계속 반복될 시 발생하는 복잡한 동기에 의한 분쟁 사례를 연구한 뒤, 맞대응 전략에 근거한 쌍방의 행동은 가장 합리적인 잠재적 협력 성과에서 장기적인 결과로 나타난다는 사실을 발견했다.

공동의 문제해결 접근법은 국제협상에서 새로운 접근법이 아니다. 기본적으로 동맹 관계의 개념적 모델은 제2차 세계대전, 그리고 그 후 동·서 양쪽 진영에 정치 - 군사 블록이 형성되었을 때 광범위하게 개발되었다. 이런 NATO 회의나 바르샤바조약기구 정치자문회의 같은 메커니즘은 공동 문제해결의 원칙하에 주로 블록 내 안보 쪽 협상 활동을 시행한 것이다. 하지만 서방의 OECD나 이후 G7(혹은 러시아가 포함된 G8) 같은 추가적인 메커니즘은 이러한 원칙을 경제 및 금융 분야까지 확대하였다. 이런 형태의 협상 모델은 냉전이라는 매우 상세한 조건의 결과였지만, 이를 통해 새로운 보편적 모델의 싹으로 간주할 수 있는 중요한 협상 태도의 패턴을 도입할 수 있게 되었다. 이런 패턴으로는 집중적인 자문, 비밀 정보교환, 부담 분산, 문제해결의 원칙 공유 등이 있다.

공동의 문제해결 접근법은 죄수의 딜레마 모델의 가장 실행 가능한 대체물이 되어가고 있다. 이 접근법은 일부 사례에서 협상의 근간이 된 적도 있고, 이를 통해 협의가 체결되기도 했다. 이 경우 협상해야 할 문제는 이미 대화가 시작되기 전에 합의가 이루어졌으며, 모든 협상의 과정이 달성할 수 있던 것은 문제에 대해 납득 가능한 해결책이 나오게끔 했다. 대표적인 사례로는 남극 조약(1959), 핵확산 금지조약(NPT, 1968), 미-소 대탄도미사일 조약(ABM, 1972) 등이 있다. 문제해결 접근법이 사용된 다른 사례는 미-소 간 유럽 내 중거리 핵전력 철폐협정(1987),[2] 전술 핵무기 철수에 대한 공동결정(1989), 전략무기감축협정(Strategic Arms Reduction Treaty: START) 등이다.

아르바토프(Arbatov, 1988)는 지나치게 긴 교섭, 국내 협상의 복잡성, 협상 테이블에서의 위치에 대한 경직성, 대화 중 피할 수 없는 관료주의 절차 등, 협상의 최초 목적을 가끔 포기할 수밖에 없게 만드는 전통적 접근법의 부정적 관점을 분석했다. 그는 문제해결에 중점을 둔 대안 모델을 제안했다. 이 책임감 있는 외교관과 다른 정부 기관의 대표가 포함된 모델은 전문가 수준의 자문 기간을 꽤 길게 허용하며, 그다음에는 매우 고위급(외교정책기구의 수장) 수준에서 원칙적인 합의를 하는 것이다. 이 단계에서 적절한 상세 지침은, 합의 내용을 상호 간에 이해한 것을 단기간에 법적 문서에 들어갈 언어로 바꿔줄 이에게 맡긴다. 그 이후에는 협상자들은 집으로 돌아가면서 협상을 마무리 짓는다. 이는 고위급 수준에서 원칙적인 합의가 없다면 협상 자체가 성사되지 않으므로 매우 중

---

2) (옮긴이 주) Treaty on the elimination of intermediate and shorter-range nuclear forces in Europe.

요하다.

문제해결 접근법이 국제협상 프로세스의 개념적 근간이 되기 위한 기본적인 필수사항이 두 가지 있다. 하나는 쌍방 간의 전반적인 우선순위를 평가할 적절한 기초가 될 공동의 가치 체제를 만드는 것이다. 둘째는 국제환경에서 문제해결 과정을 적용할 수 있는 적절한 메커니즘을 만드는 것이다. 이 모든 것은 국제협상에서 새롭게 등장하는 체제의 연구와 개선을 통해서만 가능할 것이다.

새롭게 떠오르는 국제협상 체제

국제협상은 수많은 요소로부터 영향을 받는다. 정부는 국제협상을 외교정책의 연장으로 간주하고 순수한 국내요소를 고려해 지침을 내리는데, 이 외교정책의 관심사나 이익 정치집단의 우려, 일반 여론은 국제협상에 중대한 영향을 끼친다. 이런 영향의 근원은 꼭 같은 방향으로만 작동하지는 않는다. 이들은 매우 논란이 많아 국제협상에 영향을 끼칠 수 있으며, 이 때문에 협상자들이 지속적이면서 논리적 태도를 유지하는 데 매우 심각한 난관이 되기도 한다. 이것이 과정을 복잡하게 만들어 교착상황이나 협상 실패를 야기할 수도 있기 때문이다.

협상에 임하는 실무자들은 이런 영향을 잘 알고 있다. 물론 이들은 종종 이러한 외부 영향을 스스로의 이익을 위해 이용하기도 하지만, 과정의 안정을 위해 점차적으로 공통의 이해가 떠오르면서 국제협상을 더 외부 영향으로부터 독립적으로 되게 할 방법을 모색해야 할 필요가 있으면서, 가능한 한 최대로 협상이 스스로의 문제를 다룰 수 있도록 누군가의 개입을 줄일 방법을 찾아야 한다. 최소한 몇몇 중요한 사례에서는 양쪽이 협상 프로세스 중 외부 요소의 방해를 최대한 피하고자 아주 처음부터 합의한 예도 있다.

그럼에도, 국제협상 프로세스에서 외부 영향을 완벽하게 제거하는 것은 불가능하다. 오늘날 세상에서는 모든 국제협상은 더 큰 협상 네트워크의 일부일 뿐이며, 이들은 노골적이거나 암암리에 스스로 연결된 네트워크와 교류를 한다. 국제협상 간의 내재적 연결은 협상 세계에서 새로운 현상이 되었다. 많은 협상 실무자와 연구자들은 이 현상을 알고 있음에도 아직도 깊이 있게 연구된 부분은 많지 않다.

체계적인 조직의 원칙은 수년 전부터 국제협상에 등장했다. 첫째, 이들은 여러 다른 문제의 제한된 해결법 속에서 작동하며, 결국 협상의 여러 다른 분야 내 '하위체계'의 구성으로 이어진다. 좋은 예는 군비통제와 군비축소 분야에서의 협상 네트워크의 등장이다. 군비축소에 관한 국제연합(UN) 회의(최초에는 위원회로 출발)는 1960년대 초에 시작되었으며, 이는 여러 다른 문제를 느슨하게 즉석에서 해결하기 위해 시도한 것으로 결국 부분 핵실험 금지조약(Partial Test Ban Treaty: PTBT)(1953), 핵확산 금지조약(Non-Proliferation Treaty: NPT)(1968) 등등으로 이어졌다. 1960년대 말에는 미국과 소련 간 전략무기제한협정(Strategic Arms Limitation Talks: SALT)이 시작되면서 더 체계적인 접근을 하게 되었다. 이는 이후에 더 진화하면서 이 분야에서 추후 협상의 완전한 '체제'를 갖추게 되었다.

국제협상의 다른 분야에서는 서로 다른 여러 하위체제가 등장했다. 여기에는 오로지 하나의 결론만이 도출된다. 문제해결 접근법이 국제협상 실무에 처음 등장했을 때, 이는 특정 문제를 해결하는 데 도움이 되는 역할을 하는 협상의 네트워크, 혹은 '하위체계'를 구성했다는 것이다.

국제관계의 여러 다른 분야에서 협상 하위체계의 성장은, 대립을 조장하는 문제의 실제 영역뿐 아니라 전반적인 모든 세계 정책 문제 중에서 상호 의존성에 대한 이해를 높였다. 수년간 해결해야 하는 핵심 문제를 찾기에 충분하다는 생각이 세계 지도자들의 머릿속에 지속되어 왔으며, 그렇게만 된다면 남은 대부분의 논쟁거리는 자동으로 풀릴 것으로 생각했다. 이러한 접근법은 안보, 경제, 환경 등등의 모든 관계 영역에서의 특징이다. 수많은 시도 끝에서야, 세계 여러 국가가 직면한 주요 문제들은 충분한 자원을 가진 국가와 그렇지 못한 국가가 각각 이바지하는 전 세계 공동체의 체계적인 노력이 유지되어야만 풀린다는 것을 알게 되었다. 이러한 이해에 대한 가장 큰 기여는 1970년대 말 3국위원회[3]에서 이루어졌다.

더 조직화한 국제협상 네트워크를 개발하는 과정은 하위체계가 등장했다고 해서 멈추지는 않았다. 그뿐만 아니라 더 진전하여 상호 의존성의 논리로 이어졌다. 하지만 여러 이유로 모든 국가가 다 이를 선뜻 받아들인 것은 아니다. 예를 들자면 미 행정부는 군비축소와 개발 간의 직접 연결하는 아이디어를 받아들이지 않고 거부했으며, 1987년 8월 이 이슈를 놓고 개최된 UN 회의에 전 세계 나머지 모든 국가는 참석하여 논의할 뜻을 밝혔으나 미국은 참여하지 않았다. 최근에는 산업개발의 패턴과 환경의 질 간의 상호 의존성이 증가한다고 통용되는 경향이 있다. 이들과 다른 이슈 간의 연관성은 세계 공동체가 더 복잡한 협상 네트워크에 대비해야 한다는 의미이며, 이는 곧 국제협상의 필수 불가결한 체제 형태로 갈 수밖에 없음을 뜻한다.

현재까지 모든 논쟁 혹은 논란성 이슈를 놓고 국가 간 대화를 이끌어주는 통합 체제적 국제협상 체제는 존재하지 않는다. 수많은 이슈는 여전히 논의해야 할 대상이다. 다른 이슈에 대한 협상은 여전히 옛 전통적인 방식으로 진행되지만, 그럼에도 국제적 현실의 필수 불가결한 일부분이 되었으나 모든 측면에서 아직 평가가 이루어지지 못한 새로운 체제에 대해서 말해볼 수는 있다(일부 내용은 이 책 제7장에서 다루게 될 것이다).

비록 빠르고 급격하게 증가한 국제협상이 이미 수많은 분석가의 관심을 사로잡긴 했으나, 먼저 국제협상에 '체제'가 있다는 결론으로 이어지기에는 아직 그 양이 충분치 못하다. 국가 대 국가 기반으로 목록을 만들려는 시도는 존재한다(예를 들자면 블레크먼(Blechman, 1985)은 미국과 소련 간 핵전쟁 가능성 예방 분야를 놓고 이를 시도한 적이 있다). 다른 이들은 여러 다른 문제를 놓고 목록을 만들어보려 했다. 예를 들면 군비통제, 무역, 환경 문제 등등이다. 국제협상 토론 간의 상호 작용이 증가하고 있으며, 이는 지속적인 국제협상의 증가가 산발적이 아니라 체계적인 방법으로 발전하고 있다는 사실을 시사한다. 즉 국가의 상호 의존성 및 논쟁 이슈의 증가, 분쟁 해결을 위한 전통적 방식의 중요성 증가, 그리고 협상을 오로지 체제화가 가능하고 암호화가 가능한 방법으로 바꿀 필요성의

---

3) (옮긴이 주) 3국위원회(Trilateral Commission)는 1973년에 발족한 미국, 유럽, 일본의 토의 기구이다.

증가와 같은 것이다.

바꿔 말하자면, 변화하는 국제환경의 결과가 국제협상의 중요성 증가로 이어졌다는 것이다. 국제협상은 산발적인 국제적 교류의 장에서 증가하는 상호 의존성의 조건 아래의 분쟁 해결을 위해 생각할 수 있는 유일한 방법으로 변화했으며, 이는 특정 체제의 형성에 기여했다. 이는 현재의 모든 국제협상은 협상에 임하는 모든 국가의 외교정책의 틀 속에서 바라봐야 할 뿐 아니라, 소속된 국제협상의 특정 체제의 틀 속에서 바라봐야 한다는 의미이다.

우선 새롭게 등장하는 체제는 동질적이지만 매우 다른 요소로 구성되었다는 점을 이해하는 것이 중요하다. 그중 일부는 매우 발달한 상태이고, 일부는 기초적인 단계이며, 또 나머지는 그 중간 어디쯤의 상태에 있다. 가장 발전된 요소는 유럽연합(EU) 혹은 유럽안보협력기구(OSCE)이며, 이들은 안보와 협력에 대한 일련의 협상을 할 수 있도록 명명된 곳이다. 유명한 1975년 법[4]을 탄생시킨 헬싱키 첫 회담을 시작으로, 베오그라드, 마드리드, 스톡홀름, 빈을 거쳐 OSCE는 유럽 국가, 미국, 캐나다의 다양한 제한적(숫자로나 실질적으로)인 협상에 대한 우산 역할을 할 수 있는 지역협상 구조의 특정 패턴을 만들어냈다. 동일한 과정이 범아시아-태평양 지역에서도 진행하고 있으며, 이 또한 부상 중인 아시아-태평양 포럼에서 안보 및 협력에 대한 지역협상 구도에서 중요한 역할을 수행하고 있다. 아프리카, 아랍 세계, 동남아시아, 라틴아메리카 지역에서도 다른 지역 기구가 협상의 지역 네트워크화를 위한 우산 역할을 맡게 될지도 모른다.

국제협상 체제의 기구에 대한 지역 원칙은 단 하나뿐이라고 간주해서는 안 된다. 이러한 기구를 위한 지침 역할을 하는 다른 원칙인 '기능적 원칙'이 있기 때문이다. 이미 국제관계의 별도 영역에서 협상을 다루기 위한 기구와 별도의 국제체제를 세우는 작업이 진행 중이다. 국제안보의 협상장 역할을 위해 만들어진 UN 안전보장이사회(United Nations Security Council: UNSC)부터 국제원자력기구(International Atomic Energy Agency: IAEA) 같은 특별기구, 혹은 해양법협

---

4) (옮긴이 주) 1975년 7~8월에 진행된 헬싱키 회담에 따른 헬싱키 협정을 말한다. 이 협정에 소련, 미국, 캐나다 등 33개국이 서명했으며, 이는 유럽안보협력기구 설립의 배경이 되었다.

약(Law of the Sea Conference)처럼 특별성격의 회의까지, 협상은 기능적 구조를 다양한 상설 혹은 임시 기관을 포함한다. 현재까지 이런 발전 이면에 존재하는 작동원리는 만약 관련 국가들의 동의가 있거나 적절한 UN 총회 결의안이 나오면 가장 시급한 이슈를 선택한 후 대화를 시작하는 방식이었다.

여기에는 모든 가능한 분야에서 현존하는 국제체제에 대한 인상적이고 다양한 연구와 문서가 존재하며, 군비통제나 군비축소, 우주 탐사, 대테러 활동, 마약 범죄 대응 등의 영역에서 협정 이행을 확인하기 위한 협상장 역할을 위한 새로운 기구 창설에 대한 제안도 있다. 앞으로 계속 국제협력이 등장하게 된다면, 국제체제나 기구의 숫자는 국제 활동의 모든 가능한 영역의 주제를 다루기 위해 계속 늘어날 것이다.

마지막으로, UN 총회에 소속된 국제협상 체제의 통합적 원칙이 있다. UN 헌장에 따라 UN 총회는 국제공동체의 관심을 받을 자격이 있는 모든 국제문제를 놓고 토의할 능력을 갖춘 최고의 국제 포럼이다. 냉전과 지역 혹은 기능적 수준에서 해결할 수 있는 의제의 과삼투(過滲透)로 오랫동안 이어진 UN의 마비에 따라, UN 총회는 수년 동안 가장 중요한 이슈를 토의한 후 해결을 위해 적절한 협상 포럼으로 전달하는 본연의 최대 역량을 발휘할 수 없었다. 하지만 UN의 최대 역량을 다시 살릴 새로운 아이디어가 UN 산하 기관과 특별기구를 포함한 다양한 곳에서 나오고 있다.

이런 모든 국제협상 체제의 구조적 차원은 당연히 다른 구조적 혹은 조직적 협상 포맷을 제외하지 않는다. 그뿐만 아니라 문제해결이 요구될 경우 가끔 뒤섞이기도 한다. 예를 들자면 다양한 지역에서 지역 체제를 만들려는 추세가 있다. 핵무기 비핵 확산(비핵 지대), 해상환경 보호(발트해위원회가 있으며, 지중해를 대상으로 유사 회의가 있음) 등등이 있다. 또한 여기에는 다양한 종류의 협상이 포함된다. 다자간 혹은 양자 간, 공식적 혹은 비공식적, 실무급 혹은 장관급 혹은 정상급, 단일 혹은 복합 의제, 자문; 회담, 회의 등이다. 다행스럽게도 현존하는 구조는 모든 종류의 체제를 포함할 수 있는 유연성이 있으며, 이는 체제의 종합 운영 규범에 맞출 수 있다. 이 운영 규범은 복잡한 상호 의존성의 세계를 관리하기 위한 공동 문제해결 메커니즘의 능력 내에서 국제협상의 작동 가능하고 다면적인 체제를 세우기 위한 이론적·현실적 업무의 중점이다.

이러한 업무의 타당성은 두 가지 중요한 체제적 특성으로부터 지원받는다. 하나는 진실성이고, 다른 하나는 동질성이다. 우선 체제의 진실성은 이것이 완전한 세계에서 민족국가의 기능을 한다는 사실로 설명이 가능하다. 따라서 이들 간에 차이가 존재하지만, 이들 국가는 협상 체제가 특정한 분쟁 해결 역할을 하므로 단일한 교류의 장을 형성한다. 표현의 다양성이 있음에도, 이것이 동일한 법에 따라 운영된다는 사실로 설명되는 체제의 동질성은 이들이 일단 만들어져 채택되면 보편적인 관리 규칙이 된다.

결론

국제협상 체제의 아이디어에 대한 연구가 이루어져 오면서, 달성된 성과를 확대하기 위한 연구에서 향후 나아가야 할 방향에 대해 분석가들에게 생각이 요구되고 있다. 이런 성과로는 다음 사항들을 꼽을 수 있다.

첫째, 새롭게 등장한 국제협상 체제는 그 구조, 그리고 현존하는 분쟁 및 논쟁 체제의 핵심 사안을 모두 반영하는 경향이 있다. 이런 이유로 이는 갈수록 보편적으로 되어가고 있으며, 공식적인 협상과 자문, 그리고 비공식 회의와 정부 관리, 실무자, 공인과의 회의, 그리고 논란이 있는 문제의 해결책을 찾기 위한 잠재적 방법의 관점과 생각을 교류하는 활동에 참여한 모든 이가 여기에 포함된다. 이 거대한 국제 구조의 단순한 존재는 어떤 세부적인 행동 준칙 속의 특정한 환경으로 간주할 수 있다. 비폭력, 공동 문제해결, 협력, 그리고 공통 가치와 언어 등이다.

하지만 이것이 정치나 외교 싸움, 경쟁, 강요, 위협이 존재하지 않는다는 의미는 아니다. 여전히 현재의 발전 단계에서는 국가의 국익이란 자국 내 문제에 지배적으로 집중되어 있으며, 이러한 관점은 종종 국내와 해외 우선순위 간에 분기를 초래하기도 한다. 그럼에도 이런 환경은 여전히 행동 준칙에 고착된 이들에게 최대의 이득을 안겨주며, 오히려 이를 탈피하려는 이들에게는 비우호적인 경향이 되기도 한다.

둘째, 이 체제는 갈수록 자율적이면서 스스로 동기부여를 하는 경향이 있다. 협상이란 협상 당사자들의 자주적인 의지의 결과로만 시작된다는 점이 명백하다. 하지만 일단 협상이 시작된 뒤에는 그 의지와 멀어지게 된다. 왜냐하면 협상이 체제 일부가 될 뿐만 아니라 정보 흐름, 이익의 상호 작용, 관찰자 집단의 영향 등등을 통해 막히기 때문이다. 이 체제 안에서 협상은 국제 네트워크의 일부가 되며, 이는 자체적인 규칙과 법을 갖는다.

셋째, 협상이 체제의 일부가 되고 나면, 이는 이 체제의 필요와 요구에 부응해야 한다. 가장 핵심적 요구는 이 체제의 안정과 성장(최적화) 달성에 이바지해야 한다는 사실이다. 체제의 예측불허성이나 혼란은 개인 협상자의 침체를 불러오기 때문에 분쟁의 성공적이면서 적시적인 해결을 의미하는 효율적 운영을 통해서만 막을 수 있다. 따라서 체제와 그 기본적인 구성은 상호 의존적 관계에 있다. 각 국제협상의 기능이 더 효율적으로 될수록, 국제관계의 전 체제가 모두 안정적이면서 지속적으로 된다는 의미이다.

넷째, 앞서 말한 문제들은 국제협상 프로세스에서 추가적인 부담 요소로 작용한다는 것이다. 현재까지 이것의 핵심 기능은 협상에 임한 집단의 이익을 대리하는 것이다. 이들의 이익과 의지가 전 과정에 사실상 영향을 주고 있으며, 이 과정을 수립하는 데 일반적으로 인정된 규칙은 부차적인 역할로 받아들여진다. 현재 협상 체제의 등장과 함께 모든 국제협상에 임한 협상 집단은 주어진 협상에서 자신들의 이익뿐 아니라 다른 협상에서 자신들의 이익과 입장에 대한 모든 배열을 고려해야 한다. 의사결정 과정은 몇 가지 규모의 순서로 확대되고 복잡해진다.

국제협상이 외교정책 기능과 국제체제의 안정성의 기본적인 한 부분이라는 두 가지 역할을 획득함에 따라, 이는 그 본질과 과정의 변화를 겪었다. 본질의 변화에 대해서는 우선 앞서 설명한 바 있다. 분쟁 해결의 부담은 일방적 행동으로부터 공동 문제해결과 합의된 해결로 이동했다. 지금은 이렇게 말하는 것이 다소 이를 수도 있지만, 흐름은 명백하다. 국가안보 영역에서도 다른 집단의 적법한 이익을 고려하지 않고 내실 있는 해결책을 달성하는 것은 불가능하다.

비록 과정의 변화는 분명하지 않으나 서서히 명확해지고 있다. 특히 국제협상의 과정구조는 엄격하고 공식적인 외교관 대 외교관의 '원샷(one shot)' 회의를 통해, 정부와 비정부 전문가 회담에서 논쟁 중인 문제의 가용한 해결책을 놓고 정부에 대해 공동 합의된 일련의 권고 형태로 변화했다.

이 추세를 이어가기 위해, 국제협상이 적절한 정부에게 상대방 정부와 함께 문서에 서명하라고 권고하거나, 공식적인 합의 없이 문제를 해결하기 위해 합의된 틀 속에서 일방적 결정을 내릴 영구적이고 지속적인 외교 활동이 될 것을 제의할 수 있다. 어떤 경우든 국제협상의 역할은 정부 간 활동에서 국제적 기능으로 변모하고 있으며, 정부의 숙고나 결정을 위한 가능한 합의에 대한 개념적 틀을 짤 것이다.

피셔(Fisher, 1988)는 출판하지 못한 연구제안서에서 이 분야의 체계적 발달이 야기할 협상 프로세스('협상 체제'로 명명)의 잠재적 변화를 창안했다. 그는 대안, 이익, 합법성, 선택지, 헌신성, 의사소통, 관계 측면에서 말했다. 이 모든 것은 그가 브라운과 함께 출판한 『게팅 투게더(Getting Together)』(Fisher and Brown, 1988)의 틀 안에서 서술했으며, 이 책은 미 - 소 관계의 패턴 변화, 그리고 영구적인 양자 간 공동 문제해결 메커니즘에 대해 분석했다.

국제협상 체제의 분석 영역에서 계속 연구하기 위해서는 몇 가지가 선행되어야 한다. 그중 하나는 현존하는 국제협상의 네트워크를 국제관계에서 해결할 문제의 범위와 비교하는 것이다. 이 일은 이런 문제들의 평가에 대해 더 엄격한 접근을 해야 한다. 하지만 협상에 참여하는 각각의 집단은 현존하는 국제협상 네트워크가 문제 범위와 맞는지, 그리고 국제 공동 문제해결 체제를 형성하는지를 보고 일방적으로 결정해도 된다. 이런 엄청난 일은 또 다른 문제를 일으킨다. '협상에서의 협상'이다. 당대의 국제협상 네트워크를 국제적 문제해결 과정의 필요에 맞게 개선하기 위해 재조정하는 것이다.

이 분야에서 선결해야 하는 또 다른 것은 현존하는 협상에 대한 모든 정보를 어떤 순서로 정렬한 정보 집합체를 사용할 수 있는 컴퓨터 데이터베이스를 만들 프로그램 작업을 하는 것이다. 이 정보는 모든 국가와 모든 정보기관의 협상자들이 사용할 수 있을 것이며, 언제, 어디서, 누가, 무엇을 협상했는지, 그리고 그 결과가 무엇인지(혹은 결과가 없었는지) 볼 수 있게 할 것이다. 이 프로그램을 위한 유일한 조건은, 보편적이어야 하며 현존하는 국제정보 서비스를 통해 무료로 배포되어야 한다는 점이다. 하지만 더 중요하고, 어쩌면 이 책의 숨겨진 주제로 봐야 할 것은, 체제의 존재 문제 때문에 협상 실행에서 이미 벌어졌거나 벌어지게 될 체계적 변화의 종류와 성질의 평가에 대해 고민해야 한다는 것이다. 또한 현시대 체제의 필요성에 더 잘 맞추는 데 필요한 개선을 상세화할 방법을 소개할 방법도 고민해야 한다. 그리고 모두의 이익을 위해 이 과정을 더 활성화할 협상의 새로운 규범을 상세화할 방법도 고민해야 할 것이다.

제3장

협상 프로세스

크리스토프 뒤퐁, 기 올리비에 포르

협상 프로세스의 본질과 그 실체를 구성하는 요소를 이해하는 것은 이 분야 이론 가들의 주요 관심사다. 협상 프로세스에 대한 대부분의 연구는 프로세스의 정의, 분석 및 평가를 명확히 하는 데 도움이 되는 핵심 요소를 식별해 내려는 시도라 볼 수 있다. 이클레(Iklé, 1964), 월턴과 매커시(Walton and McKersie, 1965), 라이파 (Raiffa, 1982), 셸링(Schelling, 1960) 및 자트먼(Zartman, 1978)의 연구와 같은 주요 연구들은 더욱더 구체적인 접근방식으로 길을 열었다. 최근 몇 년 동안 새로운 개념과 개선된 방법론을 위해 엄청난 연구가 진행되었지만 접근방식과 견해에는 여전히 많은 차이가 존재한다. 이론가들과 실무자들은 여전히 "협상 프로세스 분석에서 공통 요소"(Zartman, 1988)를 결정하려고 노력하고 있으며, 더욱 체계적인 방법으로 협상 프로세스의 특징을 찾아내려 한다. 가장 좋은 예 중 하나는 협상 프로세스와 그 역학에 대한 자트먼의 연구(Zartman, 1994)로, 여섯 가지 "일반적 합의에 대한 가정"과 "협상 프로세스의 방향을 잡아주는 몇 가지 상호 작용의 대안적 측면"에 대해 발표했으며, 이는 '연역적', '구성적' 및 '귀납적'인 "실제 협상의 세 가지 유형"(1994, pp.25~26)으로 이어진다. 이러한 과정은 "프로세스가 종종 다양한 간섭 변수에 따라 그로 인한 결과에 미치는 영향 더욱 세밀하게 규명한" 가설을 수립하고 이를 마침내 시험할 수 있는 길을 열었다.

이 장은 프로세스 정의, 프로세스 관찰, 프로세스 분석 및 프로세스 평가의 네 가지 주제로 구성되어 있다.

프로세스 정의

프로세스의 개념은 협상에 관한 문헌들에서 항상 다루어져 왔지만, 그것을 정의하는 간단한 방법 혹은 유일한 방법이란 존재하지 않는다. 개념 정의가 어려운 이유는 협상 활동이 순차적이라는 특징 때문이 아니다. 협상, 특히 국제적 협상은 일련의 단계로 나타난다. '다중 회의 외교'(Kaufmann, 1988; Plantey, 1980)의 다양한 예시에서 볼 수 있듯이, 잘 조직된 형식의 협상이건 아니면 다소 두서없고 혼란스러운 방식으로 겹치거나 시간이 지나면서 발전해 가는 방식의 협상이건 간에, 모두 일련의 단계로 나타난다. 여기서 중요한 핵심은 다음을 인식하는 데 있다. 보이는 역학 뒤에 있는 힘, 그러한 단계가 유용한 것처럼 보이는 이유, 단계의 역할과 기능, 그리고 한때 적어도 일시적으로 대안적 의사결정 방식을 사용할 수 없을 만큼 중대하고 확연한 차이점이 있을 때 공동의 결정에 도달하기 위해 협상의 기본적인 과제를 해결하는 데 단계가 좋은 수단으로 작용하는 방식 등을 인식하는 것이다. 즉, 이는 만장일치의 결정 규칙하에서 상충되는 여러 입장을 결합하여 공통의 입장으로 바꾸는 과정이다(Kissinger, 1969). 포르(Faure, 2001)는 매우 다양한 상황과 문화에서 이끌어낸 사례들을 통해 협상의 정의 그자체를 논의한다. 현재 어떤 이론도 프로세스를 완전히 해독하는 데 성공한 척하지는 않지만, 대부분 연구는 몇 가지 핵심 요소를 인식하는 것을 선호한다. 현대의 연구는 프로세스에 대한 부분적 시각에서 보다 전체적인 시각으로 전환하려는 노력이라고 할 수 있다.

부분적인 분석

접근방식의 첫 번째 그룹인 '애비뉴(Avenue) 1'은 협상 활동을 일련의 순서로 정의하며, 협상하는 동안 협상자들이 공동 전략을 제출하고, 요구와 제공, 제안 및 반대 제안을 제시하며, 일반적으로 양보 조건들을 교환하여 그 결과로 하나로 수렴하는 경향이 있다(Bartos, 1974). 문제는 양보의 순서를 지배하는 규칙 또는 '법'을 설명하는 것이다. 예를 들어, 협상 프로세스가 독점적으로 과거에 따른 결정인지 미래 지향적인지에 대하여 설명하는 것이다. 협상 프로세스의 중심 요소로서 양보를 분석하는 것은 양보 행동 탐구로 이어질 수 있으며(예를 들어 경쟁적, 협조적 또는 통합적 행동(Pruitt, 1981)), 또한 개념을 고안하는 데 이를 수 있다(경제이론에 관심 있는 저자가 선호하는 접근방식으로, 보완할 지점이나 비교 비용으로 의견 수렴을 설명한다).

'애비뉴 2'는 그 대신 권력에 초점을 맞추는데, 이 접근방식은 '구조적 분석'으로 인식되고 있다. 한 예로, 배커랙과 롤러(Bacharach and Lawler, 1981)는 권력은 교섭의 모든 국면을 파고드는 중심 요소라 주장한다. 자트먼과 루빈(Zartman and Rubin, 2000)은 권력의 균형 상황을 비대칭적 협상과 비교한다. 그러나 '권력'은 정의하기가 어려운 단어이다. 개념으로서뿐 아니라 분석 도구로서도 어렵기 때문에 이 접근방식에는 하위 카테고리가 존재하는 것이다. 하위 카테고리 중의 한 방식은, 다수 이론가의 지지는 받지 못하고 있지만 실무자들 사이에서는 통용되는 넓은 의미에서의 '전술'의 역할을 강조하는 것이다.

세 번째 접근방식인 '애비뉴 3'는 다소 '설득적 논쟁'의 관점으로 요약되는 프로세스와 연관되어 보인다. 협상은, 일방적이기보다는 공동으로 행동하는 것에 상대방이 동의하도록 영향을 미치기 위해 디자인된 정보, 신호, 메시지, 논쟁을 교환하는 것이다.

프로세스의 전략적 분석인 '애비뉴 4'는 죄수의 딜레마로 알려진 개선된 표준 모델(Axelrod, 1984; Brams, 1975, 1990; Zagare and Kilgour, 2000; Murnigham, 1991; Avenhaus and Canty, 1996)에서나 또는 결정적 위험 개념을 중심으로 한 설계(Snyder and Diesing, 1977)에서 게임 이론 매트릭스를 사용한 작업이다.

이러한 접근방식들은 겹치는 요소가 포함되어 있어 분류하기가 어렵다. 목적으로서의 프로세스와 수단으로서의 프로세스를 구별하는 것은 어려운 경우가 많다. 이 겹침에 대한 가장 확연한 예는 행동 분석('애비뉴 4')에서 나타난다. 이로써 프로세스에서 행위자(actors)를 분리하는 것이 불가능하다는 것이 자명해진다. 이렇게 협상자들 스스로가 분석의 중심이 되었다(Rubin and Brown, 1975; Jönsson, 1989).

더 포괄적인 접근을 향하여

포괄적 상호 작용 모델에서 변수를 구조화하는 것은 협상의 실체를 해독하는 주요 예비단계이다(Sawyer and Guetzkow, 1965; Faure, Mermet, Touzard, and Dupont, 2000). 이론가들은 프로세스의 다양한 매개변수를 보다 통합적인 개념과 방법론에 통합하려 했다. 본질적으로 두 가지 방향에서 통합에 접근하는데, 이들 중 하나는 "협상 프로세스의 본질을 명확히 하기 위한 특정 모델의 도입"(Zartman and Berman, 1982)을 주장한다. 이것은 협상의 3단계 프로세스 모델이다. 이 모델은 여러 가지 구체적인 국제협상에 적용될 수 있기 때문에 서술적(descriptive)이다. 또한, 만일 이것이 누군가에게 '이기는 법' 또는 '최대로 잘하는 방법'을 말해줄 수 없다면 '더 잘하는 법을 배우는 것'인 척할 수 있다는 메시지를 전달하기 때문에 처방적(prescriptive)이다. 이 모델이 강조하는 점은 "협상은 한정된 프로세스가 아니"므로 "한 가지 결정론적 이론, 혹은 프로세스만의 승리전략이 제시되는 것은 불가능하다"라고 주장한다. 이어 "이 프로세스의 본질"은 여러 핵심 요소("각자의 입장, 이해관계, 사안의 유형, 요구사항 및 당사자들의 최소한도")를 각기 고려하고 이를 결합하여 문제점을 제거 및 변경할 수 있게 하기 위함인데, 이러한 요소들은 "알 수도 없고, 심지어 알려진 요소들도 고정적 개념이 아니며, 이러한 미완전성이 개인 스스로의 가치관뿐 아니라 상대편 혹은 여러 협상 당사자들의 가치관을 변화시킬 수 있다"라고 주장한다. 이러한 '통합적' 분석은 단계별(사전협상 포함) 프로세스를 강조한다.

두 번째 방향은 대인관계 기술과 분석의 균형을 맞추기 위한 노력이다. 분석은 합의 협상에서 비효율성을 읽어내는 데 도움이 된다. 이러한 이론은 추상적이긴 하지만 실무자에게 통찰력을 제공하는 것을 목표로 하고 있다(Raiffa, 1982). 이러한 노력으로 '협상 시 선택할 수 있는 최선의 대안(best alternative to a negotiated agreement: BATNA)'과 '원칙에 따른 협상(principled negotiations)' (Fisher and Ury, 1981) 또는 '보안 포인트(security point)'(Zartman and Berman, 1982)와 같은 이론에 기반하지만 다수의 실천 지향적인 개념을 만들어냈다.

월턴과 매커시(Walton and McKersie, 1965)는 기본적 협상 활동에 기여하는 변수들을 두 개 그룹, 분배적 교섭(distributive bargaining)과 관련된 그룹과 통합적 교섭(integrative bargaining)에 속하는 그룹으로 구별했다. 이들의 연구 이후 '매개변수', '변수' 또는 '재료'를 동적인 공식으로 재편성하여 '가치 창출(value creating)'과 '가치 주장(value claiming)'이라는 두 힘을 결합하려는 시도가 있었다(Lax and Sebenius, 1986). 이 두 가지 요소는 이전에도 인식되었지만 1980년대 초가 되어서야 개념이 정확하고 세밀하게 표현되었다. 프로세스는 이제 공동이익의 추구와 경쟁하는 주장들, 이 두 가지 뒤얽힌 영역 사이에 잔존하는 긴장과 궁극적인 균형으로 설명된다. 균형은 '재구성'을 통해 이루어진다. 긴장은 유형적 측면과 무형적 측면을 포함한다. 또한 분석은 설명적(descriptive/관찰되는 것)일 수 있고, 처방적(prescriptive/어떻게 프로세스를 개선할 수 있는가)일 수도 있으며 규범적(어떻게 개선되어야 하는가, 즉 가치의 문제)일 수도 있다.

프로세스 관찰

일부 협상은 독특한 패턴을 만들어내기도 하지만, 대부분의 협상은 명확한 기능을 가진 여러 단계로 나눌 수 있다는 것이 일반적으로 실무에서 관찰되기도 하고, 이는 이론가들도 인정하는 경우가 많다. 프로세스가 명확하지 않을 수 있고, 단계의 지속 시간이 다를 수 있으며, 겹치거나 후퇴하기도 하고, 이벤트의 연속선상에 혼란이 나타날 수도 있다. 그럼에도 그 연속선의 전체를 보면, 세부적으로 구별된 각기 독창적인 프로세스를 볼 수 있다. 이러한 특징은 일반적인 협상에 적용되지만, 특별히 국제협상의 경우에는 이 특징이 매우 두드러지게 나타난다. 이러한 협상에서, 예비단계와 공식 협상을 분리하는 것이 도움이 된다.

예비 접촉과 사전협상

대부분의 국제적 만남, 특히 외교 분야에서의 만남은, 비공식적이든 공식적이든 예비 접촉이 선행된다. 이것은 때로 공식 절차를 나타내는 '트랙 I' 회담과는 달리 '트랙 II' 회담(Putnam, 1988)으로 언급된다. 트랙 II 회담은 협상의 공식적인 개시 전에 시작되며 협상 과정에서 특별한 중요성을 갖는다. 사실, 휴식과 사교 행사는 특히 접촉과 협상의 이중적 발전을 장려하기 위해 고안되었다. 이 단계에 대한 상세한 설명은 문헌에서 볼 수 있다(이와 관련된 예는 Kissinger, 1969; 1979; Iklé, 1964; de Bourbon-Busset, 1962; Putnam, 1988; Walder 참조).

다중단계 협상

국제협상은 일반적으로 다중 행위자(actors), 다중 이슈, 다중단계 행사이며, '회차'의 반복이다. 이 발전 양상의 특징은 그 역학, 더 구체적으로는 협상에 이르는 상황이 '성숙'하는 방식이다(Zartman, 1984). 관련 당사자들이 접촉하기도 전에 이들은 협상의 장점 및 단점 또는 협상의 가능성까지 탐구를 마쳤다. 다음으로 사전협상 단계는 "협상 중의 장애물은 물론 협상까지의 장애물을 다룬다"(Saunders, 1991). 성숙은 협상을 위한 전제 조건에만 적용되는 것이 아니다. 이 개념은 또한 사안의 형성과 학습의 역할에 영향을 미친다.

역학의 또 다른 중요한 요소는 두 개의 단계가 존재한다는 것이다. '공식(formula)' 단계에서는 협상자가 협상할 이슈에 대한 해석의 차이를 좁히고, 협상 가능한 이슈를 선택하고, 가능성이 있고 실행 가능한 해결책의 기초가 되기에 적절한 광의의 원칙을 규정한다. 또, '세부 사항(detail)' 단계에서는 합의된 원칙들을 이끌어낸다(Zartman and Berman, 1982).

마지막으로, 보다 공식적인 관점에서 볼 때, 규칙과 절차는 역학에 매우 중요하다. '외교 회담'이 바로 그 경우인데, 여기에 대해 실무자들은 자세한 설명을 제시한다. 규칙은 조작의 가능성이 있음을 협상자들은 지적한다(Kaufmann, 1988). 실무자들은 또한 회의의 지리적 환경, 회의의 의제 준비 및 의제의 공식화, 의장의 역할, '사람의 배치(human setting)'(Plantey, 1980)뿐만 아니라 지지층(constituencies)의 압박의 중요성에 대해 얘기한다(Plantey, 1980).

즉각적 대면 의견교환

대면을 통한 의견교환은 종종 명확한 패턴을 나타낸다. 이론가들이 프로세스의 역동적인 측면에 가장 큰 관심을 두고 집중하는 데 반해 많은 협상 트레이너와 실무자들은 만남의 시간적 순서에서 관찰되는 이 연속적인 단계에 주의를 집중한다. 고전적인 패턴은 일반적으로 오프닝으로 시작하여 소개, 의례적 단계, 정보 단계, 탐색 및 테스트 단계, 조정 및 결론 단계로 진행된다. 협상자를 위한 실용적인 가이드에는 각 순서에 대한 세부 정보, 조언 및 일화가 포함되어 있다(Karrass, 1970; Nierenberg, 1973; Corcos, 1982, Kennedy, 1983, Saner, 2000).

프로세스 분석: 프로세스에 대한 사유

연구 대상이 독특한 경우 접근할 방법이 많이 있다. 각 접근방식에 부합하는 특유의 논리적 근거가 있고, 이는 현실을 축소하고 인과관계에서 결정적인 역할을 할 것으로 추정되는 일부 변수를 강조한다.

포르(Faure, 1991a)는 기본 양식을 세 가지로 구분하는데, 그것은 공식화된 접근방식(the formalized approach), 포괄적 양식(comprehensive school) 및 실험적 접근방식(experimental approach)이다. 각 기술된 변수가 암묵적 또는 명시적으로 상호 작용 이론을 설명하고 있다. 협상 프로세스에서 그들의 역할을 연구하기에 앞서, 여기에 중요한 예로 언급된 몇 가지 협상 접근방식과 이들을 연결하는 것이 유용하다.

공식화된 또는 전략적 접근방식은 협상의 결과가 협상자의 전략적 선택에서 나온다는 생각에 의존하며 의사결정 이론을 주목한다(Raiffa, 1982; Brams, 1975).

학습 과정(learning process)으로 정의된 협상은 입장의 수렴으로 이어지는 적응 역학을 제시한다. 이러한 프로세스는 협상자의 인식에 의해 구현된다. 학습은 협력 성향을 높이는 요인으로 간주된다(Cross, 1977).

협상은 또한 각 당사자가 지불해야 하는 비용의 평가에 기반하여 발전된 점진적 논리에 따라 양보를 교환하는 조정 프로세스로 정의될 수도 있다(Zeuthen, 1930). 이 모델은 게임 환경에서 문제를 재규정하고 진화적 관점을 도입하려는 협상자의 활동을 통합시킴으로서 실체에 더욱 근접하게 되었다(Shakun, 1988). 이 모델은 또한 양보 대신에 기대에 초점을 맞출 수 있다(Coddington, 1968).

포괄적인 접근방식에서, 협상을 공동의사결정 과정으로 보는 개념은 2단계 활동을 언급한다. 합의의 공식을 찾기 위한 탐구와 그다음의 세부 사항을 조정하는 단계이다(Zartman and Berman, 1982). 동일한 공동의사결정 프레임에서, 협상은 "어떤 종류의 결과"에 도달하기 위해 확립된 정보교환 프로세스로 생각할 수 있다(Gulliver, 1979).

대부분 실험적 작업으로 비중을 차지하게 된 개념으로, 협상을 심리적 프로세스로 간주하고, 이 심리적 프로세스는 인식과 기대 사이의 일종의 영향력 게임을 만들어낸다는 것이다. 협상자의 교섭 행동의 변화는 상대방의 인식과 기대를 조정하고, 이는 차례로 협상자의 행동에 영향을 미치게 된다. 입장의 수렴이 충분하면 결과에 도달할 것이다(Spector, 1978). 심리적 프로세스는 또한 목표-기대 조합의 역할과 그것이 요구와 양보에 미치는 영향에서도 포착될 수 있다(Pruitt, 1981). 협상자들은 동기부여 및 대인 관계 오리엔테이션을 통해 역할을 수행하는데, 이는 논리적 프로세스를 이해할 수 있게 한다(Rubin and Brown, 1975).

협상은 반작용 프로세스로 생각될 수 있는데, 즉 각 교섭자의 양보는 상대방의 이전 양보에 대한 직접적이고 계산된 반작용이다(Druckman, 1977a). 균형 잡힌 양보를 찾는 데 중요한 변수로 공정성의 개념이 도입될 수 있다(Bartos, 1978). 이론적 접근법과 설명적 변수의 관계에 대한 개요는 표 3.1에 나와 있다.

표 3.1. 협상에 대한 이론적 접근방식의 개요

접근방식	변수	주요 공여 연구자
전략적 접근	참가자(player) 전략	라이파(H. Raiffa)
학습 프로세스	인식 - 적응	크로스(J. G. Cross)
의사결정 프로세스	이슈들	자트먼(I. W. Zartman)
	정보	걸리버(P. H. Gulliver)
심리적 프로세스	인식 - 기대	스펙터(B. Spector)
	목표 또는 기대	프루잇(D. Pruitt)
	방향성	루빈과 브라운(Rubin and Brown)
조정 프로세스	양보	초이텐(F. Zeuthen)
	양보 - 이슈들	샤쿤(M. Shakun)
	기대	코딩턴(A. J. Coddington)
반작용 프로세스	양보	드럭먼(D. Druckman)
	양보 - 공정성	바토스(O. J. Bartos)

프로세스에 개입

협상에서 작동하는 많은 요인 중 다수는 협상자에 의해 직접적으로 또는 심지어 독점적으로 조작된다. 이들은 세 가지 범주로 그룹화할 수 있다. 움직임(moves)의 유형, 커뮤니케이션과 참조(referential) 변수로 나눌 수 있다.

✓**움직임의 유형** | 협상자의 행동은 목표를 중심으로 조직된다. 이것이 클라우제비츠(Clausewitz, [1832] 1976)가 전략이라고 부르는 것인데, 이는 포괄적 행위(action) 개념으로서 전술들의 조화(coordination)를 의미한다. 협상에서는 두 가지 주요 카테고리를 구별할 수 있다. 합의 도달을 선호하는 수용(accommodation) 전략과 협상자의 이익을 극대화하기 위한 대결(confrontation) 전략이 그것이다. 이슈의 종류에 따라 또는 기존 적대감 수준에 따라 협상자는 이러한 범주 중 하나에 속하는 전략을 채택한다. 수용 전략은 협력적(cooperative)이거나 조정적(coordinative)이며 잠재적으로 통합적(integrative)이다. 이는 다양한 합

계(varying-sum) 게임에 해당된다. 대결 전략은 경쟁적이고 분배적(distributive)이며 제로섬 게임에서 파생된 것으로 간주된다. 복잡한 협상은 종종 혼합된 전략을 요구한다. 그러나 단순히 두 공식의 장점을 더하는 것이 아니기 때문에, 두 공식을 사용하는 것에는 기본적인 어려움이 있다. 즉, 이 두 전략의 구현을 위해 양립 불가의 정반대 전술들의 사용을 요구한다(Walton and McKersie, 1965). 이 전략은 일관성을 잃을 뿐 아니라 협상자는 그의 입장의 약화를 겪을 수도 있다. 액설로드(Axelrod, 1984)는 이 중요한 문제에 대해 답하고 있다. 갈등적 환경에서는 상대방의 협조를 유발시킬 수 있는 포괄적 전략인 맞대응(tit-for-tat: TFT) 전략이 있다. TFT 전략은 죄수의 딜레마에 의해 실험적으로 테스트되었으며, 무작위 전략에서 마키아벨리적인 착취 전략에 이르기까지 다른 전략과 비교하여 가장 높은 전체 점수를 받았다.

또 다른 유형의 움직임은 개시형(opener)이다. 첫 번째 제안은 그 안에서 게임을 해나갈 환경을 구축하는 데 매우 중요하다. 초기 제안은 협상자들이 구축해 놓은 교섭에 대한 인지에 영향을 미친다. 낮은 제안은 상대방의 기대 수준을 낮추려는 시도를 나타낸다. 실험적 연구에 따르면, 초기 요구가 낮으면 합의 가능성이 높아지지만(Bartos, 1974; Hamner, 1974), 협상자들이 온건한 요구보다 극단적인 요구로 협상을 시작할 때 더 좋은 결과를 얻는다(Chertkoff and Conley, 1967; Hinton, Hamner, and Pohlen, 1974). 그러나 두 경우 모두 (합의 추구 또는 높은 이득 추구) 극단적인 입장을 채택하면 역효과를 낼 수 있다. 예를 들어, 예상되는 합의 수준으로 초기 제안을 하는 것은 합의에 도달하는 효과적인 수단이 아니다(Komorita and Brenner, 1968). 그러한 전술은 상대방의 기대 수준을 높이고 더는 양보의 가능성을 거의 남기지 않는다고 가정할 수 있다. 매우 높은 요구 또한 실패로 이어질 수 있는데(Hamner, 1974), 상대 협상자가 공정한 합의의 가능성이 없다고 생각하거나 요구를 진지한 제안으로 받아들이지 않을 수 있기 때문이다. 첫 번째 제안의 신뢰도는 문화적 규범에 따라 다르다. 예를 들어, 세네갈에서 보석을 사기 위해 시장 가격의 4분의 1에서 시작하는 것은 놀라운 일이 아니다. 그러나 스웨덴에서 똑같은 일이 일어난다면 판매자는 그냥 나가버릴 것이다. 프루잇(Pruitt, 1981)은 협상자의 요구와 협상의 결과 사이에 역 U자형 관계가 있다고 제시한다. 요구가 낮을 때와 매우 높을 때는 실패로 이어질 경우가 많다. 적당한 요구는 만족스러운 이익 수준에서 합의로 이어진다. 프로세스 역학의 주요 구성요소인 양보는 상대방으로부터 상호 양보를 이끌어낼 것이라는 믿음에서 비롯된다.

협상자는 딜레마에 빠져 있다. 더 많이 양보하고 합의에 도달할 것이라고 생각할수록 초기 목표에서 더 멀어지게 된다. 양보의 성격과 크기는 협상자의 주관적인 효용성에 대한 정보를 제공하며 협상자의 상대방에 대한 인식을 나타내준다. 협상자는 자신의 실제 필요나 선호도를 가장하기 위한 장치로 양보를 사용할 수 있다. 양보를 바라보는 두 가지 방법에는 선의의 표시 또는 약함의 표시가 있다. 첫 번째 경우, 양보에는 보답이 요구된다. 두 번째 경우에는 더 거센 반응을 유도하는데, 이는 양보가 더 높은 기대치를 위한 공간을 남기기 때문이다. 이러한 반응이 어떤 조건에서 일어나는지를 묻는 것이 유용한 질문이 될 수 있다. 일부 실험적 연구에 따르면 상호 반응 또는 대응(matching)은 탁월한 해결책이 있거나 상대방의 입장이 확고하다고 여겨질 때 발생하는 경향이 있음을 보여준다. 어긋난 대응(mismatching)은 상대방이 어디로 가는지 예측할 다른 근거가 없을 때 발생한다. 프루잇(Pruitt, 1981)은 전자의 반응 유형을 전략 모방(strategy imitation)으로, 후자는 추격 행동(tracking behaviour)으로 개념화한다. 협상에 대한 행동주의 문헌에서는 "협상자의 행동 방식을 결정하는 조건들과 이러한 행동의 영향"을 찾아내어, 묘사하고 및 설명하려고 시도한다(Pruitt and Carnevale, 1993, p.193). '지배적 패러다임'(자기 이익 극대화)을 기반으로 한 이 문헌은 더 깊게 변수를 식별하고 특징을 찾아냈고, 인지적 접근의 연관성을 증거로 삼아 협상 프로세스에서 협상자의 판단 편향과 오류를 설명하거나 협상 훈련 프로그램에서 연구 결과를 활용했다(Druckman, 1995; 또한 Druckman, 1993, 1994; Neale and Bazerman, 1991; Pruitt and Carnevale, 1993 참조).

행동주의 핵심 연구 중의 하나에 대한 포괄적 검토인 월턴과 매커시(Walton and McKersie, 1965)의 연구(1990년대에 개정)에서는 접근방식의 어떤 기본 견해의 견고성과 접근방식을 새로운 상황과 이론적 발전에 적응시킬 필요와 같은 한계점을 대조하였다. 이 행동주의 연구는 '박물관 전시품(museum piece)'이자 영감의 원천으로 묘사될 수 있다.

✓ **문화 및 커뮤니케이션 변수** ㅣ 문화와 커뮤니케이션은 국제협상에서 특히 중요한, 프로세스의 두 가지 요소를 나타낸다. 엄밀히 말하면 커뮤니케이션은 개입 요인이고 문화는 영향을 미치는 변수이지만 국제협상에서 문화와 커뮤니케이션이 끊임없이 상호 작용하기 때문에 이 두 영역이 여기에서 한 그룹으로 지정되었다.

문화는 국제협상의 핵심 이슈로 간주될 수 있다. 협상 문헌은 개념의 모호성에 직면했으며(Hofstede, 1980; Schein, 1985), 문화와 협상 행태 및 스타일 사이의 연관성을 밝히기 위해 상당한 노력이 있어왔다(Faure and Rubin, 1993). 실무자와 이론가는 문제를 시각화하는 방법에 대해 동의하지 않고 몇 가지 접근방식이 경쟁적으로 취해졌다. 이렇게 첫 번째 접근법은 "협상자가 그들이 생각하는 것 외에 무엇을 하는가"에 초점을 맞춘다(Janosik, 1987, p.385). 두 번째 접근법은 문화가 소수의 핵심 가치, 규범 및 이데올로기에 중점을 둔다는 명제에 기반을 두고 있다. 세 번째는 이질성이 규칙이라고 가정한다(그리고 "일관성이 아니라 긴장이 모든 문화의 구성요소의 전형적 특징이다"(1987, p.389). 네 번째는 협상자의 행동이 문화적으로 몇 개 별개의 요인에 의해 규정될 수 없고 많은 변수와 제약 조건들을 고려해야 한다는 견해를 취한다. 따라서 주어진 협상에서 "민족성 또는 문화가 중요한 역할을 하지만, 협상/문화 결합에 대한 일반화를 위해서 연령, 성별 및 협상 환경을 설명하기 위해 수정이 필요할 수 있다"(1987, p.391). 현대적 연구에서 지배적인 민족적 협상 스타일을 상세하게 분류하려는 시도가 있었다(Weiss and Stripp, 1985; Constantin, 1971; G. Fisher, 1980; Graham, 1993; Salacuse, 1999; Elgstrom, 1999; Cohen, 1991). 포르와 루빈(Faure and Rubin, 1993)은 사례연구에 대한 관찰을 바탕으로, 문화가 협상 프로세스에 어떻게 영향을 미치는지 보여주고 행동적, 인지적 및 정체성이라는 세 가지 다른 단계의 문화적 영향을 구분했다. 행동적 단계는 비교적 쉽게 다가갈 수 있고 다룰 수 있지만, 다른 두 단계는 관리하기가 훨씬 어렵고 국제 관계에서 보이지 않는 걸림돌이 되는 경우도 많다.

커뮤니케이션은 협상자가 프로세스와 관련하여 언어적 및 비언어적으로 메시지를 주고받는 매개체다. 여기에는 정보교환(이슈 해석, 정보 공개, 허위 진술 및 행위자의 의도에 대한 진술 포함), 영향력 및 논쟁 전술(상대방의 인식을 수정하기 위해 설계된), 관계 형성을 위해 사용하는 신호, 메시지 및 태도를 포함한다. 협상에서 커뮤니케이션과 연관이 있는 것은 언어 패턴(담화 스타일, 질문 답변 시간, 메시지의 타이밍 및 암호화, 상징적 또는 의례적 영역, 언어적 및 비언어적 단서의 일치 정도, 진술의 질적 조건)에 대한 문제이다.

협상에서 커뮤니케이션의 역할에 관한 연구는 종종 심리적 관점을 강조해 왔지만, 점점 더 많은 연구에서 시스템 상호 작용 분석(메시지의 순차적 패턴 강조)에도 초점을 맞추고 있다. 다른 경향과 연구 방법도 유망해 보인다. 한 연구는 의도와 보상에 초점을 맞추기보다는 가치와 태도의 변화를 통한 협상자의 입장 변화의 관점에서 정보를 분석한다. 두 번째 가능성은 상세하고 다중(포괄적에 반하여) 기능의 메시지들(작업 및 내용 분석을 통해)을 보다 체계적으로 차별화하는 것이다. 마찬가지로, 메시지가 개별적인 이분법적인 범주에 들지 않지만 모순적인 목표를 달성할 수 있다는 견해를 취하면서, 인지적 프로세스와 상황적 특징을 통합하면 협상에서 커뮤니케이션 역할의 이해를 향상시킬 수 있다(Jablin, 1988). 커뮤니케이션을 체계적이고 순환적이며 포괄적인 프로세스로 보는 것은 메시지와 신호를 상황과 행위자(actors)와 연결하고 피드백 효과(증폭, 수정 및 채택 패턴)를 강조하여 협상 연구를 위한 유망한 접근방식이다.

이러한 이해는 국제협상에서 매우 중요하다. 효율적 커뮤니케이션은 문화적·언어적 어려움으로 인해 더욱 복잡해지고 위험해진다. 이런 협상에서 커뮤니케이션 프로세스를 미흡하게 처리할 때 많은 경우 실패 원인이 될 가능성이 있음이 지적되었다. 전형적인 실수들은 '가용성 휴리스틱'에서 '귀속 오류', 자기 참조 기준(self-reference criteria)의 사용 및 고정관념에 이르기까지 인상적인 목록으로 분류될 수 있다(Jönsson, 1989). 현대 커뮤니케이션 이론은 또한 국제협상이 때로는 협상자(참가자)가 암호화된 행동해 갇혀 '커뮤니케이션에 대한 커뮤니케이션'을 할 수 없고 또는 '협상에 대한 협상'을 할 수 없는 게임처럼 보일 수 있다는 사실을 지적했다. '다른 수준의 또는 다른 질서의 활동들(정보, 메시지,

시도' 간에 구별을 하지 못하면 협상자가 효율적이지 못하고 벽에 부딪히거나 실패로 이어질 수 있다. 마찬가지로, 국제협상자들은 때때로 게임이 시작되고 행해지는 규칙을 완전히 인식하지 못한 채 '게임을 하는' 것처럼 보인다. 협상자들은 정말로 같은 사건에 임하고 있는 것이 맞는가? 그들은 동일한 규칙을 받아들이고 있는가? 그들은 이 규칙에 대한 동의를 시작이라도 했는가? 메타커뮤니케이션 이론(즉, 논리적 유형 이론)은 많은 경우 무시되고 있는 이 측면을 조명해 줄 수 있다.

언어는 또한 국제협상에서 중요한 이슈이다. 그 이유는 언어가 의미교환의 수단이기 때문이고(그리고 이 측면에서 많은 문제점이 있다) 또한 언어가 협상의 공식적인 환경에 영향을 미치기 때문이다(예를 들어, 외교 언어는 당연히 비즈니스 언어와 동일하지 않다). 언어에 관한 문제는 다양하다. 일부는 실용적이고 시간과 관련한 반면(예: 통역사 사용, 하나 또는 여러 언어 사용의 장점 또는 단점) 다른 경우는 보다 일반적인 성격을 띤다. 그러한 일반적인 문제 중 하나는 언어와 스트레스 사이의 연관성이다. 언어학자들은 협상 언어 분석에 많은 기여를 하고 있으며, 이는 실제로 매우 구체적이고 명확하다(Hansberger, 1985). 또한 국제협상자들은 단어와 표현의 차이 문제에 직면해 있다. 예를 들어 '듣기 기술'에서, 상대방을 대화에 초대하고, 계속 말하게 하고, 들을 준비가 되어 있다는 것을 보여주며, 관심과 이해를 보여주는 등의 다양한 하위 활동에 적합한 단어, 문장 및 억양을 선택하는 것은 중립적이지 않다. 단어(words)는 양보를 지지하고 강화하고, 확인해 주어야 하고, 양보들을 연결해 주어야 한다(Hansberger, 1985).

또 다른 커뮤니케이션 변수는 영향력과 설득이다. 협상 프로세스의 대부분은 상대방의 신념을 바꾸려고 노력하는 것으로 이루어진다. 설득은 수용 가능한 합의를 달성하는 여러 방법 중 비용이 적게 드는 방법 중 하나이다. 만일 협상자가 양보하는 대신 상대방의 견해를 자신의 견해와 일치시키는 데 성공하면 자신의 양보를 아낄 수 있다. 월턴과 매커시(Walton and McKersie, 1965)는 유용성에 대한 상대방의 인식에 영향을 미침으로써 합의를 달성할 수 있다고 생각한다. 이것은 두 가지 방법으로 수행할 수 있는데, 하나는 유용성 매개변수를 조작하는 것(manipulating)이고 다른 하나는 상대방의 인식을 조작하는 것이다. 실험실 연구에서는 협상자가 상대방에게 본인이 특정 요구를 할 권리가 있다고 확신시킬 수 있는 정도에 따라, 그 요구를 받아들일 확률이 증가한다는 것을 보여준다(Rubin and Brown, 1975). 설득과 토론은 갈등이 오해에 근거한 경우 문제해결 또는 갈등 해결에 특히 효율적일 수 있다(Rapoport, 1960).

그러나 협상 프로세스에 작용할 가능성이 있는 변수의 수는 다소 큰 것으로 추정되며(Druckman, 1995), 아마도 100개를 초과할 것이고 변수의 역할이 아직 완전히 또는 설득력 있게 이해(또는 검증)되지 않았으며(이는 미래에 풀어야 할 숙제이며), 추가적인 어려움은 "왜 협상자가 다른 경로 대신에 한 경로를 선택하는지(그리고 어떤 종류의 매개변수가 관련되어 있는지)"를 결정할 수 있는 독립변수를 설정하는 것이다(Zartman, 1998, p.23).

예를 들어, 상호주의 이슈는《국제협상(International Negotiation)》에서 '사회적 교환 이론'의 각도에서 광범위하게 다루어졌다(Larson and Druckman, 1998). 정의, 형평성, 공정한 분배 및 윤리와 같은 관련 개념과 함께, 공정성(fairness)은 새로운 것은 아니지만 많은 관심을 받은 주제 중 하나이다(예를 들어 Denoon and Brams, 1995; Pruitt, 1997a; and Zartman and others, 1996 참조). 흥미로운 점은 이러한 개념과 문헌에서 역시 두드러진 다른 주요 개념들(즉, 권력과 비대칭, 협상자의 만족감, 합의의 안정성 및 지속성)의 연계에 대한 연구였다(Pfetsch and Landau, 2000). 프루잇과 카너벌(Pruitt and Carnevale, 1993)은 협상의 행동 분석에 관한 주요 연구에서 '지배적 패러다임'의 중요한 한계점은, 공정성을 포함하여 '협상에서의 다른 이익'과 '사회적 규범'과 같은 개념(및 실체)에 대한 무관심(또는 무지)이라는 점을 지적했다.

위협은 또 다른 커뮤니케이션 변수이다. 위협은 위협자가 상대방이 명시된 요구사항을 충족하지 않는 경우 상대방(target)에게 해를 끼칠 의도가 있음을 나타내는 커뮤니케이션이다. 두 가지 유형으로 위협을 구별할 수 있는데(Schelling, 1966), 처벌을 피하기 위해 특정한 행위가 요구되는 강제적 위협과 상대방이 무언가를 하지 못하도록 하는 경향이 있는 억제적 위협이 그것이다. 위협은 종종 최후의 수단으로 간주된다. 위협은 예상되는 양보 또는 합의에 관한 것일 수 있으며, 협상 결과, 합의 가능성 또는 때로는 상대방에게 해를 끼치려는 의도일 수 있다. 위협을 사용하면 대응위협(counterthreat)을 이끌어내고 격상(escalation) 프로세스를 끌어낼 수 있다. 위협을 효율적으로 만들기 위해서는 세 가지 조건이 충족되어야 한다. 즉 위협은 신뢰할 수 있어야 하고, 대상(target)에 도달해야 하며, 대상은 요구를 이행할 수 있어야 한다(Watzlawick, 1976).

효율적인 위협은 위협자 측의 추가 조치 없이 작동하는 위협이다. 위협이 행해져야 하는 경우 위협의 비용은 단지 언어적인 것 이상일 수도 있다. 실험적 연구에 따르면 위협의 효과는 출처의 신뢰성에 달려 있다. 즉, 동일한 종류의 다른 위협을 수행할 수 있는 출처의 평판에 달린 것이다(Horai and Tedeschi, 1969). 위협의 효과는 또한 불이행 시 예상되는 피해 비용과 이행에 따른 비용의 비교에 따라 달라진다(Tedeschi, Schlenker, and Bonoma, 1973).

위협, 경고 및 기정사실화(fait accompli)는 격상(escalation) 프로세스를 촉발하는 경우가 많다. 포르와 자트먼(Faure and Zartman, 2001)은 격상이 무엇이며, 어떤 종류의 논리에 의해 격상이 발생하는지, 언제 교착상태가 발생할 가능성이 가장 높은지, 프로세스가 갈등 격상에서 협상으로 어떻게 전환될 수 있는지에 대한 이해를 높이기 위해 이 주제를 연구했다.

✓ **참조변수** | 참조변수는 협상자가 프로세스 동안 자신의 행동을 안내하기 위해 의식적 또는 무의식적으로 참고하는 요인들이다. 이들 요인 중 하나는 체면을 살리는 것이다. 체면에 대한 우려는 문화와 사회에 따라 그 중요성이 다르지만 보편적이다. 어떤 문화에서는, 체면을 잃는 것이 협상자가 다루어야 하는 많은 문제 중 하나에 지나지 않는다. 그러나 다른 문화에서는 삶과 죽음의 문제가 될 수 있다. '체면 유지'는 "능력과 강인함의 이미지를 투사하고 싶은 욕구와 반대로 무능력, 나약함 또는 어리석음의 이미지의 투사를 피하려는 욕구"로 정의될 수 있다(Druckman, 1977b, p.276). 협상자는 상대방, 청중, 제3자 또는 구성원들에 노출되었을 때 체면을 살리는 것에 대한 우려를 제기할 수 있다. 따라서 개방형 협정은 체면 유지 장치를 사용해야 할 가능성을 높인다. 심한 갈등 상황 역시 체면 살리기의 중요성에 기여할 것이다(Deutsch, 1973). 실험에서는 체면 유지의 영향으로 협상자의 양보 속도를 늦추는 것을 보여주었다(Johnson and

Tullar, 1972). 중재자의 존재는 양보를 촉진하는 데 상당히 도움이 될 수 있는데, 중재자의 제안에 대한 응답으로 이루어진 양보는 상대방의 요구에 대한 응답으로 이루어진 양보처럼 약함의 신호로 보이지 않기 때문이다(Pruitt and Johnson, 1970).

체면 유지가 협상자의 목적이라면, 상대방의 체면을 소홀히 하지 않도록 경계하는 것도 매우 중요하다. 이러한 측면에서의 부주의는 협상을 완료하기 위해 '체면 복원'에 대한 대가를 지불하는 것으로 이어질 수 있다.

다른 참조변수는 가치와 이익을 포함한다. 협상 프로세스는 몇 가지 유형의 문제에 중점을 둘 수 있고, 협상자가 그중 하나에 초점을 맞춰 일반적인 접근방식을 구축할 수 있다. 가치의 충돌과 이익의 충돌이라는 두 가지 범주로 구분할 수 있다. 가치의 충돌은 양쪽 당사자가 서로 다르거나 양립할 수 없는 가치, 이념 및 원칙을 가지고 있으며, 각 당사자가 자신의 가치가 압도하도록 노력하는 상황이다. 이익의 충돌은 희소한 자원의 분배에 관한 양쪽 당사자의 선호도 간의 불일치에 해당한다. 세 번째이면서 일반적인 상황은 복잡한 상호 작용에서 두 가지 갈등이 혼합된 상황이다.

투자르(Touzard, 1977)는 가치에 관한 협상이 긍정적 결말을 맺기 가장 어렵고 매우 자주 회피된다는 것을 보여준다. 원칙 실행의 구체적 결과에 동의하는 것보다 원칙에 동의하기가 훨씬 어렵다. 게다가 이데올로기적 입장의 정서적 바탕 때문에 명시적으로 이데올로기를 포기하기 어렵게 만든다. 항상 견지해왔던 원칙을 포기하는 것은 적대자에게 약점을 보이는 것으로 용납할 수 없는 것이다. 종종 가치의 충돌은 중재자와 함께 해결해야 한다.

이익에 관해서는 프루잇(Pruitt, 1981)에 따르면, 그들은 본질적으로 반대되는 것으로 간주되어서는 안 되며, 협상은 결코 갈등을 해결하는 유일한 방법이 아니다. 가치와 이익이 걸려 있는 혼합협상은 상당한 관찰로 이어진다. 럴(Lall, 1966)은 한편으로, 이 두 영역에 대한 갈등이 있는 경우 고도로 이데올로기적인 국가들도 그들의 중요한 이익이 우선하도록 선택한다는 것을 관찰했다. 반면에 액설로드(Axelrod, 1970)는 연합의 형성과 지속성에 대한 예측에서, 단지 효용 극대화에 근거한 예측보다 이데올로기적 유사성에 근거한 예측에서 상당히 개선뜀을 보여준다.

또 다른 흥미로운 점은, 반복되는 협상의 경우 합의에 도달하는 방법에 관하여 협의된 원칙을 통해 선례를 설정할 수 있는 것과 관련이 있다. 향후 협상에서 더 높은 이득을 얻을 수 있는 만족스러운 원칙을 확립하기 위해, 교섭에서 다소 불리한 결과로 첫 번째 분쟁을 해결할 수 있다(Lax and Sebenius, 1986).

프로세스에 영향을 주는 요소

피셔, 유라이, 패턴 등 저명한 학자들이 속한 처방적 모델 학파(Fisher, Ury, and Patton, 1991)는 그들의 접근방식에 대한 의심, 혼란 또는 비판에 답을 제시하려 노력한다. 논쟁의 일부는 피셔(Fisher, 1991)에서 볼 수 있다. 그것은 또한 프루잇과 카너벌(Pruitt, Carnevale, 1993, p.125)의 '혼합 평가'로 이어졌으며, 이들에 대한 접근방식은 '근본적인 질문(big ifs)'을 제기한다(예를 들어, 피셔와 유라이가 묘사한 상황이 그렇게 일반적인가?). 그러나 원칙에 입각한 협상 접근법은 대중적인 성공을 거두었다. 하지만 협상 개념에서 문화적 차이라는 문제에 부딪힌다(예를 들어 Faure, Mermet, Touzard, and Dupont, 2000 참조). 또한 일부 저자의 관찰에 따르면, 이익(필요)에 집중하는 것이 좋은 협상의 열쇠(입장이나 요구에 반대함으로써)라면, 권리나 권력(자트먼과 루빈의 『권력과 협상(power and negotiation)』(2000)에서 볼 수 있듯이, 권력의 경우 의문점이 있긴 하지만)과 같이 그러한 상황에서 일리가 있는 보완적 전략도 있다는 것을 언급할 수 있다.

협상자에 의해 조작되지 않고 교섭 과정에 직접 개입하지도 않으면서 여전히 협상에 영향을 미치는 많은 요소들이 있다. 여기에는 협상자의 문화, 성격 및 사회적 지위가 포함된다. 또한 협상의 공개, 비공개 여부, 협상 관련 당사자의 수, 구성원들 및 제3자를 포함하는 이용 가능한 정보와 협상의 복잡성 및 시간 제약과 같은 구조적 조건이 포함된다. 문화가 커뮤니케이션의 패턴과 연관되어 있으므로, 영향을 미치는 요인으로서의 문화는 이미 언급되었고, 협상 당사자의 수, 구성원의 역할, 제3자(중재자)의 존재는 이 장의 다른 부분에서 광범위하게 서술된다. 프로세스에 영향을 미치는 변수는 개인 조건, 정보 조건 및 구조적 조건의 세 가지 범주로 나뉜다.

✓ **개인적 조건** ㅣ 개인이 협상에 참여한다는 점을 고려할 때, 그들의 성격이 중요한 역할을 할 수 있다. 위험을 감수하는 성향, 모호성을 견디지 못함, 자존감, 성취 욕구, 협력 및 권위주의와 같은 제한된 수의 매개변수에 상당한 연구가 있어왔다. 많은 실험 연구를 검토한 후, 루빈과 브라운(Rubin and Brown, 1975)은 고위험 감수자가 상호 이익을 극대화하는 것보다 자신의 이익을 극대화하는 데 더 관심이 있는 것으로 보인다고 제안한다. 모호성에 대한 내성이 높은 협상자는 내성이 낮은 협상자보다 협력적으로 행동할 가능성이 더 크다. 부정적인 자아 개념(자존감과 직접 관련됨)을 가진 개인은 자신에 대한 긍정적인 견해를 가진 사람들보다 더 경쟁적으로 교섭하는 경향이 있다. 협력적 협상자는 상대방을 더 신뢰하는 개인이다. 스펙트럼의 반대쪽에 있는, 경쟁적 협상자는 상대방의 행동에 상관없이 경쟁적으로 행동한다(Kelley and Stahelski, 1970c). 권위주의와 협상의 관계를 연구한 실험에 따르면, 권력 지향을 특징으로 하는 척도에서 높은 점수를 받은 권위주의적 협상자들은 권력을 가진 다른 사람들에게 양보하고, 일반적으로 의심이 많고 냉소적이며 협력자보다는 경쟁자처럼 행동한다(Kelley and Stahelski, 1970b). 다른 매개변수가 중요한 역할을 할 수 있다. 예를 들어, 협상자는 협상이 무엇인지에 대한 개인적이고 규범적인 개념을 가질 수 있다. 프로세스를 게임, 스타일 활동, 유쾌함 또는 투쟁의 장소로 보는 경우, 이 관점은 협상자의 행동에 영향을 미친다.

협상자의 지위는 협상자가 속한 사회 구조에서의 위치를 나타낸다. 이 개념은 명성과 밀접한 관련이 있으며 교섭자의 지위는 협상 프로세스에 중요한 영향을 미친다. 루빈과 브라운(Rubin and Brown, 1975)의 실험 결과 검토에 따르면, 교섭자들이 높은 지위를 가진 상대 협상자에게 상당한 존경심을 표시한다는 것을 보여준다. 이러한 존경심은 위협에 대한 준수(Faley and Tedeschi, 1971) 또는 복종적인 행동의 채택(Grant and Sermat, 1969)과 같은 다양한 방식으로 표현된다. 상대 협상자가 더 낮은 지위를 가지고 있을 때, 교섭자는 착취적인 방식으로 행동하는 경향이 있다(Swingle, 1970).

✓ **정보 조건** ┃ 이용 가능한 정보는 각 당사자의 협상 모니터링에 결정적인 영향을 미칠 수 있다. 효율적인 협상자는 상황, 전후 관계, 무엇이 중요한지(what's at stake)에 대한 정보 그리고 상대 협상자의 필요, 목표, 행동 수단, 성격과 가치에 대한 정보가 필요하다. 정보는 불확실성을 줄이고 때로는 협상자가 상대방의 행동과 협상의 진전에 관한 예측을 할 수 있게 한다.

정보는 공적, 사적, 비밀의 세 가지 유형으로 구분할 수 있다. 사적인 정보의 소유는 관계에 더 많은 가능성과 더 많은 힘을 부여한다. 비밀 정보, 즉 아무도 협상자가 가지고 있으리라고 의심하지 않는 정보를 보류하면 더 나은 협상 위치를 얻게 된다. 갈등이 심한 상황에서 이것은 가장 원하는 유형의 정보이다. 그러나 공적인 또는 공유된 정보도 협력적 관계의 경우 협상의 효율성 수준을 높일 수 있다. 일부 실험실 연구에서 이 관찰을 확인했다. 협상자들이 서로의 이익과 손실에 대해 더 많이 알수록 그들은 공동 이익을 더 높게 올린다(Siegel and Fouraker, 1960). 죄수의 딜레마에서, 손익 정보를 알 수 있을 때보다 손익 정보를 알 수 없을 때 협력적 선택의 빈도가 더 낮다(Pilisuk and Rapoport, 1964).

협상에 대한 문제해결 지향의 경우, 정보교환은 통합적 합의를 구축하는 유일한 방법이다(Walton and McKersie, 1965). 공동의 이익을 얻기 위해서 이익을 얻을 수 있는 새로운 가능성을 발견하고 파이의 크기를 늘리기 위한 솔루션의 창조가 요구된다. 이것은 각 협상자가 상대방의 실제 요구를 알고 있는 경우에만 가능하다. 정보 공유는 가치를 창출하는 방법의 하나로 보일 수 있다. 보상이나 상호 협력(logrolling)과 같은 국제협상의 일반적인 관행은 모두가 상대편의 우선순위를 인식할 때 효율적인 결말로 이어질 수 있다.

정보의 또 다른 측면은 협상의 접근성이다. 협상자의 구성원들, 협상 팀원, 관찰자, 대중 또는 언론인과 같은 청중이 협상자의 행동 방식에 중요한 역할을 할 수 있다. 이런 상황에서 중요한 것은 협상의 결과뿐만 아니라 협상자의 이미지와 평판이다. 예를 들어, 체면을 살리는 것은 어떤 상황에서는 실제로 중요한 이슈가 된다. 청중은 협상자와의 관계에 따라 다양한 방식으로 교섭의 행동에 영향을 미칠 수 있다. 청중은 프로세스에 대한 그들의 인식에 관하여 피드백을 제공하고, 이는 복잡한 상호 작용 네트워크로 이어진다. 공개 협상의 존재는 협상자가 각기 다른 청중의 요구사항을 어느 정도 만족시켜야 함을 내포한다. 이 것은 결과뿐만 아니라 결과에 도달하는 방식에도 관련이 있으며, 따라서 협상 자에게 추가적인 제약 조건을 더하는 요인이 된다.

✓ **구조적 조건** ┃ 다자간 협상은 각 당사자들이 표현하는 다양한 관점과 관련 하여 복잡한 이슈와 관계의 네트워크를 불러옴으로써, 프로세스의 복잡성을 증 폭시킨다. 다양한 이슈 간의 상호 의존성을 평가하기 어려울 수 있으며 이슈를 추가, 삭제 또는 수정하는 경우의 결과를 예측하기가 매우 어려울 수 있다. 따라 서 복잡성은 불확실성을 유발하고 협상자의 행동에 영향을 미친다.

현장 관찰 및 실험실 시뮬레이션에서 위넘(Winham, 1977a)은 복잡한 협상에 서 협상자가 자신의 작업을 촉진하기 위해 단순화된 인지적 구조를 개발한다는 것을 보여준다. 그는 또한 양보 행동이 상당 부분 그 의미를 잃는다는 것을 관찰 했는데, 이는 당사자들이 받은 양보의 가치를 추정할 수 없을 수도 있기 때문이 다. 마지막으로, 복잡성이 협상자의 구성원에 대한 권한을 강화하기 때문에 합 의가 촉진된다.

베이징의 자전거 교통이라는 은유에 비교하며, 포르(Faure, 1995a)는 협상 테 이블에서 일반적으로 인식할 수 있는 것 이상의 관찰을 이끌어내고 숨겨진 차원 의 프로세스를 이해하기 위한 기본 단서를 제공한다. 자트먼과 동료들(Zartman and Associates, 1994)은 조직, 연합, 리더십 및 의사결정 이론을 포함한 다양한 분석 프레임워크가 적용된 사례연구에서, 다자간 협상의 주요 특징인 복잡성은 간단히 축소될 수 없으며 효율적인 결과에 도달하기 위해 특정한 도구로 관리 되어야 한다고 결론지었다.

시간은 구조적 조건의 또 하나의 양상이다. 시간의 영역은 협상 프로세스에 서 여러 가지 방법으로 개입한다. 시간의 경과는 점차적으로 요구의 감소로 이 어진다(Kelley, Beckman, and Fischer, 1967). 시간의 압박은 합의 달성에 긍정적 인 영향을 미친다(Pruitt and Drews, 1969). 시간의 압박 아래, 협상자들은 더 낮 은 최소의 목표를 설정하고, 더 큰 양보를 더 자주한다(Pruitt and Johnson, 1970). 그러나 시간의 압박은 공동 이익의 축소라는 결과를 가져온다(Yukl, Malone,

Hayslip, and Pamin, 1976). 마감 시간을 정해놓는 것이 협상자가 시간비용에 직면할 수 있는 프로세스에 개입되는 것을 막는 일반적인 방법이다. 결렬의 가능성을 공공연히 진술함으로써 압박을 없애려는 하나의 방법이다.

시간은 양보 과정, 목표 및 요구에 영향을 미칠 뿐만 아니라 합의를 위한 무르익은 상황으로 이끌기도 한다. 농익은 순간은 당사자들이 해결책을 향하여 입장 수정의 가능성을 인식하기 시작하는 특정한 시간이다(Zartman, 1989). 갈등에 대한 해결책을 제안할 적절한 순간을 선택하는 것은 협상자에게 매우 중요하다. 너무 이르다면, 협상자들이 아직도 그들이 더 많은 것을 얻을 수도 있다고 생각하기 때문에 해결안은 거절당할 수 있다. 너무 늦다면, 제안이 고려되지 않을 수 있다. 왜냐하면 갈등의 골이 이미 너무 깊어져 갈등 당사자들이 더는 합의에 도달하려는 의사가 없을 수 있기 때문이다. 적절한 시기에 대한 개념은 성숙의 개념과 밀접한 관련이 있다.

시간은 손목시계로 읽을 수 있는 것 이상이며, 시간 자체로 축소될 수 없다. 또 다른 견해는, 시간을 협상 프로세스를 구성하고 문화에 따라 다르게 작동하는 능동적 변수로 보는 것이다(Faure, 1981).

끝으로, 마지막 구조적 조건으로 고려해야 할 것은 다음 협상에 대한 기대이다. 주기적으로 반복되는 협상은 빈번하고 다음 미팅에 대한 기대는 협상자의 행동에서 중요한 역할을 할 수 있다. 언급했듯이 협상자는 장기적인 이해관계를 가지고 있고, 결과에 초점을 덜 맞추고 원칙에 더 중점을 둔 기대 전략을 선택할 수 있으며, 이로써 협상자는 앞으로의 협상에서 더 좋은 위치를 차지하게 된다.

협상의 결론은 참석자들에게 일종의 뒷맛을 남기고 이는 다음 협상에서 배경 요인으로 작용하며 협상 분위기에 이런저런 방식으로 기여하게 된다. 심리적 감정적 대차대조표는 협상의 끝자락에 다소 의식적으로 성립되는데, 자발적인 평가의 특성을 모두 가지고 있다. 상대편도 이런 종류의 평가를 내릴 것을 알기 때문에, 각 협상자는 그러한 관행을 기대하고 합의 당시에 이 점을 고려할 수 있다. 더욱이, 많은 협상의 반복되는 측면 때문에 뒷맛이 좋지 않았을 때 보상을 요구하거나 보복을 시작할 가능성이 있다.

프로세스 평가: 일부 연구 이슈

서로 경합하는 접근법이나 협상 이론을 연결하는 것은 또 다른 흥미로운 질문을 제기한다. 즉, 서로 다른 '학파'가, 주어진 협상 상황, 문제 또는 사례를 다루는 방식을 비교하는 데서 교훈을 얻을 수 있을까? 이 계통의 연구는 지난 10년 동안 여러 가지로 적용이 되었으며, 이 중 가장 정교한 것 중 하나는 국제협상 프로세스(Processes of International Negotiation: PIN) 그룹에서 수행한 프로젝트이다.

이 네트워크는 전문가들과 이론가들을 조합하여 각각 자신의 분야 또는 경험의 렌즈를 통해 여러 상황에 반응하도록 하였다. 다자간 회의, 환경협상, 국제경제 협상, 유지 개발 정책 협상 등의 다양한 상황이 면밀히 조사되었다 (Sjöstedt, 1993; Kremenyuk and Sjöstedt, 2000; Zartman and Associates, 1994; Boyer, 1999).

또 다른 접근법에서는, 여러 가지 상황을 바탕으로 협상 분석과 (신고전주의) 경제이론의 설명적 품질을 비교하기 위해 유사한 방법론이 사용되었다(Kremenyuk and Sjöstedt, 2000). 연구 저자들은 두 접근법 모두 (국제경제 협상에서) 상호 보완적이며 프로세스를 이해하도록 서로 도와 유용한 시너지를 만들 수 있다고 결론지었다. 경제이론은 "프로세스 전개 분석에는 적합하지 않지만" "경제협상 상호 작용의 구조적 영역은 경제 분석이 협상 분석을 특별히 풍부하게 할 수 있는 부분을 보여준다"(2000, p.340).

프루잇과 카너벌(Pruitt and Carnevale, 1993, pp.194~203)은 이론의 틈새를 명확하게 지적했다. 여기에는, 이기심이라는 전제에 의존하는 것("반면 많은 협상에는 상대방의 복지, 상대의 이익 또는 기타 관심사에 대해 어느 정도 진정한 또는 전략적 관심을 가진 협상자들이 있음"), "협상을 독립적인 프로세스"로 보며 사회적 맥락과 규범을 무시(또는 제한된 중요성만 부여)하고, "개인들과 그룹들을 구분"하지 못한 것 등이 포함된다. 다음으로, 연구 저자들은 그러한 틈새를 어떻게 줄이거나 없앨 수 있는지 보여주고 추가 연구를 위한 의제를 제안한다.

예측 모델의 효율성

예측 모델을 사용하면 결과의 불확정성 문제에 직면해야 한다. 협상이 결과가 미리 결정될 수 있는 프로세스라면 예측 모델이 더 효과적일 수 있을 것이다. 사실, 이런 모델은 기본적인 어려움과 마주하게 된다. 더 많이 예측할수록 현실에서 더욱 멀어진다는 것이다. 이 모델의 최고 효율성은 휴리스틱[1])과 관련이 있으며, 막스 베버의 이상형처럼 사용될 때 달성될 수 있다. 상황을 단순화함으로써, 이 모델은 연구자가 현실을 더 잘 이해할 수 있게 하는 도구가 된다. 그러나 어떤 상황에서도 모델을 현실과 혼동해서는 안 된다.

변수에 대한 지식 부족

프로세스의 일부 변수는 충분히 이해되지 않았고, 잘못 인식되었고, 제대로 사용되지 않았으며, 거의 연구되지 않았다. 그중에서도 권력은 가장 의문의 여지가 있고 논쟁의 여지가 있는 것 중 하나이다.

순차적인 협상 이론

현대 이론은 협상이 '혼합된 동기' 활동이라고 가정한다. 협상자들은 협력적으로(각 당사자가 합의에서 얻고자 하는 가치를 공동으로 증가시키려고 노력한다) 그리고 경쟁적으로 행동한다(각 당사자는 개별 목표를 달성하기 위해 그 가치의 가장 좋은 부분을 얻기 위해 노력한다). 가치 창출은 협상 밖에서 가능한 최상의 대안으로부터 각 협상자가 멀어지는 것을 허용하는 조건들로 이루어지는 반면, 가치 주장은 각 당사자를 그 대안에 가깝도록 강제하는 경향이 있다. 이 설명은 관찰, 경험적 결과 및 이론적 분석(넓은 의미에서 유용성 이론 사용)을 바탕에 두고 있으며, 두 가지 유형의 활동 사이에 긴장이 있음을 보여준다. 그 요소들(형태와 발

---

1) (옮긴이 주) 휴리스틱(heuristic): 논리나 사실보다는 경험에 의존하는 의사결정.

현), 상대적 강도 및 효율성 정도는 프로세스 분석의 기본 구성을 이룬다.

프로세스의 관찰은 순차적 측면에 중점을 두기 때문에, 협상 중 시간이 지남에 따라 개발에서 관찰되는 다양한 단계에서의 협력과 경쟁의 상대적 중요성이 중요한 이슈로 대두되어 왔다. 협력과 경쟁의 공존에 대한 흥미로운 예는 교차-문화적 관점에서 분쟁과 협상을 연구하는 인류학자들이 발표한 바 있다(Gulliver, 1979). 협상의 발전적 또는 과정적 모델은 이렇게 적대감과 조정(협력)의 우위가 변화된 혼합의 형태를 보여주는 것으로 나타났다. 사전협상에서는 적대감이 지배적인데, 이 기간은 불일치와 위기로 특징지어지기 때문이다. 사전협상에서 적절한 협력(coordination)을 예상하지만 의제를 정의하면서 경쟁이 발생하고 협상자가 차이점을 강조하면서 상황을 탐색할 때 경쟁은 우세해진다. 차이는 좁혀나가면서 양쪽이 허용 가능한 합의에 역점을 두고 협력의 길을 만든다. 두 요소 사이의 균형은 최종 교섭의 예비교섭에서 그리고 최종 교섭 자체에서 분명히 보인다. 협력은 '관례화'의 최종 단계와 결과의 실행(적어도 초기 실행과 관련하여)에서 우세하게 나타난다. 이 설명은 인류학 분야의 다른 연구자들의 견해와도 맞아떨어진다.

설명이 일반화를 의도하고 있다(다양한 문화에 적용하면서)는 것 외에도, 이 설명은 한 단계에서 다른 단계로의 전환(전환점)의 문제를 제기한다. 실무자들은 그러한 전환점이 존재하며 이를 감지하는 것이 숙련된 협상자의 속성 중 하나라는 데 동의한다(Druckman, Husbands, and Johnston, 1991).

협상 프로세스에 관한 최근의 연구는, 협상의 초기 단계에서 경쟁적 측면이 우세하다는 견해를 취하고 있다. 이것은 이 단계에서 관찰된 여러 가지 행동, 전략 및 전술로 설명될 수 있다. 경합을 세게 벌이는 경향(후속 조처에 대한 여지를 확보하기 위해), 신뢰성과 선의를 검증할 때까지 초기 신뢰가 제한적인 점, 입장과 이익 사이의 혼란, 처음부터 약하거나 유연하게 보이는 것에 대한 두려움 등을 예로 들 수 있다. 협상은 위험하기 때문에 위험 회피형 협상자는 방어적으로 행동하거나 초기 이점의 확보를 위해 의도적으로 상대방의 불안정화를 추구하는 경향이 있다. 학자들은 초기 1단계 경쟁의 역할과 한계를 분명하게 설명하고, 프로세스를 보다 투명하고 이해하기 쉽고 효율적으로 만들 수 있는 방법론적 및 윤리적 규칙을 제공함으로써, 현재의 관행을 개선하는 데 도움을 줄 수 있다.

일부 이슈는 아직도 설득력 있게 해결되지 못한 듯하다. 하나는 일반적으로 관찰되는 초기 단계의 경쟁적 경향을 공식-세부 설명(formula-detail description) 또는 효율적 투자선 가정(efficient-frontier assumption)의 논리와 어떻게 조화시키느냐이다. '공식'을 찾는 것은 충분한 양의 협력과 조정을 내포하는 것으로 보이는 반면, '세부 사항'은 엄격한 경쟁 교섭을 요구하는 것처럼 보인다. 마찬가지로, 효율적 투자선을 향한 모멘텀일 경우 개념적으로는 협력적이고 경쟁적인 두 움직임을 결합할 것 같지만 보통은 초기에 협력적인 것으로 나타나는데, 이는 초기에 협상자들이 유용성 제로인 공동의 입장을 개선하기 위하여 어떤 조처를 취할까에 몰두하기 때문이다.

또 다른 이슈는 협상 과정 중의 제로 효용 포인트(zero-utility points)의 변위다. 이것은 협력적(어떤 이유로 상대방이 BATNA를 높이거나 혹은 당사자의 BATNA를 낮추는 데 기여하거나 허용하는 것)일 수도 있고 또는 경쟁적(반대)일 수도 있다. 처음부터 이슈를 변형, 확대 또는 삭제하는 것은 협력적 전략일 수도 있고, 경쟁적 전략일 수도 있다. 또 다른 이슈는 다양한 단계에서 자주 관찰되는 협상 분위기의 변화에 관한 것이다. 이러한 변화 또한 더 협력적으로 변화하는 것일 수도 있고, 또는 더 경쟁적으로 변하는 것일 수도 있다. 마지막으로, 협력과 경쟁의 우위가 상황에서 비롯된 것인지 혹은 행동에서 비롯된 것인지, 이 조합이 얼마나 안정적인지, 협상 중에 이 조합에 어느 정도 변화가 있을 수 있는지에 대한 문제가 남아 있다.

윤리의 위치

윤리는 협상자의 가치와 협상에서 좋은 행동에 대한 무언의 법칙을 반영한다. 도덕과 관련하여 특정 행동은 일부 문화권에서는 허용되지만 다른 문화에서는 거부된다. 예를 들어, 허세로 상대방을 실격시킬 수 있지만 결과적으로 관계를 실추시킬 수도 있다. 위협 또한 의문을 낳는다. 위협이 합법적인 관행인가? 협상자는 너무 지나치지 않고 얼마나 멀리 갈 수 있는가? 게다가, 위협의 대상은 상당히 다를 수 있다. 위협이 더는 양보하지 않는 것을 의미하는가? 이미 해버린 양보를 철회한다는 것인가? 협상을 중단하는 것인가? 협상자를 개인적으로 겨냥하여 위협할 수도 있다. 서술적 또는 예측적 목적의 연구는 윤리의 문제를 피할 수 있지만, 처방적 입장을 취하는 연구에서는 윤리의 문제를 더는 피할 수 없다. 모든 규범적 접근방식에는 반드시 윤리적 측면이 포함된다. 예를 들어, 중재자는 자신의 역할을 수행하기 위해 중립적이고 편파적이지 않아야 한다는 오래되고 강한 도덕적 신념이 있어왔다. 포르(Faure, 1989)는 국제 사례 연구를 통해, 효율성이 그러한 윤리적 제약의 측면에 달려 있지 않다는 것을 보여주었다. 중재자가 진정으로 효율적일 수 있었던 것은 이러한 조건을 준수하지 않았기 때문이었던 적이 많다. 따라서 도덕과 효율성은 적대적인 것처럼 보일 수 있다. 적절한 목적을 위해 덜 적절한 수단의 사용을 어느 정도로 정당화할 수 있는가는 협상자가 직면해야 할 문제이다. 인질범을 다루는 것은 그러한 윤리적 딜레마의 전형적인 예이다. 범죄자와 타협을 해야 하는가? 답은 시대와 문화에 따라 다양하다.

협상 중의 프로세스

국제협상에서, 협상 중의 프로세스는 비교적 잘 이해되고 있다. 경제적·정치적·생태적·법적 등 현안이 되는 이슈들을 차별화함으로써 보다 정교한 접근방식에 도달할 수 있다. 프로세스와 다양한 유형의 이슈 사이의 관계를 탐색하는 것은 다른 지적 접근이 요구될 수 있다.

미완의 연구 이슈

기존 이론에서 지배적 패러다임이나 패러다임들의 초점을 다시 맞추거나, 이에 대한 중요도를 낮출 필요성을 제기하는 도전적인 제안이, 적어도 여섯 가지가 있다.

첫 번째는, 이미 언급했던, 프루잇과 카너벌(Pruitt and Carnevale, 1993)이 제시한 것으로, 자기 이익 극대화에 기반한 '지배적 패러다임'이 실제 협상을 묘사하고 설명하는 데 가장 적합한 패러다임이 될 수 있는가에 의문을 던진다. 앞서 지적했듯이, 이 패러다임은 어떤 식으로 관찰하더라도 실제 협상의 다른 현상들을 담아낼 수 없다.

1990년대에 여러 형태로 표현된 두 번째 비판은, 협상의 모든 것을 포함하는 이원적 접근방식의 중요성을 낮출 필요성에 관한 것이다. 특정 상황을 제외하고, 양자 회담이 사실 복수의 또는 다자간 상호 작용의 실체를 다루고 있다. 따라서 추가적인 또는 대체할 수 있는 가설, 개념, 제안 및 연구 결과들이 고려되어야 한다. 이와 관련하여 주요 개념은 복잡성이다(Zartman, 1998). 다른 도전적인 제안에서도 역시 이러한 재초점을 다루고 있다.

세 번째 도전은 음누킨과 서스카인드의 최근 연구인 "다른 사람들을 대신하여 협상하는 것"(Mnookin and Suskind, 1999)에 포함되어 있다. 대부분의 협상은 대리인을 통해 수행된다(외교, 노동, 정치, 상업, 심지어 개인 협상 등 모든 분야에서 예외가 아니라 표준이 되었다). 당사자와 대리인 사이의 관계는 학자들과 분석가들이 종종 소홀히 했던 프로세스의 핵심 변수이다. 따라서 이러한 2단계 게임을 설명해 줄 '이론'을 채택하는 것이 필요하다.

네 번째 과제는 현존하는 이론들이 문화적 변수에 불충분한 (부여한다고 하면) 가중치를 부여하는 것이다. 그러나 포르와 루빈(Faure and Rubin, 1993), 코헨(Cohen, 1991), 엘리스트룀(Elgström, 1999), 바이스(Weiss, 2000)가 보여준 바와 같이, 문화적 변수는 무시되거나 미미하게 취급될 수 없다. 포르와 루빈의 저서가 시사하는 바와 같이 문화는 차이를 만든다. 그러나 같은 책에서, 이 주장이 부정되지는 않았지만, 자트먼에 의해 그 상대성이 강조되었다(Faure and Rubin, 1993, pp.17~21). 살라큐스는 "실무자들은 예외 없이 문화의 차이를 그들이 직면하는 더 어렵지만 흥미로운 요소 중 하나로 꼽는다"(Salacuse, 1999, p.199)라고 주장하는데, 그는 동시에 이 경우에 대한 광범위한 견해를 취하면서 "협상에서 문화는 장애물 이상의 것이 될 수 있다. 무기도 될 수 있고, 요새나 다리가 될 수도 있다"라고 제안한다. "이론과 연구를 위한 교훈"을 끌어낸 포르와 루빈은, 문화가 역할을 하는 특정 상황과 어떤 조건(인지, 인식)과 방법(전략, 전술, 행동)으로 문화의 영향이 조직되는지를 결정하는 것이 중요한 문제라고 하면서 비교 분석(연구의 방법론이었다)을 결론지었다(Faure and Rubin, 1993, pp.210~213).

한 가지 교훈은 연구 초점을 분명하게 할 필요가 있다는 것이다. 일정 정도, 이는 협상 분야 전체의 초점을 다시 맞추기 위한 탐색이기도 하다. 이 점은 심지어 코헨(Cohen, 1991, p.153)이 지배적 패러다임에 대한 도전으로 변신시켰다. 이론가들이 보편적인 협상 패러다임을 상정할 때(일반적으로 "해결책의 공동 탐색", "문제로부터 사람들을 분리하는 것", "공동 이익의 극대화"와 같은 특징을 사용함), 그들은 사실상 낮은 맥락의 문제해결 모델의 이상화된 버전, 즉 기존 모델만큼 일관성이 있고 그 자체로 유효한 대안이지만 상당히 다른 협상 모델을 제안하고 있는 것이다.

다섯 번째 과제는, 협상을 이해하는 데 필요한 모든 것이 테이블에서 일어나는 일(마이크로 프로세스)을 이해하는 것 또는 상호 작용을 둘러싸고 있는 직접적인 상황으로 이해되는 배경 조건의 구성요소(거시분석)를 이해하는 것뿐이라는 가정과 관련이 있다. 그러나 요점은 간단하게 말해서 이것으로는 충분하지 않다는 것이다(특히 반복적인 만남이나 지속되는 관계일 경우). 포르(Faure, 1991b)는 내전 중 페샤와르[2]라는 매우 특별한 환경에서의 카펫 구매에 관해 이야기하면서, 프로세스를 이해하고 다양한 행동이 취해지는 의미를 포착하기 위해 문맥적 상황을 고려하는 것이 얼마나 중요한지 보여준다.

협상을 사전협상의 측면에 놓고 보는 것도 중요하다. 선례, 관계와 관련된 과거 경험, 다른 협상과의 연결(Watkins, 1999), 이슈의 '성숙'(Zartman, 1997; Lieberfeld, 1999; Pruitt, 1997b), '공식'에 대한 점진적인 추구와 궁극적 발견, 적응 학습(adaptive learning)("협상자의 행동과 기대치를 형성했을 수도 있는 다른 협상 및 경험과 분리되어" 협상을 분석해서는 안 된다는 점을 고려하여: Cross, 1996, p.153), 사전 연합 및 연합의 움직임(Boyer and Cremieux, 1999) 등의 측면들이 포함된다. 과거가 어떻게 현재에 내재되어 있고 현재를 형성하는지는 유럽연합과 같은 국

---

2) (옮긴이 주) 페샤와르(Peshawar)는 파키스탄 북서부 노스웨스트프런티어주의 주도이다.

제협상 — 여기에 대해서 《국제협상》에서 전체 이슈로 다루고 있다(Lodge and Pfetsch, 1998) — 이나 중동 평화 프로세스에 잘 정리되어 있다(Pruitt, 1997a). EU의 경우, 네트워크 접근방식(Pfetsch, 1998; Jönsson and others, 1998)으로 계속 진행되는 협상을 보는 관점은 여전히 사전협상 - 협상 연결의 개념을 강화시킨다.

마지막 도전은 협상에서 권력과 비대칭의 역할과 관련한 것이다. 이 도전은 합의 프로세스에서 중요한 것인지(소수의 견해) 아니면 단지 부수적인 것인지 (다수의 견해: 협상 프로세스와 결과를 설명하기에는 충분하지 않음)에 대한 질문을 평가한다. 권력의 역할을 강조하지 않으면서도 동시에 재분석하는 것은 다시 한 번 연구 영역에서 중요한 이슈가 되었다(Lax and Sebenius, 1991a; Fisher, 1991; Zartman and Rubin, 2000 참조).

자트먼과 루빈의 연구에서, 연구자들은 권력과 비대칭의 두 양상을 결합하고, 약한 당사자가 어떻게 더 강한 당사자와 협상하고 그럼에도 무언가를 얻을 수 있는지에 대하여 질문한다. 분석의 목표 중 하나는 다른 두 학파의 장점을 평가하는 것인데, 하나는 권력 비대칭이 협상 프로세스에 의해 균등화되고 다른 하나는 권력의 차이가 협상이 진행되는 방식과 그에 따른 결과에 차이를 만든다고 주장한다. 이 질문에 답하기 위한 노력(사회심리학의 연구 주제이기도 함)으로 연구자들은 권력의 개념을 정교하게 가다듬고(Zartman and Rubin, 2000, p.12) 여러 사례에 대한 비교분석으로 일곱 가지 가설에 대한 실험적 효용성을 테스트하는 것을 목표로 한다. 전부는 아니지만, 이 가설들의 대부분은 효용성을 달성한 것으로 보인다(어떤 경우엔 실험실 실험의 결과와 다른 결과를 가져옴). 원인과 효과를 분리하지 않고 권력을 행위(action)로 재개념화하는 것 외에, 가장 중요한 결론(2000, p.13)은 첫째, 원천적 권력의 비대칭이 상응하는(corresponding) 권력 행사의 비대칭을 낳지는 않는다는 것이다(2000, p.286). 둘째, 관계와 같은 "시스템 유지"와 다른 외부적 개입요소가 권력과 이익의 순간적인 계산보다 더 중요한 경향이 있다(2000, p.288). 셋째, "권력을 자원으로 사용하는 협상자의 총체적 권력 위치는 협상에 들어가는 당사자들의 관련 이슈나 권력관계의 인식에 대한 정확한 지표가 아니다"(2000, p.288). 그리고 마지막으로, "운동장을 평평하게 하기 위한 약한 당사자의 놀라운 효율성"(2000, pp.289~290)이 있다는 것이다. 즉, "게임이 협상으로 알려진 게임이 되면 규칙이 바뀌고, 모든 사람들이 이 변형된 현실에 의해 힘을 갖게 된다"(2000, p.290).

분야의 확장

협상 분석은 어떤 형태의 갈등이나 프로젝트에 직면한 행위자들 사이에서 상호 작용이 발생하는 거의 모든 분야로 확장되었다. 이 책 초판의 일부 장에서 국제, 정치, 상업, 노동, 테러리스트, 핵 또는 대인관계 협상과 같은 전통적인 영역에서 벗어난 상황을 다루었다.

영역의 경계를 확장하고 이를 포용하려는 경향은 지난 10년 동안 관찰되었는데, 예를 들어 《국제협상(International Negotiation)》, 《협상 저널(the Negotiation Journal)》 및 《분쟁해결 저널(the Journal of Conflict Resolution)》(여기서 때로 협상 이슈를 주제로 다룬다)과 같은 다른 간행물에서 다루는 다양한 주제를 통해 입증되었다. 이러한 경향은 이 분야가 자율성을 가지고 있다는 주장의 원천이고 또한 부산물이다. 동시에, 이 증가하는 이질성은 경계에 대한 질문과 '협상'으로 간주되기 위해 충족되어야 하는 최소한의 기준을 명시적으로 설명할 필요성을 제기한다. 이는 차례로 협상의 정의에 들어가는 요소들의 최소한의 공통점을 정의하고 재정의하는 것으로 이어진다. 윤리에 대한 발전 또한 확장된 분야의 일부이다(예를 들어 Murnigham, 1991 참조).

고등교육 또는 평생교육에서 교습 및 학습 분야에 적용되는 특징 또한 확장이다. 1998년 《국제협상》에서 전체 호를 이 주제로 선택하고 드럭먼과 로빈슨(Druckman and Robinson, 1998)의 혁신적인 방법론에서 보여주듯이, 이 주제는 1990년대에 이르러 지속적으로 세간의 이목을 집중시켰다. 네트워크의 뉴스레터인 《핀포인츠(PINPoints)》(2000)의 기사에서 메이르츠(Meerts)는 국제협상 교육에 관한 PIN 네트워크의 역할에 대해 요약했다. "교수 아이디어(Teaching Ideas)"는 《협상 저널》의 현재 섹션으로 두 가지 측면을 다루고 있는데, 예를 들어 르위키(Lewicki, 1997)의 "관행의 상태(the state of the practice)"와 같은 관행의 평가와 학제 간 조사와 분석 추론의 사용(Gillespie, Thompson, Loewenstein, and Gentner, 1999), 페미니스트 관점(Landry and Donnellon, 1999), 일화(逸話)의 사용(McKersie, 1997) 및 인터넷을 통한 교육(McKersie and Fonstad, 1997)과 같은 '교육 혁신' 부분에 대한 관심을 다루고 있다. 자신의 교수법을 평가하고 "다양한 경험적 방법"과 비교하는 바이스(Weiss, 2000)의 연구도 공부할 가치가 있다. 머닝엄(Murnigham, 1991) 역시 교수법이 실제로 다양할 수 있다는 것을 보여준다. 그는 협상 프로세스에 대해 더 많이 배울 수 있는 방법으로 협상 게임의 유용성을 지적하는데, 어떤 주어진 상황에 수많은 전략이 있고 그 전략의 효과 정도 또한 매우 다양하기 때문이다.

추가 연구를 위한 세 번째 방향은 이론과 실무를 연결하려는 노력에 있다. 어느 정도로 연구 결과를 실무로 확장하는 것이 실현할 수 있고 실무자에게 유용한지를 확인하는 것과 같은 것으로, 이 점은 앞서 언급된 부분(Druckman and Robinson, 1998)이고 왓킨슨(Watkins, 1999)도 역시 채택했는데, 그는 이론적 명제와 실질적인 조언을 통합하려는 시도를 했다. 최근 이론과 실무를 연결하려는 노력이 묵과되지 않았다는 것이 협상에 관한 주요한 간행물 두 곳에서 이러한 경향을 표현함으로써 다시 한 번 입증되었다. 《협상 저널》의 "실무 중에(In Practice)" 섹션과, 《국제협상》의 "이론과 실무의 저널"이라는 주장을 예로 들 수 있다.

지난 10년 동안 많은 연구에서 이론과 실천의 결합된 접근방식에 대한 확실한 선호도를 보여주었다. IIASA에서 출판한 상당수의 책은 모두 동일한 관심을 보여주고 있으며 연구 및 실무를 위한 교훈에 대한 쌍둥이 장으로 끝을 맺는다. 선샤인(Sunshine, 1990)은 "개발도상국의 중간 단계 변호사 및 법률 고문을 위한 실무 교육을 제공하기 위해" 고안된 『실무자 핸드북』을 출판했으며 로마의 IDLI에서 교육을 위한 교과서로 사용되었다. 다른 맥락에서, 정보에 기반한 교섭에 대한 셸(Shell, 1999)의 접근방식은 교섭에 관한 대중적인 글에서 나쁜 조언과 좋은 조언의 선별을 용이하게 하기 위한 것이다. 최종 분석에서 얻는 교훈은 책으로 협상을 배울 수 없다는 것이다. 그러나 이론에 기반한 실무는 의심의 여지 없이 협상 활동의 두 기둥을 화합하는 가장 좋은 방법이다.

마무리하는 말

협상 연구는 지난 30년 동안 진보해 왔지만, 아직 탐구되지 않은 영역과 이슈에 대해, 그리고 보다 결정적인 논증에 도달하기 위해 또는 많은 기존의 이론들(때로 겨우 예비단계에 머물러 있는)의 검증을 위해, 해야 할 일이 많이 남아 있다.

협상의 프로세스(및 결과)를 이해하는 데 이러한 세 가지 주요 노선을 따라 진보가 이루어져야 한다.

- 이미 이용 가능한, 하지만 아직 충분하지 않은 많은 명제들을 통합하여 기존 개념을 바탕으로 더 발전시키고 정제한다.
- 새로운 아이디어, 새로운 방법론, 새로운 가설 및 새로운 검증 테스트를 개발한다.
- 이론적 탐구와 현실 세계의 응용의 적절한 조합을 찾는다.

아마도 향후 10년간의 연구 의제는 지난 10년 동안 일어난 내용을 살펴보고 네 가지 선택된 영역을 다루도록 구성되어야 할 것이다.

- 중심 개념의 특징을 찾아내고 명확히 하는 것을 심화한다.
- 남아 있는 틈새를 메우고 없애며, 지배적인 패러다임에 대한 초점을 다시 맞추거나 중요성을 줄일 필요성을 고찰한다.
- 새로운(또는 충분히 탐구되지 않은) 분야로, 교수법으로, 이론과 실전을 연결하는 것으로, 이 분야를 지속적으로 확장한다.

제4장

국제협상의 이해를 위한 은유

빅토르 M. 세르게예프

협상은 국내외를 가리지 않고 문제를 해결하는 데 효과적인 도구이다. 많은 연구들이 협상에 관한 역사적인 분석에 기여해 왔다(Zartman, 1978). 그러나 일반적으로 구체적인 사건의 조사를 의미하는 역사적인 분석은 협상 프로세스의 본질적인 의문에 관해 관심이 없다. 그 의문이란 협상의 성격은 무엇인가? 협상의 유형은 무엇인가? 협상의 입장은 무엇인가? 조직과 협상의 전술이 어떻게 사회적·정치적인 맥락에 의존하는가? 등이다.

이러한 의문들에 답하기 위해서는, 협상의 내적 구조를 이해하기 위한 몇 가지 도구를 정교화하고 이 구조와 사회적·정치적·문화적 맥락이 상호 의존하는 협상의 모델을 구축할 필요가 있다.

이런 모델들은 어떤 원칙들에 기초해야 할까? 여기에는 두 가지의 다른 접근이 가능하며, 그중 하나는 시뮬레이션이다. 이 모델은 구체적 상황의 주요한 특성을 재구성하고자 한다. 그러나 인간의 활동 중에서 가장 복잡한 형태의 하나인 협상 프로세스를 현재 수준의 과학적 지식으로는 시뮬레이션 모델에서 정확하게 구현할 수 없다. 이 과업을 실현하기 위해서는 협상 참여자들의 생각이 구체화된 다른 모델을 구축해야 한다. 그래서 협상에 대한 인지적 분석이 대단히 중요하다(Axelrod, 1979). 정치적 평가의 원칙과 논리적 조사가 협상 연구에서 핵심 분야이기 때문이다.

협상 연구에서 중요한 또 하나의 분야는 협상 프로세스를 이해하는 방법에 관한 분석이다. 이 모델은 협상의 전략과 전술에 관한 배경을 제시하며, 협상의 제도적 구조에 강하게 영향을 미치고, 통상적으로 협상 프로세스에 관한 '은유'로서 대변된다. 이런 은유는 협상 참여자들의 인식과 학자들의 자의식을 효과적으로 체계화한다. 그런 은유들에 관한 연구가 협상의 성격을 이해하는 가장 좋은 방법들에 속하는 것처럼 보인다.

은유가 새로운 지식을 창조하는 데 탁월한 수단이 된다는 것이 거의 분명하게 되었지만(Lakoff and Johnson, 1980; Lakoff, 1987), 은유의 성격에 관한 학자들의 관점은 서로 다르다. 필자는 은유가 역동적인 구조로 지식창조의 과정이라는 오르테가 이 가셋(Ortega y Gasset, 1963)[1]의 의견을 지지한다. 인지적인 면에서 의미의 감춰진 구조를 명확한 것으로 전환하는 것이다. 은유가 새로운 상황을 이해하기 위한 도식을 제공할 수 있지만, 그것이 유추는 아니다. 은유는 분명하지 않거나 상반되는 자료를 가지고 이해를 도출하는 데 사용되는 한 벌의 규칙과 비슷하다. 그것은 인생의 다른 면으로부터 사례를 갖고 오거나 자료를 창출한다. 은유는 새로운 존재론을 창조한다. 그것은 비슷한 것이 아니라 동일한 것을 대표한다.

협상 프로세스에 대한 연구는 정치과학에서 가장 복잡한 분야의 하나이다. 여러 가지 측면에서 협상은 일종의 예술로 간주된다. 아리아드네의 실[2]이 협상 행태의 모호한 문제를 명확히 하는 데 필요하다. 협상 연구의 분석이나 외교 자

---

1) (옮긴이 주) 호세 오르테가 이 가셋(José Ortega y Gasset, 1883~1995): 스페인의 수필가이자 자유주의 철학 사상가. '삶의 철학'이라는 분야를 개척했으며, 특히 생활 주변의 소재를 적절하게 활용하여 예시와 비유를 쓴 명문장가로 유명하다. 스페인 제2공화국 시절에는 국회의원을 지내기도 했으나, 1936년 스페인 내전 발발과 함께 오랫동안 망명생활을 하기도 했다.

2) (옮긴이 주) '아리아드네의 실'은 그리스 신화에 등장하는 크레타 공주 아리아드네의 일화에서 유래한 것으로, 철저한 논리의 응용을 통해 가용한 모든 방법을 예측한 뒤 미로나 퍼즐, 논리 문제 등을 푸는 것을 말한다. 특히 기억이나 물리적 표시, 논증을 통해 가용하지 않은 방법을 하나씩 제거하면서 답으로 가는 과정을 말한다. 아리아드네의 실은 테세우스가 미노타우루스를 처치하기 위해 다이달로스의 미궁 안으로 들어갈 때 아리아드네가 준 실로, 테세우스는 미궁으로 들어가면서 실을 풀고 들어간 뒤 나중에 이 실을 따라 나와 미궁에서 탈출했다.

료를 보면 협상의 아이디어가 실제로 어떤 은유들로 구성되는지를 보여준다.

협상 참여자들이 사용하는 제한된 숫자의 선도적 은유들이 협상의 인지적 모델을 위한 '뼈대'를 구성한다. 그런 일련의 은유가 협상의 깊이나, 참여자들이 과정에 개입하는 정도를 특정할 수 있는 단계를 형성한다. 협상 은유에 관한 분석은 실무자들의 전기가 가끔은 학자들의 노력보다도 더 깊은 협상의 이해를 제공하고 있음을 보여준다.

교섭의 은유

교섭은 우리 일상의 삶에서 통상적으로 발생하는 전형적인 협상 상황 중에서 가장 단순한 형태이다. 교섭 과정의 중요한 특징은, 실제 거래의 교섭은 참여자 중 한쪽이 이익을 보면 다른 쪽은 손실을 보는 제로섬 게임이라는 것이다. 물론 교섭은 더 복잡한 상황을 위한 은유로 사용되긴 하지만, 협상의 전술적인 면이나 이론적인 면에서 중요한 의미를 갖는다.

첫째, 협상 실무자들 사이에 폭넓게 퍼져 있는 의견인데, 교섭은 가장 바람직한 결과로부터 가능한 한 먼 지점에서 시작하여 결과를 자기 쪽으로 끌어오는 것이다. 일반적으로 받아들여지기로는 적극적인 교섭 행위가 강인할수록 더 좋은 결과를 낳는다는 것이다. 실제로, 이런 행위는 한쪽이 독점권의 판을 장악한 상태에서 상대방은 선택의 여지가 없는 경우일 때 더욱 효과적이다. 장악을 하지 못한 상태로 거친 제안이나 전술은 협상을 파국으로 이끌 수 있다.

교섭이라는 은유를 통한 협상을 이해할 때 중요한 특징은 자기 자신의 입장, 즉 자원과 가능한 양보의 한계에 관한 전반적인 비밀 유지의 필요성이다. 어떠한 정보의 유출도 결과적으로 손실을 초래할 것이며, 상대방에게 압력을 가하는 행동을 야기한다. 외교 실무에서의 사례는 1905년 러일전쟁 후 강화협상 중 러시아 측의 양보에 관한 정보 유출의 결과로 일본이 사할린섬 남쪽 반을 차지하는 기회를 얻게 된 사례가 있다.

협상 분석에서 교섭의 은유를 사용하는 것은 협상 프로세스에서 가장 중요한 양보의 범주를 만든다. 협상에 교섭으로 접근하는 것은 정치적으로 심각한 어려움을 야기한다. 협상 초기의 과장된 요구를 지원하기 위해서, 협상의 참여자들은 가끔 대중의 의견을 동원한다. 그 이후에는, 어떤 양보도 정치적인 패배처럼 보이며 어떤 타협도 원칙이 없는 것처럼 보인다.

교섭은 자의적이며 모델화가 쉽다. 교섭의 은유를 적용하는 것은 1차원적인 상황으로 이끌게 되는데, 각자의 입장은 자신만의 가치를 지니고 있으며, 한쪽의 양보는 상대방의 이익과 동일하다. 양보 비율의 상호 작용에 기초한 교섭모델은 대안 전략에 적용한 게임 이론처럼 널리 알려진 것들이 많다. 그러나 필자는 이 모델의 중요한 특징 두 가지를 강조하고 싶다. 이를 통하면 약간의 어려움은 있지만 모든 것이 일반화되는 경향이 있고, 실제의 협상 프로세스에 부합할 수 있다. 무역업계의 경영진과 노조 사이의 교섭의 경우도 협상의 입장이 쉽게 계량화될 수 있다. 대부분의 국제협상처럼 좀 더 복잡한 성격의 협상에서 각각의 입장을 계량화하는 것은 더욱더 어렵다. 그래서 양보 비율의 양적인 측면에 기초한 협상 모델을 적용하는 것은 어렵게 느껴진다. 일부 연구가 협상을 낮고 빠른 양보 비율을 예로 들며 옵션의 결과가 아니라 전략의 결과로 설명하면서, 게임 이론의 행렬에 따라 모델화하였다. 이 접근은 비(非)제로섬 게임을 제공하며, 특히 심리적인 경험을 하는 동안에 다른 경험 조건하에서 협상 행태를 이해할 수 있는 제한된 방법으로 평가될 수 있다. 그러나 교섭의 은유가 바로 협상의 성격을 깊이 관통하는 수단으로 평가되어서는 안 된다. 이 은유를 복잡한 국제협상의 전략이나 전술을 구축하는 데 사용하는 것은 불가능하다.

공동 선택의 은유

협상 프로세스는 여러 다른 대안 중에서 공동으로 선택하는 절차이기도 하다. 교섭 과정은 명백한 공동 선택의 특별한 사례이다. 공동 선택의 은유는 더 폭넓게 협상에 대한 이해를 넓혀준다. 공동 선택은 필수적인 제로섬 게임이 아니다. 제로섬 게임에서 논쟁은 단지 작은 역할뿐이다. 협상에서 논쟁으로 상대방에게 직접적인 피해를 야기하기는 매우 어렵다. 단지 이는 실질적으로 상대방의 협상 포지션을 벗어나게 하려는 위협 전략일 뿐이다. 공동 선택의 은유라는 틀에서, 논쟁의 역할은 급격하게 변화한다. 각각의 대안이 평가되어야 한다. 공동 평가의 과정은 협상 프로세스의 핵심이 되고 있다.

공동 선택으로서의 협상 해석은 전술과 절차에 영향을 미친다. 평가 기준과 참여자들의 이해관계 충돌에도 불구하고 이는 협상 전술의 중심점이 되고 있다. 이 접근방식의 중요성은 피셔와 유라이가 강조한 바 있다(Fisher and Ury, 1981). 교섭 입장에 대한 거부는 협상 프로세스에 대한 우리의 이해를 바꿔놓는다. 양보 한계에 대한 비밀 유지는 덜 중요해지고, 양보 지수(index)는 주변부가 된다. 협상 프로세스란 입장의 수렴이 아니라 선택의 최적화로 간주된다. 최적화된 공동 선택의 존재가 과정에 대한 전제조건이다.

평가 기준은 협상의 핵심 주제이다. 협상 기준을 바꾸는 것은 어려운 사안일 경우 유일한 해결책이 되기도 한다. 이런 협상 접근방식은 외교의 실무에 영향을 미친다. 평가 기준에 대한 논의는 외교관 본연의 임무로 보긴 어렵지만, 고위급 관계자가 이런 외교행위에 참여해야 한다. 대안의 평가에서 변화를 통한 합의는 정치적인 결정이다. 이 경우에 협상 프로세스는 필수적으로 정치적이 된다. 협상은 외교의 문제이며, 공동 선택의 합의는 보통 정치적 상황에 대한 새로운 이해의 결과이다.

협상 프로세스의 정치화는 일부 외교 이론가들이 부정적으로 받아들여 왔다. 예를 들어, 니콜슨(Nicolson, 1963)[3]은 특별한 외교관 교육을 받지 않은 정치가들 간의 회의는 정치 상황에 대한 작지만 중요한 세부 사항을 몰라 극단적인 결정을 하거나 감정의 영향을 받아 실패 결과를 초래할 수 있다고 주장한다.

오늘날 정상회담의 실시는 갈수록 중요해지고 있으며 매우 성공적인 것으로 간주된다. 일부 부정적인 요소들은 회담을 위한 견고한 외교적인 준비과정에서

---

3) (옮긴이 주) 해럴드 니콜슨(Harold George Nicolson, 1886~1968)은 영국의 정치가, 외교관, 역사가이다. 1960년 미·소 간 파리 정상회담 당시, 소련 수상 후르쇼프가 약간 미친 사람(a little mad)이며 주권 국가의 관계 속에서 욕설을 주고받는 것은 결코 좋은 방법이 아니라고 자신의 저서에 기술한 것으로 유명하다.

제거된다. 이런 회담의 가장 중요한 특징은, 공동 선택의 원칙을 현실화하고 교섭하는 과정에서 필연적으로 나타나는 무의미한 대결 양상을 피할 수 있다는 사실이다.

공동 연구의 은유

이전 국제협상에서의 고려는 상황의 구조가 참여자들에 의해 명백히 해석이 가능한 협상을 주로 다루었다. 이는 교섭과 대안의 평가가 공개적으로 논의될 수 있었기 때문이다. 여기서 새로운 문제들이 등장하고 있으며, 그중 가장 핵심은 계속 늘어나는 국가 간 상호 의존성과 연결된 복잡성에 대한 것이다. 이 상호 의존성의 의미는 종종 불분명하기 때문에 특별한 연구를 통해 살펴봐야 한다. 이 아이디어는 협상 프로세스를 연구하는 학자들에게 채택되었다(Winham, 1977a).

갈등의 구조는 대단히 복잡하기 때문에 협상 상대방에 대한 평가와 견해를 분석하지 않고는 이해하기가 불가능하다. 함께 참여한 상대방의 제도적 메커니즘과 견해의 공통적 영역이 협상의 핵심 부분이다. 그래서 참여자들에게는 협상 상황을 같이 연구하는 것이 필요하며 협상은 공동 연구가 되는 것이다. 이것은 복잡한 국제 상호 작용의 분석과 세계 해양자원을 탐사 같은 지구적 문제에서 특히 중요하다. 이런 문제들은 흐릿하면서 기술적으로 미세한 부분을 많이 포함하고 있어서 기술 전문가들의 합동 연구가 필요하다. 참여자들의 진정한 이해관계는 기술적 능력에 의존하게 되고 협상 프로세스는 그런 기술적 진보가 뒷받침된 신뢰할 수 있는 요소의 영향을 받는다. 그러므로 국제관계에서 새로운 문제에 대한 인식은 초기 단계에 심각한 긴장의 가능성을 방지하도록 정교화되어야 한다. 특히 중요한 것은 지구적 이슈의 분야에서 국제기구의 결의이다.

공동 연구의 은유에 기초한 협상은 매우 특별한 특징을 갖는다. 각각의 협상 팀은 통상적으로 두 개의 하위 팀으로 나누어진다. 한 그룹의 외교관은 협상의 정치적인 면을 다루고, 다른 그룹의 기술 전문가들은 과학적인 문제와 특수한 기술을 다룬다. 이런 구분은 경우에 따라서는 위험하다. 위넘(Winham, 1977a)은 이런 구분이 부정적인 결과를 초래할 수 있다고 지적한다. 문제가 이중적이라고 상호 오해하면서 협상에서 결정을 내리려고 하지 않는 경우도 있을 수 있기 때문이다. 이런 상황에서 협상 팀 내에 관료적인 구조가 드러나고 책임감의 결여가 부적절한 결정을 초래한다.

사회문화적 연구는 대규모 관료 조직의 태동이 복잡한 문제를 다루는 일반적인 방법임을 보여준다. 그러나 이것이 유일한 접근방법은 아니다. 대안은 과학적인 연구조직이다. 유망한 접근방식은 문제를 조사하기 위해서 컴퓨터 모델을 만드는 것이다. 예를 들어, 군비감축이나 경제적인 문제를 비롯한 많은 주제를 다룰 때 협상에서 과학적인 특정평가 지표를 사용하는 것은 유일한 방법인 경우가 많다. 구체적인 상황을 위한 모델을 공동으로 만드는 것은 협상자들이 다른 척도를 가지고 다양한 사례를 분석할 수 있게 해준다. 이는 특히 환경 문제에서 더욱 중요하다. 이런 접근은 유럽의 군비감축 협상에서도 매우 중요하다. 랜드(Rand) 연구소가 이런 모델을 제안했지만, 모델의 많은 척도는 비밀이며, 그것의 결론은 일방적이다. 협상의 결과를 개선하기 위해서, 고려되는 상황에 대한 모델은 양쪽에 의한 공동 연구를 통해 같이 만들어져야 한다. 이런 방법만이 건설적인 결과를 도출할 것이다. 공동 연구 대안에 대한 공동평가를 위한 좋은 기반이며, 합의로 향하는 길을 촉진한다.

미래의 공동 건설이라는 은유

많은 과학자들은 위에 언급한 은유에 기초해 여러 가지 협상 모델을 논의하고 있다. 그러나 학자들은 실무자들에게 잘 알려진 협상의 매우 중요한 한 면을 아직 발견하지 못했다. 니콜슨(Nicolson, 1939)은 저서 『피스메이킹(Peacemaking)』 (1919)에서, 참여자들이 통제할 수 없는 요소에 특별한 관심을 갖고 협상에 임할 때 현재의 국사(國事)뿐 아니라 미래 상황의 전개까지 연구해야 한다고 지적한다. 우드로 윌슨(Woodrow Wilson) 대통령의 정치를 설명하면서 니콜슨이 강조한 것은, 의회가 윌슨을 지지할 것인가에 대한 유럽 각국 정부의 의심이 윌슨의 아이디어와 승전국의 국가이익 사이에 영구적인 타협을 도출했다는 점이다. 뒤이은 미국 의회의 베르사유체제 지지 거부는 전반적인 협상 정책의 진정한 실패였다.

협상의 합의는 반드시 현실에서 적용되어야 하는 예상되는 국가 문제에 대한 계획이다. 다른 예측은 다른 결과를 낳는다. 드 칼리에르(de Callières, [1716] 1963)로부터 니콜슨(Nicolson, 1939)까지, 가장 숙련된 외교관들은 무엇을 외교적 정확성이라고 판단했을까? 정확성은 정치 상황의 미래 전개에 대한 시나리오에서 참여자들이 협조한 개념이라고 정의할 수 있을 것이다. 한쪽 참여자는 특정한 결과를 기대하지만, 상대방은 판이한 기대를 하는 시나리오의 불확실성이 합의를 새로운 갈등의 원천으로 작용한다. 정치적인 상황에서 중요한 참여자가 협상에 개입하지 않으면 불확실성이 발생할 수 있으며, 이렇게 되면 합의를 충실히 지킬 의무가 발생하지 않는다. 그래서 정확성의 주된 조건 중 하나는 모든 실질적 참가자들의 참여이다. 이런 관점에서 보면, 합의에 관한 비밀 유지는 때로는 극단적으로 위험할 수도 있다. 대표적인 예는 제1차 세계대전 이전에 영국과 프랑스 간의 군사협정이다. 이 협정에 관한 지식의 결여 때문에 독일 정치가들은 영국의 전쟁 참여를 방지할 수 있을 것이라는 생각을 갖게 되었으며, 이것이 전쟁 원인 중 하나가 되었다.

협상의 형태와 의사결정 과정의 인지적 계획

중요한 의문은 여기서 고려되는 협상의 형태와 인간의 인지적 과정을 어떻게 연결하는가와, 왜 협상 연구자들은 그런 형태 중에서 특정한 하나를 선택하는가 하는 것이다. 인간의 인지에 대한 보편적 특성의 이해가 이 의문에 대한 답에 도움이 될 수 있다. 의사결정 과정의 일반적인 계획은 미래 발전의 시나리오 작성을 결정하는 네 가지 형태의 인간 지식, 즉 자원에 관한 지식, 갈등 구조에 관한 지식, 가치 체계에 관한 지식, 사회문화적 전형에 관한 지식을 다루는 것으로 생각될 수 있다. 의사결정 과정에서 이런 형태의 지식이 분명한 순서로 상호 작용한다. 사건의 가능한 상태가 참여자들의 인식과 이해관계의 산출물을 평가하는 상호 작용 갈등의 이해에 따라서 마음속에 그려진다. 자원이 있는 미래에 대한 가능한 시나리오의 비교가 수용 능력을 나타낸다. 능력과 이해관계 간의 비교가 목표를 만든다. 이 장에서 검토된 네 가지 은유는 갈등상태에서 의사결정에 필요한 네 가지 기본적인 지식을 공통으로 많이 포함하고 있다.

교섭은 자원분배의 과정이며, 공동 선택은 대안을 상호 평가하는 과정이다. 공동 연구는 갈등 상황에 대한 조사이며, 미래에 대한 공동 건설은 발전 시나리오를 결정하는 계획 과정이다. 우리는 협상에 대한 유형분류가 의사결정에서 필요한 지식의 유형분류에 기초함을 볼 수 있다. 이런 유형분류의 원칙은 어떤 형태의 지식이 특정 협상에서 참여자에 의해 공동으로 만들어지며 명확해지는가를 결정하는 것이다.

전략, 절차, 그리고 제도적 구조가 다른 형태의 협상에서는 다르다는 것이 자연스러운 것이다. 그러나 '순수한' 형태의 협상은 드물다는 점에 주의해야 한다. 실제로, 다른 형태의 협상이 혼합될 수 있고, 이런 상황이 추가적인 의문을 만들어낸다. 예를 들어, 평가에 대한 기준이 결정되어 있지 않고 상황이 분명하지 않을 때 어떻게 협상을 관리해야 하는가? 그래서 협상 연구는 많은 문제를 수반하며, 많은 점에서 협상자의 행위는 예술로 남아 있다.

제 5 장

협상의 구조

I. 윌리엄 자트먼

협상은 경쟁하는 당사자들이 합의에 이르는 프로세스다. 그러나 프로세스는 그 자체로서는 발생할 수도 없고 분석될 수도 없다. 그것은 행위자 특성(actor characteristics)의 분배로 시작되며, 이는 독립적인 변수를 통해 프로세스와 분석이 이루어진다. 이러한 특성이 처음에는 '고정(photographed)'될 수 있지만, 프로세스 도중 변화할 수 있다. 구성요소가 무엇이든 간에, 이들의 분배는 구조다. 그리고 구조와 결과 사이에 끼어 있는 개입 변수나 분석의 조건이 무엇이든, 구조는 결정 요인이거나 결정에 큰 영향을 미친다. 사실, 직접적이든 간접적이든, 이 결정적 입장은 가장 중요한 질문의 한 형태이며 협상 분석에서 유일한 기본적인 질문이다. 즉, 결과를 어떻게 설명하는가?

결과를 설명할 수 있는 개인은 자신이 선택한 결과를 이끌어내는 방법을 알고 있거나, 적어도 그러한 결과가 나올 수 없는 이유를 알고 있다. 그렇다면, 구조적 분석이 원인 분석의 기초를 형성한다는 것을 주장할 수 있다. 만약 그것이 지나친 주장이라 한다면, 그것은 경쟁하는 주장들에 관하여 구조에 존재하는 근원까지 면밀히 따져보지 않았기 때문이다. 근원은 순환적이며 구조의 배후에 기능도 있다면서 이의를 제기할 수도 있지만 국제협상이나 다른 많은 활동에서 볼 때 정확하지 않다. 구조, 즉 협상 당사자 수, 잠재적 결과의 가치, 전술적 가능성의 원천 등과 같은 것들은 외부 원인에 의해 결정될 가능성이 높고, 협상을 위해 순기능적이거나 역기능적일 수 있다. 당사자들은 상황에 따라 최선을 다하지만, 일단 구조가 결정되면 구조가 결과를 만들고 설명하기 위한 구성 요소를 제공한다.

"프로세스는 형태를 따른다(Process follows form)"라는 말은 "형태는 기능을 따른다(form follows function)"처럼 매혹적인 구절은 아닐 수 있지만, 이 경우에는 더 적합한 표현이 될 수 있다. 구조적 분석(Structural analysis)이 핵심 골격인 것이다.

협상의 구조적 분석

협상 분석에 대한 구조적 접근은 가장 단순한 접근이면서 동시에 가장 포괄적인 접근이다. 많은 다른 접근법은 구조적 분석 아래 포괄될 수 있으며, 구조적 분석은 다른 접근법들에 문맥과 초점이라는 구조를 제공한다. 이 과정에서 분석을 기본 개념과 기능에 연결하면서 일관성 있는 이론적 접근을 위한 기초를 제공한다. 분석에서 결과를 핵심 요소의 분배 또는 배열, 즉 처음에 당사자의 수와 권력(power)과 관련하여 설명하고 그에 뒤따르는 개념과 그 함의를 검토할 때, 분석은 구조적이다(Rubin and Brown, 1975; Thompson, 2001; Fisher 1986; Swingle 1970). 다음 논의는 엄격한 가정에 기초한 간단한 분석으로 시작해 제한을 완화하고 그 결과를 추가해 접근방식의 설명적 그리고 처방적 가능성을 보여준다.

협상 상황의 기본 구조는 단일한 공동의 결과를 결정하려는 두 당사자를 포함한다. 이러한 이유로, 경제학자들은 양방향 독점으로(Zeuthen, 1930; Pen, 1959) 또는 게임 이론가들은 2인 게임(Rapoport, 1982b; Raiffa, 1982)으로 구분했다. 그러나 숫자만으로는 협상 구조를 구성할 수 없다. 왜냐하면 분배할 것도 없고, 숫자들을 하나로 묶을 어떤 관계도, 운동의 역학을 제공할 어떤 것도 없기 때문이다. 두 당사자를 반대하는 입장에서 공동의 입장으로 이동하게 하는 속성을 가진, 권력이 그 요소를 제공한다. 권력 분석이 중요함에도, 이 단순한 형태의 구조적 접근은 즉시 몇 가지 중요한 개념적 어려움에 부딪치기 시작한다. 첫 번째는 권력은 시간이나 돈과 달리 개념적 성격이 전혀 설명되지 않은 인과적 변수일 뿐이라는 것이다(Simon, 1957; Dahl, 1976; Zartman, 1974). 따라서 권력의 분배에 기초한 분석을 할 때 그 인과적 요소를 명시해야 하며, 결국엔 인과관계의 측면과 나머지 모든 측면 사이의 관계를 설명해야 한다. 두 번째 문제는 힘의 분석이 대칭 가정과 비대칭 가정 사이에 갇혀 있으며, 두 가지 조건은 분명히 모순되지만 둘 다 정확한 조건이라는 것이다.

가장 간단한 모델은 대칭 또는 평등이다. 협상 상황에는 양쪽 당사자가 합의에 거부권을 행사할 권한이 있다는 점에서 기본적인 대칭이 있다. 확장하면, 이 조건은 많은 실험에서 만족스러운 협상을 위해 가장 적절한 조건으로 식별된 권력 평등의 상황을 제공한다(Rubin and Brown, 1975). 더 확장하면, 양쪽의 거부권 행사로 생겨난 교착상태는 협상이 필요한 상황으로 규정되고, 양쪽이 교착상태의 존재를 인식할 때까지 일반적으로 협상할 수 없기 때문에 양쪽이 스스로 문제를 해결하려는 시도가 차단됨을 의미한다(Zartman and Berman, 1982; Zartman, 1989). 당사자들이 인지하고 있는 또는 임박한 교착상태를 극복하고 벗어나려는 격상 시도는, 구조적 평등을 반박하고 협상된 해결책 외의 다른 것을 모색하려는 노력이다. 이 맥락에서 권력은 자기 식별적이고, 거부권 앞에 고개 숙이고, 교착상태를 넘어 한 단계 진화하여 교착상태를 미래지향적으로 또는 회고적으로 인지하는 당사자들의 인식이 된다. 교착상태를 예측할 수 있다고 해도 측정할 수 없고, 당사자들이 그것에 대해 행동할 때까지 교착상태는 존재하지 않으며, 양쪽의 상이한 권력 자원에 의해 만들어질 수도 있다.

힘의 평등은 정적 조건이어서, 교착상태를 깨트려 협상을 불러오는 방법을 제시하지는 않는다. 평등의 동적인 해석은 상호주의이다. 상호주의가 최초의 움직임의 문제를 해결하지는 못하지만, 수렴하는 결과를 위한 양보 반응의 톱니바퀴로서의 상호성은 행동 규범이자 공정한 관행의 예로 간주된다(Bartos, 1978; Larson, 1988; Khury, 1968). 초기의 평등을 바탕으로, 당사자들은 공정한 해결책에 도달하기 위해 양보의 절차적 평등을 행하고 상대방도 이를 실천할 것으로 기대한다. 왜냐하면 상호주의는 단순히 이타주의의 행위가 아닌 동등한 힘을 가진 두 당사자가 협상에서 최대한 많은 것을 얻으려는 노력의 결과이기 때문이다. 상호주의가 매회 실행되지 않는 경우라도, 당사자들은 최종 결산에서 그것을 기대한다. 일찍 양보한 당사자는 마지막에 양보의 보답을 기대하고, 그렇게 되지 않는다면 속았다고 느끼고 합의를 거부할 것이다(Jensen, 1987; Hopmann, 1978). 당사자들이 기본 거부권 이외에 힘의 측면에서 평등하지 않더라도, 상호주의를 통한 역동적 평등에 대한 기대는 여전히 존재한다는 것은 흥미로우며 힘에 대한 증언이라 할 수 있다.

해당 결과는 공정성의 기본 개념인 전리품의 균등한 분배에서 발견되는 공정성 또는 절차적 정의의 해결을 보여준다(Deutsch, 1973; Zartman, 1987b; Zartman and Berman, 1982; Pruitt, 1981). 참여자들 간의 또는 결과의 평등은 계산하기 어렵지만, 보편적인 함의는 확고하다. 당사자들은 평등하다고 느낄 때 가장 생산적으로 협상하며, 결과와 프로세스가 공정하다고 인식할 때 가장 만족스러운 결과를 얻는다.

한 번에 좋은 분할을 이루는 것은 당사자들이 아주 동등하다고 느끼는 만큼이나 드물기 때문에, 당사자가 분배 협상에서 통합 협상으로 전환하고, 교환을 극대화하기 위해 협상 전선에서 물러나기도 하며, 가능한 한 최대의 포지티브섬(positive-sum)을 구성하는 창의적 공식을 찾을 때, 개별 혹은 집합적으로 최선을 다하리라는 것을 시사한다. 실제로 구조적 평등은 각 당사자들이 위치를 균등화하려는 노력에서 벗어나 평등한 결과를 위한 더 큰 이익의 창출로 전환할 수 있도록 한다(Axelrod, 1970; Zartman and Berman, 1982; Zartman and Rubin, 2000). 또한 확장하자면, 이러한 포지티브섬 결과의 핵심은 결과적으로 발생한 파이의 엄격한 균등 분배가 아니라, 호먼스의 격언을 통해 가능해진 동등한 재화 더미의 교환에 있다. "걸려 있는 품목 중 한 당사자에게 비용이 드는 것보다 더 가치가 있는 재화들을 더 많이 분배해 줄 때, 성공적인 결과의 가능성은 더 커진다"(Homans, 1961, p.62). 이것은 가능한 한 최상의 혹은 파레토 최적의 결과인 내쉬의 결과를 제공해 주는데, 두 당사자의 보상의 곱을 극대화하는 결과로 식별된다(Nash, 1950). 그 계산은 너무 정확해서 실무에 유용하진 않지만, 평등화하고, 극대화하고, 거래하라는 실무자에게 중요한 지침을 제안한다. 따라서 이 모든 것이 인위적임에도, 대칭은 성공적이고 창조적인 협상의 목표이자 가정이며, 어려운 현실에는 결코 존재하지 않기 때문에 인식론에서만 나오는 상황이다.

대칭의 인위적인 가정을 완화하면 보다 현실적인 분석의 전체 영역이 열린다. 그러나 가장 흔한 특징은 잘 알려진 동어 반복으로 "가장 강한 쪽이 이긴다"가 있다. 그 결론은 순환적일 뿐만 아니라 불완전하기 때문에 더 중요한 협상자의 딜레마 혹은 인성 딜레마(Toughness Dilemma)로 보완될 필요가 있다(Lax and Sebenius, 1986; Zartman and Bernian, 1982). 즉, 협상자가 강할수록 유리한 합의를 얻을 확률은 높아지지만 어떤 합의를 얻을 가능성은 더 적어진다. 반면 협상자가 약할수록 합의를 얻을 확률은 높아지지만 유리한 합의를 얻을 가능성은 낮아진다. 이 구조적 진술은 협상 행태의 근저에 있는 근본적인 딜레마를 지적하고 이 딜레마를 각 당사자의 권력 위치와 연관시킨다.

그러나 동시에 이 분석은 권력의 문제를 대두시킨다. 권력에 대한 가장 세심한 구조주의적 정의는 본래의 동어 반복만큼이나 불만족스럽다. 많은 사람들에게 권력은 소유물 또는 능력의 원천, 즉 당사자가 "가지고 있는" 것으로 간주되며, 따라서 분배에서 쉽게 묘사되는 어떤 것이다(Morgenthau, 1978; Waltz, 1979). 이러한 권력 개념화는 협상 결과를 예측하는 데 통찰력 있게 사용되었다(Bueno de Mesquita, Newman, and Rabushka, 1985; Gauthier, 1986; Barry, 1989). 불행히도 그러한 해석의 경우, 세계에는 군사력과 다른 고전적 속성으로 측정할 때 더 많은 권력을 가진 당사자가 협상에서 패배했거나 적어도 겨우 동등한 결과를 얻는 경우의 예가 엄청 많다는 것이다(Wriggins, 1987; Zartman, 1987a; Zartman and Rubin, 2000). 답은 권력관계에서 발견되는데, 행동을 효과적인 상호 작용으로 사용하는 것은 단지 소유 자원과 간접적으로만 관련되었음을 암시한다(Dahl, 1976). 그러나 권력관계는 분배를 설명하기 어렵고, 권력은 능력으로 정의되기 때문에 궁극적으로 동어 반복적이고 사후적이며, 효과적인 사용을 측정하려는 시도를 통해 인과적 질문으로 회귀한다. 구조 분석은 기본 개념에 대한 새롭고 창의적인 평가를 요구한다.

권력 변수에 대한 완전한 논의는 이 장의 범위를 벗어나지만, 협상의 구조적 분석은 권력 개념을 이해하는 데 새로운 발전을 이루었다(Raven and Kruglanski, 1970). 권력에 대한 가장 최근의 정의이면서 가장 좋은 정의는 "행위자 A가 행위자 B와의 프로세스에서 그의 자원을 사용하여 선호하는 결과를 유발하는 변화를 가져오는 방식"(Habeeb, 1988, p.15) 또는 원인과 결과 모두에 대한 정의적 연계(definitional ties)에서 벗어나기 위해 "다른 당사자의 움직임을 일으키려는 한 당사자의 행동"(Zartman and Rubin, 2000, p.8)이며, 분석할 권력의 범위는 당사자의 총체적 권력 위치보다는 이슈와 관련된 권력으로 제한된다.

구조적 분석은 또한 권력의 원천에 대한 새로운 이해를 조명한다. 이전의 권력 개념은 '발신자 권력'이라는 국력의 요소에 초점을 맞추었지만 협상은 '수신자 권력'이라고 할 수 있는 다양한 개념을 사용한다. 즉, 권력은 당사자가 다른 당사자의 행동에 대해 다른 당사자를 처벌하거나 보상할 수 있는 자원에서 비롯될 수 있지만, 그러한 처벌이나 보상에 대한 두 번째 당사자의 취약성을 결정하는 요소에서도 올 수 있다. 아주 간단히 말하자면, 합의 자체는 보상으로 분석될 수 있으며, 양쪽 당사자에게 동등하게 적용될 수 있지만, 양쪽 당사자가 차별화되는 것은 이들의 보상을 제공할 수 있는 능력이 아니라 보상의 필요에 따른 것이다. 이 개념은 명백하게 대칭적인 경우에도 비대칭이 분석되는 것을 허용한다. 즉 당사자들이 합의에 대한 거부권 외에는 권력 자원이 없는 경우, 합의에 대한 필요에서 여전히 불평등할 수 있고 따라서 상대방의 거부권에 대한 취약성 면에서 불평등할 수 있다. 그 취약성이나 필요를 수요의 강도(intensity)로서 직접 평가하는 것이 가능할 수 있지만, 각 당사자가 사용할 수 있는 대안을 평가함으로써 더 잘 이해하게 된다. 자트먼(Zartman, 1987a)이 보안 포인트(협상 없이 얻을 수 있는 결과의 가치), 피셔와 유라이(Fisher and Ury, 1981)가 협상 시 선택할 수 있는 최선의 대안(BATNA), 라포포트(Rapoport, 1964b)가 위협 포인트, 초이텐(Zeuthen, 1930)과 힉스(Hicks, 1932) 및 펜(Pen, 1952)이 파업 비용이라 부른 이 개념은, 제12장에서 크로스(Cross)가 논의한 많은 경제이론을 비롯하여 협상 역학의 이해에 대한 강력한 통찰을 제공한다(Kremenyuk, Sjöstedt and Zartman, 2000 참조).

하지만 이러한 통찰은 이론에만 국한되지 않는다. 이들은 실무자가 고려하는 중요한 사항들을 강조한다. 협상자의 제안과 입장은 그 내재적 가치로서만이 아니라 협상자의 보안 포인트와의 관계에서도 가치가 크다. 따라서 협상자는 협상된 결과에 대한 대안의 가치를 바꿈으로써 자신 또는 상대편의 입장의 가치를 변경할 수 있다. 이렇게 고안된 권력 구조는 고정된 분배라기보다는 조작이 가능해지기 때문에, 구조적 분석은 프로세스 이해의 기초를 제공한다.

구조의 또 다른 과정적인 함의는 시간으로서의 권력에 대한 이해에서 나온다. 이전에 고려할 때는 권력을 영속적인 것으로 취급해 왔지만, 제안과 대안 모두 시간이 지남에 따라 당사자들은 가치가 변화할 것으로 기대할 수 있다. 결과의 감소, 또는 '퇴색하는' 비율은 순전히 과정적 개념이다. 그러나 그것은 구조적 고려 사항과 관련이 있는데, 왜냐하면 그것이 양쪽의 입장을 지탱할 수 있게 하는 다른 능력들에 영향을 주기 때문이다(Cross, 1969, 1978). 이러한 고려 사항은 실제로 교섭 입장을 강화하거나 추격 행동으로 이어질 수 있는데, 협상이 길어짐에 따라 일방적으로 요구 수위를 높일 수 있다(Pillar, 1983; Pruitt, 1981).

이런 권력 개념의 전개를 보면, 구조적 분석은 자원분배에서 많이 발전해 왔다. 이 과정에서 구조와 행동, 또는 구조와 결과 사이의 연결고리가 모호해졌다. 권력이 인과관계가 작용하는 '방식'이나 '행위'가 될 때, 또는 대안에 대한 두 당사자의 평가가 상대적으로 취약해질 때, 그 개념은 분배 가능한 자원에서 훨씬 더 '부드러운' 속성으로 옮겨왔다. 그리고 그 무게는 상황이 종료되거나 행위 관계 안에서만 계산할 수 있는 경우가 많다. 방법이나 행위로 이해되는 권력은, 원천과 결과 둘 다로부터 자유롭고, 둘 사이의 관계를 측정하기 위해 사용될 수 있지만 한 구조 내에서 배열하기는 어렵다. 프로세스의 핵심으로 제시되는 구조는 프로세스에 의존하는 것처럼 보인다.

새로운 연구에 따르면, 비대칭이 근접 대칭보다 효율적이고 능률적인 협상에 더 유리하다는 점을 시사한다(Hornstein, 1965; Pruitt and Carnevale, 1993; Zartman and Rubin, 2000). 연구에 따르면, 일반적으로 더 큰 권력을 가진 진영은 초기 단계 또는 넓은 선상에서 승리의 행동으로 전환할 수 있으며, 약한 진영은 세부 사항을 다루면서 손실을 만회해야 한다(Snyder and Diesing, 1977; Krasner, 1985; Hopmann, 1978). 또는 약한 당사자들은 더 강한 대상을 상대로 갈등, 맥락, 협상 프로세스를 통해 또는 외부 진영, 외부 자원으로부터 힘을 빌려 권력을 평등화하는 전술을 채택한다는 것을 보여준다(Deutsch, 1973; Ravenhill, 1984; Zartman, 1971, 1985; Zartman and Rubin, 2000; 또한 제17장 참조). 절차적 장치의 사용, 상대방의 기대치 감소(보안 포인트를 줄일 수 있는 능력이 없는 경우), 더 폭넓은 거래의 개발은 적절한 행동으로 인식되는 전술들의 일부이다. 그러나 약한 당사자가 강하게 플레이함으로써 인성 딜레마를 해결하는 것이 더 나은지, 부드러운 플레이를 하는 것이 더 나은지에 대한 논쟁은 여전히 열려 있다. 대칭은 기껏해야 정치적 위치를 혼란시켜 방어해야 하는 어떤 인상에 지나지 않기에, 대부분의 협상 연구와 실무는 비대칭적인 상황을 이야기함에도, 비대칭 양쪽에 있는 당사자들의 행동에 대한 직접적인 의미나 권력 행사의 원인과 결과 사이에 관한 연구가 너무 적었다.

구조의 요소로서 최종 가치

지금까지의 논의는 다양하게 개념화된, 수단(권력)의 분배로서의 구조에 대한 통상적인 이해에 초점을 맞추었다. 그러나 구조적 분석의 또 다른 학파가 있는데, 보통은 구조적 분석학파로 여겨지지 않는다. 그것은 분배된 요소들이 수단이 아니라 목적(ends)이기 때문이다. 다양한 당사자들이 목표에 할당한 상대적 가치를 정량화할 수 있고 권력을 정량화할 수 있는 품목이 더 어려울수록, 결과의 구조적 분석을 더욱더 적절하게 만든다. 이 분석은 게임 이론을 사용해 이루어지는데, 이 책의 제13장에서 이를 다루고 있다. 방법론의 힘은 그 자체로서 제13장에서 충분히 탐구된다. 그러나 구조적 접근으로서의 게임 이론을 고려할 때, 일반적으로 분석에서 무시되는 목적과 권력 사이의 관계를 끌어낸다.

게임 이론은 당사자들의 행동을 변화시키기 위한 권력 사용을 배제하는 분석으로 끈질기게 제시되고 있다(Rapoport, 1964a; Nash, 1950; von Neumann and Morgenstern, 1953). 그 대신에, 행동은 결과에 대한 상대적 평가에 따라 결정되고, 당사자들은 그들이 선호하는 것의 결과에 대해 이성적으로 행동한다. 그러나 선호하는 것이 그렇게 정적이지는 않다. 그것은 선호하는 것 내에서 일어나는 변화를 표현해 낼 수 없는 단순한 고전적인 형태의 분석이다. 분석이 보여줄 수 있는 모든 것은 그 변화의 결과이자 그 기초이다. 따라서 가치 있는 결과들의 배열을 보면 죄수의 딜레마 게임(PDG)에서와 같이 양쪽 당사자가 협상을 피하는 것이 명백하게 합리적으로 보이고, 또는 협상에는 더 좋은 경우로, 치킨 딜레마 게임(CDG)에서와 협상을 해야 할지의 여부가 모호하게 불확실하게 보일 수 있다. 그러나 바로 이러한 대조를 통해 당사자들이 그들의 지배적인 대안의 가치를 변화시킴으로써 그들의 전략적 논리성에 모호성을 도입할 수 있음을 보여주었다. 이것은 중요한 위험 요소의 변경(Ellsberg, 1975; Snyder and Diesing, 1977) 또는 전략적 상호 작용(권력)의 사용(Young, 1975)이라고 부를 수 있다. 그러나 수단으로서의 권력에서 논의된 보안 포인트를 비교하고 변경하는 데 사용되는 전술을 의미하기도 한다. 실제로 한 당사자가 비대칭 게임에 있고, 결과에 대한 그의 분배를 PDG로 보지만 상대방은 결과 분배를 CDG로 보도록 만들 수 있다면, 이 당사자는 더 강력한 위치에 있게 된다(Snyder and Diesing, 1977; Brams, 1985). 브람스(Brams, 1985, 1994)는 움직이는 권력과 위협권력(상대편이 더 나쁜 결과를 피하기 위해 덜 선호하는 전략을 선택하도록 전략을 바꾸는 능력)을 구별해, 이전에 정적으로 간주된 구조 분석에서 동적인 인과관계를 읽어낼 수 있음을 보여준다.

최종 가치(end values)의 구조 분석은 비대칭 상황에서, 대안에 대한 다양한 평가의 힘에 기초해 공동결과를 향한 움직임의 원인뿐만 아니라 그러한 움직임을 일으키는 전술을 보여주기 위해 사용되었다. 지지를 얻기 위해 제안을 개선하기보다는 보안 포인트의 평가를 변경하는 것의 중요성(Brams, 1985; Zagare, 1978)과, 따라서 초기의 대칭적인 교착상태로부터 유리한 비대칭을 만들어낼 필요를 강조하는 경향과 같은 사례들이 있다. 최종 가치의 기본 아이디어는 의사결정 분석을 작성하기 위해 철저하지만 방법론적으로 단순하게 사용되었으며, 가능한 모든 결과를 완전히 보여줌으로써 선호하는 패키지와 최상의 공동결과를 제공할 수 있는 공유된 선호 패키지의 가능성을 보여준다(Axelrod, 1970; Barclay and Peterson, 1976; Fraser and Hipel, 1984; Raiffa, 1982; Spector, 1994). 이러한 유형의 분석에서 협상은 제로섬 갈등을 극복하는 수단으로서, 이용 가능한 최선의 포지티브섬의 가능성을 개발하는 것이 문제다. 그러나 이러한 분석의 유일한 힘은 상대편이 거절할 수 없는 포지티브섬을 제공해 상대방의 동의를 이끌어내는 것이다.

대칭 상황에서 사용된 최종 가치의 구조 분석은 협상 협력으로 간주되는 국제(및 기타) 관계에 대한 새로운 접근방식을 제공하기 위해 교착상태를 되짚어본다(Axelrod, 1984; Axelrod and Keohane, 1985; Axelrod and Dion, 1988). 대칭은 대치 상태와 움직임이 없는 상태이기 때문에 반복된 플레이의 움직임을 분석에 포함시킨다. 협력은 맞대응(tit-for-tat: TFT) 전략에서 나온다는 것을 보여주는데, 이 전략에서 상대편의 불이행이 보복의 원인이 되고 상대방의 협력이 상호주의로 응답된다. 이렇게, 한 당사자는 다른 당사자가 협력하지 않을 때 고통을 유발함으로써 협력(협상, 양보)하게 만든다. 논점이 행동에 관한 것이긴 하지만, 이것은 최종 가치를 기반으로 한 초기 구조적 가정에서 비롯된 것이다. 목적으로서나 수단으로서나, 구조 분석은 권력 분석이다.

지금까지 구조 분석의 기본 가정은 양자주의였다. 당사자가 추가될 때 상호작용과 분석 모두에서 중요한 변화가 발생한다. 첫 번째 수정은 2+1 협상에서 중재자의 역할을 고려하는 것이다. 중재와 협상의 관계에 대한 논쟁이 지속되어 왔음에도(Rubin, 1981; Bercovitch, 1997), 중재는 당사자들만 남겨졌을 때 할 수 없는 일을 할 수 있도록 제3자인 촉진자(facilitator)를 불러오는 (양자)협상의 특별한 경우일 뿐이라는 것을 분명히 해야 한다. 중재자는 중립적인 도체로서 또는 상호 작용을 위한 촉매제에서, 양쪽 당사자와 협상하는 중앙 당사자에 이르기까지 다양한 위치에 서게 되는데, 중재자를 통해, 그들은 서로 또는 중재자와 협상하게 된다(Kressel, Pruitt, and Associates, 1989; Bercovitch, 1984, 1997; Mitchell and Webb, 1989; Crocker, Hampson, and Aall, 1999).

중재자가 존재할 때 몇 명의 당사자가 협상하고 있는지에 대한 구조적 질문은 항상 중재를 곤란하게 했는데, 분석가와 실무자 모두 중재자가 또 다른 당사자인지를 묻기 때문이다. 이 질문은 종종 중재의 필수 조건인 비편파성에 대한 질문과 혼동되지만, 최근의 연구(Touval, 1975; Touval and Zartman, 2001)는 중재자가 비편파적인 것보다는 정확한 메신저여야 한다는 것을 보여주었다. 그러나 중재자의 편파 정도에 따라, 중재자가 자신이 선호하는 편에 '부응'할 것으로 예상된다(Touval and Zartman, 1985). 중재자를 당사자로 볼 것이냐의 수수께끼에 대한 일부 해결책은 중재와 관련된 다양한 역할에서 찾을 수 있다. 중재자는 커뮤니케이터, 고안자(formulator) 또는 조작자(manipulator) 역할을 할 수 있으며, 극복해야 할 막힘(blockage)의 유형에 따라 필요한 프로세스에 대한 참여가 늘어난다. 커뮤니케이터로서 중재자는 촉매제일 뿐이며, 그 프로세스에 자신을 담지 않아야 하며, 이전에는 불가능했고 커뮤니케이션의 부재로 막혔던 두 당사자 간에 단지 열린 파이프라인을 제공할 뿐이다. 고안자로서의 중재자는, 이전에는 불가능했고 공식에 대한 창의적 개념의 부재가 걸림돌이었던 상황에 대해 긍정적인 결과에 대한 자신의 아이디어와 인식을 추가한다. 조작자로서의 중재자는, 아이디어를 더할 뿐 아니라 당사자들을 합의를 향해 움직이도록 하고 자원을 움직여 양쪽의 합의를 이끌어내기에 충분한 포지티브섬이 있는 결과를 만들어낼 힘을 더한다. 여기에서의 걸림돌은 한쪽 당사자에게만 지나치게 매력적인 대안들 혹은 양쪽을 합의로 이끌기에 너무 보상이 작은 경우이다(Kressel, Pruitt, and Associates, 1989). 자신의 이익 추구에 매진하는 중재자는 상호 작용의 일부이지만 갈등이나 해결책의 당사자는 아니다.

중재자는 협상의 구조를 2각에서 3각으로 바꾼다. 상호 작용 측면에서 한 포인트가 다른 두 포인트와 다른 입장에 처하더라도 말이다. 이 상황에는 중재의 역동성과 한계가 동시에 존재한다. 중재자는 만남을 완전한 삼각관계로 만들겠다고 위협할 수 있으며, 양쪽 당사자는 같은 일을 하기 위해 경쟁적으로 노력해서 한쪽에 대항하여 두 당사자의 연합의 가능성을 연다. 하지만 이렇게 하는 순간 중재자는 중재자의 역할을 상실하게 된다. 중재자는 또한 만남 당사자들 사이에서 심판하고 그들에게 판단을 부과하는 판결 세션으로 만들겠다고 위협할 수 있다. 하지만 중재자가 이렇게 하는 순간 다시 중재자의 역할은 상실된다. 두 가지 위협은 중재자가 양쪽 당사자를 합의에 이르게 하는 데 사용해야 하는 두 가지 부정적 제재이며, 세 가지 역할에 내재하는 긍정적 제재를 보완한다. 그러나 많은 위협에서 보듯, 협상의 기본 성격을 바꾸지 않고는 이러한 위협을 구현할 수 없다. 중재는 그 성격상 완전한 3자 관계의 위협을 던지지만 당사자 간의 2자 상호 작용을 완료하기 위한 중간적 장치이다. 작동하는 양자 관계는 중재자가 필요하지 않으며 완전한 3자 관계는 중재가 아니라 연합과 관련된다.

다자간 복잡성

복수의 당사자가 있는 구조와 다자간 구조로 완전히 들어가 보면 협상의 본질에 훨씬 더 큰 변화를 가져온다. 두 유형에 대한 분석 문헌은 거의 없으며, 두 유형의 차이가 정도의 문제인지 본질적 차이인지에 대한 명확한 개념조차 없다. 그러나 분석가나 실무자에게 한 가지 분명한 것은, 다자간 협상은 양자 협상과는 다른 프로세스이며, 다자간 협상은 이슈, 당사자들 및 역할의 복잡성에 어떤 질서를 부여하는 문제이다(Winham, 1977a; Zartman, 1989, 1994; Hampson, 1994). 복잡성을 관리하는 것은 탁월함을 뛰어넘는 구조적 문제인데, 이는 성공적이고 만족스러운 합의를 제공하기 위해 혼돈에 충분한 구조를 제공하는 문제이기 때문이다. 뛰어난 제안 중에는 세 가지 유형의 솔루션이 있고, 이들은 모두 구조적이다(Zartman, 1994).

다자간 협상에 대한 가장 많이 발전된 접근법은 연합(coalition) 분석이다(Dupont, 1994; Hampson, 1994). 중재에 대한 논의에서 볼 수 있듯이, 여러 당사자의 존재는 친화력에 기초하여 그룹화의 가능성을 열어 궁극적으로는 협상이 양자적 만남이 되는 지점까지 갈 수 있다. 양자주의로의 복귀가 불가능한 경우, 협상자들은 일련의 교차 연합을 형성하여 여러 가지 문제에서 합의를 조합해 낼 수 있다(Zartman, 1987a; Wallace, 1985; Riker, 1962; Winham, 1987). 연합은 일반적으로 당사자들의 그룹으로 논의되지만, 더 정확히는 그들이 초기 단계의 단순히 지지를 모으는 수준을 넘어서서 활동할 때 이슈에 대한 입장의 그룹이 더 정확할 것이다. 거래 패키지 뒤로 당사자를 모이도록 하는 이슈 연합은 다자간 다중 이슈 협상의 복잡성을 길들이는 보다 창의적인 방법이다(Raiffa, 1982; Sebenius, 1983; Friedheim, 1987; Hopmann, 1996). 다자간 게임 이론의 전체 추진력은 가능한 한 가장 보상이 좋은 연합을 보여주는 것이고, 아무런 성공적 연합이 없는 경우 협상 결렬의 이유를 보여주는 것이다(Rapoport, 1970; Raiffa, 1982; Brams, 1994). 아이러니하게도 연합 분석은 최종 가치 연구의 기본 제한 내에서 이루어지는 구조적 접근방식이다. 당사자를 다루거나 문제를 다루거나, 결과를 다루기는 하지만 결과를 얻는 방법(권력)에는 많은 관심을 두지 않기 때문이다.

다자간 복잡성의 관리 및 분석에 대한 두 번째 접근방식은 리더십을 통한 것이다. 리더십 분석은 연합을 기반으로 구축하려고 하지만 또한 이전 접근방식이 남긴 격차를 메워준다. 왜냐하면 복잡성이 관리되는 방법을 설명하기 위해 전술과 권력을 끌어들이기 때문이다(Weiss, 1985; Graham and others, 1981; Malmgren, 1972; Preeg, 1970; Midgaard and Underdal, 1977; Underdal, 1994). 양자 협상의 내재적 역학은 대립적인 반면 그러한 구조는 다자간 협상에서는 확연히 드러나지 않는데, 이는 모든 당사자를 적대자의 연합으로 만들 수 있기 때문이다. 이 구조의 부재가 일부 당사자들을 지도자로 변하게 하고 일부는 방어자로 변하게 한다. 전자의 카테고리에 속하는 당사자들은 연합의 가능성들과 지도자의 정책 이해관계로 정해진 방향에서 이슈와 당사자들의 연합으로부터 합의를 만들어내려고 노력한다. 하나 이상의 리더십이 설 여지가 있기 때문에 경쟁적 리더십의 존재는 당사자와 이슈를 '하향'으로 조직할 뿐만 아니라 '상향' 구조를 제공하여 양자 간 또는 축소된 다자간 협상에서 최종 합의를 구축하게 한다.

다자간 협상에 대한 세 번째 접근방식은 더 절차적이고 더 오래된 방식으로 주제를 의회 외교로 본다. 국내 입법부의 다자간 행동에 대한 분석이 협상과 관련이 있음에도(Quirk, 1989; Dahl, 1955), 국제 조직들의 구조화된 협상에 대한 논의가 더 많이 있었다(Friedheim, 1976; Rusk, 1955; Lang, 1989; Commonwealth Group of Experts, 1983; Lodge and Pfetsch, 1998). 입법부와 협상 분석을 결합한 이 접근방식은 장소의 절차적 요소에 중점을 두어, 의장, 대변인, 대표단 및 규정과 같은 요소들로 대규모 그룹에서 복잡성을 관리하는 방법을 설명한다. 이 접근방법은 절차가 복잡성 구조를 부여하는 데 사용되었다는 점에서 리더십 연구와 관련이 있다. 하지만 이 경우 리더십이 제공하는 방향성은 없다.

다자간 협상은 본질적으로 구조화된 것이 아니라 구조를 추구하고 있으며,

분석의 기본이 되는 것은 실무의 기본이 되는 추구이다. 그러나 다자간 분석은 중재에 의해 도입된 절반의 변화와 유사하게, 가정(assumptions)에서 또 다른 절반을 변화화게 하여, 접근방식을 현실에 더 가깝게 하는 대신 분석을 느슨하게 한다. 양자 협상에서 당사자들이 (권력이 아닐지라도) 동등한 것으로 가정되는 반면, 다자간 협상에서 당사자들은 역할과 지위에서 평등할 수도 있고 불평등할 수도 있다.

양쪽은 항상 복합적이기 때문에 양자 협상이 없다고 주장하는 경우가 있다. 양자 협상이 "한 쌍의 연결된 자동제어장치(servomechanism)"(Coddington, 1968, p.55)의 구조라면, 실제로는 자동제어장치 배터리에 의해 유도되는 자동제어장치로 간주되어야 한다. 모든 협상 포지션은, 지원을 위해 계층적일 수도 있고 입장 그 자체를 위해 수평적일 수도 있지만(또는 둘 다), 홈 팀 구성원 간의 협상의 결과이다. 협상 분석가들은 오랫동안 이 측면을 무시해 온 경향이 있는데 이는 분석을 엄청나게 복잡하게 만들기 때문이다. 협상 실무자들은 이것을 강조하는 경향이 있는데 이는 일상생활의 많은 부분을 차지하기 때문이다(Furlong and Scranton, 1989; Jorden, 1984). 이러한 혼돈을 분석적으로 순서를 매기는 과제는 엄청난 것이고 단지 산발적으로만 이루어졌다. 기관 당사자를 협상 입장의 구성요소(Allison, 1969)로 구분하고 고정된 이미지라는 필터를 통해 자극과 반응을 필터링하는 것으로 분석이 시작되었다(Snyder, 1978). 그러나 이러한 연구(둘 다 쿠바 미사일 위기에 대한)는 한쪽의 의사결정만 다루었기 때문에 협상 그 자체와 거의 관련이 없었다. 자동제어장치가 전원에 연결되지 않은 것이다. 이후의 연구는 의사결정 시 국내적 재료를 문서화하고 '외향'과 '하향' 협상의 대조를 강조하려는 시도를 했다(Wolfe, 1975; Druckman, 1978b). 최근에 와서야, 양자 협상 전선에서 연구하는 사람들 사이에서 국내적으로 수용 가능한 결과를 찾음으로써 협상 메커니즘의 수준과 측면을 연결하려는 방법이 모색되었다(Putnam, 1988). 그러나 여러모로 적용했음에도 이러한 2차원적 접근방식은 협상 프로세스에 대한 개념적 정교화에 큰 도움을 주지 못했다. 이 접근방식이 설명적 명제를 많이 생성하지도 못했음에도 경계 역할 개념을 다중 체인으로 확장시켰지만 그만큼 협상의 실체를 포착해 내지는 못했다(Adams, 1976; Druckman, 1978a;

Hopmann, 1996; Pruitt, 1994, 2001). 다시 말하지만, 단일 수준의 다자간 협상에서와 마찬가지로, 분석은 상호 작용의 구조에 의해 결정된다. 그러나 적절한 분석 기준에 대한 탐색은 여전히 진행 중이다.

실무자들은 분석 연구에 거의 도움이 되지 않았는데 그것은 그들의 질문과 관심사가 광범위하고 분산되어 있고 전술적이었기 때문이다. 그러나 실무자의 우려와 분석가의 설명에서 발생하는 주요 문제는 협상자와 그 구성원 간의 관계 구조 또는 구성원들에 대한 협상자의 위치를 중심으로 이루어져 있다. 실무자들은 서로 다른 구성원들의 이익을 균형 있게 조정하는 가장 좋은 방법이 무엇인지, 입법자가 협상 팀의 일원이어야 하는지 아니면 단순히 정보를 전달받는 대상이어야 하는지 묻는다. 분석가는 협상자가 다양한 이해관계의 관리자 역할을 맡는 경우와 지원을 요청하고 고객의 의견을 집계하는 최고 대표단으로서 일할 때의 결과를 연구한다. 한 모델에서 권위는 주변에 존재한다. 다른 모델에서 권위는 핵심에 존재한다. 일반적으로 모델을 선택하는 것은 협상자의 몫이 아니라 그 모델의 내포된 의미를 최대한 활용하는 것이기 때문에, '2단계 다자간 협상'은 추가 분석을 위한 훌륭한 분야이다.

그러나 실제 협상은 실무자의 우려를 모델로 한다. 왜냐하면 현실은 구조화된 모델보다 훨씬 더 광범위하고 분산적이기 때문이다. 연관성 있는 동등하고 균질한 몇몇 그룹을 갖는 대신, 현실의 협상자들은 확연하지 않고 비슷하지 않은 영향으로 특징지어진 맥락에서 자신들의 입장을 형성하고 이를 방어한다. 이것은 공식적 분석의 가장 느슨하고 정의가 어려운 구조이지만 그러나 빠뜨려서는 안 된다. 그렇게 한다는 것이 중앙 권위 대 주변 권위와 같은 모델이 연관성이 없다는 의미가 아니다. 마찬가지로 국내적으로 입장이 결정되는 방식을 연구하지 않고 협상을 연구하는 것이 연관성이 없다는 것을 의미하지도 않는다. 다만, 협상의 실체에 대한 전체 그림에는 반드시 예상치 못한 상황이 있다는 것을 고려해야 한다는 뜻이다.

그 맥락에는 국가 간의 교섭뿐만 아니라 여론과 언론의 효과도 포함된다. 궁극적으로, 둘은 1990~1994년 남아프리카공화국(Sisk, 1995)에서처럼 국가의 입장을 결정하거나, 1993년 오슬로 협상(Pruitt, 1997b)에서처럼 협상 결과의 수용을 결정하거나, 1979년 워싱턴 조약에서처럼 이행의 의미를 결정한다. 대표자로서의 협상자들의 가장 광범위한 그림은, 부분적으로는 언론에 의해 표출되었지만, 부분적으로는 여론에 의해 표현되지 못한 일반 대중의 불완전한 정서를, 결정체로 바꿔주는 사람들이다. 이것이 자동제어장치를 위한 프로그래밍의 궁극적인 원천이다. 이질적인 두 여론 기구의 결합에 관하여 조직된 협상에 대한 연구는 거의 없었고, 그러한 연구를 수행하기 위한 방법론도 그다지 명확하지 않다. 사실, 이러한 접근법은 협상 연구를 실제 협상의 연구로 한정하는 일반적인 아이디어에 대한 대안으로 제안되어 왔다(Saunders, 1985a, 1985b, 1999). 그 대신에 이 제안은 협상을 정치로 개념화하는 것이며, 연구와 실무에서 협상자가, 만남의 가능성이 있는 입장에 대한 지원을 위해 여론을 돌리려고 각자의 장에서 정치를 해야 할 필요성을 고려하는 것을 말한다. 다소 폭이 좁긴 하지만, 유사한 접근법은 협상을 뒤쪽으로 확장하여 사전협상을 포함하는 것으로, 협상을 가능하게 하는 방식으로 이슈와 만남을 조직하기 위해 구체적 기능들을 수행하는 예비단계를 식별한다(Stein, 1989; Kriesberg, 1990). 당사자를 테이블로 오게 하는 기능적 요구 조건은 그들이 거기에 도착했을 때 무슨 일이 일어나는지만큼이나 연구의 주제가 되고 명백한 실무가 된다.

마지막으로, 협상의 개념화를 구조화하려는 가장 포괄적인 시도에서 협상자는 뒤에 남겨두고 갈등 문제와 관련해 당사자의 권력 위치에 초점을 맞춘다. 어떤 이슈에 대한 협상이 변화하고 당사자 간의 권력 분배를 반영하는지에 대한 논쟁도 계속되고 있다. 비록 많은 논쟁에서와 같이, 그 답은 아마도 "두 가지 모두 다소" 또는 "경우에 따라 달라진다"겠지만, 개념적 문제는 분명히 정해져 있다. 어떤 분석가들에게 협상이란 대항하는 권력 간의 거대한 만남이며, 이를 통해 문제 영역의 운명이 한 방향 또는 다른 방향으로 기울어지게 된다. 다른 분석가들에게는, 변화된 권력관계는 이미 결정되어 있고, 협상은 단지 미리 정해진 변화를 단지 시스템화하는 것이다. 논쟁을 연결하면서, 협상 이후에 그리고 이전의 권력 변화는 협상 테이블로 당사자를 오게 하는 것이나 협상에서 결론에 도달하는 것과 아무런 상관이 없다는 주장이 비현실적인 것만큼이나 협상 테이블에선 아무 일도 일어나지 않는다고 주장하는 것은 비현실적일 것이다. 협상은 제도화된 의사결정 프로세스가 없는 상황에서 명시적 결정을 포함하기 때문에, 협상은 체제 변화를 시스템화하는 경우이며 여기서 '체제'는 이슈가 되는 영역에서의 상호 작용을 통치하는 규칙과 절차로 이해된다(Krasner, 1985; Friedheim, 1993; Hasenclever, Mayer, and Rittberger, 1997; Spector and Zartman, 근간; 또한 이 책 제20장 참조). 체제 변화 프로세스의 일부는 새로운 대체품에 도달하기 전에 낡은 체제와 그 대안들을 검증하고 버리는 것에 관한 것이지만, 일부는 또한 권력관계의 재배열이기도 하고, 그 변화는 종종 구체제 붕괴의 부분적인 원인이 된다. 따라서 크레메뉴크(Kremenyuk)가 제2장에서 언급한 바와 같이 문제 구조와 권력 구조가 모두 관련되어 국제협상의 시스템을 구축한다. 체제 변화와 협상을 묶는 이 거창한 수준의 분석 작업은 미래를 위한 프로젝트이다(Winham, 1987).

결론

협상의 구조적 분석은 다양하고 매우 포괄적이다. 그것은 변화하는 권력관계의 맥락을 통과하면서, 두 당사자 간의 수단 또는 최종 가치의 대칭 분포를 다룬 다소 공식적인 분석들과 함께 다자간 다중 이슈의 만남으로 움직인다. 구조적 요소는 분석을 위한 프레임워크를 제공하며, 여기에서 프로세스, 행동 및 전술과 같은 다른 요소가 뒤따른다. 통찰력 있는 분석의 가능성은 무한하며 많은 경우 아직 시도조차 되지 않았다. 개념 통찰과 효과는 실험적 연구의 기초로서 지나치게 거의 사용되지 않았다. 그렇지 않았다면, 우리는 가장 눈에 띄는 지식의 간격을 말하자면 '권력'이 의미하는 것을 더 잘 이해할 수 있을 것이다. 실험적 증거가 생성되는 경우는 자주 있지만 여전히 개념을 테스트하기 위한 경험적 (실제) 연구가 이루어져야 할 필요가 있다. 더 확고한 정의와 더 나은 실용화(operationalization)는 환영할 만한 결과가 될 것이다. 구조적 접근방식에서 발견한 중요한 의미의 예로 가장 광범위한 세 가지 결론을 들 수 있다.

첫 번째로, 서로 다른 많은 연구가, 협상의 시작에서, 당사자들의 상대적 위치에 대한 관점에서 그리고 결과의 보상 분배에서, 평등 인식의 중요성을 강조하고 있다. 이런 결론은, "강한 자가 이긴다"라는 구조적 분석의 가장 대범하고 일반적 표현을 직면해야 하므로 실무자나 대중 평론가들의 관심을 받을 필요가 있다. 두 번째, 무엇보다도 당사자들은 대안에서 불평등을 만들어내고 확장시킴으로써 자신의 입장을 향상시킬 수 있다. 조건이 나쁘게 보일수록 제안은 더 좋게 보인다. 가장 간단히 말해서, 협상 이외의 다른 것들이, 협상과 동시에 예상되어야 하며 이것들은 실제로 협상 프로세스의 일부라는 것을 의미한다. 이것은 놀라워해야 할 일이 아님에도 자주 그렇다. 갈등 프로세스와 협상 프로세스의 관계에 대한 더 많은 연구가 필요하다. 세 번째, 양자 간 협상에서처럼 구조가 주어지지 않는 다자간 협상에서는 복잡성에 질서와 방향을 부여하고 구조화하는 것이 협상자의 주요 활동이며, 분석가의 주요 역할이어야 한다. 각각의 교훈은 다른 많은 교훈과 마찬가지로 다양한 유형의 구조 분석을 통과하여, 기본 요소들의 분배를 이해하는 것으로 협상 상황의 분석을 시작하는 것의 중요성을 강조한다. 시스템, 프로세스, 전략 및 결과는 그 구조적 기반에서 탄생된다.

협상자들은 합의를 향한 움직임을 위해 경쟁(contending), 문제해결, 양보 (yielding)라는 세 가지 전략에서 계속 선택에 직면한다(Pruitt and Rubin, 1986; Rubin, Pruitt, and Kim, 1994). 앞의 두 전략은 목표를 달성하기 위한 대안으로 볼 수 있다. 협상자 목표의 예로는, 해변으로 휴가를 가기 위해 배우자를 설득하는 것, 백화점에서 특정한 양복을 110달러에 판매하는 것, 이스라엘이 시나이반도 로부터 철수하는 것이 포함된다. 경쟁에서 협상자는 상대방이 양보하도록 설득 하는 노력을 통해 자신의 목표를 추구한다. 이 전략은 종종 경쟁(Thomas, 1976), 분배적 협상(Walton and Mckersie, 1965), 가치 청구(Lax and Sebenius, 1986)라고 도 부른다. 문제해결에서 협상자는 양쪽 당사자의 목표를 만족시키는 옵션을 확 인하기 위해 노력하며, 이 전략은 흔히 협동(Thomas, 1976), 통합적 협상(Walton and Mckersie, 1965), 또는 가치 창조(Lax and Sebenius, 1986)라고 부른다. 세 번째 전략인 양보는 한쪽 편의 열망을 줄여서 목표를 감소시키는 것을 말한다. 이 전 략은 또한 수용이라고도 부른다(Thomas, 1976).[1]

---

1) 네 번째 전략, 즉 행동하지 않거나 회피하는 것이 이따금 거론된다(Rahim, 1986; Thomas, 1976; Rubin, Pruitt, and Kim, 1994 참조). 그러나 단순히 적극적인 접근법의 부재라 그다지 흥미를 끌지 않는다.

처음 두 전략은 확실한 전술 수단으로 실행되어야 한다. 경쟁 전술은 확고히 자신의 의지를 다져 상대방과 설득적 경쟁에 몰입할 수 있게 하며, 만약 상대방이 양보하지 않으면 보복하거나 협상을 그만두겠다고 위협하면서 상대방이 위협할 때는 대응위협을 할 수 있다.

가장 효과적인 문제해결 전술은 당사자가 함께 일하면서, 자신들의 입장에 깔려 있는 의지와 우선순위에 관하여 정보를 교환하고, 이슈를 분명히 하고 재정립하면서, 옵션을 브레인스토밍하고, 각 아이디어의 가치를 공동으로 평가하는 공동의 노력을 포함한다. 그러나 적대 의식과 불신 때문에 공동의 문제해결을 달성하기가 종종 어려워, 당사자들은 스스로 문제를 해결하려고 노력하거나 중개인의 도움을 받아야 한다.

실제로 모든 전술이 문제해결로 이어지는 것은 아니다. 예를 들어, 약아빠진 협상자는 자신의 순수하게 우선순위를 공개하는 것처럼 보이면서 나중에 상대방을 경쟁적으로 이용할 수 있는 상대방 입장에 관한 정보를 얻기 위해 상대방의 복리에 관해 염려하는 것처럼 행동하기도 한다. 문제해결과 경쟁을 구분하는 궁극적인 기준은 협상자의 공개적인 전술에 달려 있는 것이 아니라 이들의 목표에 달려 있다.

양보(열망을 낮추는 것)와 직결되는 유일한 전술은 양보(의지를 낮추는 것)하는 것이다. 양보는 한 차례 정도 유연하게 할 수 있다. 이런 감각적 전술로 낮춰진 열망은 폭넓은 범위의 문제해결을 가능하게 한다.

협상의 결과에 대한 이들 전략과 전술의 영향은 무엇일까? 양보는 자신의 비용으로, 문제해결은 양쪽의 비용으로 합의에 도달할 기회를 개선한다. 경쟁은 합의에만 도달한다면 자신에게 유리하게 작용하지만, 합의에 도달할 가능성을 체감시킨다.

경쟁과 문제해결 사이의 딜레마

경쟁과 문제해결은 더 극단적으로 될 때 서로 양립하지 못하는 경향이 있다

(Lax and Sebenius, 1986; Kelley, 1966). 이 비양립성은 부분적으로 대조적인 대응에서 기인한다. 그래서 강력한 경쟁은 자신의 선호에 대해 상대방을 오도하고 자신의 요구를 확고히 견지한다. 반면 문제해결은 자신의 선호 사항을 공개하며 요구에 대해서도 유연하다. 비양립성은 부분적으로 대조적인 태도에 기인하며, 각 전략이 적대적인 태도에서 상대방을 과소평가하는 경향에 기인한다.

이런 모순이 있음에도, 가끔은 협상자에게 딜레마를 일으키면서 동일한 협상 안에서 두 개의 전략을 추진할 필요가 있다. 상대방은 나와 선호하는 바가 다르므로 경쟁이 필요하다. 하지만 동시에 합의에 도달하는 것을 확실히 하기 위해, 그리고 그 상황에서 존재할 수 있는 무엇이든 간에 잠재적 가능성을 모두 이용하기 위해서는 협력이 필요하다. '모든 잠재력'은 처음부터 명백한 것보다는 쌍방에게 더 좋은 새로운 옵션이 발견될 가능성을 말한다.

경쟁과 문제해결 사이의 딜레마를 최소한 부분적으로 탈피하기 위한 기술이 여러 가지 있다. 그 기법 하나는, 경쟁과 문제해결을 번갈아 시도하는 것이다. 협상 과정이 문제해결에서 경쟁으로 넘어갈 수 있으며(Walton and Mckersie, 1965), 더 일반적으로는 경쟁에서 문제해결로 넘어가기도 한다(Douglas, 1962; Gulliver, 1979; Morley and Stephenson, 1977). 예를 들어, 레이건 대통령은 대통령 임기 중 처음 6년간은 소련을 향해 강경 접근을 취하다가 마지막 2년 동안에는 회유책을 썼다(이 '교화된 죄인' 과정은 특정 상황에서 상대방에게 협력을 유도하려는 목적으로 보인다. Harford and Solomon, 1967 참조).

두 번째 기법은 문제해결을 비공개로 진행함과 동시에 경쟁적인 대중적 행보를 취하는 것이다. 비공개 문제해결은 비밀 채널이나 중개인 또는 한두 개의 협상 팀을 통할 수 있다(Pruitt, 1981). 팔레스타인 자치정부의 수립을 이끈 오슬로 협정[2]과 북아일랜드 평화 프로세스가 대표적이다(Pruitt, 1997a; 2000; 2001). 두

---

2) (옮긴이 주) 오슬로 협정(Oslo Accords, 1993): 이스라엘의 이츠히크 라빈 총리, 팔레스타인해방기구(PLO)의 야세르 아라파트 수반이 빌 클린턴 미 대통령의 중재로 체결한 협정. 오슬로에서 비밀 협상을 시작했다가 1993년 워싱턴 D.C.에서 체결했다. 이 협정으로 시작된 오슬로 프로세스에 따라 이스라엘과 PLO는 쌍방을 승인했으며, PLO는 팔레스타인 자치정부(PNA)를 세워 서안(West Bank)과 가자지구에 대한 자치권을 행사하면서 미래의 팔레스타인 국가 건국을 준비하기로 합의했다.

사례는 최종 합의의 주된 특징이 다소간 계산을 통해 조율된 비밀협상을 수반했다는 점이다. 오슬로 협상은 9개월이 소요되었다. 이들은 처음에 중개인을 개입시켰으며 그 후 외교관들의 대면 논의로 격상되었다. 비밀 북아일랜드 협상은 1988년에 시작해 8년이 걸렸으며 IRA(Irish Republican Army)와 신 페인[3]에서 아일랜드 내의 온건한 천주교 계열 정당인 SDLP 및 아일랜드 공화국 정부, 그리고 영국 정부로 도달하는 중개인의 의사소통 사슬이 개입되었다. 두 사례에서 알려진 협상 집단 간의 관계는 극도로 경쟁적이었다. 실제로 몇 번에 걸친 강력한 IRA의 테러 공격이 비밀리에 합의가 진행되던 같은 기간에 발생했다.

이 딜레마를 탈피하기 위한 세 번째 기법은 확고한 유연성이다(Pruitt and Rubin, 1986; Rubin, Pruitt, and Kim, 1994). 이 기법으로, 협상자들은 자신을 이해관계에 확고하게 개입시키고 상대방이 자신을 알아주기를 요구하면서 자신의 기본적인 이해관계를 놓고 겨룬다. 하지만 이들은 자신의 이해관계를 어떻게 달성할 수 있을지를 유연하게 문제해결을 통해 고민한다. 예를 들어 1961년 6월 25일에 케네디 대통령은 소련과 '실질적인 장애물'을 제거하자는 취지의 협상에 관심을 나타내면서 베를린에서 서방의 권리를 존중하는 세 가지 불가침 원칙의 개요에 관한 대중연설을 했다. 이 기법으로 가끔 통합적인 합의의 발전과 상대방을 문제해결로 장려하는 경향이 생겨난다(Rubin, Pruitt, and Kim, 1994). 하지만 이는 항상 달성하기 쉽지 않은 한쪽 편의 기본적인 이해관계에 대해서만 명확성을 요구하기 때문에 실행하기 어렵다.

이 딜레마를 탈피하기 위한 네 번째 기법은 상대 집단과 업무적 관계를 개발하는 것이다. 이러한 관계를 이상적으로 통제하는 주된 규범은 네 가지이다. 첫째, 만약 한쪽에서 이슈에 관한 요구를 강하게 하면 다른 쪽은 자신의 요구가 대단치 않음을 인정하고 양보한다. 둘째, 만약 양쪽이 모두 강한 요구를 하면 공동

---

3) (옮긴이 주) 신 페인(Sinn Fein): 1905년 아서 그리피스(Arthur Griffith)가 창설한 좌익 민주사회주의 계열의 아일랜드 정치정당. 시작은 아일랜드 독립전쟁 때 만들어진 일종의 과격파 독립지지 세력으로, IRA와 연계하여 영국 정부에 대한 테러행위를 자행했다. 제도권화한 후에는 아일랜드와 북아일랜드 내에서 활동하는 정당이 되었으며, 현재 북아일랜드 의회에서 최다 의석을 갖고 있다.

으로 문제해결을 제안한다. 셋째, 만약 공동의 문제해결이 다양한 이해관계를 해결하지 못하면 상대적 의지의 중요성을 저울질해 본다. 요구가 강한 쪽이 마지막 합의에서 호의적이 된다. 넷째, 요구의 정도에 대한 상대의 진실성을 요구한다. 일상적인 업무 관계에서 당사자들이 다양한 이해관계를 접할 때마다 이들 규범을 재차 적용한다.

업무 관계와 관련된 규범은 경쟁과 문제해결의 두 가지 방법 사이의 딜레마를 해결한다. 그 하나는 특정한 상황에서는 문제해결이 요구된다는 것이다. 다른 하나는 다른 모든 상황에서 관계되는 요구의 저울질을 통해 경쟁이 불법화된다는 것이다. 그런 업무 관계에서 장점은 장기간의 공동수익이 극대화된다는 점이다. 문제해결 접근이 가능할 때 상호 승리의 해결책 탐구를 고무하고, 관계되는 의지의 저울질은 장기적인 양보의 교환을 장려해서 각 당사자가 그 자체로 가장 중요한 이슈에 관하여 승리하게 된다. 각 당사자는 한동안 발각되지 않고 규범을 파기할 수 있기 때문에, 이런 업무 관계를 유지하기 위해서는 대단한 신뢰가 필요하다.

이번 장의 나머지 부분은 협상자가 방금 설명한 세 가지 협상 전략 중 한두 가지, 그리고 업무 관계의 발전에 앞서는 상황과 행동을 채택하도록 장려하는 조건을 시험한다.

협상 전략 중에서의 선택

이번 장은 대부분 양보, 경쟁, 문제해결을 직접적으로 고무하거나 단념시키는 조건을 다루고 있다. 제시되는 주장은 주로 실생활의 협상 연구와 가상으로 꾸며진 실험실 연구로부터 얻은 경험적인 증거로 뒷받침된다. 게다가, 단념하는 하나가 다른 두 가지를 고무시킬 수 있는 어떤 조건에서는 가끔 간접적인 원인이 발견되며, 그리고 전략 중에 단념하는 두 가지는 그 분야에서 세 번째를 승자로 남겨놓는다.

간접적인 원인은 협상에서 특징 있는 전략의 특정 순서를 설명하는 데 도움이 된다. 예를 들어, 경쟁과 양보는 종종 협상의 초기 단계에서 번갈아 가면서 나온다. 아마도 경쟁과 양보는 상대방이 굴복하지 않기 때문에 일련의 경쟁 후에 협상자가 단념하는 것이고, 그래서 더 현실적인 수준으로 자신의 목표를 낮추는 것이다. 이에 따라 그들이 새로운 희망을 가지고 경쟁 단계로 돌아갈 수 있게 된다. 간접 원인은 또한 문제해결이 왜 가끔 협상의 마지막에 나타나는지를 설명하는 데 도움이 될 수 있다. 경쟁과 양보가 번갈아 발생하는 기간이 지난 후에, 협상자는 각 당사자가 할 수 있는 만큼은 양보를 해왔다는 느낌을 갖기 시작한다. 양보나 경쟁이 더는 작용할 수 없기 때문에, 문제해결이 유일하게 가용한 접근으로 남게 된다(Pruitt, 1981).

양보

지연 비용이나 협상 데드라인의 절박함 같은 시간적 압력 모두가 협상을 합의로 이끌기 때문에, 세 가지의 모든 전략을 적극적으로 추진하는 것이 논리적이다. 그러나 시간적 압력에 대해 가장 보편적인 반응은 양보이다(Hamner, 1974; Pruitt and Drews, 1969; Smith, Pruitt, and Carnevale, 1982). 경쟁이나 문제해결보다는 양보가 협상을 더 신속하고 신뢰할 수 있게 합의로 이끌기 때문이다. 상대방이 양보에 실패할 때 협상자가 차이를 만들어내야 하므로, 시간적 압박은 합의에 이를 때 양보를 이끌어내는 데 특히 효과적이다(Benton, Kelley, and Liebling, 1972; Smith, Pruitt, and Carnevale, 1982). 상대방에 대한 긍정적인 감정과 업무 관계에 대한 책임 또한 양보를 유발하는데, 이는 아마도 양보하는 것이 상대방에게 도움이 되기 때문일 것이다(Fry, Firestone, and Williams, 1983). 또한 가끔은 유머가 양보를 유발한다는 증거도 있다(O'Quin and Aronoff, 1981). 이것은 사람들이 긍정적인 분위기에 있을 때 더 너그럽다는 일반적인 사실과 부합한다(Isen and Levin, 1972).

양보에 대한 저항은 요구가 강하고 분위기가 첨예한 중요한 이슈에 대해서 높아지는 경향이 있다. 이슈의 중요성은 이슈에 의미가 더 부여되는 기본적인 관심에서 비롯된다(Burton and Sandole, 1986; Fisher and Ury, 1981). 예를 들어,

영토적인 관심은 안보에 대한 심각성과 일반적으로 자신과 연관된 국가적 문제 때문에 국제분쟁에서 중요성을 갖는다. 이는 저변의 관심이 되는 삶 자체, 기본 권(안전), 자존심(명예나 대중의 이미지), 또는 윤리적인 원칙(부정행위는 보상되지 않는다, 누구나 살인자와는 거래하지 않는다)과 같이 감정적인 척도를 포함할 때 특히 양보하기 어렵다. 그런 관심은 가끔 '무형의 이슈(주제)'로 불린다(Lewicki and Litterer, 1985; Rubin and Brown, 1975). 협상에서 이런 존재는 합의에 이르는 것을 더 어렵게 한다(Zubek, Pruitt, Peirce, and Iocolano, 1989).

열망이 낮은 한계에 가까워져 있을 때도 양보하기 어렵다(Pruitt, 1981). 열망이 구름 속에 있고 그것이 무엇인지 알 때 양보는 쉽게 온다. 그러나 열망이 중간 정도이거나 한계가 높을 때는 양보하기 어렵다. 요점은 중간 부분이 없는 것처럼 보이는 '둘 중 하나의 이슈를 선택할 때'는 양보가 어렵다는 것이다. 하나의 예가 하나밖에 없는 인질을 돌려보내느냐에 대한 결정이다. 이런 이슈에서는 열망과 한계가 동일하며 양보가 불가능한 경향이 있다. 이것이 원칙의 문제를 양보하기가 특히 어려운 또 다른 이유이다. 또한 양보가 손실을 의미할 때 수익을 포기하기보다 양보하기가 더 어렵다(Neale and Bazerman, 1985). 예를 들어, 비록 양적으로는 동일한 금액이라도, 자신의 수입에서 5000달러를 증가시키는 데 실패하는 것보다 수입에서 5000달러의 손실이 나는 것을 받아들이기가 더 어렵다. 이것은 협상자나 그 후원자들이 수익의 조건에서 가끔 이슈를 재정립하는 노력이 바람직하다는 것을 의미한다.

상대방에 대한 적대감은 양보를 제약하고 합의에 도달하는 것을 더 어렵게 만드는 경향이 있다(Zubek, Pruitt, Peirce, and Iocolano, 1989). 이런 적대감은 특히, 상대방이 불공정하거나 착취적이며 우리의 권리를 침해하려고 행동한다는 인식에 기초할 때 발생한다(Gruder, 1971; Michener and others, 1975). 이는 양보가 불공정한 행동을 용납한다는 의미를 부여하며, 따라서 부도덕한 개인을 지지하는 경향을 보이기 때문이다.

대표는 전반적으로 자기 자신을 위해서 협상하는 사람보다 양보의 의지가 적은 경향이 있다(Benton and Druckman, 1973). 이는 후원자들이 적대적인 상대방과 약한 관계를 유지하고, 그 상대방으로부터 기대할 수 있는 양보에 대한 현실감을 낮게 가질 수밖에 없으므로, 통상 협상자보다는 엄격하게 결과를 전망하기 때문이다. 대표들은 자신의 후원자를 기쁘게 해야 한다는 부담을 갖고 있으며, 따라서 대부분 타협하지 않는다는 확실한 방침하에 있다. 대표들은 특히 자신의 후원자들이 자기보다 더 강하거나(Bartunek, Benton, and Keys, 1975) 협상의 결과에 대한 정보에 쉽게 접근할 수 있을 때(Gruder, 1971; Klimoski, 1972) 양보하기를 주저한다. 또한 지위가 낮을 때 대표들은 융통성이 없어지고(Kogan, Lamm, and Trommsdorff, 1972), 결과적으로 후원자가 대표를 불신하게 된다(Wall, 1975).

후원자들이 협상을 감시하면 인지된 후원자의 선호가 강화되는 경향이 있다. 만약 협상자가 자신의 후원자가 조정을 좋아한다고 생각한다면, 감시를 통해 협상자들은 양보로 이끌릴 것이다(Pruitt, Carnevale, Forcey, and Van Slyck, 1986). 그러나 후원자들이 통상 원하는 것이 강경하게 인지(좋은 의미로)되기 때문에, 감시를 통해 협상자들은 강경해질 가능성이 더 많다. 사실상, 후원자와 함께 있는 방안에서는 영웅처럼 보이려는 강한 경향이 있다. 그래서 합의에 도달하기 위해서는, 가끔은 단지 수석 협상자만 참석하는 간부급 회의로 옮겨갈 필요가 있다. 그런 자리에서 협상자는 합의 도달에 필요한 양보를 할 수 있다. 그러고는 합의문을 보기 좋게 꾸며서 후원자들의 신뢰를 사기 위한 노력을 할 수 있다. 간단히 말해서, 이상적인 협상은 공개적으로 합의에 도달하지 않으며, 공개되는 것은 사적으로 도달된 합의서뿐이다.

경쟁

양보에 대한 저항이 강할 때, 협상자는 경쟁이나 문제해결 중 하나로 돌아가야 한다. 무엇이 경쟁으로 향하는 이들의 입장을 결정하는가?

양보를 약화시키는 많은 조건이 사람들을 경쟁으로 기울게 하는 경향이 있다. 적대감이 높은 경우 이는 확실히 그렇다(Zubek, Pruitt, Peirce, and Iocolano, 1989). 연구자들은 한계가 높을 때(Ben-Yoav and Pruitt, 1984b), 후원자들에게 높은 책임감이 있을 때(Ben-Yoav and Pruitt, 1984a; Carnevale, Pruitt, and Seilheimer,

1981), 남성 후원자들에 의한 감시가 있을 때(Pruitt, Carnevale, Forcey, and Van Slyck, 1986) 더 경쟁적인 행동을 한다는 사실을 발견했다. 게다가 자신의 열망이 상대방의 열망으로부터 멀리 움직인 것처럼 보일 때, 누군가 한쪽이 반드시 이겨야 하는 것처럼 보이는 상황에 승-패의 성격을 부여하면서 경쟁으로 향하는 경향이 있다(Thompson and Hastie, 1988). 경쟁적인 전술은 또한 방어적인 면에서 상대방이 자신을 이용하고 있다는 인식을 통해 고무된다. 사실상 이런 전술을 사용하는 양쪽 당사자 간의 상관관계는 협상 연구에서 가장 크고 일관된 발견 중 하나이다(예컨대 Hornstein, 1965; Kimmel and others, 1980).

마지막 관찰은 경쟁적인 전술의 사용을 줄이는 기법이다. 두 협상자 사이에 장애물을 설치하여, 서로 그들이 들을 수는 있되 볼 수는 없게 해야 한다. 이런 장벽은 상대방의 행동이 정상적으로 이루어지는 조건하에서 경쟁력을 줄인다(Carnevale and Isen, 1986; Carnevale, Pruitt, and Seilheimer, 1981; Lewis and Fry, 1977). 결과적으로 협상장에 장애물이 있을 때 윈-윈(win-win) 합의가 더 자주 발견된다. 이것은 협상에서 상대방을 바라보면서 상대방의 영역으로 움직이는 경쟁에서 중요한 비언어적 요소가 개입하기 때문이다(Lewis and Fry, 1977). 장애물이 있는 협상장에서 사람들은 이런 일을 하는 상대방을 볼 수 없으므로 덜 방어적으로 된다.

경쟁 전략을 표현하는 데 사용되는 전술은 냉혹한 것으로부터 부드러운 것까지 넓은 범위에 분포한다. 냉혹한 전략 범위의 끝은 입장에 대한 언급(나의 입장은 이것이고, 나는 움직이지 않을 겁니다)처럼 위협으로 상대방을 이용하는 전술이다. 중간을 건고히 하면서 자신의 입장을 위해 활발히 논쟁하는 것이다. 경쟁전술의 부드러운 형태는 환심을 사면서 상대방에게 입장을 설명하도록 요구하는 것이 전형적인 예이다. 경쟁을 고무하거나 감소시키는 여러 조건이 선택되고, 냉혹한 전술과는 달리 부드러운 전술에서는 영향을 미친다. 예를 들어 상대방에 대한 매력, 갈등의 확대에 대한 두려움, 상대방과의 관계를 유지하거나 만들려는 의지 등으로 냉혹한 전술을 사용하는 것은 어렵게 되지만(Ben-Yoav and Pruitt, 1984b) 부드러운 전술에는 그 영향이 적을 것이다.

협상자들은 또한 "내가 좋은 논쟁을 하고 있는가?", "그들은 좋은 논쟁을 하고 있는가?", "나는 나 자신이 움직이지 않으면서 언약하는 방법을 가지고 있는가?", "그들은 이 언약에 대응할 방법이 있는가?", "나는 그들과 비교해서 얼마나 많은 위협 능력을 갖추고 있는가?"와 같은 질문을 하는 조건하에서 각 전술의 가능성과 효과를 고려해야 한다. 효과가 없거나 실행에 어려움이 있는 전술은 분석을 한 후에 폐기해야 한다. 만약 모든 경쟁 전술이 효과가 없거나 불가능해 보이면, 경쟁 전략을 전체적으로 폐기해야 할 것이다.

경쟁 전술에서 상대적인 위협 능력에 관한 흥미로운 경험을 제외하고는 인지된 가능성과 효과성을 구성하는 요소들에 관한 연구가 많이 행해지지 않았다(Hornstein, 1965). 기대되는 바와 같이 강한 협상자의 상대적인 위협 능력이 크면 클수록 상대방은 더 경쟁적이 된다. 그러나 그 결과는 약한 협상자에게는 더 복잡해진다. 양쪽 당사자가 상대적으로 힘이 동등할 때는 약자가 강자보다 더 위협적이 되지만, 힘의 차이가 크면 약자를 제약한다. 이런 발견을 어떻게 설명할 수 있을까? 상상하건대, 약자의 측면에서 작은 힘의 차이는 많은 사람에게 난관을 만들 것이다. 그들은 지배적이 되려고 결정하는 것이 아니다. 단지 그들은 경쟁적이 되는 것이다. 그러나 힘의 차이가 크면, 그들은 불가피하게 받아들이고 자신들이 지배되는 것을 허용하는 경향이 생긴다.

문제해결

문제해결 전략은 ① 양보하기 어려울 때, ② 경쟁 전술이 가능하지 않거나 현명하지 않은 것처럼 보일 때, ③ 지체 비용이 들 때 선택할 수 있는 일장일단이 있는 옵션이다. 자트먼(Zartman, 2000a)은 이런 조건을 "비참한 교착상태" 또는 "임박한 파국"이라고 언급한다. 거기에는 또한 직접적으로 문제해결을 고무하거나 퇴보시키는 조건이 있다. 상대방에 대한 긍정적인 감정, 좋은 분위기나 업무적 관계에 대한 언질은 경쟁적인 전술과는 양립하지 못하며, 그래서 다른 두 가지 전략인 양보와 문제해결을 사용하도록 권장한다. 강한 요구나 원칙 또는 후원자에 대한 책임감을 지지하는 열망에 의해 양보가 감퇴한다면, 문제해결이 홀로 남는 결과가 될 것이다(Ben-Yoav and Pruitt, 1984a, 1984b). 이런 전제는 연구자들의 이중 관심 모델로부터 나왔는데(Pruitt, 1998; Pruitt and Carnevale, 1993; Rubin, Pruitt, and Kim, 1994), 이것은 드드류, 바인가르트, 권(De Dreu, Weingart, and Kwon, 2000)이 행한 메타분석에 기반해 왔다.

문제해결은 협상을 위한 일반원칙에 의해 고무되어 왔다. 그중 하나가 합의 도달에 실패하면 제3자가 주제에 대해 중재를 유도하게 되는 규칙이다. 이것이 자신의 결정에 관한 통제를 상실하지 않기 위해서 문제해결을 통해 앞으로 나가게 하는 유인을 제공한다. 만약 합의에 도달하지 못하면 중개인이 중재자가 되는 '중개 후 중재(med/arb)' 절차에 관한 연구 또한 이 일반원칙이 문제해결에 기여하고 있음을 증명하고 있다(McGillicuddy, Welton, and Pruitt, 1987). 그러나 중재 기대에 관한 긍정적인 효과는 협상자의 열망이 너무 멀 때(Hiltrop and Rubin, 1982) 또는 무형의 이슈에 대한 통합적 잠재력이 너무 적다는 것이 현저할 때 사라진다.

협상 연구에서는 두 가지 다른 형태의 일반적인 규칙이 제시되어 왔다. 하나는 자문형 중재인데(Ury, Brett, and Goldberg, 1988), 중재자는 당사자에게 가능한 선택 사항에 관해 알려주지만, 그들에게 협상을 계속하도록 하는 것이다. 다른 하나는 잠정적인 합의에 도달한 후에 당사자들이 협상을 계속하는(가끔은 중개인의 도움을 받으면서) 2차 기회 협상이다(Raiffa, 1985b). 만약 그들이 더 좋은 옵션에 합의할 수 있다면, 그것이 앞선 합의를 대체할 수 있다. 이런 절차가 작동한다고 믿는 이유가 있다. 자문형 중재는 판정을 내리고, 앞선 합의는 이해관계의 다양성이 적지만 고려할 만한 공통점이 있는 수준까지 당사자들의 요구를 낮추는 것이다. 문제해결은 이런 상황에서야 가능하게 된다.

경쟁의 경우와 마찬가지로, 문제해결과 연계된 실현 가능성에 고려할 사항이 있다. 양쪽 당사자의 열망이 덜 야심적일수록 문제해결 가능성은 더 높은 것이다. 이것이 문제해결이 협상의 마지막 단계에 마무리되는 이유이다. 협상자들은 일단의 양보와 경쟁 후에, 통상적으로 자신의 요구를 문제해결이 더 쉬운 것처럼 보이는 현실적인 제안으로 축소시킬 것이다. 문제해결은 또한 상황이 양쪽 당사자의 이해관계를 이어주는 새로운 옵션의 발견에 유리하다는 생각에서 통합적인 잠재력을 가진 것으로 보이는 범위에서는 더 가능한 것처럼 보인다.

이 인식의 반대인 '제로섬 사고'는 경쟁 또는 양보를 고무하는 경향이 있다 (Thompson and Hastie, 1988).

루빈, 프루잇과 김(Rubin, Pruitt, and Kim, 1994)은 통합적 잠재력으로 인식된 전략 목록을 네 가지로 열거한다. 자기 자신의 문제해결 능력에 대한 신뢰, 합의에 도달한 최근의 성공, 중개인의 존재, 상대방의 입장 변화를 인식하는 대비 자세 등이다. 신뢰는 인식된 가능성의 또 다른 원천이다(Kimmel and others, 1980). 이런 맥락에서, 신뢰는 상대방 또한 문제해결에 관심이 있으며 협상자가 경쟁적인 이점을 취하는 것을 자제할 것이라는 인식을 의미한다. 협상자는 신뢰가 없는 상황이면 상대방이 문제해결 의지가 약하다는 표시로 해석하는 것을 두려워하는 경향이 있다. 따라서 협상자는 통상 이 전략을 회피한다. 신뢰의 수준 또한 문제해결 전술을 선택하는 형태에 영향을 미친다. 신뢰가 높을 때는 개인적인 문제해결이나, 중개인을 통하는 문제해결 대신에 공동의 문제해결에 참여하는 것이 가능하다. 감정적인 제안은 두려움 없이 협상자들이 자신들의 이해관계와 그들이 대표하는 후원자들의 이해관계에 대해 솔직하게 의사 표현을 할수 있게끔 한다. 상대방의 주어진 제안에 대해 협상 시간이 제한적이라면 두려움 없이 우호적으로 협상을 진행할 수 있도록 한다. 신뢰가 낮을 때는 문제해결이 이루어질 가능성이 적으며, 만약 발생하게 된다면 각자의 측면에서 분리되거나 중개인과 상호 작용을 하는 형태로 나타난다.

업무적 관계

앞에서 언급한 주제인 업무적 관계는 개인 협상자들 사이나 집단 내, 또는 국가 간에(미국과 영국 사이의 오래된 관계처럼) 존재한다. 업무적 관계는 협상에서 전술적인 선택에 큰 효과를 보인다. 초기의 요구는 과장이 덜한 편이고 냉혹한 경쟁 전술의 사용도 축소되며, 참여 집단은 상대방이 강한 의지를 보일 경우 양보하는 경향이 있다. 쌍방의 의지가 강할 때 문제해결이 발생하며, 의지를 내보일 때 솔직한 협상 대안이 나오는 경향이 있다. 그런 관계에서 발견되는 신뢰 때문에 문제해결이 가끔 공동 문제해결의 형태로 자리 잡는데, 거기서 당사자들의 입장에 깔려 있는 의지와 선호성에 대한 정직한 정보교환이 이루어진다.

업무적 관계는 통상 그들을 효율적 경계로 움직이게 하기 때문에 구성원들에게 유익하다. 이것은 그들이 ① 효율적 협상을 촉진하며(대화는 시간이 적게 걸리며 합의로 끝나는 가능성이 더 크다), ② 윈 - 윈의 합의로 이끄는 문제해결을 장려하며, ③ 상대방에게 더 중요한 이슈에 관해 각자가 양보하는 호의의 교환을 성사시키기 때문이다. 필자는 업무적 관계가 일반적으로 가치 있다는 피셔와 브라운의 견해(Fisher and Brown, 1988)를 수용하지는 않는다. 이 관계에서 놓치고 있는 것은 상대방에 대해 경쟁적인 이점을 추구할 권리이다. 그래서 업무적 관계는 경쟁 전술로부터 얻을 것이 별로 없거나 이 전술이 너무 위험할 때 가장 상식적 선택이 된다. 업무적 관계는 ① 공동의 문제해결을 가치 있게 만드는 통합적 잠재성과 ② 액설로드의 미래의 그림자(Axelrod, 1984)인 미래 상호 작용의 전망이 장기적인 호의의 교환을 허용하는 범위에서는 장점이 된다.

업무적 관계의 발전을 촉진하는 조건

업무적 관계의 바람직한 조건이란 특정한 어떤 조건을 말한다. 여기서 가장 중요한 조건은 양쪽이 이해관계의 장기적 수렴을 인식하는 것이다. 거기서 쌍방은 일단의 분리된 이슈와 행동을 위한 기회에 영향을 미치는 도움을 얻기 위해 상대방에게 의존하게 된다. 만약 이해관계의 수렴이 공동의 적의 존재에 기초한다면, "적의 적은 나의 친구"라는 속담으로 표현되는 심리적인 균형 기제에 의해 결속이 더욱 강화된다.

업무적 관계는 또한 양쪽 당사자가 서로를 해칠 수 있는 능력을 갖추고 있기 때문에 발전할 수도 있다. 이는 미국과 소련 사이에 냉각기를 야기한 쿠바의 미사일 위기처럼 상호 간에 공포를 유발하는 사건이 벌어진 뒤에 발생할 가능성이 있다. 그러나 피해를 입을 가능성 때문에 공포가 발생하며 공포 때문에 관계가 계속 악화되면서 상호 억제의 태도가 발생한다. 따라서 상호 간에 피해를 입힐 수 있는 능력 한계는 상호 간에 서로를 도울 능력 한계보다 업무적 관계에서 더 불확실한 방법이다.

업무적 관계를 발전시키는 동기가 되는 이해관계의 수렴을 위해서, 당사자들은 그들이 실제로 어떻게 함께 일할 것인지에 대해 불확실해야 한다. 이발사와 손님의 관계에서 이발사는 나의 머리를 깎고 나는 돈을 지급한다는 이해관계를 수렴하고 있다. 그러나 이 관계에서는 업무적 관계가 필요 없는데, 그 이유는 관습이 두 사람 간의 교류에 관한 완전한 지침을 제공하기 때문이다. 당사자들은 또한 상대방의 희생으로 극적인 경쟁적 이점을 얻으려는 노력을 삼가야 한다. 이것은 점진적인 합의 과정을 통해서 변할 수 있는 것을 제외하고는 당사자들 사이에서 현상 유지의 수용을 요구한다. 이것은 만약 두 사람이 현존하는 방식에 만족한다면 문제가 안 되지만, 만약 한쪽이나 양쪽 모두가 이 방식에 문제가 있다고 판단한다면 걸림돌이 될 수 있다. 업무적 관계는 만약 불만족한 당사자가 해로운 결렬 위기나 임박한 재앙 속에 있음을 인식한다면, 다시 말해 만약 둘 중 하나가 상대방에게 영향을 미칠 수 있다는 가능성을 의심하기 시작하고 적대적인 관계를 계속하는 것이 비용이 많이 들거나 위험하다는 것을 발견하기만 한다면 받아들여질 것이다.

공통의 이해관계와 경쟁적인 이점을 포기하려는 양쪽 당사자가 업무적 관계를 시작할 동기가 될 수는 있지만, 그들이 그런 업무적 관계를 시작할 것을 보증하는 것은 결코 아니다. 양쪽은 또한 신뢰를 가지고 있어야 한다. 이것은 상대방이 자신의 선의를 이용해서 경쟁적인 수익을 달성하지 않을 것이라는 확신을 양쪽이 가지고 있어야 함을 말한다. 잠재적으로 가치 있는 많은 업무적 관계가 불신 때문에 발전에 실패한다. 과거의 갈등 증폭이나 인식된 비열함이 새로운 단계로의 움직임을 불가능하게 한다.

업무적 관계 구축하기

업무적 관계는 어떻게 만들어질 수 있을까? 피셔와 브라운(Fisher and Brown, 1988, p.38)은 신뢰를 구축하고 좋은 예로 삼기에 유용한 몇 가지 형식적 지침을 이렇게 기술하였다.

- **합리성**: 만약 그들이 감정적으로 행동하더라도, 합리적이 되어라.
- **이해**: 만약 그들이 우리를 오해하더라도, 그들을 이해하려고 노력해라.
- **의사소통**: 만약 그들이 경청하지 않더라도, 그들에게 영향을 미치는 중대한 문제를 결정하기 전에 그들에게 알려라.
- **믿음**: 만약 그들이 우리를 속이려 하더라도, 정직하고 신뢰받게 행동해라.
- **비(非)강압적인 형태의 영향력**: 만약 상대방이 우리를 압박하려고 노력하더라도, 개방적인 자세로 받아들이고 상대방을 설득하기 위해 노력해라(이는 강력한 경쟁적 전술의 사용을 배제한다).
- **수용**: 만약 그들이 우리의 관심을 고려할 가치가 없는 것으로 거부하더라도, 그들에게 관심을 가지고 그들로부터 배우도록 개방해라.

그러나 고도로 갈등이 증폭된 관계에서 형식적인 변화만으로는 부족하다. 불신의 거친 덤불을 돌파하기 위해서는 실질적으로 화해를 시도하는 형태의 더욱 강한 조치가 필요하다(Etzioni, 1967; Osgood, 1962; Lindskold, 1985). 화해 시도의 예는, 이집트와 이스라엘 사이에 평화의 길을 연 사다트 대통령의 1977년 예루살렘 방문과, 대기권에서 핵무기 실험을 중단하고 데탕트의 길로 한 걸음 내디딘 1963년의 케네디 대통령의 연설이다.

화해 시도는 신뢰를 강화하고, 한쪽 진영이 상대방에게 제안하는 무언가를 가지고 있음을 보여준다. 덧붙여서 켈먼(Kelman, 1985)은, 이들이 합의에 도달할 수 있다(통합된 잠재력으로 인식된)는 인상을 촉진하며, 흥미 있는 관찰자들이 그 행동의 수취인에게 압력이 가해질 수 있는 호혜적 의무를 생산한다고 주장한다. 프루잇(Pruitt, 1998)은 학문적 연구로 뒷받침되는 성공적인 화해 시도를 위한 지침을 확인하였다. 이런 시도는 행위자에게 희생을 초래할 수도 있고 위험할 수도 있으므로 값싼 계략으로 해석해서는 안 된다. 행위자는 이를 사전에 발표하고 설명해야 하며, 상대방의 반응과 관계없이 약속된 것으로 간주해야 한다. 행위자는 목표물보다 동등하거나 더 강해야 하며 그 시도가 나약함의 표시라기보다는 화해의 순수한 노력으로 간주될 수 있게 해야 한다. 게다가 이런 시도는 주목받을 만해야 하고 예상치 못한 것이어야 하며, 행위자가 관계의 변화를 원하는 합리성과 선의를 보이고 있다고 상대방이 생각하게끔 해야 한다. 그래서 이것이 냄비 속에서 타오른 일시적인 불꽃으로 보여서는 안 된다(Pruitt and Carnevale, 1993).

피셔와 브라운(Fisher and Brown, 1988, p.20)은 이를 "좋은 관계를 사려는" 노력으로 규정지으면서, 화해 시도의 가치에 의문을 제기해 왔다. 이 입장은 연구실 경험으로부터 오는 몇 가지 증거와 마찬가지로, 사다트의 목표와 케네디 연설의 성공에 비추어 보아 자의적인 것처럼 보인다(Lindskold, 1985).

둘 중 어느 집단이 형식적인 변화와 화해 시도를 시작해야 할까? 만약 한쪽의 적대감과 불신이 상대방보다 더 강하다면, 덜 적대적인 측이 통상 공을 굴리기 시작해야 할 이유를 갖는다. 평화는 갈등이 증폭된 관계에서 상대방에게 더 부정적인 감정을 지닌 쪽의 반대쪽이 깊고 뼈저린 상처를 입어 상처가 동등해져야만 이룩할 수 있다. 그러나 더 부정적인 인상을 지닌 쪽은 변화와 화해 시도에 반응해야 한다. 즉 일방적인 업무적 관계는 용어상의 모순이다.

결론

세상에서 유럽연합과 경제가 점차 글로벌화하는 것처럼, 협상 역시 유례없는 믿음의 시기에 들어서고 있다(Friedman, 2000). 다행스럽게도, 강대국 간에는 협상을 성공할 수 있도록 만드는 좋은 업무 관계가 있다. 협상에서 전략의 역할을 이해하는 것이 이런 경향을 지속하는 데 도움이 된다.

제 7 장

협상의 행위자

제프리 Z. 루빈

잠시 당신이 좋아하는 그림, 음악 작곡, 또는 소설 작품을 생각해 보라. 기회는
예술가나 작가가 전경(foreground)을 지배하는 어떤 모습을 배경(background)의
맥락과 합치는 데 성공해 왔다. 이 모습은 어둠 속에서 자신의 덴마크 성에 도착
해 우리 앞에서 거드름 피우며 걷는 햄릿 왕자일 수 있다. 아니면 이것은 반 고흐
의 그림 속에서 빛나는 해바라기일 수도 있다. 또는 베토벤 5번 교향곡의 「승리
의 악장」에서 반복적으로 울려대는 네 개의 음표일 수 있다. 어떤 것이든 각각의
작업을 즐겁게 만드는 것은 맥락에 대응하는 대본이며, 장소에 대응하는 인물의
연기이다. 그 요소들은 둘러싸인 맥락으로부터 나오는, 그 맥락에 의해 알려지
고 강화되는 모습과 함께 작동한다. 그리고 그 장소는 한 이미지의 출현에 의해
윤곽이 주어지고 더 크게 강조된다.

국제관계의 분야에서도 유사하다. 효과적인 협상에 기여하는 요소들을 이해
하기 위해서 누구나 행위자와 맥락 모두를 고려해야 한다는 주장이 있다. 아주
자연스럽고 적절하게 학자들과 실무자들의 많은 관심이 이런 '배경', 즉 갈등의
역사와 참여자들, 현재 또는 기대하는 협상 라운드의 기초를 구성하는 특정 이
슈들, 현장에서의 의사결정 과정, 인과관계의 전체적인 설명과 협상이 성공적
인지 아닌지를 결정하는 결정적 요소들에 대한 고려에 맞춰져 있다.

그러나 만약 이것이 모두 다 중요한 배경이라면, '모습'은 무엇인가? 그것이 이번 장의 초점인 개인 단위의 행위자, 외교관과 국제관계의 무대 위에서 '거들먹거리거나 조바심 내는' 사람들, 협상을 삶에 연결시키는 개인들이다. 여기서는 이런 행위자들을 지목하면서, 그들은 누구이고, 제약요인과 개인 협상자들 중에서 차별적인 효과성에 기여하는 자질과 그리고 개인 행위자들이 때때로 실행하는 리더십의 기회는 무엇인지를 살펴볼 것이다. 또한 이번 장은 국제협상에서 행위자들에 관해 몇 가지 아이디어를 적용하면서, 다른 나라와 문화로부터 오는 개인 간의 협상에 관한 복잡한 문제들을 분석하며 끝을 맺을 것이다(주목할 만한 점은 이 책의 여러 장이 행위자로서의 개인 협상자들에 기본적으로 집중하고 있다는 점이다. 따라서 제16장은 개인 협상자들이 어떻게 현재의 그들처럼 활동할 수 있도록 가능케 하는지를 인지적 절차로 살펴볼 것이다. 제13장은 환경보다는 행위자를 향한 지향성을 살펴볼 것이다. 그리고 그 뒤에는 교육 및 훈련에 대한 강조와 함께 개인 협상자에 대한 필요한 중요한 사실들을 살펴보게 될 것이다. 특히 이 행위자들이 더 효과적으로 협상을 실시하게 할 수 있도록 어떻게 교육하고 훈련시켜야 하는지에 주된 목적을 둘 것이다).

누가 행위자인가?

1962년 쿠바 미사일 위기 기간의 의사결정에 관한 분석에서, 앨리슨(Allison, 1971)은 미국과 소련의 정책입안자들이 몇몇 결정을 내렸는지를 이해하기 위해 세 가지 설명모델을 제시했다. 앨리슨은 이 모델들을 설명하기 위해 자신이 모르는 상대방을 상대로 체스 게임을 하고 있다는 상상을 한다고 가정했다. 볼 수 있는 모든 것은, 분리된 커튼의 반대편에 있는 정체성이 전혀 불확실한 상태인 적이 만드는 움직임뿐이다.

어쩌면 지금 당신은 당신 같은 개인을 상대로 게임을 하고 있을지도 모른다. 그는 단일 행위자이며, 장기 말을 옮길 수 있는 다양한 수(手) 중에서 고른 후 그 순간 가장 효과적으로 보이는 하나를 고를 것이다. 아마도 당신이 그 커튼의 반대편에 있는 단일 행위자의 움직임이라 믿는 것은 실제로는 권력 투쟁의 결과일 것이다. 전장에서는 일반 사병이나 기사들, 주교들이 지배권을 놓고 싸우고 있으며, 당신이 목격한 단편적인 움직임은 실제로 전쟁 중인 군사력 간의 복잡한 투쟁의 결과이다. 혹은 앨리슨(Allison, 1971)이 말했듯, 그 상상의 경계 반대편에서 벌어지는 일은 독자적으로 활동하는 조직들의 여러 수(手)에 지나지 않으며, 자체적인 내규의 규칙을 따르는 관료, 졸(卒)처럼 행동하는 졸병, '성(城)의 법령'을 따르는 성 식으로 작동한다. 따라서 당신이 단일 행위자의 수라고 본 것은 실제로는 여러 독립적으로 작동하는 단체의 행동이었을 뿐이다. 앨리슨은 이 세 가지 설명모델(합리적 행위자, 정부의 정책, 조직의 과정)을 쿠바 미사일 위기에 적용하려고 했다.

이 장에서의 초점은 국제협상에서 활동하는 행위자들이 보통 개인들이며, 최소한 자신들의 복잡한 내부적 정치를 가지고 있는 그룹이거나 조직인 경우가 대부분이라는 점이다. 우리는 1970년에 예루살렘 방문을 선택해서 극적인 결단력을 보여준 안와르 사다트(Anwar Sadat) 이집트 대통령에게 집중해 볼 필요가 있다. 사다트는 역사적인 사건에서 큰 한 걸음을 내딛은 인물이었다. 방문을 통한 그의 상징적인 제스처는 극적으로 사건을 전환시켰다. 20년 후, 하페즈 아사드(Hafez Assad) 시리아 대통령과 야세르 아라파트(Yasser Arafat) PLO 수반이 이스라엘 수상을 역임한 이츠하크 라빈(Yitzak Rabin), 베냐민 네타냐후(Benjamin Netanyahu), 에후드 바라크(Ehud Barak), 아리엘 샤론(Ariel Sharon)과 대면하면서 선도적 역할을 수행하였다. 그리고 1978년에 지미 카터 미국 대통령이 캠프 데이비드에서 사다트 이집트 대통령과 메나헴 베긴(Menachem Begin) 이스라엘 수상을 만났을 때, 또 미국의 로널드 레이건 대통령이 아이슬란드, 스위스, 모스크바, 워싱턴에서 소련의 미하일 고르바초프를 만났을 때 이 사건을 목격한 이들은 두 사람 간의 정상회담에서 행위자의 중요성에 감명받을 수밖에 없었을 것이다.

최고위급 외교정책 수립자들을 한자리에 모이는 정상회담이 극적인 사건이라면, 이들이 국가의 권위를 위임받아 합의에 도달하기 위해 노력하는 모습 역시 흔치 않은 사건이다. 국제협상자들이 더 자주 직면하는 상황은 자문이나 명령을 받기 위해 각자 국가에 계속 보고해야 하는 경우이다. 협상자들은 자신의 희망대로 행동하도록 권한이 주어진 자유로운 대리인이 아니며, 혼합되고 모순되는 신호를 보내는 조직을 대표할 뿐이다. 사실상, 가장 어렵고 갈등이 큰 국가 간의 협상은 국가의 대표가 테이블에 도착하기 전에 벌어진다. 이것이 나중에 취해질 입장을 결정하는 내부적인 협상이다.

쿠바 미사일 위기 동안의 의사결정에 관한 앨리슨의 분석에 따르면, 국제협상에서 목격되는 공개된 행동은 다양한 원인에 기인될 수 있다. 협상자들은 단지 특정한 제안이 만들어지기 전에 뒤에서 이루어진 내부적인 협상 결과만을 보게 된다. 이런 측면에서, **행위자**라는 용어는 적절하며 그것의 적정한 극적인 맥락에서 이해될 수 있다. 무대 위에서 무대 의상을 입고, 화장을 하고 적절한 불빛의 세트장에 둘러싸여 있는 배우는 의상실 안에서 볼 수 있는 그의 모습과 완전히 다른 모습이다. 협상은 '발표'이다(고프먼(Goffman, 1959)은 공적인 행동양식과 개인적인 행동양식에 대한 분석에서 그 용어를 사용하였다). 협상의 사건은 가끔 그 발표에 제기되는 현실을 우리가 착각하도록 만든다.

이와 관련해 정치적 테러리스트가 국제 관계의 통상적인 행위에 미치는 충격적인 영향을 관찰해 보아야 한다(제24장 참조). 정치적 테러리즘은 저강도 사회적 영향력의 한 형태로 간주될 수 있으며, 비교적 작은 개인 집단이 실제 규모나 전력과는 비대칭적인 가시성과 관심을 얻는 데 성공하기 쉽다. 소수의 테러리스트가 자행하는 여객기 공중납치는 사건이 끝날 때까지 수일간 세계 언론의 주목을 집중시킬 수 있다. 이런 사건을 보면 적은 수의 인적 자원(테러리스트)에 대한 선제적 대응보다는 그들의 결정에 대응하는 경향이 있다(잠재적이거나 실제적인 인명의 손실, 인질과 그들의 가족들의 운명 등). 청중이 '테러'에 녹아들게 할 수 있는 확실하고 믿을 수 있는 무대에서의 극적 성취 같은 정치적 테러리스트들의 무대 위의 행동은 보통 이런 성과를 올릴 수 있도록 만드는 무대 위의 작업과는 매우 다르다. 일반적으로 우리가 국제협상에서 목격하는 행위자들은 그들이 활동하는 더 큰 공간의 맥락에서 관찰되어야 한다.

국제협상에서는 많은 행위자들이 자신의 성과를 특정한 협상에서 각광받게끔 받기 위해서 경쟁한다. 우리가 이미 보아온 것처럼, 많은 행위자들이 무대의 뒤에서 작업하고 있다. 또한 정치적 테러리즘이 증명하듯 언론은 국제관계에서 매우 중요한 행위자이다. 언론은 어떤 사건을 선택적으로 다루고 청중에게 협상의 이슈가 어떻게 정해지는지, 당사자들의 입장이 어떻게 제시되며 달성되는 합의의 종류가 무엇인지에 중요한 영향을 미친다. 그러므로 제5계급[1] 역시 행위자 중 하나로 간주되어야 한다. 단순히 적극적으로 결정을 내리는 주인공 중 하나가 아니라, 그 행동이 결과에 중요한 영향을 끼치는 집단 중 하나로 간주되어야 한다는 의미이다.

국제협상에서 행위자가 누군지에 대한 주제를 벗어나기 전에, 협상에 대한 여러 집단 간에 협상을 성사시키고 협정을 영속적으로 만들기 위해 어떤 것을 주고받는지에 대해 간단하게 언급해야 할 것 같다. 개입하는 행위자가 적으면 적을수록 합의를 달성하기가 쉬워진다. 그러나 협상에서 의도적으로 배제되는 관심사가 다른 집단과 도달된 합의를 해치는 입장이 될 수 있는 집단이 있는 한, 합의된 결정을 지속시키는 것이 더 어렵다. 국제협상의 함의는, 다른 조건이 모두 같다면 합의가 어떻게 도달하든 간에 누군가 방해가 될 위치에 있는 모든 집단을 협상에 포함시키고자 노력해야 한다는 것이다. 여러 집단과 주제가 계속 떠돌고 있는 상태에서 합의에 도달하기는 어렵지만, 만약 합의가 이런 상태에서도 도달할 수 있다면 생존 가능성은 더 크기 때문이다.

행위자 대 대리인

남편과 아내, 땅 주인과 임차인, 그리고 많은 개인 사이에서 직접적으로 협상이 일어난다. 이 협상자들은 자신을 위해 말하고 제안을 하고 그들이 적합하다고 보는 합의에 도달하는 것이 자유롭다. 그러나 국제관계에서 주역들은 서로 간에 직접적으로 일하는 경우가 거의 없다. 정상회담의 경우에서조차 대부분의 국제협상은, 지지자를 대표하고 반대편의 상대방과 가능한 합의를 도출하고자

---

1) (옮긴이 주) 노동조합 등을 지칭한다.

노력할 권한을 위임받은 대리인인 '대표'를 통해 이루어진다. 따라서 상대적인 이익과 직접적/대리 협상의 신뢰성 간의 간단한 비교가 적절할 것 같다(Rubin and Sander, 1988).

　논쟁자들이 대리인을 통해서 협상하기를 원하는 주된 이유 중 하나는 대리인이 제공하는 전문성에 있다. 이 전문성이 논쟁에서 이슈에 관한 실질적인 지식과 관련될 수 있으며(무기 협상자가 군사적인 하드웨어에 관한 특별한 지식 때문에 선택되듯), 과정에서 도움이 되는 기술이 있을 수도 있고(창의적이고 창조적인 의사소통을 효과적으로 할 수 있는 특별한 평판과 독자적인 협상 재능을 지닌 협상자를 선택할 때처럼), 또는 이 전문성은 로비스트가 협상된 합의를 확보하기 위해 적절한 사람들과 '눌러야 할 올바른 버튼'을 알기 위해 돈을 지불받을 때와 같이, 특별한 영향력을 발휘할 수 있는 능력을 수반할 수도 있다. 대리인들은 또한 협상에 임하는 객관적 자세에 따라 선택된다. 행위자들 간의 교류가 너무 감정적으로 격해질 경우 대리인들이 중개자 역할을 하면서 분위기를 진정시킬 수 있기 때문이다. 마지막으로, 대리인은 전술적 유연성을 부여할 수 있다. 이를 통해 행위자들이 협상을 유리하게 확정하기 위한 노력을 할 때 여러 다양한 도박을 시도할 수 있기 때문이다. 대리인은 상대방으로부터 양보를 하도록 종용받을 때 결정권이 없음을 호소할 수 있다. 그렇게 함으로써 행위자 행동을 할 여유가 생기고, 시간을 벌며, 무엇이든 도움이 될 일을 할 수 있다.

　대리인을 통해서 협상의 이런 가능한 이득을 상쇄하는 것에는 두 가지 문제가 있다. 첫째, 대리인의 존재가 추가적인 '가동 부위'를 협상장에 도입하므로, 의도적이든 아니든 제안에 대해 정확하게 교신하는 데 실패할 수 있는 사람이 늘어나 복잡한 의사 교환을 어렵게 한다. 둘째, 대리인들은 자신만의 이해관계를 가질 수 있다. 따라서 협상에 대리인이 추가로 개입하는 것은 고객의 이해관계와 상이한 이해관계를 가진 추가적인 참여자의 개입을 허용하게 하는 위험이 있다.

　국제관계에서는 앞서 본 바와 같이 직접 협상이나 대리 협상 중에서 선택이 많지 않다는 특징이 있다. 거의 모든 일은 대리인 사이에서 일어나며, 이들은 보통 1차 행위자들을 대신할 대리권이 있고 지지층에게 설명할 책임이 있다. 따라서 대표들 간의 국제협상에서는 이런 협상 형태가 수반하는 교환 거래가 있음을 항상 염두에 둘 필요가 있다.

리더와 리더십

리더는 특별히 중요한 지위를 가진 행위자로 간주될 수 있다. 따라서 리더와 리더십은 국제협상에서의 행위자 역할에 관한 분석이라는 장으로 다룰 만한 적절한 주제이다.

리더십은 사회심리학자, 예를 들어 홀랜더(Hollander, 1985; Hollander and Julian, 1975), 피들러(Fiedler, 1978, 1981), 카트라이트와 잰더(Cartwright and Zander, 1960), 그리고 기타 사회과학자들 사이에 많은 연구 주제가 되어온 반면 (Burns, 1978), 의외로 우리가 빈 칸을 채우려고 노력하는 부분인 국제협상에서는 리더의 역할에 대해 초점이 맞춰진 연구가 많지 않다(Underdal, 1994; Benedick, 1993; Koh, 1994; Sjöstedt and Lang, 2001). 예외이긴 하나 중동에서 리더십과 협상에 관한 연구(Kellerman and Rubin, 1988)는 리더와 리더십이 국제적 갈등에서 협상 기회를 만드는 데 역할을 맡을 수 있다고 평가한다. 필자는 1982년에 이스라엘이 레바논을 침공하는 시점부터 미국이 개입할 때까지 4개월의 기간 동안을 한정하여 핵심 레바논 전쟁에 대한 리더십 특성을 제시했고, 협상 분석가들에게 지역 문제를 진전시킬 영역이 있는지 의견을 구했다. 이 책은 리더의 개성이 갈등을 유리하게 매듭짓거나 협상을 결정하는 동기로서 대단히 중요한 요소라고 결론을 맺는다. 그러나 중요한 것은 리더가 차이를 만드는 것을 가능하게 하는 다양한 상황이다. 얼마나 능숙하고 훌륭한지와는 상관없이, 정치적 리더는 단지 영향력을 행사할 기회가 존재하느냐에 따라 효과적일 수 있다. 행위자가 효과적인 성과를 내기 위해서는 모든 필요한 지원(다른 행위자들, 무대, 조명 등)이 그 성과를 강화하는 방법으로 설계되어야 한다. 마찬가지로 리더는 이들이 기회를 가질 수 있게 하는 정도까지만 효과적인 리더십을 행사해야 한다. 의도와 능력만으로는 충분하지 않으며, 또한 필요한 것은 의도와 능력이 현실화하는 것을 가능하게 해주는 요소들이다.

역사상 가장 유명한 '행위자' 중 한 사람으로는, 우연히 현장을 지나다가 방둑이 새어 온 나라가 홍수로 잠길 위기에서 적절하게 손가락으로 재앙을 막았다는 홀란드(네덜란드) 속담 속 어린 네덜란드 소년이 있다. 이런 행위자나 리더는 능력(손가락)과 기회를 이용하여 차이를 만들어낸 인물들이다. 칼라일(Carlyle, 1907)과 훅(Hook, 1943)의 글에 친근한 독자들은 그 소년을 '파란만장한 영웅'으로 인식할 것이다. 그는 누군가의 특정한 영웅적 행동이 필요했을 때 그곳에 있었던 인물이다. '파란만장한' 영웅은 '사건을 만드는' 영웅과 대조된다. 이것이 극적인 행동으로 역사를 뛰어넘어 특별한 능력과 기량으로 사건을 전환하는 데 성공하는 사람이다. 예루살렘을 방문한 이집트의 사다트 대통령 역시 그렇게 사건을 만드는 영웅으로 행동했다. 그러나 이 장에서 이미 지적한 것처럼 그런 개인은 드물다. 가장 흔한 경우는 합의를 진전시킬 목적으로 협상하기 위해서 재능을 '상황적 숙성도'와 결합할 수 있는 리더 위치의 개인 행위자이다. 숙성도는 협상의 개시한 충족 사항이지 필요조건은 아니다(Rubin, 1991; Zartman, 1983, 2000b).

지역 분쟁에 관한 협상에서 합의의 기회를 만드는 데에는 '숙성도'의 중요성이 요구된다. 만약 논쟁자들이 갈등을 진지하게 취급할 준비가 되어 있고 또 합의를 향해 일할 동기가 주어진다면, 국제관계에서 협상은 다른 어디에서나 마찬가지로 성공할 수 있다. 비슷한 맥락에서, 홀랜더(Hollander, 1985)는 리더십이 단지 '추종자들'이 따르기로 동의하는 범위에서 실행될 수 있다고 주장한다. 국가 간의 협상에서 결론이 정해지는 종류의 입장에 관해 그룹과 조직의 구성원이 가끔 뛰어난 효과를 내는 국제관계에서보다 이것이 더 큰 경우는 어디에도 없다.

간단히 말해서, 국제협상에서의 행위자는 단지 그를 둘러싼 상황이 허락하는 만큼만 효과적으로 된다. 리더십은 능력에 따라서 그리고 합의를 위한 상황의 숙성됨에 영향을 받게 될 것이다. 그리고 리더십 또한 리더십이 실행하는 움직임을 용인하려는 다양한 이해관계자들의 의지에 따라 영향을 받게 될 것이다. 크레셀(Kressel, 1981)은 1973년부터 1975년 사이 중동 분쟁을 중재하려는 헨리 키신저(Henry Kissinger)의 노력에 대한 분석에서, 중개자는 일반적으로 '무력의 분야'에 개입하게 된다는 점을 지적한다. 이 개인들이 한 무대에서는 리더일 수 있고 다른 무대에서는 추종자일 수 있다는 사실과 마찬가지로, 선도하는 그들의 능력은 그들을 다루는 압력의 시스템에 영향을 받게 된다.

개인으로서의 행위자

개인 협상자에 대한 초점은, 개인적 차이를 살펴봐야 하는 개인 협상자의 역할에 좀 더 관심을 가져야 할 것이다. 무엇이 효과적인 협상자의 개인적 특성인가? 어떤 종류의 사람이 다른 사람들보다 협상을 통해서 자신의 목표를 더 잘 얻을 수 있는가? 이것이 적절하고 잠재적으로 중요한 질문들이긴 하지만, 학문적인 연구는 많이 이루어지고 있지 않다. 그나마 있는 연구들은 상반되는 내용의 연구 결과물뿐이다(Rubin and Brown, 1975). 게다가 대부분의 연구는 결과를 설명하기 어렵게 만들어져서 이론과 밀접하게 연결되지 않는다. 협상과 협상자의 개성에 관한 연구의 어려움은 개성을 평가하기 위해 개발되는 방법론에 기인한다. 이것들은 주로 탁상 연구 형태의 자체 보고서로서, 아마도 테이블에 앉은 한쪽 편의 협상자를 관찰하는 데는 유용하지만, 상대편 협상자를 다루는 데는 별 가치가 없을 것이다.

연구자들은 행동의 일관적이고 지속적인 패턴인 '특성'을 식별하려고 노력하며, 이 특성들을 개인적인 다른 속성과 다양한 결과의 측정에 이용한다. 협상자의 개성에 관한 연구는 대부분 전략적 선호성이나 개인 간의 세심함을 조사해 왔다. 전략적인 선호에서 협상자들은 협력적이며 또한 경쟁적인 접근을 거의 일관성 있게 선호해 왔다. 켈리와 스타헬스키(Kelley and Stahelski, 1970a)의 연구 보고에서, 협력적 협력자들은 상반되는 증거가 없는 한 협력을 기대한다는 점에서 상대방을 신뢰하는 경향을 보인다. 이 연구는 이들이 독재적이거나(Deutsch, 1960) 독단적일(Druckman, 1967) 가능성이 없다고 추정한다. 개인 상호 간의 민감성에 관해서, 협상자들은 또한 다른 협상자에 관한 정보에 흥미를 갖고 반응하는 능력에서 매우 일관적인 것으로 본다. 베이저먼과 닐(Bazerman and Neale, 1983)은 개인 간의 민감성에 관한 즉흥적 측정을 통해 더 민감한 협상자들이 상대방으로부터 더 큰 양보와 자신들을 위해 더 좋은 합의의 결과를 얻는다는 결론을 얻었다. 비록 협상 효과성에 대한 이러한 발견이 갖는 함의는 불확실하지만, 일반적으로 여성이 남성보다 개인 상호 간에 더 민감한 경향이 있다는 연구 결과도 있었다(Rosenthal, 1988; Rubin and Brown, 1975; Swap and Rubin, 1983).

효과적인 협상자의 개성에 관한 연구는 이런 이유로 빈약하거나 가끔은 대조적이다. 그럼에도 관찰이나 가르침에 기초해 보면 아마도 성공적인 협상자의 중요한 속성 다섯 가지에 관한 사례를 꼽을 수 있을 것이다. 드 칼리에르(de Callières, 1716)와 드펠리체(de Félice, [1778] 1987)로부터 이클레(Iklé, 1964)와 프루잇(Pruitt, 1981) 등이 쓴 주제에 관한 초기의 작품들로부터 수 세기 동안 관찰되어온 바와 같이 다음과 같은 좋은 협상자들의 자질을 꼽아볼 수 있을 것이다.

유연성

효과적인 협상자들은 수단에는 유연하고 목표에는 확고한 경향이 있다. 이것이 의미하는 것은 협상자가 가능한 한 빨리 협상의 목표를 세우고 그가 도달하기를 원하는 합의 방향을 아는 것이지만, 이 목표를 달성하기 위한 여러 가지 가능한 방법에 대해서는 유연하다는 것이다. 예를 들어 EU 국가 회원들은 유해한 자동차 배기가스를 줄이는 목표의 장기적 중요성을 일반적으로 이해하고 있지만, 공유하는 목표를 향한 방안으로는 유연하면서도 서로 다른 관점을 가질 수 있다.

대인관계의 세심함

대인관계의 세심함이란, 특정 아이디어에 너무 반응하지 않으면서 상대방 의견과 다양한 사회적 신호에 세심해지는 것을 의미한다. 상대방에 대한 개인 간의 정보를 무시하는 것은 행위자가 더 효과적으로 협상하는 데 도움이 될 자료를 얻을 수 있는 중요한 기회를 놓치는 것이다. 그러나 상대방에 대한 행동으로 합의의 가능성을 파괴할 위험성도 갖는다. 이 두 개의 양극단의 어느 곳에 효과적인 협상자가 있으며, 이 행위자는 개인 간의 정보 수집과 관찰내용을 놓고 행동하는 경향을 분리한다.

창의력

효과적인 협상자는 양쪽의 저변에 깔려 있는 이해관계를 평가하는 데 창의적이고자 하며, 그 기초 위에서 이해관계를 충족시키는 가능한 한 많은 방법을 개발하기 위해 지속적으로 노력한다(Fisher and Ury, 1981). 창의적인 행위자는 양쪽 당사자가 상호 수용 가능한 합의를 향해 움직일 수 있도록 창의적인 선택지를 연구한다.

인내심

성공적인 협상자는 업무에 대한 인내심을 요구한다. 상대방의 비용이나 장기적 수익이 더 커질 것으로 예상되는 방향으로 빠른 보상을 얻으려는 유혹이 빈번하다. 단기적으로 가지고 싶은 것보다 더 적은 것을 얻게 되더라도 인내심은 즉각적인 잠재적 이익보다 장기적 이익을 예상해야 함을 의미한다.

끈기

협상자는 잠재적인 적대적 관계를 더 협력적인 관계로 전환하기 위해 관계를 호전시키고자 지속적으로 노력하는 의지를 갖는 것이 중요하다. 여기서의 좌우명은 끈기, 즉 협력이 협박이나 강요보다 합의로 가는 더 합리적인 길로서 상대방을 설득하기 위해 이성적으로 무엇이든 필요한 것을 하겠다는 결심이다.

행위자, 문화, 그리고 협상: 적용

국제적인 영역에는 문화와 민족성의 전통적인 경계를 넘어서는 협상의 실 사례가 많다. 러시아인은 미국인과 협상하고, 미국인은 일본인과 협상하며, 일본인은 태국인과 협상하고, 태국인은 말레이시아인과 협상한다. '필요성'에 기반한 국제공동체는 이웃끼리 지속적으로 협상에 임할 것을 요구하며, 이는 지속적인 상호 의존성이라는 단순한 사실에 의거한다.

그러나 이것이 의미하는 것은, 다른 나라 또는 다른 문화에서 온 누군가와 협상을 하는 것이다. 어떤 다른 문화로부터 온 협상자(임의로 X라고 명명한다)와 테이블에 마주 앉아 있는 당신 자신을 상상해 보라. 당신은 X가 움직이는 것을 보고 있다(그도 당신과 똑같이 하고 있지만). 그리고 당신은 문화의 맥락에서 그의 행동을 이해하려고 노력하고 있다. X는 일관적으로 공격적이며 직설적인 태도로 행동한다고 가정하자. 당신은 이 행동을 어떻게 설명할 것인가?

하나의 가능성은 행위자가 자신의 문화나 민족성에 따라 행동하는 것이다. 당신은 X의 행동을, 그가 협상자들이 공격적으로 행동하는 일반적인 경향이 있는 국가 출신이기 때문이라고 결론짓는다. 그러나 약간 다른 가능성을 고려해 보자. X의 협상 행태는 문화나 민족성에 의한 것이 아니고 그의 개성 때문일 수도 있다. 즉, 그 나라에서 온 모든 사람이 협상에서 X와 동일한 태도로 행동하지는 않는다는 것이다. 또는 이것이 개성이나 문화 또는 민족성이 아니라 완전히 다른 것일 수도 있다. 아마도 당신과의 사이에서 X에게 상호 작용을 유발해 공격적인 협상 행태를 일으키는 문제, 즉 다시 말해 당신에 관한 어떤 것일 수도 있다. 또는 X가 이 문제에 대해서는 이렇게 행동하는 것일 수도 있기 때문에 이에 따라 그가 협상에서 공격적으로 나왔을 가능성도 생각해 볼 수 있다. 이 경우라면 아마도 다른 협상 문제에서는 X가 훨씬 더 상냥하고 협력적일 것이다.

간단히 말해서, 문화와 민족성을 초월해서 행위자의 협상 행태를 평가하는 것이 단순한 문제가 아님을 분명히 알아야 한다(Faure and Rubin, 1993; Cohen, 1991; Avruch, 1998; Berton, Kimura, and Zartman, 1999). 행위자가 기능하는 문화적인 맥락이나 상황적인 맥락과 관계없이 행위자의 협상 행태의 결과로 보는 것은, 개인적인 연기와 관계없이 모든 것을 상황적인 조건으로 설명하는 것보다 더 합리적이지 못하다. 협상 스타일에는 문화에 근거하는 확실한 차이가 있으며, 우리가 문화의 조건에서 설명하는 많은 것이 문화의 혼합물, 상황, 개성 및 상호 작용으로 더 정확하게 추적될 수 있다. 그러나 협상자들은 오만하게 문화의 중요성을 믿으려 하기 때문에, 그들은 자신들의 전형적인 인식과 편향의 프리즘을 통해서 선택적으로 행동하는 경향이 있다.

결론

개인의 행동을 E(환경)와 P(사람) 두 개의 변수로 이해해야 한다는 것을 오래 전에 관찰한 사회심리학자는 커트 르윈(Kurt Lewin, 1936)이다. 이 장은 협상 분석의 다양한 수준 사이의 차이를 첨예화하기 위해 P가 국제협상에서 가장 중요한 문제였다고 가정하였다. 하지만 이번 장이 관찰로 시작하면서 보았듯 예술 작품은 숫자와 장소가 결합되어 있기 때문에 만족스러우면서 성공적이었다. 궁극적으로, 국제협상 프로세스는 개인 행위자와 그 행위자 기능의 혼합으로 이해해야 한다.

다양한 지적 접근과 이 책의 다른 부분에서 적용되는 이슈의 분석을 평가하면서, 네 개의 동심원을 통한 간단한 모델을 기억해 두는 것이 좋을 것이다. 협상자의 행동을 설명될 수 있는 특별한 방법은 무엇보다도 문화가 일반적으로 관계되는 협상자의 이념, 사회적인 경험, 그리고 비슷한 배경으로부터 다른 사람과 공유하는 가치 등이다. 협상이 발생하는 광범위한 구조적 맥락에서는 큰 원 안에 작은 원이 놓여 있다. 이것은 이해관계자의 역할과 기능, 외교의 규범 등이다. 세 번째, 더 작은 중심원이 당장 주어진 특정 협상의 상세한 정황 요소를 설명한다. 이 요소들은 협상 문제의 성격으로부터 둘 이상 협상자 사이의 관계까지 모든 것을 포괄한다. 마지막으로, 동심원 시리즈의 중심에 시간의 경과에 따라 그리고 외부 요소의 침입으로 영향 받을 것 같지 않은 안정적이고 지속적인 개인 협상자들의 속성인 개성의 영역이 놓여 있다. 그래서 국제협상에서 행위자를 이해하려면, 각각의 수준에서 정보를 수집해야 한다.

후기 (윌리엄 자트먼)

협상자는 타고나는 것이냐, 혹은 훈련으로 만들어낼 수 있느냐에 대한 논란은 18세기부터 이어져 왔다(de Callières, [1716] 1963과 de Felice, [1778] 1987을 비교할 것). 분석가들은 결과를 예측하기 위해 실무자들이 적과 학자들에 대응할 수 있도록 협상자의 종류를 구분하기 위해 노력해 왔다. 오늘날까지 주목받는 구분 방식은 해럴드 니콜슨 경(Sir Harold Nicolson, 1939)이 제2차 세계대전 이전의 외교를 연구하면서 '전사'와 '가게 점원'에 대해 논하면서 확립되었다. 그에게 영국인은 전형적인 가게 점원들의 나라였고, 냉전 체제하에서 이 전사들은 공산주의자로 채워졌다. "전사들과 맞닥뜨렸을 때 가게 점원들은 무엇을 해야 하는가"라는 시간을 초월한 질문에 대한 그의 대답은 "협상하지 말라"였다. 이 질문은 협상 분석계의 수수께끼로 아직까지 남아 있으며, 전사들이 실전에 두 배 이상 승리 확률이 높다는 사실이 여러 실험에서 나타났다. 전사는 가게 점원들을 이기며, 이기지 못했다면 가게 점원을 전사로 바꿔서라도 이긴다. 이 구분법은 스나이더와 디징(Snyder and Diesing, 1977)이 강경노선과 온건노선으로 정리했으며, 전자는 이들의 협상전술뿐만 아니라 세계관, 연역적 사고관의 여부, 이미지 강화인자, 연대 창조정신, 스스로를 '죄수의 딜레마' 속에 있다고 보는가의 여부, 상대방이 협상에서 부드러움에 강함으로 대응할 것을 예측할 수 있는지의 여부를 근거로 판단한다. 후자의 경우 역시 귀납적 사고능력이 있는지, 이미지 교정가의 기질이 있는지, 문제해결자인지, 스스로를 치킨 게임 속에 있다고 보는지, 협상에서 강함에는 강함으로 대응하고 부드러움에는 부드러움으로 대응하는지로 판단한다.

이들의 이미지에 대한 극적인 본질은 스스로의 가치를 약화하지만, 극단적인 전사(Ury, 1991)나 방해꾼(Stedman, 2000)에 대한 창의적인 치료책이 되어왔다.

다른 학자들은 구분 방식을 더 현실적으로 만들고자 했으며, 제3장에서 언급했던 대로 동기부여적, 대인관계적 기준으로 해석하고자 했다. 이런 시도 중에는 토머스-킬만 분쟁 방식 도구(Thomas and Kilmann, 1977)의 성격 분석을 써서 협상자들을 양보적, 순응적, 경쟁적, 문제해결 지향적, 회피적 협상자로 나누었고, 이를 통해 네 종류의 협상 상황에 맞게 적절한 전략을 적용하게 했다. 네 종류의 상황은 균형 잡힌 관심사, 관계, 거래, 암묵적 협력(Shell, 1999)이다. 다른 측면에서는 위기 대처나 합리성 같은 구분 방식을 쓸 수도 있다.

개인적인 특성에 대한 또 다른 접근방식은 협상에서 단 하나의 특성을 기본 요소로 삼아 집중하는 것이다. 가장 중요한 것은 신뢰이며, 이는 드켈리에르나 드펠리체 같은 인물도 제창했던 것이지만 이클레(Iklé, 1964)나 앤스티(Anstey, 1999) 같은 동시대의 협상자들도 주장한 것이다. 실제로 대표단 간의 교류인 협상은 두 집단이 하나 이상의 쟁점을 놓고 신뢰를 구축하는 과정이며, 이들은 신뢰가 사전 조건이 아닌 협상의 결과로 이해한다. 신뢰를 구축할 방법에는 여러 가지가 있으며, 이는 단순히 협상자들 사이의 신뢰뿐 아니라 두 집단이 대표하는 더 큰 집단 간의 신뢰 구축을 필요로 한다(Zartman and Berman, 1982; Thompson, 2001).

협상을 위한 분석 개념을 위해 사용된 또 다른 특성은 '정의(justice)'로, 협상학의 안팎에서 심도 깊은 토의가 오가는 주제이기도 하다. 일부 이론가들은 협상 결과를 판단할 수 있는 단 하나의 '정의'에 대한 보편적 기준이 있다는 입장이며, 협상에 참여한 모든 집단은 명분을 수호하려는 것으로 보인다. 이런 시각은 전통적인 시각(Genesis 18, pp.16~33; Thucydides, [413 B.C.]1972)에서부터 현대의 철학가들(Rawls, 1971; Barry, 1989; Gautheir, 1986)까지 다양하다. 명분을 찾기 위한 시도는 최소 보편적인 기준에 따른 것이지만, 보편적인 해결방안은 아직 발견되지 못했다. 국제관계 현실주의학파 같은 반대학파(Morgenthau, 1978; Waltz, 1979)는 국가 같은 이기적인 주체 간의 협상에 정의따위는 없다는 입장이며, 다른 많은 학자들도 협상을 명분에 따른 입장을 서로 양보하는 것이 협상이라고 보고 있다. 그 사이 어디쯤에는 정의가 다양한 형태의 가치를 가진 것이라는 세 번째 입장이 자리한다(Aristotle, Nichomachean Ethics; Detsch, 1985;

Zartman and others, 1996). 이들은 정의 자체가 협상의 주제이며, 적당한 형태의 정의가 쌍방 간의 분쟁에서 재물 분배를 실시하기 전에 합동으로 정의(定議)되어야 한다는 입장이다(Ablin, 1995, 2001; Bunker, Rubin and Associates, 1995; Zartman and others, 1996; Zartman, 1997).

그러므로 협상에서의 행위자에 대한 고민은, 행위자라는 인물이 단순히 역사 속의 위대한 인물이라는 시각에서부터 이 인물이 협상을 끌어가는 특성이자 가치라는 시각으로 옮겨갔으며, 사회적 결정을 내리기 위한 만족스럽고 성공적인 절차를 위한 전파성 구성요소를 찾기 위한 노력은 계속되는 중이다.

제 8 장

협상의 결과

아릴 운데르달

협상 분석의 궁극적인 목적은 결과(outcome)에 영향을 미치는 방법들을 예측하고, 이를 서술하고 알아내는 것이다. 이것이 모든 구체적 연구 프로젝트에 적용되지는 않더라도, 분명히 협상 행태 또는 상호 작용의 패턴(프로세스)에 대해 기술하거나 예측하고 설명하거나 처방하는 것을 목표로 하는 연구는 많다. 그러나 협상 연구를 연구의 한 분야로 간주한다면, 결과는 바탕이 되는 모델의 종속변수로 보인다. 하지만 기존의 공식 협상 이론의 한 축과 협상에 성공하는 매뉴얼이라는 다른 한 축 간의 차이가 크더라도, 결과를 만드는 메커니즘의 작동과 결과에 영향을 미치는 도구들에 대한 이해의 목적은 공통의 관심사이다.

산출물과 영향

그런데 결과라는 용어 자체가 모호할 수 있다. 이스턴(Easton, 1965)과 샤칸스

---

* 필자는 1989년 6월 연구 저자들 회의에 참석한 여러 참여자와 존 호비(Jon Hovi)가 제시한 초안에 대한 고무적인 발언에 감사를 표한다.

키(Sharkansky, 1970) 및 다른 이들이 우리에게 상기시켜 주듯이, 의사결정 과정의 '산출(output)', 즉 결정 자체와 그 결정의 실행과 적응에서 나오는 일련의 결과(여기서는 '영향(impact)'이라 부름)를 구별할 수 있다. 결과를 설명할 때 관찰자와 행위자(actors)는 종종 두 가지를 모두 포함한다. 따라서 관찰자는 행위자가 합의(산출)를 결론짓는 데 성공했음을 확인하고, 당사자 중 한쪽에 치우친 비용과 이익 분배의 특징을 설명한다(아마도 예상되는 영향을 언급하면서). 또한 결과는 종종 영향의 속성뿐 아니라 산출을 기준으로 평가되는 듯하다. 물론 결국에는 영향이 더 중요한 관심사가 될 것이나, 결정 자체는 그 자체로서 상당히 중요하다. 결정이 각 당사자의 의무를 지정하고 있기 때문이다. 실제 영향은 나중에 결정될 수 있으며, 적어도 네 가지 이유로 인해 결정의 결과를 예측하는 것은 때로 매우 어려울 수 있다.

그 첫째 이유는 합의된 해결책이 적용될 미래 상황에 대한 **불확실성**이다. 일부 사회적 기관은 이러한 종류의 불확실성에 기반을 두고 있다. 이는 자발적 보험적 계획에 가장 명확하게 적용되며, 여기에는 일부 군사 동맹이나 국제원자력기구(International Atomic Energy Agency: IAEA)의 비상 계획과 같은 협력 협정들이 포함된다. 그러나 예를 들어, 가격과 양을 고정하는 장기적 상업 거래 계약의 실제 결과에도 상당한 양의 불확실성이 있다.

둘째, 시간이 지남에 따라 행위자는 새로운 환경에 **적응**할 수 있으며, 그렇게 적응함으로써 국제체제(international regime)와 규제의 영향을 크게 수정할 수 있다(Keohane and Nye, 1977의 **민감성**과 **취약성**의 차이 비교). 제3차 UN해양법회의에서 연안국들이 해안선으로부터 최대 200해리까지 확장되는 배타적 경제 수역을 주장할 수 있는 권한을 부여했다는 사실은, 분명히 외국 원양어선에는 기존 어업 패턴에 대한 중대한 위협을 암시했다. 그러나 합작 투자 설립 및 다른 어군이나 어종으로의 어업 노력 전환과 같은 다양한 적응 조치를 통해 여러 원양어선은 실제 손실을 크게 줄일 수 있었다.

셋째, 어떤 경우에는 협력 협정 그 자체의 복잡성 또는 협정이 적용될 활동 시스템의 복잡성으로 인해 어떤 행위자도 총체적 영향에 대해 매우 정확하고 확신 있게 예측하는 것이 불가능할 수 있다(Winham, 1977a). 이것은 특히 미래 협력을 위한 플랫폼 역할을 하는 '헌법적' 합의에 적용되는 것 같다. 따라서 로마조약의 창시자들은, EEC를 설립하면서, 그들이 만들고 있는 복잡한 헌법에서 비롯될 총체적 비용과 이익에 대해 정확하고 자신 있게 추정할 수 없었다. 그리고 모든 부작용을 추가하면 전체 구도는 훨씬 더 복잡해진다. 마지막으로, 결과를 예측할 수 있다 하더라도 평가 기준 자체가 시간이 지남에 따라 변경될 수 있다(Iklé, 1964, ch. 10).

이 장에서는 협상 결과의 다섯 가지 영역에 초점을 맞춘다. 세 가지는 산출 자체의 측면이고, 두 가지는 산출뿐만 아니라 영향을 설명하는 데 사용할 수 있다. 다섯 가지 모두 어떤 성공의 개념과 연결될 수 있는데, 즉 협력을 구축하거나 공동 이익을 창출하는 측면에서 집합적(collective) 성공일 수 있고, 또는 한 당사자의 이익에 유리한 해결책을 달성하는 측면에서 개별적(individual) 성공과 관련될 수 있다. 집합적 성취를 평가하는 데 사용할 수 있는 세 가지 영역부터 소개한다.

합의

협상 결과에 관한 첫 번째 질문은 행위자들이 합의에 도달했는지 여부이다. 협상에 관한 문헌에서 합의(agreement)라는 용어는 두 가지 방식으로 사용된다. 그것은 '조건부 약속의 교환'(Iklé, 1964, p.7)을 말하는데, 공식 계약(조약, 협약) 또는 적어도 상호 인정된 암묵적 약속의 교환을 지칭하는 데 자주 사용된다. 그러나 합의는 또한 '마음의 만남'을 나타낼 수 있다. 우리는 당사자들이 특정 문제에 대해 일정 정도 동일한 결론에 이르렀다는 데 동의한다고 말한다. 합의의 두 가지 의미는 계약을 성립하기 위해 최소한의 마음의 만남이 요구되는 것에서 연관이 있다. 그러나 이를 구별하는 것은 분석 목적뿐만 아니라 실용적인 목적으로도 유용할 수 있다.

의사결정자에게 중요한 차이점은, 계약서에 서명하는 것은 특정 행동 경로(또는 특정 행동을 자제하는)를 약속하는 의미이지만 단순히 특정 결론에 수렴하는 것은 그렇지 않다는 것이다. 실용적인 관점에서는 약속이 주요 관심사이다. 빌더(Bilder, 1981)가 '국제협약의 위험'이라고 명명한 개념은 분명히 약속의 위험과 동등하다. 협상의 공식적인 목적은 상호 약속을 수립하는 것이다. 마음의 만남은 그 자체로서 목적이며, 협상보다는 진심 어린 토론으로 간주되는 특징이 있다. 협상자에게 후자의 의미에서의 합의는 주로 어떤 종류의 계약을 수립하거나 이행하기 위한 필수 조건 정도이다.

협상 연구자에게 이 구별이 유용한 이유는, 마음의 만남과 계약의 성립과 안정성 사이의 인과관계를 탐구할 수 있기 때문이다. 계약이 성립되려면 대안적 해결책들의 상대적 장점에 대해 최소 수준의 합의가 필요한데, 분명히 완벽하게 동일한 결론은 필요하지 않다. 일단 임계 최솟값을 초과하면, 합의 도달의 수준이 계약조건의 특수성 또는 계약 자체의 안정성에 긍정적인 영향을 미칠 수 있다. 전자의 효과는 후자의 효과를 약화시키는 역할을 할 수 있다. 즉 모호하고 애매한 표현으로 상당한 불일치를 포함하는 협약은, 다양한 해석이 열려 있다는 이유로 살아남을 수 있음을 증명할 수도 있다.

실용적인 관점에서는, 아무리 중요한 가치라 할지라도 합의와 비합의의 단순한 구별은 집합적 성공의 지표로서 의심의 여지가 있다. 합의는 적어도 세 가지 측면에서 부분적일 수 있다. 모호하고 겉핥기 식일 수 있으며, 의제 항목 중 일부(아마도 가장 중요하지 않은 항목만)만 포함할 수 있으며, 관련된 당사자 중 일부만 서명할 수 있는 것이다. 성공은 정도의 문제이며, 다른 조건이 동일하다면 우리는 이분법적인 것보다 지속적인 성공 척도를 선호한다. 물론 합의의 개념이 이 요구 사항을 충족하도록 재개념화될 수 있다는 것을 인정하지만, 그렇다고 해도 이 영역을 집합적 성공의 주요 지표로 사용하기 전에, 특히 성공을 성취(accomplishment)의 의미로 해석하는 경우, 이는 다시 생각해 볼 지점이 있다. 합의의 '점수' 자체는 해결된 문제의 심각성에 대해 그 어떤 평가도 내려주지 않는다. 우리는 대부분, 이스라엘과 PLO 간의 기초적이고 부분적인 평화협정조차도 노르웨이와 스웨덴 간의 과세에 관한 또 다른 합의(아무리 정확하고 정교하더라도)보다 더 엄청난 성과로 생각할 것이다. 마지막에 계약이 체결되지 않은 경우에도 '악의적' 문제에 대해 상당한 진전이 있을 수 있으며, 당사자 간의 일반적인 관계를 개선하거나 각자가 다른 곳에서 더 나은 제안을 얻을 수 있도록 하는 것과 같은 중요한 부수적 작용이 발생할 수 있다. 또한 합의의 점수는 당사자들이 문제의 공동 이익 잠재력을 활용하는 데 성공한 정도에 대한 정보를 제공하지 않는다. 후자의 관점에서 볼 때 가장 정교한 조약조차도 상당히 실망스러울 수 있다.

이러한 반대 의견은, 합의가 어떻게 정의되든 협상 성공의 지표로서 의심의 여지가 있음을 나타내기에 충분하다. 필자가 대안으로 제안하는 것은, 실제로 성취된 것과 성취될 수 있었던 것 사이의 거리라는 관점에서 성공과 실패를 생각하는 것이다. '효율성'의 개념은 우리에게 그러한 도구를 제공한다.

효율성

협상은 합의를 통해 집단적 결정을 내리는 것이다. 집단적 결정이 관련된 두 당사자 간 또는 여러 당사자들의 합의를 통해서만 이루어질 수 있는 경우, 계약이 성사되는 데 필요한 최소한의 요건은 어떤 통합적 잠재력(다자간 협상에서는 '핵심')의 존재이다. 통합 솔루션은 피셔와 유라이(Fisher and Ury, 1981)가 말한 BATNA(협상 시 선택할 수 있는 최선의 대안) 수준 이상의 것으로(강력하게 통합적), 모든 당사자들의 이익을 증가시키거나 적어도 다른 당사자들에게 해를 입히지 않고 한쪽 또는 일부 당사자의 복지를 향상시키는 것이라고 정의할 수 있다(약하게 통합적). 이와 반대로, 파레토 프런티어는 합의를 통해 달성하고자 희망하는 최댓값, 즉 바깥쪽의 효율성 한계를 정의한다(프로세스 효율성의 기준을 추가할 수 있다. 즉, 합의의 결정 규칙이 주어졌을 때, 협상 프로세스는 협상 비용을 최소화하는 정도만큼 효율적이다). 일단 이 경계에 도달하면 한 당사자의 추가로 증가하는 복지는 하나 이상의 잠재적 파트너의 희생을 비용으로 발생하게 된다.

게임 이론에서 효율적인 결과를 확보하는 것은 특정 종류의 비협조 게임, 특히 죄수의 딜레마에 내재한 흥미로운 문제로 인식된다. 그러나 몇 가지 주목할 만한 예외를 제외하고(Chatterjee, 1985) 대부분의 공식적 협상 이론들은, 특히 내쉬(Nash, 1950)의 공리적 - 정적 전통에서, 합리적 협상자는 파레토 프런티어에 미치지 못하는 해결책에 안주하지 않을 것이라고 가정한다. 더욱이 협상 당사자들을 일반적으로 단결된 행위자로 간주한다. 이것은 무엇보다도 하나의 이익을 다른 이익과 교환할 수 있는 그들의 능력을 무제한으로 가정하고 이면 보상(side payment)의 제안 또는 수락에 어떤 제한도 적용되지 않음을 의미한다. 이러한 세상에서는 행위자 집합의 이익 합계를 증가시키는 모든 솔루션이 파레토 우위가 될 수 있다(이익이 일부 '객관적인' 수량으로 측정되지 않는 한, 이익 합계라는 개념은 주관적인 상호 행위자(interactor) 비교라는 흥미로운 문제로 이어진다). 따라서 이익 합계를 극대화하는 것은 정치적으로 실현 가능하고 완벽하게 합리적인 목표가 된다. 내쉬가 '협상의 문제'라고 (단수의 형태로) 언급한 것은 엄격하게 누가 얼마나 많은 이익을 얻는지를 결정하는 효율성 투자선에서 (바람직하게는 독특한) 그 지점을 도출하는 문제이다(제12장과 제13장 참조).

그러나 경험적 연구의 결과는 이러한 가정의 타당성에 의문을 제기할 충분한 이유를 제공한다. 첫째, '실제' 협상은 모든 당사자에게 알려진 잘 정의된 옵션 세트 중에서 간단히 선택되는 경우가 거의 없다. 반대로, 협상자들은 일반적으로 불완전한 정보를 가지고 협상에 들어간다. 따라서 통합 솔루션은 프로세스에서 발견되어야 하거나 심지어 발명되어야 할 수도 있다(Walton and McKersie, 1965; Zartman and Berman, 1982). 복잡한 환경에서, 이것은 사소한 일이 아니다. 이는 장기간의 적극적인 탐색과 시행착오를 통한 단편적 학습을 요할 수도 있다. 이러한 노력이 일반적으로 철저하고 정확한 가능성의 지도를 생성할 것이라고 가정할 근거는 없다. 각 당사자는 주로 자신의 보상에 관심을 가질 가능성이 높기 때문에, 효율성은 주로 개인의 이익 추구 측면에서 달성되어야 하기 때문이다. 이러한 이유로 개별적 이익과 집단적 효율성 사이의 약한 연결 고리가 증가하면서 협상 프로세스에 투자되는 대부분의 에너지가 통합적 관심사보다는 분배적 관심사에 맞춰질 위험도 있다.

유감스럽게도 통합 솔루션의 탐색과 엔지니어링은 협상에서 다소 무시되고 잘 이해되지 못한 측면에 해당된다. 그 이유 중 하나는 선택 행위가 확실히 경험적 검증이나 공식적인 모델링에 더 적합하기 때문이다. 그럼에도 국제협상, 특히 더 복잡한 협상은 탐색, 학습 및 혁신을 포함해 프로세스의 손에 잘 잡히지 않는 측면을 파악하지 않는 한 충분히 이해할 수 없다는 것이 분명해 보인다 (Cross, 1978; Young, 1991).

둘째, 당사자들이 사용 가능한 해결책의 전체 집합을 정확하게 식별하는 데 성공하더라도 이 중 하나를 합의된 선택으로 취하는 데 성공할 것이라는 보장은 없다. 하나 이상의 파레토 최적 해결책의 식별이 가능하고 협상자들이 이 중 어느 것이 가장 좋은지에 대해 동의하지 않을 때마다(일반적으로 그들이 동의하지 않는다), 교착상태가 발생할 위험이 있다. 보다 구체적으로, 극복해야 할 주요 장애물이 세 가지 남아 있다.

첫 번째 장애물은 대안적 해결책의 영향과 잠재적 파트너들 또는 상대방의 실제 선호도에 대한 **불완전한 정보**이다. 협상자들은 일반적으로 적어도 불확실성의 형태로 불완전한 정보를 가지고 국제협상에 들어간다. 더욱이 협상이 분배적 교섭의 성격을 띤다면 그 프로세스 자체를 통해 정확하고 신뢰할 수 있는 정보를 확보하기 어려울 수 있다. 이것은 부분적으로 각 당사자가 관련 정보를 공유하지 않거나 심지어 적극적으로 상대방을 오도할 때 인센티브를 가질 수 있기 때문이다(다른 이유를 보려면 제16장 참조). 이런 식의 유혹이 협상 관계에 내재된 것으로 일반적으로 인식되기 때문에, 각 당사자는 상대방이 제공한 정보 중 적어도 일부는 잠재적으로 조작된 것으로 간주할 가능성이 높다. 상호 신뢰와 정확한 정보는 적대적 협상의 첫 번째 희생자 중 하나가 될 가능성이 높다. 중요한 정보의 고의적 은폐 또는 왜곡, 심지어 그러한 왜곡이 발생할 수 있다는 의심은 문제해결 과정으로서의 협상의 효율성을 심각하게 손상시킬 수 있다 (Johansen, 1979).

불완전한 정보는 다양한 종류의 결함을 포괄하는 진단이며, 그중 일부는 다른 것보다 더 악의적이다. 여기에서 하나의 일반적인 오류, 즉 당사자가 선호하는 해결책이 잠재적 파트너의 실제 관심사를 충족시키는 정도를 과대평가하는 것이 협상 행태에 어떻게 영향을 미칠 수 있는지 보여주는 것으로 적절하겠다. 그림 8.1에서, 행위자 A는 하나의 특정 솔루션(x_1)이 x_1^a에 표시된 한 쌍의 보상을 이끌어낸다고 인식하고 반면 행위자 B는 영향이 x_1^b일 것으로 예상한다. A는 진심으로 x_1이 다소 관대한 제안이라고 생각할 수 있다.

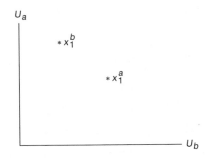

그림 8.1. 상대방의 선호에 대한 오인: 도해

B는 그러나 그 제안을 거부하는 데 완벽하게 정당성을 느낄 가능성이 높다. 상황에 대한 그의 특정한 인식을 고려할 때, A는 B의 x_1 수락 거부를 허세로 그를 몰아 또 다른 양보를 이끌어내려는 부적절한 시도라고 해석할 수 있다. 따라서, A가 B의 허세를 알아차렸다는 것을 B가 알게 되면, B가 돌아올 것이라고 기대하면서, A는 x_1을 고집하기로 결정할 수 있다. 그러나 B는 여전히 x_1을 가장 불공평하다고 여기며, 파트너의 합법적인 우려에 대해 이해하기를 "완강하게 저항"하는 A가 비우호적이고 모욕적이라 생각하여, 이는 결국 A와의 향후 관계를 재평가하는 데 이르게 된다. 이 시나리오에서 교착상태는 매우 현실적인 가능성이다.

두 번째 장애물은 여러 가지 기준이다. 대안적 옵션의 영향과 파트너 또는 상대방이 실제로 우려하고 선호하는 것에 대한 합의된 지식(Haas, 1980)을 공유할 때 대부분 어떤 특정 솔루션을 향한 수렴을 촉진한다. 그러나 완벽한 정보는 두 가지 방식으로 작동할 수 있다. 따라서 특정한 상황, 즉 결과가 불확정적일 때 그래서 어떤 협상자도 특정 협약에서 실제로 누가 혜택을 누릴지 예측할 수 없을 때, 분배적 합의에 도달하기가 더 쉬울 것이다(자발적 보험과 비교). 그러나 합의된 지식을 가지고 있더라도, 당사자들은 또한 사용 가능한 옵션에 대한 공통적이고 결정적인 평가 기준이나 또는 동등하게 정확한 교섭력에 대한 개념을 가지고 있지 않으면 합의에 도달하지 못할 수 있다. 이러한 플랫폼은 공리주의 협상 이론의 영역에서도 찾아볼 수 없다. 이 전통 내의 연구에서, 그럴 만한 상황에서 하나의 독특하고 효율적인 해결책을 산출하는 공식을 개발하는 데 성공했음을 인정한다. 그러나 하나 이상의 그럴듯한 공식이 제안되었고, 이것들이 항상 동일한 해결책을 가리키는 것은 아니다(예를 들어 Raiffa, 1982, ch. 6; Kalai and Smorodinski, 1975 참조). 게다가, 이들 중 어느 것도 일반적으로 규범적 표준에 의해 전적으로 설득력 있는 것으로 받아들여지지 않는다. 일어날 것 같진 않지만 설령 이 두 가지 문제가 추가 연구를 통해 해결될 수 있다 해도, 국제협상이 조금이라도 수학 문제를 닮은 수준으로 축소될 수 있다는 것은 상상하기 어렵다. 국제정치에 관련된 적어도 일부 협상자들은, 대부분의 협상 문제가 독특하고 결정적인 해결책이 없다고 생각할 것이라는 것이 안전한 예측으로 보인다. 사실, 이것이 일반적으로 협상 노력에 시간과 에너지를 소비하는 주요한 논리적 근거가 된다.

세 번째 장애물은 프로세스가 발생시키는 위험인자이다. 여기서 사용되는 바와 같이, 이 용어는 협상 행태 또는 협상 프로세스 그 자체에 속하거나 이에 의해 발생되는, 위험인자의 두 가지 하위 카테고리인, 잠재적 이득과 손실을 의미한다(Underdal, 1983). 첫째, 월턴과 매커시(Walton and McKersie, 1965) 외 다수가 관찰한 바와 같이, 협상자들은 최종 결과뿐만 아니라 어느 정도로는 게임을 하는 방식을 바탕으로 그들의 수행을 평가할 수 있다. 함축적 의미에서, 어떤 특정한 움직임을 시작하는 데 주어지는 유용성은 그 움직임이 공식적이고 실질적 결과에 미치는 영향(이 있다면)의 유용성과는 다를 수 있다. 고국에 있는 고객들은 자주 자신의 대리인이 자신을 대신하여 "진정한 싸움을 하는" 것을 보고 싶어 할 것이다. 대표단은 불리한 결과에서는 자신을 분리시키면서 동시에 긍정적인 성과에 대한 인정을 주장하기 위해 움직일 수 있다. 따라서 정부는 불공평하다고 여겨지지만 그럼에도 최선의 비협조적 대안보다 살짝 나은 해결책을, 제안하는 것은 말할 것도 없고, 서명조차 주저할 수 있다. 주저하는 이유는 서명하거나 제안하는 행위 자체가 긍정적인 승인과 약속을 내포하고 있기 때문이며, 이는 정부를 국내 비판에 더 취약하게 만들기 때문이다.

둘째, 프로세스에서 발생된 위험인자는 이전 움직임의 결과로 나타날 수도 있다. 예를 들어, 상대편에게 영향을 미치려는 노력은 자신의 인센티브에 영향을 미칠 수 있다. 따라서 특정 솔루션에 대해 강력하고 끈질기게 논쟁하는 것은 해당 솔루션을 종국에 수락하기 어렵게 만드는 경향이 있다. 이러한 약속 효과는 협상자가 원하는 것일 수도 있지만, 그것은 또한 의도하지 않은 부작용이 될 수도 있다. 어떤 종류의 움직임은 협상자가 그것을 좋아하든 싫어하든 협상자 자신의 평판과 신뢰도를 위험에 빠뜨린다. 게다가 대표단은 논쟁을 함축하는 것에 사명감을 갖게 된다. 왜냐하면 대표단은 의도치 않게 전술적 논쟁의 의도로 사용되었던 것의 엄청난 장점에 대해 주의 깊은 대중과 또한 고국의 의사결정자들까지 설득하는 데 성공했기 때문이다. 또 상대를 압박하도록 설계된 일부 움직임은 특정 상황에서 저항에 대한 인센티브를 지지하고 강화할 수 있다 (Deutsch, 1973, ch. 9 and 10; Rubin and Brown, 1975). 직접적 위협에 굴복하는 것은 새로운 정보나 널리 인정되는 규범적 원칙에 대한 호소 등을 통해 양보하는 것보다 더 굴욕적인 것으로 간주될 가능성이 높다.

프로세스에서 비롯된 위험인자는 협상 프로세스 자체를 외의 행동, 특히 미드가드(Midgaard, 1971, p.11)가 '기본 게임'(즉, 협상의 주제를 구성하는 활동들의 시스템)이라 부른 행동에 영향을 미칠 수 있다. 군비통제 협상에서 자신의 지위를 강화하려는 욕구로 인해, 평소라면 구매하지 않았을 무기나 무기 시스템을 개발하거나 구매할 인센티브를 창출해 낼 수 있다는 것을 생각해 보라. 예를 들어, 이전의 '국제 커먼스' 체제하에서 진행된 어획 쿼터에 대한 협상에서도 비슷한 논리를 찾을 수 있다.

이렇게 이미 간략하게 기술한 방식으로, 협상 프로세스는 자체 인센티브와 디스인센티브(disincentives)를 생성하는 경향이 있다. 그러한 위험인자가 해로운 영향을 미칠 필요는 없다. 사실, 그것들은 어떤 상황에서는 수용 및 협력에 대한 추가 인센티브를 제공할 수도 있다. 그러나 분배적 스타일의 교섭에서, 대부분의 경우 순효과는 협상 프로세스의 과도한 긴장이다. 부정확한 정보, 여러 가지 기준 및 프로세스에서 비롯되는 위험 요소들의 문제들을 모두 종합한다면 아마도 협상 실패 이유의 상당 부분을 차지할 것이다. 한 대표적인 경제학자는 심지어 때때로 '협상의 철칙'이라고 부르는 것을 제안했다. 즉, 적대적 협상 프로세스에 내재되어 있는 것은 명백하게 협상을 통해 끌어내려고 착수했던 통합적 잠재력을 차단하거나 심지어 제거하는 경향이다(Johansen, 1979, p.520). 우리가 경향이라는 단어에서 약간의 위안을 얻는다 하더라도, 국제협상에서 효율적인 결과를 만들어내는 것은 당연하게 받아들여질 수 있는 사소한 성취 그 이상이라는 결론을 벗어나기 어려울 것이다. 이 결론은, '프로세스 효율성'이라고 부르는 것을 달성했을 때도 적용된다.

이면 보상(side payment)을 통해 효율성 투자선을 확장하는 것도 보통 공식적인 교섭 이론에서 가정하는 것처럼 그렇게 간단하지 않다. 국가는 복잡한 조직으로, 무엇보다도 정책결정 기능의 분화 정도가 높은 것이 특징이다. 복잡성과 분화성의 한 가지 결과는 정책 부문에 걸쳐 거래 역량이 적어도 일상 업무에서 상당한 제약을 받는 경향이 있다는 것이다. 따라서 협상자들이 이익 합계의 극대화가 예상되지만, 파레토 최적이나 심지어 통합적으로 되기 위해 이면 보상이 요구되는 해결책을 선택하지 못하는 것에 놀라지 말아야 한다(예를 들어 Mäler, 1989 참조). 국가를 하나의 단일한 협상자로 모델링하는 것은, 정부가 어떤 집단의 복지를 위해 다른 집단이나 사회의 한 부문의 복지를 희생함으로써 '국가적 순이익'을 추구하려는 의지나 역량을 과대평가하게 될 가능성을 높인다.

│ 안정성

협상 이론에서, 기존의 해결책은 탈퇴에 대한 인센티브가 부재하거나 효과적으로 억제되는 경우 또는 억제 정도만큼 안정적이라고 알려져 있다. 여기서 '탈퇴'란 명백한 거부뿐 아니라 은밀한 속임수까지 포함한다. 정의 자체에서 안정성의 두 가지 다른 조건을 구별하고 있다. '완벽한' 안정성은 어떤 협상자도 일방적으로 탈퇴하거나 탈퇴자의 하위 연합을 형성하는 데 어떠한 인센티브도 없는 경우에 얻을 수 있다. 완벽한 안정성은 합의가 비지배적 균형, 즉 서로 간에 최적의 협조 전략이 되고 다른 균형에 대하여 파레토 결핍이 되지 않는 협조 전략의 집합으로 구성되어 있을 때만 얻을 수 있다. 많은 국제적 합의, 특히 순수 조정 게임에 근접하는 상황에 속하는 합의들은 아마도 이러한 요구 사항을 충족시킬 것이다. 이러한 요구를 충족하는 합의는 엄격한 의미에서 보더라도 '자체 집행적'이다(Stein, 1982, p.314 비교).

그러나 하나 이상의 파트너들이 일방적 탈퇴가 즉각적인 이익을 가져올 것으로 기대하는 경우에도, 기대되는 이익이 강력한 의무감이나 제재에 대한 두려움 때문에 효과적으로 상쇄된다면 안정적인 합의가 달성될 수 있다. 국제정치학 연구자들이 종종 과소평가하지만, 계약서에 서명할 때 한 약속은 일반적으로 충분한 집행 메커니즘으로 거의 의존할 수 없다. 정부뿐만 아니라 관찰자들도 정당한 이유로 제재에 대한 두려움을 더 신뢰하는 경향이 있다. 그리고 제재의 위험은 규정 준수를 모니터링하고 위반에 대응할 초국가적 기관이 없더라도 신뢰할 수 있다. 파트너로부터의 보복에 대한 두려움은, 단지 '탈퇴에 반대하는' 형태일지라도, 효과적인 분권 집행 시스템이 될 수 있다(Young, 1979).

여기에 정의된 바와 같이, 안정성은 적어도 두 가지 측면에서 정도의 문제로 볼 수 있다. 첫째, 탈퇴에 대한 인센티브의 강도는 계약(또는 계약의 한 요소마다)마다 다를 수 있으며 계약 당사자마다 다를 수 있다. 당사자는 적어도 네 가지 상황에서 탈퇴를 고려할 수 있다. 하나는 성립된 계약(현재)이 BATNA 수준 이하의 순이익을 창출한다는 결론에 도달했을 때이다. 당사자가, 상대방이 실제로 양보하려고 준비했던 것보다 훨씬 낮은 보상을 제공하는 솔루션을 수락하도록 속임이나 괴롭힘을 당했다는 사실을 발견했을 때 유사한 상황이 발생한다. 두 경우 모두 관련 협상자는 계약이 만료되거나 법적으로 해지될 수 있을 때 철회할 것으로 예상할 수 있으며 재협상을 요구하거나 단순히 더 이른 시점에 탈퇴하기로 결정할 수 있다.

더 복잡한 딜레마는 당사자가 일방적인 탈퇴로(적어도 위반이 발견되지 않는 경우) 보상을 높일 수 있다고 결론을 내리지만 그럼에도 더 광범위한 탈퇴보다 전반적인 아마도 거의 전반적인 순응을 선호할 때 발생한다. 여기서 행위 당사자의 순응은 윤리적 고려 사항, 제재를 유발하지 않는 탈퇴 가능성, 중요한 다른 행위자들의 탈퇴, 성공한 탈퇴와 실패한 탈퇴의 대가 차이에 따라 달라진다. 네 번째이자 보다 유리한 상황은 방금 설명한 조건이 적용되지 않지만, 당사자가 성립된 계약이 주관적인 '만족 수준'을 충족시키지 못한다고 생각할 때이다(예컨대 Lewicki and Litterer, 1985 참조). 단기적으로 이런 당사자는 준수하거나 기껏해야 재협상을 요구할 것으로 예상된다. 그러나 장기적으로 해당 당사자는 쉽지 않은 파트너가 될 가능성이 높으며, 다른 곳에서 더 나은 제안을 찾을 뿐만 아니라 재협상을 적극적으로 모색할 것이다.

둘째, 일부 협조적 협정은 다른 것보다 더 많은 양의 탈퇴를 흡수할 수 있다. 더욱이 일부 행위자들은 다른 것보다 협력적 임무에 대해 더 비판적이다. 따라서 OPEC의 다른 회원국은 미미한 생산국의 (사소한) 탈퇴는 마지못해 받아들일 수 있지만 생산 제한에 대한 어떠한 합의도 주요 수출국 중 하나의 대규모 공격에서 살아남을 수 없을 것이다. 남아 있는 요소에 관하여 남아 있는 당사자들 간의 협력을 저해하지 않고 허용할 수 있는 탈퇴의 양이 클수록, 프로젝트의 취약성은 줄어든다.

이 두 가지 요인은 다자간 합의, 특히 집단적 재화에 관한 규정과 관련된 합의에서 탈퇴하려는 당사자의 인센티브가 그의 탈퇴로 인해 남아 있는 파트너들 간의 협력에 미치는 영향이 어느 정도로 예상되느냐와 연결될 수 있다. 다른 조건이 동일할 경우, 중추적인 파트너(그가 없다면 전체 프로젝트가 붕괴될 수 있는)는 '무임승차자'로 탈출하기를 희망할 수 있는 파트너보다 탈퇴 비용이 클 것으로 생각할 가능성이 크다.

안정성은 집합적 성공에 대한 다소 약한 개념이다. 협력 균형조차도 최적 미만의 해결책이 될 수 있다. 더욱이 기능주의적(또는 신기능주의적) 통합 이론(예를 들어 Haas, 1958 참조)과 반복 게임에서의 협력의 진화 분석(Axelrod, 1984)이 우리에게 상기시켜 주듯이, 합의는 탈퇴에 대해서만 안정적일 뿐 아니라 일부 합의는 실제로 자체 성장 또는 확장에 대한 인센티브를 낳을 수 있다. 성공적인 협력 프로젝트의 실행은 관련 당사자들의 인센티브와 태도를 **변화시킬** 수 있다. 협력 강화에 대한 요구를 만들어낼 수도 있고, 다른 관련 문제를 포함하도록 영역을 확장('파급')하거나 외부 세력을 초대하는 등의 예를 들 수 있다. 일부 협력 전략이 특정 상황에서 비협조적 전략의 인구를 '침범'할 수 있다는 발견으로 이 점이 강조되었다(Axelrod, 1984). 그리고 다른 조건들이 동일할 경우, 우리는 아마도, 탈퇴에 대하여 아무런 인센티브를 주지 않는 합의보다는, 스스로의 진화를 일으키는 합의를 더 놀라운 집단적 성취로 생각할 것이다.

따라서 안정적인 합의와 불안정한 합의 사이의 단순한 이분법보다는 안정성 (또는 불안정)의 네 가지 기본 상태로 구분할 수 있다. ① 협력을 확대하거나 탈퇴할 인센티브를 제공하지 않는 안정성, ② 협력 확대를 위한 인센티브를 제공하지는 않지만 탈퇴에 대한 인센티브를 제공하는 불안정성, ③ 협력 확대에 대한 인센티브를 제공하지만 탈퇴에 대한 인센티브를 제공하지 않는 안정성과 역동성, ④ 협력 확대에 대한 인센티브와 탈퇴에 대한 인센티브를 제공하는 비어 있는 상태 등이다.

분배

개별 협상자에 대한 보상은, 협상자가 그의 다른 파트너와 함께 상호 의존 관계의 통합적 잠재력을 끌어내는 데 어느 정도로 성공했는지에 달려 있으며 발생한 전체 비용 및 이익에서 얻은 지분에 달려 있다. 공정성을 중요시하는 행위자 및 관찰자나 경쟁적 지향을 추구하는 협상자는 순이익의 분배가 그 자체로 중요하다고 생각한다. 엄격하게 개인주의적 관점을 채택한 협상자는 분배와 효율성을 연결할 것이고, 개별적 보상은 '합계'에 '지분'을 곱한 함수로 보게 될 것이다.

국제 계약에서 계약 당사자들 간에 이익을 분배하는 방법을 찾을 때, 관찰자는 일반적으로 적어도 두 가지 주요 문제에 직면한다. 첫째, 결과를 평가하는 궁극적 척도는 순이익(net benefit)이지만, 국제적 합의에서 순이익이라고 말할 것이 없다는 것이다. 일부 조약 및 협약에는 분배에 관한 명시적인 조항이 전혀 없다. 일반적인 규칙 및 규정만을 정한 계약이 이 카테고리에 속한다. 이런 규정들이 확실히 계약 당사자들에게 다르게 영향을 미치겠지만, 비용이나 혜택의 분배를 협정 자체의 문맥 안에서 읽어낼 수 있는 경우는 결코 없다. 다른 것들이 동일하다면, 계약이 적용되는 활동들의 체제나 시스템이 복잡할수록 순(純)영향을 결정하기가 더 어려워질 것이다. 또 다른 범주의 계약에는 혜택보다는 비용을 분배하는 명시적인 조항이 포함되어 있다. 예를 들면 각 회원국이 정부 간

기구의 자금 조달에 기여해야 하는 금액을 명시한 조약과 핵 또는 재래식 전력의 감축을 명시한 군비통제 협정이 포함된다. 여기서 이익은 계산되지 않았다. 그리고 어떤 경우에는 혜택의 계산법이 너무 복잡하여 매우 미숙한 예상치만 주어질 수 있다. 예를 들어, UN이나 EU의 회원국이 되는 순이익을 계산하는 작업을 고려해 보라.

그럼에도 어쨌든 순이익의 예상치를 계산해야 한다면, 어떤 특정 프로젝트의 이익을 측정할 참고점이나 기준선이 필요하다. 이러한 맥락에서 적절한 기준선은 현재의 계약 또는 상황을 유지할 때 나옴직한 순이익과 동일하다. 현재 협약의 지속은 가설이기 때문에 이 기준선 자체는 그리기 어려울 수 있다. 이러한 문제와 다른 문제를 고려할 때, 의사결정권자나 관찰자가 때로 다른 예상치를 제시한다는 것에 놀라지 않아야 한다.

집합적 성공에 대한 우리의 정의에 따르면, 개별적 성공은 협상자가 자신의 상황에서 성취할 수 있는 것 중 협상자가 성취한 정도라고 생각할 수 있다. 이는 당사자 한 축의 실제 순이익 지분이 개별적 성공의 지표로 사용되려면 그가 성취할 수 있는 최대의 지분도 결정해야 함을 의미한다. 산술 문제로 간주하면 언급하기에는 너무 사소한 문제이다. 그러나 협상 이론의 맥락에서 문제는 간단하지는 않다.

협상을 배우는 사람들에게, 문제는 단순히 산술적 최댓값을 결정하는 것이 아니다. 오히려 중요한 문제는 협상자의 고유한 제약 조건을 고려할 때 협상자로 인해 얻을 수 있는 총이익이 얼마인가가 될 것이다. 이 질문에 답하려면 먼저 어떤 종류의 협상 게임을 생각하고 있는지 결정해야 한다. 엄격하게 대립적이거나 분배적인 프로세스에서, 협상자의 최대 지분은 그/그녀의 상대적인 힘으로 결정된다. 완벽하게 협력적인 문제해결 게임에서, 그 또는 그녀의 몫(최솟값과 최댓값)은 공정성 또는 정의의 규범적 원칙에서 나올 것이다. 이런 이상형 구조에 완벽하게 부합하는 국제협상의 실제 프로세스를 찾기는 어렵지만, 그럼에도 각 모드의 내부 논리를 간략하게 탐구하는 것이 유익할 수 있다.

엄격한 분배 교섭의 맥락에서 적어도 두 가지 주요 협상력의 원천을 식별할 수 있다. 하나는 관련 협상자들 사이에 존재하는 상호 의존 관계의 구조이다(여기서는 구조적 권력이라고 함). 상호 의존의 관계에서, 각 행위자는 자기 자신은 물론이고 다른 행위자의 복지에 영향을 주는 결과에 대하여 일정 정도의 통제력을 가지고 있다. 중요한 결과에 대한 통제력은 협상력의 원천이다. 다른 조건이 동일한 경우, 특정 결과에 이권이 높을수록 그것을 얻기 위해 기꺼이 더 많이 지불할 것이다. 그리고 다른 조건이 동일한 경우, 상대방의 도움 없이 선호하는 결과를 얻는 것이 어려울수록(즉, 사용 가능한 최상의 대안이 더 나쁜 것일수록) 상대방은 더 많이 청구할 수 있다. 보다 일반적인 용어로, 특정 문제 (i)와 관련하여 한 협상자 (A)가 다른 협상자 (B)에 대해 가지는 양자 간 힘은 i에 대한 B의 상대적 이해관계(U_{ib})와 i와 관련된 결과에 대한 A의 상대적 통제력(C_{id})의 함수 관계로 볼 수 있다. 즉, $U_{ib}C_{id}$이다(Coleman, 1973; Bacharach and Lawler, 1981참조). 이 모델에서 상대적 힘은 '교환율(exchange rate)', 즉 상대방의 특정한 기여에 대하여 얼마만큼 지불해야 하는지를 결정하는 것이다. 그리고 이 교환율은 (예상되는) 순이익의 분배를 결정한다.

그러나 앞서 제시한 이유로, 협상자들은 처음에는 이 교환율을 불확실한 것으로 볼 가능성이 있다. 사실, 교환율을 결정하는 것이 분배적 협상의 주요 목적으로 보일 수 있다. 다른 조건이 동일할 경우, 협상자가 특정 결과에 부여하는 중요성이 클수록, 자신의 전술적 노력에 부여될 주관적인 성공 확률이 높을수록, 행위자는 원하는 해결책을 달성하기 위해 더 많은 협상 에너지를 소비할 준비가 된다. 전술적 노력이 결과에 영향을 미치는 정도에 따라, 구조적 힘은 **행동력**(behavioral power)이라 할 수 있는 것을 통해 증폭되거나 수정된다. 양자 협상이나 엄격한 분배적 협상에서 '객관적인' 교환율에 상응하는 분배에서 나오는 편차는 협상력의 행동 요소를 볼 때 이해할 수 있다.

행동력은 협상 기술과 전술적 노력에 소비된 에너지의 양의 결과로 볼 수 있다. 주어진 상호 의존 관계에 내재된 (상대적) 구조적 권력은 적어도 원칙적으로는 정확하게 결정될 수 있지만, 실무에서 그 힘을 보여주기 전에 우리가 상대적 행동력을 끌어낼 수 있는 유사한 모델은 없다. 국제협상의 연구자들은 대부분의 경우, 힘의 구조적 구성요소가 더 중요한 요소일 것이며(관련된 예는 Druckman, 1973 참조), 전문 외교관들 사이의 협상에서 실제로 마주하는 협상 기술의 차이는 보통이거나 심지어 미미할 가능성이 있다는 데 동의하는 듯하다. 그러나 개인적 성공의 평가에서, 그런 실험적 명제는 이론적으로 견고한 **잠재적 성취** 개념에 대한 실제 대안이 될 수 없다. 행동 기술과 노력을 통해 성취할 수 있는 것에 대한 개념이 부족할 경우 다음과 같은 종류의 진술 이상으로 더 진전할 수는 없을 수도 있다. 양자 협상 및 엄격한 분배적 협상에서, 상호 의존 관계 구조의 객관적인 입장에서 나온 교환율에 상응하는 지분 **아래로** 얻는 것은 협상 게임에서 패배했음을 나타낸다. 반대로, 지분율이 높을수록 상대방보다 패를 더 잘 사용했음을 의미한다. 객관적 교환율과의 편차가 클수록 행동력의 차이가 커진다 (이러한 명제는 협상자가 다른 협상 당사자의 권력 행사로부터 상당한 이익을 얻을 수 있는 다자간 협상에도 반드시 적용되는 것은 아니다).

여기에 설명된 분배적 성공은 계약의 안정성에 부정적인 영향을 미칠 수 있다. 다른 조건이 동일할 경우, 상대방을 저항 지점으로 더 가까이 데려가는 데 성공할수록, 상대방이 계약조건을 준수하고 파트너십을 발전시킬 인센티브는 약해진다. 상대방이 불리한 거래를 수락하도록 속았거나 오도되었다는 사실을 알게 될 경우 탈퇴의 위험이 특히 높을 수 있다. 따라서 일정 수준 이상에서 순이익의 개인 지분 극대화에 성공하는 것은 상대방의 규정 준수 및 향후 파트너십을 희생하여 일어날 가능성이 높다.

완벽하게 협력적인 문제해결 프로세스나 이상적 유형의 구조에서, 비용과 혜택의 분배는 공정성 또는 정의의 규범적 기준에서 얻어지게 된다. 이러한 관점에서, 집합 혹은 개인이 성공을 평가하는 것은 각 당사자가 '마땅히' 또는 '받을 자격이 있는' 것을 얻었는지 또는 어느 정도까지 얻었는지를 결정하는 문제이다. 물론 여기서 중요한 문제는 공정성에 대한 어떤 개념도 일반적으로 적절한 표준으로 받아들여지지 않았다는 것이다. 반대로, 매우 상이한 원칙이 제기되는 경향이 몇몇 있다. 그중 두 가지 이상은 적어도 추상적으로는 꽤 합리적으로 보일 수 있다. 가장 자주 제기되는 기준 중에는 비용이나 이익을 **균등하게** 나누는 아이디어와 협상 당사자의 특성이나 행동 패턴에 **비례하여** 나누는 몇 가지 원칙이다. 가장 일반적으로 적용되는 비례적 분배에 대한 개념 중에는 어떤 바람직하거나 바람직하지 않은 상태를 **유발하는** 데 대한 상대적 기여도나 각 당사자의 (주관적) 복지에 대한 특정 재화나 부담의 **영향**의 크기를 언급하는 것들이 있다.

간단히 말해, **비난**의 원칙은 문제를 일으키거나 악화시키는 데 대한 상대적인 '죄책감'에 비례하여 특정 문제를 해결하는 비용을 분배하는 것을 의미한다. 형평성의 원칙은 해당 선한 영향의 제공에 대한 개인의 상대적 기여도에 비례하여 이익이 분배될 것을 요구한다. '필요'에 따라 이익을 분배하는 것은 특정 재화에서 파생된 한계효용을 평등화하기 위한 장치라면, 마찬가지로, **능력**의 원칙은 프로젝트의 비용을 분배하여 당사자의 한계 '무용성'이 평등화되도록 함을 의미한다(예를 들어 누진 과세). (이러한 원칙은 효율성의 도구로도 해석될 수도 있다. 간단히 말해서, 원인에 초점을 둔 두 가지 원칙은 공동선에 기여하고 '나쁜 일'을 일으키지 않게 하는 최적의 인센티브를 제공한다. **효과** 원칙들은 일정한 재화나 '필요'에서 얻는 총복지를 극대화하는 데에 중요한 역할을 한다. 또한 일정한 부담인 '수용 능력'으로부터 겪는 총체적 '무용성'을 최소화하는 데에도 중요하다.) 마지막 일련의 기준이 서로 다른 방향을 가리킬 수 있으며 양쪽 당사자가 분배 기준 자체에 대해 동등한 점수를 갖는 (아마도 드문) 상황을 제외하고는 각각 불평등한 지분을 생산하리라는 것은 심도 있는 연구를 하지 않아도 알 수 있다.

현실주의자는 공정성의 개념이 비용과 이익의 분배를 평가하는(결정하는 것은 말할 것도 없고) 기준이 되기에는 너무 모호하다고 주장할 수 있다(타당하게도). 그러나 공정성과 형평성에 대한 개념이 국제협상의 연구 및 수행과 무관하다는 것을 의미하지는 않는다. 오히려 이는, 협상 결과를 평가하는 데 공정성이 사용된다면 공정성의 어떤 개념이 사용되고 있는지 명확히 해야 함을 암시한다. 또한 공정성의 모호성은 다른 협상자들이 공정성에 대하여 진심으로 각자 다른 관념을 가질 수 있다는 가능성을 이해하는 데 도움이 될 수 있다. 어떤 단일분배 원칙이 보편적으로 완전히 설득력 있거나 결론적인 것으로 받아들여지지 않는다는 사실은, 공정성 개념이 협상 행태의 이해와 무관하거나 국제협상의 결과가 단지 교섭력의 결과로만 이해될 수 있음을 의미하지 않는다.

협상 시작 당시의 입장과의 거리

협상자와 협상 연구자들이 협상 개시 때 취한 입장과 최종 입장과의 거리로 결과를 설명하는 데는, 적어도 두 가지 이유가 있는 것으로 보인다. 일부 언론 보도 및 공개 토론에서 시작 당시의 입장과 끝날 때의 입장 사이의 거리는 협상 **수행력** 또는 결과의 **공정성**을 나타내는 지표로 간주된다. 수행력 해석의 배후에는 양보의 합계가 더 큰 쪽의 한 당사자가 상대에게 '졌다'는 가정이다. 공정성을 언급하는 해석은 암묵적으로 '차이를 나누는 것'을 정의의 기준으로 채택한다. 둘 다 의문의 여지가 있는 가정이다. 한 가지는, 그것들은 관련된 당사자들이 유사한 전술을 채택하는 경우에만 유효하다. 분명히, 한 당사자가 '최종 제안 우선(final offer first)' 접근방법과 같은 것을 선택하는 반면 다른 당사자가 '허황된 교섭(blue-sky bargaining)'을 한다면, 양보의 총합은 진정한 의미에서 개별적 성공 또는 공정성과 관련이 없다. 또한 끝날 때의 입장과 시작 당시의 제안 사이의 거리를 개별적 성과 또는 결과의 공정성을 나타내는 지표로 사용하려면, 협상자들이 직면하고 있는 고정된 문제에 대하여 사용 가능한 옵션 중에서 어떤 것을 확실히 선호한다는 가정하에만 타당하다. 이러한 가정이 유효하지 않을 경우, 학습과 혁신을 약점이나 부당한 대우를 나타내는 행동으로 해석할 위험을 안고 있다.

그러나 마지막에 취한 입장과 처음에 취한 입장 사이의 거리는, 프로세스 중에 발생한 변화의 **종류**와 **양**에 관한 더 풍부하고 흥미로운 정보를 제공하기 위해 개념을 재구성할 수 있다. 협상자들이 패키지 거래를 성사시키기 위해 두 가지 이상의 문제를 결합했는가? 그들이 사전협상 단계에서 개발된 문제의 '진단'과 해결책의 반복된 공식을 뛰어넘었는가? 이러한 질문에 대한 답변은 일반적으로 개별적 또는 집합적 성공의 확실한 지표로 사용될 수는 없지만, 협상 프로세스의 발전에 대한 흥미로운 정보를 제공할 수 있다.

결론적 견해

협상을 연구하는 궁극의 실용적 목적은, 협상자가 원하는 결과에 도달하는 데 필요한 지식을 제공하는 것이다. 좀 더 구체적으로 말하면, 협상에 관한 연구는 결과가 형성되는 메커니즘의 논리와 결과에 성공적으로 영향을 미치거나 조정할 수 있는 도구의 논리를 이해하게 하는 이론을 개발하고자 하는 것이다. 협상은 어느 정도는 직관적인 '예술 작품'일 수 있지만, 재능 있는 협상자조차도 자신의 잠재력을 최대한 발휘하기 위해 (설명적) 이론과 정확한 데이터가 필요하다.

협상 연구는 이 장에서 다루는 다섯 가지 결과의 영역과 관련성이 있지만, 아주 최근까지 지적 에너지가 불균형적으로 분배적 측면에 집중되었다. 이것은 특히 공식적인 또는 공리적인 접근방식의 연구에 대부분 적용된다. 협상이 교착상태 및 기타 종류의 효율성 결함에 가장 취약한 의사결정 프로세스라는 사실을 고려할 때, 집합적으로 효율적인 결과를 달성하기 위한 조건과 전략에 대한 이해를 향상시키는 데 더 많은 에너지를 투자해야 한다고 주장할 수 있다. 그러한 의제에는 '정치공학'의 적어도 세 가지 주요 요소에 정보를 제공하는 연구가 포함될 수 있다. 하나는 협상을 통해 채택될 수 있는 실질적인 해결책의 설계이다. 게임 이론의 발전 덕분에 우리는 정치적으로 실현 가능한 솔루션의 확연한 특성을 상당히 정확하게 식별할 수 있지만, 개념적 공식에서 실용적인 해결책으로 가는 길은 멀고 험난하다. 또 하나는 **기관 및 절차**의 설계로, 이를 통해 통합적이고 파레토 최적인 솔루션을 개발, 채택 및 구현할 수 있다. 유감스럽게도 이러한 기관적 측면은 지금까지 협상 연구에서 다소 무시된 주제였다. 세 번째 영역은 효율적인 협상과 상호 협력 유도를 가능하게 하는 **협상자 전략**의 설계이다. 이는 주요 연구 영역 분야이다. 더 세심한 개념화(예컨대 Axelrod, 1984)는 확장되어야 하며 보다 일반적으로 적용할 수 있지만, 다소 대담하고 인상주의적인 처방(예컨대 Fisher and Ury, 1981)은 보다 엄격한 테스트와 정제가 필요하다.

이 의제를 충족시키기 위해 필요한 것으로 보이는 것은, 유망한 통합 프레임워크로 보이는 절충적인 '협상 분석' 접근방식(제14장 참조)과 함께 여러 가지 상당히 다른 접근방식 간의 생산적 교환이다.

제2부

접근과 관점

이야기에 따르면, 그 당시 잘 알려진 맹인 현자들이 코끼리가 어떻게 생겼는지를 알아 오라는 명을 받았을 때 그들은 자신들이 각각 만져보았던 부분에 대한 정보를 가지고 돌아왔다. 꼬리를 잡은 현자는 코끼리를 밧줄로, 다리를 껴안은 자는 코끼리를 나무로, 몸통에 매달린 자는 코끼리를 뱀으로(혹은 진공청소기로) 설명하였다. 그리고 진정한 코끼리의 모습은 지혜로우면서 앞을 볼 수 있었던 왕이 이 모든 정보를 종합해 보았을 때야 비로소 알 수 있었다.

협상에 단일한 접근법이란 없다. 그 실체는 여러 방면에서 접근해야 파악할 수 있다. 이는 현명함을 갖추고 다양한 관점을 볼 수 있는 사람만 그 실체를 파악할 수 있는 것과 같다. 이 측면은 I. 윌리엄 자트먼(1978)이 편집한 '협상 프로세스(The Negotiation Process)'의 도입부에서 논의된다. 또한 연구에 대한 다양한 접근법은 다른 과학적 탐구와 마찬가지로 진화하는 것이다.

오래된 접근법은 새로운 답변과 새로운 질문을 던지며, 새로운 방법과 결합하면 새로운 접근법이 만들어진다. 제2부는 이러한 접근법들 중 가장 중요한, 그들이 제기하는 질문, 답변을 얻기 위해 사용하는 방법, 그리고 협상을 이해하고 실천하고자 하는 사람들을 위해 각각이 갖는 교훈을 제시한다.

가장 오래된 접근법은 역사적 접근법으로, 특정 협상 만남에 대한 데이터 검색을 포함한다. 협상에 대한 가장 오래된 기록은 아브라함이 소돔의 운명을 두고 주님과 협상한 이야기(창세기 18: 23~33)이며, 제9장은 협상에 대한 역사적 연구를 초기부터 현재까지 추적한다. '결과는 어떻게 결정이 되는가?'라는 이 연구의 궁극적인 질문 그리고 관련된 정보의 정확성 및 완전성에 초점을 맞춘다.

협상의 결과는 대부분의 경우 공식적인 합의이기 때문에 협상 분석은 법률 전문가들의 관심사이기도 하다. 양쪽이 수용할 수 있는 합의에서 상충되는 법적 원칙이 조정될 수 있는 방식과 합의가 표현될 수 있는 적절한 방식에 대해 우려한다는 점에서 변호사들의 질문들은 다르다. 이러한 측면들은 제10장에서 논의된다.

조직 이론가들은 협상자들의 합의보다는 공식적인 상황에 대해 염려한다. 조직 내 구성단위 간에, 또는 조직 간의 관계는 결과의 형태를 결정하는 주요 요소가 된다. 그 과정은 제11장에서 분석된다. 반면 양당 합의의 이론적 분석의 선구자였던 경제학자들은 아주 다른 방식으로 접근하였다. 협상 계약의 지속성에 대한 기본적인 결정 요소가 곧 협상 계약이 가지고 있는 위험 요소이다. 이 요인은 제12장에서 설명한 바와 같이 협상에 대한 경제적 접근의 도움을 받아 연상, 평가 및 모니터링될 수 있다.

그러나 경제 분석의 기원은 조금 다른 접근법인 게임 이론과 관련이 있다. 제 13장에서 논의된 이 접근법은 협상 상황에 대한 많은 공식적인 분석의 기초를 제공했으며 본질적으로 규범적인 접근이다. 개인(일당)의 행동으로 인한 사회적(양당 이상) 결과의 관점에서 협상을 분석하고 개인이 최상의 결과를 얻기 위해 무엇을 해야 하는지 보여준다. 이러한 분석은 여느 규범적인 이론처럼 단순화된 모델의 기초로서 유용하지만, 일반적으로 너무 간소화되어 구체적인 상황에 직접 적용하기는 어렵다. 이러한 이유로, 협상 분석이라는 이론적으로 더 느슨하지만 더 적용 가능한 접근법이 최근에 고안되었고 이는 제14장에서 논의된다. 협상자들이 합의를 얻기 위해 너무 강경하게 나가는 것과 의미 있는 결과를 만들기 위해 너무 유하게 나가고 싶은 유혹 사이에서 협상자들을 옳은 길로 안내하는 이 협상 분석 접근법은 협상자들이 가능한 한 협상판을 만들 수 있는 방법을 찾는 데 도움을 주려 한다.

조직 이론과 마찬가지로 협상 분석은 인간 행동에 대한 통찰력을 기반으로 하지만, 제15장에서 논의된 심리학적 접근은 다른 분석 계열을 나타낸다. 심리학적 접근은 개인의 행동과 반응 성향을 특정한 방식으로 지배하는 요소들을 찾고 분석의 단위로서 결과보다는 행위자에 초점을 맞춘다. 관련 접근법으로서 인지는 협상자들을 연구함으로써 분석의 두 가지 요소를 연결한다. 그 과정은 이러한 결과의 인상을 서로에게 초점을 맞추어야 할 사안으로 제16장에서 분석된다.

협상을 연구하기 위한 특별한 방법론은 여러 가지 접근으로 사용될 수 있고, 이 부분의 마지막 장인 제17장에서 논의된다. 내용 분석은 데이터를 질적으로 분석하기보다는 양적으로 분석하는 역사적 연구의 결과물이다. 그러나 이러한 방식으로 처리한다면 경제, 심리, 인지 및 협상 분석에서 제의에 대한 더 과학적인 검사를 제공할 수 있다. 또한 자체적으로 분석할 수 있는 성장을 계획하여 자체적인 접근방식을 제공할 수 있다.

각 접근법은 협상 프로세스에 대한 통찰력과 전체적인 이해를 제공하며, 이는 향후 협상에 직접 임하게 될 실무자뿐만 아니라 지난 협상의 분석가에게도 유용할 것이다. 종종 이러한 배움을 통해 접근방식 전반에 걸쳐 상호적으로 보완하고 강화할 수 있다. 또한 때로는 각 접근방식이 스스로 자체적인 보상을 제공한다. 코끼리의 실체를 홀로그램으로 제공하듯 전체를 볼 수 있는 눈을 길러주며 새로운 접근을 필요로 하는 새로운 관점을 제안한다.

제 9 장

역사적 접근

장 F. 프레이몽

적어도 기원전 5세기에 투키디데스(Thucydides)가 『펠로폰네소스 전쟁사(History of Peloponnesian War)』를 썼던 이래로, 국제협상은 역사 연구의 초점이 되어왔다. 이 역사 연구는 협상이 중요한 역할을 하는 정치적·군사적 사건들과 주로 관련이 있다. 그래서 자연스럽게 협상은 역사 연구에서 중요하게 되었다. 이번 장은 역사와 국제관계를 활용해서, 국제협상에 관해 우리가 무엇을 배울 수 있는지, 특히 그런 협상 프로세스에서 무엇을 알 수 있는지를 규명하는 데 목적을 둔다.

역사의 정의

'역사'라는 단어는 여러 의미를 지니고 있다. 먼저, 역사란 인류 사회의 과거와 그 과거의 재구성을 의미한다. 역사는 동시에, 인류의 과거에 대한 '탐구와 지식의 대상(the object of the inquiry and knowledge)'이자, 보다 엄밀하게는 인류 과거에 대한 체계적이고도 논리적인 '앎의 방법(way of knowing)'을 의미한다고 하겠다. 역사는, 과거에 행해진 인류 행동에 대한 탐구라는 관점에서 보면, 레오폴트 폰 랑케[1]가 한 세기 전에 언급했던 것처럼, "어떻게 그것이 실제로 있었는가"를 말하고 묘사하는 것에 1차적인 목적을 둔다. 역사는 우선 사건들에 집중한다. 주어진 시간에, 특정 장소에서 무엇이 발생했는지, 그리고 그 일이 일어난 사건들의 사슬관계, 즉 그 과정에 관련된 것이다. 사건들은 특이하고 하루 또는 1년처럼 단기간의 것들이다. 사건은 한번 발생하면 동일한 방법으로는 다시 발생하지 않는다. 협상에 관한 예를 들자면, 하나의 특정 협상은 오직 하나의 사건만을 구성한다는 것이다.

하지만 역사는 한 세대, 한 세기, 또는 그 이상의 오랜 시간에 걸친 사건 전개들에도 주목한다. 무엇이 발생해 왔는가를 여러 관점에서 연구하지만, 때때로 구조나 장기간에 걸쳐 만들어진 발전에 초점을 두기도 한다. 인구학, 경제, 제도, 지적 능력, 그리고 무엇보다도 지리학은 단기간에 진화하지 않는다. 사건의 집합이 협상에 분명한 영향을 끼쳐 협상이 모양을 갖춰가는 데 도움을 준다. 사건의 집합이 협상의 중요한 차원들(demensions)을 구성한다. 과거라는 것은 전체적으로 볼 때 세 가지의 독특하면서도 상호 연결된 사건 전개를 포함하는데, 첫 번째는 거의 움직임이 없는 것, 두 번째는 사회적 변화의 속도에 의해 안정화되어 그 리듬이 느린 것, 세 번째는 대양 표면의 파도와 같은 단기적이고 급속한 진동에 의해 그 특성이 만들어지는 것 등을 말한다(Braudel, 1969).[2]

많은 역사학자에게 역사는 단순히 이야기로 설명하는 것 이상이다. 그것은 사실들을 무미건조하게 연속적으로 열거하는 것 이상을 의미한다. 역사는 무엇이 발생했고 어떻게 그리고 왜 그것이 발생했는가를 설명하려 한다. 그래서 역사의 첫 번째 기능은 연대순으로 정리하면서 그 독특함을 이해하는 것이다. 그

---

1) (옮긴이 주) 레오폴트 폰 랑케(Leopold von Ranke, 1795~1886)는 엄밀한 사료(史料) 비판에 기초를 둔 근대 사학을 확립한 독일의 사학가이다.

2) (옮긴이 주) 페르낭 브로델(Fernand Braudel, 1902~1985)은 프랑스의 역사학자로 '아날학파(Annales School)'의 거두이다. 역사에는 상이한 문명에서 문명별로 존재하는 고유한 속도를 지닌 서로 다른 세 종류의 시간이 존재한다는 '세 개의 시간론(three demensions of time)'으로 유명하다. 2011년 미국의 《히스토리 투데이(History Today)》지는 그를 지난 60년간의 가장 중요한 역사학자로 선정한 바 있다.

러나 사건 하나하나가 각각 독특함을 갖고 있다고 해서 서로 유사점이 전혀 없다거나 서로 비교해서 다양한 사례별 유형을 찾아낼 수 없다는 것을 의미하지는 않는다. 그래서 역사는 유사한 사건들과 그들의 독특성에 관한 연구를 포함하는데, 다시 말해서 사건들을 서로 비교해서 반복되는 부분을 찾아내고 궁극적으로 어떤 유형과 이론, 법칙을 세우는 데 도움이 되는 것을 포괄한다(Veyne, 1971).[3] 하지만 법칙은 많은 역사학자에게 생경하다. 역사가들은 각각의 연구를 통해서 "역사의 원인이 사건들에 대한 자연적 선택을 통해 그 자신을 굴절시킨다"라고 배워왔다(Trotsky; Tuchman,[4] 1982, p.12에서 인용). 비교 분석적 접근은 단순히 유형들을 찾아내는 데만 쓰이는 게 아니다. 비교 분석은 수집된 각각의 사건들을 보다 더 이해하는 데에도 도움이 될 것이다.

이처럼 많은 역사학자가 스토리텔링을 그들의 유일한 의무라고 생각하는 반면에, 또 다른 역사학자들은 역사를 그들이 이야기하는 특정한 사건에만 국한하지 않는다. 그들은 "독특성과 일반성(the unique and the general) 사이에서의 관계"에 대해 관심을 갖고 있다(Carr, 1961, p.84). 그리고 역사는 "과거와 현재의 상관관계를 통하여 과거와 현재에 대해 보다 심오한 이해를" 촉진해야 한다고 믿고 있다(1961, p.86). 달리 표현하자면, 역사로부터 배우고, 그래서 어떤 일련의 사건들로부터 뽑아낸 교훈을 다른 일련의 사건들에 적용할 수 있도록, 처음 보기에는 아무 관련성이 없는 데이터에 어떤 구조를 부여하는 이른바 체계적 분석 같은 기법을 사용할 수도 있을 것이다(1961, p.84).

---

3) (옮긴이 주) 폴 벤(Paul Veyne, 1930~)은 프랑스 고고학자이자 역사학자이다. 특히 고대 로마 문명 연구의 권위자로, 현재 콜레주 드 프랑스(Collège de France) 대학 명예교수이다.

4) (옮긴이 주) 바버라 터크먼(Barbara W. Tuchman, 1912~1989)은 미국의 저명한 여성 역사가이다. 한국에는 1962년 퓰리처상을 받은 '8월의 포성(The Guns of August)'의 저자로 널리 알려졌다. 1963년 미국에서 가장 오래된 학술 모임인 '파이 베타 카파(Phi Bete Kappa Society; ΦBK)'에서 행한 연설에서 본문에 제시된 러시아 혁명가 트로츠키의 역사관을 언급하였다.

역사의 독특한 속성

하나의 접근법으로서 역사는, 적어도 '인본주의자들'[5]에게는, 과거에 발생했고 미래에는 다시 일어나지 않을 독특한 일련의 사건에 전적으로 주목한다는 면에서 우선 독특성을 갖는다. 이는 '개성 기술(idiographic)'[6]이라는 속성이다. 이 것은 단일한, 특수하면서도 개별적인, 그리고 이전에 오직 한 번만 발생한 사건들에 적용된다. 현상과 연구에 관심을 갖는 기초적인 법칙과 유형성을 연구하는 심리학·사회학·인종학·언어학·경제학·인구학 같은 법칙적인 과학과는 반대되는 입장이며, 법 과학이나 철학과도 상반되는 입장이다.

전반적으로, 역사는 그 속성과 뉘앙스를 고려해 볼 때 그 모든 복잡성과 최종적인 환원 불가능성에서, 마치 하나의 협상과 같은 주어진 구체적인 발전을 재구성하는 것과 관련이 있다. 역사가들은 오직 한 번 유효하게 발생한 일의 '전체성(totality)'에 초점을 맞추는데, 그 전체성 안에서 가장 유의미한 사건들과 그들이 상호 작용하는 방법을 찾는다. 이런 전체에 관한 관심 그리고 그런 연결에 관한 관심은 역사적 접근의 핵심인데, 역사적 접근은 모든 사건과 그 사건의 연결을 고려할 뿐만 아니라 어떤 사건들이 다른 사건들과 어떻게 연결되는지, 그래서 오랜 시간에 걸쳐 어떻게 발전해 가는지를 고려한다. 오르테가 이 가셋(Ortega y Gasset, 1961, p.221)이 말한 바와 같이, "역사는 체계이며, 그것은 단일하고도 변경할 수 없는 사슬에 연결된 인간 경험들의 체계"이다. 오직 이러한 접근을 통해서만, 전혀 관련이 없는 사건들이 필연적으로 연결되어 나온 결과뿐만 아니라 우연히 맞아떨어져 나타난 결과까지도 모두 이해할 수 있게 된다. 그것이 역사가에게는 필수적인 것처럼, 엄격한 인과성은 하나의 사건에 대한 유일한 설명이다. 처음의 조건들이 유사해 보인다고 해서 반드시 유사한 결과로 나타나진 않는다. 우연성, 또는 쇼펜하우어가 묘사했듯이 관련되지 않은 사

---

5) (옮긴이 주) 인본주의자는 인간성의 연구에 주목한다.
6) (옮긴이 주) 개성 기술적 접근은 전기에서나 역사서술에서와 같이 개별적 현상에 관심을 갖는다. 이에 반대되는 개념으로 법칙 정립적 접근이 있는데, 이는 일반적 명제, 혹은 '법칙'(그리스어: nomos)을 공식화하는 것을 목표로 하고 있다.

건들이 동시에 발생하는 일(Koestler, 1981; Wolfers, 1962)이, 실제에서는 끊임없이 나타나며, 지금까지 그런 일들이 일어난 가능성을 정확히 예측한 분석법은 없다. 비극의 신이 아닌 다음에야 그 누가 오이디푸스가 어느 날 그의 아버지 라이우스를 중대한 갈림길에서 만나 싸우다가 살해한다는 것을 알 수 있었을까? 사건들의 새로운 연결고리로 시작해 완전히 예측 불가능한 결말로 이어질 줄을 누가 알 수 있었을까? 불확실성은 삶의 한 단면이다. 특히 불완전한 균형이라고 할 수 있는 상황, 다시 말해서 어떤 분기점에서 우연히 만난 사건이 통상적인 연결을 방해하고 그래서 완전 딴판인 길로 나아가게 하는 상황에서 더욱 그렇다 (Koestler, 1981; Hawking, 1988; Monod, 1970).

그 연관성에서 역사만이, 실제 협상이 발생했을 때 어느 정도 영향을 주었던 모든 요소를 고려하면서, 과거 협상 전체를 묘사, 분석, 이해할 수 있게 해준다. 거기에는 종종 과소평가된 많은 요소가 존재한다. "정치인들 간의 협상을 실제로 목격하지 않은 한 그 누구도 인간사의 그 엄청난 부분(무기력함, 부드러움, 개인적 선호도, 오해, 무심함 또는 외국어의 불완전한 구사, 자만, 사회적 관여, 간섭, 그리고 순간적인 건강 상태와 같이 인정하기 어렵고 종종 알 수 없는 원인에 의한)에 대해 현실감 있는 생각을 가질 수 없다"(Nicolson, 1961, p.17). 하지만 역사조차도 그 한계가 있는데, 전 미 국무장관 딘 러스크(Dean Rusk)가 잘 묘사한 바와 같이 "그 기록은 오직 의사결정을 하는 사람들 마음속에 있는 생각의 어떤 부분과 그들 가운데서 토의한 내용의 일부분만을 반영한다는 사실이다. 어떠한 중요한 외교정책에 관한 질문도 제2차 및 3차 질문을 수십 개 가지고 있고, 외교관들은 그러한 요소들에 대해 그 기록이 어떻게 기술되어 있건 간에 매우 광대한 점검표를 가지고 신속하게 훑어보는 자세를 취한다"(Neustadt and May, 1986).[7]

또한, 역사는 가능한 포괄적인 방법으로 많은 1차 자료들로부터 수집된 수많은 사실들을 모으고 처리하는 접근법이라 할 수 있다. 1차 자료(발간되었거나 발간되지 않은 문서, 일기, 회고록, 서간)는 역사가들이 엄격히 분석하는 원재료가 된

---

7) (옮긴이 주) 1988년에 발행된 뉴스타트((Richard E. Neustadt)와 메이(Ernest R. May)의 공동 저서인 『의사결정권자를 위한 역사의 사용: 시간 속에서 사고하기(Thinking in Time: The Uses of History for Decision Makers)』에서 발췌하였다.

다. 조사가 시작되면, 원론적으로 그 연구 목적에 관련된 모든 증거가 관심의 대상이 된다. 그다음, 가장 관련 있는 재료를 선택해서 나열하게 된다. 아마 역사가들은 어떤 아이디어, 가정, 그리고 조사 분야의 윤곽을 그리는 데 도움이 되는 목적을 가지고 작업을 시작할 것이다. 연구자는 적절한 질문을 던져야 한다. 그러나 연구자는 사실과 그 사실이 묘사하는 것에 따라가게 될 것이다. 연구자에게, 다른 사람들이 쓴 역사적 기록이나 종합물은 2차적인 것이다.

모든 접근법은 그 나름의 특성이 있다. 하지만 궁극적으로 가장 중요한 것은, 무엇이 그런 접근법들을 특이하게 만드느냐가 아니라, 복잡한 인간 만사나 협상과 같은 사회 현상을 보다 더 잘 이해하기 위해 어느 한 학문 분야의 과학적 목적과 방법론을 다른 접근법들과 결합시킬 것인가이다. 협상에 관한 연구와 같은 선구적인 연구는 점점 과학 분야의 경계선상에 있는데, 역사도 그런 과학 분야의 하나일 뿐이다. 보이는 현상을 이해한다는 것은 그에 관련된 모든 것에 접근한다는 것을 뜻한다. 블로크(Bloch, 1953, p.18)[8]의 말을 회상하면, "각각의 학문은, 그 자체로는 오직 지식으로 향하는 보편적인 행진의 한 조각일 뿐"이다.

하나의 협상을 전체적으로 이해하고 묘사하기 위하여, 역사가는 끊임없이 다른 학문을 차용하고 있다. 비록 어떤 특정 부분을 강조한다 할지라도. 제도나 제도 차원의 처리 과정을 연구할 때는 정치학을, 개인적 또는 집단적 고정관념과 인식을 연구할 경우나 협상자들의 개인적 특성과 그들의 상호 작용을 연구할 때는 심리학 또는 사회심리학을 빌려 오기도 한다. 연구자가 폭넓은 공간적·사회적 맥락들을 분석할 경우에는 반대로 지리학, 법학, 사회학, 정치경제학, 인구통계학, 인류학, 인종학 등에 의지하게 된다.

---

8) (옮긴이 주) 마르크 블로크(Marc Léopold Benjamin Bloch, 1886~1944)는 프랑스의 역사학자로 뤼시앵 페브르와 함께 《사회경제사 연보》를 창간, 아날학파를 결성하였고, 제2차 세계대전 당시 프랑스 본토에서 레지스탕스 활동을 하다 독일군에 체포되어 총살당했다. 본문의 명구는 블로크가 1944년 독일군 포로수용소에서 쓴 『역사를 위한 변명(The Historian's Craft)』에서부터 인용되었다.

역사와 국제관계

역사는 국제정치학의 한 분야로 여겨지는 국제관계학과 어떤 면에서는 서로 관련된 접근법이고 또 다른 면에서는 서로 다른 접근법이다. 국제관계학의 전문가들은 매우 높은 수준의 추상적 개념에서 국제적 사안들을 토의한다. 연구자는 일반화에 주목하면서, "질서와 의미가 없다면 연결되지 않아 이해할 수 없는 많은 현상들에게 어떤 질서와 의미를 부여한다"라는 목적을 가지고 유사성과 원칙 연구에 기반해 이론을 만들어내는 것에 관심을 가진다(Morgenthau, 1978, p.3). 학문으로 간주되는 국제관계학은 역사학과 비교해 보면 명백히 보편과학적인 속성을 가지고 있다. 국제관계학은 사건이 아닌 현상으로서의 협상에 주목한다. 국제관계학은 개념, 과정과 절차, 행동 유형, 제도, 운용을 위한 기구와 방식에 중점을 두며, 또한 지리학, 인구통계학, 경제학, 그리고 민족주의와 같은 힘과 요소들의 역할과 상호 작용 등에도 중점을 두고 있다.

경험적 증명을 추구하는 국제관계학 연구에 대한 이론적 접근들은, 방법론적 접근법이나 학파에 따라 차이가 있겠지만, 어느 정도 역사에 뿌리를 둘 필요가 있다. 한편에서 보면, 역사는 국제관계의 분석에서 중심적이면서, 필요한 원재료를 공급하는 역할을 한다. 일련의 구체적 사건들, 그 사건들의 순서, 추론, 그리고 그 사건들이 발생한 규칙성과 같은 원초적 자료 분석을 통하여 얻게 된 지식은 유형학이나 법칙을 연구하는 데 없어선 안 될 전제조건이다(Renouvin and Duroselle, 1964).[9] 또 다른 면에서 보면, 역사적 사례들은 그 사례들이 어떤 일반적인 명제를 보여주거나, 이론적 가설들과 연결되어 있거나, 아니면 이론이 사실에 부합하는지 판단할 목적일 경우에만 참조의 대상이 된다. 때때로, 역사조차도 우선 논리적으로 일관성을 갖고 있고, 적합성이 증명된 모델로 보완되거나 완전히 대체된다. 이는 실제적이고도 역사적인 경험을 실증적으로 검증한다는 것을 뜻한다(Snyder and Diesing, 1977).[10] 본질적으로 이론적 목적을 위해

---

9) (옮긴이 주) 출처는 1964년에 출간된 르노빙과 두로셀의 『국제관계 역사의 소개(Introduction To the History of International Relations)』이다.

10) (옮긴이 주) 출처는 『국가 간 갈등: 국제적 위기에서의 협상, 의사결정, 체계 구조(Conflict

개발된 모델이나 분석을 위한 수단으로 쓸 목적으로 개발된 모델들은 그처럼 실증적으로 검증을 필요로 하지 않으며 오로지 논리적 일관성이라는 기준만 충족시키면 된다. 그러나 일반적으로, 체계적이고도 포괄적인 방법으로 얻어진 과거 일에 대한 지식은, 협상을 분석하고 이해하는 데 필수적이다. 그러한 지식은 유형, 발생 법칙 그리고 일어난 사건과의 연관성에 관한 가설을 증명하는 데 쓰인다.

국제관계학 분야는 아직 걸음마 단계이다. 그리고 보다 적절한 개념화가 끊임없이 검토되고 있다. 현재의 추세는 고전적 접근으로부터 "어떤 일반 법칙의 맥락 속에서 어느 특별한 사건 또는 행동"의 설명으로 이동하고 있다(Most and Starr, 1989, p.172).[11] 그런 접근방법은 과정을 중시한다. 과정들을 제대로 이해하기 위해서, 그리고 어떻게 그런 과정들이 서로 다른 조건에서 서로 다른 결과를 만들어내는지를 이해하기 위해서, 그런 접근방법은 어떤 전제조건에서 그런 과정들이 특정한 유형의 행위를 이끌어내는 특정 유형의 결과를 만들어내는가에 주안점을 둔다(1989, p.172).

역사의 초점으로서의 국제협상

어떤 국제협상이건 제대로 이해하려면 다음과 같이 반드시 함께 검토해야 할 서로 연관된 차원들이 포함되어 있다. 협상의 본질과 그 결과, 협상이 발생한 환경의 통시적 그리고 공시적(a diachronic and a synchronic) 관점, 이미 발생했거나 지금 동시에 발생하고 있는 다른 협상들, 그 협상의 과정 및 그 순서적 단계와 그에 관련된 조직적·절차적 사안들 그리고 공식적인 절차와 병행한 상호 연관된 협상들, 그리고 그 협상자들의 역할이 그것이다. 때때로 사람들이 협상의 한 측

---

among Nations: Bargaining, Decision-Making, System Structure)』이다.

11) (옮긴이 주) 출처는 벤저민 모스트(Benjamin A. Most)와 하비 스타(Harvey Starr)가 지은 『조사, 논리 그리고 국제정치(Inquiry, Logic and International Politics)』(1989)이다. 이 책에서 두 저자는 국제관계와 외교정책에 대해 보다 함축적이고 적합한 개념화를 제시하고 있다.

면이나 또 다른 측면만을 강조할지라도, 본질적으로 협상은 전체를 들여다볼 때만 제대로 파악될 수 있다. 원칙적으로 역사적 접근은 협상의 모든 차원에 대해 통찰력을 줄 수 있고 또 주어야 한다.

협상 프로세스를 분석할 때, 역사학자는 가능한 한 여러 차원에서 통찰력을 가지도록 노력해야 하며, 협상의 공식적·비공식적 부분들까지 모두 고려하여 세심하게 고찰해 보아야 할 그 과정에만 연구자 자신을 한정해서는 안 된다. 연구자는 협상자들의 개인적 특성과 그 협상자들이 협상 기술과 방법을 마스터하는 방법에도 주의를 기울여야 한다. 연구자는 협상자들의 기술과 기교를 잘 살펴야 하며, 그런 뒤에 통상 매우 뚜렷한 형태의 개성을 가진 협상자들 사이의 그 접점을 의미하는 의사소통 과정에 대해 연구해야 할 것이다. 연구자는 그 맥락이나 협상의 현장, 그리고 협상자들이 활동하는 시설을 간과해서는 안 된다. 1958년 파리의 샤토 델라 뮤엣 궁전(the Château de la Muette)에서 있었던 거대한 유럽 자유무역지역(EFTA)에 관한 협상의 경우와 같이, 종종 부적절한 시설이 협상 노력을 실패로 끝나버리게 만들어왔다. 하지만 그 맥락은 물리적 환경을 넘어서 확장된다. 맥락은 통시적 그리고 공시적 수준 둘 다를 포함한다. 맥락은 협상과 그 과정에 영향을 주는 다양한 요인으로 구성된다. 즉, 수령된 지침과 그들을 수정할 수 있는 재량 범위, 그것들을 정교하게 만드는 복잡한 과정, 기관·국회의원·압력단체·유권자·언론기관 등에 의해 전달되는 여론의 힘, 관료들 간의 권력다툼, 그리고 정부 내에서 우선 협상이 필요하면서 협상자들의 유연성을 제한하는 절충과 타협이 그것이다.

국제협상을 묘사한다는 것은, 복잡성을 가졌음에도 그 모든 차원 간의 연관성을 찾아내는 것을 의미한다. 예를 들자면, 진행 방식은 본질적 속성이나 그 맥락의 전개로부터 영향을 받는다는 것이다. 엘바섬으로부터 나폴레옹의 귀환은 빈(Wien)에서의 협상 프로세스를 가속화했다. 나폴레옹의 귀환으로 협상 참여자들은 협상의 초점을 극적으로 바꿀 수밖에 없게 되었으며, 그에 따라 협상에 올릴 안건의 순서를 바꿈으로써 각 나라들 사이의 상호 작용 속성을 변화시켰다. 한 세기 후, 파리 회의 외부에서 일어난 사건들은 파리 회의에서 협상 중인 주요 이슈에 집중하기보다는 협상에 간섭하고, 로이드 조지가 '국가들의 내각'

이라고 불렸던 대표단을 교체하는 행위를 통해, 파리 회의에 유사한 압력을 가하는 역할을 하였다.

문헌 검토

국제협상 프로세스에 대한 역사적 통찰력을 제공하는 문헌을 찾아보면, 연구자는 국제협상의 조직과 과정을 분석하는 데 매진한 역사적 접근이 그리 많지 않다는 사실을 쉽게 발견한다. 역사가들은 국제협상 프로세스에 대해서는 그리 주목하지 않는다. 그 대신 그들은 고려 중인 주요 문제와 주요 주인공들의 정책, 그리고 실질적인 결과물에 보다 관심을 갖는다. 그들은 어떻게 그 협정이 합의되었는지, 그 주인공들이 상호 간 서로 어떻게 협상했는지, 또는 어떻게 그 협상이 조직되었는지에는 별로 관심을 기울이지 않는다. 흥미로운 예외 하나는, 마스턴(Marston, 1944)이 수행한 1919년 평화협정의 조직과 절차에 관한 연구이다.[12]

하지만 과거 협상에 관해 기술한 어떤 문헌들은, 조직이나 과정, 절차에 관한 질문을 간과하지 않고, 협상을 포괄적으로 묘사하기 위한 시도 차원에서 그런 질문을 종종 포함시키기도 한다. 다음은 빈(Wien) 회의에 관한 고전적 연구의 사례들이다. 1919년 파리 회담을 위한 예비회담의 맥락에서 웹스터(Webster, 1945)가 기록한 기록물이나 니콜슨(Nicolson, 1961)의 기록, 또는 1919년 평화회담에 관한 표준적인 기록물로서 템펄리[13]의 지도(1920~1924) 아래 만들어졌던 『파리 평화회담의 역사(The History of the Peace Conference of Paris)』, 카네기 국제평화기금 재단의 후원으로 발간되었던 파리 평화회담에 관한 연작물이 그것

---

12) (옮긴이 주) 원 저작명은 「1919년 평화회담: 조직과 절차(The Peace Conference of 1919)」 (Organization and Procedure by F. S. Marston. London Oxford University press)이다.

13) (옮긴이 주) 템펄리(Harold William Vazeille Temperley, 1879~1939)는 영국의 역사학자이자 케임브리지 대학교 현대사 교수이다. 제1차 세계대전 후 파리 평화회담에 관한 책을 편찬하였다.

이다. 포츠담 회담에 관해 페이스(Feis, 1960)와 미(Mee, 1975)가 쓴 논문들도 같은 경우이다.

조사해야 할 문헌들은 오히려 풍부하다. 주어진 협상에 관한 훌륭한 분석은 그 협상 프로세스의 몇 가지 측면에 대해 통찰력을 주게 마련이다(Scott, 1909; Ichihashi, 1928). 그와 대조적으로 소련의 외교와 협상 행태에 대한 미 합중국 하원 외교위원회의 요청으로 마련되었던 두 건의 보고서와 같은 논문들은 희소한 편이다. 그 논문들은 포괄적인 방법으로 긴 시간을 다루었고 역사적 접근과 협상 실무자들의 관점을 잘 조명하였다(Whelan, 1979; Mattingly, 1955).

그러나 일단 구체적인 과거 사례연구를 찾아낸다면 그다음은 어떤 다른 작업을 포함해야 할지를 결정해야 한다. 이때는 회고록, 일기, 서한, 그리고 다른 문서들과 같은 몇 가지 1차 자료를 반드시 포함해야 할 것이다. 많은 1차 자료들은 학자들이 자신의 논문에서는 간과하는 경향이 있는 협상 프로세스에 대한 통찰력을 제공한다. 회의록과 같은 서류는 매우 가치가 있으며 다른 곳에서는 발견하기 어려운 정보를 제공한다. 그런 1차 자료는 다른 출처에서는 제공하지 못할 수 있는, 연구자들에게 중요한 문제에 관한 협상 사이에서의 빈번한 상호 간섭, 과정과 조직에 관한 질문, 그리고 협상자들 사이의 상호 작용을 파악할 수 있게 해준다("말타와 얄타 회담(The Conference at Malt and Yalt), 1945," 1955). 역사가들은 종종, 중요하지 않은 사건들에 관련한 태도나, 결정적 역할을 할 수 있는 특성에 관해 충분한 정보를 제공하지 않는 문서에 지나치게 주목하는 경향이 있다. 이런 맥락에서, 1919년 파리 회담에 관한 1차 문헌들이 질적으로나 양적으로 풍성하다는 점을 거론하는 것은 가치가 있는데(Nicholson, 1939; Shotwell, 1937), 결과적으로 프랑스, 영국, 미 합중의 여러 역사가와 학자들이 회담 준비와 진행 과정에서 밀접하게 협력하였고, 그리고 회담 이후에 기억을 되살려 그것을 기술했다는 사실 때문이다(Shotwell, 1937; Webster, 1945). 예를 들어 포츠담 회담이나 파나마해협 조약을 성사시킨 협상들, 그리고 캠프 데이비드 협정이나 많은 다른 협상들의 사례처럼, 그 협상들의 과정에 대한 통찰은 처칠 (Churchill, 1954), 트루먼(Truman, 1965), 애치슨(Acheson, 1969), 키신저(Kissinger, 1982), 카터(Carter, 1982)의 회고록으로부터 제공된 것이다. 일어난 사건을 파악하면서 그 사건의 그 독특한 향기를 맛보는 데 관심을 가진 전문가들에게 1차 자료들은 필수적이다. 괴테가 일찍이 기술했던 것처럼, "당신은 역사 그 자체를 직접 겪어보지 않고서는 그 역사를 제대로 이해할 수 없을 것이다"(Ball, 1976, p.47에서 인용). 하지만 1차 자료는 주의 깊게 사용되어야 한다. 1차 자료는 발생했던 사건의 부분적 이미지만을 투영하는데, 그 투영된 그 이미지들은 주인공이나 증인에 의해 인식된 이미지를 의미하는 것이기 때문이다.

책이나 긴 기사 형태로 언론인들이 작성한 문헌, 예컨대 탤봇(Talbott, 1984)이 소련과 미국의 군비통제 협상을 묘사한 『위험한 도박(Deadly Gambits)』, 또는 시한(Sheehan, 1976)이 중동지역에서의 미국 외교에 관해 저술한 『아랍연맹, 이스라엘, 그리고 키신저』와 같은 문헌들은 분석 대상에 포함하지 말아야 하는가? 저널리스트는 증인이다. 그들은 국외자로서 자신이 관찰했던 사건에 대해 글을 쓰며, 학자들에게 1차 자료를 제공한다. 좋은 언론 기사는, 언론이라는 직업의 속성상 그 분석이 심오하지 않더라도, 출처에 대한 비판적 분석과 같은 방법론을 내포한다. 하지만 다른 1차 자료들과 같이 주의 깊게 분석하여 언론이 제공한 통찰들은 그 협상 실무자에게 확실히 흥미로운데, 특히 학자들이 아직 연구하지 않은 현시대의 협상을 다루는 통찰들이 그렇다.

국제관계 분야에서 국제협상 프로세스에 대한 문헌의 양은 그리 많지 않다. 드 칼리에르(de Callières)가 쓴 『군주들과의 협상에 임하는 방법(On the Manner of Negotiating with Princes)』([1716] 1963)과 같은 고전적 분석을 제외하고는, 국제협상에 관한 문헌은 최근에 보다 많이 나타나고 있다. 사람들은 국제협상 분야의 첫 번째 역작으로 통상 셸링(Schelling)의 『갈등의 전략(Strategy of Conflict)』(1960)을 언급한다. 이클레(Iklé)의 『국가는 어떻게 협상하는가(How Nations Negotiate)』(1964) 그리고 보다 최근인 액셀로드(Axelrod)의 『협력의 진화(Evolutuion of Cooperation)』(1984), 아론(Aron)의 『국가 간 전쟁과 평화(Paix et guere entre les nations)』(1962), 두카체크(Duchacek)의 『국가 간의 갈등과 협력(Conflict and Cooperation Among nations)』(1960)과 같은 선구적인 작품들은 외교협상에 관한 적절한 분석을 하고 있다. 다자간 협상에 집중했거나 협상 형태 이론에 관한 (특별히 양자 간 공식적 협상 모델에 대해) 일반적인 결론을 도출하고자 했던 저작은 거의 없다. 랄(Lall, 1966)이 쓴 『현대 국제협상론(Modern International Negotiations)』은 그 이전에 있었던 예외 사례이다. 다른 문헌으로는 피셔와 유라이(Fisher and Ury)의 『예스를 이끌어내는 협상법(Getting to Yes)』(1981), 라이파(Raifa)의 『협상의 예술과 과학(Art and Science of Negotiation)』(1982), 자트먼과 버먼(Zartman and Berman)의 『현실적 협상자(Practical Negotiator)』(1982) 들이 있는데, 이들은 역사나 국제관계에 관한 몇 가지 사례와 다른 분야에 대한 다양한 연구 결과를 실무자에게 전수하기 위한 접근법에 대해 언급하고 있다.

역사는 실제 협상에서 어떤 역할을 할 수 있다. 저비스(Jervis, 1976, p.217)가 관찰한 것처럼, 역사는 "정치가에게 상상할 수 있는 다양한 상황을 제공할 수 있고, 그리고 정치가가 자기 세계를 이해하는 데 도움이 될 유형들과 연결고리들을 발견할 수 있게 해준다". 하지만 과거 협상에서 볼 수 있는 지식은 역사가 주는 통찰력은 거의 이용되지 않았다는 것을 가리키며, 만약 그것이 적용되었다면 심지어 잘못된 결론이 도출될 수도 있었다는 것을 보여주기도 한다. 1919년 평화회담에 관한 마스턴(Marston, 1944)의 논문 서문에서 웹스터(Webster)가 말한 것처럼, "내가 해야 할 일 중 하나는 파리 회담 이전에 열린 유일한 회담이었던 빈(Wien) 회담이 했던 일들을 평화 조정자들에게 알리는 것이었다. 필자의 논문이 파리에서 얻었던 그 결정들에 대해 또는 그 당시 만들어졌던 그 결론에 따른 방법들과는 다른 점을 제시한다고 말할 수는 없다. 정치가들은 매우 쉽게 필요한 지식을 얻을 수 있지만, 자신이 직면한 그 문제들에 그 지식을 적용하는 것은 어렵다는 것을 발견한다".

아마도 1919년의 베르사유 회담보다 더 잘 준비된 회담은 없을 것이다. 그 어떤 다른 회담도, 그 조직과 유사 회담에 관한 분석을 포함하여, 역사적 측면에서 그렇게 철저하게 준비되었던 선례는 없다. 상당한 분량의 지식이 축적되었다. 하지만 조직 문제에 관하여는 숏웰(Shotwell, 1937, p.35, 37)이 다음과 같이 말한 바 있다. "그 조약의 초안에 반영된 최종 조직의 모습은 처음 단계에서 구상된 것이 아닌, 점점 커지는 협상자들의 요구와 같은, 상황으로부터의 압력에 의한 결과였다." 이러한 관찰은 웹스터(Webster, 1945, vi)의 말로 뒷받침되는데, "그것을 그 회담을 지시했던 사람들은 역사적 선례들을 반영할 여유가 없었다". 또 그는 다음과 같이 말했다. "1919년 1월 28일, 어떤 대표자가 빈(Wien) 회의 사례를 언급했던 때에 윌슨 대통령은 '현재의 사안은 한 세기 전 빈에서 발생했던 것과는 매우 다르다. 그리고 그 어떤 빈의 흔적도 결코 그들의 진행에 영향을 주지 않게 되기를 희망한다'고 답변했던 것으로 기록되어 있다." 이러한 발언은 실제 협상에 관여하는 정책결정자는 과거에 추출된 지식은 그리 고려하지 않는다는 것을 잘 설명해 준다. 파머스턴(Palmerston)이 다음과 같이 예전에 기술한 것처럼(in Marston, 1944, xi), "일반적으로, 협상은 정부의 행동을 결정하는 바로 임박한 미래에 관한 것이지 방부 처리된 오래된 과거에 관한 것이 아니다".

역사적 선례가 갖고 있는 가치는 한계가 있다. 개별적 환경들은, 서로 어떤 유사성을 갖고 있더라도 상이하다. 어떠한 협상도 결코 다른 협상들과 같을 수 없다. 어떠한 두 가지 맥락도 같을 수 없다. 각각의 협상은 명확히 구분된다. 거듭 강조하지만, 협상자들은 자신이 관여하는 협상에만 국한되어 있으면서 선례는 거의 도움을 주지 못하는, 그런 내부적으로 상호 연관된 문제를 다룰 수밖에 없다. 역사적 교훈에 지나치게 의존거나, 변화가 주는 효과를 충분히 고려하지 못한다면(제1차 세계대전 후) 1919년 동맹국들의 결정이, 상대방과 협상하는 것이 아니라 평화 정착을 강요하는 것과 같은, (나폴레옹 전쟁 처리를 위한) 빈에서의 탈레랑-페리고르[14]의 기억에 기초하여 이루어졌던 사례처럼 그 평가와 결정은 논란거리가 될 가능성이 높다.

하지만 어쩌면 과거에 일어난 일을 활용하는 것이, 비록 아무리 주의를 기울여 선례를 참조한다 하더라도 겉보기에 미미하거나 역효과를 낼 수도 있다는 사실을 과거 협상을 통해서 알 수 있지만, 역사는 의도했건 의도하지 않았건 대부분의 국제협상에 영향을 미친다. 어떤 협상도 통시적 진공(diachronic vacuum)[15] 상태에서는 발생하지 않는다. 과거는 기억의 집합에 뿌리를 두고 있다. 의식적이건 아니건 간에, 그것은 협상자들을 괴롭힐 것이다. 그래서 협

---

14) (옮긴이 주) 탈레랑-페리고르(Talleyrand-Périgord)는 루이 18세 시절의 프랑스 외무상으로, 1814년 나폴레옹 전쟁 처리를 위한 빈 회의에서 활약하였다.
15) (옮긴이 주) 시간 흐름에 변화가 없다는 의미이다.

상자는 과거를 고려해야 하고 역사를 배워야 한다. 저비스(Jervis, 1976, p.217)가 다음과 같이 관찰했던 것처럼, "역사적으로 일어난 주요한 사건들로부터 우리가 알게 되는 것은 입수한 정보를 해석해 얻게 되는 이미지를 결정하는 데 중요한 요소가 된다". 협상자에게는 과거의 협상에서 얻을 수 있는 구체적 지식도 중요하지만, 역사에 대한 자신의 감수성 또한 중요하다. 이 감수성이란 것은 현재를 과거와 연결시키고, 다양한 추론을 모색하며, 유사성과 차이점을 구분하고, 경험이라는 복잡한 본체로부터 올바른 결론을 이끌어내는, 협상자라면 반드시 천부적으로 타고나야 할 자질이다.

또한 중요한 것은, 역사에 대한 마르크스주의자들의 접근법(Marx and Engels, [1848]1953과 비교할 것)과 같은 다른 철학에 대한 감수성과, 협상 상대방이 그들의 과거로부터 교훈을 인식하는 방법들에 대한 감수성이다—다른 말로 표현해서, 집단기억이라는 것이 어떻게 협상 상대방의 행동을 형상화하는가에 대한 인식이다. 감수성은 과거에 대한 폭넓은 지식을 내포한다. 그러나 이것은 역사 문화라고 말하는 역사 감각에 기초한 태도나 마음의 상태를 더 중요한 전제조건으로 한다. 이 감수성 하나만으로도, 협상자들은 역사로부터 이익을 얻을 수 있고, 발생한 사안들을 제대로 설명할 수 있게 함으로써 현재에 대한 더 나은 해석을 가능하게 하고, 어떤 정책이 뒤따라야 하고 또 어떤 대안이 가능한지 등에 관한 상상력을 자극하게 해준다(Neustadt and May, 1986).

지금까지 이 장에서 인용했던 문헌들은, 빈(Wien)과 파리에서 있었던 가장 잘 기록되고 또 잘 연구된 정부 간 그리고 다자간 협상에 대해 주로 다루고 있다. 두 협상은 오래전에 발생했던 만큼, 사람에 따라 그 두 협상이 오늘날 국제관계 협상 체계와 관련이 있는지 의문을 가질 수 있다. 빈 회담은 지금의 시대를 연 새벽 여명이라 할 수 있다. 빈 회담은 대표단을 파견한 국가의 수, 회의 의제의 중요성, 강대국들의 야망, 그리고 그 조직이 제기했던 부수적 문제들 등에서 그 이전의 회담과는 차이가 크다. 빈 회담 이전이나 그 이후에도 조직에 관련한 문제가 이처럼 중요하게 다루어진 적은 없을 것이다(Nicolson, 1961). 많은 점에서, 빈 회담은 그 후에 열린 여러 대규모 회의의 선례가 되고 있다. 회담 조직의 중심적인 문제 가운데 하나는, 한쪽에서는 공개적이고도 민주적인 과정이 필요하다고 요구하는 반면, 강대국들은 전체 회의에 제출하기 전에 강대국끼리 먼저 합의에 이르러야 한다고 요구하는 것 사이에 균형을 어떻게 이룰 것인가 하는 것이다. 다시 말해서, 이런 균형은 한편으로는 모든 주권 국가들이 완전하고 동등한 자격으로 참석하는 공식적인 '토의 중심 회의체(debating society)'와 다른 한편으로는 전체 회의에 상정하기 전에 집합적 학습 과정의 진행을 통해 해결책들을 시험하고 최종 합의를 만들어내는 '소규모 비공식적 모임' 사이의 균형을 맞춰야 한다는 것이다(Freymond, 1984). 빈 회담에서 열강들이 직면했던 전반적인 개념적 문제는, 회담 규칙에 대해 훔볼트가 아래에 예시했던 것처럼, 궁극적으로, 20세기가 저무는 시기에 국제 공동체가 직면했던 문제와 크게 다르지 않았다(in Webster, 1945, pp.156~157).

어떤 형태로 전쟁에 가담했건 간에 참전한 모든 국가와 공국들의 전권대사들은 동일한 장소로 소집되었다. 이러한 방법으로, 위험한 오해가 만들어질 수 있는 국가 대 국가 협상의 위험은 회피될 수 있었다. 또한 그것은 협상을 통해 얻어진 협약들이 모두의 이익에 배치되지 않았다는 것을 확실하게 했고, 또한 보편적 제재 또는 최소한 공통의 인식을 통해 보다 많은 힘이 제공된다는 것을 분명히 했다. 궁극적으로, 유럽의 평화와 행복에 기여하는 어떤 보편적 협약에 동의하는 것이 가능해질 것이다. 그러한 조치들은 어떤 면에서는 영원히 달성 불가능한 유럽공화국에 대한 보상책이 될 수 있을 것이다.

빈 회담은 단 하나의 협상만으로 이루어진 것이 아니며, 같은 목표로 연결된 여러 협상이 모여서 이루어진 것은 더더욱 아니다. 이것은 다른 여러 개별 조약들을 선도하면서, 유럽의 보편적 이익 외에는 그들 사이의 다른 이익에 관해서는 연결고리가 없는 협상들의 단순 복합체에 지나지 않는다. 유럽 문제는 이 모든 협정에 나타나지만, 그 외에는 개별적이다. 그런 이유로, 협상에 관여한 모든 세력은 '상황의 위대함'에서 나오는 확신을 가지고 그들 사이에 적합한 질서를 형성하는 데 관심을 가져야 하며, 그러한 이슈들을 자유롭게 그리고 독립적으로 토의해야 한다. 각 교섭은 개별적으로 수행되거나, 누군가 앞장서서 이끌 수도 있겠지만, 모든 것은 여기에 모여진 전권대사들을 통해 유럽 전체의 동의와 인정의 정신으로 채워져야 한다.

빈 회담의 선례는 국제적 협상을 하나의 체계로 인식하는 것과 관련이 없는 것은 아니다(제2장 참조). 이 같은 주장을 1919년 파리 회담을 대상으로도 말할 수 있다. 이 두 회담은 오늘날 국가들이 여전히 행동하고 따라야 할 어떤 규칙과 원칙을 규정하고 있다.

하지만 오늘날의 국제 체계는 1815년과 1919년의 국제 체계와는 매우 다르다. 또한 1945년의 국제 체계와도 매우 다른 특성이 있어서(Freymond, 1988), 국제 체계 거버넌스에 대한 새로운 접근(Cleveland and Gloomfield, 1988)이 필요할 뿐만 아니라 '국제협상 합의점(modus vivendi)'[16]을 바꿀 필요도 있다. 오늘날 당면한 도전 중 하나는 1915년에 직면했던 것과 어느 정도 유사하다. 국제 공동체에 참가한 많은 나라의 요구를 고려해 가면서, 동시에 세계적인 문제들을 해결하라며 권한을 부여한 각 나라의 자연적 경향에 어떻게 순응할 것인가, 또 자기 나라에 영향을 주는 결정과 관련하여, 민주적 주권 국가들은 제한된 협상에서 상대적 협상 효율을 어떻게 조화시킬 것인가라는 문제가 그것이다.

오늘날 국제적 이슈들은 빈과 베르사유에서 해결되었던 이슈들과는 사뭇 다르며, 제2차 세계대전 이후 30년간 발생했던 그 국제적 이슈들과도 매우 상이하다. 과거에는 오로지 국가적 책임이었지만 이제는 집단적 관리가 요구되는 범지구적 이슈들이 떠오르고 있다. 예를 들어, 그 어떠한 단일경제도 세계경제를 관리할 수는 없다. 이것은 현재 집단적 책임, 원칙적으로는 G8의 책임이다. 그런 이슈들은 상당수가 고도로 복잡하다. 이는 상호 관련되어 있고, 종종 과학적 불확실성을 갖고 있다. 그 합의된 해결책들은 수십억 명의 삶에 영향을 줄 것이다. 어떤 경우에, 특히 환경 문제에 관한 건은 단기간에 결정이 이루어지고 또 실행되어야 한다. 각 국가의 주권이 침해되는 것이 그리 놀랄 일도 아니며, 전형적인 국가 간 협정과 별개로 국제적으로 입법화로 가는 경향이 생기는 것도 일

---

16) (옮긴이 주) 국가 간의 관계와 협상 사항을 잠정적 또는 예비적으로 규정한 명시(明示) 또는 묵시의 합의로 교환공문 등의 간략한 절차로 설립된 국제적 합의를 말한다.

반적인 현상이다. 요컨대 국제적 이슈가 엄청나게 변화하고 협상에 올릴 사안의 수가 폭발적으로 늘어나며 그에 따라 엄청나게 많은 부수적인 협상까지 진행되면서, 정부를 대신한 많은 기관이 협상 체계에 참여하게 되는 경향이 있다는 사실로 인해 국제 공동체 운영에 대한 새로운 접근법이 필요하게 되었다.

일련의 최근 협상에 대한 역사적 분석은, 현재의 협상 방법을 전면적으로 변화시킬 수 있는, 조직에서의 혁신적인 접근과 협상 프로세스 관리를 규명하는데 도움을 줄 것이다. 해양법 회담은 그 한 예이다(Sebenius, 1984). 이 회담은 각협상 주체의 규모를 줄임과 동시에 모든 국가의 효율적 참여를 보장하는 다자간 체계의 기하학적 구조 변화로 특정된다. GATT의 우루과이 라운드를 발족시켰던 푼타 델 에스테 회담(Punta del Este conference)의 1986년 여름 준비단계 회담은 협상의 혁신적 과정에 대한 좋은 선례이다. 그 준비단계 회담에서는 하나씩 늘려가는 일종의 '눈덩이 효과(snowball effect)'를 통하여 선진국과 개발도상국 사이의 전통적 노선들을 초월하여 각 국가가 협상에 참여하게 되었다. 푼타델 에스테에서 한 회담의 조직과 과정은 그 성공적인 결실을 맺는 데 확실히 기여했고, 역사적 관점에서 보면 분석할 만한 가치가 있다는 점이 특징이라 하겠다. 그런 방식은 집단 학습이나 더 나은 소통을 가능하게 하고 또, 더 효율적으로 협상 프로세스를 관리하기 위해서 전통적인 접근방법에서 벗어나 어느 정도 구조적인 비공식 접근법을 취했다는 점에서 여전히 일반적이지 않은 경향인 것은 사실이다.

아주 복잡한 글로벌 다자 협상과는 별개로, 최근의 양자 또는 다자간 국제협상들은 분석할 만한 가치가 있다. 캠프 데이비드, 파나마운하 협상, 아프가니스탄과 나미비아에 관한 협상들, 그리고 유럽 공동체 내에서의 협상, 그리고 미국과 캐나다 사이의 자유무역지대 창설에 관한 협상들은 자주 혁신적이고 비정형적 접근을 따른 성공적인 협상 사례이다. 캠프 데이비드의 사례[17]처럼, 점점 더

---

17) (옮긴이 주) 캠프 데이비드 협정(Camp David Accords)은 캠프 데이비드에서 12일간의 비밀협상에 이어 1978년 9월 17일 안와르 사다트 이집트 대통령과 메나헴 베긴 이스라엘 총리가 조인하여 성립했다. 두 개의 협정이 백악관에서 조인되었고, 지미 카터 당시 미 대통령이 적극적으로 개입하였다.

복잡해지는 제3자의 역할에 특별한 관심을 두어야 한다. 비정부 중재 기구를 엄격히 감독해야 하고, 그런 기구들이 난해한 문제를 해결하기 위해 정부와 상호작용하는 방법에도 엄격한 감독이 적용되어야 한다(Berman and Johnson, 1977). 여기에서 다시, 역사는 발생한 사실과 성공을 위한 요소 위에 비치는 햇빛이 될 것이다.

실제 실행 중인 협상에 관한 국제관계 연구의 기여도 같은 관점에서 볼 수 있다. 비록 국제정치에 대한 과학적 접근은 아직 걸음마 단계지만 많은 지식이 축적되어 있다. 예를 들어, 여러 유형이 규명되었고, 법칙을 세우려는 시도도 많았으며, 또한 상황을 평가하고 조건을 형상화하며, 결정 과정을 돕기 위한 많은 방법론이 개발되어 왔다. 협상자들은 자신이 구비한 다양한 이론과 방법론 및 도구를 가지고 시작한다(Barclay and Peterson, 1976). 정치가 아바 에반(Abba Eban, 1983)은 이븐 칼둔(Ibn Khaldun)의 말을 인용하면서, "모든 학자는 정치적 방식에는 익숙하지 않다"(1983, p.383)라고 그의 견해를 말했다. 에반은 또 말하기를 "과학적 체계는, 기껏해야, 정부와 정치가들의 정책결정 과정이 항상 합리적일 경우에만 그리고 그들이 항상 자신의 이익에 따라 행동하는 경향이 있는 경우에만 정부와 정치가들이 어떻게 행동할지를 계산하고 예측할 수 있을 뿐이다. 그러나 사실은 그렇지 않을 것이다. 불완전한 전통적 방법이 지금까지 만들어 낼 수 있었던 해결책보다 우발성과 감정, 그리고 개인의 특성을 허용하지 않는 체계가 더 좋은 해결책을 이끌어낼 것 같지는 않다"라고 하였다. 그는 결론을 내리기를, "국제관계 이론 연구는 구체적인 외교적 이슈들에 아직 어떤 영향도 주지 못해왔다. (⋯) 의사결정에 관한 영향력 경쟁에서, 가장 완전한 정보를 가진 자들이 단지 의견만을 가진 자들에게 승리할 것이다"(1983, pp.382~383, 385)라고 하였다. 바리케이드의 반대편에 서서 말하자면, 링컨 블룸필드(Lincoln Bloomfield, 1982)는 "외교정책 결정 과정에 관심이 있는 학문적 연구자들은 최근에 새롭고 흥미로운 지적 패러다임으로 향하고 있는데, 그러나 이것들은 관료적 관점에서 보았을 때 현실이나 요구를 제대로 따라가지 못하는 것 같다"라고 한 바 있다.

학계는 현실 상황에서 이론적 접근에만 의지하는 것은 어렵다는 것을 인식하고 있다. 국제협상에 적용했을 때의 협상 모델이 바로 그런 경우이다. 드럭먼과 호프먼(Druckman and Hopmann, 1989)이 다음과 같이 관찰한 것처럼, 그러한 공식적 모델들은 "현실 세계에는 없는 조건들을 가정하는데, 현실 세계에서는 종종 당사자가 둘 이상 관여하고 있고 그것은 거의 내부적으로 통합되어 있지도 않다. 이는 그런 공식 모델들을 현실 세계에서 일어나는 국제협상에 적용해 보면 실질적인 결실을 이끌어낼 수 없다는 것을 의미하고, 더욱 설득력 있는 개념화를 찾는 데 실패했다는 것을 뜻한다". 오늘날 경향 중 하나는 "국제적 이슈에 관한 협상의 결과"를 명확히 정의된 최초 조건들 조합에서 분석적으로 추출된 것으로 보기보다는, 단지 협상 **프로세스 자체**를 통해 일반적으로 결정된 것으로 본다는 것이다. 그런 경향에 따라 몇몇 학자들은 국제관계 이론의 본질적 목적이라고 할 수 있는, 다시 말해서 "민족국가들이 어떻게 복잡다단한 국제적 맥락 안에서 작동하는 조약들을 찾아내는가"를 분석하는 것에 대해 고려하게 되었다. 머지않은 장래에 실무자들은 국제협상을 통해서 효과적으로 문제들을 풀어갈 수 있도록 해주는 일반적인 설명과 도구가 될 적절한 이론을 자유롭게 활용할 수 있게 될 것이다. 드럭먼과 호프먼(Druckman and Hopmann)의 말에 따르면, 그것은 "이론적이고 개념적인 용어들로 협상 프로세스와 실질적 결과를 연결하게 해주는 관계를 규명할 수 있는" 사회과학자들의 능력, 그리고 "서로 다른 사례에서도 타당한 결과를 이끌어낼 수 있는 공통된 방법론을 가지고 이런 관계들을 시험하는" 사회과학자들의 능력, 마지막으로 "서로 다른 맥락의 영향을 민감하게 감안하면서 적절하게 일반화할 수 있는" 사회과학자들의 능력에 달려 있다고 하겠다.

결론

오래전에 투키디데스가 말한 것처럼, 역사는 미래를 해석하는 데 도움이 될 목적으로 과거에 대해 정확히 알고자 하는 연구자들에게는 확실히 유용할 수 있다(Boorstin, 1989). 역사는 또 협상을 이해하고 새롭게 나타나는 국제협상 체계의 구조와 운영에 대한 혁신적인 접근법을 찾으려는 실무자들에게 원하는 답을 줄 수 있다. 하지만 사회과학자와 같이 역사가도, 국제협상보다 포괄적인 이미지를 생성하기 위해서는 먼저 다양한 종류의 질문을 던져야 하고, 자신이 자주 간과했던 분야에 대해서는 초점을 확장해야 할 것이다. 역사가는 국제협상을 모든 차원에서 연대순으로 기록하되, 과정과 내용뿐만 아니라 복잡한 전체와 그것의 공식적 그리고 비공식적 구성요소, 전체 내에서의 일정한 상호 작용, 그리고 협상들 사이에서의 상호 의존성 모두를 포함해야 한다. 그들은 어떤 선행적 변화를 내포하는 가장 최근의 협상을 연구해야 한다. 역사가는 자신이 사는 바로 이 현시대를 탐구하기는 좋아하지 않는다. 그들은 그 사건들로부터 약간 떨어져 앉아 있기를 선호하는데, 특별히 최근의 사건들에서는 필요한 기초 자료가 자주 결여되기 때문에 그렇다. 하지만 역사가에게 요구되는 것은, 무엇이 발생했을지에 대한 확정적 설명이 아니라(확정적 설명은 결코 기술되지 않을 것이고 또 역사는 꾸준히 변화할 것이기 때문에) 필요한 접근법을 찾는 협상자들을 지원할 수 있는 '일련의 신호(a set of signs)'에 대한 연구와 그러한 신호에 의미를 부여하는 시도일 것이다. "나는 결코 그 '상징들의 가치(the value of symbols)'에 대해 의문점을 가진 적이 없다"라고 에코는 기술했다(Eco, 1984). "그것은 인간이 세상에서 자신의 방향을 이끌어가는 유일한 수단이다."

제10장

국제협상에 대한 법적 관점

프란츠 세데

어떠한 국제협상에서도 법적 측면은 존재할 수밖에 없다. 국제협상에서 법이 어떻게 작동하게 되는지를 설명하려 한다면, 협상이 결코 아무것도 없는 진공상태에서 일어나는 것이 아니라 적어도 법적 요인에 의해서 결정되는 어떤 특정한 맥락에 들어가야만 협상이 진행될 수 있다는 것을 명확하게 알 수 있게 된다. 하나의 사회 현상으로서, 국제협상은 그 시점에서 타당한 법적인 매개변수 안에서 행해질 것이다. 국제협상은 합의된 약속에 서명하려는 당사자들이 협상 결과를 꼭 존중할 것이며 선의를 가지고 시행할 것이라는 믿음을 공유하는 데 기반을 둔다. 그래서 협상자는 자신이 만들어낸 협상 결과에 권위를 부여하려 한다. 협상자는 협상 결과가 그 계약 당사자들을 속박하게 될 것이라고 기대한다. 합의된 약속을 결정하는 데 보다 정확성을 기하기 위해 협상자는 통상 이를 법적으로 명문화한다.

　여기서 법철학까지 구구절절하게 논의하려 할 필요는 없다. 지금은 필요에 따라 여기까지만 말하려 하지만, 국제협상에서 법적 측면은 도외시할 수 없는 사안이다. 국제협상은 법적인 질서에 깊이 뿌리내리고 있으며, 국내법과 국제법 차원 모두에서 집행된다. 협상자는 자신이 관심을 갖는 주요 문제를 좌우하는 규칙을 반드시 고려해야 한다. 협상자는 자신이 내리는 모든 결정에서뿐만 아니라 통상적인 행위에서도 반드시 법과 규칙에 부합해 행동해야 한다는 점을 명심해야 한다. 이러한 일반적 행동 수칙에 부가하여, 협상자로서 법을 준수해야 할 모든 당사자는 전형적으로 변호사와 같은 사고방식과 태도를 갖추어야 한다. 왜냐하면 협상자는 자신의 이익에 부합하는 정확한 결과를 원할 뿐 아니라 가능한 한 구속력 있는 합의가 필요하기 때문이다.

이러한 목표를 이루기 위해서는 협상 결과에 대해 법적 권위를 부여하는 것이 가장 좋은 방법이 될 것이다. 협상 프로세스에서 법적 변수를 과소평가한다면 비싼 대가를 치를 수 있다. 어떠한 종류의 심각한 협상이건 간에, 변호사가 협상 주도자에게 법적 자문을 하는 것이나, 종종 변호사 스스로 직접 협상의 결정적인 역할을 하는 것은 결코 우연이 아니다.

국제협상에 대한 법적 인식

국제협상 결과는 상호 간에 약속한 것을 시작하기로 하고, 종종 권리와 의무를 계약 사항에 명시한 일종의 협약이나 어떤 체제(regime)를 세우기로 한 협약으로 묘사될 수 있다. 실질적으로, 어떤 경우든 간에 협정은 법과 같은 특성을 띤다는 가정에 기초하여, 협정이 약속 당사자들 간에 실행되어야 한다는 명백한 목적이 결정되었을 때부터 국제협상의 규범적 측면은 작동하기 시작한다. 그 맥락에서 법의 영역은, 일반적으로 합법적이라고 특징되는 협상에만 영향을 미치지는 않는다는 점을 강조할 필요가 있다. 국가 간의 법적 수단을 공들여 만드는 것도 바로 그런 예이다. 물론 첫 단계에 변호사들이 이런 법적 수단을 만드는 책임 분야에 개입하게 된다.

하지만 국제협상에 대한 법적 인식은 일반적으로 법률에 관련된 문제에만 국한되지는 않는다. 협상 팀이 협상을 마무리 짓거나 아니면 향후 효율적으로 적용되도록 고안된 합의안을 마무리 짓는 것을 목적으로 할 때마다, 당연히 고려해야 할 사항은 그 협정의 규칙에 관한 것이다. 합의문 조항에 의거해 반드시 해야 하는지 아닌지는 여전히 법적인 함의와 중요성을 가진다.

법적 고려 사항들이 문자 그대로 어떻게 협상을 과정에 반영되는지를 설명하기 위해, 언뜻 법적 영역과 상관없는 것 같은 예를 하나 들어보겠다. 지휘자 두 명이 어떤 중요한 도시에 있는 국제적 명성의 오케스트라를 방문할 계획이라고 가정해 보자. 그들은 음악, 그 오케스트라의 자질, 재정 문제들에 관심이 많을 것이다. 그들은 그 오케스트라와 콘서트를 성사시키려면 법적인 문제부터 먼저 제대로 알아야 한다는 것을 금세 깨닫게 될 것이다. 그리하여 그 계약은 관련 법에 정통한 변호사들의 도움 아래 초안이 작성될 것이다.

'법적 사고력(legal mind)'이란 국제협상을 법적 측면에서 인식하게 하는 능력이다. 그래서 변호사는 협상자에게 자신의 행동의 법적 측면을 환기시키려 노력한다. 협상 단계마다 변호사는 협상자에게 지금 취하고 있는 입장이 보편적인 국내법이나 국제법에 따를 경우 어떤 의미를 가지는지를 조언할 것이다. 변호사는 협상자가 앞으로 맞닥뜨리게 될지도 모를 법적인 위험성에 대해 경고하면서 종종 특별한 조항을 제안하기도 한다.

국제협상에서 법률 자문가는 그 주요 행위자들이 협상의 주요 이슈를 좌우하는 법적 규칙에 대해서 완전히 알고 있어야 한다고 본다. 법률 자문가는 협상자에게 법적 측면의 전체 그림을 제공하고 협상자의 입장이 관련 법과 규칙을 벗어날 때마다 주의를 준다. 자문가는 협상 당사자들이 만약 법적 규칙을 무시하거나 위반할 경우, 그들의 상관이 어떤 결과에 봉착할 것인가에 대한 정보를 제공하는 것에 결코 나태하지 않을 것이다.

국제협상의 규범적 틀

법률 자문가가 꽤 친숙한 법적 체계들은 매우 다양한 요소로 구성되어 있고 모두 밀접하게 연결되어 있다. 현재 여러 협상이 일어나는 국제환경 속에서, 다음과 같은 규범이 반드시 고려되어야 한다.

- 가장 중요한 틀은 공적 국제법 기구와 사적 국제법 기구이다. 왜냐하면 이들은 다수의 유효한 국제협정을 포함하기 때문이다. 이에 관한 협정들은

전 세계적 또는 지역적 특성을 띠며, 사례에 따라 그 협정 가운데 어떤 것을 실행하기로 결정할 것인지, 그리고 협상 참여자들이 협상을 실행하는 데에서 과연 적절한지를 면밀하게 조사할 필요가 있다.

- 국제법에 따라 좌우되는 협정은 협상 당사자들이 지킬 수도 있고 지키지 않을 수도 있는데, 국제법의 주요한 두 번째 요소인 '국제적 관습'으로 보완되어야 한다.

- 협정과 국제적 관습은 국제적인 관행이라는 관점에서 그리고 국제 사법 재판소의 권한에 따라 해석되어야 한다. 이는 적용 가능한 법규의 문구만을 해석하는 것으로는 충분하지 않다는 것을 의미한다. 다시 말해서, 관련 재판의 판결이나 널리 퍼져 있는 기존 관행까지 신중하게 고려해 가면서 읽어야 한다는 뜻이다.

국제협상에 관한 법적 틀을 고려할 때 앞에서 언급했던 범주 외에도 또 하나 분명한 것은, 일반적으로 민법이 처리해야 할 사안과 공법이 처리해야 할 사안이 명확히 구분되어 있다는 것이다. 민법이 처리해야 할 사안은 종종 기업체나 비정부적 기구와 같은 비국가 행위자와 관련된 것인 데 반해, 국제공법은 주권 국가의 문제나 국제적인 정부 간 조직의 일을 주로 관장하기 때문이다.

협상은 민간 기구 사이에서 행해지는지 아니면 국가 간에 행해지는지에 따라 상당한 차이가 있다. 비국가 행위자 대표들이 협상 진행을 할 경우, 그들은 반드시 그들 간의 합의가 실정법이나 규칙보다 하위에 있다는 점을 알아야 한다. 반대로, 국가 기관 행위자들은 관련 법을 바꾸거나 새로운 권리를 만들어내는 권한을 부여받을 수도 있다. 후자의 전형적 사례로서, 새로운 국제법 기준을 세워 기존에 유효했던 규칙을 대신하게 한 국제협상의 결과들을 들 수 있을 것이다.

국제협상에서 이상적인 법 전문가의 특징

국가 간 협상에 관여하는 국제 변호사는, 상대방의 노련한 법적 자문가에게

낭패를 당하지 않으려면 법적 매개변수에 관련된 적절한 정보를 가지고 있어야 한다.

이러한 국제법의 핵심적 구성요소에 추가하여, 국가 간 협상에 관여하는 국제 변호사는 관련 당사자들의 국내적 법적 체계도 충분히 고려해야 할 것이다. 다루는 사안에 맞춰, 최대한 전문적인 법적 지식도 갖춰야 한다. 어떤 경우에는 환경법 전문가들 사이에 조세법 전문가가 필요할 수도 있는데, 그럼으로써 현대의 법적 자문가의 특성이 매우 다양해지게 만든다. 국제협력이나 투자법을 다루는 협상은 비즈니스 관련 전문 법적 지식이 크게 요구되지 않는 다른 사안들과는 분명히 다를 것이다.

국제협상에서 요구되는 전문적인 법 지식은 법의 특정한 전문성에만 의존하지는 않는다. 자국의 조세법만 속속들이 알고 있는 변호사는 해외의 다양한 나라들이 가진 서로 다른 법체계를 모두 참조해야 하는 협상 상황에서는 그다지 도움이 되지 않을 것이다. 유능한 법률 자문역은 여러 자격을 갖춰야 한다. 그런 자문역은 관련 법을 꿰뚫고 있어야 할 뿐만 아니라, 국제환경에서 종종 나타나는 난해하고도 복잡한 비즈니스 협상을 이해할 수 있는 탁월한 분석적 자세를 갖추어야 한다. 매우 똑똑하고 법 분야에 정통하다고 해서 국제협상에서 반드시 성공하는 것은 아니다. 오직 문제의 핵심을 바로바로 파악할 수 있고, 합의된 내용을 법률 용어로 전환할 수 있어야만 비로소 협상 팀에서 꼭 필요한 일원이 된다. 협상은 종종 말 한마디 한마디의 의미에 따라 좌우되기에, 양쪽이 모두 동의할 만하면서도 동시에 법적인 구속력을 가질 문서 초안을 어떻게 작성해야 하는지를 잘 아는 믿을 만한 법적 자문역에 의존하는 것이 매우 필요하다. 법적 식견을 갖춘 전문가의 지원을 받는 것은 국제협상에서 필수 요소이다.

그러한 사람들의 특징은 전형적으로 여러 재능을 복합적으로 갖고 있다는 것이다. 의사소통에 매우 탁월해야 하고, 하나 이상의 언어를 더 구사할 수 있는 사람이라면 더욱 이상적이다. 문제를 법적 관점으로 압축할 수 있는 변호사에게 요구되는 치밀함 역시 가지고 있어야 한다.

권한 부여 문제

대부분의 협상 진행 과정에서, 핵심 행위자들의 권한을 확인해야 할 때가 있다. 본질적으로 그 과정은 법적인 문제인데, 왜냐하면 협상에 나선 사람이 그의 상관을 대신해서, 그리고 어떤 경우에는 국가를 대신해서 협상자로서 활동할 수 있는 적법한 자격을 가졌는가, 그리고 어느 정도 선까지 그런 자격을 부여받았는지를 결정해야 하기 때문이다. 어떤 경우에는, 예를 들어 유럽연합 이사회처럼 국제법이나 관련 국내법에 따라서, 국가나 정부 수반 같은 국가의 최고위 인사 스스로가 그들 국가를 대표해 협상 프로세스에 참여할 자격을 가질 수도 있을 것이다.

협상에 참여하거나 협약을 결정하는 사람의 권한과 관련해 두 가지 법적인 문제가 있다. 우선, 어떤 특정한 개인이 주어진 환경하에서 협상에 참여하고 합의를 결정할 수 있는 권한을 최상급자로부터 부여받았는가 하는 문제이다. 두 번째는 권한 부여 범위에 관한 질문인데, 달리 말하자면 수석 협상자로 지명된 사람이 현재 진행 중인 협상에서 그들의 상급자들이 어느 정도까지 개입할 수 있도록 할지 정해놓아야 한다는 점이다.

국제법하에서 조약의 결정을 좌우할 보편적인 규칙을 담고 있는 '조약법에 관한 빈 협약'[1]은 그러한 문제들에 대해 어느 정도 공식적인 답변을 제공하고 있다. '전권 위임장(Full Powers)'이라는 용어는, 협약에서 정의한 바와 같이(제2조, c호), 국가의 합법적 권위로부터 인정되어, 조약문의 협상, 채택, 확정, 조약 체결, 그리고 조약에 관한 다른 행위를 수행하기 위해 국가를 대표하는 1인 또는 그 이상의 인원을 지정하는 문서를 의미한다.

빈 협약(제7조) 제2항은, 그 당사자가 만약 관계국들의 관례가 아니거나, 또는 그 사람이 그 국가를 대표하거나 전권을 행사하는 환경이 나타나지 않는 한, 적절한 전권 위임장이 필요하다고 명기하고 있다. 한 걸음 더 나아가서, 특정 인물

---

1) (옮긴이 주) '조약법에 관한 빈 협약(Vienna Convention on the Law of Treaties)'[발효일 1980. 1. 27][다자조약, 제697호, 1980. 1. 22. 제정]은 해당 조약 제1조에 따라 국가 간의 조약에만 적용되는 국제법에서 중요한 협약이다.

(국가수반, 정부수반, 그리고 외교 담당 각료, 외교적 임무 책임자 또는 국제기구나 국제회의에서 공인된 대표자)은 조약의 결정과 관련된 특별하고도 잘 정련된 행위를 하는 그들의 역할을 감안해, 비록 전권 위임장이 없다 하더라도 국가를 대표한다고 간주된다. 이러한 국제법적 공식 규칙은 국가 간의 조약 결정과 관련해 권한을 부여하는 문제를 해소하고 있다. 하지만 그런 규칙들은 국제조약 이외의 다른 문제에 대한 협상에서 발생하는 광범위한 권한 부여 문제를 규제하지는 않는다.

권한 부여에 관한 법적인 문제가 얼마나 중요한지를 보여주는 대표적인 예로서, 미국과 소련 간의 전략무기 협정을 들 수 있을 것이다. 그 협상에서, 수석 협상자는 협상 테이블의 반대편에 앉아 있는 사람이 그들 정부를 대신하여 행동할 수 있는 충분한 권한을 위임받았는지에 대해 전혀 의심을 갖지 않았다. 그 누구도 대표단 내 개별 인원들의 자격에 대해 시비를 걸지 않았던 것이다. 하지만 국가의 생존이 달린 문제라 할 수 있는 전략무기 감축과 같은 민감한 영역에서 수석 협상자가 어느 정도까지 국가를 대신해서 협상할 수 있느냐 하는 문제는 여전히 불확실하게 남아 있었다. 명백히, 빈 협약과 거기에 있는 법적으로 유효하면서도 정교하게 잘 만들어진 기본 규칙들은 핵 군축이라는 고도의 정치적 부담이 있는 분야에서는 거의 소용이 없다. 정부의 행정 부처에 의해 잘 설정된 협상자들의 권한조차도 해당 입법부(특히 미국의 상원)가 그 결과를 비준하지 않을 수 있다는 위험이 항상 도사리고 있다.

그러므로 쌍방은 그들 각각의 위치가 부여된 권한의 법적·정치적 한계를 절대 넘어서지 않겠다는 것을 확실히 하는 데 주력했다. 이러한 민감한 영역에서, 그들에게 위임된 권한의 범위가 어디까지인가를 결정하는 것은 수석 협상자들 사이의 상호 신뢰에 달려 있었다. 군비감축 협상이라는 비밀스러운 세계에서의 권한 부여 범위에 대한 검증은 통상적인 국제 조약법 절차에 따른 공식적 형태로는 이루어지지 않는다. 협상 권한이 어디까지 확장될 수 있는지를 검증하기 위해서는, 자연스럽게 '양쪽 수석 협상자 둘만의 비공식 회담(walks in the woods)'이 보다 적절한 형식이 될 수 있다는 사실이 증명되었다.

요약해서 말하자면, 위에서 언급된 조약 법에 관한 규칙들을 제외하고는, 주어지는 과정에서 협상자들의 신뢰성을 검증하기 위한 일반적 절차는 없다. 예를 들어, 다이아몬드 판매상 간 거래의 경우는 한 번의 눈길 교환과 악수만으로도 충분할 수 있다. 하지만 다른 환경에서는, 현안의 최고 책임자가 진짜임을 증명하는 정교한 문서가 요구될 것이다. 무엇보다 중요한 것은, 권한 부여에 관한 주제는 국제협상에서 대단히 중요한 법적 요소로 간주된다는 사실이다. 만약 부여된 권한이 적합하지 않거나 충분하지 못하다면, 최악의 상황에는 협상 결과를 무효로 하는 법적 결과를 초래할 수도 있을 것이다.

양자 협상 대 다자 협상

오늘날 주권국가들이 여전히 핵심 행위자로 활동하고 있는 외교 영역에서 국제협상은 양자 간 또는 다자간 형식으로 이루어진다. 절차적인 면에서 양자 협상은 더 유연하지만, 다자 협상은 일반적으로 고도의 형식주의를 지닌다는 특징이 있다. 양자 협상이나 다자 협상 모두 국제외교적 협상 틀에서나 또는 국제 조직 내에서 이루어지지만, 언제나 절차에 적용된 규칙을 엄격히 준수하면서 잘 규정화된 패턴을 따른다.

법적 관점에서, 다자 협상의 체계는 양자 회담과는 전혀 다르다. 국제회의나 국제기구의 틀 내에서 협상은, 진행 절차나 결과에 법적으로 매우 중요한 절차 규정에 따라 행해진다. 게임 규칙이 다자 협상 최종 결과에 얼마나 결정적인가를 보여주는 예로 투표에 관한 규칙을 들 수 있다. 어떤 정치적·법적인 상황에서, 최종 결정을 위한 투표 권한은 전체 협상의 성패를 좌우할 수 있다. 예를 들어, 3분의 2 다수결 제도는 거의 200개의 주권 국가가 있는 세계에서는 유의미한 협정에 도달하기에는 지나치게 높은 문턱이 될 수 있다. 다자간 협상의 환경이 양자 간 협상과는 전혀 다른 또 다른 특징은, 수많은 행위자의 법적 지위를 조화롭게 하는 것이 매우 복잡하다는 것이다.

참석자들이 많은 협상 형식에서는, 무엇이 최적의 결과인가를 고려하기보다는 항상 가장 많은 행위자들이 수용할 만한 최소 공약수를 반영하는 타협책으로 기우는 경향이 있다. 참석자가 여럿인 다자간 협상에서, 투표 대신에 모든 대표자 간의 합의를 택하는 새로운 의사결정 경향이 발전하고 있다. 합의에 의한 의사결정은 당면한 협정을 모두가 수용한다는 것을 의미하기 때문에 언뜻 보면 바람직해 보인다. 다시 한 번 살펴본다면 합의에 의한 결정이 치러야 할 대가가 매우 크다는 것을 알 수 있다. 타협에 의한 해결에서 보이는 것처럼, 합의에 의한 결정도 최종적으로는 합의점을 찾기 위한 전반적인 움직임 속에서 종종 서로 다른 시각과 입장은 그저 양탄자 밑으로 쓸어 넣듯이 은폐되기도 한다.

이러한 문제는 양자 협상의 맥락 속에서는 존재하지 않는다. 먼저, 양자 협상은 절차에 관한 엄격한 규칙에 얽매이지도 않고 또 다자 협상에서 나타나는 어떤 다른 특이성으로 인해 제약받지도 않는다. 특성상 상대적으로 더 유연하기 때문에, 양자 협상은 당사자들의 관심과 필요에 맞추어 해결책을 모색하기가 더 쉽다. 참여자 스스로가 준수해야 할 절차와 주제들을 너무나도 잘 알고 있다.

국제협상의 주제에 관한 문제

법적 의미가 가진 또 다른 특징은 협상에서 다루어야 할 주제에 관한 것이다. 이론적으로 국제협상에서 다룰 수 있는 모든 잠재적 주제 가운데, 어떤 주제는 속성상 다른 주제들보다 법적 분야에 더 근접해 있다. 앞서 언급했듯이, 법적 영역의 중심 범주에는 적절한 법률적 관습이 포함되어 있다. 그러한 범주의 전형적 예로 두 국가 간의 범죄인 인도 조약을 들 수 있다. 우선, 사법적이니, 법적이니 하는 엄격한 이름을 단 수많은 조약이나 협상 프로세스가 있다. 스펙트럼의 다른 한편 끝에서는, 사법적 문제와는 전혀 관련이 없는 사안을 다루는 협상을 들 수 있다. 이는 대체로 협상 프로세스를 고려해 보면 후자 역시도 법적인 관점에서 보아야 한다는 사실을 시사한다.

누구든 각각의 주요한 문제마다 들어 있는 법적인 특징들을 구분할 수 있을 것이다. 예를 들어, 국가 간에 협력하기로 맺은 조약들을 추려내기는 쉽다. 그리고 그러한 분야에서의 협력을 위해 관련 국가의 국내법과 연계 선상에서 국제적 민법이나 형법을 고려해야 한다는 것은 두말할 필요가 없다. 이들 분야에서의 협상은 통상 규정되어야 할 절차적 문제를 각별하게 강조하면서 법률적 협력에 주안점을 두고 있다.

환경 보호와 같은 또 다른 협상 분야를 본다면, 법적 협력에 관한 관행이 완전히 결여되었다는 특수성을 발견할 수 있다. 환경 분야에 대한 다자간 협상은 주로 전 세계에 관련된 결과를 달성해 내는 것을 목표로 하며, 참여자들이 모두 받아들이기로 한 협약은 종종 일반적인 말로 기술된다. 협약이 확실하게 이행될 수 있도록, 참여국들이 협약에 서명한 의무를 다하지 못할 경우에 대해 시정 조치를 할 수 있도록 한 이른바 '비준수 메커니즘(Noncompliance Mechanism)'을 담고 있다. 모든 개별 주제들의 법적 세부 사항을 보다 구체적으로 분석하는 것은 매력적일 것이다. 이러한 맥락에서, 각각의 개별 주제들은 각자의 법적인 특이함을 갖고 있다는 사실에 주의해야 할 필요가 있다. 그리고 그러한 사실은 협상자들도 깊이 새겨들어야 할 대목이다.

보편적·지역적 법체계

국제협상에 대한 법적 관점은 이와 연관된 법체계 기능에 매우 크게 좌우될 수 있다. 국제연합처럼 전 세계가 참여하는 글로벌 환경에서 상호 이해를 위한 노력은, 세계 각국의 서로 다른 법적 전통에서 비롯된 여러 법적인 의견과 개념들을 존중하고 하나로 통합시키기 마련이다. 이러한 '법 문명의 충돌(clash of legal civilization)'은 국제 인권 기구를 놓고 국제연합 체계 속에서 뜨거운 논쟁이 벌어졌을 때 확연하게 드러났다. 그 협상들은 각 나라의 서로 충돌하는 법적 개념들로 뒤엉켜 혼란스럽게 되었는데, 그런 충돌하는 법 개념들은 이념적으로 경쟁하고 서로 다른 국익으로 분열된 세계 속에서는 조화시키기가 매우 어려웠다. 그 결과 인권 논쟁은 시민권과 개인의 정치적 권리를 신장시키고자 하는 서구 세계와 사회 분야에서 집단적 권한을 발전시키고자 하는 사회주의 간의 대결 속에서 수년 동안 진전 없이 교착상태에 빠졌다.

글로벌 차원에서, 그러한 충돌은 조정하기가 쉽지 않다. 지정학적으로 동질적인 곳, 이를테면 서구 유럽과 같은 곳에서는 각 나라의 법적 입장을 상대적으로 더 쉽게 조화시킬 수 있다. 그런 지역에서는 공통의 가치와 공유된 전통이 있기에 글로벌 차원에서는 감히 엄두조차 낼 수 없는 합의에 도달할 수도 있었다. 이러한 맥락에서, 인권 보호를 위한 유럽 체계의 상징인 '유럽 인권 협약'은 종종 지역 차원의 합의에서 성공적인 롤모델로 간주된다. 유럽연합은 또 더 동질적인 지역에서는 어떻게 경제적·정치적 통합을 성공적으로 진전시켜 나갈 수 있는지를 보여주는 좋은 사례가 된다. 법의 지배, 민주적 원칙, 인권과 자유의 완전한 보장은 모든 유럽연합 회원국이 공유하는 공동의 가치이다.

법적 관점에서 살펴보면, 유럽연합은 복잡한 유럽 통합의 과정은 물론 관련 기구들의 일상적 행위도 반드시 법에 기반한다는 것을 충분히 보여준다. 이러한 이유로, 유럽연합에 관한 조약 전체가 유럽 계획의 중심적 위치를 차지하고 있다. 유럽연합의 법 개념을 가입 신청국들에까지 확장하는 일은 거대한 과업이 될 것이며, 이 과정에서 변호사들이 명백히 중요한 역할을 하게 될 것이다.

협상의 결과

법적 관점에서 협상 결과를 이해하기 위해서는 두 가지 접근법을 고려할 수 있다. 하나는 전체적 관점에서 결과의 법적 속성을 파악하는 것이고, 다른 하나는 개별 협정 조항을 법적 측면에서 구체적으로 살펴보는 것이다.

원칙적으로, 국가 간의 공식적 협정은 조약으로 지정된다. 이 조약이라는 개념은 '조약법에 관한 빈(Wien) 협약'이라는 정확하고 일반적인 법적 틀로 지배된다. 빈 협약은 국제조약의 체결, 변경, 폐기에 관계된 모든 중요한 사안을 규정한다. '조약'에 대한 빈 협약의 정의가 매우 일반적이라는 사실은 흥미롭다. 그 정의에 따르면(2조), 조약이란 "단일 문서나, 두 개 또는 그 이상의 관련 문서에서 구현되고 있는가에 관계없이, 또 그 특정 명칭이 무엇이건 간에, 서면 형식으로 작성되고 국제법의 규제를 받는 국가 간에 체결된 국제적 합의"를 말한다.

조약에 관한 이 정의는, 그 협정이 어떤 내용을 담아야 하고 법적으로 어느 수준을 갖춰야 하는지는 설명하지 않고 있다. 따라서 국제법적 관점에서 보면, 조약에 관한 이 조항은 합의된 조약의 내용이 아니라 빈 협약이 국제조약으로 인정하는 데 필요한 전제조건을 지칭할 뿐이다. 단지 국가들 사이의 합의라 할 수 있는 공식적인 기준을 충족하기만 한다면, 그것은 빈 협약이 적용되는 조약으로 존재한다. 이것은 해당 문서의 법적 범위를 결정하는 것과 그 안에 담긴 조항의 자격 조건을 검증하기 위해서는 해석적 마인드가 필요하다는 것을 말한다.

국제협상의 결과에 대한 법적 판단은 문제를 해결해야 할 당사자들이 국가가 아니라 다른 실체나 인물일 경우는 훨씬 더 복잡해진다. 그래서 해당 협정을 지배하는 규범은 각각 경우별로 주의 깊게 평가되어야 한다. 거기에는 국가별 입법화에 의해 지배되는 협정으로부터 국제적 협약과 교역에 관한 규칙과 관습 등에 이르기까지 다양한 가능성이 있다.

일반적으로 국제협상의 결과는 계약 당사자에 상관없이 다음의 범주에 따라 분류할 수 있다.

경성 법률(Hard-Core/Black-Letter Law)

이것은 가장 엄격한 형식의 협상 결과이다. 협정은 계약 당사자들이 엄수해야 할 정확한 의무와 권한을 명시한다.

리스테이트먼트[2]

때때로 협상자들은 현재의 협정과 상관없이 어떤 식으로든 자신이 따라야 하는 기존의 권리와 의무를 협정 조항에 다시 명시하기를 원한다. 그러한 조항들

---

2) (옮긴이 주) 리스테이트먼트(법재록, Restatement of Law)란 선례로 정착된 판례의 요점을 정리한 것을 말한다.

을 포함하는 목적은, 해당 규칙들의 중요성을 더욱 강조함과 동시에 당사자의 법적 관계에 더욱 비중을 두고자 하기 위함이다.

계약상 권리와 의무(Contractual Rights and Obligations)

상당수의 국제협상, 특히 국제적 비즈니스를 다루는 협상은, 상품이나 서비스의 배달에 관한 계약 체결이나 또는 상업과 산업 분야의 합작 구현에 전념한다는 것이다. 이는 대부분 계약 체결이나 다른 방식으로 합의되는 국가별 민법 영역 안에 있다.

연성 법률(Soft Law)

경성 법률(Black-Letter Law)처럼 의무를 강제하는 것과는 반대로, 협상 이행 권고라는 형식의 덜 엄격한 조항으로 구성될 수 있다. 국가 간 관계에서, 이러한 종류의 합의는 해당 국가들이 각각 자국의 관습 범위 내에서 특정 가이드라인을 준수하도록 호소하는 형식으로 자주 체결된다. 이러한 연성 법률이라는 수단은, 구속력 있는 합의 체결이 어려워지거나 바람직하지 않을 때마다 점점 빈번하게 이용된다. 때때로 권고 형식으로 적시되는 '가이드라인'이나 '모범 사례'에 대한 합의는 구속력 있는 국제법 수단을 고안하고 채택하는 데 첫걸음이 되기도 한다.

이러한 기술은 UN이라는 구조 내에서 여러 차례 성공적으로 사용된 바 있다. 통상적인 절차는 첫 번째로 총회 결의로서 '리스테이트먼트(restatement of law)' 요소를 포함할 수 있는 '연성 법률' 수단을 채택하는 것이다. 그 경과 기간에 연성 법률 형태의 권고안이 국제 사회 공동체에 의해 수용되는 상황이 나타나면, 그 권고는 종종 같은 주제에 대한 협약 체결을 위한 기초 교섭 자료가 된다. 이것은 연성 법률이 경성 법률로 진행되는 과정을 잘 보여주는 사례이다.

체제(Regime) 또는 제도의 설립

여기서 국제협상의 또 다른 결과물을 언급해야 한다. 협상의 목적은 종종 체제를 설립해서 제도를 만들어 분쟁을 해결하는 것이 될 수도 있다. 이렇게 미래를 대비하는 협상은 국제 수준에서 정치적 분쟁을 해결하는 고전적인 방식이다.

새로운 조직이나 제도를 만들 목적으로 하는 협상의 결과는 역시 체제 수립의 범주에 들어간다. 체제와 제도들은 반드시 법적 구조물로서 그 자신의 모습을 나타낸다.

규범적 조약

현재의 국제관계 맥락에서는, 특정 분야의 법적 표준이 될 객관적 규칙을 성문화하기 위해서 다자간 협상이 점점 더 많이 나타나고 있다. 그러한 '규범 창출 조약(norm-creating treaties)'의 특징은, '계약상 합의(contractual arrangement)'와 비교하여, 다음과 같이 묘사될 수 있다.

계약에서, 당사자들은 그들의 권리와 의무를 정의하여 그들의 상호 관계를 규정하려 한다. 그러나 '규범적 조약(normative treaty)'은 그 기준이 다르다. 규범적 조약은 국가 간의 다자간 협정을 구성하는데, 그 협정에 따라 각 국가는 국가 간 관할권 관련 주제들과 그들의 상호 작용에 영향을 주는 객관적 규범을 만든다. 인권과 환경 분야의 법적 국제제도는 규범적 특성을 나타내는 조약의 전형적인 사례가 될 수 있다.

국제협상에서 서로 다른 다양한 결과가 나타나는 것은 법 전문가가 아닌 사람에게는 혼란스럽게 보일 수도 있다. 그러나 국제협상의 기본 개념에 익숙해진 사람은 협상이 발생하는 법적 틀을 이해하기가 상당히 쉽다.

협정 준수 보장 수단들

많은 협상에서 중요한 점은 합의 사항을 완전히 이행하도록 보장하는 제도 설계에 합의하는 것이다. 그러므로 합의문 조항 속에는 협정 준수 메커니즘이 종종 포함된다. 그러한 메커니즘은 설립된 법적 체계가 자연스럽게 기능을 발휘할 수 있도록 해줌과 동시에, 한편으로는 협정의 지속 가능성을 확보하기 위해 협상자들이 그 공약 이행에 소홀하지 않다는 증거가 된다. 협정 준수 메커니즘은 여러 형태를 취할 수 있다. 협정 준수 메커니즘은 그 체계가 적절히 작동하는지 감시하고 평가함과 동시에, 계약 당사자들이 각각의 의무를 완전하게 이행하도록 하는 기구를 설립하도록 해준다. 현재 협정 준수 메커니즘은, 국제적으로 가장 복잡한 감시 메커니즘으로 발전한 환경 보호 국제협약 구조 속에서 아주 중요한 역할을 하고 있다. 통상, 협정 준수 의무를 가진 당사자들이 협정을 제대로 지키는지 조사하기 위해 기구가 설립된다. 협정 준수 메커니즘은 또한 당사자들의 '협정 비준수(noncompliance)'(이는 당사자들이 법적 의무를 지키지 않는 것에 대한 완화된 표현이다) 상황이 발생할 때 종종 권고사항을 말하기도 한다.

UN 헌장과 거기에 반영된 제도화된 집단안보 체계에서 협정 준수 메커니즘 개념에 관한 일부 유사점을 도출해 볼 수 있다. 예를 들어 국제평화와 안정 유지를 주요 책임으로 하는 안전보장이사회라는 제도는, 국제관계에서 군사력 사용을 금지함으로써 회원들이 반드시 협정을 지키도록 하는 궁극적 제도로 인식될 수 있다.

안전보장이사회에서 평화에 대한 위협이나 파괴가 있다고 결의할 경우, 안전보장이사회는 경제적 제재로부터 무력 수단의 사용에 이르기까지, 적절한 행동을 취하기로 결정할 수 있다.

UN 헌장 제7장[3])이 명시한 대로 집단안보라는 UN 체계의 핵심 관점에서 보면, 안전보장이사회는 UN 헌장에 규정한 의무 준수를 감시함과 동시에, 의무를 심각하게 위반하는 경우 무력 수단을 써서 대응하도록 하는 기구가 된다.

---

3) (옮긴이 주) UN 헌장 제7장 '평화에 대한 위협, 평화의 파괴 및 침략행위에 관한 조치'에는 제39조부터 제51조까지 규정되어 있다. 이 중 제41조는 UN 헌장 위배 행위 발생 시 비군사적 조치를, 제42조는 제41조의 조치가 부족하다고 판단할 경우 군사적 조치를, 제51조는 국가가 무력 공격에 대해 집단적 자위권을 포함한 자위권을 행사할 권리를 규정하고 있다.

분쟁 해결

협상자들은 종종 서로 다른 시각에서 협정을 각각 다르게 해석하거나 권리와 의무의 이행이 서로 연결되지 않는 경우를 대비할 수 있는 조항을 포함시키는 것을 생각할 수 있다.

그러한 분쟁이 나타날 경우에는 조약에 제3자 메커니즘을 운용하는 것이 매우 유용하다. 조약으로 인해 분쟁이 생길 때를 대비하여 이를 해결할 수 있는 조항을 넣는 것은 두 가지 이유로 신중한 선택임이 증명된다. 첫째, 중재나 법적 해결 절차를 제공할 수 있는 그러한 메커니즘은 갈등 상황의 악화를 방지할 수 있다. 법률상 논점에 관한 분쟁은 그 협정 전체가 흔들리는 위험 없이 법 분야에 포함할 수 있다.

두 번째, 조약 구조 내에서 동의된 분쟁 해결 절차를 사용하면 법정 밖에서의 시간과 노력을 소모하고, 종국적으로 협정 결과까지 위협할 수도 있는 법적 논쟁을 피할 수 있다. 비즈니스 계약의 경우에, 협상자들은 신뢰도는 떨어지나 관할권을 가질 수 있는 특정 국가의 사법 체계를 우회하기 위한 분쟁 해결 조항 준비를 선호한다.

분쟁 해결은 본질적으로 합법적이며, 그런 이유로 어떻게 법이 국제협상 프로세스를 어떻게 관통하는지를 보여준다.

거래의 비결

변호사들은 협상이 위기에 봉착할 때나 당사자들이 양립하지 못할 경우와 같이 외견상 희망이 없는 상황에 대비하여, 이를 타개할 수 있는 특별한 비책을 가지고 있다.

하나는, 의도적으로 애매한 용어를 사용한 타협안을 제시하는 것이다(잠시, 법 전문가는 통상 직업상 정확한 용어를 써야 한다는 사실을 망각하기로 한다). 상대방의 체면을 살리거나 갈등이 나타날 수 있는 표현을 회피하기 위해서, 의도적으로 애매하고 얼버무리는 듯한 용어를 사용할 수 있다. 이 기술은 양자 간 협상보다는 다자간 협상 시 더 자주 사용된다. 후에, 이처럼 변호사들이 주저 없이 건설적인 이중화법으로 공식화했던 표현을 정확한 법적 의미가 뭔지 분명히 하기가 곤혹스러운 일로 나타날 수도 있다.

또 다른 비결은, 단순히 '동의하지 않음'에 동의하는 것이다. 어떤 환경에서는 골치 아픈 이슈는 옆으로 제쳐두고 합의하지 않는 것이 다른 방법으로는 빠져나올 수 없는 문제들을 다루는 최고의 방법이 될 수도 있을 것이다. 그 좋은 예는, 아마도 남극 협정이 될 것이다. 그 누구도 그 대륙을 소유하는지에 대해 동의할 수 없기에, 그 대륙에 대한 주권 갈등은 그로써 (그리고 아이러니하게도) 동결되었다. 이렇게 이 일이 종결되자, 남극의 평화적 이용과 탐험을 포함한 다른 모든 이슈가 만족스럽게 해결되었다.

우리가 사는 이 세계에서, 정치적 그리고 법적인 문제에서, 공평하고 모두가 수용할 수 있고 모두에게 적용될 수 있는 명쾌한 해결책을 찾는 것은 결코 쉽지 않다. 대부분의 경우 협상 결과는 기껏해야 문제에 대한 중간적이거나 부분적인 해법을 제공할 뿐이다. 그래서 그 해결책은 협상 해결 이전에는 존재하지 않았던 새로운 법적 문제를 필연적으로 수반할 수도 있다. 정치적 영역에서, 발칸반도나 다른 지역적 갈등과 같은 외견상 난해해 보이는 문제를 해결하기 위한 최근의 시도는 이와 관련하여 참조할 만하다.

당연한 결과지만 국제관계의 역동적인 특성은, 협상 결과로 만들어지는 많은 협약이 종종 일시적으로 유효하다는 속성을 갖고 있다는 것이다. 때에 따라서는 협상이 장기적인 해결책을 제공하지 못할 수 있다. 그러나 시간 절약 기술이나 다른 방법들은 최소한 상황을 개선하고 일시적으로 긴장을 완화할 수도 있을 것이다.

결론

법적 관점이 국제협상 프로세스에서 대체할 수 없는, 그리고 종종 결정적인 요소인 것은 분명하다. 국제협상의 법적 측면은 모두 포괄적이기 때문에, 협상자들은 일반적으로 훌륭한 법적 자문을 구하려고 한다. 국제법은, 적용 가능한 국내법 조항과 함께, 협상 프로세스에서 모든 행위자가 존중해야 할 규범적 구조를 형성한다.

법과 협상은 인간의 모든 행위에 일반적으로 적용된다. 합법성을 얻지 못한다면 국제협상 결과는 합의된 대로 이행되지 않을 수 있기에 가치 없고 무의미한 것이 될 수 있다.

만약 협상 결과가 법적인 권위가 없고 법적 결과도 수반하지 않는다면, 협상 자체가 아무 가치도 없게 된다. 그래서 국제법과 국내법 변수를 고려한 가운데, 협상자는 자신이 시행하고자 하는 법적 권리와 의무를 만드는 것을 지원해야 한다.

협상자가 원하는 합의에 도달했을 때, 그들은 이미 법률가가 되어 있을 것이다. 협상자는 협상의 목표를 고려하면서 그들이 적용하고자 하는 규범을 만든다. 분명한 것은, 그들이 협정문 안에 포함한 조항들은 그들 국가에서 사용하는 법과 일치해야 한다는 점이다. 그러한 조건으로 인해, 국제협상자는 입법자와 유사한 행위를 했다고 말할 수 있을 것이다. 협상자나 입법자 모두 법적 규범을 입법화하기 위해 일한다. 입법가는 모든 사람에게 적용되는 규범들을 다루지만, 협상자는 오직 협정 당사자들 사이에만 효력이 있는 '법'을 새로이 만들어낸다(그런 의미에서 당사자 간 법률(lex intra partes)이라 하겠다). 협정 당사자들에게만 유효한 법을 만들어낸다는 의미에서, 협상자는 협정 당사자들 간의 법적 관계에 관한 한 입법자가 된다.

제11장

조직 이론

로버트 L. 칸(부록: 로이 J. 르위키)

이 장(국제협상에 대한 조직 접근법)의 주제는 국제 관계에서 나타나는 여러 문제와 조직이론의 잠재적인 기여 간의 관련성에 대한 것이다. 앨리슨(Allison, 1971)은 쿠바 미사일 위기를 분석하면서 이런 관련성을 제시한 바 있으며, 기존의 합리적 행위자 모델에 의존하는 설명들과 조직 과정 또는 관료주의 정치를 강조하는 설명 간에는 여러 가지 차이가 있다는 점을 예시한 바 있다. 앨리슨은 비록 조직 모델이 국제 영역에서는 설명력과 예측력이 더 나은데도 "조직에 관한 연구들이 지금까지 국제정치에 관한 많은 저작물에 별로 영향을 주지 못해왔다"라고 결론짓기도 했다(1971, pp.68~69). 앨리슨이 이런 견해를 피력한 이후 수년간, 협상 프로세스에 관한 과학적인 연구는 괄목상대할 만큼 확장되었고, 다른 여러 패러다임과 비교하는 작업도 시작되었다(Zartman, 1978).

하지만 한편으로는, 국제협상의 이해에서 조직 이론이나 연구가 상당 부분 기여했다는 사실은 별로 주목을 받지 못해왔다. 랙스와 세베니어스의 책(Lax and Sebenius, 1986) 『협상자로서의 관리자(The Manager as Negotiator)』는 협상과 교섭에서 조직이라는 차원이 상당히 연관성이 있다는 점을 밝히고 있지만, 그 주안점이 협상 이론이나 실험에서 나온 일반 원칙을 조직 관리의 속성을 밝히는 데 쓰고 있다는 점에서 앨리슨이 그리려 했던 방향과는 사뭇 다르다고 할 수 있다. 협상을 경영 과정으로 분석한 위넘(Winham, 1977b)의 논문은 조직과 관련 된 현상들을 사용함으로써 국가 간의 복잡한 협상을 이해하는 데 접근해 갈 수 있다고 주장했다는 점에서 상당히 독창적이라 할 수 있다.

조직 이론의 세 가지 활용

조직 차원에서의 이론이나 접근법이 국제 관계를 이해하는 데 도움이 되는 방 법은 어떤 조직에서나 국가에서 공통적으로 나타나는 개인 행위의 결정 요소들, 그러니까 협상자들 마음에 조직이라는 것이 깊이 뿌리 박혀 있다는 점을 설명하 는 것이라 할 수 있다. 전쟁과 평화, 그리고 클라우제비츠(Clausewitz, [1832]1976) 가 두 나라 간의 중재 행위라고 했던 외교 행위는, 국가의 행위를 국가 그 자체가 행한 것으로 봐서는 완전하게 이해할 수 없다. 또한 전쟁, 평화 외교 행위를 자유 로운 권한 위임자들의 개인적인 행위로만 들여다보는 것으로도 제대로 이해할 수 없을 것이다. 필자의 견해로는 조직에서 차지하는 책임과 역할 내에서 행동 하는 개개인의 행위로 관찰할 때만 제대로 된 이해가 가능하다.

조직이나 정부가 안정되어 있다고 하는 것은 대체로 각자 지위를 점하고 있 는 각 개인이 각각의 직무와 연관된 요구와 기대감에 걸맞게 행동하는 경우라 고 할 수 있다. 주지하다시피, 각 개인은 조직에서 높은 지위에 오를수록 개인적 으로 더 많은 자질을 발휘할 뿐 아니라 그 지위가 요구하는 행위들을 잘 따르게 된다. 군대에서 장군들이 일반 보병들보다 훨씬 더 신중한 것이 그런 사례이다. 그 조직에서 가장 높은 지위에 있는 사람도 각자 자기가 선호하거나 가치 있다 고 생각하는 대로가 아닌 그 직책이 요구하는 대로 행동하게 된다.

고위층에서 개인의 선호나 가치보다 직책에 따라 행동할 수밖에 없는 현상은 국가 지도자가 재직 중일 때와 물러난 뒤의 언급들을 대조해 보면 확연하게 드 러난다. 예를 들어 아이젠하워 대통령이 미국 국민에게 군산 복합체의 위험한 권력에 대해 경고했던 것은 1961년 퇴임 연설에서였다. 그리고 로버트 맥나마 라(Robert McNamara)가 미국은 전쟁이 벌어지거나 타국으로부터 재래식 공격을 받았을 때도 절대로 핵무기를 먼저 사용하지 않겠다고 공개적으로 천명해야 한다고 주장했던 것 역시, 재임 중에 이루어진 것이 아니라 1983년 핵무기에 대한 군의 역할에 관해 쓴 논문을 통해서였다.

협상자들은 자기가 속한 조직이나 국가 밖에서 직무를 본다고 해서 그 책무로부터 완전히 벗어날 수는 없다. 그들이 협상할 때 부분적으로는 각 개인의 가치와 성향을 표출하는 경우도 있겠지만 대체적으로는 조직이 부과하는 상벌, 승진에 대한 기대감, 조직 생활에서 일반적으로 느끼는 유대감, 조직 내 직책과의 일체감, 그리고 조직이 결정한 기준과 가치에 따라서 행동하게 된다. 사실, 이러한 협상자의 역할은 그가 대체로 조직이나 국가 밖에 있는 사람들과 상호 교류한다는 점에서 특이한 것으로 보인다. 하지만 꼭 그렇지도 않은 것이, 이를테면 조직 밖에 있는 사람들과 주로 상호 교류하는 영업직이나 서비스업종에 종사하거나 다양한 형태의 연락 직무를 수행하는 사람들 또한 비슷한 성질을 가지기 때문이다. 그런 사람들은 조직이론가들이 경계 역할이라 칭하는 지위를 점하고 있다. 조직 설정 과정에서 발전된 책무 이론의 개념 언어들은 자생적인 행동 결정 요소뿐 아니라 협상을 할 때 생기는 결정 요소, 그리고 협상자들이 원하든 원치 않든 간에 대표할 수밖에 없는 유권자들로부터 영향 받는 결정 요소들을 동시에 다루는 방법을 제공해 준다. 이런 개념 접근이 조직이론이나 연구가 국제협상에서도 유용성을 확보하는 방법이다.

조직 이론이나 연구가 국제협상 영역에 기여할 수 있는 두 번째 방법은 '상호 의존'을 개념화하는 것이다. 이 상호 의존은 사실 두 분야에서 모두 핵심적인 문제라 할 수 있다. 사실 국가가 실제로, 또는 잠재적으로 상호 의존적이지 않다고 한다면 협상할 거리도 없을 것이다. 협상이 생겨나는 것은 어떤 국가가 다른 나라들과 상호 의존적인 관계에 있다는 것을 의미한다. 지난 수십 년간 조직 이론은 사회 체계와 환경 간의 상호 의존 관계를 개념화할 수 있고 관리할 수 있는 부분에 관해 집중적으로 연구를 진행해 왔다. 조직에 관한 초기 연구들은 주로 감독관과 하급자 간의 관계 등 조직 내부의 문제에 집중되어 있었다. 그러다가 1960년대, 조직들을 열린 시스템으로 개념화하는 작업으로 이동해 가기 시작했는데, 열린 시스템에서는 조직이 환경과 끊임없이 상호 교류해야만 존속할 수 있는 체계이다(Emery and Trist, 1973; Miller, 1965a, 1965b; Kartz and Kahn, 1978; Thompson, 1967; Lawrence and Lorsch, 1967).

이에 따라, 조직을 설명하는 데 열린 시스템이라는 관점을 채용하고, 그래서 조직과 환경 간의 상호 작용의 중요성에 동의하는 학자들은 어떤 조직의 환경이나 또 다른 사회 시스템이 얼마나 개념화되고 측정 가능한 것이 되어야 하는지에 대해서는 동의하지 않았다. 스콧은 조직과 환경 간의 상호 작용 문제에 대한 여러 학자의 다양한 접근법을 훌륭하게 요약한 저서에서 환경의 세 가지 차원을 특징지었다(Scott, 1987). 우선, **생태 분야**(ecological field)(Hawley, 1950)나 **조직 간 분야**(inter-organizational field)(Warren, 1963)는 어떤 특정 지리적 위치에 초점을 두고 그 지역에서 조직들 사이의 관계 패턴을 밝히는 데 주력한다. 두 번째 접근법으로는 '인구(population)'나 '인구-생태(population-ecology)'에 대한 접근법(Hannan and Freeman, 1977)으로, 같은 인종이나 민족이 서로 더 유사해 보이는 만큼, 어떤 조직들이 서로 다른 사람들을 닮게 하는지를 분류하는 데 주안점을 두고 있다.

조직과 환경 간의 상호 의존성과 관련된 연구의 세 번째 차원은 '**조직 집합** (organization set)'이라는 개념에 기반을 두고 있다(Blau and Scott, 1962; Evan, 1966). 이 접근법은 책무 이론을 확장했는데, 주로 조직 단위에서 국가 차원으로 설명 범위를 확장했을 뿐 아니라 국제 차원의 협상 프로세스도 적절하게 설명하고 있다. 이 접근법은 어떤 특정 조직에 적절한 환경은 그 조직이 직접 상호 작용하는 다른 조직들로 구성된다고 가정한다. 조직 집합의 개념은 우리가 관심 갖는 특정 조직, 그리고 우리가 그 성패를 이해하고 예측하고자 하는 특정한 조직을 상정한다. 이렇게 특정한 조직의 관점으로부터 그 조직 집합의 구성원들이 규정되며, 이 특정 조직이 그 조직 집합의 다른 구성원들과 맺는 관계는 반드시 협상되어야 한다. 우리가 앞으로 보겠지만, 이런 접근법을 어떤 특정 국가들과 그 국가들이 관계 맺는 국가 집합에 대한 개념으로 확장시켜 적용하면 우리는 국가들 사이의 상호 의존적인 관계를 특정하는 데 도움이 된다. 그런 방식으로 조직 연구를 이끌어내고 동시에 국가 단위에서 실험될 수 있다.

조직 연구가 국제협상에서 나타나는 여러 문제점을 명확하게 하고 해결하는 세 번째 분야는 정책결정과 관련이 있다. 크든 작든 모든 인간 조직은 정책결정을 통해, 다시 말해서 여러 다양한 대안 가운데 하나를 선택하는 행위를 통해서 기능하게 된다.

어떤 조직의 결정이든 모두 협상의 주제가 될 수 있다. 다만, 시간이나 자원이 제한되어 있어서 대부분의 결정은 공식적인 협상 없이 이루어지게 마련이다. 조직의 고위층은 정책결정을 하는 권한을 쪼개어 적절히 배분함으로써 이런 문제를 해결하게 된다. 그런 권한을 쪼개서 할당하는 것이 조직 내에서 빈번히 일어나는 협상의 주제가 되기도 한다. 하지만 조직의 가동과 관련된 경영 결정은 협상을 통해 이루어지지 않는다.

정책결정 과정은 조직이 매우 크거나 수많은 하부 단위들로 구성되어 있을 때 매우 복잡해진다. 그리고 자원 배분이나 시장 점유율, 이윤의 배분이나 주요한 생산 방식 변경 등과 관련해 정책결정이 내려져야 할 때도 복잡해진다. 그런 상황에서는 정책결정이 수많은 임원진을 거쳐서 내려지게 되는데, 각 임원은 조직의 한 부문을 책임지고 있고 각 부문의 직원들을 대표함과 동시에 기업 전체의 성공과 생존에 대한 책임을 나누어지기도 한다. 그런 정책결정 과정에 복잡성을 더하는 것은 이들 조직의 하부 단위들이 크기도 다르거니와 자원이나 힘이 다 제각각 차이가 있다는 점이다.

이런 환경에서는 정해진 결정들이 얼마나 각 조직 단위들을 대표함으로써 정당성을 확보하고 구속력을 가질 수 있는가 하는 문제가 생기게 된다. 이 문제는 어느 정도 규모와 자율성을 가진 모든 조직이 해결해야 할 문제로서 다음 두 측면에서 국제협상과도 관련이 있다. 우선, UN이나 유럽 공동체에서 그보다 더 작은 지역 단위 그룹에 이르기까지 국제 연합체들은 똑같은 문제에 직면해 해결해야 한다. 즉, 모든 참가 단위체로부터 정당성과 구속력을 확보할 수 있는 결정 방식을 개발해야 한다. 둘째, 라이파가 지적했듯이, 정책결정 과정을 개발하고 채택하는 과업 자체가 매우 협상하기 어려운 문제라는 것이다(Raiffa, 1982).

경계 역할을 가진 행위자로서의 협상

크로스(Cross, 1978)가 지적했듯, 협상 모델들은 제각기 이런 문제에 대해 종합적이지 않은 파편화된 접근법을 가지고 있다. 즉, 그 각각의 모델이 초점을 맞추는 부분이 모두 다르다고 할 수 있다. 이렇게 모델들이 파편화된 것은 극도로 복잡한 현상들을 제한적으로 이해할 수밖에 없는 데 따른 자연적인 결과라고 한 크로스의 관찰과 판단에 필자도 십분 동의한다. 사회심리학이나 조직심리학에서 발전된 '역할 이론'이라는 관점으로 협상에 접근하게 되면 더 폭넓게 다룰 수 있다는 장점이 있다. 역할 이론을 통한 협상 접근법은 협상자의 자질, 협상 상대방의 행동, 그리고 협상자가 대표하는 주민이나 동료의 기대와 요구 등을 동시에 다룰 수밖에 없게 된다. 이렇게 전체를 바라봐야 하는 롤모델의 단점은 그런 요소들을 적절히 정량화하고 측정할 기법이 제대로 발달하지 못하다는 점이다.

롤모델

조직 역할이라는 개념은 기본적으로 인간 행태에 관한 것이다. 즉, 한 조직에서 주어진 위치나 다른 사회 시스템에서 차지하는 위치, 그리고 그 위치를 차지하는 사람에 대해 가지는 기대와 관련된 행위들을 말한다. 편의상, 우리가 어떤 특정 시간에 관심을 쏟게 되는 지위에 있는 사람을 초점 인물(focal person)이라고 칭하도록 하자. 직무에서 초점 인물과 상호 의존적인 사람들(즉, 그 초점 인물과 직접 관련된 상사나 부하, 동료 등)은 그 초점 인물이 어떤 역할을 수행하게 될지, 그리고 그 역할을 얼마나 제대로 수행하게 될지에 대해 특정한 기대감을 갖게 된다. 이런 사람들을 대체로 그 지위에 대한 '역할군(role set)' 또는 '역할 발송자(role senders)'라 칭한다.

어떤 사람의 역할군에 속해 있는 사람들은 초점 인물의 행동에 대해 기대감을 갖고 있을 뿐 아니라 그 사람 행동에 영향을 미치기 위해서, 그 사람이 그들이 원하는 대로 행동하도록 유도하기 위해서 그런 기대감에 대해 서로 소통하기도 한다. 상급자의 명령, 동료의 제안, 그리고 하급자의 요청은 모두 초점 인

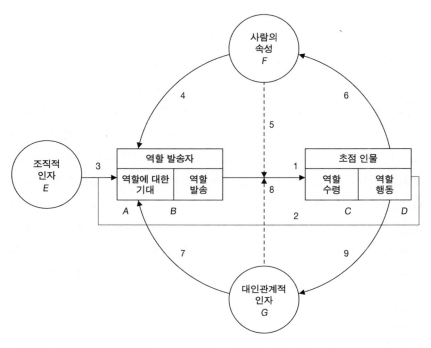

그림 11.1. 조직 역할을 수행하는 것과 관련된 요소들에 대한 이론 모델
자료: Katz and Kahn(1978, p.196).

물의 행동에 영향을 미치는 역할군의 일원으로서 하는 시도라고 할 수 있다. 또 이런 명령, 제안, 요청은 한데 어우러져 초점 인물이 해야 할 역할을 발송하게 된다. 이렇게 역할 발송의 대상자가 되는 초점 인물은 어느 정도 정확하게 그런 역할들을 인지하게 되는데, 그 초점 인물이 이 역할을 받아들이는 것을 '역할 수령(received role)'이라고 칭한다. 초점 인물은 자신의 신념이나 선호에 따라 이런 역할들을 계속 수행하게 된다. 그런 '역할 행동(role behavior)'은 역할군에 소속된 사람들에 의해 관찰되고 그에 따라 그들의 기대를 수정하거나 강화하게 되는데, 그런 식으로 역할을 보내고 실행하는 과정이 반복적으로 이어지게 된다. 게다가, 어떤 주어진 인물에 대해 이루어지는 일련의 과정은 대체로 그가 속한 조직의 자산(조직의 크기나 환경 등) 초점 인물의 자질(인격이나 인종적 특성 등)

그리고 오랜 기간에 걸쳐 발전해 가는 인간 상호 관계(신뢰도나 호감, 힘 등)가 한데 어우러지는 맥락 속에서 이루어진다.

조직 설정에 포진한 사람들의 행동을 설명하는 이 접근법에서 핵심적 요소들이 그림 11.1에 제시되어 있다. 물론 단순화한 것이다. 여기서 잘 제시되어 있지 않은 복잡성 가운데 하나는, 역할군에 속한 사람들이 초점 인물의 역할에서 꼭 필요한 요소에 대해 서로 의견이 일치하지 않을 가능성이나 초점 인물의 수행에 대해 서로 다른 의견을 가질 가능성이다. 예를 들어, 공장 감독관은 노동자들로부터 생산 목표가 너무 과하다는 말을 들을 수도 있고, 반대로 상사로부터는 생산성이 기준에 비해 너무 낮다는 지적을 받을 수도 있다. 바로 이런 것이 '역할 갈등(role conflict)'의 하나로 나타나는데, 이런 역할 갈등은 작업 환경에서 나오는 스트레스의 하나로 상당히 많은 연구가 진행되어 왔다(Winnubst, 1984; Copper and Payne, 1978).

경계 역할

이러한 역할 갈등과 사람들이 그런 역할 갈등에 대처하는 방법, 그리고 그런 대처 행위에 따른 결과는 협상을 이해하는 데 중요한 요소들이다. 왜냐하면 협상자들의 서로 다른 입장들이 이런 역할 갈등을 일으키기 쉽기 때문이다. 또한 이런 사유에 대한 이유는 역할 설정(role set)의 본질과도 밀접한 관련이 있다. 조직의 직위 측면에서 보면, 역할군에 속한 구성원들은 조직의 구성원이기도 하다. 반면, 협상자 측면에서 보면, 역할군에 속한 구성원들은 조직 내에 있기도 하면서 한편으로는 조직 밖에 있기도 하다. 새로운 노동 계약을 교섭해야 하는 회사 대표는 경영층과 노동자, 그리고 노동조합의 기대에 모두 부합하도록 역할을 수행해야 한다.

경계 위치(boundary position)는 애덤스(Adams, 1976)가 지적했듯, 여러 독특한 성격을 지니고 있다. 그런 역할을 맡은 사람들은 자신이 속한 조직의 구성원들로부터 물리적으로나 심리적으로 상당히 떨어져 있으며, 외부 환경에 있는 사람들과 더 친밀한 관계에 있다. 둘째, 경계 역할을 맡은 사람들은 그들이 속한 조직을 대표해 조직 외부 사람들을 응대해야 한다. 셋째, 그들은 그들이 속한 조직의 이익을 위하는 방향으로 조직 밖에 있는 사람들에게 영향력을 행사하려고 노력해야 한다는 점이 가장 어렵다고 볼 수 있다. 마지막으로 그들은 외부에서 얻은 정보를 그들이 속한 조직에 전달하고 그들이 속한 조직이 보다 현실적으로 주변 환경을 이해하게 하고 그 환경이 무엇을 요구하는지도 전달하려고 노력해야 한다.

지금까지 이런 경계 역할을 연구한 저서들이 꽤 많은데, 이들 저서의 상당수가 판매 사원이나 노동 협상자들에 관한 조직 연구, 그리고 그런 역할과 관련된 조직 거래의 실험적 시뮬레이션에 기반을 두고 있다. 여기에서 필자는 국제협상과 연관이 있어 보이는 연구 결과들을 그림 11.1에 나타나 있는 개념과 과정을 사용해서 요약해 보려고 한다. 그런 연구 결과들은 주로 루빈과 브라운(Rubin and Brown, 1975), 애덤스(Adams, 1976), 드럭먼(Druckman, 1977a), 자트먼(Zartman, 1978), 카츠와 칸(Kats and Kahn, 1978) 그리고 퍼트넘(Putnam, 1988)의 연구에서 발췌하였다.

이들 저작에서 가장 일관되게 나타나는 점은, 경계 역할을 하는 사람들이 조직 내 역할군에 소속된 구성원들에게 상당히 노출되어 있고 책임감도 있다는 것이다. 이처럼 매우 잘 드러나 보이고 책임감도 높다는 것은 협상 과정에서나 또는 협상 후에 상당히 부정적인 결과를 가져오게 된다. 이런 환경에서 협상을 진행하는 협상자는 교섭에서 먼저 양보하지 않으려는 경향이 있고 교착상태에 더 많이 처하게 된다. 루빈과 브라운(Rubin and Brown, 1975)도 이와 비슷하게 설명하는데, 이는 협상자들이 역할군에 있는 사람들로부터 더 긍정적인 평가를 받고 싶어 하기 때문이라는 것이다. 협상자는 자신의 성공에 기초해 좋은 평가를 받게 되고, 내부 역할군에 있는 사람들로부터 협상자로서 직책에 대해 가지는 기대에 얼마나 부응했는지에 따라 평가받게 된다. 협상자의 수행 능력이 곧바로 관찰되지 않을 때는 명백한 준수 기준이 평가에서 더 힘을 얻게 된다.

경계에 있는 사람들이 조직 내부의 역할군에 얼마나 민감하게 반응하고 그들이 원하는 대로 행동할지는 다음 세 가지 요소에 달려 있다. 우선, 경계에 있는 사람들이 얼마나 개인적으로 인정받고자 하는지, 그리고 그들이 조직이나 조직 내 역할군에 대해 얼마나 애정을 갖고 있는지, 마지막으로 역할군이 그 경계에 있는 사람에게 줄 수 있는 상벌을 얼마나 통제할 수 있는지 등이다(Hermann and Kogan, p.1977). 경계 인물과 역할군 사이에 오랜 기간에 걸쳐 형성되는 인간적 관계는 책임감이 얼마나 요구되느냐와 관련이 있을 것이라는 가설은 제법 그럴 듯하다. 하지만 지금까지는 오직 한 가지 변수만 주로 연구되었는데, 신뢰가 바로 그것이다. 역할군이 협상자에게 매우 높은 신뢰를 가지고 있다면 협상자의 자유재량권은 크게 늘어나게 되고 그 결과 좋은 협상의 결실도 가져올 수 있게 된다. 그러나 다른 한편으로 보면, 신뢰라는 것은 협상자가 역할군의 기대에 얼마나 부응하는지를 보여줌으로써, 그리고 성공적인 협상 결과를 이끌어냄으로써 형성되게 된다. 협상자는 신용을 잃을 수도 있다. 그렇게 되면 예전과 같은 순응은 기대하기 어렵게 된다.

협상과 교섭 과정에 대한 이런 연구서들과 대조적으로 역할에 기반을 둔 연구는 협상자가 조직 밖에 있는 협상 상대자에게는 반응도가 상대적으로 미진하다는 점에 초점을 맞추고 있다. 그럼에도 여기서 두 가지 중요한 요소가 등장하게 되는데 경계 인물이 협상 대상자의 교섭 행동을 얼마나 꿰뚫어 보고 있는지, 그리고 미래에 있을 거래에 얼마나 기대를 갖고 있는지 등이 그것이다. 경계 인물은 협상 상대방(교섭을 하는 상대방일 수도 있고 적일 수도 있다)이 상당히 협조적으로 보일 때와 미래에 있을 또 다른 거래가 원활히 이루어질 수 있다고 판단될 때 더 유연하게 행동하게 된다. 하지만 협상 상대방이 뭔가 더 얻어가려고만 할 경우에나 차기 협상이 잘 이루어지지 않을 가능성이 제기되면 경계인도 더 많은 요구를 하게 된다.

결국, 크라우치와 예튼(Crouch and Yetton, 1987)이 호주의 경영자들과 함께한 연구를 통해 밝혀냈듯, 경영자들이 문제를 해결하는 협상 능력과 기술을 보유할수록 이런 갈등들을 잘 헤쳐나간다는 점을 알 수 있다. 이에 앞서 베이저먼과 닐(Bazerman and Neale, 1983)은 일군의 대학생들과 함께 노동자와 경영자 간의 분쟁을 시뮬레이션하는 연구를 했는데, 훈련을 거듭할수록 분쟁 해결에 성공적인 결실을 거두는 횟수가 훨씬 늘어나는 것으로 나타났다. 이런 훈련은 확실히 피실험자들이 처음에 가졌던 성공에 대한 기대감을 낮추고, 양보하려는 의지를 증가시키는 효과가 있었다. 그럼으로써 결과적으로 협상도 성공적인 결과로 이어지게 되었다.

이런 역할 지향적인(role-oriented) 연구는 그동안 협상과 교섭에서 주로 사용했던 연구 패턴을 보완하고 있다. 이런 연구는 조직심리학에서 발전되어 왔던 대로, 조직에서의 어떤 역할을 맡은 사람들의 행태를 설명하는 데 초점을 맞추고 있다. 그런 사람들 대부분은 조직 경계선 안에서 활동한다. 경계 인물과 관련해 보더라도 이 연구의 방점은 주로 경계인의 행동에서 조직 내 결정 요소에 맞춰져 있다. 이와는 대조적으로 교섭 이론에서는 협상자들의 행동을 설명하는 데에서 주로 협상자들이 교섭 게임에서 협상 상대방의 행위에 어떻게 반응하는지, 그리고 협상자들의 성격은 어떠한지에 주로 초점을 맞춘다.

역할 지향적인 연구와 게임 이론, 이 두 모델의 강점을 잘 조합한 새로운 모델의 발전이 기대된다. 이렇게 두 모델을 그나마 결합하려는 시도는 드럭먼의 이중 민감성으로서의 협상을 다룬 그의 저서(Druckman, 1978a)에서 발견된다. 그는 저서에서 경계 역할이 갖는 전형적인 갈등과 스트레스는 어쩔 수 없이 서로 다른 두 가지 기능을 동시에 수행해야 하기 때문에 생겨나는 것이라고 설명한다. 즉, 협상 상대방이 어느 쪽으로 움직이는지를 계속 주시하면서 동시에 그런 움직임 가운데 어떤 것을 우리 측 내부에서 좋아하는지를 지속적으로 살펴야 한다는 것이다(1978a, p.87). 필자는 이 연구의 독창성에 동의하며, 적어도 지금까지는 조직 롤모델이 첫 번째 역할, 즉 협상 상대방의 움직임을 주시하는 기능들을 다루는 데는 미흡했다는 점에 공감한다. 하지만 두 번째 기능, 즉 우리 내부의 선호를 계속 살피는 역할과 관련된 기능을 설명하는 데 조직 롤모델은 상당히 기여해 왔으며, 이는 협상을 연구하는 학생들의 관심을 받을 충분한 가치가 있다고 생각한다.

상호 의존의 관리

협상을 다루는 대부분의 책이 용어의 개념 정리에서는 인색하다. 왜냐하면 말로만 해도 충분히 이해 가능하다고 보거나 설명 과정에서 충분히 의미를 이해할 수 있다고 생각하기 때문이다. 그럼에도, 개념을 제시하는 연구자들 간에는 서로 동의하는 개념들이 있다. 예를 들어 랙스와 세베니어스(Lax and Sebenius)는 "협상은 둘이나 그 이상의 사람들이 여러 대안들 가운데 함께 행동(joint action)하기에 가장 나아 보이는 것을 찾으려는 시도"라고 정의한다(Lax and Sebenius, 1986, p.11). 루빈과 브라운(Rubin and Brown, 1975, p.2)은 교섭이나 협상을 "둘 이상의 단체가 서로 거래를 통해서 주고받는 것을 합의하는 과정"이라고 말하고 있다.

이런 개념들, 그리고 이와 유사한 많은 개념에서 핵심적인 요소는 협상자들 간에 실질적이건 잠재적이건 '이익을 놓고 상호 의존한다(interdependence of interests)'고 가정한다는 점이다. 따라서 협상 프로세스는 이런 상호 의존이 어떻게 하면 잘 이루어지게 할지를 합의하려는 시도라고 할 수 있다. 가장 단순한 사례를 들자면, 협상자들 간에 합의를 이루는 방법은 이익을 완벽하게 둘로 쪼개기로 동의하는 것이다. 만일 어떤 판매자와 구매자가 가격을 합의하는 데 실패해서 구매자가 떠나버렸다면 더는 상호 의존이 생기지 않는다. 만일 경쟁하는 두 조직이 시장을 어떻게 나눌지를 놓고 합의에 이르지 못했다면, 경쟁적인 상호 의존 관계는 끝내 해소되지 못하고 오히려 더 심화될 가능성이 높아지게 된다. 그리고 만일 두 나라가 영토 분쟁을 협상하는 데 실패한다면, 지리적으로 고착된 상호 의존관계가 줄어드는 게 아니라 단지 관리가 안 되는 것일 뿐이다. 필자의 관점에서 협상이란 이처럼 상호 의존을 조율하는 시도라고 하겠다.

상호 의존의 조율은 인간관계 차원에서부터 국제 관계 차원에 이르기까지 조직이나 조직 이론이 다루는 주요 과제이다. 작업 집단(working group) 차원에서의 각 개인들 간의 상호 의존을 이해하려는 시도는 인간관계 학파의 초기 연구의 핵심이었다(Mayo, 1933; Roethlisberger and Dickson, 1939; Argyris, 1957; McGregor, 1960; Likert, 1961). 이들 연구는 상호 의존의 관리가 업무 감독의 핵심 과제로 취급되었으며, 많은 사람이 참여한 정책결정이 그런 과업을 달성하는 데 가장 효과적이라고 보았다. 에머리와 트리스트(Emery and Trist, 1973)는 조직 차원에서도 그와 유사한 견해를 개진했다. 그들은 작업 집단 내에서 상호 의존성이 얼마나 중요한지를 인식한 후 조직에 대해 사회공학적 개념을 제시하면서 다음과 같이 말했다. "유사하게도, 기업을 관리하는 데 핵심 업무는 기업 시스템을 외부 환경과 잘 연결시키는 것이지 내부 단속에만 치중하는 것이 아니다"(1973, p.220).

자원 의존 모델(resource-dependence model)의 관점에서 조직 행위를 설명하려는 학자들은, 이미 우리가 살펴보았듯이, 어떤 조직이 그 조직의 조직 세트(organization set)를 구성하는 다른 조직들과 자원을 교환하는 데에 초점을 맞추고 있다. 그런 교환들은 이미 그 이전에 교환에 대한 합의가 이루어졌다는 것을 가정한다. 그리고 그 교환에 대한 합의가 이루어졌다는 것은 이미 그 전에 협상 프로세스를 거쳤다는 것을 뜻한다.

협상은 그것이 성공했건 실패했건 간에 상호 의존이 있음을 의미한다. 어떤 형태의 상호 의존이건 간에 그것은 서로 필연적으로 협조한다는 것이고, 이는 동시에 내부의 갈등이나 외부와의 갈등의 가능성을 이미 내포하고 있다는 것을 뜻한다. 자원 획득이나 국경선과 관련해 어느 정도 상호 의존 관계가 없다고 한다면, 서로 간의 갈등으로 인한 손해를 예상하거나 합의하려는 의지를 보이는 데 대한 장점도 없을 것이다.

모든 조직과 국가로부터 꾸준히 제기되는 두 가지 문제는, 이렇게 피하기 어려운 상호 의존 관계를 어떻게 하면 최대한 잘 관리할 수 있을까 하는 것과 어떻게 하면 잠재적인 상호 의존 관계에서 실제 이득을 실현해 낼 것인가 하는 것이다. 어떤 두 조직 간에 이미 상호 의존 관계가 형성되어 있어서 그것을 없앨 수도 피할 수도 없다고 가정해 보자. 그리고 그 상호 의존 관계가 관계 중진이나 조화보다는 주로 갈등을 유발한다고 가정해 보자(Scott, 1981; Deutsch, 1973). 그런 가정의 연속선으로 두 조직 간의 상호 의존성이 얼마나 잘 관리되는지를 특정할 수 있는 측정 점수가 있다고 가정해 보도록 하자. 상호 의존성이 제대로 관리가 되지 못하는 것과 비교해 상호 의존성이 잘 관리되는(즉, 성공적으로 협상이 이루어지는) 정도에 따라 순서를 정한다면, 한쪽 끝에는 완전한 결합(합병 또는 흡수)이 위치할 것이고 다른 끝에는 무한 갈등이 자리할 것이다.

조직 상호 관계가 관리되는 정도에 따라 이렇게 죽 나열했을 때 다음과 같이 순서를 나눌 수 있을 것이다. 완전 결합(합병, 인수), 합작, 계약이나 조약(이행 강제 문서), 일회성 계약, 구두 계약, 레짐이나 시장 그리고 무한 갈등의 순서이다. 먼저 합병이나 인수 같은 완전 결합을 보도록 하자. 그것이 자발적인 합병이든 강제적인 인수이든 간에, 조직 간 관계는 조직 내 관계로 바뀌게 된다. 하지만 그런 갈등이나 협상의 문제가 사라지는 것이 아니라 조직 내부로 이전되어, 그 조직에게 있어 권위 구조의 핵심 과제가 되거나 문제해결책을 만들어야 하는 과제로 남게 된다. 랙스나 세베니어스가 지적했듯이(Lax and Sebenius, 1986) 조직 내 갈등의 협상은 경영진의 주요 과업이다. 그렇다면 조직 상호 관계에 있어 가장 관리가 안 되는 단계, 즉 조직 간 무제한 갈등은 시민 사회에서는 잘 나타나지 않는다. 사회적 규범이 있고 조직 내 갈등을 표현할 방법을 다룬 법이 조직 내의 갈등에 제한을 가하기 때문에 시민 사회에서 가장 흔하게 나타나는 상황은 앞서 본 상호 관계의 순서를 정한 척도에서 볼 때 끝에서 두 번째인 시장을 꼽을 수 있을 것이다.

앞서 언급한 조직 간 상호 의존 관계에 대한 관리 척도는 조직 차원의 연구에서 발전되어 왔다. 하지만 이런 척도를 국제 관계 차원에도 적용할 수 있을 것이다. 조직 간 합병이나 인수는 국제 관계 차원에서도 많은 유형을 찾아볼 수 있는데, 국제적 연합이나 정복을 들 수 있다. 조직 간 합작 법인들의 국제 관계 차원의 유형은 미국, 구소련, 남극 탐험대와 같은 두 국가 간의 단일 목적 연합에서부터, 유럽 공동체나 UN과 같은 다국적이고 다목적적인 연합까지 다양하게 존재한다. 조직 차원에서의 계약은 국제 관계에서의 조약과 유사하다. 비록 국가 간 조약은 그 당사국들에 대한 법적 강제력이 부족하다는 점에서 다르다고 하더라도, 조직 간 계약처럼 당사자들이 앞으로 어떻게 할지를 정한 공식 합의이기도 하면서 법에 의해 강제력을 갖기 때문이다.

조직 간 선물 계약 또는 일회성 계약과 위계적 문서로서의 계약의 차이는, 계약 지속 기간과 행동반경을 포함한 계약 반경의 차이에서 비롯된다. 예컨대 선물 계약에서는, 상품 제조자가 부품 공급자로부터 제조 스케줄에 맞추어 주기적으로 구매하려고, 비용 변화에 따라 조정된 가격으로 거래하며, 우발적인 계약 위반에 대해 어떻게 해결할지 등이 명시되어 있다고 가정해 보도록 하자.

그럴 경우 그 계약 관계 속의 일부 기능은 조직 내에서 고위 경영층에 의해 수행될 것이며, 그런 의미에서 그 계약은 스틴치컴(Stinchcombe, 1985)이 명명한 대로 위계적 문서가 될 것이다.

그런 계약들은 협상 프로세스에서의 양방향적 관계를 함축하고 있다. 가상의 자유 시장에서 펼쳐지는 조직 간 무한 갈등이나 경쟁을 뛰어넘는 상호 의존 관계를 어떻게 관리할지에 대한 합의도 그러하듯, 그런 계약들 또한 협상의 산물이라고 볼 수 있다. 그러나 일을 진행하면서 이익을 놓고 벌어지게 될 갈등에 대해 어떻게 처리할지 절차를 계약에 정하는 것 역시 협상의 한 과정이다. 덜 공식적이고 문서화되지 않은 조직 간 계약은 국제 관계에서는 레짐이라고 일컬어지는 국가 간 계약과 유사하다고 할 수 있다. 코헤인(Keohane, 1984, pp.115~116)이 말했듯, "국제 레짐은 각 정부에 대해 위계적인 법을 강제하지 않을 뿐만 아니라 자의적인 계산에 따라 행동하도록 내버려 두지도 않는다. 그 대신에, 국제 레짐은 각 정부들이 그런 레짐이 없다면 마땅히 채택하지 않았을 경험에 기반한 규칙을 제공한다".

상호 의존과 협상

이처럼 피할 수 없는 상호 의존을 다루는 여러 방법 간의 차이점은 매우 중요하지만, 우리가 이런 방법들의 공통점을 무시해서도 안 된다. 가장 주요한 공통점은 그 방법이 모두 협상에 의존한다는 점이다. 명목적인 합의, 모든 종류의 계약, 합작 회사, 그리고 자발적인 합병이나 연합 모두 협상의 산물로서만 나타날 수 있다. 경쟁하는 생산자 간에 담합 행위를 금지하는 이상적인 자유 시장 역시 구매자와 판매자, 공급자와 구입자 간의 지속적인 협상이 존재한다고 가정하고 있다. 한 조직이 다른 조직을 적대적으로 인수하는 것은 아무런 협상 없이 일방적으로 일어날 수 있지만 그러한 인수의 결과가 협상이나 갈등을 완전히 제거하는 것은 아니다. 오히려, 인수가 이루어지기 이전에 조직들 사이에 존재했던 이익 갈등은 인수 후에 더 커진 조직 안으로 옮겨져 합병된 기업의 경영진들에게 협상의 대상이 된다. 실패한 협상으로 인해 발생하는 무제한 갈등(볼딩은 이를 '체계 단절'이라고 칭했다)(Boulding, 1962)과 그런 갈등의 해결조차도 어떤 면에서는 새로운 협상의 재개가 필요하게 될 것이다.

협상을 통해 양쪽이 합의된 행동을 훨씬 잘 취하기까지, 협상 게임은 여러 차례 제로섬 방식이 아닌 형태로 진행된다. 하지만 이런 과정에서의 셈법은 훨씬 더 복잡해진다. 왜냐하면 성공적인 협상을 위한 대안이 단순히 인수가 이루어지기 이전의 독립된 상태 또는 다른 형태의 이전 상태로 되돌아가는 것은 아니기 때문이다. 완전한 독립(상호 의존이 전혀 없는 상태)은 사실상 불가능하고 이미 합의된 내용을 뒤바꾸는 것은 벌금이나 잔혹한 벌, 또는 양쪽 또는 어느 한쪽에게 부과된 불이행의 대가 등을 불러오게 된다. 실험적인 상황과는 달리 실제 생활에서는 훨씬 복잡해진 상황을 관찰할 수 있는데, 실제 상황에서의 협상은 제로섬이나 제로섬이 아닌 상황이 뒤섞여 이루어지기 때문이다. 그리하여 라이파(Raiffa, 1982)가 지적했듯이 협조적인 적들 간에도 협상이 일어나게 되고 그 적대적인 협상 상대방은 그들을 위해 '가치를 창출하는' 잠재력을 발견하게 되며 그럼으로써 공동의 이익을 만들어낸다. 그리고 이러한 협상을 통한 가치 증대가 달성되는 때조차도 증대된 가치를 어떻게 나눌 것인가의 문제는 남게 된다. 물론 나눠서 갖게 될 몫은 커지겠지만 어쨌건 나눠야 하기 때문이다.

협상 참여자들이 그들 간의 차이를 잘 활용하면 나누는 문제는 쉽게 해결된다(Lax and Sebenius, 1986). 협상 참여자들이 각자가 선호하는 가치가 명확하지 않을수록 각자가 교환을 통해 얻게 될 것보다 덜 가치 있다고 생각되는 것을 기꺼이 포기할 수 있게 된다. 하지만 그런 차이를 감안한 교환이나 양쪽이 모두 만족하는 거래는 매우 오랜 기간에 걸쳐 신뢰를 쌓고, 각자 무엇을 원하는지 밝히고, 가치를 만들고, 교환을 협상하는 일련의 과정을 거쳐야 한다. 이런 과정들은 단번의 협상을 통해서 이루어지기보다는 지속적인 협상을 통해 이루어지게 된다. 합작 회사가 바로 그런 경우이다. 합작 회사들은 이름 그대로 성공적인 협상의 산물이고 협상 후에도 지속적인 성공을 위한 바탕을 제공하게 된다. 협상 후에도 지속되는 성공, 바로 이 점 때문에 필자는 합작 회사가 국제협상에 직접 참여하거나 연구하는 사람들의 각별한 관심을 받아야 한다고 생각한다.

합작 회사

이미 언급했던 대로, 합병에서부터 무제한 갈등에 이르기까지 조직의 유형에 따라 순서대로 열거했을 경우 갈등의 관리 정도와 그 순서가 일치하게 된다. 그리하여 이 순서도 위쪽으로 올라갈수록 관리되지 않고, 제약이 없으며, 생존을 위협할 정도의 갈등의 위협이 없다는 것을 예상할 수 있다. 하지만 이 순서도에서 높이 위치할수록 주권(sovereignty)과 관련한 비용 또한 커지게 된다. 순서도에서 높은 위치에 있을수록 자율성이나 주권을 포기해야 하는 정도도 높아지고, 순서도에서 가장 위에 위치한 합병의 경우 (흡수된) 조직의 정체성은 완전히 사라지게 된다.

국가 지도자와 같은 조직의 책임자는 주권을 최고의 가치로 여기기 때문에, 개인이 얻는 이득이 그야말로 엄청나지 않다면 흡수 합병에 저항하게 된다. 이처럼 국가의 정체성이 사라지는 것과 더불어 국가의 경계선이 완전히 하나로 합쳐지는 문제에 대해서도 충분히 이해할 수 있다. 반면에, 합작 회사는 이런 노골적인 합병보다도 이익은 더 많고 실질적인 위험은 거의 없다. 합작 회사는 제한된 수준에서 자원을 합치는 것이고(Scott, 1987) 공식적으로 명시되면서도 분명하게 제한된 목적을 위해서만 기획될 수 있다. 합작 회사는 모기업이 계속해서 서로 경쟁하고 갈등을 겪어도 이러한 모기업의 영향을 받지 않고 합작 회사 내에서 서로 협조적인 하부 문화 발전을 용인할 수 있다. 그리고 주권은 양보 불가한 것이라고 주장하는 사람들에게 합작 투자는 매우 안심할 수 있는 방식이다. 합병은 조직 차원 또는 국가 차원에서 구성원들이 내전을 거치거나 기업 내에서 분쟁을 일으키지 않는다면 탈퇴가 불가능하지만, 합작 회사는 모기업이 허락하는 한 지속될 수 있다.

이런 합작 회사의 특징 때문에 국제정치 차원에서도 이 방식이 가장 타당성을 얻게 되었고, 실제로 성공적인 사례도 있다. 물론 실패한 사례 역시 매우 많고, 미국이나 소련이 참여자로 개입했을 때는 성공한 사례가 매우 드물다. 두 나라가 참가한 성공 사례는 다국적 남극 탐험대 하나뿐이다. 이러한 성공이 놀라운 이유는 다국적 남극 탐험대의 규모(18개국은 투표권을 가진 나라고, 17개국은 투표권 없는 참가국이다)나 기간(27년) 때문이며, 상호 협조적인 합작 투자 형태가 갈등과 비공식적인 레짐 조약의 초기 단계를 대체했으며, 무엇보다 지금의 협약은 (미국과 소련이 가맹국인 형태로서) 남극을 핵무기 없는 지역으로 하자는 내용을 담고 있기 때문이다.

이런 특별한 성공 사례는 단지 이해의 차원을 넘어 축하받을 만하다. 바로 이 때문에 어떤 연구는 서로 본국의 주장만 펼치면서 경쟁하고 갈등이 일어나는 국가들의 모습에서 남극 대륙을 완전히 국제화하는 형태로 발전시킴으로써 우리가 오랫동안 마음속에 그려왔던 하나의 세계를 만들어가는 첫 발걸음으로 여기면서 이러한 변화가 가져올 결과물을 미리 그려보기도 하였다(Shapley, 1988). 연구자로서 우리는 성공한 합작 회사와 실패한 합작 회사의 인구(population)에 대한 비교 연구를 통해, 그리고 지금까지 일정 기간에 걸쳐 성공을 거뒀던 특정한 합작 회사의 사례 연구를 통해 지속적으로 더 많은 것을 알아내게 될 것이다. 미 - 소 상설협의위원회(Standing Consultative Commission: SCC)가 바로 후자의 경우로, 이에 대한 분석이 꽤 많이 출간되기도 했다(Graybeal and Krepon, 1985; Bucheim and Farley, 1988).

SCC는 앞서 언급한 합병에서 무제한 갈등에 이르기까지 상호 의존의 관리 순위표에서 두 가지 요소, 즉 조약이나 계약, 그리고 합작 투자를 포함하기 때문에 더욱 주목된다. SCC는 1969년에 시작된 미 - 소 간 전략무기제한협정(Strategic Arms Limitation Talks: SALT I)의 결과물이다. 이는 1972년 탄도탄 요격미사일(ABM) 협정의 일부로서 탄생한 합작 회사라는 점에서 독특하다. SCC는 군사적으로 엄청나게 중요하고 민감한 문제를 다루면서도 매우 오랜 기간에 걸쳐 작동해 왔으며, 그 존속 기간 동안 큰 차이의 성공과 실패를 거쳐 왔다는 특징이 있다. SCC가 명시한 목적은 조약의 해석상의 문제나 준수에 관한 문제가 제기되었을 때 이를 해결해 감으로써 그 생명력과 효력을 유지하는 것이다. 따라서 SCC는 ABM 협정이라는 일련의 협상을 통해 만들어지고 뒤이어 해석이나 준수의 문제를 다루는 기구로 창설되었다.

15년간의 SCC의 성공과 실패를 되돌아보았을 때, 1980년 이전까지는 대부분 성공적이었으며 1980년부터 1987년까지는 실패의 시기라고 할 수 있다. SCC가

1980년 이전에 거둔 성과의 예로 ABM 조약이 정한 기준선을 초과한 무기들을 해체하는 절차를 협상한 것, 전략적 공격 무기를 제한하는 조항들을 실행한 것, ABM 체계나 구성요소들을 대체한 것, 다른 나라들이나 테러리스트 집단들의 핵무기 사용이 의심되면 즉각적으로 상대에게 이를 알리는 것 등을 들 수 있다. 게다가, 미국은 조약이 제대로 이행되고 있는지 소련에게 여덟 차례 의문을 제기했고 소련 또한 미국에 비슷한 의문을 제기했는데, SCC는 이러한 문제들을 성공적으로 처리할 수 있었다.

하지만 1982년 초, 미국이 공개적이고도 공식적으로 소련이 의도적이고도 광범위하게 조약을 위반하고 있다고 고발했다(Duffy, 1988). 소련도 미국에 대해 비슷한 고발을 제기했는데, 두 나라의 정부들은 SCC를 갈등 해결과 협상의 장으로 활용하기를 거부했다. 이렇게 SCC를 갈등 해결의 장으로 활용하지 않음으로써 SCC의 무기력함에 대한 비난이 힘을 얻기 시작했는데, 당시 캐스퍼 와인버거 국방장관은 화려한 언사를 통해 SCC가 미국의 근심을 마치 어제의 쓰레기처럼 내팽개쳐 버리는 조지 오웰 식 망각소(Orwellian memory hole)가 되어버렸다고 비난하기도 했다(Duffy, 1988).

최근 개선된 미국과 소련의 관계가 SCC에 어떤 효과를 미쳤는지에 대해 평가하는 것은 아직 성급하다. 하지만 1980년 이전과 이후의 SCC의 성과를 비교해봄으로써 조약에 기반한 합작 회사 방식의 잠재적 효용성은 매우 크지만 그런 잠재적 효용성은 그 합작 회사 외부의 요소에 달려 있다는 것을 알 수 있다. 조약에 기반한 SCC 식 합작회사의 가장 분명한 기능은, 당시 조약이 여러 측면에서 구체적이기보다는 일반적인 내용을 담고 있었기에 조약을 벗어난 문제에 대해 해석하고 구체화했다는 점과, 정치적이고 기술적인 발전에 발맞춰 조약을 적절히 적용했다는 점이다. 이러한 점에서 볼 때, 조약에 기반한 합작 회사는 가맹국들이 조약에 명시된 협력을 유지하기를 원하는 한, 국가 간 협상을 지속해나가는 기구로서의 역할을 수행하게 될 것이다.

SCC의 짧지만 다사다난했던 역사에서 제기된 더욱 어려운 문제는, 조약 당사국들의 협조적인 분위기가 약화되었을 때에도 그런 합작 회사가 문제해결 기능을 계속 유지할 수 있겠느냐는 것이다. 이는 조직 연구자들은 물론이고 새로 생긴 조직의 문화가 이전의 규범이나 가치의 테두리 내에서 만들어질지를 현실에서 실험해 본 경영자들도 흔히 갖게 되는 쟁점이다. 실제 그런 경우에 대체적으로 기존 규범이나 가치는 부식되며 새로운 규범을 흡수하는 것이 일반적이고(Morse and Reimer, 1956; Walton, 1978), 가장 확실한 해독제는 새로 생겨난 기업의 자율성이 확보되고 기존 모기업으로부터 부분적으로 독립하는 것이다. 일반적으로 자율성은 정책결정의 권한을 명백하게 위임하고, 늘어난 기간 동안 자원의 확보가 확신되고, 임기가 정해진 대표를 뽑는 등 명시화된 조치들을 통해 확보된다.

어쩌면 그런 자율적인 특징들을 국제정치 차원에서의 합작 회사 기구에 대입하면 되지 않을까 생각하는 사람도 있을 것이다. 서로가 협조적이고 장기적 안목으로 기대감이 한층 고조되었을 때에 맺은 약속들이 후에 흔들리게 될 때에 합작 회사가 계속해서 협조를 유지해 나갈 수 있도록 해줄 것이라는 생각이다. 물론 이러한 설계에 대한 단점도 있을 것이다. 합작 회사의 자율성이 커지게 되거나 또는 모국으로부터 거리감을 둘 때 그 기구 내에서 협조는 매우 잘 이루어지겠지만, 합작 회사의 협조적인 사례가 조직 학습이나 전파 과정을 통해서 구성원들 간에 더 광범위한 협조를 이끌어내는 더욱 큰 사회적 기능을 수행할 가능성은 오히려 낮아지게 될 것이다.

성공한 합작 회사와 실패한 합작 회사, 오래 존속한 합작 회사와 단명한 합작 회사, 구성원들 사이에 협조를 유발하는 합작 회사와 그렇지 않은 합작 회사 간의 체계적인 비교 연구는 아직 이루어지지 않고 있다. 이런 비교 연구를 통해 조직 연구가 국제 관계에 기여할 수 있는 잠재력을 깨닫는 데에 도움을 줄 것이다.

공식적 정책결정의 협상

지금까지는 힘이 비슷한 참여자들 간의 쌍무적인 합작 회사의 형태에 대해 주로 논의했다. 지금부터는 서로 힘이 동등하지 않은 협상 참여자 모형과 참여자들이 보다 복잡한 경우에 대해 알아보도록 하겠다. 유럽 공동체나 UN과 같은 국제적인 합작 회사는 크기나 힘의 차이가 큰 여러 나라로 구성되어 있다. 그로 인해, 정책을 결정할 때 단번에 합의에 이른다는 것은 거의 불가능하다. 여러 나라들이 참여하는 다국적 기구에서 정책결정의 기본 원칙은, 각 국가의 기본 주권에 따라 한 나라당 한 표의 투표권을 행사한다는 것이다. 이 때문에 크기가 큰(인구가 많은) 국가는 당연히 불만족스러울 수밖에 없으며, 그런 나라들은 국민 한 명당 투표권 한 표를 행사하게 할 것을 요구할 가능성이 높다. 게다가 국력이나 경제적·군사적 요소까지 고려하면 훨씬 더 복잡해진다. 이와 더불어, 어느 정도 찬성이 있을 경우에 결정을 내릴 것인지(다수결인지, 어떤 큰 비율 이상인지, 만장일치인지) 하는 문제 또한 있다.

사실 이런 문제가 새삼스러운 것은 아니지만, 이론적으로도 실제적으로도 완전한 해결책은 없다(Arrow, 1951; Raiffa, 1982). 미국의 양원제는 각 주들이 서로 크기가 다르다는 문제를 해결하는 데 어느 정도 성공했다고 할 수 있다. UN의 경우에는 국가별로 크기나 힘이 같지 않다는 문제를 해결하기 위해서 총회(Assembly)와 별도로 안전보장이사회(Security Council)를 두고 있다. UN과 같은 조직 구성 방식은 단지 부분적인 성공이라 할 수 있고, 이를 개선하기 위한 많은 제안이 있었다. 이들 제안 중 가장 독창적인 것은 이미 개발이 완료되어 테스트와 시뮬레이션까지 거친 '세 가지 구속력 혼합법(Binding Triad)'이다(Hudson, 1986). 이 방법은 UN 총회에서 행사된 투표를 세 가지 방법으로 집계하는 것인데, 이는 먼저 1국 1표 방식, 그 후 투표 국가의 인구수에 따라 가중치를 두는 방식, 마지막으로 이미 UN 원조를 할 때 각국의 분담금 책정에 쓰고 있는 NGP라는 단위를 통해 매겨진 투표 국가들의 힘의 크기에 따라 가중치를 두는 방식을 모두 사용하는 것이다. 이런 세 가지 기반 위에서 투표권을 행사하게 되면 UN의 모든 회원국에 대해 구속력을 발휘할 수 있게 된다.

크기나 힘에서 동등하지 않은 단위체들로부터 장기적으로 모든 단위체에 이득을 주는 결정을 이끌어내야 하는 딜레마는 조직 연구의 기여 가능성이 촉망받게 만드는 또 다른 대목이다. 대부분의 큰 조직에서는 어떤 형태로든 이런 문제에 맞닥뜨리게 된다. 예를 들어 많은 대학에는 학장 위원회가 공식적인 투표 방식을 사용하는 정책결정기구로서의 역할을 하고 있다. 하지만 여러 학장들이 대표하는 단과 대학은 학생 수, 교수진의 규모, 배당된 공간이나 자원에 큰 차이가 있다. 이런 상황은 학장이 크기, 자원, 중요도의 차이가 큰 각 부서의 실 국장들을 소집하는 상황인, 한 단계 낮은 위계에서도 똑같이 나타난다. 그리고 대부분 대기업의 경우 여러 부사장이 담당하는 영역들이 실제로 크기, 중요도, 자원이란 측면에서 큰 차이가 있기 마련이다. 그럼에도 부사장들은 조직 전체 차원에서 정책결정을 해야 하는 상황에서는 대체로 조직 전체의 이익이라는 관점에서 행동해야 할 책임이 있다.

조직은 이런 집합적 정책결정의 문제를 다루는 데 많은 방법을 개발해 왔으며, 공식적/비공식적, 위계적/참여적인 상황을 포함한 다양한 상황에서 문제해결에 일정하게 성공했던 것은 아니다. 하지만 이는 어떤 실험을 통한 결과나 이론적 결론이라기보다는 단순한 짐작일 뿐이다. 힘이나 크기 등에서 서로 차이가 나는 단위체들이 조직 전체를 위한 결정을 내리는 데에서 생기는 문제를 어떻게 다루는지에 대해 앞으로 계속 연구가 진행되어야 할 것이며, 조직 차원에서의 연구가 국제정치 차원의 문제를 해결하는 데 기여할 수 있을지도 여전히 연구 과제라고 하겠다.

결론

앞으로 연구되어야 할 문제를 제시하는 것은 어렵지 않다. 그보다 더 어려운 문제는 이미 이루어진 조직 연구를 바탕으로 협상자들에게 어떤 조언을 제공해줄 수 있는지에 관한 것이다. 필자는 가능할 것이라고 생각한다. 예를 들어 경계 역할에 대한 연구는 협상 기술은 학습이 가능하다는 것을 보여주고, 그러한 역할을 할 사람을 선택하는 데 인격이라는 요소가 매우 중요하다는 것을 알려주며, 그들에게 지시를 통한 세부적인 책임을 지웠을 때보다는 높은 자율성을 부여했을 때 협상을 성공으로 이끌 가능성이 높다는 것을 보여준다.

그보다 앞서 언급했던 조직의 상호 의존의 관리에 대한 연구는, 조약에 기반한 합작 회사가 조약으로 부과된 책무를 제대로 수행하는지를 관리하거나 급변하는 조건에서도 합의된 조약을 계속 유지해 나가도록 하는 부분에 이점이 있음을 제시하고 있다. 마지막으로 힘이나 크기가 균등하지 않은 구성원들이 조직 전체를 대표하는 정책결정을 내리는 공식적인 메커니즘에 관한 연구는 아직 충분히 진행되지 않았고, 앞으로 국제 조직이 어떤 중요하고도 실제적인 쟁점을 합의로 이끄는 데에서 장애가 되기 전에 해결해야 할 문제인 만큼 이 주제에 대해 충분히 관심을 기울일 필요가 있다는 점을 강조하고 싶다.

이런 파편적인 조언들은 분명 가능성을 보여주고 있다. 필자는 관련 연구의 기초를 보다 강화할 필요가 있다는 점에서, 그리고 예술부터 과학까지의 연속체에서 협상은 예술에 더 가까우며 앞으로도 그럴 것이라는 생각에서 그런 조언을 제시했다. 다만, 모든 약이 그렇듯, 협상은 어느 정도 과학 이론이나 연구로부터 정보를 제공받은 예술이며, 과학에 기반한 요소도 앞으로 더욱 늘어날 것으로 기대한다. 그런 바람이 바로 이 장을 쓰게 된 이유라 하겠다.

부록: 1990년대

이 부록의 목적은 국가 간 협상에 적용되는 조직 이론의 발전을 다루는 것이다. 로버트 칸(Robert Kahn)이 앞 장에서 언급했듯, "국가 간 협상을 이해하는 데에 조직 이론이나 연구가 도움이 될 것이라는 가능성은 별로 주목받지 못해왔다". 칸은 20년 전으로 거슬러 올라가 그레이엄 앨리슨(Allison, 1971)이 합리적 행위자와 조직 관료 모델 간의 차이점에 대해 고찰했던 점까지 들어가며, 조직 이론이 국가 간 협상을 이해하는 데 도움이 될 준비가 되어 있다고 언급했지만, 그가 획기적인 전기를 맞게 될 것으로 기대했던 경향은 그 이후 10년이 넘도록 이루어지지 않고 있다. 그럼에도 조직 이론이 협상 이론에 미친 영향이 이제 막 주목받기 시작했지만 조직 이론에서 몇 가지 중요한 진전이 있었다는 점을 앞으로 살펴보게 될 것이다.

칸은 다음과 같은 세 가지 주제를 강조했다.
• 협상자 마음에 깊숙이 박혀 있는 조직 심리. 조직들은 텅 빈 백지상태가 아

니다. 조직은 구성원들과 그들이 펼치는 문화적 행위에도 영향을 미치는 다양한 조직 문화에 따라 제각기 특징을 갖게 된다. 역할 이론의 관점에서 보면, 협상자 마음에 조직이 깊이 뿌리내리고 있다는 것은 전문적인 협상 상황에서 다른 조직에게 각 개인이 자기 조직을 대표하면서 행하는 역할에 도 적용된다고 볼 수 있다.

- 조직이나 조직 행위자들이 환경과 가지는 상호 의존성. 조직 간 상호 작용에 서 추론된 상호 의존성은 국제협상에 적용할 수 있다.
- 협상과 조직의 정책결정 과정. 거대한 조직에서 여러 행위자가 합의를 이끌 어내기 위해 어떤 방식으로 협상하는지와 조직 과정 사이에 유사점은 무엇 인지와 관련되어 있다.

이 부록은 이런 세 가지 영역에서 새로운 통찰력을 제공할 것이며, 지난 수십 년간 나타난 몇 가지 분야를 소개할 것이다. 신뢰의 중요한 역할, 경계 역할의 본질적 변화, 여럿이 펼치는 협상과 연합의 변화, 협상 프로세스에 미친 조직 문 화의 영향 등이 그것이다.

조직의 형태와 과정의 본질적 변화

의심의 여지 없이, 지난 수십 년에 걸쳐 조직 이론에서 보인 가장 중요한 변화 는 조직의 형태는 물론 조직 형태와 관련한 과정의 본질적인 변화에 초점을 맞 춰왔다는 것이다. 그린호프, 셰퍼드, 투친스키 등 많은 연구자가 지적했듯, 조직 구조와 그 속에서 일어나는 행위에 혁명적인 변화가 있었다(Greenhalgh, 2001; Sheppard and Tuchinsky, 1996a; 1996b). 여러 요소가 이런 혁명적 변화를 이끌어 냈다. 그리고 기술적 발전으로 정보의 흐름이나 소통의 속도가 빨라졌고, 조직 이 더 민감하고도 유연해져야 했으며, 각 조직은 아웃소싱이나 축소, 처분 등을 통해 비용을 줄여야 하는 등의 변화가 나타난 글로벌화된 통상에 따라 그런 변 화는 더욱 속도를 더하게 되었다. 이런 경향에 따라 전략적인 연합, 합작 투자, 그리고 장기적인 협력관계가 생겨났다. 이런 변화들이 추동력을 얻게 되면서

표 11.1. 현대 조직에서 협상의 변화

변화 전	변화 후
위계적인 조직	네트워크, 관계에 기반한 조직
'좋은 수준'의 전략적 관계	'필수적인' 전략적 관계
거래는 곧 교환	거래는 가치의 연결고리를 만들어 유지하는 것
관계는 주로 적대적이고 낯선 이들과의 거래	관계는 주로 전략적이고, 상호적이고, 파트너들과의 관계를 관리하는 것
가치협상 창조 - 거리 유지, 적대적	가치협상 창조 - 공동적, 오래된 친구와 동료들

위계적인 조직 등 '오래된' 조직 구조 형태는 '경계 없는' 조직 구조(Tichy, 1993; Ashkenas, Ulrich, Jick, and Kerr, 1995), 가상의 조직(Byrne, 1993; Snow, Lipnak, and Stamps, 1999), 네트워크 조직 형태(Snow, Miles, and Colemaan, 1992)에 자리를 내주게 되었다.

네트워크 조직 형태로의 변화는 수많은 결과로 이어졌다. 이런 진화의 특성에 대해 서술하려면 많은 분량이 필요하겠지만 근본적인 변화는 표 11.1에 잘 나타나 있다. 여기서는 각각의 변화를 간략하게 설명하겠다.

위계적 구조에서 네트워크로

위의 조직표에서 나타난 위계적인 조직과 그 특징은 진퇴양난에 처해 있다. 위계적 조직은 갈수록 복잡해지는 환경 속에서 복합적인 생산품을 관리해야 하는 압박 때문에 뿌리째 흔들리고 있다. 전통적인 위계적 구조하에서는 구성원들에게 공유해야 할 정보나 문제해결을 위한 전문 지식을 빨리 전달하기 어렵고, 조직 구성원들이 그들의 직무를 통해 최대한 만족감을 느낄 수 있도록 자유로움과 몰두할 수 있는 분위기와 자원을 배분해 주는 등의 기능을 하기 어렵다. 이 때문에 위계적인 조직은 과거의 조직 형태를 포기하고 대안이 될 조직 형태를 찾게 되는데, 급변하는 환경에 더 민감하게 대응하고 적응할 수 있는 수평적이고 프로젝트 기반 조직 형태 등이 그것이다. 하버드 경영대학원의 존 코터

(John Kotter, 1985) 교수는 이런 변화를 다음과 같이 적시했다.

오늘날 관리자들은 그들의 업무 수행에 영향을 미칠 수 있는 사람들이나 집단, 또는 조직들과 맺어져 있는 수많은 상호적인 관계를 잘 관리해야만 한다. 그런데 이런 사람들이나 집단들의 목표나 의견, 신념은 엄청나게도 다양하다.

경영진의 경우는 이런 상호 관계가 이루 말할 수도 없이 복잡하겠지만, 관리직 차원에서도 이런 복잡한 상호 관계가 점점 늘어나고 있다. 다시 말해서, 관리직은 그가 어느 정도 힘을 발휘할 수 있는 다른 사람들이 수행한 업무 성과에 따라 자리를 지킬 수 있는데, 점차 그의 통제하에 있지 않은 사람들의 협조를 이끌어야만 자리를 지킬 수 있는 리더로서의 직무로 바뀌고 있다.

이런 조건들은 직장 환경 내에 아래와 같은 많은 변화를 이끌었다.

- 일방적인 행동은 사실상 불가능해졌다. 왜냐하면 많은 사람이 일의 진행을 늦추거나 방해하거나 중단해 버릴 수 있게 되었기 때문이다(예를 들어, 공장에서 엔지니어들이 제안한 제품 사양을 마케팅 부서 직원들이 막아설 수 있다).
- 어떤 행위에 대한 합의가 어려워졌다. 왜냐하면 서로 다른 사람들이 서로 다른 목표와 가치, 전망을 가지고 있어서 같은 결과를 이끌어내기 어렵기 때문이다(예를 들어, 어떤 한 고객을 만족시키는 배달 시간을 정했다고 해도 그것이 다른 고객을 만족시킬 수 있다거나 생산 담당자를 만족시킬 수 있다는 보장은 없다).
- 모든 사람이 기꺼이 따를 딱 한 명의 '전문가'를 정하기가 어려워졌다(경영자도 포함한다). AT&T가 좋은 사례이다. 규제 완화에 관한 법률을 통해 AT&T는 정부에 덜 의지할 수 있게 되었다. 하지만 강력한 새 경쟁자가 나타나고 기술 또한 급변하면서 고객이나 경쟁자로부터 많은 영향을 받는 경우가 늘어났다. 그에 따라 조직 내부의 상호 의존은 더욱 커지게 되었다. 여러 직무 기능들이 더는 자발적으로 행동하기 어렵게 되었으나, 반면에 제조 과정은 정부로부터 좋은 평가를 받을 수 있는 방향으로 결정하게 되었다. 현재의 핵심은 혁신과 속도이다. 그 결과 제조 부문 이사와 마케팅 부문 이사가 권력다툼에 빠지게 되며, 조직의 에너지가 당면한 일을 외면한 채 줄줄 새게 된다.

'좋은' 수준의 전략적 관계에서 '필수적인' 전략적 관계로

네트워크 조직의 핵심은 두 구성원 사이, 그리고 전체적인 네트워크 구성원들 사이의 전반적인 관계의 질이 어떤가에 달려 있다. 이러한 관계들은 그 사람이 속한 조직 안에서뿐 아니라 고객, 공급자, 규제자, 자문역 등 조직 밖으로도 뻗어나가게 된다. 이런 관계가 잘 작동할수록 조직의 효율성은 더 커질 것이다.

단순 거래에서 가치 교환으로

그린호프가 지적했듯이(Greenhalgh, 2001), 우리는 통상 주식이나 상품 시장 등 시장이 처음 열릴 때의 구매자와 판매자를 전제하고 조직을 규정하려는 경향이 있는데, 그런 시장에서 각 참여자들은 관계에 대해서는 별로 관심이 없고 오로지 가격에 따라서만 거래 성사 여부가 결정된다고 가정한다. 하지만 새로운 경제로 발전을 거듭해 가면서 '가치 사슬'이라 불릴 정도로 확장된 기업을 어떻게 유지할 것인가로 초점이 옮겨가고 있다. 가치 사슬 안의 각 기업들은 각각의 고유한 기능에 따라 가치에 기여한다. 이런 가치 사슬을 유지하고 풍성하게 하는 것이 새로운 시대에 관리자들이 맞닥뜨린 도전 과제라 하겠다.

적대적 관계에서 우호적 관계로

효율적인 관계를 만들고 유지하는 것은 가치 사슬에서 매우 중요하기 때문에 관계를 관리하는 특성도 변하기 마련이다. 이전의 조직 이론에서는 관계를 수단이라는 관점에서 바라보는 경향이 있었다. 대체적으로 이렇게 관계를 수단으로 보는 관점은 오래되고 위계적인 조직 형태에서, 그리고 조직의 본질이나 그 조직 안에서 이루어지는 인간 행동을 시장에 기초해 바라보는 관점에서 도출된 결과다. 각 개인들은 각자의 실속과 각자의 기업 이익을 극대화하기 위해 행동하게 된다. 그 구성원들이 조직 안팎으로 상호 의존적일 때조차도 자기의 이익을 최대화하기 위해서 행동하는, 대체로 경쟁적이고 적대적으로 행동하는 것으로 여겨졌다. 하지만 공동체적인 관계에 있는 당사자들은, 어떻게 서로 신뢰를 형성하고 정보를 교환하며, 우호적이고 공동체적인 관계 속에서 양쪽 모두가 이득을 얻을 합의를 이끌어낼 수 있도록 협상해야 하는지를 알아야 한다.

친구나 동료와의 거리를 두는 협상에서 가치 있는 협상으로

랙스와 세베니어스(Lax and Sebenius, 1986)는 경쟁적인('분배하는') 협상은 가치를 요구하는 협상인 것에 반해 협조적인('통합적인') 협상은 가치를 창출하는 협상이라고 두 개념 간의 그 차이를 적시한 바 있다. 가치를 요구하는 협상은 협상을 벌이는 양쪽이 제한되거나 정해진 자원을 배분하는 것이 협상의 핵심이라고 가정한다. 그와 대조적으로, 가치를 창출하는 협상은 협상 참여자들이 자원의 크기를 키우는 것이 핵심 과제라고 주장한다. 분명히, 가치 사슬 협상 당사자들은 가치를 만들고 모든 협상 참여자들의 가치를 최대로 키우는 방법으로 협상을 진행하며, 모든 참여자들에게 돌아갈 가치를 극대화함과 동시에 그들 사이의 관계를 더 돈독하게 만든다.

조직들 내부의 협상에 가해지는 영향

이렇게 조직의 본질이 바뀌기 시작한 것은 1980년대 중반부터지만, 새로운 맥락으로 협상에 대한 연구나 이론화가 진행된 것은 그보다 훨씬 이후부터이다. 가장 큰 변화는, 협상 이론이나 연구가 대부분 친구나 아주 오랜 동료들 간에 협상할 때조차도 여전히 낯선 사람들 간에 이루어지는 거래나 시장 지향적 과정이라는 패러다임을 가정하고 그에 기반했던 것에서 일어났다(Walton and McKersie, 1965; Bazerman and Neale, 1992). 그와 반대로, 만약 현대 조직을 가치 사슬에 참여하는 사람들 사이의 네트워크 관계의 연속으로 본다면, 이런 관계에 기반한 협상을 바라보는 전혀 다른 패러다임이 필요하게 될 것이다. 이런 생각은 몇몇 현장에서 동력을 얻고 있다(자세한 내용은 Greenhalgh, 2001; Sheppard, 1995;

Sheppard and Tuchinsky, 1996a, 1996b 참조).

관계 기반 협상과 거래적 협상의 차이

셰퍼드는 관계에 기반한 협상과 거래적인 협상의 차이점을 다음과 같이 지적하면서, 거래적인 협상으로는 관계에 기반한 협상의 복잡성을 이해하는 데에 얼마나 부족한지를 보여준다(Sheppard, 1995; Sheppard and Tuchinsky, 1996a, 1996b).

관계 협상은 장시간에 걸쳐서 일어난다. 시간이 핵심적인 전략적 변수가 된다. 시간이 갈수록 협상 양쪽은 더 쉽게 협조해 간다.

협상은 종종 특정 이슈를 논의하거나 해결하는 방법이 아닌, 협상 상대방에 대해 더 많이 알게 되는 방법이다. 많은 정보가 교환이 되며 상대방에 대해 더 많이 알게 되면서 전체적인 협동 능력과 상호 의존성은 향상되고 서로에 대해 더 잘 이해하게 된다.

가치나 권리를 요구하는 이슈를 해결하는 것은 미래에 영향을 미친다. 협상을 벌이는 당사자들의 기억은 오래 지속된다. 한쪽이 경쟁적인 협상에서 승리하는 것은 장래에 다른 쪽이 협상 상대방을 어떻게 바라볼지에 대해 강한 영향을 미칠 수 있다.

가치나 권리를 요구하는 이슈들은 강한 감정을 유발하기 쉽다. 만일 협상에 참여한 양쪽 또는 어느 한쪽이 그 문제에 대해 강한 감정을 느낀다면 그들은 화가 나거나 속이 상하기 쉽다. 그러나 초기의 경제적 또는 '합리적' 정책결정 패러다임에 기반한 협상 이론들은 감정을 그다지 중요 요소로 고려하지 않았다. 하지만 직접 협상을 경험해 본 사람들은 협상이 긍정적인 감정이나 부정적인 감정을 일으킨다는 사실을 알고 있다. 당연히 긍정적인 감정은 일반적으로 조직에 긍정적인 결과를 주게 되며, 반대로 부정적인 감정은 부정적인 영향을 미치게 된다(Lewicki, Saunders, and Minton, 1999 참조). 어떤 경우이든, 감정을 잘 통제하는 것이 관계에 기반한 협상에서 핵심적인 요소가 된다.

관계를 가진 상태에서의 어떤 협상은 절대 끝나지 않기도 한다. 죄수의 딜레마

(Prisoner's Dilemma)와 달리 가치 사슬 관계에서는 게임을 끝낼 전략은 존재하지 않는다. 일찍이 맺어진 관계를 위험에 빠뜨리지 않도록 매우 어려운 문제는 뒤로 미루어지기도 한다. 어려운 문제는 협상을 질질 끌게 만들기도 하고 사라졌다가 다시 나타나기를 반복하기도 한다. 협상 당사자들은 연장에 연장을 거듭해 가며 협상을 한 뒤에야 무엇이 중요한지를 깨닫기도 한다. 협상과 재협상이 끊임없이 이어지게 될 수 있다.

관계 협상에서 반대 측이 문제가 되기도 한다. 가치 창출 협상에 대해 잘 알려진 이론에 따르면(Fisher, Ury, and Patton, 1981), 협상에 성공하려면 협상자는 사람을 문제로부터 분리해야 한다고 충고한다. 오래된 관계에서조차도 협상 상대방 그 자체가 문제가 되기도 한다. 오랫동안 지속된 관계에서, 우리는 관계에서 나타나는 문제들을 그 문제를 일으킨 사람의 탓으로 돌리는 경향이 있다. 단순히 상품 배달이 제때 이루어지지 못한 것이 거래 상대방의 성격이 체계적이지 못한 탓만은 아니다. 그런데 몇 차례 배송 지연에 대해 문제를 제기했는데도 상황이 개선되지 않는다면, 우리는 거래 상대방의 행동이 의도적이고 악의적이라고 보기 쉽다. 가치 사슬 관계에서 발생하는 문제를 '바로잡는' 유일한 방법은, 관계를 맺은 사람 가운데 가장 문제를 많이 일으키는 사람을 교체해 버리는 것일 수 있다.

변화하는 조직 협상에 대한 새로운 고려

분명한 변화가 조직 협상의 새로운 풍조를 형성하고 있다. 이전 논의에서 발전된 몇 가지 고려 사항은 협상자가 새로운 조직 형태와 장기적인 가치 사슬 관계를 다룰 때 어떻게 생각하고 전략을 짜야 하는지를 잘 알려준다.

신뢰는 가치 사슬 관계에 매우 중요한 변수이다. 거의 40년에 걸쳐 협상에 대한 연구와 저작이 이루어졌지만, 협상에서 그리고 그보다 넓은 의미의 전략적 관계에서 어떻게 신뢰를 창출하고 관리해야 하는지를 구체적으로 다룬 저서는 거의 없다. 이토록 중요한 신뢰라는 요소는 여기에서 다 열거하기 부족할 만큼 논의할 거리가 많다. 매칼리스터는 신뢰를 "상대방의 말, 행위, 결정에 따르는 방향으로 기꺼이 행동할 것이라는 개인의 믿음"이라고 정의했다(McAllister, 1995, p.25). 대부분의 초기 저작에서는 신뢰를 단순하고 일차원적인 개념으로 보았다. 하지만 신뢰에 관한 최근의 저서들은 협상에 결정적인 요소인 신뢰에는 여러 종류가 있다고 서술하고 있다. 예를 들어, 르위키와 벙커는 풍성하고도 복잡한 관계들에서 세 종류의 신뢰가 있다고 주장했다. 우선 상대방 행동의 일관성과 예측 가능성에 기초한 '계산 기반 신뢰(calculus-based trust)', 두 번째로 협상 상대방이 무엇을 필요로 하고 무엇에 관심이 있는지를 이해하여 그 행동을 예측하는 능력에 기초한 '지식 기반 신뢰(knowledge-based trust)', 마지막으로 협상 상대방의 요구, 의도, 가치를 알아내는 것에 기초한 '인지 기반 신뢰(identification- based trust)'가 그것이다(Lewicki and Bunker, 1996). '거래' 관계들은 주로 계산 기반 신뢰에 의존하는 반면, 더 깊고 더 복잡한 관계들은 주로 지식 기반 신뢰와 인지 기반 신뢰에 뿌리를 두고 있다. 르위키와 매칼리스터, 비에스(Lewicki, McAllister, and Bies, 1998)는, 신뢰와 불신은 기본적으로 서로 다른 존재이기 때문에 관계에서 신뢰를 쌓으려는 행위들과 불신을 관리하려는 행위들은 서로 다르다고 주장했다(Lewicki and Wiethoff, 1999 참조). 그리하여 풍성하고도 복잡한 관계에서는 서로 다른 종류의 신뢰가 있고, 이런 다양한 신뢰를 실험하는 방법도 서로 다를 뿐 아니라, 참여자들은 신뢰를 쌓으려는 행위와 불신을 조절하려는 행위를 서로 분리해서 보아야 한다는 것이다. 분명한 것은 우리가 협상의 함의를 이해하려 한다면 이런 내용들에 보다 더 많은 관심과 연구가 필요하다는 것이다.

'경계 역할'의 역학과 대리인 행동에 대한 그간의 이해는 재고될 필요가 있다. 칸(Kahn)은 역할 이론과 대리인 행동에 특히 주목했다. 대리인들이 상대방과 맺는 관계와 다른 한편으로 본인이 대리하는 측과 맺는 관계의 본질은 서로 '협상의 딜레마'를 일으킬 수 있다. 대리 협상자가 어떻게 행동해야 자기가 대리하는 쪽의 요구와 이익에 부합하면서도 동시에 협상 상대방의 요구를 동시에 충족시킬 수 있는가?

최근의 조직 이론들은 이런 딜레마를 해결하기 위해 시장과 관계의 관점을 동시에 반영한다. 경제학에서 파생된 대리인 이론에서는 대표자(회사나 회사 소유자)는 그 회사의 일일 활동을 관리하기 위해 대리인(피고용인)에게 업무를 위임하게 된다(Eisenhardt, 1988). 하지만 대리인들은 대표자들의 이익과 동떨어져 그들 자신의 이익을 극대화하는 방향으로 움직일 것이라고 추정한다(바로 이런 것이 대리의 문제다). 대리인들의 이런 기회주의적 행위는 역선택과 도덕적 해이라는 두 가지 모습으로 나타난다. 역선택은 피고용인이 대표자에게 자신의 진짜 기술과 능력을 제대로 보여주지 않으려 할 때 나타난다. 도덕적 해이는 피고용인이 태만하게 행동하는 것과 관련되어 있다. 게다가 대리인과 대표자들은 위험(예를 들어 위험을 나누는 것에 대한 문제)에 대한 선호 정도가 서로 다르기 마련이다. 따라서 대표자는 내부적으로 통제를 가해 대리인들이 자기 이익을 취하지 못하도록 행동하게 된다(Davis, Schoorman, and Donaldson 1997; Jensen and Meckling, 1976). 이 이론은 두 가지 통제 메커니즘을 제안하고 있는데, 보상과 규제를 부과하는 대안적 보상 체계가 바로 그것이다.

대리인 이론은 대리인이 기회주의적이고 자신의 이익을 위한다고 가정하기 때문에 장기적인 관계 속에서 벌이는 협상의 역학을 제대로 포착해 내기 어려울 수 있다(하지만 대안적 보상 체계가 가져올 수 있는 긍정적인 영향의 가능성을 배제할 수 없다). 사실, 최고의 협상자는 이런 대리인 이론의 위험에 제약되지 않는 것으로 보인다. 대리인의 협상 행태에 대한 연구는, 대리인은 책임을 적게 지고 대표자가 대리인의 행위를 적게 감시할수록 최고의 결과를 만들어낸다는 것을 보여주고 있다. "그리하여 성공적인 경영은 그가 소속된 단체 구성원들과 후원자에게 협상 행태를 보여주고 싶을 때와 그렇지 않을 때를 통제할 수 있을 경우에 이루어진다"(Lewicki, Saunders, and Minton, 1999, p.229).

앞으로의 연구는 높은 참여도를 보이는 실무 그룹에 대한 권한 이양 같은 개념 도출 등 장기적 관계에서 협상 행태에 대한 패러다임에 초점을 맞춰야 할 것이다(Lawler, Mohrman, and Ledford, 1995). 이런 연구자들은 피고용인 대리인들이 상식적인 방식으로 중요한 결정을 내릴 것이며, 그로써 조직의 효율성을 높일 것이라고 믿는다. 피고용인에게 권한을 위임하는 문제는 조직 관리 이론(stewardship theory)이라는 보다 넓은 영역에 포함되어 있는데, 조직 관리 이론에서는 피고용인들을 믿을 만하고 조직에 충성해 집단적 이익을 추구하는 단체로 보고 있다(Davis, Schoorman, and Donaldson, 1997).

관계 사슬에서의 협상들은 주로 다자간 심의이다. 보편적인 구매-판매 연합이나 동시에 여러 일을 수행하는 태스크 포스, 그리고 다자간 연합 등은 협상이 일반적으로 이루어지는 양자 간 협상 형태를 벗어나 진행될 때 협상이 어떻게 변하는지를 고려해야만 이해할 수 있다. 이와 같은 경우에서는 각자의 목적을 달성함과 동시에 모든 참여자가 만족할 협상을 이끌어내야 하는 다수 간의 협상이 포함되어 있다(Lewicki, Saunders, and Minton, 1999). 원하는 결과를 획득하는 데 연합이나 집단의 다양한 역학을 이해하는 것은 효과적인 협상을 충분히 이해하는 데 필수적이다.

간략히 말해서, 연합은 "여러 개인으로 이루어진 상호 작용 단체로서 잘 짜여진 구성으로, 공식적인 조직 구조로부터 독립적이며 상호 인지를 기반으로 한 회원 형태를 가지고, 특정 문제를 지향하면서 그 연합 밖의 목표에 집중하고, 각 구성원들이 합심해 행동하는 그룹이다"(Stevenson, Pearce, and Porter, 1985). 뮤니건과 브래스(Murnighan and Brass, 1991) 등에 따르면, 협상자들 간의 상대적인 협상 능력 그리고 협상 참여자들 사이의 관계의 속성은 협상 결과에 지대한 영향을 미친다. 이러한 협상 결과에는 협상 참여자들이 어떻게 연합 대상을 고르고 또 이 연합이 얼마나 오래 지속되는지가 포함된다. 연합은 각 참여자들이 자신의 목적을 달성할 수 있는 가능성을 높이기 위해 다른 참여자들의 지지나 자원이 있어야 하는 경우에 만들어지기 쉽다.

연합에 참여한 다양한 구성원들이 동일한 목적을 향해 함께 일하도록 하는 집단 협상이 집합적인 목적의 추구를 가능하게 할 수 있다. 각 참여자들은 각각 자기 자신의 이해를 대변하기 때문에 일대일 협상에는 엄청난 복잡성이 더해지기 마련이다(Lewicki, Saunders, and Minton, 1999). 협상 참여자가 많을수록 더 많은 개개의 입장이 개진될 수밖에 없다. 이렇게 여러 사람이 개입해 만들어내는 역동성 때문에 집단 사고와 같은 사회적 규범과 압력이 필요하게 되는데, 그 때문에 집단 전체의 기능이 제대로 발휘되지 않을 수도 있게 된다. 다자간 협상의 과정은 참여자 수가 많아질수록 조율하기 어렵게 되고 각 참여자들이 다른 참여자들의 행동을 자기 뜻대로 하려 할수록 그 복잡성은 늘어날 수밖에 없게 된다. 그런 상황에서는 최종 결정은 진정한 합의에 의해 이루어지기보다는 오히려 몇몇 단체가 전체적인 정책결정 과정을 좌지우지함으로써 이루어질 가능성이 높다(Lewicki, Saunders, and Minton 1999).

앞으로 이 분야에 대한 연구는 단체 또는 팀의 정책결정에 관련된 연구 저서가 도움이 될 것이다. 목표 설정과 관련된 연구는 다자간 협상자들이 집단 목표를 정하는 데 이용되는 과정을 이해하는 데 도움이 될 것이며, 조직 정의에 대한 연구 저서는 각 집단들이 그들이 원하는 결과를 이끌어내기 위한 과정을 결정하는지를 이해하는 데 보탬이 될 것이다.

조직이나 국가의 문화는 가치 사슬 협상의 본질과 맥락에 큰 영향을 줄 것이다. 연구를 통한 결과는 협상자들이 각 개인의 요구나 희망, 소질 이상의 것을 협상 테이블에 올려놓는다는 것을 알려준다. 협상자는 각자 성격이나 경험에서 비롯된 내적 특성과 동시에 그가 소속한 집단의 사람들이나 국가의 문화와 같은 외부적 특성으로부터도 영향을 받을 수 있다(Weiss, 1996). 이런 외부의 성향은 주위 환경(예를 들어, 모기업)에서 나오기 때문에 그 집단에 소속된 사람들이 공통적으로 지니고 있을 가능성이 크고, 그렇기 때문에 협상자들이 지지하게 될 수밖에 없다. 예를 들어, 어느 집단에 소속된 구성원들이 협상에서(예컨대 한 기업에서 조직화된 노동자들 간에 일어날 수 있는 협상에서) 어떤 가치를 요구하는 경향이 있을 경우에 이러한 특성이 노동 집단 밖에 있는 협상자의 행동에도 고스란히 반영될 수도 있다. 하지만 만약 협상자의 내적 특성이 합의를 향한 협상 방향으로 향할 경우, 협상자의 내적 특성과 외부적 특성의 갈등이 일어나게 된다. 바이스와 애들러의 강 대 약 상황(strong-versus-weak situation)에 대한 주장에 따르면 이러한 갈등은 상황의 힘에 의해 해소될 수도 있을 것이다(Weiss and Adler, 1984).

갈수록 많은 연구자들의 관심을 끌고 있는 조직의 특성은 조직 '문화' 또는 공유된 가치 체계이다(Chatman, 1991). 한 조직의 문화는 앞서 말한 대로 그 성격이 '강함(strong)' 또는 '약함(weak)'의 상황으로 나눌 수 있다(O'Reilly, 1989). 조직 문화는 수많은 방법으로 작용해 왔지만, 최근에는 주로 조직이 지지하는 작업 가치라는 차원에 초점이 맞춰져 왔다(Cable and others, 2000; Chatman and

Jehn, 1994). 조직의 문화를 대변하는 작업 가치에 대해 다양한 분류 방법이 발전해 왔다. 그중 하나는 오라일리, 챗먼과 콜드웰이 작업 가치를 결과 지향성, 사람들에 대한 존중, 팀 지향, 혁신, 세부 지향, 공격성, 안정성의 일곱 개 차원으로 분류한 것으로서, 상당한 경험적 지지를 받아왔다(O'Reilly, Chatman, and Caldwell, 1991).

협상자의 입장에서 보면 이런 조직 문화의 척도들이 어떤 방향으로 협상자가 협상하는 방식에 영향을 주는 맥락적 요소로 작용하는가를 고려하면 큰 도움이 될 것이다. 게다가 상황적 특성이 강한지 약한지를 곰곰이 따져보면, 조직 문화의 힘은 조직의 대표자(조직의 장 또는 함께 일하는 동료와 같은 구성원들)가 조직의 신념을 자신의 신념으로 채택하는 정도를 가늠할 수 있게 해줄 것이다. 이는 협상자들이 내적으로는 조직의 한 구성원이라는 점에 의해서, 한편으로는 협상자가 소속된 모 조직의 광범위한 조직 문화에 의해서 영향을 받게 되리라는 것을 의미한다. 그와 유사하게 협상 상대방도 어느 정도 그가 속한 모 조직의 문화에 영향을 받을 가능성이 크다. 이런 점에 기반해 우리는 다음과 같은 문화적 영향력을 예측해 보는 것이 가능하다.

- 문화의 **결과 지향성**(the outcome orientation)이 크면 클수록 조직은 그 구성원들에게 산출물을 극대화할 수 있는 가치 - 요구적(value-claiming) 접근을 취하도록 더 많은 압력을 가한다.
- 문화의 **공격성**(aggressiveness)이 크면 클수록 조직 구성원들이 가치 - 요구적 접근법을 추구하도록 압력이 가해진다. 이런 공격성은 '강경한(hardball)' 협상 전략을 사용하는 것과 같은 의미로 사용된다.
- 문화에서 **사람에 대한 존중**(respect for people)이나 팀 지향성(team orientation)이 크면 클수록 가치 창출 전략 추구에 더 많이 중점을 두게 된다. 이 접근법은 상대적으로 인간관계와 협업을 더 높이 평가한다.
- 문화의 **혁신**(innovation)이라는 측면이 크면 클수록 가치 창출 전략을 더욱 강조하게 된다. 왜냐하면 이 과정은 협상 테이블에 앉은 모든 당사자의 이해와 요구를 충족시킬 수 있는 혁신적인 접근방법이 필요하기 때문이다.
- **세부 지향성**(detail orientation)에 대한 집중력이 크면 클수록 정책결정을 협

상하는 데에서 체계적인 지각적 편견과 인지적 편견이 개입하는 것을 최소화하려는 경향이 커지게 된다. 칸(Kahn)은 이 문제를 그의 저서 뒷부분에 다루고 있으며, 베이저먼과 닐(Bazerman and Neale, 1992)은 이 문제를 심도 있게 연구해 오기도 했다. 세부 지향 문화는 협상자들이 인지 오류를 피해 '사실에 근거해 행동(play by the fact)'하도록 압박한다.

요약

국제적인 사업의 요소들(landscape)이 지속적으로 변화함에 따라 협상자는 새롭고도 다양한 조직 형태와 장기적인 가치 사슬 관계에서 비롯된 수많은 도전에 직면하게 된다. 네트워크 조직 형태가 오늘날 경영자에게 수많은 이점을 제공해 주기에 위계적인 조직에서 네트워크 조직 형태로 이동하게 되면서 정책결정의 복잡성은 더욱 커졌고, 상호 의존성과 관계 운영의 범위는 더욱 넓어졌으며, 조직 행위자들 사이에서 경계 역할에 대해 다시 한 번 고찰해 볼 필요성도 증가하게 되었다. 이런 변화는 조직에서의 협상에 직접적인 의미를 가지게 되었는데, 가치 창출 접근법과 장기적인 관계 속에서 이루어지는 역동적인 면모를 제대로 반영할 새로운 협상 패러다임이 요구되고 있다. 신뢰의 역할, 경계 역할의 행위, 다자간 행동 역학, 협상자의 행동에 영향을 미치는 외부적 요소로서 조직이 가지는 역할 등에 대해 보다 나은 이해는 새로운 조직 패러다임에서 중요하게 부각되고 있는 요소들의 일부분일 뿐이라 하겠다.

제12장

경제적 관점

존 G. 크로스

현대 분석의 선구자들은 그들 모델에서의 주체들(게임 행위자 또는 시장에서의 기업들)이 자각 최적화 모델에 따라 행동한다는 전제에 크게 기초하고 있다. 게임이론 모델(제13장 참조)에서 정책결정자는 협상 상대방의 선호 함수를 완전히 파악한 상태에서 효용 함수를 극대화하는 반면에, 산업화 모델에서 기업은 시장 가격과 수요를 완전히 파악함으로써 이윤 함수를 극대화한다. 이러한 전제에서 시작하여, 공식적인 거래 모델은 게임 이론의 틀을 활용하거나 양보의 역동적 메커니즘의 관점에서 전략적 상호 의존의 추상적인 성격을 구체적으로 설명하려고 한다.

이 장에서는 두 가지 문제를 제기하려고 한다. 이런 전제들에서 비롯된 거래 모델에 기반한 가정들이 국제협상에도 통용될 수 있느냐 하는 문제, 그리고 국제협상이 발생하는 상황이 개인이나 기업 간 교섭이 일어나는 상황과는 매우 달라 발생하는 문제의 여러 양상을 담아낼 새로운 모델을 필요로 할 정도인가 하는 점이다.

배경

여러 경제적 행동 이론의 공통된 추정과 특성에 대한 개요 정리부터 해보도록 하자. 우선, 대부분의 협상 모델은 다수의 협상자를 다룬다고 일반화하기 쉬운데, 사실은 둘 사이의 협상이라는 관점에서 다루고 있다. 둘째, 국제협상을 공부하는 많은 학생에게는 협상 참여자들을 '미국', '영국', '프랑스', '러시아' 등으로 거론하면 편하겠지만, 개념적으로 균형 잡힌 이론이 불균형한 형태로 이해되게 할 수도 있으므로 이러한 방식은 경제학 전통에 역행하는 것이라 볼 수 있다. 셋째, 협상에 대한 모든 경제적인 분석은 협상 참여자들이 이용 가능한 보상 체계('효용' 또는 물리적 단위)를 구체화하는 것에서부터 시작해야 한다. 일례로 두 사람이 케이크 한 개를 나누는 것을 놓고 협상을 벌인다고 가정해 보자. 협상이 마무리된 후에 참여자 1이 받게 될 케이크의 양을 x_1이라고 하고 참여자 2가 받게 될 케이크 양을 x_2라고 할 때, 참여자들이 각자 받게 될 케이크의 양을 모두 더한 합은 케이크 총량을 넘을 수 없다($x_1 + x_2 < X$). 만일 우리가 협상 양쪽의 선호도라는 변수를 고려하게 되면 이러한 물리적 제약은 제한된 효용성 보상 체계의 집합으로 바뀌게 된다. 협상 참여자 1이 받게 될 결과물의 가치를 $U_1(x_1)$, 참여자 2가 받게 될 결과물의 가치를 $U_2(x_2)$라 하자. 이 함수들이 연속적이고 오목한 형태를 띠는 한 두 참여자가 나눈 케이크의 합이 전체 케이크의 크기를 초과할 수 없다는 물리적 제약은 가능한 한 보상 체계의 집합이 볼록 함수 $U_2 = f(U_1)$에 의해 어느 정도 제한되어야 한다는 결론으로 바뀌게 된다.

각 참여자가 본인 몫의 케이크뿐만 아니라 다른 참여자들에게 돌아갈 케이크의 양에도 관심을 기울이는 일도 있다. 예를 들어, 국제 군축 협상에서 협상에 참여한 각 나라는 자국 외에도 다른 국가의 군비 규모에도 틀림없이 관심을 기울이게 된다. 이러한 경우 선호 함수를 설명하기가 더욱 복잡해지는데, 앞서 말한 효용 보상 한계 $U_2 = f(U_1)$의 설명과 (어쩌면 볼록 성마저도) 전혀 일치하지 않는다.

경제학자는 시장 과정의 **효율성**에 보편적인 관심을 가지고 있으며, 이러한 관심은 자연스럽게 교섭 과정에 관한 관심으로도 이어진다. 가능한 모든 합의의 기회를 다 소진해야만 협상 타결을 기대할 수 있는가 하는 의문은 자연스럽게 효용성 문제로 이어지는데, 서로 이득을 보게 될 기회가 남아 있다면 그 협상은 완전하게 성공한 협상이라 볼 수 없다고 간주하게 된다. '합의(agreement)'는 각 협상 참여자들이 받게 될 몫의 합이 전체 기대 보수의 합과 같거나 그보다 작을 때 일어날 수 있지만($x_1 + x_2 < X$ 또는 $U_2 < f(U_1)$), 상호 받게 될 잠재적 총량이 가능한 보상의 총량보다 적다면 그 합의는 효율적이라고 볼 수 없다.

일부 교섭 게임 모델은 파레토 최적(Pareto-optimal)에 부합할 때만 합의가 이루어진다고 상정하기에 이르렀다. 즉 U'_1과 U'_2의 보상 조합은 오로지 $U'_2 = f(U'_1)$일 때에만 합의점이 될 수 있다는 것이다. 이러한 제한에 대한 근거는 협상자들이 끊임없이 다른 참여자와 소통한다는 점, 그리고 최적의 타협점을 만들어내려는 협상자들이 파레토 최적 산출보다는 비합리적인 합의에 만족한 나머지 잠재적으로 얻을 수 있는 이득을 기꺼이 포기할 것이라고 가정하는 것은 말이 안되기 때문이다. 그러나 이 분야의 새로운 연구에서 협상자들은 그들이 도달할수 있는 여러 합의점에 대해 완전히 알고 있지 못하다는 점, 그리고 그러한 제한된 인식하에서 교섭 과정에 전략적인 방법이 사용될 경우, 파레토 최적에 미치지 못하는 결과로 이어질 수도 있다는 점을 강조한다. 이 쟁점에 대한 논쟁은 쉽게 해소되지 않고 있다.

교섭에 관한 초기 경제학 모델들은 협상의 과정을 본질적으로 비용이 들지 않는 것처럼 다루고 있다. 교섭에 관한 현대 게임 모델의 선구자인 내쉬(Nash, 1950; 1951)의 모델은 정적 모델로서, 모든 교섭 결과를 특징지을 수 있는 조건들을 설명하는 데에 주안점을 두고 있다. 내쉬는 교섭의 역동적인 과정에는 별로 관심을 기울이지 않았기 때문에, 그의 모델은 자연스럽게 협상 비용에 관해서는 소개할 필요가 없었다. 협상자들이 양보를 주고받는 기계론적인 모델을 만든 학자들(예를 들면 Zeuthen, 1930)은 협상을 진행하는 데 드는 실제 비용에 대해서는 전혀 고려하지 않았고, 그 대신에 이런 연구자들은 경제학자의 전통을 그대로 답습하여 모델의 목적상 협상 비용은 무시해도 될 만큼 작다고 생각하는 경향이 있었다. 하지만 엄격히 말하자면 시간과 자원을 필요로 하는 협상 메커니즘이 반드시 파레토 최적 산출에 도달하리라는 보장은 없다. 최종 합의

점이 무엇이건 간에 원칙적으로 협상 초기에 합의가 이루어질 수도 있고 최종 타협에 이르기까지 들어갈 비용이 쓰이지 않았다는 점은, 협상 참여자의 관점에서 보면 최상의 협상 결과가 될 수도 있기 때문이다.

종래의 협상 문제를 도식화하는 것은 그리 복잡하지 않다. 협상의 양쪽 당사자는 협상을 타결하면 얻게 될 이익을 알고 있지만, 그러한 이득이 실현되기 전에 이익을 나누는 것에 동의해야 한다. 다른 여러 모델이 교섭 과정이나 교섭 결과에 관해 설명하고 있지만, 여기에서는 그런 세세한 부분까지 논의할 필요는 없다. 그런 모델들은 교섭이 아무리 복잡하고 시간이 오래 걸리는 과정이 될지 모른다고 해도 협상은 결국 합의에 이르게 된다는 가설을 전제로 한다. 왜냐하면, 협상 참여자들이 어떻게 상호 협력의 결실을 배분할지에 대해서 서로 이견이 있다 하더라도 끝없는 교섭에만 매달려 그런 결실을 포기하고 지나치는 것은 무의미하기 때문이다. 합의에 이르는 것은 현 상태를 계속 이어가는 것보다는 낫고, 바로 그런 이유로 협상 초기에 참여자들 간에 이견이 아무리 크다고 할지라도 협상은 결국 합의에 다다르게 된다는 것이다.

이번 장의 주제와 관련해 다루어야 할 점은, 국가 간 협상이 교섭 관련 저서에서 주로 다루어지는 개인, 산업체, 노동의 사례와 얼마나 다른가 하는 것이다. 대개 서로 합의하는 것이 좋은 방법이라는 논리적 결론이 있음에도 국제협상이 놀라울 정도로 높은 실패율을 기록하고 있다는 사실 때문에 이러한 의구심에 대한 우리의 관심은 커질 수밖에 없다. 관세나 수입 장벽을 재조정하는 것이나, 국제적으로 군비를 통제하고 군축에 다가서는 것이나, 심지어 원유 가격을 관리(원유 카르텔 구성원 관점에서 보면)하는 것에서도 모두가 이득을 볼 수 있는 결과를 어렵지 않게 찾을 수 있다. 그럼에도 이런 문제들에 대한 효과적인 협상이 성공적으로 이루어지기는 대단히 어려운 것 또한 사실이다. 전통적인 모델에 내재된 추론이나 그런 모델의 해석에 기반한 추론은 모두 실패해 왔다.

국가 간 협상과 개인들 간에 일상적으로 이루어지는 보다 작은 단위의 협상 차이는 네 가지 분석과 관련이 있다. 이러한 분석으로 인해 참여자들의 협상을 도식화한 종래의 선호(효용) 함수는 전체 국가들의 행위를 도식화하는 데에 사용하기 어렵다. 왜냐하면 국가 간 협상은 국가의 주인이 아닌 대리인에 의해 이루어짐으로써 협상 테이블에 '잘못된' 선호가 올라갈 우려가 있기 때문이다. 이들 대리인은 계약 사항을 집행할 지위에 있는 최상위의 권위가 없기에 장기적인 약속을 정하는 것이 불가능하고, 국제조약은 오랜 기간 유지되어야 하는 만큼 교섭 문제 자체를 일부 모호하게 정하기도 한다. 이러한 네 가지 측면을 차례로 들여다보도록 하겠다.

국가적 선호

경제 모델의 기초가 되는 가정은 정책결정 이론이 생긴 이래 줄곧 위협받아 오긴 했지만, 최근 여러 연구 영역에서 대안으로 사용되기 시작했다. 기존의 교섭 모델은 궁극적으로 최적화의 원칙에 기초하는데, 개인의 행동이 아닌 조직의 행동을 연구할 시 항상 행동 패러다임으로서 최적화에 반대되는 경우가 있음을 인정해야 한다. 집단들의 '선호' 기능을 제대로 묘사할 분석 방법이 없다는 것은 익히 알려진 사실이다. 집단 결정은 항상 전이가 가능한 것은 아니며, 모든 개인의 결정과 일치하는 행위를 만들어내는 집단 결정 메커니즘은 존재하지 않는다.

국제협상에서 각 '참여자'들은 개인들의 집합이자 다른 집단들의 대표자로서, 내부에서의 투표와 교섭 과정을 통해 자신의 '입장'을 정한다. 이러한 입장과 모든 가능한 대안이 잘 작동되는 선호 함수의 구성이 항상 먼저 형성되지는 않는다. 만약 선호 함수가 정의되어 있지 않다면 최적화 역시 제대로 규정될 수 없는데, 왜냐하면 '최적의' 대안은 가능한 산출물에 관한 이행 순서가 없는 경우 제대로 정해질 수 없기 때문이다. 사실상 우리가 집단이 일관성을 선호하지 않는다는 점을 수용해 왔다면, 우리는 조직 행동에 대한 일반 이론이 없다는 것을 인정해 왔을 것이다. 경제학자들은 주로 이윤 동기라는 매우 단순한 개념을 이용해 이러한 문제를 살짝 비껴간다. 원칙적으로 기업은 내부 보상 시스템을 조직하여 관리자들의 이익과 기업의 이익을 일치시킬 수 있으며, 이로써 모든 개인의 선호가 동일한 목표를 향하도록 만든다. 이런 내부 구조화가 성공적으로 구성될 수 있는지의 여부는 현대 연구에서 지대한 관심을 받고 있고, 그런 논지가 대체적으로 받아들여지고 있다.

비경제적인 조직에서는 꼭 그렇지 않을 수 있다. 정치 조직, 국제 조직, 사회적 조직의 목표는 확실하게 정해져 있지 않고 대체로 느슨하고도 모호하게 명시되어 있으며, 성문화된 공식 헌장에조차도 모순되게 적혀 있기도 하다. 모든 구성원을 특정한 목표를 향해 발맞춰 가도록 할 특정한 목표가 없기에 전통적인 최적 이론을 적용하는 것이 애초부터 불가능해 보인다.

이렇듯 조직들의 결정 행위를 모델화하는 게 어렵다고 한다면, 모든 사회의 결정 행위에 대해서는 어떻게 얘기할 수 있을까? 당연하게도 정부는 조직이고, 그렇기 때문에 우리가 발견한 조직에 관한 통찰을 국가 정책에도 적용할 수 있을 것이다. 하지만 분석의 문제는 그보다 훨씬 더 큰 문제인데, 왜냐하면 정부는 대부분 일반적인 조직이 갖는 기본적인 구조나 규율을 갖지 않지 않는 시민들로부터 영향을 받기 때문이다.

그럼에도 우리는 군비경쟁에서부터 무역 합의에 이르기까지 모든 문제를 다루는 공식적인 국제 행위 모델에 익숙해 있고, 그러한 모델들은 대부분 국가를 의인화하고 있다. 우리는 어떤 정형화된 형태를 갖지 않아 불가피하게 변덕스럽고 모순적일 수밖에 없는 시민 집합체의 행동을 설명하기 위해 한 개인의 행동에 국한해서만 쓰일 수 있는 결정 이론 모델을 여전히 사용하고 있다. 무역 합의나 국제 갈등, 또는 단순한 문화적 변화를 설명하는 다양한 모델을 뒷받침할 만큼 명확하게 사회의 목표나 선호를 규정할 수는 없다. 실제로, 만일 우리가 국가의 선호가 어떤 정해진 순서표로 표현될 수 있다는 원칙을 받아들이지 않는다면 국제협상에 관한 경제 이론은 존재하지 못할 것이다.

이러한 문제는 지금껏 국제적인 이슈들을 어떠한 공식적인 모델로 설명하려고 시도해 보지 않은 사람에게는 그리 놀랄 일도, 도전할 일도 아닐 것이다. 많은 독자에게 이러한 제안은 오직 단일한 모델을 세우는 것이 매우 부적절하다고 보는 오랜 관점을 더 강화할 뿐이다. 하지만 누군가 한 종류의 분석을 거부하기 전에 가능한 다른 대안이 필요하게 되는데, 적어도 국제 관계에서만큼은 이러한 대안이 아직 나타나지 않았다. 진정 문제는 최적화 모델이 유용한지가 아니라 국가 행위에도 적용될 수 있는 대안 모델을 찾아낼 수 있느냐 하는 것이다.

국가의 선호를 일관성 있게 설명할 수 있는 방법을 찾아내는 난제를 해결할 방법은 두 가지가 있다. 첫째이자 비교적 위험한 방식은 비록 사회의 선호를 묘사하는 것이 분석적으로 어렵다고 하더라도 제도적 구조나 절차가 암묵적인 사회적 선호를 충분히 구체화한다고 할 수 있을 만큼 일관성이 있다는 주장이다. 이 제안은 어쩌면 새롭지 않은 것일 수도 있다. 이러한 제안은 미국에서는 일반적으로 받아들여지고 있는데, 예를 들어 방위 전략은 그것을 정하는 행정 구조에 의해서 영향을 받는다고 보는 것이다. 국가의 통화정책을 의회가 아닌 민간 은행들을 대표하는 한 조직의 손에 맡긴 연방준비제도(Federal Reserve System)의 설립은 시행 중인 정책에 막강한 영향을 미친다. 미국 정부의 전체 시스템은 국가의 정책을 결정하는 데에 그 시스템의 제도적 구조가 주요한 역할을 수행한다는 열린 인식을 가지고 고안되어 왔다.

이러한 관점에서 볼 때, 특정 기관에 국가 간 협상을 위한 실질적인 역할을 부여하는 것은 게임의 전략을 선택하는 것과 마찬가지이다. 만일 그 게임에서 얻을 수 있는 보상이 매우 많을 것으로 판명되면 그 기관의 역할은 한층 강화될 것이고, 이로써 그 기관에 적합한 결정의 유형들은 더욱 많아지게 될 것이다. 만일 그 게임에서 얻을 수 있는 보상이 적다면 그 기관의 활동은 축소될 것이고, 이후 그 기관을 대신할 기관을 찾을 가능성이 더 커질 것이다. 한 가지 예를 들자면, 우리가 국영 무역회사들에 기초한 국제무역정책과 사기업에 맞춘 국제무역정책 중 하나를 선택해야 한다고 가정해 보자. 국제무역에 맞춰 국내시장경제를 유지해야 하는 사기업의 입장에서는 외국 파트너와 교환 조건을 자신의 뜻대로 맞춰나갈 수 있도록 하기 위해 상대적으로 자유로운 무역정책을 수립하려고 할 것이다. 반면, 국영 무역회사들은 무역정책을 결정하는 데 중앙 정부가 개입할 기회를 더욱 늘리려 할 것이다. 사실상, 정책을 결정할 회사가 누구냐에 따라서 서로 다른 여러 대안 가운데 하나가 선택될 것이다.

국가의 선호를 대변할 수 있도록 하는 두 번째이자 분석적으로 더 간단한 접근법은, 국가 간 협상이 사회 전체에 의해 이루어지는 것이 아니라 몇몇 작은 그룹 또는 몇몇 개인에 의해서 이루어지는 것으로 보는 것이다. 각 개인이 일관된 선호를 갖고 있고, 그러한 선호들이 협상 테이블에 올라간다고 보면 더 쉽게 설명이 가능할 것이다. 자연스럽게, 이러한 개인 협상자는 자신의 상관에게 보고 해야 하며, 상관들 사이의 담론과 의견 불일치에 따라 많은 일이 종종 일어나게 된다. 공식적인 협상 '테이블 뒤'에서 이루어지는 또 다른 협상도 있는데, 이러한 일련의 과정에서 많은 상관이 공식적인 집단의 입장이 무엇인지를 알아차리게 된다. 이러한 점은 우리를 두 번째 분석으로 인도한다.

주인-대리인 분석

많은 조직, 또는 개인조차도 자신이 직접 협상에 나서지 않고, 그 대신에 대리인을 고용해서 협상하게 한다. 변호사는 자신의 고객을 대신해서 법정 밖 합의를 이끌어내고, 회계사는 납세자를 대신해서 세무 당국과 교섭하고, 노동 협상은 노사 간 전문가들이 나서서 진행하게 되며, 대부분의 큰 나라들은 수많은 협상자를 고용해 군비통제나 무역, 문화 협상에 내보낸다. 이렇게 그들을 대신해서 누군가 특정한 개인을 협상 테이블에 내보내게 될 경우, 협상 결과에 큰 차이가 발생할지 그리고 만약 차이가 생긴다면 그 이유는 무엇인지 의문이 제기된다.

그 주인 대신 교섭 대리인이 동원되는 데에는 몇 가지 이유가 있다. 무엇보다 '주인'이 집단일 경우, 논의를 진행할 수 있는 단 한 가지의 현실적인 방법은 그 집단을 한 명(또는 작은 집단)으로 대신하는 것이다. 두 번째로, 협상의 주제가 복잡한 문제일 경우에는 그에 관련한 전문적인 지식이나 경험을 가진 사람이 일부만 존재할 수 있다. 세 번째, 협상 활동에는 주인이 갖지 않은 전문화된 기술이 필요할 수 있다. 마지막으로, 교섭 대리인은 협상을 통해 나올 결과 중에서 그 나름의 선호가 있기 마련인데, 어떤 특정 상황에서는 주인이 본인과 선호가 다른 대리인을 협상에 내보냄으로써 더 나은 합의를 이끌어낼 수 있다고 생각할 수도 있다.

비록 대리인이 협상을 갈등의 방향으로 끌고 갈 수 있음에도 대리인을 동원하는 것에 대한 이러한 네 가지 동기는 국가 간 협상에서도 그대로 적용될 수 있다. 특히, 앞에서 고려한 네 요소 가운데 두 번째와 네 번째는 끊임없는 갈등을 유발할 위험이 있다. 국가 간 협상에서 발생하는 대단히 복잡한 이슈들을 다루는 데에 전문화된 지식이 필요하여 교섭 대리인을 사용하게 되지만 동시에 그 대리인의 개인적인 선호가 주인의 목표에 부합하지 않을 수도 있다. 이러한 문제는 종종 국제 군비통제 협상을 성공리에 마치기가 얼마나 어려운지를 설명하는 데 종종 인용되기도 한다. 협상을 수행하는 대리인이 가지는 이해관계가 전체 사회의 이해관계와 반드시 일치하는 것은 아니다. 국제 군비통제 협상은 대단히 복잡한 문제를 다루고, 이러한 복잡한 문제들은 오직 몇몇 전문가만이 잘 이해하고 있기 마련이다. 그러한 전문가들은 대부분 협상의 결과에 대해 매우 각별한 관심을 갖는 조직에서만 찾을 수 있다. 국제 군비통제 협상은 군 또는 군수 산업과 관련이 있거나 무기 지출을 통해 개인적인 이익을 얻을 수 있는 사람들이 주도하게 된다. 만일 협상에 참여한 양쪽이 모두 비슷한 입장에 있다면 그들은 '일반적인' 시민이 원하는 것보다 훨씬 더 많은 군비 지출을 허용하는 선에서 타협에 도달하게 될 것이다.

비슷한 문제는 그 협상 결과에 의해 영향을 받는 산업의 대표자들이 주도하게 되는 무역 협상에서도 나타나게 된다. 이들은 일반 대중보다도 개방 무역에 따른 이해관계가 그리 크지 않다. 이것의 핵심은 그 협상 대리인이 전체 사회의 이익보다는 개인적 이익에 더 관심이 많기 때문에 협상 대리인이 서로에게 이득이 되는 합의점을 찾아낸다 해도 그 결과에는 결함이 있을 가능성이 있다는 것이다. 합의된 무역 조항은 적정선보다 더 많은 관세를 용인하게 될 것이고, 군비 협상의 결과물은 부당할 정도로 높은 군비 수준을 유지하는 선이 될 것이다. '주인'의 관점에서 보면 가야 할 길이 여전히 멀다. 물론, 대리인이 타결한 협상은 대부분 비준 과정을 밟게 되므로 대리인의 이익에 과도하게 치우쳐진 합의는 없던 일이 될 수도 있다. 하지만 그렇게 되기가 매우 어렵고, 긴 협상의 결과를 뒤엎는 것은 엄청난 정치적 비용을 수반할 수도 있다. 더욱이 모든 이해관계에는 잘 알려진 비대칭성이 존재하기 마련인데, 예를 들어 제한무역정책으로부터 이득을 보는 소수의 사람은 협상 결과로부터 얻는 개인적 이득이 크지만, 그러한 정책으로 인해 손실을 보게 되는 다수의 사람 사이에는 그 손실이 조금씩 분할된다. 비록 다수가 입게 될 손실의 총량이 소수가 얻게 될 이익의 총량보다 더 많을지라도, 그 합의된 사항을 뒤엎는 데에 들이는 정치적 노력이 가치 있다고 느낄 사람은 많지 않을 것이다. 왜냐하면 그런 반대의 노력에 따른 결과도 그 많은 사람 사이에 나누어져 그다지 크지 않을 것이기 때문이다.

협상의 주제가 그다지 복잡하지 않아도 협상 대리인을 고용하는 것이 적절한 경우도 있다. 당연하게도, 쉽게 흥분하는 사람, 성급하게 약속해 버리는 사람, 그들의 이해관계를 제대로 반영하지 못하는 사람을 고용하고 싶은 사람은 없으나, 이 문제에 대한 실질적 관심은 이러한 것들과는 관련이 없다. 문제는 본인이 선호하는 것과 다른 선호를 가진 사람을 협상 대표로 선정하는 것이 말이 되느냐 하는 것이다. 예를 들어, 노동조합 구성원들 사이에서는 다른 동료들보다 강경하고도 공격적인 사람을 협상 대표로 선택하는 것이 (협상 결과 면에서) 더 이득이 된다고 흔히 알려져 있다. 즉, 지도자는 집단의 '평균적인' 구성원들을 대표해서는 안 되며 극단적인 쪽을 대변해야 한다는 것이다. 일부 사람들은 최상의 평화 협상자는 평화에 많은 관심을 갖고 있는 사람이 아니며, 최고의 무역 협상자는 국가 간의 협조에 그다지 관심이 없는 사람이라고 믿기도 한다.

책임을 위임하는 과정과 어떤 조건에서 그러한 위임이 보다 더 가치 있는 결과를 이끌 것인가는 현대 경제학의 주요한 주제이다. 대부분 연구가 계약 이론에 뿌리를 두고 있는데, 대리인은 본질적으로 평가하기 어려운 과업을 수행하기 위해 고용되는 사람이라는 것이다. 그렇다면 대리인이 원하는 목표를 위해 최선을 다했는지를 어떻게 확신할 수 있을까? 협상의 맥락에서는 자신의 선호와 다른 대리인을 고용할 경우, 협상이 끝난 뒤 대리인에게 협상에 쏟은 수고에 대한 대가를 주고 난 후에도 협상 결과로 더 많은 보상을 얻을 수 있는지에 대한 가능성에 대부분의 관심이 쏠렸다. 예를 들어, 교섭 문제에 대한 내쉬(Nash)의 해법은 위험을 기피하지 않는 사람을 고용하면 이득을 거둘 수 있다는 것을 보여준다. 다른 연구에서는 최종 협상 결과에 따라 대리인에게 제공될 보상(기대했던 합의 결과를 이끌어내면 주게 될 '추가 수당')을 계약서에 포함함으로써 협상 결과에 대한 대리인의 선호를 통제할 수 있을 것으로 보고 있다. 지금까지의 이러한 모델들은 정적인 교섭 이론에 전적으로 의존한다는 점에서 한계가 있다. 즉, 그들은 협상 과정의 역동성과 그에 따른 비용에 대해서는 무시하고 있는 것이다. 이런 점에서 그 모델들은 협상 대리인에게 보상 조건을 걸어 바람직한 협상 결과를 이끌어내도록 하는 계약이 자칫 협상을 지연시키고 (그 때문에 협상 비용이 커져) 대리인을 고용한 대표로서는 더 손해가 될 수도 있으므로 결함이 있다.

계약

가장 단순한 경제학의 관점에서 본다면, 최상의 이익을 거둘 수 없는 경우 아무도 행동하려 들지 않는다. 이는 약속을 지키거나 합의를 존중하는 것 또한 포함한다. 만일 돈을 빌린 사람이 아무 손실 없이 돈을 갚지 않겠다고 선언할 수 있다면 대부분은 그렇게 할 것이다. 이렇듯 대가가 없이는 대출도 없다는 것이라면, 돈을 빌려주는 입장에서는 당연히 돈을 다시 받을 수 있을지 여부 자체를 의심할 것이기 때문에 누구든 돈을 빌리기가 매우 어려워질 것이다. 이 때문에, 경제학자들은 계약의 강제성이 매우 중요하다고 본다. 계약은 어떤 특정 상황에서 본인의 이익에 반하는 어떠한 행동도 반드시 행하도록 하는 장치이다. 개인은 타인에 빌려준 돈은 반드시 돌려받을 수 있고, 보험회사는 손실을 보상해 줄 것이고, 상품 생산자들은 제품의 품질을 보장할 것이라고 확신할 수 있다. 이러한 것들은 만일 미래의 어떤 행위를 반드시 취하도록 하는 체계가 없다면 가능하지 않을 것이다. 이러한 약속은 개인이 계약을 지키지 않을 경우 엄청난 손해를 입을 수 있는 조항을 덧붙여 더 큰 처벌을 용이하게 함으로써 가능하고, 그로 인해 예전에 한 약속을 지키는 것이 최선의 선택이 된다.

국가 간의 협상이 개인이나 단체 간의 협상과 가장 다른 점은 국가 간 협상에서는 강제할 마땅한 수단이 없다는 것이다. 약속을 지키지 않는 국가에 처벌을 가할 수 있는 상위의 권위자가 없다. 물론 그러한 권위자를 만들기 위한 노력은 꾸준히 이루어져 왔지만 제대로 성공한 적은 없다. 왜냐하면 국가 주권을 희생하는 대가로 그만한 가치의 이익을 찾은 나라는 거의 없기 때문이다.

이는 국가 간 합의가 가능한 범위가 계약을 강제할 체계가 있는 상황에 비해 월등히 작다는 것을 의미한다. 국내 계약은 꽤 긴 기간, 예측 가능한 여러 상황에서 취해야 할 행동들을 명시해 놓은 여러 약속을 담을 수 있다. 이러한 계약에 합의가 가능한 경우는 양쪽이 미래의 가치를 계산해 봤을 때 그 약속을 통해 이익을 거둘 수 있을 때이다. 어떠한 계약이 없이 유지되어야 하는 국가 간 합의는 그러한 합의들이나 (또는 기대) 때문이 아닌 어떤 환경에서도 이득을 얻을 수 있을 때만 유지될 것이다. 일상적으로 체결되는 국내 계약 중 극히 일부만이 이러한 조건을 충족한다.

일례로, 군사력을 제한하거나 감축하는 국가 간 협상에 참여한 사람들이 마주하게 될 딜레마에 대해서 생각해 보자. 두 나라가 만일 군비 감축에 동의했다고 할 때, 이는 각 나라가 매우 복잡한 군사관계 체계에 변화를 주기로 합의한 것이므로 이러한 변화가 양쪽 모두에 똑같이 효과를 줄 것이라는 보장은 없다. 문제는, 양국이 같은 가치의 감축을 이루어낼 수 있을지가 어려울 뿐만 아니라 양국 가운데 한 나라는 기대했던 것보다 더 많은 이득을 거두고 다른 나라는 상대적으로 더 적은 이득을 거뒀다는 것을 알고 난 후에는, 이러한 감축이 장기적으로 이어질지 보장하기 어렵다는 것이다. 정치적·기술적 관계는 끊임없이 변하기 마련이기에, 어떤 특정 시기에 별로 쓰임새가 없는 무기가 추후에는 매우 유용한 것이 될 수도 있다. 기술의 발전은 특정 형태의 무기체계를 쓸모없게 만들기도 하고 다른 형태의 무기체계를 효율적으로 여겨지도록 만들 수도 있어, 군사적 균형을 쉽게 바꿀 수 있다. 무기 협약을 진행 중인 각 나라는 자국이 무기 감축에 동의함으로써 지금껏 겪어보지 못한 영역으로 옮겨가는 것에 동의하는 것인 데다 다른 나라에 대해 상당한 군사적 우위가 위축될 수도 있는 위험을 불러온다는 사실을 기억해야 한다. 그 나라는 가상의 합의점을 평가하기 위해 모든 전문가를 총출동시키겠지만, 전문가마다 의견이 다를 것이고 때로는 틀리기도 할 것이다.

공식적인 경제학 모델에서는 비대칭적인 결과의 위험을 설명하기 위해서 기대 보상이라는 분석 기법을 사용하기도 한다. 교섭을 통해 이룰 수 있는 합의를 가늠하기 위해 쓰이는 효용 함수는 기대 효용 함수가 되고, 앞서 언급했던 것과 같이 기초적인 분석이 진행된다. 군사력을 유지하는 데 엄청난 비용이 들고 국가마다 무력화하려는 경향이 있다는 사실에 기반해 볼 때, 그러한 모델들은 협상이 끝난 군비협정이 서로에게 이득이 될 것이라는 이론을 지지한다(왜냐하면 각 나라들이 최적이라고 판단하는 개별적 군사력이 각 나라들이 서로 협조하여 정하는 정도보다 훨씬 높기 때문이다). 기댓값의 의미에서 볼 때, 비대칭적인 결과의 위험을 도입하더라도 상호 이익이 되는 군축의 여지가 있어야 한다는 가정이 약화되는 것은 아니다.

그런데 만일 두 나라의 선호 함수가 둘 다 위험을 회피하려는 성향을 띤다면, 다시 말해서 각 나라가 얻게 될 이득보다 잃게 될 손실에 더 비중을 둔다면 또 다른 중요한 차원이 나타나게 된다. 새로운 합의점에 이르려는 두 나라가 기술적 발전으로 인해 A 국가 또는 B 국가 중 어느 한 나라에만 이득이 돌아가고 둘 중 어떤 나라에 이득이 될지는 모른다고 가정해 보자. 통계학적인 측면에서는 A 국가 또는 B 국가에 이득이 될 확률이 서로 같으므로 그 교섭은 공평하다고 생각될 수 있으나, 위험 회피성 협상 참여자라면 이러한 결과가 상호 대칭적이라고 생각하지 않을 것이다. 상대방보다 더 큰 이득을 얻으면 좋을 것이지만, 각각은 그러한 이득을 얻게 될 것이라는 전망은 그 이득이 상대방에게 갔을 때 입게 될 잠재적 손실보다는 가치가 덜하다고 생각한다. 실제 이런 상황이 일어나면 서로 받아들일 수 있는 합의점의 범위는 줄어들게 되고, 어쩌면 아예 없어져 버릴 수도 있다. 즉, 군축을 이루면 비용도 줄일 수 있고 긴장 관계도 축소될 수 있음에도, 군축이 비대칭적으로 이루어질 경우의 위험 때문에 차라리 (대략적인) 상호 대칭적 현상을 유지하는 것을 더 선호할 것이다.

비대칭적인 보상의 위험은 보험에 들어놓을 수도 있다. 보통 상업적인 보험 시장은 위험을 싫어하는 개인 중에서 무작위로 비대칭적 보상을 해줄 수 있는 조건에서 만들어질 수 있다. 동일한 수요가 국제적으로도 발생할 수 있다. 어떠한 나라라도 만일 기술적인 열세로 입게 될 손실을 피할 수만 있다면 예상치 못한 기술적 변화로 얻게 될 잠재적 이익을 기꺼이 포기할 것이다. 두 나라가 전혀 예기치 않았던 기술적 우위를 사용하지 않기로 합의한다는 것은 그야말로 이상적이지만, 어떤 방식으로 그 합의의 수행을 강제하겠는가? 국가 간의 계약을 강제할 상위의 권위가 없다는 것은 조약이 계속 유지되기 위해서는 양쪽에 끊임없는 이득이 제공되어야 한다는 뜻이다. 시간이 흘러 그 이득이 비대칭적으로 되거나 군사 경쟁에서 패할 위험에 처하게 되면 그 거래를 계속 지킬 나라는 없을 것이다. 실제로, 어떤 나라가 예기치 않았던 환경의 변화로 인해 군사적으로 이득을 보게 되었다면, 그러한 군사적 이점을 다른 협상 당사국이 군축 이전의 군사적 균형 상태로 되돌아가지 못하도록 막기 위해 사용하려 할 것이다.

시간

교섭 과정을 다룬 모든 경제학 모델은 차이를 나누는 단순한 개념들에 의지하든지 또는 서로 용인하는 행위를 설명하는 틀을 개발하든지 간에, 모델을 특화하기 위해서 모든 협상 이득이 측정되는 '불일치점(Point of disagreement)'이라는 정의나 현상 유지 개념에 의존한다. 대부분의 응용경제학에서 이런 불일치점은, 시장 조건에 따라서 상대적으로 쉽게 규정되는 것으로 추정된다. 예를 들어 잠재적 구매자와 판매자가 가격 교섭에 합의하지 못할 때, 판매자의 보상은 그가 다른 사람과의 거래를 통해 얻을 수 있는 양만큼 줄어들게 되고 구매자의 이익은 그가 다른 곳에서 그 상품을 얻을 수 있는지에 의존하게 된다. 임금 협상의 경우, 임금 계약이 없다는 의미는 노동조합 구성원들이 최상의 고용과 관련된 임금을 받는다는 의미가 되고, 사업주는 그들이 소유한 자원을 노동자에게 제공함으로써 돌아오는 모든 이득을 받게 된다는 것을 의미하게 된다.

이런 단순한 시장의 사례를 벗어나면 불일치의 본질을 이해하기가 더 어려워진다. 애초에 불일치의 특성은 일부 참여자들의 통제하에 놓여 있다. 산업 노조는 적극적인 홍보 활동을 펼치거나 단순히 파업 기간을 버티기보다는 기물을 파손하는 것을 고려할지도 모른다. 국가는 조약의 협상 결과에 영향을 미치기 위해 정치적 언동을 사용하거나 군사적 행동까지 사용할 수도 있다. 만일 최종 협상 결과가 불일치의 조건에 따라 달라진다면 불일치한 상태를 개선해 타협점을 찾으려 할 것이고, 그로 인해 그것의 권리에 새로운 문제가 생기기도 한다.

교섭 과정의 함수는 공동 사업에 참여하는 두 당사자가 선택하게 될 수많은 잠재적 합의점 가운데 어떤 것을 택할지를 정하는 것이다. 일례로 그림 12.1을

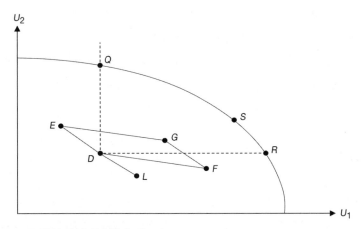

그림 12.1. 두 협상 참여자의 합의 가능성

보면, Q - S - R 구간에 있는 어느 한 지점이 합의점이 될 수 있고, 결국 이 구획 상의 여러 지점 가운데 한 지점(예컨대 S 지점)을 최종 합의점으로 정하는 것이 역동적 교섭 메커니즘이다. 이 지점을 선택하는 데 '불일치'의 속성들이 자연스 럽게도 매우 중요한 역할을 하게 된다. 만일 불일치의 상태가 B 국가보다 A 국 가에 상대적으로 유리하게 작용한다면 최종 타협점은 A 국가에게 보다 더 유리 하게 설정될 가능성이 크다. 같은 맥락에서 생각해 보면 협상의 양쪽이 협박이 라는 수단을 쓸 때, 만일 A 국가가 B 국가에 더 치명적인 해를 가할 수 있고 B 국가가 그에 상응할 만한 보복 능력이 없다면 협상 결과는 A 국가에 유리하게 전개될 것이고, 비록 그 위협이 실제로 진행되지 않는다고 할지라도 마찬가지 일 것이다. 이런 상황은 직관적으로 보더라도 상당히 그럴듯하며, 협상 양쪽 당 사국뿐 아니라 교섭 과정을 다루는 모델을 만드는 개발자들 또한 이를 인정할 것이다. 그러나 이는 논리의 힘에 의해 강제적으로 이끌어낸 결론이 아니라는 것을 명심해야 한다. 타협점에 도달하게 되면 실제 위험은 가해지지 않을 것이 고, 불일치에 따른 보상도 나타나지 않을 것이다. 그럼에도 협상 결과의 속성들 이 불일치의 속성에 깊게 의존한다는 사실에는 대부분 동의할 것이다.

그림 12.1에서 D 점이 군축 협상을 벌이는 두 나라의 입장에서 현상 유지의

상태로 여겨진다고 가정할 때, 협상의 타협점은 D 점에서부터 Q와 R 사이의 연장선 위의 어느 지점에 위치하게 될 것이다. 이 중 어느 지점일지는 D의 속성에 달려 있다. 만일 D 점이 그림에서보다 아래에 있고 우측에 가깝게 위치해 있다고 한다면, 가능한 합의의 범위(Q와 R로 둘러싸인)가 오른쪽 아래로 이동할 뿐만 아니라 최종 합의점 또한 같은 방향으로 이동해 갈 것이다. 만약 D 점이 왼쪽 위에 위치한다면, S 점은 B 국가에 더 유리한 지점이 될 것이다(자세한 내용은 Nash, 1950, 1951 참조).

단순한 시장 모델에서는 불일치 지점 D는 구매자와 판매자가 맺을 수 있는 계약에서 환경에 따라 주어지는 어느 정도 자연적인 특성이다. 하지만 여러 국제협상에서 이러한 불일치는 명확히 내부의 원인에서 비롯된다. 국가 간 군축 협상의 예를 다시 한 번 보도록 하자. D 점이 현재의 군비 수준을 그대로 유지하는 현상 유지 상태이며, 두 나라가 D 점이 군축 협상의 시작점이라고 인정하고 최종 타협점도 D 점에 따라 바뀔 수 있다고 생각한다고 가정해 보자. 양국이 이러한 사실을 알고 있다는 것은 군비 지출의 기준을 바꾸게 될 것이며, 군비 지출은 당장의 국제적 이득을 위해서보다는 상대국과의 군축 협상에서 최종 타협점에 영향을 주기 위해 사용될 것이다.

그림 12.1은 협상자들의 문제를 예시하고 있다. D 점에서 시작할 때, 만일 A 국가가 일방적으로 군축을 하게 되면 보상 지점은 E로 이동하게 될 것이고, A 국가의 군축이 B 국가를 유익하게 하는 형태가 된다. 그와 유사하게 만약 B 국가가 일방적으로 군축을 하게 되면 보상 지점은 F 점으로 옮겨가게 될 것이고, B 국가의 군축이 A 국가에 도움을 주게 된다. 두 행위가 동시에 일어날 때 G 점은 양쪽이 모두 선호하는 새로운 '불일치점'이 되어 최종 합의점을 바꾸지도 않게 될 것이다. 이러한 두 이동은 모두에게 만족감과 이득을 안겨주는 상호 양보의 방향으로 생산적인 노력을 했음을 보여줌으로써 협상에 참여한 양국에 매력적인 이야기를 만들어줄 것이다.

그러나 불행히도 이러한 일이 거의 일어나지 않을 것임은 이해하기 어렵지 않다. A 국가가 일방적으로 군비 수준을 끌어올린다고 가정해 보자. 이는 불일치 지점을 반대 방향인 L 점과 가깝게 이동시킬 것이다. 만일 L 점이 군축 협상이 시작될 시점의 현상 유지 상태라고 한다면 가능한 한 최종 타협점의 범위와 함께 최종 타협점 또한 A 국가에 유리하도록 이동하기 때문에, A 국가는 그 전보다 더욱 강력한 협상 위치에 있게 될 것이다. 즉각적인 보상이라는 관점에서 보았을 때 L 점은 D 점보다 열등하나, 협상 프로세스에서의 역할 관점에서 본다면 개선의 의미로도 볼 수 있을 것이다. 간략히 말해, A 국가에게 D 점에서 E 점으로의 이동은 소규모의 상호 군비 감축의 생산적인 요소로 생각될 것이지만, D 점에서 L 점으로의 이동은 더 나아가 세계 교섭 전략의 생산적인 요소로 바라볼 것이다. 자연스럽게, 상호 군축 협상 메커니즘의 실행 가능성은 첫 단계가 이렇듯 잠재적으로 수익을 낼 수 있을 전략을 포기해야 할 때 심각한 손상을 입게 된다.

같은 논리는 B 국가에도 적용되는데, 군축 협상 프로세스의 일환으로 D 점에서 F 점으로의 양보, 또는 상호 군축의 결과로 양쪽에서 G 점으로의 이동은 반대 방향으로 이동하는 것보다 덜 효과적이다. 중간 합의를 통해 얻을 수 있는 작은 이득은 미래의 협상을 위해 최초 시작점을 옮겨놓음으로써 얻는 이득보다 작다.

따라서 이러한 군비 협상 프로세스 자체가 문제를 해결하기보다는 그 문제를 더욱 복잡하게 만들도록 하는 새로운 자극이 되었다. 물론 Q - R 선상까지 상호 군축을 하기로 합의했을 때의 잠재적 이득은 매우 크겠지만, 이러한 정도의 군축 합의에 다다른다는 것은 단순히 군비 문제뿐만이 아닌 협상을 통해 얻을 수 있는 이득의 문제까지 개입된 논쟁 또한 필요로 하는 훨씬 복잡한 교섭을 거쳐야만 가능하다.

이런 문제는 그다지 새로운 것은 아니다. 내쉬(Nash, 1953)는 협상의 시작점을 조작하는 과정을 자신의 협상 이론에서 핵심으로 다루었다. 협상 타결을 통해 얻을 수 있는 보상의 크기가 불일치와 관련된 효용성에 달려 있다면, 협상 참여자들은 협상의 불일치점을 협상이 타결되었을 때 최대의 보상을 얻을 수 있도록 위치시킬 것으로 그는 생각하였다. 따라서 양쪽 나라에서 군비의 기준은 전통적 의미의 군사적 자산의 역할이 아닌, 군축 협상에서 소득 있는 결과를 만들어내는 역할에 기초가 된다. 물론 게임 이론의 논리로 볼 때, 완벽히 정보를 알고 있는 참여자는 이러한 군비 지출을 하지는 못할 것이다. 만약 군축 협상에

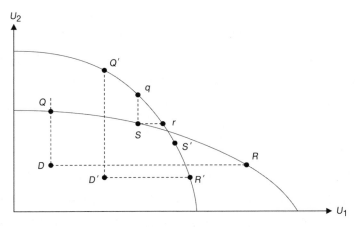

그림 12.2. 변화 전과 후 두 국가가 사용 가능한 공리

참여한 나라가 군비를 어느 수준으로 해야 최종 타협점을 유리하게 할 것인지를 안다면, 군비를 어느 수준으로 할지를 정할 수 있을 것이다. 이러한 관점에서 본다면, 실제 관찰 가능한 수준의 군비는 군축 협상의 최종 타협점에서 정해지는 수준에 상응하게 될 것이다.

불일치점이라는 정의에 관심을 기울여야 할 두 번째 이유도 있다. 정치적 조건과 기술적 조건은 끊임없이 변화하고 있고, 이 때문에 합의한 지점이 추후 한쪽에게만 더 많은 이득을 주게 될 수 있다는 점을 앞서 설명했다. 하지만 이러한 문제는 조건이 끊임없이 변할 때 생길 수 있는 여러 문제 중 일부일 뿐이다. 역동적인 환경 속에서 오래된 합의는 비대칭적일 뿐 아니라 효율적인 합의 지점에서도 멀어지게 한다. 그림 12.2는 이러한 문제를 잘 보여주고 있다. 합의 참여자들이 불일치점인 D 점으로부터 효율적인 Q - S - R 연장선 위에 있는 S 점으로 이동해 가도록 하는 합의점이 정해졌다고 가정해 보자. 그리고 지금은 환경이 변해 불일치점이 D' 점이 되고 효율적인 합의 범위가 Q' - S' - R' 연장선으로 변하게 되었다고 가정해 보자. 이전의 합의점인 S 점은 이제 효율적인 한계선 위에 위치하지 않게 되고, 새로운 협상이 이루어진다면 최종 합의점은 S'가 될 것이다.

이러한 종류의 역동적 변화는 일반적인 노동 계약에서는 그리 심각한 문제가 되지 않는데, 노동 계약의 유효 기간은 비교적 짧아 협상 당사자들은 그저 이전 계약이 끝날 때까지 기다렸다가 새로운 환경을 기반으로 하는 새로운 협상을 진행하면 되기 때문이다. 군사 조약의 재협상은 이와는 전혀 다른 문제인데, 이는 불일치점의 정의 자체가 모호하기 때문이다. 실질적으로, 되돌려 놓는 비용에다가 예전 군비 수준에서 존재할 수 있는 위험 때문에 그 누구도 합의 이전의 조건으로 다시 돌아가고 싶지는 않을 것이다. 그 대신, 이전에 합의된 지점을 새로운 시작점으로 취급하며 새로운 협상을 진행하는 것이 보다 자연스러운 일이다. 그림 12.2에서 볼 수 있듯, 새로운 조건에 맞추어 시작된 새로운 협상은 새로운 불일치점 D' 점이 아닌 이전의 합의점이었던 S 점에서부터 시작되고, 새로운 합의점은 q - r 연장선 위의 어딘가에 위치하게 되며, 이는 S' 점을 포함조차 하지 않게 된다.

변경된 불일치점(예를 들어 그림 12.2의 D' 점)으로부터 재계약 협상을 진행하는 것과 예전의 합의점에서부터 점진적으로 합의해 나가는 것의 차이는 협상 참여자들에게 매우 중요한 문제이다. 그림 12.2에서의 사례에서 볼 수 있듯, 계약을 새롭게 재협상하는 것보다 점진적으로 합의해 나가는 것이 B 국가에게 훨씬 유리하고 A 국가에는 상대적으로 손해가 될 것이다. 자연스럽게, B 국가는 불일치점에 변화가 생길 것을 알고 있기에 이전의 계약을 포기하고 새로 재협상하는 것에 반대하게 될 것이며, A 국가가 D' 점에 해당하는 수준만큼 군비를 지출하지 않고서는 자국에 유리한 방향으로 강제할 수 없다는 사실 또한 B 국가에 유리한 이점이 될 것이다. 물론, D' 점이 지정되기 위해서는 B 국가 역시도 많은 비용을 지출해야 할 것이다. 내쉬(Nash)의 이론에 의해, 두 나라가 충분한 정보를 알고 있다면 이러한 비용의 존재를 알고 있을 것이고, D' 점과의 연관성 또한 알고 있을 것이며, 군비에 새로운 돈을 지출하지 않고 S' 점이 새로운 합의점이 되는 것으로 조정할 것이지만, 실제로는 이러한 방향으로 진행되지는 않을 것이다.

그림 12.2의 사례에서, 기술적 조건 또는 정치적 조건의 변화가 A 국가가 지금 당장 협상을 진행했을 때 얻게 될 이득보다 더 큰 이득을 가져올 수 있다는

것은 A 국가가 직면할 새로운 위기가 된다. 이러한 환경에서 얻는 이득이 크다고 생각되면 A 국가는 협상을 강하게 반대할 것이다. 그러한 환경의 변화가 가능하고 그러한 변화가 각 측에 동일한 확률로 한쪽만 이득을 줄 수 있다고 할 때, 위험을 거부하는 양국의 행동 양상은 지금 협상에 들어가는 것을 꺼리게 할 것이며, 두 나라는 계속 D 점에 머물게 될 것이다.

결론

이 장은 해답을 제시하기보다는 발생하는 일련의 문제에 대해 논하고 있으며, 이러한 심각한 장애물과 마주친다면 경제학적으로 협상 이론에 접근하는 방법은 그다지 결실을 보기 어려워 보인다. 그러나 여기서 강조하고자 하는 문제는 특정한 분석법 때문에 생기는 부산물이 아닌 국제협상 자체에 내포되어 있는 특징이다. 협상 참여자들이 각각의 개인이 아닌 집단이라는 점, 대부분의 국제협상은 대리인이 수행한다는 점, 국가 간 타협을 이루어내는 데에 위험성이 큰 부분을 차지한다는 점, 그리고 시간의 흐름이 협상 타결의 의미를 바꾸게 된다는 점은 협상 분석뿐만 아니라 협상 그 자체의 복잡성까지도 증가시킨다. 이것은 경제학자들의 분석법이 불러일으키는 중대한 문제라고 할 수 있다.

국제협상에 대한 분석 및 평가의 위험성이 얼마나 중요한지를 강조하는 것은 다른 접근법에서는 제기되지 않았던 협상의 한 모습이기 때문에 상당히 유용하다고 볼 수 있다. 모든 장기간의 합의에 내포된 위험이 국가 간 협상의 최대 장애물이라 할 수 있는데, 이는 이전의 연구에서는 완전히 무시되었던 부분이다. 무엇보다도 국가 간 조약은 시간이 지나면서 생기는 변화나 불확실성에 취약하다. 이 때문에 합의 사항이 얼마나 오래 지속되는지가 협상의 성공 여부를 판단하는 가장 중요한 요소가 되었다. 조약이 오래 지속되기 위해서는 불확실성에 대해 알아야 하며, 협상 양쪽이 전혀 예상하지 못했던 엄청난 손실로부터 피해를 받지 않도록 보험 목적의 조항도 명백하게 포함되어야 한다.

제13장

게임 이론

루돌프 아벤하우스

H. 페이턴 영(H. Peyton Young)은 1991년 『협상 분석』이라는 저서의 서문에서 다음과 같이 지적했다. "협상 분석의 주된 이론적 도구는 게임 이론이다. 게임 이론이란 명칭은 어떤 면에서 부적절하다. 이 이론은 실내에서 하는 게임 이상을 커버하기 때문이다. 그것은 한 사람의 행동이나 결정의 결과가 다른 사람의 행동이나 결정에 명확한 방식으로 의존하는 모든 상황에 적용된다." 한편, 지난 20년 동안 게임 이론을 전혀 사용하지 않는 협상에 관한 연구도 상당히 많이 수행되고 발표되었다. 그렇다면 영의 단정적인 진술은 어떻게 해석되어야 하는가? 이 장에서는 게임 이론의 더 중요한 기본 개념 중 일부를 설명하여 국제협상에 대한 기존 응용 프로그램에 대한 개요를 제공하고 국제적인 환경에서 협상된 실제 문제 분석을 위한 공식 모델의 적절성을 논의한다.

이를 위해 먼저 국제협상 적용에 중심이 되는 비협조적 게임 이론의 개념들인 일반형 게임과 확장형 게임, 그리고 균형해(equilibrium solutions)를 소개한다. 예외로, 1950년 존 F. 내쉬(John F. Nash)가 개발한 협력적 교섭 모델(Cooperative Bargaining Model)은 협상 이론의 중요성 때문에 제시한다. 또한 소위 '제안 수정 제안 모델(offer-counteroffer models)'의 가장 간단한 변형을 설명한다. 이 글이 게임 이론에 대한 입문 교과서를 대체할 수는 없겠지만, 공식 모델과 그 사용에 대한 아이디어를 제공할 것이며 독자가 이 매혹적인 이론을 자세히 살펴보도록 자극할 수 있다. 여기에서는 예시의 목적으로 실제 국제협상을 사용하지는 않을 것이다. 그 대신, 죄수의 딜레마와 치킨 게임과 같은 전형적인 간단한 게임을 사용한다.

그런 다음 게임 이론 개념을 국제협상에 적용하는 방법에 대해 논의한다. 이는 세 개 그룹으로 분류될 것이다. 우선 1994년 배리 오닐(Barry O'Neill)이 개발한 '원형 게임(proto-games)'이라고 명명한 아주 간단한 모델은, 고려 중인 협상의 몇 가지 중요하고 일반적인 특징을 보여준다. 또한 특정 협상에 적용되지 않고 오히려 기후, 물 또는 군비통제 협상과 같은 일부 유형에 적용되는 수학적으로 까다로운 모델을 들 수 있다. 그리고 실제 국제협상을 분석하는 데 도움이 되는 단순하지만 잘 설계된 모델을 제시할 수 있다. 여기에 세 번째 그룹의 예가 거의 없으므로, 마지막 섹션에서 일반적으로 게임 이론 분석의 목표와 오늘날 제한된 적용에 대한 이유에 대해 논의할 것이다.

일반형 게임

용어에서부터 시작하자. 비협조적인 2인 게임의 도움으로, 두 **사람** 또는 두 그룹이 게임에서 이길 경우 자신의 **보상**을 최적화하기 위해 사용하려는 여러 **전략**(대안 간 선택)이 있는 갈등 상황이 설명된다. 그렇게 함으로써 그들은, 상대방의 이익을 고려하지 않지만, 전략적 선택이 자신의 이익에 영향을 미친다는 것을 알고 있다.

일반 또는 전략형 2인 게임은 참가자의 수에 따라 정의된다. 두 참가자의 전략인 S_1과 S_2의 두 세트로 제한하고, 가능한 모든 전략 조합에 의지해 좋은 전략을 사용해 얻을 수 있는 보상을 H_1과 H_2로 제한한다. 즉, 게임은 네 배$(S_1, S_2: H_1, H_2)$. 이 정의는 믿을 수 없을 만큼 간단하다. 전략의 개념은 순서화, 정보 상태, 기회 포착 및 기타 요인 등 다양한 측면을 포함한다. 전략적 형태로 게임을 논의할 때 더욱 명확해질 것이다.

두 참가자 모두에게 전략의 수가 유한하다면, 게임을 **유한하다**고 부른다. 그렇지 않으면, 게임은 **무한하다**. 전자의 경우, 두 개의 행렬로 게임을 표현한다. 행은 첫 번째 참가자의 전략을 나타내고 열은 두 번째 참가자의 전략을 나타내며, 각 전략 조합에 대한 두 개의 행렬 요소는 두 가지 모두에 대한 결과를 나타낸다. 참가자가 사용할 수 있는 전략이 두 가지뿐이라면, 그것은 모든 게임 중에서 가장 널리 알려진 형태인 2 대 2 쌍행렬 게임(a two-by-two bimatrix game)을 말한다.

첫 번째 예로, A. W. 터커(A. W. Tucker)에 기인하는 유명한 죄수의 딜레마를 생각해 보라. 범죄의 파트너로 의심되는 두 사람이 체포되어 서로 의사소통을 할 수 없도록 별도의 감방에 수감된다. 적어도 용의자 한 명의 자백이 없으면 검사는 기소할 충분한 증거가 없다. 그래서 검사는 각 용의자에게 그들의 행동에서 다음과 같이 가능한 결과를 알려준다.

- 한 사람은 자백하고 다른 사람은 자백하지 않으면, 자백하는 사람은 석방되고 다른 사람은 10년형을 받는다.
- 둘 다 자백하면 각각 5년형을 받는다.
- 둘 다 묵비권을 행사하면 각각 1년형을 받게 된다.

이 게임은 그림 13.1에 그래픽으로 표시되어 있다. 앞서 언급했듯이 행은 참가자 I이 사용할 수 있는 두 가지 전략을 나타내고 열은 참가자 II가 사용할 수 있는 전략을 나타낸다. 상자에는 두 참가자의 가능한 전략 쌍 각각에 대한 보상이 제공된다. 표의 왼쪽 상단 상자에 표시된 대로 왼쪽 하단 모서리에 참가자 I, 오른쪽 상단 모서리에 참가자 II에 대한 것이다. 일반적으로 2 대 2 쌍행렬 게임의 표현은 이번 장 전체에서 사용될 것이다. 이 게임의 해결책은 무엇인가? 그것을 결정할 수 있기 전에, 그것을 정의해야 한다. 내쉬(Nash, 1951)에 따르면, 2인 비협조적 게임의 해법은 균형 전략 쌍, 즉 이 쌍에서 일방적으로 이탈해도 이탈에 대한 보수가 향상되지 않는 특성을 가진 전략 쌍으로 특징지어진다. 반드시 그럴 필요는 없지만, 그러한 전략 쌍이 정확히 하나만 존재한다면 그것을 게임의 **솔루션**이라고 부른다. 수학적으로 이것은 다음과 같이 표현된다. $s_1 \in S_1$,

I \ II	자백하지 않는다	자백한다
자백하지 않는다	-1 / -1	0 / -10
자백한다	-10 / 0	* -5 / -5

그림 13.1. 죄수의 딜레마의 일반적인 형태

화살표는 두 참가자의 선호 방향을 나타낸다. 별표는 평형을 표시한다.

$s_2 \in S_2$를 참가자 1과 2의 전략이라고 하고, 이러한 전략을 사용하는 경우 $H_1(s_1, s_2)$ 및 $H_2(s_1, s_2)$가 보수가 되도록 하라. 또한 $s_1{}^*$과 $s_2{}^*$를 균형 전략이라고 하자. 그런 다음 이러한 전략에 대한 내쉬의 조건은 다음 부등식 쌍으로 제공된다.

$$H_1(s_1{}^*, s_2{}^*) \geq H_1(s_1, s_2{}^*) \text{ for all } s_1 \in S_1$$
$$H_2(s_1{}^*, s_2{}^*) \geq H_2(s_1{}^*, s_2) \text{ for all } s_2 \in S_2.$$

모든 가능한 결과에 대해 한 참가자의 이득이 다른 참가자의 손실인 게임인 제로섬 게임의 특별한 경우 공식에서

$$H_1(s_1, s_2) = -H_2(s_1, s_2) \text{ for all } s_1 \in S_1 \text{ and } s_2 \in S_2,$$

내쉬 조건은 다음과 같은 부등식 쌍으로 축소된다.

$$H_1(s_1, s_2{}^*) \leq H_1(s_1{}^*, s_2{}^*) \leq H_1(s_1{}^*, s_2) \text{ for all } s_1 \in S_1 \text{ and } s_2 \in S_2.$$

이러한 조건은 $s_1 - s_2$ 평면(plane) 위에 곡면(surface) H_1의 안장점(saddlepoint)을 특징으로 하기 때문에, 우리는 이 특별한 경우 내쉬의 조건을 제로섬 게임에 대한 안장 기준이라고 부른다.

이제 이 솔루션 개념을 죄수의 딜레마에 적용해 보겠다. 쌍행렬의 왼쪽 상단 모서리를 보면 두 참가자 모두 협상에서의 일탈, 즉 범죄 부인을 통해 이익을 향상시키는 것을 볼 수 있다. 우리는 이것을 선호방향을 나타내는 화살표로 표시한다. 계속해서 다른 모서리를 보면 화살표가 오른쪽 아래 모서리를 가리키는 것을 볼 수 있다. 이것이 말하자면 균형의 특징이고, 고유하기 때문에 게임의 해결책이 된다. 두 참가자 모두 자백하지 않으면 더 낫지만 자백은 두 참가자에게는 균형 전략이다.

이것이 이 게임이 유명해진 이유이다. 가격경쟁, 물 소비, 세금납부, 군비경쟁 등 실제 상황에서 참가자 간 협력이 허용되지 않거나 협력할 의사가 없는 한 만족할 만한 해결책이 없는 함정이 많이 있다.

두 번째 예로 간단한 검사 문제를 생각해 보자. 산악 국경에서 밀수꾼은 두 가지 길을 선택할 수 있다. 경찰은 둘 다 알고 있지만 인력 부족으로 하나만 조사할 수 있다. 밀수꾼에 대한 보수는, 첫 번째 경로를 통해 성공적으로 밀수를 했다면 d_1 화폐 단위이고, 두 번째 경로를 통해 성공적으로 밀수를 했다면 d_2이다. 왜냐하면 그는 다른 무게를 운반할 수 있기 때문이다. 하지만 잡히면 $-b$이므로 b와 d를 양수로 가정한다.

경찰에 대한 보수는 $-c$ 및 $-a$ 효용성 단위로, 두 경우 모두에서 명예 상실 또는 성공을 설명한다. 밀수업자의 적법한 행위의 경우 보수가 0이고 이것이 밀수를 적발하는 것보다 경찰에 더 낫다면 $0 > a > c$로 가정한다. 이 게임의 일반 형태는 그림 13.2에 도표로 표시되어 있다.

선호 방향의 방법을 다시 적용하면 화살표가 원형으로 가는 것을 볼 수 있다. 이는 균형이 없음을 의미한다. 무엇을 할 수 있는가?

이 문제를 해결하는 아이디어는 **혼합 전략**의 도움으로 전략 공간을 확장하는 것이다. 두 참가자는 무작위 실험을 통해 전략을 선택한다. 이 경우 경찰은 확률이 p인 첫 번째 경로와 확률이 $1-p$인 두 번째 경로를 선택하고, 밀수업자는 확률이 q인 첫 번째 경로와 확률이 $1-q$인 두 번째 경로를 선택한다. 따라서 두 참가자는 이제 **기대 보수**를 최대화한다고 가정한다.

경찰 \ 밀수업자	경로 1 선택	경로 2 선택
경로 1 검문	$-a$ $-b$	$-c$ d_2
경로 2 검문	$-c$ $-d_1$	$-a$ $*$ $-b$

그림 13.2. 간단한 검사 게임의 일반 형태

$$H_1(p,\ q) = -a \cdot p \cdot q - c \cdot (1-p) \cdot q -$$
$$c \cdot p \cdot (1-q) - a \cdot (1-p)(1-q)$$
$$H_2(p,\ q) = -b \cdot p \cdot a + d_1(1-p) \cdot q +$$
$$d_2 \cdot p \cdot (1-q) - b \cdot (1-p)(1-q),$$

그리고 혼합 전략세트에서 내쉬 균형을 위한 조건은 다음과 같다.

$$H_1(p^*,\ q^*) \geq H_1(p,\ q^*) \text{ for all } p$$
$$H_2(p^*,\ q^*) \geq H_2(p^*,\ q) \text{ for all } q.$$

따라서 우리의 경우 혼합 전략$(p^*,\ q^*)$의 균형이 다음 공식으로 표시된 것처럼 한 참가자가 전략 선택에 대해 다른 참가자를 무관심하게 만드는 방식으로 결정될 수 있음을 쉽게 나타낼 수 있다.

$$H_2^* + H_2(p^*,\ q^*) = -b \cdot p^* + d_1 \cdot (1-p^*) = d_2 \cdot p^* - b \cdot (1-p^*)$$
$$H_1^* = H_1(p^*,\ q^*) = -a \cdot q^* - c \cdot (1-q^*) = -c \cdot q^* - a \cdot (1-q^*)$$

이는 균형 전략 및 보수에 대한 다음 표현으로 이어진다.

$$p^* = \frac{b+d_1}{2b+d_1+d_2'}, \quad q^* = \frac{1}{2}, \quad H_1^* = \frac{-b^2+d_1 \cdot d_2}{2b+d_1+d_2}, \quad H_1^* = \frac{a+c}{2}$$

참고로 합법적인 행동은 밀수업자에게 0의 보수를 제공하기 때문에, $b_2 >$ $d_1 d_2$라면, 즉 처벌이 두 가지 다른 경로를 통해 얻은 이익의 기하 평균보다 크다면 합법적으로 행동한다는 점에 유의하라. 그러나 법적 행동을 고려한다는 것은 밀수업자가 이제 세 가지 순수한 전략을 마음대로 사용할 수 있다는 것을 의미한다. 따라서 경찰의 균형 전략을 결정하려면 2 대 3의 쌍행렬 게임을 풀어야 한다.

치킨 게임으로 잘 알려진 세 번째 게임을 생각해 보자. 1950년대의 10대 남성들은 이 남성다움 경쟁에 참여했다(Morrow, 1994). 두 참가자는 각자가 좋아하는 차를 몰고 한적한 도로에서 만났다. 그들은 어느 정도 거리를 두고 마주보고 한 운전자가 도로에서 방향을 틀 때까지 서로를 향해 직접 차를 몰았다. 다른 하나는 승자가 될 것이다. 때로는 두 운전자 모두에게 어떤 재앙이 있음을 의미한다. 이 게임의 일반 형식은 그림 13.3에 나와 있다. 여기에서 보수는 임의의 0점과 규모가 있는 효용성 단위일 뿐이다.

순수 전략에는 두 가지 균형이 있지만, 이전에 설명한 방법으로 결정할 수 있는 혼합 전략에는 세 번째 균형이 있으며, 이는 두 참가자 모두에게 예상되는 보상(2.5)으로 이어진다. 있다면 이 세 가지 균형 중 어느 것이 게임의 최종 솔루션으로 간주되어야 하고 두 참가자에게 권장되어야 하는가?

노벨상을 수상한 획기적인 논문을 포함하여 엄청난 양의 문헌이 소위 균형 선택 문제를 다루고 있다. 여기에서 이것들을 자세히 설명할 수는 없지만 문제를 다른 방향으로 돌려보겠다. 여러 개의 균형이 있고 그중 어느 것도 게임에 자연스러운 해결책을 제공하지 않는 경우, 예를 들어 한 균형이 다른 균형에 대해 **보수가 지배적일** 경우(예컨대 다른 균형보다 두 참가자 모두에게 더 나은 보상을 제공함), 이는 실제로 문제가 있음을 나타낸다. 따라서 이 모델이 만족스러운 해결책이 없어 보이는 사적, 공적, 심지어 국제적인 문제를 설명하기 위해 여러 번 사용된 것은 놀라운 일이 아니다.

I \ II	방향을 바꾸다	방향을 바꾸지 않다
방향을 바꾸다	5 5	* 10 0
방향을 바꾸지 않다	* 0 10	−5 −5

그림 13.3. 치킨 게임의 일반 형태

내쉬의 교섭 모델

치킨 게임에서는 두 참가자 간의 게임 전 의사소통이 별로 의미가 없었지만 죄수의 딜레마에서는 금지되었다. 그렇지 않으면 두 명의 죄수가 더 나은 보상을 제공하는 일부 계약을 맺었다고 상상할 수 있다. 내쉬(Nash, 1950)는 그러한 합의를 위한 절차를 제안했다. 게임 이론 문헌 전반에 걸쳐 협상이 아니라 거래라는 용어가 사용되었음을 상기하라. 그 이유는 이러한 문제를 가장 먼저 처리한 내쉬가 그 단어를 사용하여 전통이 되었기 때문인 것으로 보인다.

여기에 또 다른 게임 상황이 있다. 젊은 부부인 액설과 베티는 저녁 여가를 위해 두 가지 선택을 한다. 어느 쪽이든 둘 다 권투 경기나 발레를 관람하러 갈 수 있다. 일반적인 문화적 고정관념에 따라 액설은 싸움을 훨씬 더 선호하고 베티는 발레를 선호한다. 그러나 그들이 함께 외출하는 것이 그들에게 더 중요하다.

게임 이론 문헌에서 이 모델은 성의 전투(Battle of the Sexes)로 알려지게 되었다(예를 들어 Luce and Raiffa, 1957 참조). 모로(Morrow, 1994)가 수행한 이 게임의 1990년대 버전이 있는데, 우리는 이를 성별도 성적 지향도 지정되지 않은 개인의 경연 대회로 지칭한다. 이 버전에서는 크리스와 팻이 해변에서 휴가를 보낼지 아니면 산에서 휴가를 보낼지 결정한다. 우리의 목적을 위해 이것을 부부의 거래라고 부르자.

액설＼베티	발레	권투경기
발레	* 3 / 9	-1 / -1
권투경기	0 / 0	* 8 / 2

그림 13.4. 부부의 일반적 교섭

　그림 13.4에서 이 2 대 2의 쌍행렬 게임의 일반 형식은 도표로 표시된다. 다시 말하지만, 치킨 게임에서처럼 보수는 두 참가자에게 대칭인 것으로 가정되지 않는 효용성 단위로 측정된다. 선호하는 방향성을 보면 순수 전략에 두 가지 균형이 있음을 즉시 보여준다. 또한, 앞서 설명한 대로 결정될 수 있는 혼합전략의 세 번째 균형이 있다. 이 균형 결과의 보상은 액설이 2이고 베티가 1.5이다.

　앞서 언급했듯이 이것이 비협조적 분석의 결과이다. 세 가지 균형이 있고 그 중 어느 것도 다른 두 가지에 대해 보수가 지배적이지 않기 때문에, 이론은 둘 다 서로 이야기하지 않는 한 부부에게 권장될 수 있는 솔루션을 제공하지 않는다. 하지만 그렇게 하면 안 되는 이유는 무엇인가? 좋은 친구들에게 격려를 받아서?

　그러므로 액설과 베티가 공동으로 그들의 결정을 무작위로 할 수 있도록 설득할 수 있다고 가정해 보자. 즉, 게임의 네 가지 가능한 결과 중 하나를 선택할 확률을 공동으로 결정한다는 의미이다(그러나 이것은 비협조적 이론의 영역을 남기고 정의상 죄수의 딜레마에 있는 의심되는 개인, 치킨 게임을 하는 청년, 또는 경찰관과 밀수업자를 위한 하나의 희망에 대해서는 그러한 가능성이 존재하지 않는다는 점을 기억하라).

　내쉬(Nash, 1950)는 자신의 중요한 논문에서, 만족할 경우 현재 문제에 대한 고유한 솔루션을 결정할 수 있는 일련의 공리를 공식화했다. 이러한 공리와 그로부터 파생된 솔루션을 제시하기 전에 현상 유지와 파레토 경계의 개념을 소개해야 한다.

현상 유지 또는 유보 지점은 두 참가자에게 H_{10}과 H_{20}의 보수가 쌍을 이루도록 하는 것이다. 그들은 일부 공동 절차에 동의할 수 없는 경우 스스로 무언가를 보장할 수 있다. 두 참가자 모두 최소(상대방의 전략과 관련하여)의 보수 중 최대(자신의 전략과 관련하여)를 취하면 합리적인 현상 유지 포인트가 획득된다. 우리의 경우 결과적인 보수는 혼합 균형의 결과인 것으로 밝혀졌다. 게다가 모든 가능한 보수 집합의 **파레토 경계**는 한 참가자의 보수 증가가 다른 참가자의 보수를 희생해야만 달성할 수 있는 속성을 가진 보수 쌍으로 구성된다. 다시 말해, 파레토 경계선에서 쌍을 이루는 보수는 동시에 개선될 수 없다.

이 두 개념을 사용하여 기대 보수 H_1^* 및 H_2^*가 있는 협상 솔루션에 대한 내쉬의 다섯 가지 공리는 다음과 같다.

1. 약한 개별 합리성: 해결책은 비협조적 행동으로 유지될 수 있는 현상보다 나빠서는 안 된다. 그것은 $H_1^* \geq H_{10}$, $H_2^* \geq H_{20}$.
2. 약한 파레토 최적성: 해결책은 파레토 경계에 있어야 한다.
3. 관련 없는 대안의 독립성: 해결책과 현상 유지 지점을 유지하면서 가능한 거래를 제거한다면 해결책은 변경되지 않은 상태로 유지되어야 한다.
4. 선형 불변성: 솔루션은 각 참가자의 보수의 양의 선형 변환에서 불변해야 한다.
5. 대칭: 두 명의 참가자가 동일한 결과 값을 가진다면 현재 상태 점수의 차이를 동등하게 나눈다.

내쉬의 중요한 결과는, 이러한 공리를 충족하는 솔루션이 정확히 하나이며 다음과 같이 계산된다는 것이다. 이러한 보수와 현상 유지 지점 간의 차이의 곱을 최대화한다. 즉, 일련의 보수와 파레토 경계를 따라 모든 공동 전략에 대해 곱의 최댓값 $(H_1 - H_{10}) \cdot (H_2 - H_{20})$을 결정한다.

이러한 예에서 우리는 몇 가지 대수학의 도움을 받아 액셀에게 5.18, 베티에게 5.95의 보수 쌍을 얻는다. 이것은 액설에게 약간 실망스럽다. 액설의 현상 유지 보수가 베티보다 높지만, 베티가 더 많은 것을 얻는다.

50년 전에 출판된 이후로 이 솔루션은 엄청난 양의 문헌을 낳게 했다. 내쉬 (Nash, 1953)는 소위 위협 전략을 도입하고 가능한 결과에 대한 영향을 결정했다. 칼라이와 스모로딘스키(Kalai and Smorodinsky, 1975)와 같은 다른 사람들은 세 번째 공리와 같은 공리 중 일부를 비판하고 다른 공리로 대체했다. 오늘날까지 이 협상 모델과 그 변형은 게임 이론이 일반적으로 협상 분석을 위해 제공해야 하는 가장 중요한 개념 중 하나였다.

이 개념의 단점은 역학, 학습 및 정보 문제를 포함하여 실제 협상을 특징짓는 많은 기능이 부족하다는 것이다. 이러한 측면을 다루기 위해 일반형 게임은 설명에 대한 적절한 접근방식으로 더는 간주되지 않는다. 그 대신에 확장형 표현이 필요하다.

이러한 대안적인 형태의 비협조적 게임으로 눈을 돌리기 전에, 내쉬의 교섭 모델을 통해 우리가 협동적 게임 이론의 영역에 들어갔던 것을 반복해 보자. 전자로 돌아가기 전에 특히 후자에 대해 몇 가지 언급해야 한다. 여기에서 더 자세히 설명하지 않는 이유이다.

협동 게임 이론은 주로 투표 절차와 같은 **연합** 분석을 다룬다. 샤플리 값(Shapley value, 1953)으로 측정된 단일 참가자에 대한 연합의 가치 또는 그 반대의 경우, 결합할 연합에 대한 단일 참가자의 가치를 분석한다. 이 이론은 권력 분배에 대한 귀중한 통찰력을 제공하고 UN 안보리와 같은 기존 구조의 분석 및 재구성에 적용되었지만(예컨대 Kerby and Gobeler, 1996 참조), 연합의 형성에 대해서는 언급이 없으며 이것이 협상 분석에 많이 사용되지 않는 이유 중 하나이다.

그럼에도 그것이 가진 응용은 중요하다(예컨대 Lax and Sebenius, 1991b 참조).

전략적 형태의 게임

게임 이론적 모델의 이러한 표현의 유용성을 보여주기 위해, 우리는 일반형과

매코이 \ 햇필드	나눠 갖기	더 가져가기
모니터하지 않음	0 0	d $-c$
모니터함	0 $-e$	$-b$ $-a$

그림 13.5. 관개 게임의 일반 형태

전략형 모두의 장점을 설명할 뿐만 아니라 적용의 실용성도 있는 예(Avenhaus and Canty, 1996)를 고려한다(예를 들어 Ostrom, Gardner, and Walker, 1991).

햇필드가(Hatfields)와 매코이가(McCoys)는 관개 토지의 인접 지역을 경작하며, 햇필드가는 먼저 경작지 수로에 접근한다. 공정한 나눔 절차에 합의했지만, 어느 정도 상호 불신이 존재한다. 사실, 두 씨족은 약 40년 동안 대화를 나누지 않았다. 광범위하게 말해서, 농부 햇필드는 전략을 두 가지 가지고 있다. 더 나은 농작물과 매코이가에서 하는 일까지 두 배의 인센티브로 자신의 공정한 몫보다 더 많은 물을 가져오는 것(합의 위반)이 첫 번째 전략이고, 계약을 준수하는 것이 다음 전략이다. 농부 매코이는 차례로 생명과 부상을 감수하고 햇필드가를 통제하거나, 아무것도 하지 않고 얻은 것을 가져갈 수 있는 선택권이 있다.

우리는 계약을 위반하지 않고 모니터링하지 않는 경우 두 참가자 모두 아무것도 얻지 못하는 관개 게임의 결과를 일반화한다. 이제 e를 햇필드의 활동을 모니터링하는 매코이의 비용이라고 하고 a를 그의 공정한 몫을 얻지 못하지만 햇필드를 잡는 만족을 가짐으로써 그가 수반하는 손실이라면 $e > 0, \ a > 0$이 된다. 따라서 햇필드가 위반하고 매코이가 모니터링하는 경우 매코이의 보수는 일반화에 대한 정상화와 관련된 $-a$이고, 모니터링하지만 위반 사항이 없는 경우 그의 보수는 $-e$이다. 그러나 매코이의 최우선 순위는 햇필드를 정직하게 유지시키는 것이다. 이 경우 $a > e$가 된다. 매코이의 최악의 결과는 확실히 탐지되지 않은 위반이며, 결과는 $-c$이므로 $c > a$이다. 햇필드의 보수는 탐지되지 않은 위반의 경우 d이고, 탐지된 위반의 경우 $-b$이며, $d > 0$ 및 $b > 0$이다. 이 게임의 일반적인 형태는 그림 13.5에 나와 있다.

선호 방향이 원형이기 때문에 혼합 전략에는 하나의 균형만 있다는 것을 안다. 매코이가 모니터링할 확률을 β라고 하고 햇필드가 더 많이 취할 확률을 t라고 하자. 그러면 평형 전략 β^* 및 t^*뿐만 아니라 상대를 무관심하게 함으로써 주어지는 보수 H_M^* 및 H_H^*는 다음과 같이 주어진다.

$$\beta^* = \frac{b}{b+d}, \quad t^* = \frac{e}{e+c-a}, \quad H_M^* = \frac{-e \cdot c}{e+c-a}, \quad H_H^* = 0.$$

따라서 우리는 햇필드의 보수가 그의 몫을 가져가는 것과 같더라도 0보다 큰 확률로 더 많은 것을 가져간다는 것을 관찰한다. 몫을 취하는 것은 햇필드의 균형 전략이 아니다.

우리는 매코이의 최우선 순위가 햇필드를 정직하게 유지하는 것이라고 가정했기 때문에 그가 이를 수행할 방법을 찾고 있다. 방법이 있다. 그는 모니터링에 대한 확률 b를 확실하게 발표할 수 있다. 그러나 이 게임은 더 이상 일반형으로 적절하게 표현할 수 없다. 그림 13.6은 이러한 소위 리더십 게임의 전략적 형태를 그래픽으로 표현한 것이다. 게임 트리의 최상위 단계에서 매코이는 모니터할 가능성 β를 결정하고 신뢰할 수 있는 방식으로 햇필드에게 자신의 결정을 전달한다. 이를 알고 있는 햇필드는 β의 가능한 값에 대해 노드에서 자신의 몫 이상을 차지할지 여부를 결정한다. 마침내 매코이가 모니터를 할지 말지를 자신의 단계에서 결정한다. 이러한 단계로 이어지는 전략 조합의 결과로 마지막 단계에서 두 참가자 모두에게 보상이 주어진다.

두 번째 참가자인 햇필드는 매코이의 결정을 정확히 알고 있기 때문에 이를 우리는 '완벽한 정보가 있는 게임'이라고 말한다. 이 특별한 구조 때문에 우리의 리더십 관개 게임은 후진 귀납법이라는 절차로 풀 수 있다. 기본적으로 확장형 게임은 각 하위 게임에서 두 참가자의 수익을 최대화하여 아래에서 위쪽으로 거슬러 간다. 이 절차의 첫 번째 단계는 보수를 예상 값으로 대체하여 그림 13.6

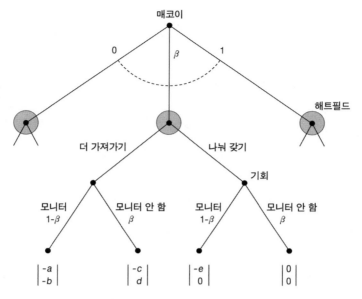

매코이

0   β 1

해트필드

더 가져가기   나눠 갖기

기회

모니터   모니터 안 함   모니터   모니터 안 함
$1-\beta$ β $1-\beta$ β

$\begin{vmatrix} -a \\ -b \end{vmatrix}$ $\begin{vmatrix} -c \\ d \end{vmatrix}$ $\begin{vmatrix} -e \\ 0 \end{vmatrix}$ $\begin{vmatrix} 0 \\ 0 \end{vmatrix}$

그림 13.6. 리더십 관개 게임의 광범위한 형태
원은 정보 집합을 나타낸다.

의 확장형을 단순화하는 것이다(그림 13.7 참조).

논리는 다음과 같이 진행된다. 햇필드는 통제당할 확률 $1 - \beta(\,=\beta)$를 알고 다음을 결정한다.

$$0 > -b + (b+d) \cdot \beta$$인 경우 몫을 차지
$$0 = -b + (b+d) \cdot \beta$$인 경우 무관심
$$0 < -b + (b+d) \cdot \beta$$인 경우 더 많이 차지

이 전략은 항상 그의 예상 수익을 최대화하기 때문이다. 이제 매코이의 균형 전략은 이전과 동일한 것으로 판명되었다. $\beta^* = b/(b+d)$, 따라서 햇필드는 이렇게 된다.

$$\beta < \beta^*$$이면 몫을 차지
$$\beta = \beta^*$$인 경우 무관심

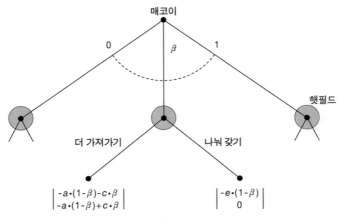

그림 13.7. 리더십 관개 게임의 축소된 확장 형태

$\beta > \beta^*$인 경우 더 많이 차지

그러나 햇필드의 균형 전략은 무엇인가? 대답하기 전에 이제 햇필드의 전략은 매코이의 모든 전략에 대한 대응전략이라는 점을 인식하라. 그것은, β의 모든 값을 햇필드의 결정 공간에 넣는다. 이 대응전략을 $t(\beta)$라고 부르며, 여기서 다시 t는 합의를 위반할 확률, 이제 평형 전략 $t(\beta)$는 속성 $t^*(\beta^*) = 0$에 기반한 순수 전략으로 판명된다.

$$t^*(\beta) = \begin{cases} 0 \text{ for } \beta \leq \beta^* \\ 1 \text{ for } \beta > \beta^* \end{cases},$$

즉, 그것은 몫을 챙기거나 정직하게 **균형**을 유지하는 것이다. 따라서 매코이가 단순히 자신의 전략을 신뢰할 수 있는 방식으로 발표하면 햇필드가 정직한 행동을 하도록 유도한다. 역설적이게도 햇필드의 균형 보수는 첫 번째 버전과 동일하게 유지되지만 그의 균형 전략은 변경되었다.

우리가 이러한 예의 첫 번째 버전을 나타낼 수 있다는 점에 유의하라. 매코이는 고유하지는 않지만 전략적 형태로 모니터링 확률도 발표하지 않는다. 한 가지 가능성이 그림 13.8에 나와 있다.

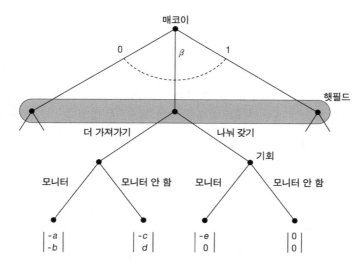

그림 13.8. 멘토링 가능성이 발표되지 않은 관개 게임의 광범위한 형태
원으로 표시된 영역은 햇필드의 정보 세트를 나타낸다.

    햇필드는 매코이의 모니터링 확률 값을 모르기 때문에, 모든 결정 지점이 단일 정보 집합인 리더십 버전과 달리, 그의 모든 결정 지점을 결합하면 하나의 정보 집합을 나타낸다. 이러한 이유로 우리는 이전 종류의 게임을 '불완전한 정보를 가진 게임'이라고 부른다.

    필요한 경우 게임 이론 모델에서 세 번째 종류의 불확실성을 고려할 수 있다. 때로는 한 명이나 두 명의 참가자 모두 상대방의 보수를 모르고, 단지 그들이 여러 유형 중 하나라는 것만 알고 있다. 이러한 경우 게임에 불완전한 정보가 있다고 한다.

    구체적인 예로, 도움으로 전략 게임에 대해 논의했으므로 이제 우리가 일반 게임에 대해 했던 것처럼 추상적이고 일반적으로 설명할 때이다. 마이어슨 (Myerson, 1979)에 따르면, 임의의 양의 정수 n을 상정하고 n명이 참여하는 확장형 게임의 뿌리 나무가 있다. 이 나무는 위에서 아래로 자라고 모든 단계점 (node)과 가지에 표시(labels)를 하는 기능과 함께, 다음과 같은 다섯 가지 상황을 충족시킨다.

1. 각 비단말 단계에는 세트$(0, 1, 2, \cdots, n)$에서 가져온 참가자 표시가 있다. 참가자 표시 0이 할당된 단계를 기회 단계라고 한다. 세트$(1, 2, \cdots, n)$는 게임 참가자의 집합을 나타내며, 이 집합의 각 i에 대해, 참가자 표시 i인 단계는 참가자 i가 제어하는 결정 단계이다.

2. 기회 단계의 모든 대안에는 확률을 지정하는 표시가 있다. 각 기회 단계에서 이러한 대안의 기회 확률은 합이 1인 음이 아닌 숫자이다.

3. 참가자가 제어하는 모든 단계에는 플레이 경로가 이 단계에 도달한 경우 참가자가 갖게 될 정보 상태를 지정하는 두 번째 표시이다. 플레이 경로가 참가자가 제어하는 단계에 도달하면 참가자는 현재 단계의 정보 상태만 알 수 있다. 즉, 동일한 참가자에 속한 두 단계는 게임 플레이에서 이러한 단계가 나타내는 상황을 참가자가 구별할 수 없는 경우에만 동일한 정보 상태를 가져야 한다.

4. 참가자가 제어하는 단계의 각 대안에는 이동 표시가 있다. 게다가, 동일한 참가자 표시와 동일한 정보 표시를 가진 두 개의 단계 x와 y에 대해, 그리고 단계 x의 대안에 대해 단계 y에는 동일한 이동 표시를 가진 정확히 하나의 대안이 있어야 한다.

5. 각 종착 단계에는 n개의 숫자$(u_1, \cdots, u_n)$의 벡터(vector)를 지정하는 표시가 있다. 각 참가자 i에 대해 숫자 u_i은 이 단계가 게임의 결과일 때 일부 효용성 규모로 측정된 참가자 i에 대한 보수로 해석된다.

확장형 게임에서 참가자를 위한 **전략**은 게임의 모든 가능한 정보 상태에서 이동을 결정하기 위한 규칙이다. 수학적으로 전략은 정보 상태를 움직임으로 매핑하는 함수이다. 각 참가자 i에 대해 S_i를 게임에서 i에 대한 가능한 정보 상태 집합을 나타낸다. S_i의 각 정보 상태 s에 대해 D_s를 참가자 i가 정보 상태 s의 단계에서 이동할 때 사용할 수 있는 일련의 이동을 나타낸다. 그러면 확장형 게임에서 참가자 i에 대한 전략 세트는 S_i의 s에 대한 소위 모든 D의 데카르트 곱 (Cartesian product)이다.

확장형 게임에서 전략을 정의한 후, 이러한 게임의 내쉬 균형은 일반 게임의 경우와 같은 방식으로 정의된다는 점만 언급함으로써 이 형식적인 부분을 마무리한다. 균형 전략에서 일방적인 일탈은 일탈자의 보수를 향상시키지 않는다.

계속하기 전에, 이 책에서 공식화된 협상 연구를 위한 분석 틀을 살펴보겠다. 이 분석 틀은 국제협상 프로세스(PIN) 프로젝트가 자극하고 수행하는 모든 후속 작업에서 광범위하게 개발되고 사용된다. 이러한 사고방식에 따르면 매우 짧은 기간 동안 협상은 기본적으로 둘 이상의 **행위자** 간의 의도적인 의사소통이다. 목적이 있는 의사소통은 행위자가 자신의 이익을 추구하거나 방어하기 위해 개발하고 구현하는 **전략**으로 구성된다. 상호 작용의 전체 흐름은 행위자, 전략 및 배경 요인에 의존하는 다양한 형식의 한 과정을 만들어낸다. 천천히 그리고 장기적으로만 변하는 배경 요소들은 당사자 상호 작용이 일어나고 그 과정이 전개되는 구조를 만든다. 결과는 협상에서 얻은 결과를 통합한다.

분석 틀의 이러한 요소를 비교하면 확장형 게임의 정의 요소와 쉽게 식별할 수 있다. 그림 13.6과 같이 처음부터 뿌리 나무가 전체 협상 프로세스를 설명한다. **참가자와 행위자**는 같은 것을 이르는 다른 단어일 뿐이다. 정보의 상태는 구조의 일부이다. 참가자의 모든 가능한 움직임의 집합은 전략의 집합이며, 결과에 대한 보수는 후자의 의미에서 결과의 양적 측정일 뿐이다.

이제 협상 문제에 대한 형식적인 설명과 분석으로 돌아가 보자. 내쉬의 교섭 모델은 종종 현실에 맞지 않는 두 가지 성격을 특징으로 한다는 것을 기억하라. 첫째, 당사자는 협력할 준비가 되어 있다. 즉, 일반적으로 혼합 전략과 같은 공동 절차에 동의할 준비가 되어 있다. 둘째, 협상이 시간이 지남에 따라 발전하고 상대방의 의도에 대해 배우거나 공개적으로 전달하고 싶지 않은 메시지를 알릴 수 있는 가능성을 제공하는 움직임과 반대 움직임으로 구성된다는 점에서 역학이 없다. 내쉬 모델의 초기에 사용된 일반 형식 표현과 달리, 전략적 형식은 이러한 게임의 분석이 매우 **빠르게** 복잡해질 수 있지만 이러한 모든 가능성을 허용한다.

예를 들어, 슈탈(Stahl, 1972)이 시작하고 루빈스타인(Rubinstein, 1981)이 추구한 이론인 제안 – 반대 제안 교섭의 간단한 버전을 살펴보겠다. 참가자들이 순차적으로 제안을 교체한다고 가정해 보자. 한쪽은 다른 쪽이 수락하거나 거부할 수 있는 제안을 한다. 제안이 거부되면 상대방은 자체적으로 반대 제안을 할 수 있으며, 첫 번째 측은 그 반대 제안을 수락하거나 거부한다. 반대 제안이 거부되면 첫 번째 측에서 다른 제안과 교섭을 계속하는 식으로 진행된다. 각 제안과 응답은 한 번의 교섭을 나타낸다.

두 참가자가 영원히 교섭하지 못하게 하는 것은 무엇인가? 시간은 돈, 즉 어느 정도 가치가 있는 것으로 간주된다. 따라서 두 참가자 모두 나중보다 빨리 합의에 도달하는 것을 선호한다. 슈탈과 루빈스타인의 모델에서 참가자는 0에서 1 사이의 할인 계수 δ_1 및 δ_2를 사용하여 각 추가 교섭 라운드에 대비해 최종 교섭을 할인한다.

이 할인 개념을 설명하기 위해 기 올리비에 포르(Guy-Olivier Faure)의 저작 『사람들은 어떻게 협상하는가(How People Negotiate)』(2001)에 나오는 이야기 중 하나를 언급하겠다. 피라미드를 방문한 한 여행객은 돈을 지불하지 않고 사진을 찍을 수 있다는 소년의 말을 순진하게 믿고 낙타 등에 올라탔다가 인질로 잡혔다. 소년은 그 사람이 이집트 돈 2파운드를 지불하기 전에는 놓아주려 하지 않았다. 분명히 이집트의 태양 아래 낙타를 타고 있는 소년과 방문객의 할인 요소는 매우 다르다.

정량적 분석의 시연을 위해 모로(Morrow, 1994)를 이용하여, 두 참가자가 100개의 효용성 집합을 공유해야 한다고 가정해 보자. 세 번의 제안이 번갈아가며 진행되는 순차적 협상 게임의 시간표는 다음과 같다. 각 협상 라운드는 제안과 응답이라는 두 가지 움직임으로 구성된다. 설명의 편의를 위해 각 제안은 해당 제안에서 참가자 I이 받는 금액이다. 참가자 II가 나머지를 얻는다. 따라서 게임은 다음 6단계로 구성된다.

1. 참가자 I은 $0 \le a_1 \le 100$인 a_1을 제안한다.
2. 참가자 II는 a_1을 수락하거나 거부한다. 그녀가 수락하면 게임이 종료되고 참가자 I은 a_1을 받고 참가자 II는 $100 - a_1$을 받는다.
3. 참가자 II는 $0 \le a_2 \le 100$인 a_2를 제안한다.
4. 참가자 I은 a_2를 수락하거나 거부한다. 그가 수락하면 게임이 종료되고 참가자 II는 δ_1, a_2를 받는다. 그리고 참가자 II는 δ_2,$(100 - a_2)$를 받는다.

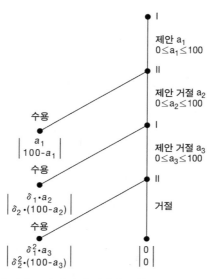

그림 13.9. 제안 - 반대 제안 교섭 게임의 광범위한 형태

5. 참가자 I은 $0 \leq a_3 \leq 100$인 a_3을 제안한다.
6. 참가자 II는 a_3를 수락하거나 거부한다. 게임이 종료된다. 참가자 II가 a_3를 수락하면 참가자 I은 $\delta_1^2 a_3$를 받고 참가자 II는 $\delta_2^2(100 - a_3)$를 받는다. 참가자 II가 거부하는 경우 참가자 I과 II는 0을 받는다.

이 게임의 광범위한 형태는 그림 13.9에 도표로 표시되어 있다. 이 게임의 분석은 역진 귀납 절차의 도움으로 다시 수행된다. 결과적으로 평형 상태에서참가자 I은 첫 번째 라운드에서 금액 $a_1 = 100 \cdot (1 - \delta_2 \cdot (1 - \delta_1))$을 제안하고 참가자 II는 이 제안을 수락한다. 이 게임을 무한한 수의 이동으로 확장할 수 있다.

이 경우, 참가자 I의 균형 전략은 즉시 금액 $100 \cdot (1 - \delta_2)/(1 - \delta_1\delta_2)$을 제공하고, 참가자 II의 균형 전략은 이를 수락하여 $100 \cdot \delta_2 \cdot (1 - \delta_1)/(1 - \delta_1\delta_2)$를 얻는다.

유한과 무한의 범위 모두에서, 이러한 균형은 직관적이고 반직관적인 많은 특징을 가지고 있다. 직관적인 것부터 시작하자. 첫째, 각 참가자의 조바심은 해당 참가자의 할인 요소에 반영되어 거래에서 자신의 몫에 영향을 미친다. 더 조급한 참가자는 할인 요인이 낮다. 미래의 보수는 그들에게 가치가 덜하다. δ_1을 줄이면 균형 제안이 감소한다. δ_2를 줄이면 균형 제안이 증가하여 참가자 II의 점유율이 낮아진다. 참가자를 합의에 이르게 하는 유일한 것은 조바심이다. 할인 요인이 없었다면 계약을 무기한 연기하는 데 따른 손실도 없었을 것이다.

둘째, 참가자 II는 낮춰진 추가 제안의 효과를 기다려야 하기 때문에 참가자 I은 첫 번째 제안을 하는 이점이 있다. 이 능력을 이용하여 참가자 I은 참가자 II에게 두 번째 라운드에서 요구하는 것보다 적은 금액을 제공한다. 참가자 II는 기다리며 반대 제안을 함으로써 더 잘할 수는 없기 때문에 이를 덜 받아들인다.

셋째, 즉각적인 합의에 대한 압력이 클수록 참가자 I이 받는 몫도 커진다. 신속하게 계약을 체결하는 것이 더 중요해짐에 따라 참가자 II는 참가자 II로부터 더 많은 몫을 빼내기 위해 그 압력을 이용할 수 있다.

이 모델의 반직관적인 주요 특징은 교섭과 관련된 요소들, 예를 들자면 취사 선택 제안이나 자신의 속마음을 숨기는 것 등의 요인들이 균형에서 발생하지 않는다는 것이다. 슈탈-루빈스타인 교섭 모델은 우리가 세상에서 관찰하는 교섭을 설명할 수 없다. 또한, 균형에는 실제적인 교섭이 없다. 첫 번째 제안은 항상 수락된다. 결제 전에 제안 교환이 없다.

교섭 이론에 대한 전략적 접근방식의 최근 발전은 비협조적 게임의 일반 이론에서 몇 가지 발전에 기인한다(예컨대 Roth, 1985; Muthoo, 1999). 이러한 발전 중 하나는 이론을 확장하여 불완전한 정보를 포함한다. 다른 하나는 참가자가 서로 다르거나 상호 의존적인 일련의 교섭 상황에 참여할 기회가 있는 반복적인 교섭 상황을 다룬다. 최신 기술은 『게임 이론 핸드북』(Aumann and Hart, 1994)에 가장 잘 연구되어 있다.

불완전한 정보를 고려하면 새롭고 직관적이지 않은 효과가 나타날 수 있다. 예를 들어 모로(Morrow, 1989b)가 언급한 위기 교섭을 고려하라. 방어자와 도전자 간의 교섭은 방어자가 도전자가 공격적 유형인지 그렇지 않은지 알고 있으면 전쟁으로 이어지지 않지만 전자에 후자의 유형에 대한 불완전한 정보만 있는 경우 전쟁으로 이어질 수 있다.

응용

게임 이론 모델의 적용에 대한 비판적 검토를 시작하거나 더 일반적으로 국제 협상 분석의 일반형에 대한 비판적 검토를 시작하기 전에, 적용 유형을 지정해야 한다. 적용이란 무엇인가? 그것은 누구에게 묻느냐에 달려 있다. 이론가에게 적용은 이론 바로 아래의 수준이다. 예를 들어, 큰 표본 크기에 대한 이항 분포가 정규 분포를 따르는 경향이 있다고 말하는 라플라스(Laplace)와 드무아브르(De Moivre)의 잘 알려진 정리를 살펴보겠다. 오늘날 이것은 중심 극한 이론 응용의 특별한 경우일 뿐이다. 역사가는 과거 정치가의 이상한 행동을 이해하기 위해 죄수의 딜레마와 같은 게임 이론 모델을 적용하는 데 관심이 있을 수 있다. 그러나 산업, 경제 또는 정치 분야에서 활동적인 실무자는 항공기에 대한 복잡한 계산, 예비 부품 유지 보수 또는 어려운 협상과 같은 구체적인 문제를 해결하는 방법에 대한 실질적인 조언을 원할 것이다. 우리는 결론에서 이러한 실용적인 문제로 돌아올 것이다.

게임 이론을 국제교섭에 적용한 문헌은 크게 세 가지로 나눌 수 있다. 첫 번째 모델에서는 매우 간단한 게임 이론 모델을 사용하여 근본적인 문제의 특성을 설명한다. 두 번째 범주에서는 구체적인 사례를 지정하지 않고 다소 정교한 게임 이론 모델의 도움으로 일부 일반적인 유형의 국제협상이 설명된다. 마지막으로, 소수의 사례만 포함하는 세 번째 범주에서는 실제 응용 프로그램이 제공된다.

첫 번째 범주에서는 나중에 다시 다루게 될 쿠바 미사일 위기를 첫 번째 예로 들어보겠다. 이 시점에서 역사적 사건의 세부 사항으로 들어가지 않고 우리는 이 위기가 치킨 게임으로 특징지어졌다는 것을 보여줄 것이다(Brams, 1985 또는 Brams and Kilgour, 1988을 통해).

그림 13.10에서는 미국의 두 가지 전략이 봉쇄(b)와 공습(a)이고 소련의 전략은 철수(w)와 유지보수(m)인 단순한 2대 2의 쌍행렬 게임의 일반형을 보여준다. 네 가지 전략 조합 모두의 결과는 봉쇄와 철수에 대한 타협, 봉쇄와 유지에 대한 소련의 승리와 미국의 패배, 공습과 철수에 대한 미국의 승리와 소련의 패

미국 \ 소련	철수	더 가져가기
봉쇄	타협	소련 승리 미국 패배
공습	미국 승리 소련 패배	핵전쟁

그림 13.10. 치킨 게임으로서의 쿠바 미사일 위기
화살표는 기본 설정 방향을 나타낸다.

배, 공습과 유지에 대한 핵전쟁으로 특징지을 수 있다. 효용성을 도입하는 대신 미국의 네 가지 결과를 다음과 같이 순위를 매기겠다.

미국의 승리 > 타협 > 소련의 승리 > 핵전쟁.

그리고 소련에 대해서는

소련의 승리 > 타협 > 미국의 승리 > 핵전쟁.

첫 번째 섹션에서 소개한 선호 방향의 방법을 다시 사용하면 그림 13.10은 두 전략 조합 (a, w) 및 (b, m)이 균형 전략의 쌍임을 즉시 보여준다. 이는 게임 이론 모델의 치킨 유형에 의한 쿠바 미사일 위기를 뜻한다.

첫 번째 범주의 적용에 대한 두 번째 예로서 종종 죄수의 딜레마로 특징지어지는 군비통제 협상의 한 형태를 생각해 보자. 두 국가가 일종의 군비 확충을 계속할지 여부를 협상한다. 둘 다 무장을 중단하거나 계속할 수 있다. 둘 다 멈추면 현상 유지가 된다. 둘 다 무장을 강화한다면 군사적 이점을 얻지 못한 채 증가된 군비의 부담을 짊어져야 한다. 한쪽은 군비를 확충하고 다른 쪽은 그렇지 않은 경우, 무장 국가는 비용을 능가하는 군사적 이점을 갖게 된다. 두 국가 모

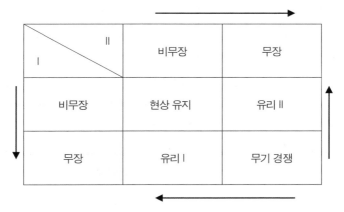

		비무장	무장
비무장		현상 유지	유리 II
무장		유리 I	무기 경쟁

그림 13.11. 죄수의 딜레마 게임으로서의 군비 협상

화살표는 기본 설정 방향을 나타낸다.

두 이러한 결과의 순위를 다음과 같이 지정한다고 가정한다.

> 둘 다의 무장 > 군사적 불리함,
> 그리고 군사적 이점 > 현상 유지.

이 2 × 2 쌍행렬 게임의 일반 형태는 그림 13.11에 도표로 표시되어 있다. 선호 방향의 방법은 두 국가의 무장이 균형 전략 쌍을 나타냄을 보여준다. 따라서 현상 유지가 두 사람 모두를 더 좋게 만든다고 가정하면 실제로 죄수의 딜레마 유형의 상황이 발생한다.

이러한 경우 실제 세부 협상, 특히 그 역학 관계는 모델링되지 않는다. 이것은 오닐(O'Neill, 1994)을 따른다. 그의 원형 게임 이론은 개념을 사용하지만, 형식적 파생은 사용하지 않는다.

이제 구체적인 사례나 이러한 모델을 특징짓는 매개변수의 값을 지정하지 않고 다소 정교한 게임 이론 모델의 도움으로 일반적인 유형의 국제협상을 설명하는 응용 프로그램의 두 번째 범주를 살펴보겠다.

적용의 첫 번째이자 매우 중요한 영역으로, 이산화탄소와 같은 온실가스의 세계적인 감소에 대한 합의를 목표로 하는 기후변화에 대한 국제협상을 생각해 보자. 1992년 리우데자네이루 회의에서 UN기후변화협약이 공식화되었다. 그 조항에 따르면 선진국은 법적 의무 없이 2000년까지 배출량을 1990년 수준으로 안정화하기로 약속했다. 이 자발적인 접근은 성공하지 못했다. 따라서 1997년 교토 회의의 주요 목적은 법적 구속력이 있는 배출 감소 목표와 날짜를 제공하는 것이었다. 이 회의에서 합의된 정량적 배출 제한 및 감소 목표는 배출 감소, 성장률 감소, 배출 거래 및 공동 이행을 수립했다.

자네이루 회의에서 UN기후변화협약이 공식화되었다. 그 조항에 따르면 선진국은 법적 의무 없이 2000년까지 배출량을 1990년 수준으로 안정화하기로 약속했다. 이 자발적인 접근은 성공하지 못했다. 따라서 1997년 교토 회의의 주요 목적은 법적 구속력이 있는 배출 감소 목표와 날짜를 제공하는 것이었다. 이 회의에서 합의된 정량적 배출 제한 및 감소 목표는 배출 감소, 성장률 감소, 배출 거래 및 공동 이행을 수립했다.

그 이후로 여러 나라에 배출 허가를 적절하게 할당하는 문제를 분석하는 여러 게임 이론 연구가 발표되었다. 오카다(Okada, 1999)는 거래를 허용하는 배출인 CO_2의 협동적 시장 게임 모델을 제시한다. 근본적인 이론적 모델은 샤플리(Shapley, 1967)와 다른 사람들에 의해 광범위하게 연구되었다. 허가 거래의 수치 분석을 통해 오카다는 미국, 러시아 및 일본의 초기 배출 허가에 대한 몇 가지 대체 할당 규칙을 평가한다. 그러나 이 연구에서는 이 세 국가 간의 실제 협상에 대해 설명하지 않는다.

데틀레프 비커(Detlev Beeker, 2000)는 비협조적인 순차 교섭 모델을 사용하여 한 국가가 공동 이행을 위해 다른 국가에 지불을 제공하는 것과 같은 두 국가 간의 협상을 설명한다. 일반적으로 개발도상국보다 선진국에서 더 많은 배출량을 줄이는 것이 훨씬 더 비싸다. 따라서 글로벌 관점에서 후자가 전자를 도울 때 훨씬 더 효과적이다. 비커는 두 국가에서 사용할 수 있는 정보에 따라 서로 다른 세 가지 모델을 개발한다. 그러나 그는 특정 상태 쌍을 고려하지 않으며 어떤 종류의 수치 데이터도 사용하지 않는다.

카이탈라와 포홀라(Kaitala and Pohjola, 1995)는 지구 기후변화 문제에 대한 국제협상을 위한 동적 게임 이론 모델을 제시한다. 그들의 가정은 국가마다 지구 온난화에 대한 취약성이 다르며 두 개의 연합이 형성될 수 있다는 것이다. 하나의 연합에는 지구 온난화로 고통 받지 않거나 피해가 경미한 국가가 포함될 수 있다. 다른 연합은 지구 온난화의 결과로 고통을 겪을 국가들이 합류할 수 있다. 그런 다음, 온실 문제는 경제적 무한-수평 미분 게임으로 모델링된다. 국가는 지구 온난화의 기존 국제 비대칭 효과를 설명하는 이전 지불을 허용함으로써 파레토 효율 프로그램 간의 합의를 협상한다. 이적료 프로그램은 합의의 어느 단계에서나 협력에 대한 위반을 처벌하고 상대방이 이기적으로 분위기를 오염시키는 것을 막을 수 있도록 설계되었다. 다시 말하지만, 수치적인 예는 주어져 있지만 실제 협상의 예는 그렇지 않다.

앞에서 언급한 또 다른 매우 광범위하고 중요한 응용 분야는 공유 자원 사용에 대한 협상을 다룬다. 출판된 문헌에서 논의된 많은 구체적인 사례들 중에서 수자원의 분배와 어장 문제가 지배적이다.

오스트롬, 가드너 및 워커(Ostrom, Gardner and Walker, 1991)는 이 분야를 광범위하게 연구했다. 그들은 이론, 실험 및 현장 관점에서 공유 자원(CPR) 문제를 조사했다. 비협조적 게임 이론의 다양한 모델들은 기관 분석 및 개발(IDA) 체계를 공유 자원(CPR) 문제에 적용하기 위한 공용어처럼 사용되며 실험적인 결과와도 비교된다. 예를 들어, 다른 국가와 접해 있는 연안 해역의 어장에 대해 논의하지만, 고려된 구체적인 협상은 정부가 관여하지 않는다는 점에서 국제적이지 않다. 그러나 제시된 접근방식은 후자의 문제에도 사용될 수 있다.

수자원 할당에 대한 국제협상으로는 일반화된 내쉬 교섭 모델의 도움으로 리처드와 싱(Richards and Singh, 1997)과 같은 전문가의 연구가 있다. 이들은 이해관계가 서로 다른 두 개의 국내 그룹(도시 거주자와 관개 토지 농부)이 있는 두 국가를 고려하고 국내 및 국제협상의 상호 작용을 연구한다. 그들은 요르단강과 이스라엘-요르단 간의 협상을 언급하지만 수치 데이터는 제시하지 않는다.

복잡한 동적 경제 및 게임 이론적 모델을 사용하는 또 다른 예로는, 공유 및 경계 수산 자원 관리에 대한 카이탈라와 포횰라(Kaitala and Pohjola, 1995)의 작업을 들 수 있다. 공동 어업 관리에서 자원의 공동소유자인 연안 국가의 수는 고정되어 있다. 걸림돌 관리에서 기존의 해양법 협약은 지금까지 참여하지 않은 원양어업 국가가 어업의 공해 부분에 진입하는 것을 허용하고 있다. 저자는 복잡한 할당 문제에 대한 완전한 분석을 제공하지 않지만, 초기 탐색을 제공하고 향후 연구를 위한 의제를 제시한다.

지금까지 논의된 종류의 게임 이론적 분석이 수행된 국제협상의 추가 영역이 있다. 예를 들어 군비 경쟁 및 확대, 군비 통제 및 해제의 넓은 분야가 있다. 이러한 연구에 대한 개요는 모로(Morrow, 1989a; 1989b), 킬고어(Kilgour)와 자가르(Zagare, 1991), 자가르와 킬고어(Zagare and Kilgour, 1993)로 시작할 수 있다. 이 저자들은 불완전한 정보가 포함된 게임 이론 모델을 주로 사용한다. 그들은 실제 사례를 통해 자신의 발견을 설명하지만, 일반적으로 주요 국제협상을 분석하지는 않는다.

세 번째 범주인 실제 응용 프로그램에서 우리는 이미 몇 가지 확실한 예가 거의 없다고 언급했다. 그러나 쿠바 미사일 위기는 그 범주에 적합할 수 있다. 예를 들어, 상황에 대한 바그너의 고려(Wagner, 1989)는 미국과 소련이 가진 선택과 위기의 각 단계에서 선택할 수 있는 대안을 명시하며, 이는 종종 상대방의 선택에 의존한다.

대부분 전문가에 따르면 위기는 소비에트 연방의 흐루쇼프에게서 시작되었다. 그렇다면 게임은 흐루쇼프가 쿠바에 미사일을 배치할지는 두 가지 대안 중에서 간단한 선택으로 시작되었다. 흐루쇼프가 미사일을 설치하기로 한 후 케네디가 여러 옵션 중에서 선택할 차례였다. 다른 선택 중에서 그는 쿠바에 있는 소련 미사일을 수용하거나, 군사력으로 제거하거나, 소련이 제거하도록 유도할 수 있다.

흐루쇼프가 미사일을 제거하도록 유도하는 유일한 방법은 미사일을 제거하는 것보다 놔두면 더 나쁜 결과를 초래할 것을 인식하도록 그의 행동을 위협하는 것이었다. 케네디가 취하겠다고 위협하는 행동이 무엇이든, 흐루쇼프는 케네디의 맞대응 등에 대응할 기회를 얻게 될 것이다. 이러한 속성을 가진 광범위한 형태의 게임은 그림 13.12에 그래픽으로 표시되어 있다. 여기서 흐루쇼프는 참가자 I, 케네디는 참가자 II로 표시된다. 참가자 I의 두 번의 보복 기회 뒤의 점선은 이러한 옵션이 선택되면 게임이 계속된다는 것을 나타낸다.

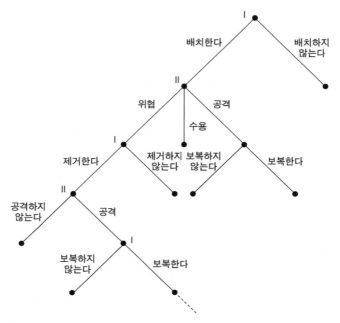

그림 13.12. 쿠바 미사일 위기 게임의 광범위한 형태
I은 흐루쇼프, II는 케네디이다.

이 치명적인 '게임'은 케네디의 위협에 대응하여 미사일을 제거하기로 한 흐루쇼프의 결정으로 끝이 났다. 흐루쇼프가 쿠바에 미사일을 배치하지 않기로 한 초기 결정에서 비롯된 결과보다 이 결과를 선호했을 가능성은 극히 낮기 때문에 예상하지 못했을 것이다. 따라서 케네디의 행동에 대한 그의 기대는 위기 동안 일어난 일에 의해 변경되었을 가능성이 있다. 흐루쇼프의 행동을 설명하는 주요 문제 중 하나는 이것이 어떻게 발생했는지 이해하는 것이다.

여기는 모든 가능성을 고려하는 곳이 아니다. 그 대신에 게임 이론 분석에서 배운 것에 대한 바그너의 결론을 검토해 보겠다. 교섭자들이 배우려면 교섭에 비용이 많이 들 수밖에 없다. 그렇지 않으면 블러핑이 의심될 수 있다. 미사일 위기 동안 발생한 협상의 불확실성의 주요 원인은 미사일이 제거되지 않으면 군사행동을 취하겠다는 케네디의 의지였다. 따라서 봉쇄에 수반되는 갈등의 위험은 미국인들이 소련에 압력을 가하여 후퇴하도록 했던 것이 아니라 소련이 미국인들에게 압력을 가해 케네디의 후속 군사행동 위협이 보다 가능성이 있는 것처럼 보이게 하는 어떤 것이다. 그리고 소련은 케네디의 위협을 얼마나 심각하게 받아들여야 하는지 알고 싶어 할 충분한 이유가 있었기 때문에 이런 일을 일으키는 것을 싫어하지 않았다. 이러한 관점에서 볼 때 미사일 위기는 위험을 감수하는 경쟁이 아니라 정보 교환에서 기이한 종류의 협력이었다.

게임 이론을 국제협상에 적용하는 것에 대한 검토를 세 번째 범주에서 실제로 몇 가지 사례만 반복하여 결론짓고자 오닐(O'Neill, 1994)이 작성한 내용을 일부 확인해 보자. 1978년 캠프 데이비드 협상 분석(Brams and Taylor, 1999)과 우크라이나에 배치된 소련 핵무기의 처리 협상 분석(Jehiel, Moldovanu, and Stacchetti, 1996)으로서, 두 경우 모두 저자는 실제 세부 사항을 거의 제공할 수 없음에도 실제로 발생한 협상의 게임 이론적인 모델을 제시했다. 아마도 이런 종류의 분석에 관한 관심이 커지고 있는 듯하다. 이는 방법과 응용 기술 모두에 도움이 될 수 있다.

결론: 두 세계 모두에서 편안함

비록 우리가 오닐(O'Neill, 1994)에 동의하지 않는다 해도(그는 리뷰에서 1994년까지 광범위한 응용 프로그램 목록을 제공하고 "아직까지 어떤 연구도 실제 국제협상과 교섭의 게임 모델을 비교한 연구가 없다. 아마도 역학이 아닌 결과에 대한 공리에 초점을 맞춘 이론인 초기 수학적 교섭 때문일 것이다"(p. 1004)라고 밝혔다), 실제 적용 목록이 그리 길지 않다는 것을 알았다. 따라서 우리는 이번 장의 시작 부분에서 제기된 질문으로 돌아가서, 이론과 응용 사이에 간극이 존재하는 이유에 대해 더 논의한다.

먼저 제1장에서 이미 논의된 국제협상 분석을 위한 게임 이론 모델의 사용을 정당화하는 일반적인 목적으로 돌아가 보겠다. 이러한 모델을 통해 분석가는 다음을 수행할 수 있다.

- 일반 이론의 관점에서 협상 프로세스를 **설명**한다(즉 전략, 보수, 정보 등을 공식화하고 결과를 인간 행동을 다루는 몇 가지 일반 원칙의 적용으로 해석하는 경우).
- 협상 프로세스에서 참가자의 명백히 이상하거나 비합리적인 행동에 대한 **통찰력**을 얻고, 그러한 행동이 적절한 일반 이론의 관점에서 어떻게 이해될 수 있는지를 보여준다.
- 구체적인 협상 프로세스에 참여하는 사람들에게 가능한 한 **조언**을 하거나, 협상이 이미 완료된 경우 최소한 회고적으로 조언을 하고, 협상자의 선호도와 전략적 가능성 측면에서 협상의 실제 결과를 평가한다.

이러한 목적 중 처음 두 가지를 위해 우리는 게임 이론을 기술 이론(descriptive theory)으로 간주한다. 세 번째로, 우리는 그것을 규범 이론으로 간주한다.

기술 이론으로서의 게임 이론의 맥락에서 공식적인 게임 이론 모델과 방법을 진리 탐색의 도구로 볼 수 있지만, 이를 자연과학에서와 같이 해석하지 않도록 주의해야 한다. 무투(Muthoo, 1999, p.341)에 따르면 "이 책에서 개발된 이 이론이 포퍼(la Popper)와 같은 반증 가능한 예측을 생성한다고 주장하지 않는다는 것은 아무리 강조해도 지나치지 않다. 또 반증 가능한 예측을 생성할 수도 없다. 왜냐하면 도입된 균형 개념에 숙달한 참가자들의 합리성 같은 이 이론의 주요 구성 요소 때문이다".

이와 관련하여 그리고 완전성을 위해, 주로 확인하거나 거부하는 목적이 아니라 오히려 특정 개인이나 그룹의 효용, 따라서 동기를 발견하는 데 도움이 되는 실험적 게임 이론 또는 게임의 넓은 영역이 있음을 주목하라(예를 들어 Sellen, 1998 참조).

《국제안보(International Security)》저널의 1999년 책에서, 정치학자인 스티븐 월트(Stephen Walt)는 정치학에서 형식적 모델(여기서는 본질적으로 게임 이론 모델을 의미함)은 정치이론 전체의 발전에 한 일이 거의 없다고 주장했다. 다른 한편으로 드메스키타(de Mesquita), 모로(Morrow), 자가레(Zagare)와 같은 형식 이론의 지지자들은 자신들의 관점을 강력하게 옹호한다. 여기서 양쪽 모두에게 정의를 내리는 것은 불가능하다. 과학적 작업의 세 가지 기준(논리적 일관성과 정확성, 독창성과 창의성의 정도, 경험적 타당성)을 둘러싼 논쟁의 정도가 문제가 있음을 나타낸다.

그러나 우리의 견해에 따르면, 특히 국제협상 분석에 공식 모델을 다시 적용하는 문제에서 가장 중요한 측면은 제1장에서 하워드 라이파를 통해 공식화되었다.

유감스럽게도 경제학자, 수학자, 철학자, 게임 이론가가 협상 분석과 관련된 주제에 대해 심오한 이론을 세운 경우는 실무에 거의 또는 전혀 영향을 미치지 못했다. PIN 프로젝트가 대답하는 중요한 질문은 이것이 왜 그럴 것인가 하는 것이다. 중요한 이유는 이론적 연구 결과의 효과적인 의사소통 및 보급이 부족하다는 것이다. 이론이 응용에 어떻게 영향을 미치고 응용이 이론가의 연구 의제에 어떻게 영향을 미칠 수 있는지 보여주는 정보의 전달을 촉진하기 위해 창의적인 중재자 역할을 할 수 있는 중재자가 더 많다면 그러한 의사소통은 개선될 수 있다. 정보는 양방향으로 흘러야 한다. 많은 실무자가 이 분야 연구자들의 의제를 안내하는 데 도움이 될 타당하고 매우 유용하며 종종 심오한 통찰력과 분석을 개발했다.

두 세계 모두에서 편안함을 느낀다는 게 말하기는 쉬워도 실제는 어렵다. 연구 측면에서 뛰어난 업적을 남김과 동시에 국제협상에 적극적으로 참여할 수 있는 능력과 기회를 가진 라이파는 많지 않다. 일반적으로 양적 지향적인 이론가들은 정리를 증명하기를 원하고, 모든 이론가는 논문을 발표하기를 원한다. 그들은 확실히 관심이 거의 없는 실용적인 문제에 관한 토론을 며칠 또는 몇 주 동안 듣고 싶어 하지 않는다. 더욱이 잘 채택되지 않은 예는 역효과를 낼 수 있다. 의사결정 이론 교과서(Chernoff and Moses, 1959)에서 몇 번이고 반복해서 인용한 한 가지 예는, 소소한 산책에 우산을 들고 갈지를 알고 싶어 하는 소심한 교수에 관한 것이다. 우산을 챙기지 않아 비가 오면 비를 맞아 젖고, 우산을 들고 갈 때 해가 비치면 걷기를 즐길 수 없다. 또 다른 책(Muthoo, 1999)에서는 교섭에서 할인이라는 개념이 아이스크림으로 설명되어 있지만, 아이스크림은 공유 절차가 너무 오래 지속되면 녹아내린다(반대로 낙타를 탄 사나이의 사례는 국제 협상을 멀리서만 다루고 있음에도 심각한 문제라고 생각한다).

이론가들은 이러한 예시를 즐길 수 있지만, 그들 때문에 실제 사람들은 더 심각한 문제의 해결을 위한 이론의 유용성을 의심할 수 있다. 그러나 일부 실무자, 특히 특정 외교관은 추상적 상징적 추론을 이해할 시간이 없는 것 같다. 그것에 직면했을 때, 그들은 학교에서 낮은 수학 성적에 대해 정중하게 불평하는 경향이 있다.

따라서 공식 모델링의 이점과 향후 국제협상에 적용할 수 있다고 믿는 사람들을 위해 다음과 같은 조언을 제공한다.

- 게임 이론가는 형식적 모델로 작업하도록 훈련받지 않은 과학자들이 추상적 개념과 결과를 더 이해하기 쉽고 그럴듯하게 만들기 위해 더 많은 노력을 기울여야 한다.
- 실제 문제에 대한 그러한 형식 이론을 개발하는 사람은 이러한 이론의 고객으로 추정되는 실무자와 상호 작용하기 위해 더 많은 노력을 기울여야 한다.
- 실무자는 이러한 모델을 이해하고 사용하기 위해 더 많은 노력을 기울여야 하며, 궁극적으로 수정, 확장 또는 단순화를 제안하여 성공적으로 적용할 수 있도록 해야 한다.

분명히, 해결해야 할 순전히 과학적인 문제보다 더 많은 조직적 및 교육적 문제가 있다. 이것이 게임의 모든 참가자로부터 덜 혁신적이거나 지적 에너지가 덜 필요하다는 것을 의미하지는 않는다.

제14장

국제협상 분석

제임스 K. 세베니어스[1]

절충적이긴 하지만 일반적인 협상, 특히 국제협상에 대한 독특한 접근방식이 최근 몇 년 사이에 등장했다. 이 장의 목적은 '협상 분석' 접근방식을 이루는 공통 요소 중 일부를 취합하는 것이다. 부분적으로는 그것의 가까운 지적(知的) 뿌리인 결정 분석 및 행동 변이를 포함한 게임 이론과 협상에 대한 인지 및 사회심리학 연구와 대조된다. 또한 다수의 대표적인 작업을 설명하고 전형적인 협상 분석의 요소를 제시하며 몇 가지 유망한 발전과 경향을 강조할 것이다.

이 작업을 곧바로 시작하기보다는 국제협상 분석에 익숙하지 않은 사람이 실제로 이 주제에 대한 이해를 가장 빨리 얻을 수 있는 방법의 문제부터 시작한다. 그런 다음, 이 풍부한 통찰 사이에서 누락된 중요한 구성 요소를 제시한다. 이는 서로 다른, 특히 규범적인 관점의 규율에서 온 다양하고 중요한 분석 조각들을 연결 지을 논리적으로 일관된 하나의 프레임워크다. 이러한 필요를 채우는 것이 새로운 협상 분석적 접근방식의 기능이라고 주장한다. 이 작업은 상대방이

---

1) 이 장의 원본 버전을 작성하는 데 아이디어를 주고 긴밀히 협력해 준 데이비드 A. 랙스(David A. Lax)와 하워드 라이파(Howard Raiffa)에게 감사드린다. 원본과 현재 완전히 수정되고 크게 확장된 일부 버전은 랙스의 『협상자로서의 관리자(The Manager as Negotiator)』(Lax and Sebenius, 1986) 및 세베니어스(Sebenius 1992b, 2001)의 논제를 따르거나 직접 가져왔다.

반드시 '합리적인' 방식으로 협상하고 있다고 가정하지 않으면서 규범적 이론과 조언을 생성하고자 하는 새로운 작업이다. 상대방이 전략적으로 정교하고 합리적인 행위자라는 가정 없이 말이다.

실제 국제협상

국제협상에 대한 고전적인 논의는 외교적 관점에서 서술한 니콜슨의 『간략한 외교(Brief Diplomacy)』(1963)에서 시작되었으며, 헨리 키신저(Henry Kissinger)의 작업(1994)이 그 뒤를 잇는다. 그러한 통찰력 있는 설명을 넘어서면 이클레(Iklé)의 고전인 『국가는 어떻게 협상하는가(How Nations Negotiate)』(1964)가 있다. 『50% 해법(The 50% Solution)』(1987a)에서 자트먼(Zartman)의 서론과 버먼(Berman)의 작업과 『실용적 협상자(The Practical Negotiator)』(Zartman and Berman, 1982)는 이클레의 분석을 확장, 업데이트 및 보완한다. 그러나 협상은 일반적으로 군사적·경제적 또는 다른 종류의 권력의 실제 사용 또는 위협적인 사용과 함께 진행된다. 이와 관련하여 크레이그와 조지(Craig and George)의 『물리력과 국정 운영술(Force and Statecraft)』(1995)과 함께 셸링(Schelling)의 『갈등의 전략(Strategy of Conflict)』(1960)과 『무기와 영향력(Arms and Influence)』(1966)은 매우 통찰력이 있다.

실제적이거나 위협적인 무력 사용은 갈등의 소용돌이와 확대를 유발할 수 있기 때문에, 이러한 종류의 전략적 사고에 대해 심리적으로 접근한 관점은 매우 유용하다. 이런 면을 잘 종합한 것에 프루잇과 루빈(Pruitt and Rubin)의 『사회 갈등(Social Conflict)』(1986), 화이트(White)가 엮은 책 『핵전쟁의 심리학 예방(Psychology Prevention of Nuclear War)』(1986), 저비스(Jervis)의 『국제정치에서의 인식과 오해(Perception and Misperception in International Politics)』(1976), 『심리학과 억제(Psychology and Deterrence)』(Jervis, Lebow, and Stein, 1985)가 있다. 힘을 넘어 다른 사람들이 공동으로 협력할 수 있는 잠재력을 실현하도록 영향력을 행사하는 수단으로 이동하는 것은 피셔(Fisher)의 아주 멋진 단편, 『초심자를 위한 국제 갈등'(International Conflict for Beginners)』(1969)의 주제이다. 물론, 국제협상에 대한 이러한 폭넓은 이해는 특정 협상과 관련하여 심화되어야 한다. 예를 들면 군비통제 및 무역과 같은 특정 분야의 협상; 제3자 역할에 대한 설명 (예를 들어 루빈의 『제3자 간섭의 역학(Dynamics of Third-Party Intervention)』(Rubin, 1981) 또는 버코비치와 루빈(Bercovitch and Rubin, 1992))뿐만 아니라 투키디데스, 드 칼리에르, 탈레랑, 비스마르크, 처칠 같은 저명한 실무자나 관찰자의 설명도 도움이 된다.

보다 체계적인 접근

그러나 이러한 풍부한 설명에서 일반적으로 누락된 것은, 다양한 요소를 서로 또는 전체에 연관시키는 논리적으로 일관된 프레임워크이다. 무역 분쟁이나 지구 온난화 조약에 대한 협상에서보다 체계적인 분석과 조언을 얻기 위해 어떤 이론 및 실증 연구에 관심을 기울일 수 있을까?

수십 년에 걸친 많은 심리학 연구는 강력한 통찰력을 제공하지만, 이 접근방식은 유독 명확한 분석 구조나 규범적 행동 이론이 부족하다. 그 대신 협상자들이 어떻게 행동하는지에 대한 정확한 묘사와 엄격한 설명을 주로 추구했다. 그들이 해야 할 일은 이 신중하고 서술적인 작업의 암시적이거나 임시적인 의미로 남아 있는 경우가 많다.

의사결정 이론의 사촌 격인 의사결정 분석(Raiffa, 1968)은 이러한 규범적 공백을 채울 논리적 후보로 보인다. 그것은 문제의 체계적인 분해를 제안한다. 당사자의 선택과 우연한 사건을 구조화하고 순서화한 다음 확률, 가치, 위험 및 시간 선호도를 분리하고 주관적으로 평가한다. 폰 노이만 - 모르겐슈테른의 기대 효용 기준은 최적의 선택을 결정하기 위해 가능한 조치의 순위를 정할 때 이러한 요소를 집계한다. 이 접근방식은 8월에 허리케인이 카라카스를 강타할 확률과 같은 불확실성이 자신의 행동을 예상하는 다른 관련 당사자의 선택에 영향을 받지 않는 '자연에 반하는' 결정에 매우 적합하다.

그러나 협상에서와 같이 의사결정이 상호 작용적일 때 각 당사자의 예상 선택이 상대방에게 영향을 미치는 경우, 상대방이 무엇을 할 것인지에 대한 평가는 '자연적인' 불확실성에 대한 평가와 질적으로 다르다. 물론 게임 이론은 이러한 상호 의존적 의사결정을 분석하기 위한 논리적으로 일관된 틀을 제공하기 위해 개발되었다. 각 관련 당사자에게 열려 있는 행동 과정에 대한 자세한 설명은 '전략'으로 요약된다. 전략의 상호 작용에 대한 엄격한 분석은 ('균형'에 대한 모색이나 서로의 선택에 대해 알고 있는) 각 측의 당사자가 계획을 바꾸어 얻을 수 있는 이득이 없도록 하는 행동 계획으로 이어진다. 게임 이론가들의 많은 분석은 그러한 전략들 사이에서 독특한 균형을 위한 조건을 추구한다(von Neumann and Morgenstern, 1953과 Luce and Raiffa, 1957의 고전적인 토론 참조. 최근 통찰력 있는 평가를 위해, 특히 교섭과 관련해서는 Roth, 1985; Aumann, 1989; Harsanyi, 1989; Rasmusen, 1989 참조).

게임 이론은 특정 금융시장과 같이 잘 구성된 상황에서 반복되는 협상을 이해하는 데 특히 유용하다. 경매 및 입찰 메커니즘 설계에 유용한 지침을 제공하고 강력한 경쟁 역학을 밝혀냈으며 많은 '공정성' 원칙을 유용하게 분석했다. 현재 자체적으로 그리고 미시경제 이론 및 산업 조직의 경제학과 같은 응용 프로그램에서도 많이 활용되고 있다.

비전문가 독자들을 위해 최근에 많은 분석가는 협상 행태를 이해하기 위한 게임 이론의 가장 유용한 역할 중 일부를 설명했다(예컨대 Weber, 1985; Myerson, 1991; Young, 1991 참조).

이러한 귀중한 성공이 있음에도 완전히 합리적인 참가자의 전략적 상호 작용으로 인한 균형 결과를 예측하려는 지배적인 게임 이론 탐구는 종종 협상에서 규범적인 힘이 부족하다. 협상 분석은 주류 게임 이론의 세 가지 주요 측면(이 장의 뒷부분에서 자세히 설명)에서 파생된 격차를 채우기 위해 크게 발전했다. 첫째, 표준 가정에 따라 각각 많은 관련 평형을 갖고 있는 수많은 그럴듯한 평형 개념이 있으며 그중에서 선택할 선험적인 강력한 방법이 없다. 둘째, 한쪽의 당사자가 합리적으로 행동하기를 원하는 경우에도 다른 당사자는 전략적으로 정교하고 기대되는 효용 극대화자로 행동하지 않을 수 있으므로, 기존 균형 분석을 덜 적용되는 상태로 만들 수 있다. 행동 증거의 크고 성장하는 몸체는 사람들이 합리성의 규범을 체계적이고 심각하게 위반한다는 것을 시사한다. 셋째, 많은 협상 상황의 요소, 구조 및 규칙이 모든 참가자에게 완전히 알려진 것은 아니며, 한 참가자가 알고 있는 것의 성격조차도 다른 참가자는 알지 못할 수 있다. 그러한 '공통 지식'의 부족은 규범적 관점에서 많은 평형 지향적인 게임 분석을 어렵게 한다. 그러한 상황을 잘 짜인 게임의 형태로 변형하고 그로부터 통찰력을 얻을 수 있는 경우에도 결과는 규정적 관련성을 많이 잃을 수 있다.

협상 분석 대응 및 대표작

협상에 대한 서술적인 심리학적 접근방식은 규범적 틀이 부족하고, 의사결정 분석은 상호 작용적 문제에 적합하지 않으며, 전통적인 게임 이론이 모든 면에서 너무 많은 합리성을 전제로 하는 경우 협상 분석은 규범적이고 서술적인 멍에를 메는 반응을 나타낸다. 하워드 라이파(Howard Raiffa)의 용어(1982)를 사용하면, 게임 이론의 '대칭적으로 규범적인' 접근방식은 온전히 합리적인 참가자가 상대가 내릴 최선의 선택을 고려하여 최선의 행위를 결정한다는 측면에서 참가자를 분석한다. 이와 달리 '비대칭적으로 규범적인/서술적인' 접근방식은 일반적으로 다른 사람들이 어떻게 행동할지에 대한 (확률적인) 설명을 조건으로 한 당사자에게 규범적인 조언을 추구한다. 추가적인 관점은 라이파가 '외부적으로 규범적/서술적'이라고 부르는 것으로, 중재인 및 중재인과 같은 제3자에게 주인공의 평가를 고려할 때 최선의 행동 방법에 대해 조언하는 데 적절한 입장이다.

의사결정 분석과 마찬가지로 협상 분석은 문제를 (곧 설명될) 특정 요소로 분해하여 작동한다. 그 처방은 일반적으로 상대방의 지적이고 목표를 추구하는 행동을 기대하지만, 반드시 완전한 게임 이론(대화형 또는 '전략적')의 합리성은 아니다. 다른 이들에 대한 그러한 서술적 평가는 전술적 순진함을 가정할 필요는 없다. 상황에 따라 적절하게 한 평가는 '대화형 추론'을 몇 번 또는 여러 번 통합할 수 있다.

이러한 정신을 구현한 작품은 이미 1950년대 후반부터 찾아볼 수 있다. 루스와 라이파(Luce and Raiffa)의 『게임과 결정(Games and Decisions)』(1957)은 주로 폰 노이만과 모르겐슈테른(von Neumann and Morgenstern)의 고전 작품(1953) 이후 게임 이론의 발전을 훌륭하게 종합하고 설명했다. 하지만, 루스와 라이파는 실제 대화형 분석에서 이러한 접근방식의 한계에 대해 심각한 질문을 제기하기 시작했다. 아마도 내가 말하는 '협상 분석'과 유사하다고 말할 수 있는 최초의 작업은 토머스 셸링(Thomas Schelling)의 『갈등의 전략(Strategy of Conflict)』(1960)이고, 그의 『무기와 영향력(Arms and Influence)』(1966)이 뒤따랐을 것이다. 이들 작품의 출발점은 게임론에서부터였지만 형식적 논증이 덜하고 분석의 직접적인 범위가 훨씬 더 넓었다. 명목상 행동 영역에 속하지만 월턴과 매커시(Walton and McKersie)의 『노동 협상 행태 이론』(1965)은 기본적인 의사결정 및 게임 이론뿐만 아니라 셸링의 작업을 활용했다. 이 이론은 노사 교섭과 함께 진행되는 '조직 내' 교섭뿐 아니라 이른바 통합교섭과 분배 교섭의 구분도 강조했다.

이 신흥 분야의 전반적인 종합은 하워드 라이파의 『예술과 협상의 과학(Art and Science of Negotiation)』(1982)의 출판과 함께 나타났다. 세베니어스(Sebenius, 1984)는 해양 협상의 거대한 법적 맥락에서 이러한 아이디어 중 일부를 적용하고 정교화한 『해양법 협상: 예술과 합의 도달의 과학 교훈(Negotiating the Law of the Sea: Lessons in the Art and Science of Reaching Agreement)』을 출판했다. 국립 분쟁 해결센터가 의뢰한 일련의 에세이, 구조화된 시뮬레이션 및 강의 노트는 랙스와 다른 사람들(Lax and others)이 『협상자와 분쟁해결사로서의 관리자(The Manager as Negotiator and Dispute Resolver)』(1985)를 출판했다. 이 접근방식은 랙스와 세베니어스(Lax and Sebenius)의 『협상자로서의 관리자(Manager as Negotiator)』(1986)의 제1장에서 종합적인 방법으로 체계화되었다. 제2장은 조직 내 및 조직 간의 관리 협상 방법을 전문화했다. H. 페이턴 영(H. Peyton Young)이 엮은 『협상 분석(Negotiation Analysis)』(1991)은 이러한 진화하는 전통을 더욱 발전시켰다. 세베니어스(Sebenius, 1992b)는 나중의 연구(Sebenius, 2001)에서 업데이트된 「협상 분석: 특성화 및 검토」라는 경영 과학 논문에서 이 새로운 분야의 종합을 설명했다(이 장은 1992년 작업의 분석에 직접 의존한다). 같은 맥락에서 추가로 기여한 것은 제크하우서, 키니, 세베니어스(Zeckhauser, Keeney, and Sebenius)가 엮은 『현명한 결정(Wise Decisions)』(1996), 라이파(Raiffa)의 『협상 분석 강의』(1997), 조직 및 정보 경제학의 통찰력을 추가한 므누킨, 페펠 및 툴루멜로(Mnookin, Peppel, and Tulumello)의 『승리를 넘어서(Beyond Winning)』(2000)가 있다. 무역 맥락에서 오델(Odell)의 『협상 세계경제(Negotiating the World Economy)』(2000)는 국제 관계 이론 구축에서 이러한 개념의 힘에 대한 확장된 시연을 제공했다. 근본적으로는 협상-분석적인 성질을 갖지만, 여기에 인용된 저작들의 공통된 출발점은 형식적으로 분석적인 것이었다. 즉 게임 이론, 경제학, 의사결정 분석이었다.

한편, 또 다른 연구자 그룹은 협상-분석적 관점을 취했지만, 행동적 출발점에서 시작했다. 카너먼과 트버스키(Kahneman and Tversky, 1974)가 개척하고 행동 결정 이론가들이 정교화한 인지 전통에 뿌리를 두고 있다(예를 들어 Einhorn and Hogarth, 1988; Kahneman, Slavic, and Tversky, 1982; Bell, Raiffa, and Tversky, 1989). 행동학자들은 1980년대 후반과 1990년대 초반에 그들의 작업을 라이파와 그 동료들의 작업과 명시적으로 연결하기 시작했다. 특히 닐과 베이저먼(Neale and Bazerman)의 『협상에서의 인지와 합리성(Cognition and Rationality in Negotiation)』(1991), 더 대중적으로 지향된 베이저먼과 닐(Bazerman and Neale)의 『합리적 협상(Negotiating Rationally)』(1992), 톰슨(Thompson)의 『협상자 정신과 마음(Mind and Heart of the Negotiator)』(2001)은 함께 모여 비대칭적으로 규범적/서술적 프레임워크에서 협상에 대해 많은 심리학 작업을 발전시켰다. 이런 노력은 라이파와 다른 사람들의 장부에 비견될 만한 작업 중에서 임시로 묘사되는 부분에 대해 더 많은 구조를 체계적으로 구축하기 시작했다.

협상 분석적 접근의 요소

전체 협상 분석 설명(예컨대 Sebenius, 2000)은 일반적으로 실제 및 잠재적 당사자와 관련하여 다음과 같은 기본 요소를 고려한다. 그들의 인지된 관심사, 협상이 타결된 합의에 대한 대안, 가치를 '만들고', '얻어내는' 일련의 과정, 그리고 게임 자체를 '바꾸기' 위한 노력이다. 이러한 기본 요소는 두 당사자 간의 협상과 다양한 커뮤니케이션 및 의사결정 규칙을 사용하는 가장 복잡한 연합 상호 작용에서 찾고 분석할 수 있다.

협상 당사자

가장 덜 복잡한 협상에서는 두 명의 주체가 서로 협상한다. 그러나 변호사, 은행가 및 기타 대리인과 같이 잠재적으로 협상을 복잡하게 만드는 주체들이 존재할 수 있으며, 내부에 있는 다수의 각기 다른 관심사를 지닌 당파 역시 존재할 가능성이 있다. 시간이 지남에 따라 변경될 수 있는 여럿의 협상 참여자는 대부분의 국제협상에서 표준이 되는 경향이 있다. 효과적인 협상 분석을 위해 중요한 첫 번째 단계는 의사결정 과정의 맥락에서 잠재적으로 관련된 전체 당사자를 매핑하는 것이다.

관심사, 이슈 및 입장

당사자의 근본적인 이익을 입장이나 입장이 취해지는 협상 중인 이슈와 구별하는 것이 중요한 경우가 많다. 이슈와 이해관계에 대한 입장 간의 연결은 간단하지 않다. 때로는 더 깊은 이해관계에 초점을 맞추면 당사자의 실제 관심사와 부분적으로만 관련이 있는 양립할 수 없는 입장과 관련된 교착 상태를 풀 수 있다. 다른 경우에는 이익을 강조하는 것이 특정 현안에 대해 상호 이익이 되는 합의에 도달할 수 있을 때도 절망적인 갈등을 야기할 수도 있다. 그리고 (이익보다는) 이슈와 입장에 초점을 맞추는 것이 전술적으로 유리할 수 있다.

거의 모든 경우에 중요한 첫 번째 분석 단계는 이해관계를 깊이 조사하고, 이슈 및 입장과 구별하고, 거래를 신중하게 평가하는 것이다. 라이파(Raiffa, 1982)는 키니와 라이파(Keeney and Raiffa, 1976; 1991)의 광범위한 작업을 기반으로 협상에서 절충안 평가에 대한 확장된 토론을 제공한다(Keeney, 1988; 1992; Hammond,

Keeney, and Raiffa, 1998 참조). 바클리와 피터슨(Barclay and Peterson, 1976)은 기본 협상의 맥락에서 협상 거래를 평가하는 방법론을 보여준다. 랙스와 세베니어스(Lax and Sebenius, 1986)는 이러한 절충의 이면에 있는 원칙에 대한 간략한 논의를 제공하는 반면, 비에주비츠키(Wierzbicki, 1983)는 다객관적 분석의 방법론을 비판적으로 조사한다. 사티(Saaty, 1980; 1990)의 분석적 계층 구조 방법도 참조하라. 나겔과 밀스(Nagel and Mills, 1990)는 다양한 협상 환경에서 이러한 평가를 수행하기 위한 기술 및 컴퓨터 기반 수단을 개발했다.

서로 다른 관심사를 가진 개인이나 그룹이 협상에서 한쪽을 구성하면 일반적으로 더는 전체적인 거래를 구체화시킬 수는 없다. 그러나 주어진 파벌의 내부 교섭 과정에 따라 어떤 이해관계가 우세한지 주의 깊게 추적하면 계속해서 통찰력을 얻을 수 있다. '신디케이트'(1968)에 대한 윌슨의 작업은 '그룹 효용 기능'이 존재하는 형식적 조건을 제시한다. 이러한 분해가 합리적이지 않은 경우 키니, 렌 및 윈터펠트(Keeney, Renn, and Winterfeldt, 1983)는 '가치 트리(value tree)' 분석에 대해 논의한다. 이를 통해 더 큰 그룹의 효과적인 선호도가 국제 및 광범위한 정책 협상을 포함한 의사결정 목적을 위해 평가될 수 있다.

협상된 계약의 대안

사람들은 공동으로 결정된 조치를 통해 다른 방법보다 더 나은 전체 이익을 충족시키기 위해 협상한다. 따라서 양쪽에 제안된 공동 합의의 기본적인 조건은, 합의가 없는 당사자의 최선의 행동 방침보다 주관적 가치가 더 높은지 여부이다. 협상을 검토할 때 협상에 대한 각 당사자의 인식과 상대방의 평가를 분석해야 한다.

마치 동일한 새 차에 대한 강판 가격 경쟁과 같은 단일 속성으로, 합의에 대한 대안이 확실할 수 있다. 합의에 대한 대안은 불확정적이고 다속성의 것일 수 있는데, 예를 들어 협상된 합의를 받아들이기보다 법원에 가는 것은 재판에서의 불안, 비용, 시간, 그리고 순수히 금전적인 성격의 사전 심리의 합의 등의 불확실성을 수반할 수 있다. 대안은 시간이 흘러 새로운 정보, 해석, 경쟁 움직임 또는 기회가 생겨남에 따라 변경될 수 있다. 합의가 이루어지지 않는다면, 이전의 상태는 한쪽에게 훨씬 더 부정적인 것으로 대치될 수 있다. 한 예로, 현재의 협상이 다른 국가와 결렬되면 중립인 섬나라는 해군기지를 한 군사 강대국에 임대할 수도 있다. 다자간 협상에서 합의에 대한 한쪽의 대안은 잠재적인 반대 연합이 도달할 수 있는 일련의 합의일 수 있다. 한 당사자가 다른 당사자의 동의 없는 대안을 변경하겠다는 노골적인 위협은 일반적이다. 또는 협상된 합의에 대한 최선의 대안은 계속 협상하는 것일 수 있다. 예를 들어, 무기 통제에서 합의에 실패하면 관계가 악화되고 혜택이 사라지고 해결 가능성이 변경될 수 있지만, 어떤 경우에도 동일한 당사자 간의 지속적인 거래에 대한 필요성이 남아 있을 수 있다.

분명히, 의사결정 분석(다속성 가치 및 효용 이론 포함)은 종종 동의에 대한 대안을 평가하는 데 도움이 될 수 있다. 가능한 대안이 많을 때(예를 들어, 판매자 최적 탐색 이론에 대해 관련 불확실성 및 발견 비용과 관련된 많은 잠재적 구매자의 경우 탐색에서 예상되는 결과를 평가하고 효율적으로 탐색하기 위한 전략을 제공할 수 있다 (Lax, 1985)), 각각의 측이 가진 합의에 대한 대안이 상호 의존적일 때, 위협과 반위협의 역학과 연립 분석의 다양한 변형을 포함하는 게임 이론의 개념들은 협상자들에게 자신의 대안을 이해하는 데 도움을 줄 수 있다(Luce and Raiffa, 1957; Raiffa, 1982).

이 평가는 수용 가능하고 합의에 필요한 최소 가치('예약 가격')에 대해 엄격한 하한선을 제공하지만, 합의에 대한 대안은 전술적 역할을 하기도 한다. 협상자가 자기 측의 최선의 대안적 행동 방침이 비용이 적게 들거나, 더 효율적이거나, 덜 위험한 과정을 의미하거나, 더 빠르다는 장점이 도출되거나, 연계된 더 바람직한 속성(예를 들어 평판)이나 옳지 않은 속성이 될수록(예를 들어 나쁜 선례 등) 더 자신 있게 제시할수록 협상에 대한 표면적인 필요성은 작아지고 제안된 협정에 도달하는 가치 기준은 더 높아진다. 자기 측의 합의 대안을 만드는 당사자가 '테이블에서 멀어지는' 움직임은 협상 결과에 큰 영향을 미칠 수 있다. 더 나은 가격의 다른 공급업체를 찾거나, 적대적인 인수 협상에 대한 대응으로 우호적인 합병 파트너를 양성하거나, 협상이 바람직한 결과를 내지 못할 경우 침략을 준비하는 것이 '테이블에서' 영리한 개방 제안이나 일련의 양보같이 정교한 전술을 사용하는 것보다 협상 결과에 큰 영향을 미칠 수 있다. 예를 들어 영리한 개방 제안이나 양보 패턴이 있다. 이것은 희소한 노력을 테이블에 할당하거나 테이블에서 멀리 할당하는 흥미로운 문제를 제기한다(Lax and Sebenius, 1985).

구조 표현하기

두 명의 협상자가 가시적인 문제에 대한 서로 다른 가능한 해결에 대한 근본적인 이해관계에 대해 생각했다고 상상해 보라. 더 나아가 그들이 바뀔 수 있다는 가정하에 합의에 대한 비교적 명확한 평가를 내렸으며, 이를 최상의 비동의 가치와 비교했다고 가정해 보자. 각각은 상호 작용을 구성하는 '참여 규칙'에 대한 감각을 지니고, 각 당사자의 관점에서 일련의 가능한 합의가 구상되었다. 분석가가 이익, 신념, 동의하지 않는 옵션 및 가능한 조치에 대한 정보의 (비대칭 가능성이 있는) 분포와 함께 양쪽의 이러한 평가 결과를 잘 알고 있다고 가정한다. 이러한 평가는 협상 참여자 양쪽이 공유하는 지식일 필요는 없다. 상황은 그림 14.1같이 친숙하게 표현될 수 있다.

원점은 합의에 도달하지 못한 가치를 나타낸다. 합의에 대한 양쪽의 최선의 대안은 이 지점의 위치를 의미한다. 그래프의 북동쪽 부분에 있는 '파레토 프런티어(Pareto frontier)'는 어느 한쪽의 관점에서 상대방에게 피해를 주지 않고는 개선될 수 없는 문제와 관련해 가능한 합의에 대한 평가를 나타낸다. 일반적으로 어느 쪽도 국경의 위치를 알지 못하고 이론적으로만 거기에 있다는 것이다. 두 축과 국경으로 둘러싸인 음영 처리된 전체 영역이 '합의 가능한 영역'이다. 일반적으로 각 당사자는 이 영역에 대한 각자의 인식을 가지고 있다(순전히 분배 거래에서. 합치라는 사실 이상으로 공동 이익의 공간이 없으면 음영 영역은 대각선 경계로 무너질 것이다). 이 표현은 매우 일반적이므로 원칙적으로 가능한 이익, 대안, 합의의 전체 범위를 포함할 수 있다.

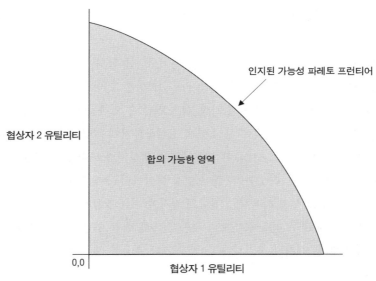

협상자 2 유틸리티

합의 가능한 영역

0,0

협상자 1 유틸리티

그림 14.1. 협상에서 양쪽의 입장

구조에서 결과까지: 합의 가능한 인식 영역의 유리한 변경

여기서부터가 게임 이론적 접근과 협상 분석적 접근이 갈라지는 경향이 있는 지점이다. 게임 이론가는 일반적으로 상황의 세부 사항을 강화하고 상황과 당사자의 전략적 합리성에 대한 상식(Aumann, 1976의 의미에서)을 가정하며, 균형의 엄격한 개념을 호출하여 예측된 결과를 조사한다. 실제로 루빈스타인 (Rubinstein)의 통찰력 있는 논평에서 언급한 것처럼 게임 이론은 40년 동안 사건의 순서에 대한 데이터와 상황의 실현 가능한 결과에 대한 참여자의 선호를 결합해 인간 상호 작용에 따른 결과를 예측하는 것을 가능케 할 원대한 해법을 모색했다(1982, p.923).

많은 협상 분석가에게 게임 이론의 완전히 합리적이고 균형에 기반한 접근방식은 이 장의 시작 부분에서 언급한 이유 때문에 문제가 될 수 있다. 이 두 가지 접근방식에 대한 비교를 미루고 이 섹션에서는 먼저 일반적인 협상-분석 방향에 대해 논의한다. 즉, 합의 가능한 영역에 대한 인식을 변경할 수 있고 일반적으로 유리한 결과를 낳을 것으로 예상되는 방식으로 이러한 인식에 영향을 줄 수 있는 조치에 관해 설명한다.

각 당사자는 합의가 없는 상태로 되돌아가기보다는 합의 가능한 영역에서 해결을 받아들여야 하기 때문에, 셸링(Schelling, 1960)은 그러한 교섭 구조의 결과가 '불확실한 상황의 논리'에 의해 가장 잘 드러날 수 있다는 확실한 관찰을 했다. 구조와 전술을 협상 결과에 자신 있게 도식화하기에 적합한 명시적 모델이나 형식 이론(균형 기반 또는 기타)이 없으면 개별 협상자나 관심 있는 제3자가 어떻게 해야 할지 결정할 수 있는가? 많은 협상 분석가의 (종종 암시적인) 관점에서 제안된 전술을 조건부로 사용하는 협상된 결과에 대한 협상자의 주관적인 믿음 분포는 사용하지 않을 것을 조건으로 하는 결과에 대한 주관적인 신념 분포와 비교되어야 한다. 전자가 후자보다 더 높은 기대 효용을 제공한다면 전술은 매력적이다.

그러한 '개선'은 주관적으로 인식된 위험의 '증가'에 대한 로스차일드와 스티글리츠(Rothschild and Stiglitz)의 특성화(1970)와 유사한 주관적인 기반을 갖추고 있다. 이러한 분포를 지정하려면 교섭 과정의 내재화되고 주관적인 모델이 필요할 수 있다. 왜냐하면 그러한 일반 모델이 규범적 목적으로 존재하지 않는 경우가 많기 때문이다. 물론 잘 개발되고 적용 가능한 게임 이론 모델이 있는 경우에는 이를 사용해야 한다. 그리고 당연하게도, 평가를 위한 실증적이고 게임 이론적인 기초가 '더 나을수록', 결과의 주관적 분포 역시 '더 나은 것'이 된다.

많은 협상-분석 작업은 그러한 결과 분포를 평가하기 위한 기반을 개선하는 것으로 구성된다. 이를 위해 분석가는 일부 당사자가 '제한적으로' 합리적일 수 있는 당사자 간의 **공동 의사결정**에서 파생되는 특수한 구조 및 역학에 주의를 기울인다. 다음 두 섹션에서는 결과 분포를 평가하는 기반을 개선하기 위한 두 가지 분석 라인을 조사한다. 그런 다음 게임 이론적인 접근의 다른 강조점을 다시 방문하는 것이 유용할 것이다.

평가 기반 개선 결과 분포 I: 협상의 기본 과정

기본적으로 협상 프로세스에는 합의를 통해 공동으로 가능한 것을 향상시키기 위한 조치('가치 창출')와 합의의 가치를 할당하기 위한 조치('가치 청구')가 모두 포함된다.

✓ **가치 창출** ㅣ 대부분의 협상에서 공동 행동의 잠재적 가치는 처음부터 완전히 명확하지 않다. 상호 이익이 되는 합의에 도달하고, 같이 좋아지고, 갈등 확대를 방지하는 등의 이른바 '가치 창출'은 종종 정보를 공유하고, 명확하게 소통하고, 창의적이며 생산적인 적대 행위를 전하는 '윈 - 윈', '통합', '가변적인' 조우와 연관된 접근방식이 필요하다. 그러나 협동 스타일을 채택하는지 여부에 관계없이 공동 이익을 위한 근본적이고 실질적인 기반과 효과적인 거래를 통해 이를 실현하는 방법에 대한 분석 지침을 갖는 것이 유용하다(Lax and Sebenius, 1986, ch. 5 참조).

첫째, 순수한 공유 이익을 제외하고 협상자는 일부 문제에 대해 동일한 해결을 원할 수 있다. 그들의 관계를 발전시키거나 공유된 비전, 이데올로기 또는 형평성 규범과 같은 동일한 이해에 따라 행동하면 합의를 통해 가치를 창출할 수 있다. '좋은 관계'와 같은 이해관계는 모든 측면에서 감소 없이 동시에 '소비'할 수 있다는 점에서 경제학자의 '공공재'와 유사하다.

둘째, 규모의 경제, 집단적 재화, 동맹 또는 최소한의 당사자에 대한 요구 사항이 존재하는 경우 유사한 거래자들 간의 합의가 가치를 창출할 수 있다.

세 번째이자 가장 흥미로운 것으로, 많은 사람이 본능적으로 '공통 기반'을 찾고 "차이가 우리를 갈라놓는다"라고 믿지만, 가치 창출의 원료를 구성하는 것은 바로 협상자 간의 차이인 경우가 많다. 차이의 각 부류에는 상호 이익으로의 전환을 가능하게 하는 특징적인 유형의 합의가 있다. 예를 들어, 상대적 평가의 차이는 거래 또는 가치가 다른 속성을 '분리'함으로써 공동 이익을 제안한다. 세금 상태, 유동성 또는 시장 접근의 차이는 차익 거래를 제안한다. 보완적인 기술 역량은 수익성 있게 결합될 수 있다. 확률과 위험 회피의 차이는 조건부 합의 또는 내기를 제안한다. 시간 선호도의 차이는 지불 일정 및 기타 조치 변경을 제안한다. 세베니어스(Sebenius, 1984)는 이러한 최적의 베팅, 위험 공유 및 시간적 재할당을 공식적으로 특성화한다. 확률의 차이와 위험 관련 태도에 대한 일반적인 논의는 프라트와 제크하우서(Pratt and Zeckhauser, 1989)에서 찾을 수 있다. 이러한 관찰은 차이점을 상호 이익으로 전환하기 위한 특징적인 '기술'에 대한 지식과 함께 '차이 지향성'의 가치를 지적한다. 보다 광범위하게, 최적 계약에 관한 많은 연구(예: Hart, 1995)와 무역 및 비교 우위로부터의 이득에 대한 고전적 경제학 연구는 지속 가능한 기반에서 가치를 창출하는 유형의 합의와 직접적인 관련이 있다.

요컨대, 협정은 공유된 이익을 키우고, 규모의 경제를 이용하고, 차이점을 끼워 맞춤으로써 대안을 개선할 수 있다. 많은 연구에서 다양한 차이점을 취하여 내재된 공동 이익을 분석했다. 바클리와 피터슨(Barclay and Peterson, 1976)은 기본 권리 협상의 맥락에서 이 분석을 수행한다. 이와 유사하게 브라운, 피터슨 및 울빌라(Brown, Peterson, and Ulvila, 1975)는 대안적인 중동 석유 협정을 분석한다. 울빌라와 스나이더(Ulvila and Snyder, 1980)는 국제 유조선 표준 협상이 이 방법론을 어떻게 따랐는지 보여준다. 라이파(Raiffa, 1982)는 이러한 분석을 파나마운한 협상과 필리핀 기지에 대한 회담의 맥락에서 설명한다. 세베니어스(Sebenius, 1984)는 심해 채굴 계약에 포함된 정교한 공동 이익을 조사한다. 부에노 데 메스키타, 뉴먼, 라부슈카(Bueno de Mesquita, Newman, and Rabushka, 1985)는 홍콩의 운명을 놓고 영국이 중국과 협상한 내용을 정교하게 분석했다. 첸과 언더우드(Chen and Underwood, 1988)는 밀접하게 관련된 방법론을 설명하고 적용한다. 나젤과 밀스(Nagel and Mills, 1990)는 공동 이익이 분석되고 실현될 수 있는 여러 예를 제공한다. 세베니어스(Sebenius, 1992b)와 랙스 및 세베니어스(Lax and Sebenius, 2000)는 실제로 이러한 거래 원칙에 대한 광범위한 설명을 제공한다.

✓ **가치 청구** ∣ 그러나 대부분의 협상에서 결정적인 측면은 주로 '분배', '승패' 또는 '일정 금액'이다. 즉, 협상 프로세스의 어떤 지점에서 한 당사자가 요구하는

증가된 가치는 다른 당사자에게 더 적은 가치를 의미한다. 이러한 종류의 거래에서 가치를 청구하는 데 사용되는 여러 가지 광범위한 전술이 탐구되었다(예컨대 Schelling, 1960; Walton and McKersie, 1965; Raiffa, 1982; Lax and Sebenius, 1986 참조). 그러한 전술에는 대안에 대한 인식을 합의로 만들기, 약속하기, 열망에 영향을 미치기, 강력한 입장을 취하기, 양보 패턴을 조작하기, 가치 있는 문제를 '인질'로 잡고, 문제와 이해관계를 지렛대로 연결하고, 다른 당사자를 오도하고, 문화적 및 기타 기대를 이용하는 것이 포함된다. 이러한 전술의 수단으로, 한 당사자는 합의 가능한 영역에 대한 다른 당사자의 인식에 영향을 미침으로써 이익을 추구한다.

✓ **가치 지속** │ 마지막으로, 창출되고 청구되는 가치는 종종 합의가 준수되는 동안에만 지속될 수 있기 때문에 가치를 유지하는 문제는 특히 중요하다. 원칙적으로 이러한 고려는 가치 창출의 시간 확장으로 처리될 수 있다. 예를 들어, 개발도상국과 광산 회사 간의 협상에서 광산 건설 전에 도달한 회사에 상대적으로 유리한 합의가 광산이 건설되고 나면 해당 국가에 더 유리한 조건으로 거의 즉각적인 재협상 대상이 될 수 있다. 위험은 '매몰'이다. 랙스와 세베니어스(Lax and Sebenius, 1981)에서 정의되고 라이파(Raiffa, 1982)에서 논의된 '불안정한 계약'을 확보하는 일반적인 문제는 조건부 계약, 반복, 연계, 이행 보증의 제도적으로 그럴듯한 등가물, 준수 규범 및 다양한 집행 메커니즘이다.

✓ **가치 창출과 가치 청구 사이의 긴장 관리: 협상자의 딜레마** │ 일반적으로 협력의 이점은 협상 초기에 완전히 알려지지 않았다. 당사자들은 종종 그들이 얼마나 큰 가치 파이를 만들 수 있는지 모른다. 파이를 확장하려고 시도하는 방식은 종종 최종 분할에 영향을 미치는 반면, 파이의 더 많은 몫을 얻으려는 양쪽의 노력은 종종 처음부터 파이의 확장을 방해하고 파이를 전혀 얻지 못하는 상황이나 심지어 싸움으로 이어질 수도 있다. 결과적으로 가치를 창출하고 주장하는 것은 일반적으로 협상에서 **분리할 수 없는** 과정이다. 이 사실은 (예컨대 '승 - 승' 상황에 '승 - 패' 측면이 없거나 '통합' 거래가 '분배' 거래와 관련이 없다고 가정하는 것과

같이) 다른 유용한 조언을 많이 약화시킨다.

각 협상 당사자는 다음과 같이 추론하는 경향이 있다. 다른 당사자가 개방적이고 적극적인 경우 그들을 이용하여 많은 가치를 주장할 수 있다. 따라서 나는 가치를 주장하는 입장을 취해야 한다. 반대로 상대방이 강경하고 가치주장적인 입장을 취한다면 나도 나를 보호하기 위해 그런 입장을 취해야 한다. 어느 쪽이든, 모든 당사자에게 작용하는 강한 경향은 강경한 태도를 취하도록 몰아간다. 일반적으로 상호 강경한 태도는 가치 창출을 방해하기 때문에, 개별적으로 가치를 주장하려는 경쟁적 움직임은 종종 공동으로 가치를 창출하기 위한 협력적 움직임을 몰아낸다. 이러한 역동성의 결과에는 열악한 합의, 교착 상태 및 갈등의 소용돌이가 포함된다(교착 상태의 갈등 확대 및 축소로 이어지는 요인에 대한 귀중한 사회심리학적 통찰력은 Pruitt and Rubin, 1986에서 찾을 수 있다). 구조 면에서 유명한 죄수의 딜레마와 밀접하게 관련된 이러한 경향을 '협상자의 딜레마'라고 부른다(Lax and Sebenius, 1986, 제2장, 7장 참조).

많은 경제학자는 이 결과의 버전이 더 좁게 그려진 상황, 특히 불완전한 정보로 협상할 때 협상자의 합리적이고 이기적인 행동이 사후 파레토 비효율적 균형으로 이어질 수 있음을 보여주었다. 예를 들어 채터지(Chatterjee, 1982; 1985)는 당사자가 비공개의 정보를 소유할 때 발생할 수 있는 비효율성을 논의하고, 마이어슨(Myerson, 1979), 마이어슨과 새터트와이트(Myerson and Satterthwaite, 1983)는 사후에 개인이 보유한 정보를 사전에 정직하게 공개하는 것과 불완전한 정보가 있는 거래의 과거 파레토 효율성 사이의 균형을 보여준다.

대조적으로, 초기 게임 이론 및 교섭에 대한 경제적 분석은 협상된 계약이 가능한 모든 가치를 창출하고 잠재적인 공동 이익을 테이블에 남기지 않는다는 점에서 협상된 계약이 '효율적'이거나 '파레토 최적'일 것이라고 단순히 가정했다. 예를 들어, 소위 '내쉬 솔루션'(1950)은 협력 게임에 대한 다른 유사한 접근방식(구속적인 약속이 가능한)과 함께 파레토 최적성을 협상 결과의 합리적인 특징으로 가정했다. 불필요한 교착 상태, 열악한 합의, 악화된 관계, 파업 및 전쟁으로 가득 찬 세계에도 불구하고 일부 고전적으로 훈련된 경제학자는 (여전히) '합리적인' 교섭자들이 실현되지 않은 공동 이익에서 벗어날 수 있다는 불신을 가지고 반응한다. 대조적으로, 대부분의 협상 분석가는 사후 파레토 비효율적인 합의의 가능성을 예상하고, 당사자가 '파이를 확장'하고 생성 요구 긴장을 가장 생산적으로 관리하도록 돕는 데 상당한 노력을 기울인다.

많은 협상 조언은 특히 지속 가능한 기반에서 가치 창출과 가치 청구 사이의 고유한 긴장을 생산적으로 관리하는 것을 목표로 한다(Lax and Sebenius, 1981; Raiffa, 1982 참조). 협상의 효율성을 향상시키기 위해 제공되는 수많은 전술, 접근 방식 및 절차를 분석할 때 주어진 제안이 가치 창출과 가치 청구 사이의 고유한 긴장을 관리하는 방법에 초점을 맞추는 것이 유용하다. 많은 접근방식은 단순히 '승-승' 또는 '승-패' 철학을 옹호함으로써 긴장 관계를 단순하게 무시하거나 부정한다. 로버트 액설로드(Robert Axelrod, 1984)가 분석한 '맞대응(tit-for-tat: TFT)' 접근법의 성공적인 특성을 고려할 때, 적극적인 태도를 가지고 접근하는 것은 가치 창출의 공동 프로세스를 진행하는 데 필수적인 정보 교환을 가능케 한다. 도발 가능하다는 것은 가치 청구자가 이러한 개방성을 악용하는 것을 방지한다. 용서하는 태도는 착취 시도에 대한 강력한 대응을 넘어서 이러한 갈등이 고조되는 것을 막고 협조적 과정을 정상 궤도에 올려놓는다. 요컨대, 상당한 주목을 받는 동시에 논란거리가 되는 주제(예를 들어 Mansbridge, 1990 참조)인 이 접근방식은 창출-청구 사이의 긴장 관계를 관리하기 위한 일관된 대응을 제공한다.

물론 더 많다. 예를 들어, 피셔와 유라이(Fisher and Ury)는 대중적이고 영향력 있는 『예스를 이끌어내는 협상법(Getting to Yes)』(1981)에서 "사람을 문제에서 분리"하고 "이익에 초점을 맞추는 것이 아니라 이해에 집중하는" 경험 법칙과 함께 "원칙적 협상"이라는 덜 분석적인 접근방식을 제안한다. 또한 "상호 이익을 위한 옵션 고안" 및 객관적 기준을 주장한다. 베이저먼과 닐(Bazerman and Neale, 1992) 및 톰슨(Thompson, 2001)은 둘 다 이 근본적인 긴장을 관리하는 것으로 가장 잘 해석될 수 있는 조언을 제공한다. 더욱이 라이파(Raiffa, 1982), 영(Young, 1991), 브람스와 테일러(Brams and Taylor 1996)가 설명한 것과 같이 '공정한 분할'을 보장하기 위한 다양한 기준과 절차는 이를 수용하는 당사자에게 분석적 공정성 근거와 방법을 제공한다. 이러한 수용은 협상 참여 당사자가 과도한 '청구' 행동의 부정적인 결과를 피하는 데 도움이 될 수 있다. '단일 협상 문서' 및 '정산 후 합의'와 같은 절차뿐만 아니라 전통적인 수단에 의한 조정은 가치 창출과 가치 청구 사이의 긴장을 관리하려는 또 다른 유형의 조치를 나타낸다. 앤트림과 세베니어스(Antrim and Sebenius, 1990)는 싱가포르 대사 T. T. B. 코(T. T. B. Koh)가 이러한 접근방식의 조합을 해상법 협상에서 사실상의 중재자로 어떻게 사용했는지를 서술했다. 다른 많은 장치 및 프로세스 혁신은 동일한 목표를 상정한다(Raiffa, 1982; Lax and Sebenius, 1986 참조).

이 섹션에서는 가치를 창출하고, 가치를 청구하며, 지속 가능한 기반에서 둘 사이의 고유한 긴장을 관리하는 기본적인 협상 프로세스를 설명했다. 이에 대한 깊은 이해는 구조(당사자, 이해관계, 노딜 옵션)와 결과를 연결하는 주관적인 결과 분포의 종류를 평가하는 기반을 향상시킬 수 있다. 그러나 추론과 조사의 또 다른 보완적인 라인이 있다.

평가 기반 개선 결과 분포 II: 행동 통찰력

완전히 합리적인 기준선 분석은 합리적인 상대방이 나타낼 수 있는 반응을 드러내는 데 도움이 된다. 완전히 합리적이지는 않더라도 일관성 있는 행동을 촉구하는 것은 종종 현명하다. 결국, 잘 구조화되고 반복되는 협상은 합리적인 행태에서 벗어나는 일을 불리하게 만들기 때문이다. 그러나 많은 협상 상황이 잘 구조화되지도 않고 반복되지도 않으며 시장 맥락에 포함되지도 않는다. 그리고 협상자들은 일반적으로 지적이고 합목적적인 행태를 보이지만, 많은 게임 이론적 분석이 필요로 하는 '상상된, 이상적인, 영혼이 없는 초이성적인 사람들'(Bell, Raiffa, and Tversky, 1989, p.9)과는 다른 중요한 지점들이 존재한다.

이전에 베이저먼(Bazerman), 닐(Neale), 톰슨(Thompson) 및 동료들이 인용한 것과 같은 상당한 경험적 작업은 사람들이 실제로 협상에서 어떻게 행동하는지에 대한 상당한 통찰력을 제공한다. 협상의 심리적 측면에 대한 훌륭한 리뷰는 베이저먼, 큐란, 무어(Bazerman, Curran, and Moore, 2000)에서 찾을 수 있으며, 특히 베이저먼, 큐란, 무어, 밸리(Bazermann, Curran, Moore, and Valley, 2000)는 사회심리학적 측면의 발전에 초점을 맞추었다. 이 작업을 보완하는 것은 콜린

캐머러(Colin Camerer, 1997)가 '행동 게임 이론'으로 설명하고 리처드 탤러(Richard Thaler, 1992)가 '준(準)합리적 경제학'이라고 명명한 실험경제학(Kagel and Roth, 1995)의 급성장하는 연구이다. 이 작업은 엄격한 실험 환경에서 게임 이론 및 심리학적 고려 사항을 혼합한다. 개인과 사회적인 두 가지 관련 수준이 일관되게 중요하다.

- **개인의 협상 행태**: 협상자로서 사람들은 역사, 성격, 동기 및 스타일이 서로 다르다. 개별 인지 과정의 체계적인 특성은 합의에 이르는 과정을 돕거나 방해할 수 있다. 예를 들어 협상자는 관련 없는 정보에 고정되어 있을 수 있으며, 불확실성을 다루는 방식의 불일치에 영향을 받기 쉽고, 선택적 인식이 방해를 받으며, 매몰 비용과 과거 행동에 집착하고, 고정관념과 낙인이 찍히는 경향이 있고, 영향을 미치는 전술과 조작에 취약할 수 있다. 동등한 상황이 구성되고, 공동 이익이 가능할 때 양립할 수 없는 이해관계를 보기 쉬우며, 복잡성, 모호성 및 갈등을 처리하기 위해 잠재적으로 오해의 소지가 있는 다양한 발견법을 사용하려는 유혹을 받는다.
- **사회적 협상 행태**: 둘 이상의 그룹에서, 특히 인지된 갈등이 있는 경우 협상 결과를 활성화하거나 차단할 수 있는 다양한 사회심리학적 역학이 작용한다. 예를 들어, 호혜성에 대한 강력한 규범은 대부분 그룹과 문화에서 작동한다. 한쪽의 잠정적인 협력 행동은 시간이 지남에 따라 신뢰를 구축하는 사이클에서 다른 쪽의 긍정적인 반응을 유발할 수 있다. 대조적으로, 사회적 장벽은 종종 잘못된 의사소통, 귀인 오류, 양극화 및 갈등의 확대로 이어지는 상호 작용 과정의 측면과 건설적인 합의에 반하는 그룹 역학을 포함할 수 있다. 이러한 역학 관계는 협상에 성별, 인종 또는 문화가 다른 참가자가 포함될 때 특히 두드러질 수 있다. 그룹 역학은 순응에 대한 압력, 구성 요소의 '청중' 앞에서 대표자가 접근방식을 강화하는 밴드왜건 효과를 포함할 수 있다. 협상에서 적절한 행동을 결정하기 위해 다른 사람의 행동에서 단서를 취하는 개인도 포함된다.

이 실험에 기초한 작업은 경제학과 게임 이론에 대한 선험적 이론화의 행동

기반에 대한 경험적 근거를 개발하고 있다. 협상 분석의 경우 실제 행동에 대한 이러한 실험적 접근방식은 이전 게임 이론 작업의 주요 결함을 수정하는 데 도움이 된다. 대부분의 경우 규범적으로 구성되지는 않았지만, 이 작업은 또한 사람들이 어떻게 행동할지에 대한 엄격한 증거와 이론을 제공하여 결과 분포에 대한 평가와 적절하게 최적화할 대상을 알려준다.

게임 변경

많은 기존 이론은 협상 조치가 취해지고 합의가 결정되는 구체화되고 고정된 상황에서 출발한다. 실제로 분석가는 알려진 상황의 구조와 궁극적인 결과 사이의 배치 구조를 가정한다. 그러나 협상 당사자를 위한 목적 있는 행동은 상황의 구조와 결과를 바꿀 수 있다. 종종 행동은 게임 자체가 무엇인지에 대한 암묵적 또는 명시적 협상으로 이해될 수 있다. 세베니어스(Sebenius, 1983; 1984)는 이 현상을 조사하기 시작하여 '협상 산술' 또는 문제와 당사자를 '더하기' 및 '빼기'라고 명명했다.

이러한 맥락에서의 분석을 더 진행하려면 게임의 인식 구성을 결정하는 요소가 무엇인지 정확하게 질문해야 한다. 한 가지 대답은 간단하고 설득력 있어 보이지만 협상의 분석과 실행에 깊은 함의를 가지고 있다. 게임은 단순히 협상 참여자들이 게임이라고 여기고 행동하는 것 자체이다. 루빈스타인(Rubinstein, 1982, p.919)은, 게임 이론의 모델은 '협상 참가자들이 적절하다고 인식하는' 요소만을 포함해야 한다고 주장하며, 게임 이론과 실제 세계 사이의 관련성을 높이려는 시도 속에서 유사한 관점을 취한다. 특정한 이슈나 협상 참여자가 반드시 포함되거나, 어떤 이해관계가 배제되어야 하는지에 대한 선험적인 근거는 존재하지 않는다. 당사자가 특정 문제 집합, 합의의 대안 및 가능한 합의를 다루는 경우라면, 그러한 요소는 실제로 해당 게임의 일부를 구성하는 것이다.

이것은 일련의 사건이 언제 발생할지 상식적으로 알 수 없다고 해도, 완벽하게 합법적이고 관련성이 높으며 잠재적으로 가치 있는 분석 형태가 인식된 게임을 변화시킬 방법을 찾는 것을 포함할 수 있음을 의미한다. 월턴과 매커시

(Walton and McKersie, 1965)는 협상자들이 '태도 구조 조정'이라고 부르는 것을 통해 게임에 대한 인식을 어떻게 바꾸려고 하는지에 초점을 맞추었다. 보다 구체적으로, 국가는 특정 목표를 달성하기 위해 다른 사람의 도움이나 지원을 원할 수 있다. 다른 사람들을 선택하고 접근하고 설득하는 과정은 분석 초기에 게임이 완전히 구체화되었다는 일반적인 가정 없이 가장 잘 연구될 수 있다.

물론 개념적으로는 모든 가능한 문제와 당사자의 '슈퍼게임'이 처음부터 명시되어 있다면 이 현상은 존재하지 않을 것이라고 주장할 수 있다. 그러나 이 접근 방식은 분석 범위를 벗어난 매우 실제적인 역학을 밝혀내는 것이다. 케네스 오이에(Kenneth Oye, 1979)가 지적했듯이, 분석가나 실무자들이 예상하지 못한 많은 관계가 위조되었다(예컨대 수에즈 문제와 통화정책 간의 아이젠하워 연결, 또는 개발 지원과 특별 인출권 간의 제3세계 연결). 이와 같이 문제와 당사자의 '더하기 및 빼기', '태도 구조 조정', 게임에 대한 인식이 어떻게 변경될 수 있는지에 대한 체계적인 조사는 협상 분석을 위한 또 다른 다리를 구성한다. 경쟁 전략과 그 기반이 되는 사고방식의 맥락에서 브랜던버거와 네일버프(Brandenburger and Nalebuff, 1996)는 전반적인 접근방식과 현상에 대해서 많은 독창적인 예를 제공하는 '게임 변경'과 관련된 강력한 논리를 개발했다.

이것이 마술처럼 들리지 않도록, 스미스와 웰스(Smith and Wells, 1975)가 설명한 전형적인 사례를 제시하겠다. 1960년대 초반, 칠레가 케네콧 코퍼(Kennecott Copper) 사 소유의 엘 테니안테(El Teniente) 광산을 전용하는 일이 확실시되는 듯했다. 이러한 칠레의 무단 사용 시기와 그에 대한 보상, 광산의 지속적인 관리와 같은 조건들에 대한 협상을 준비하면서, 케네콧 사는 일찍부터 다양한 당사자를 참여시켜 칠레가 내세우는 대안의 성격을 케네콧 사가 선호하는 조건들과 합치되도록 바꾸려고 시도했다. 이상하게도 회사는 광산에 대한 지분 대부분을 칠레에 매각하겠다고 제안했다. 케네콧 사는 이 지분 매각 수익금과 미국 수출입 은행에서 빌린 자금으로 광산을 확장하는 데 사용할 계획이었다. 이때 칠레 정부는 이 대출을 보증하고 뉴욕주 법의 적용받게 된다. 케네콧 사는 미국의 보증하에 가능한 한 많은 자산을 확보했다. 광산의 생산물은 아시아 및 유럽 고객과의 장기 계약에 따라 판매될 예정이었고 이 계약에 대한 권리는 유럽 은행 및 일본 기관의 컨소시엄에 판매되었다.

이 정교한 책략의 결과는 고객, 정부 및 채권자가 칠레의 미래 변화에 대한 케네콧 사의 우려를 공유했다는 것이다. 합의에 대한 칠레의 대안을 약화시킬 강력한 연합이 암묵적으로 구축되었던 것이다. 게다가, 보증 및 보험은 칠레와의 거래가 이루어지지 않을 때를 대비해 케네콧 사에는 더 나은 대안이 되었다. 합의에 도달할 수 없고 칠레가 케네콧 사의 작전을 무시하고 행동했을 때 케네콧 사는 자기 측의 협상 참여자들을 부를 수 있었다. 사실상 케네콧 사는 협상된 합의에 대한 상대방의 대안을 약화시키기 위해 협상참여자를 추가함으로써 궁극적으로 광산은 국유화되었지만, 케네콧 사가 선호하는 칠레의 약화된 대안은 케네콧 사와 유사하면서도 그러한 조치를 취하지 않은 아나콘다(Anaconda) 사보다 더 나은 위치에 있는 것처럼 보였다.

케네콧 사가 사용한 구체적인 방법은 특정한 상황에 있었지만, 그들의 의도는 분명했고 협상-분석적 조언의 핵심이었다. 즉, 협상이 이루어지지 않았을 때를 위해서 대안을 변경하는 참여자를 협상에 끌어들여 유리한 방식으로 협상에 영향을 미치려는 것이었다. 협상 참여자는 공동 이익을 생성하거나 다른 사람으로부터 가치를 얻기 위해 추가될 수도 있다. 덜 일반적이지만 정당은 더 큰 잠재적 연합에서 '분리'(퇴출 또는 제외)될 수도 있다. 예를 들어, 중동 협상에서 소련의 역할은 이스라엘, 이집트, 미국이 포함된 캠프 데이비드 협정으로 이어지는 과정에서 제외되었다. 이와 유사하게, 1960년대 초의 18개국 군축 회의는 다루기 힘든 것으로 판명되었고 핵 실험 금지를 둘러싼 미-소 양자 회담에 자리를 내주었다.

'협상 설계'의 문제 또는 진행 중인 장래의 협상을 구조화(또는 재구성)하는 가장 좋은 방법을 설명하는 예를 고려해 보자. 1980년대 후반과 1990년대 초반에 다양한 정부 관계자들은 지구 온난화에 대처하기 위해 다가오는 협상을 가장 잘 구성하는 방법을 결정하려고 했다. 예를 들어, 협상은 개별적인 양자 간 만남으로, 같은 생각을 하거나 지리학적으로 가까운 국가의 소규모 그룹에서, 큰 블록으로, 아니면 전 세계적으로 수행하는 것이 가장 좋을까? 누가 포함되고 배제되어야 하는가? 순차적 프로세스를 구성해야 하는가? 탄소 배출 목표로 제한해야 하나? 아니면 염화불화탄소와 산성비를 연결해야 하나? 협상이 부채, 재정 이전, 인구 정책 등과도 관련되어야 하나? 이러한 질문을 정리하려면 다양한 협상 분석이 유용한 것으로 판명되었다. 협상의 다양한 가능성, 차단 연합이 발생할 가능성이 있는 것과 가장 잘 처리될 수 있는 방법들을 묻는 것이다. 핵심 참여자를 끌어들이기에 충분한 잠재적 공동 이익이 있도록 협상을 조직할 수 있는가? 가장 고통스러운 갈등을 두드러지게 유지하고 효과적인 공동 문제해결을 방해할 가능성이 가장 크기 때문에 어떤 절차 규칙을 피해야 하나?(기후변화 회담, 염화불화탄소 통제 외교, 해양법 협상에 대한 이러한 '협상 설계' 문제에 대한 분석은 Sebenius, 1984; 1991a; 1995a; 1995b; 1995c에서 찾을 수 있다.)

이러한 질문들은 '협상 설계'의 문제나 원하는 결과, 또는 일련의 결과의 가능성을 향상시키기 위해 게임을 구성하는 최선의 방법을 보여준다. 이것의 다른 예로는 조직적 분쟁 해결 '시스템'의 설계(Ury, Brett, and Goldberg, 1988 참조)와 서로 다른 분쟁 유형에 대한 다양한 대안적 분쟁 해결 메커니즘을 최적으로 일치시키는 것(예컨대 Sander and Goldberg, 1994)이 있다.

인지된 게임을 변경하기 위해 의식적인 행동이 취해진다는 사실을 인정하는 것은, 협상 참여자들이 그림 14.1의 고정된 구성 내에서 가치 창출과 청구로 자신의 협상을 제한할 필요가 없다는 것을 의미한다. 실제로, 각 측은 일반적으로 상대방의 상황과 공동으로 가능한 것에 대해 배우고, 상대방의 인식에 유리하게 영향을 미치며, 게임의 요소를 유리하게 변경하려고 한다. 당사자의 비동의 대안이 개선되면 수직축이 오른쪽으로 이동하여 일반적으로 해당 쪽에 더 유리한 교섭 집합이 남는다. 제2당사자의 비합의 대안이 악화되면 수평축이 아래쪽으로 이동해 전망이 나빠진다. 교섭 위치에 대한 성공적인 약속은 그것을 만드는 당사자에게 합의 가능한 영역의 원하지 않는 부분을 차단한다. 상호 이익이 되는 새로운 옵션(예컨대 무조건적인 계약이 아닌 조건부 제안)은 제한선이 지정하는 영역을 오른쪽으로 부풀게 하여 당사자의 '이해 충돌'을 줄인다(Axelrod, 1970 참조). 이슈가 변경되거나 인식을 포함하여 게임의 다른 기본적인 측면이 달라지면, 합의 가능한 영역인 그림 14.1의 기본 그림에 대한 각 측의 이해가 바뀔 것이다. 이러한 가능성은 분석에 진화적 요소를 추가한다.

전체적인 접근

　그림 14.1은 가능한 공동 행동의 확장된 협상-분석 '모델'을 시각적으로 요약이다. 협상 참여자는 축을 결정한다. 이해관계는 원자재와 측정값을 제공한다. 합의에 대한 대안은 한계를 암시한다. 협정은 가능성을 보여준다. 이러한 배치 하에서 협상 프로세스는 특성 역학을 발생시키는 가치를 생성하고 주장하는 것으로 구성된다. 그러나 상호 작용의 요소들은 자체적으로 진화하거나 의도적으로 변경될 수 있다. 이러한 의미에서 접근방식의 요소는 합의 가능한 영역을 중심으로 논리적으로 일관되고 완전한 전체를 형성한다.

　하사니(Harsanyi, 1982b)의 회의적인 견해로는, 이러한 협상-분석적 접근방식은 "모든 참가자는 주관적 확률의 관점에서 기대 효용을 최대화해야 한다는 영양가 없는 진술로 귀결될 수 있다". 그러나 앞서 설명한 것처럼 협상 결과의 주관적 분포를 개선하는 것으로 보이는 별개 인자의 종류들은 분리되었다. 가치를 창출하고 청구하는 역학을 이해하는 것은 이에 대한 규범적 신뢰도를 향상시킨다. 문화적 관찰, 조직적 제약 및 패턴, 역사적 유사성, 체계적인 의사결정 편향에 대한 지식, 맥락적 특징들과 마찬가지로 심리적 고려 사항 역시 도움이 될 수 있다. 게임 이론 추론은 심리학 및 게임 이론 분석의 혼합과 마찬가지로 전략적 역학에 관한 통찰력을 제공할 수 있다. 고정된 게임에서 엄격하고 상호 예상되는 전략적 정교함이라는 가정에서 벗어날 때 비로소 "분석, 대체로 간단한 분석은 도움이 된다"라는 라이파의 결론은 매력적이다. "대부분의 간단한 분석은 도움이 될 수 있는 분석"(Raiffa, 1982, p.359)이다.

대조되는 협상
전통적인 게임 이론을 이용한 분석

　방금 설명한 바와 같이, 솔루션 개념 및 평형 분석에 대한 게임 이론적인 집착과 달리 협상 분석가는 일반적으로 합의 가능한 영역에 대한 주관적인 인식과 이러한 인식이 어떻게 변화하는지에 더 중점을 둔다. 그들은 각 당사자가 합의가 도출되지 않은 경우를 대비해 마련된 대안의 매력을 대략적으로 평가하고 재평가할 수 있다고 가정한다. 각 관련 당사자의 입장에서 볼 때 가치 또는 효용 면에서 합의가 없는 것보다 더 나은 일련의 합의 가능한 영역을 구성한다. 각 당사자는 합의가 없는 것보다는 합의 가능한 영역에서 합의를 받아들여야 하기 때문에 (과정이 악의, 갈등 고조 또는 이에 상응하는 것을 발생시키지 않는다는 가정), 셸링 (Schelling, 1960)은 그러한 합의의 결과가 다음과 같다는 관찰을 했다. 상황은 '불확실한 상황의 논리'에 의해서만 풀릴 수 있다. 그러한 논리를 개발할 때 협상 분석가는 합의 영역에 대한 인식을 바꿀 수 있는 행위에 집중하는데, 특히 협상 결과의 더욱 유리한 분포를 가져올 것이 주관적으로 예상되는 방식에 주목한다.

　여기에서 전형적인 협상 분석의 주관적인 특성을 네 가지 개념을 들어 강조하겠다. 첫째, 확률 계산에 따라 서로 다른 사건의 확률을 평가하는 방법은 당사자에게 달려 있다. 그들은 구체적이고 '일관된' 신념을 유지하는 데에 상호 작용적인 논리에 의한 제약을 받지 않는다(이것은 Harsanyi, 1982a, 1982b가 표현한 보다 고전적인 견해보다 주관적 확률과 게임 이론에 대한 Kadane and Larkey, 1982a; 1982b의 견해에 더 가깝다). 둘째, 당사자의 내재된 관심사에 대한 주관적 인식은 절대적인 것으로 간주된다(불변하지 않음). 자아 이미지, 공정성, 과정, 관례 또는 관계에 대한 보다 물증이 적은 관심은 전통적인 경제 접근방식에 공통적인 비용, 시간 및 품질과 같은 '더 엄격한' 또는 '객관적인' 이익과 동일한 분석적 입장을 가질 수 있다(이는 원칙적으로 게임 이론적 가정과 다르지 않지만, 협상 분석의 주관주의적 성격을 강조한다). 셋째, 한쪽 편은 '다른 쪽 편'이 게임 이론적 합리성의 원칙에 따라 행동하는 것으로 간주할 의무가 없다. 상대편이 취할 수 있는 행동은 이용 가능한 증거에 비추어 주관적으로 평가되어야 한다. 넷째, 경험적 증거와 분석적 교섭 모델은 다양한 가능한 행동을 조건으로 한 협상 결과의 확률 분포를 보는 정교한 관점에 확실히 영향을 주어야 하지만, 조건적 분포는 궁극적으로 주관적인 평가이다.

　협상 분석가들이 많은 관련 게임 이론 및 수학적 경제학을 특징짓는 해결 개념과 균형을 덜 강조하면서도 여전히 많은 목적을 위한 작업을 지지하는 이유를 세 가지로 설명할 수 있다.

많은 솔루션과 평형 개념, 가능한 한 많은 균형

　다양한 매력적인 속성과 다양한 예측을 가진 많은 게임 이론적인 해법과 평형 개념이 존재하지만, 어느 것이 '최고'이거나 가장 적용 가능한지 선험적이거나 경험적으로 명확하지 않은 경우가 많다. 예를 들어, 미니맥스(minimax: 최대 손실을 최소화하는) 기준이 경쟁적인 상황에서 고전 게임 이론의 핵심인 것처럼, 만약 참여자 1이 경험이나 경험적 연구에 기초하여 참여자 2가 미니맥스 전략을 사용하지 않고 있다고 믿는다면, 참여자 1은 미니맥스보다 더 나은 전략을 선택할 수 있다. 참여자 1에 대한 미니맥스(예컨대 Kadane and Larkey, 1982a). 보다 일반적으로, 슈빅(Shubik, 1982) 및 마스 콜렐(Mas-Colell, 1989)의 예시는 협동 게임을 위한 해법이 될 수 있는 수많은 개념을 제시한다.

　비협조적 게임에서 내쉬 균형의 개념만큼 강력한 개념이 있고(Kreps, 1989 참조), 점점 더 엄격해지는 요구 사항이나 개선 사항을 부과해도 게임의 균형 결과를 제한하는 것은 종종 불가능하다. 순차적 평형(Kreps and Wilson, 1982), 완전성과 하위 게임 완전성(Selten, 1982), 안정성(Kohlberg and Mertens, 1986)을 참조하라. 종종 그러한 결과는 무한한 수로 나타난다. 티롤(Tirole, 1988)이 "베이지안 평형과 관련해서 열두 가지에 달하는 개선 사항을 부여받은" 이유를 설명하며 짚어낸 것처럼 "비평형 경로 신념을 지정하는 것의 자율성은 일반적으로 균형 지향 행동을 선택하는 데에 약간의 자율성을 부여한다. 잠재적인 평형 작용을 배제함으로써, 다른 작용을 평형 작용으로 변환시킬 수 있는 것이다. 따라서 종종 완벽한 베이지안 평형의 연속체에 도달하는 것은 놀라운 일이 아니다 (1988, p.446).

　합리적인 참여자가 여러 내쉬 균형 중에서 선택하는 방법에 관한 연구들이 있음에도, 특정 선택에 대한 근거는 궁극적으로 자의적으로 보일 수 있다. 카데인과 라키(Kadane and Larkey 1982a, pp.115~116)는 다음과 같이 말했다. "우리는 상대방이 취할 법한 행동에 대한, 각자의 믿음에 의존하지 않는 솔루션 개념을 찾는 방법을 알지 못한다. 상대방이 취할 법한 행동은 너무 강력해 이를 접하는 모든 사람에게 명백한 플레이의 표준이 된다." 이것은 "솔루션 개념은 특정한 사전 배분의 기초"라는 그들의 관찰과 더불어, "적절한 솔루션 개념을 제로섬이 아닌, n인(n-person) 게임 이론 속에서 찾는 어려움, 달리 말해 그 어떤 단일한 사전 배분도 게임 속 모든 참여자와 상황에 적절할 수는 없다는 어려움"과 관련하여 특히 적합해 보인다. 따라서 협상 분석가에게 이것은 분석적 가정이 아니라 평가의 문제가 된다.

이러한 고려 사항은 여러 균형을 발견하고 이를 단일 예측 결과로 좁히기 위해 제한을 부과하는 대신, 협상 분석가는 어쩌면 추론하기 전에 일시 중지하고 대신 그럴듯한 균형에 대한 (주관적) 분포를 평가해야 함을 시사할 수 있다. 그러나 '다중 개념, 다중 평형'이라는 문제가 유일한 질문이라면 균형 도출 방법은 협상에 대한 규범적 접근에 관심이 있는 사람들의 주요 관심사일 수 있다. 그러나 다음에 주장하겠지만, 의미 있는 균형 분석 그 자체를 위해 필요한 중요한 전제에는 규정 짓기 위한 목적이 없을 수 있다(정확한 설명을 전제로 함).

완전한 게임 이론의 합리성에서 상당한 이탈

앞서 설명했듯이 혼합 동기 상황에 있는 사람들은 일반적으로 지적이고 목적적인 행동을 보이지만, 폰 노이만과 모르겐슈테른의 기대 효용 극대화가 필요로 하는 '상상 속의, 또 이상화된, 영혼 없이 초이성적인 사람들'로부터는 유의미하고 체계적인 이탈이 있다. 방금 언급한 순차적이고 전략적인 상호 작용의 정교한 개념이 요구하는 인간 유형은 언급할 필요도 없을 것이다. 그리고 실험 경제학자들과 그 외 연구자들의 작업이 게임 이론 프로그램을 보다 행동적으로 충실한 형태로 다시 실행시키는 데 놀라운 진전을 이루었지만, 또 다른 더욱 기초적일 수 있는 고려 사항들에 따라 협상 분석가들은 균형에 주목을 덜하게 되었다.

게임의 구조, 규칙 및 가능한 동작에 대한 의심스러운 지식

루스와 라이파(Luce and Raiffa, 1957, p.49)는 게임 이론의 기본 요건이 "각 참여자는 게임의 규칙과 참여자의 효용 기능을 완전히 인식하고 있다"라며, "이것은 실제 상황에서 거의 만날 수 없는 심각한 이상화이다"라고 지적했다. 기발한 몇 가지를 포함한 많은 이론이 이러한 '불완전한 정보'를 가진 게임을 위해 개발되었지만(예컨대 Harsanyi, 1967~1968), 대부분의 이론은 게임 규칙과 효용 기능이 아우만(Aumann, 1976)이 제시하는 '공통된 지식'이라는 예상에 기초한다. 즉, 각 참여자는 이 정보를 알고 다른 참여자도 자신이 안다는 것을 알고 있다는 등의 '공유된 앎'이다.

어느 분석가가, 잠재적인 구매자와 판매자가 판매 예정 가격에 대해 '잉여'를 공유하는 매우 간단한 가격 협상에서, 한 당사자에게 조언을 제공하려고 한다고 상상해 보라. 자연스럽게 이 상황을 루빈스타인의 표준 교섭 게임(Rubinstein, 1982)으로 모델링할 수 있다. 이 게임에서는 크기가 1인 파이를 공유해야 하는 두 명의 참여자가 할인 요소 d를 사용하여 순차적으로 교대 제안을 한다. 제공하는 측이 $d/(1+d)$를 제공하는 이 게임에 고유한 하위 게임의 완벽한 균형이 있다는 결과는 우아하고 통찰력이 있지만, 이러한 결과는 이 사건 전체가 공유된 상식하에서만 흘러간다는 전제에 온전히 의존한다. 참여자가 실제로 게임 내에서 지정된 대로의 선험적인 공유 지식 대신, 실제 상황이었다면 존재했을 전술적으로 가변적인 요소(예: 제안 순서, 제안 사이의 시간, 상호 예상되는 제안과 수락에서의 '합리성' 등)에 좌우된다면, 루빈스타인의 분석은 결정적이지 않을 것이다. 하사니(Harsanyi)의 공통의 선례 교리에 대한 조심스러운 논의는 세베니어스(Sebenius, 1984, 특히 4장), 그리고 세베니어스와 기아나코폴로스(Sebenius and Geanakoplos, 1983)에서 찾을 수 있다.

더욱이 이 예비 모델에 대한 비판은 아니지만 자주 접하는 다양한 요인이 잠재적으로 결정적일 것으로 예상할 수 있으며, 참여자는 이에 대한 일반적인 지식이 없을 수도 있다. 여기서 '기대'의 역할에 대해 논해보도록 하겠다. 한 참여자는 셸링(Schelling)의 고전 「교섭에 관한 에세이」(『갈등의 전략』, 1960)를 읽고 그녀가 합의 가능한 영역 내에서 변하지 않는 제안 순서를 만들어 다른 참여자의 기대치를 형성한다고 확신할 수 있다. 또한 그녀는 상대 참여자를 속여 협상을 하지 않는 것보다 '싫으면 관두라'는 제안을 받았다고 믿게 만드는 신뢰 부여 전략을 위해 문맥 의존적 계략을 사용할 수 있다. 이러한 기대 및 약속 고려 사항을 추가하면 결과가 균형이 맞지 않더라도 상대편은 교착 상태에 빠지거나 그녀의 고정된 제안을 수락할 수 있다(이와 관련하여 Roth and Schoum ker, 1983b의 '사고 실험' 및 실증적 결과 참조). 더욱이, 많은 단순 분배 거래는 상대방의 비합의 대안 및 이에 따른 유보 가격에 대한 각 참여자의 불확실성을 포함한다. 대부분의 균형 결과는 이러한 유보 가격이 참여자 사이에 공통 지식으로 도출되는 확률 분포를 필요로 한다. 그러나 그 조건은 종종 충족되지 않으며, 각 당사자는 잠재적으로 비동의 대안에 대한 상대방의 인식(또한 해당 대안에 대한 주관적 평가)을 전략적으로 조작한다.

일반적으로 게임 변경에 대한 이전 섹션에서 설명한 것처럼 실제 및 잠재적 참여자, 이해관계, 신념, 문제, 합의에 대한 대안, 규칙 및 합의의 전체 집합은 종종 불완전하다고 알려져 있다. 심지어는 한 당사자만 알고 다른 당사자는 모르는 상황이 벌어지기도 한다. 관련되거나 배제된 당사자에 의한 목적적 행동은 종종 관련 당사자의 집합을 변경하고, 문제를 가져오거나 배제하고, 서로 다른 이해관계의 중요성을 높이거나 낮추고, 상호 작용의 규칙을 변경하는 등, 게임의 구성에 대한 집단 인식을 바꾸기 위해 다른 조치를 취할 수 있다. 실제 상황에서 이것은 상대적으로 적은 수의 협상 상황만이 정확히 요구되는 지식의 공유 정도에 부합한다는 것을 의미한다(예비 가격, 유틸리티 기능 등에 의해 배열된 협상자 '유형'의 일반적인 사전 분포 포함. Harsanyi의 분석에 의해 요구됨).

중요한 정보가 '거의 일반적인 지식'인 경우에도 균형 결과는 완전히 일반 지식이 공유된 상황과 크게 다를 수 있다(Rubinstein, 1989). 일반 지식의 중요한 역할은 저명한 게임 이론가인 로버트 아우만(Robert Aumann, 1989, p.31)의 발언에서 찾을 수 있다. 그는 어느 시점에서 "공통 지식은 모든 게임 이론과 많은 경제 이론의 기초가 된다. 논의 중인 모델이 완전하든 불완전한 정보, 일관성이 있든 일관성이 없든, 반복적이든 일회성이든, 협력적이든 비협조적이든, 모델

자체는 일반 지식으로 가정해야 한다. 그렇지 않으면 모델이 불충분하게 지정되고 분석이 일관성이 없다"라고 말한다. 아우만과 브랜던버거(Aumann and Brandenburger, 1995) 및 다른 사람들의 연구는 이 결론을 약화시켰지만, 분석상의 용이함을 위한 공유된 지식의 상정은 대부분의 게임 분석에서 여전히 핵심으로 남아 있다. 대조적으로, 앞서 논의한 바와 같이 게임 이론이 아닌 분석은 상식이 부족한 상황에서 유용한 조언을 제공할 수 있다.

이 세 가지 요인 및 관련 고려 사항, 즉 많은 게임에서 평형의 다양성과 함께 그럴듯한 솔루션 및 평형 개념의 수, 완전히 '합리적인' 행동에서 벗어나는 것, 일반적인 지식의 빈번한 부족 및 널리 흩어져 있는 경험적 결과(Sebenius, 1992b 참조)는 주어진 상황의 구조와 규칙이 고유한 협상 결과에 안정적으로 도식화될 수 있는 용이성에 의문을 제기한다. 그들은 게임 이론 프로그램을 거의 무효화하지 못한다. 결국, 기존 이론의 본체는 정적인 것이 아니라 상당한 진전을 이루고 있다. 그러나 이러한 고려 사항으로 인해 많은 협상 분석가들은 유용한 규범적 이론과 조언을 제공하는 것처럼 보이는 다른 접근방식을 좇느라 균형 도출 방법을 덜 강조하게 되었다.

로저 마이어슨(Roger Myerson, 1991, p.114)은 갈등 상황에 대한 의사결정 분석적 접근은 일단 모든 당사자의 관점에서 상호 작용을 생각하려고 시도하기가 불가능해진다고 주장한다. 하나는 필연적으로 내쉬 균형 개념으로, 그리고 함축적으로 게임 이론 분석으로 이어진다. 그러나 이러한 의미가 따를 필요는 없다. 완전하고 상호 예상되는 '전략적 합리성'은 이 분석에 필요하지 않거나 종종 적절하지 않다. 또한 가능한 협상 결과의 주관적인 분포에 초점을 맞춤으로써 '다중 개념, 다중 평형'이라는 게임 이론상의 문제가 완화된다. 일반적으로 어느 정도의 일반 지식이 있지만(예컨대 당사자가 협상 중임), 게임의 모든 요소에 대한 공유된 지식이 충분하지 않아 완전히 상호 작용적인 모델을 확정짓는 것이 어려운 경우가 있다. 그럼에도 (적절한 정도의 상호 작용적 사고 후) 한쪽의 인식에 따라 유용한 처방이 가능하다. 협력 게임 이론가들이 개발한 '공정성' 원칙은 상호 수용 가능한 결과를 지적하는 데 상당히 도움이 될 수 있지만, 비대칭 조언은 한쪽에 더 유리한 결과로 이어지는 전략적 행동을 제안할 수 있다. 이 접근방식의 외부 검증 가능성에 관한 질문은 일반적인 의사결정 분석보다 나쁘지도 좋지도 않다.

'균형' 표준을 측정했을 때, 상호 작용적 요소만을 암묵적으로 구현하는 가능한 협상된 합의의 분포에 대한 주관적인 평가는 분석적으로 빈약해 보일 수 있다. 그러나 협상 분석가의 작업을 평가하고 조사를 위한 새로운 방향을 제안하는 데는 논리적 일관성, 협상 프로세스에 대한 체계적인 통찰력 또는 실용적인 효용성 등 보완적인 표준이 더 적합할 수 있다.

이 새로운 접근방식을 게임 이론에 대한 '대안'으로 규정하는 것은 불행한 실수가 될 것이다. 실제로, 그것은 서투르게 '제한된 합리성과 상식이 없는 비평형 게임 이론'(또는 '강력한 상호 작용적 풍미를 가진 결정 분석' 또는 '규정적 관점에서 전략적으로 정교한 심리학')이라고 부를 수 있다. 일부 사람들은 '결정 분석 플러스' 또는 '게임 이론 마이너스'가 설명적으로 적절할 것으로 생각할 수 있지만, 비교적 무미건조한 '협상 분석'은 이 접근법을 지적인 조상 및 사촌과 구별하는 데 적절한 것으로 보인다.

추가 방향 및 결론

이러한 기본 요소들(이익, 합의의 대안, 가치 창출 및 청구, 게임 자체를 변경하려는 움직임)은 매우 다른 구조를 갖고 매우 다른 절차에 의해 작동하는 협상에 존재한다. 가장 단순한 구조적 수준에서 협상은 단일 문제에 대한 양자 간 만남에서 한 그룹의 당사자를 포함한다. 그러나 주권 국가가 교섭 테이블을 통해 서로 협상하고 외부 교섭과 함께 복잡한 국내 상호 작용이 발생하는 경우, 소위 2단계 게임의 결과로 나타난다. 엄밀히 말해서 변호사든 외교관이든 협상 대리인을 통해 협상이 이루어지거나 결과가 입법 비준을 거쳐야 하는 경우에는, 2단계 게임의 기본 구조가 존재한다. 이는 퍼트넘(Putnam, 1988), 퍼트넘과 베인(Putnam and Bayne, 1987), 랙스와 마이어(Lax and Mayer, 1988), 마이어(Mayer, 1992), 라이파 (Raiffa 1982), 랙스와 세베니어스(Lax and Sebenius, 1986) 등 여러 학자들이 연구하였다. 이 책 제11장도 마찬가지다.

협상은 더 복잡한 구조에서도 발생한다. 분석에 대해서는 국제 채무자의 '동맹'의 발전을 다룬 웍스(Weeks, 1988)와 라이파(Raiffa, 1982)를 참조하라. 예를 들어 라이파의 분석은 단일 문제에 대해 협상하는 두 개 그룹의 당사자로 시작하여 다중 문제로 확장되고 많은 문제가 있는 완전한 연합 분석으로 끝난다. 랙스와 세베니어스(Lax and Sebenius, 1986)도 마찬가지로 당사자, 내부 부서 및 계속되는 프로세스의 무제한 정렬은 시간이 지남에 따라 발전하는 네트워크를 포함하는 것뿐만 아니라 내 - 외부 요소와의 비준 및 협상을 포함하는 대리인을 통한 협상, 그리고 계층 구조가 있는 협상을 포함하는 쌍방의 경우를 다룬다. 왓킨스와 패소(Watkins and Passow, 1996)는 연결된 협상 시스템에 초점을 맞춘 반면, 왓킨스와 윈터스(Watkins and Winters, 1997)는 중재자와 기타 '개입자'의 복잡한 역할을 분석한다. 세베니어스(Sebenius, 1998)뿐만 아니라 초국가적 '인식적 공동체'(Sebenius, 1992a)도 조사되었다.

왓킨스(Watkins, 1998)는 모멘텀, 시간 관련 비용 및 행동 강제 이벤트를 포함한 다양한 협상 역학에 대해 상당한 협상 분석 작업을 수행했다. 왓킨스와 룬드버그(Watkins and Lundberg, 1998)도 참조하라. 랙스와 세베니어스(Lax and Sebenius, 1991a)를 기반으로 세베니어스(Sebenius, 1996)는 다자간 협상 역학에서 경로 의존성 문제를 분석하며, 특히 복잡한 연합을 구축하거나 파괴하려는 시도에서 상대해야 하는 최적의 다른 당사자 순서를 조사한다. 보다 일반적으로 왓킨스와 로즈그랜트(Watkins and Rosegrant, 1996)는 연합 구축에서 권력의 원천을 분리한다.

물론 중재 및 중재를 위한 게임 이론의 공정성 개념에서 다양한 중재 및 투표 방식에 이르기까지 관련 주제가 많이 있다. 가장 흥미로운 주제 중 하나는 당면한 문제에 대해 필요한 공동 학습과 승리를 위한 각 당사자의 노력 사이의 긴장과 관련이 있다. 이것은 과학적 논쟁에 대한 협상과 문제의 본질이 불분명하거나 잘 이해되지 않는 경우에 특히 중요하다(통찰력 있고 확장된 토론을 위해서는 Applbaum, 1988 참조).

협상을 이해하는 데 게임 이론가와 행동 과학자들이 계속해서 가치 있는 진전을 이루겠지만, 완전히 합리적이든 아니든 여부와 관계없이 상대방의 행동에 대한 규정을 조건으로 하는 보완적인 처방 접근방식이 개발되고 있다. 게임은 고정되어 있고 완전히 일반적인 지식이다. 이 장에서는 협상 분석의 논리와 이를 용이하게 하는 개념 및 도구를 설명할 때 대인 관계 및 문화적 스타일, 분위기 및 물류, 정신 분석적 동기, 의사소통 또는 다른 측면을 다룬다.

그러나 논리는 일반적이기 때문에 다른 접근방식과 경험에서 얻은 통찰력을 유익하게 수용할 수 있다. 이 논리 기반을 둔 당사자의 이해, 대안, 합의, 가치를 창출하고 청구하는 과정, 게임의 변화에 대한 인식의 기본 요소들은 가능한 영역의 의미 있는 평가를 위해 다른 요소가 해석되어야 하는 필수 필터가 된다.

노트

※ 많은 상황에서 동의하지 않는 대안을 눈에 띄게 개선하면 결과가 향상된다. 많은 사례와 실험실 실험이 이러한 직관에 대한 경험적 지원을 제공한다. 그러나 그렇지 않은 경우도 있다. 예를 들어, 결혼 생활에서 다툼이 있는 동안 잠재적인 대체 배우자를 찾는 것은 배우자가 결혼 생활에 부여하는 가치를 심각하게 훼손할 수 있다. 또는 상사가 충성도를 중시한다면 알려진 불만을 품은 부하 직원은 자신의 업무를 개선하기 위해 다른 제안을 하지 않는 것이 더 나을 수 있다. 충성도를 위반하면 직원을 행복하게 해야 한다는 사장의 의무감이 줄어들 수 있기 때문이다. 하지만 그러한 전술이 결과 분포, 평가 경험, 제한된 경험적 증거, 평형 계산 및 논리에 어떻게 영향을 미치는지에 대한 일반적인 모델은 존재하지 않는다.

제15장

심리학적 접근

제프리 Z. 루빈[1]

지난 수십 년간 갈등 연구에 관심을 보여온 사람들은 사회심리학자들이다. 갈등 연구의 기원을 1930년-1940년대로 볼 때 컬트 레빈(Kurt Lewin)의 작업까지 거슬러 올라간다. 레빈은 갈등 상황에 놓인 집단의 의사결정에 영향을 주는 요인으로 개인의 행동, 그 사람이 처한 상황, 상황과의 상호 작용에 따른 결과를 꼽았다. 개인의 행동에 대해서는 제14장에서 제임스 세베니어스가 다루었으므로, 이번 장에서는 개인이 상황에 처했을 때 보이는 심리적 측면과 국제협상 시 사람과 상황의 상호 작용에 관해 설명한다.

　개인 간 갈등에 관한 연구를 국제 갈등에 관한 연구로 옮겨가기는 쉽지 않다. 갈등에서 협상으로 가는 길도 마찬가지다. 국제 갈등(분쟁)에 대해서는 켈먼(Kelman)의 연구가 눈에 띄는데, 그는 최초로 『국제 행위: 사회심리학적 분석(International Behavior: A Social-Psychological Analysis)』(1965)이란 연구물을 내놓았다. 이후 프루잇과 스나이더(Pruitt and Snyder)의 『전쟁의 원인에 대한 이론 및 연구(Theory and Research on the Causes of War)』(1969), 오스캄프(Oskamp)의

---

1) 필자는 이번 장의 초안에 대해 유용한 논평을 해준 리처드 E. 헤이스, 닐 페레츠(Neil Peretz), 딘 G. 프루잇에게 감사를 표한다. 이 장의 업데이트는 딘 프루잇이 수행했다.

『국제 분쟁과 국가 공공 정책의 문제(International Conflict and National Public Policy Issues)』(1985), 화이트(White)의 『심리학과 핵전쟁 방어(Psychology and the Prevention of Nuclear War)』(1986), 테틀록(Tetlock)의 『사회심리학과 세계정치(Social Psychology and World Politics)』(1998) 등이 뒤를 이었다.

지난 20년간 갈등에 관한 심리학적 연구를 협상 분야로 전환시키는 노력이 계속되었다. '현명한 이기주의(enlightened self-interest)'의 역할에 대한 인식이 높아졌기 때문이다(Rubin, 1988). 도이치(Deutsch, 1973) 같은 이론가는 협력(협력에 수반되는 태도 변화)에 의한 갈등 해결의 중요성을 오랫동안 주장해 왔다. 그러나 다른 전문가들(Axelrod, 1984; Fisher and Ury, 1981; Lax and Sebenius, 1986; Raiffa, 1982)의 연구를 보면 갈등에 놓인 사람들은 서로의 목표 달성에 집중함으로써 갈등 해결이 가능하다고 한 바 있다. 협력 관계를 발전시키기 위해 노력하는 대신 '현명한 이기주의'에 초점을 맞추고 협상으로 행동을 변화시키면 더 쉽게 갈등을 해결할 수 있다는 것이다. 협상은 태도를 근본적으로 변화시켜 갈등을 해결하는 도구는 아니지만, 행동을 바꿀 수 있는 목표가 있다면 올바른 도구로 사용될 수 있다.

사회심리학자들이 갈등에 오랫동안 관심을 가져왔지만, 그들의 관심이 개인 간 갈등과 집단 간 갈등에서 국제 갈등으로 옮겨간 것은 최근 수십 년 사이다. 그러나 심리학은 여전히 국제 영역에서 거의 기여하지 못하고 있다. 그럼에도 지난 수년간 협상 프로세스에서 나타나는 여러 요소를 연구하는 데 도움이 되었다.

그동안 나온 많은 저작물과 논문은 국내 및 국제적 상황에서 갈등과 협상에 관한 심리학적 경험과 이론을 다루고 있다(Pruitt and Carnevale, 1993; Deutsch and Coleman, 2000; Druckman, 1977b; Fisher, 1989; Kramer and Messick, 1995; Pruitt, 1981, 1998, Pruitt and Rubin, 1986: Rubin and Brown, 1975; Rubin, Pruitt, and Kim, 1994; Stroebe, Kruglanski, Bar-Tal, and Hewstone, 1988; Thompson, 2001; Worchel and Austin, 1985; Worchel and Simpson, 1993). 이 책 제6장(프루잇이 씀)과 제7장(루빈이 씀)도 협상에 대한 심리학적 해석을 제시한다. 이러한 작업뿐만 아니라 심리적인 면에 관심을 갖고 있는 다른 정치학자들(Jervis, 1976; Lebow,

1981; Zartman, 1978, 1987a, 1997)과 변호사들의 저작(Fisher, 1964; Fisher and Ury, 1981)에서도 국제협상 연구에서 심리학의 중요성을 찾아볼 수 있다. 이것이 이번 장의 첫 번째 핵심이다. 이후 심리학적 접근의 본질적인 특징을 설명하고 각각의 접근법에 대한 장단점을 간략하게 살핀다. 이 장은 심리학과 심리학자들이 미래에 일어날 국제협상의 이론과 실제에서 기여할 수 있는 여러 영역을 다룰 것이다.

국제협상에 대한 심리학적 접근이란 무엇인가?

이 책에 등장하는 다양한 분야의 학자와 실무자들은 협상, 특히 국제협상의 본질에 대해 독특한 통찰력을 갖고 있다. 이것은 심리학에서도 마찬가지다. 이번 장에서는 이러한 심리학적 접근의 특징을 살피되 심리학적으로 본질이 다르지 않은 '협상'과 '국제협상'을 구별하지는 않을 것이다. 심리학적 접근은 과정(process)에 초점을 맞추는 것이기 때문에 개인 간, 그룹 간에서부터 국제분야에 이르는 모든 협상에 적용된다. 논의 중인 의제(이 책 제3부의 초점)와는 별개로 심리학자들은 대인관계나 그룹, 국제적 협상에서 갈등이 어떻게 해결되었는지와 협상하는 방식에 가장 큰 관심을 나타내고 있다. 심리학적 접근이 협상에 관심을 두었다는 것은 분명하고도 명백하다.

상호 관계에 초점

사회심리학자들은 항상 협상을 사회적 상호 작용의 본질로 이해했으며, 이러한 이해가 보편적으로 공유되면서 그들의 이론과 연구에도 체계적으로 포함되었다.

이 상호 작용적 초점의 두 가지 의미는 특별하게 언급할 가치가 있는데, 첫째, 교환과 상호 작용의 협상 당사자 관점에서 협상을 이해하려고 할수록 반드시 분석 작업의 복잡성을 증가시킨다는 것이다. 예를 들어, 두 참가자 *A*, *B* 간의 협상을 이해하려면 *A*가 제시한 제안과 *B*가 내놓은 답변을 검토해야 한다. 또한 *A*의 제안이 과거에 *A*나 *B*에 의해 제시된 제안에서 비롯된 것인지, 혹은 어느 한쪽이 미래에 제시할 것으로 예상되는 제안에 의해 비롯된 것인지를 고려해야 한다. 의사결정 분석가들이 지적했듯이, 단일한 의사결정자가 내린 결정을 세세하게 평가하는 것은 매우 어려운 작업이다. 특히 두 번째 참가자가 고리(loop)에 추가되고 협상에서 늘 나타나는 불확실한 상황에서의 의사결정으로 초점이 옮겨지면, 양쪽 상호 간 행동에 따른 **움직임**이나 각자의 움직임을 해석하는 일은 거의 불가능해진다.

사회심리학자 켈리(Kelley, 1966)의 연구는 협상 프로세스에서 나타나는 복잡성에 어떻게 접근해야 할지를 잘 보여준다. 그는 협상에서 획득된 정보와 이를 공개하는 것 사이에 내재된 긴장감을 다루면서 어느 한쪽이 질문할 때 상대방은 어떤 제안을 할지, 혹은 받아들이기 쉬운지를 확인하는 데 도움이 되는 질문을 할 가능성이 크다고 보았다. 즉 질문 과정에서 상대방이 사용할 수도 있는 정보를 공개하는 것이다. 협상 중인 두 당사자는 상호 수용 가능한 해결책을 모색하는 상황이어서 협상 중에 발생하는 교환의 역동적인 특성을 풀기가 사실상 불가능하다. 최근 통계학자와 경제학자인 랙스와 세베니어스(Lax and Sebenius, 1986)도 가치를 창출하는 것과 청구하는 것 사이의 긴장을 설명하면서 비슷하게 구분했다.

상호 관계에서 해석과 이론 작업이 엄청나게 복잡해진다는 것이 첫 번째 의미라면, 두 번째 의미는 협상의 두 참가자뿐만 아니라 그 양쪽을 둘러싸고 있는 집단 구성원들 사이의 관계를 연구하는 문을 열어준다. 실제로 사회심리학자들은 집단 응집력, 집단 간 갈등, 집단 의사결정 등 집단행동에 오랫동안 관심을 가져왔다. 그리고 각 분야에 대한 저술 작업은 협상을 해석하는 방법을 찾아주었다.

예를 들어, 사회심리학자 재니스(Janis, 1972)의 '집단사고(groupthink)'에 대한 주장을 보자. 집단사고는 행동에 대한 개인적 의구심이 있지만, 의구심에 그치는 현상이다. 그 결과는 반대하는 그룹과는 다른 위험한 행동을 지지하는 집단 결정으로 나타난다. 그 예가 1961년 피그만(灣)에서 쿠바 침공을 지원하기로 한 미국의 결정이다. 여러 국가의 외교정책 결정 기관들이 분석과 의사결정에서 집단사고의 형태에 빠져 있을 때(예를 들어 1962년 쿠바 미사일 위기 당시의 미국과 소련이나 1980년의 소위, 이란 인질 위기 사태 때 이란과 미국 정부가 그랬을 것이다) 국제 분쟁과 협상은 위험한 형태의 집단행동 아래 진행되었다.

또한, 사회심리학자 켈먼(Kelman, 1979; 1992)이 다른 학자들(Burton, 1969; Doob, 1970; 1974)의 연구를 기반으로 개발한 국제 갈등 연구에 대한 '갈등 워크숍' 접근 방법을 살펴보자. 켈먼은 리더십과 집단 의사결정에 대한 수십 번의 연구실 실험 결과를 집단 간 및 국제 갈등에 적용해, 실제 진행 중인 국제 분쟁 당사자의 소그룹 회의 참가자들에게 갈등 해결 능력을 점진적으로 발전시켜 나갈 수 있는 기회를 제공한다. 켈먼이 특히 관심을 갖고 있는 갈등은 팔레스타인과 이스라엘 간의 갈등이었다. 그는 이스라엘과 팔레스타인의 중간층 지도자들이 특별한 '실험실' 조건에서 한자리에 모이는 수십 개의 갈등 워크숍을 운영했다. 그곳에서 그들은 더 효과적인 의사소통에 대한 교육을 받았고, 대인관계 인식 등을 이해하고 수정하는 데 도움을 받았다. 켈먼과 여러 다른 사람들의 이 작업은 정량화에 크게 적합하지 않지만, 국제 분쟁의 상호 작용을 분석하거나 개입하는 것에 대한 명확한 심리학적 설명을 구성한다.

심리학자들은 보다 전통적인 형태의 제3자 개입인 중재(mediation)에도 관심을 보였다(Bercovitch and Rubin, 1992: Kressel, Pruitt, and Associates, 1989; Wall and Lynn, 1993). 여러 연구는 루빈(Rubin, 1980)이 처음으로 제시한 견해, 즉 갈등이 심하거나 확대될 때는 적극적인 중재자 개입이 효과적이지만 갈등이 경미할 때는 역효과를 낳고 대부분의 경험 많은 중재자가 이 접근방식을 취한다는 관점을 지지한다(Pruitt, 1998). 또 제3자를 중립적으로 인식하는 사람들은 편향적이라고 인식하는 사람들에 비해 제3자의 조정을 더 잘 수용한다는 믿음에 동의한다(Welton and Pruitt, 1987). 그러나 세 명의 연구자(Bercovitch and Houston, 1993; Kressel, 1972; Touval and Zartman, 1985)는 오히려 편향된 제3자가 매우 완고한 논쟁자에게 영향을 미칠 수 있다며 이를 반박했다.

상호 작용의 복잡성에 대한 심리학적 접근에 대한 마지막 설명으로 M. 셰리프와 C. W. 셰리프(M. Sherif and C. W. Sherif)의 집단 간 갈등에 관한 고전 연구(1953; 1969)가 있다. 일련의 현장 실험에서 두 셰리프는 미국 중서부 여름 캠프에 청소년기 이전의 소년들을 데려왔고, 일련의 경쟁 활동을 통해 캠프의 여러 오두막 사이에 집단 간 갈등 조건을 유발했다. 연구자들은 그룹 간 갈등을 일으키고 그 갈등을 줄이기 위한 다양한 수단의 효율성을 평가했다. 그들이 시도한 기술 중 성공하지 못한 것은 단순히 그룹 지도자들을 한데 모아 대면 교류를 하는 것(오두막들이 평화를 이룰 준비가 안 되었기에 이 '정상'의 만남은 유용하지 않은 것으로 증명되었다)과 서로의 앞에서 즐길 수 있는 잔치 및 기타 행사를 위해 오두막을 함께 모으는 것(다시 말하지만, 오두막 사이의 계속되는 적대감을 감안할 때, 그러한 움직임은 라이벌 오두막에서 음식을 먹고 모욕할 수 있는 추가적인 기회만 만들었다)이었다. 두 셰리프는 두 경쟁 오두막 멤버들을 태우고 캠핑 여행을 떠날 트럭에 연료가 곧 바닥나도록 준비했다. 주유소가 없었기 때문에 트럭에 연료를 공급할 수 있는 유일한 방법은 트럭을 근처의 주유소로 견인하는 것뿐이었고, 그렇게 할 수 있는 유일한 방법은 두 오두막에 있는 모든 소년이 묶인 밧줄을 함께 당기는 것뿐이었다. 그런데 그 밧줄은 이전에 경쟁 오두막 사이의 줄다리기 시합에 사용되었던 밧줄이었다. 결국 갈등 집단은 협력해야 하는 새로운 집단 작업이 도입되었을 때만 새롭고 더 높은 수준의 협력이 고안될 수 있었다.

앞의 예에서 알 수 있듯이 심리학자들은 집단 내에서는 물론이고 집단 사이의 의사결정에 대한 많은 현장 및 실험실 작업을 수행했고, 이 작업은 대부분 국제협상 프로세스의 복잡한 영역으로 쉽게 도입되었다.

실제 갈등보다는 인식되는 갈등에 초점을 둠

경제 이론가들은 갈등 해결이나 이견이 실제 협상에 미치는 영향에 대해 주목한다. 그러나 심리학자(일부 다른 사회과학자들과 마찬가지로)는 주관적으로 경험한 이견을 있는 그대로 집중하는 경향이 있다. 따라서 당사자가 특정 방식으로 행동하게 만드는 것은 실제 차이가 아니라 인식된 차이고 이것이 존재한다고 믿는다. 두 사람, 집단, 국가 사이에 객관적인 갈등이 거의 없을 수 있지만, 그러한 갈등이 존재하는 것처럼 행동할 수 있다. 갈등 당사자는 큰 이견으로 분열될 수도 있지만, 그러한 이견이 존재하지 않는다고 믿고 현실에 대한 (환상적인) 관점에 따라 행동하고 갈등이나 대립을 피할 수 있다.

이 심리학적 견해는 협상에서 궁극적으로 중요한 것은 '이견'의 객관적인 척도가 아니라 당사자의 인식, 신념 및 가정이라고 주장한다. 갈등을 고조시키려는 정신이나 갈등을 해결하려는 신념이 협상에서 어떻게 행동할지를 결정한다는 것이다. 따라서 학자와 실무자 모두 믿음과 인식의 영역에 대해 충분히 관심을 기울이는 것이다.

이러한 관점은 사회적 갈등과 협상에 관한 저서들(Deutsch, 1973; Druckman, 1977b; Kelman, 1965; Pruitt and Rubin, 1986; Rubin, Pruitt, and Kim, 1994)과 많은 사회심리학자의 연구에 반영되어 있다. 예를 들어 켈먼이 개발한 갈등 워크숍 접근방식을 다시 생각해 보자. 이 워크숍의 주요 초점은 행동 변화가 아니라 갈등에 대한 인식과 태도를 수정하는 것이다. 켈먼(Kelman, 1979, p.298)은 "이 접근법의 독특한 주장은 정확히 개인의 변화를 만들어냄으로써 시스템 수준의 변화, 즉 개인의 인식과 태도 변화를 통한 정책의 변화를 촉진할 수 있는 것"이라고 언급했다. 켈먼이 관심을 갖는 것은 실제뿐만 아니라 특히 인식된 갈등이며, 사실상 그의 모든 관심이 여기에 쏠려 있다.

이것이 심리학자에 의한 적절한 분석적 결정일까? 내 대답은 분명히 '예'이다. 물론 실제적이고 객관적인 자원의 불일치로 인한 갈등은 중요하다. 하지만 더 중요한 것은 의사결정권자와 여론에 영향을 미치는 책임 있는 사람들이 갈등을 어떻게 여기는가 하는 것이다. 유럽 연합 회원국 간에 심각한 견해차가 있을 수 있다. 그러나 전통적인 국가 간의 경계를 연결하는 것에 대한 새로운 전망과 협력적 문제해결의 사고방식을 고려하면, EU 회원국 간 발생하는 의견 불일치의 객관적인 근거는 거의 문제가 되지 않는다.

인지적 편견에 대한 초점

지각에 대한 심리학적 초점은 갈등을 넘어 상대방의 관점까지 확장된다. 특히 갈등의 영역과 관련해 협상자들은 자신을 평가하는 사람들의 특징적인 방식에 대해 많은 편견을 지닌다. 심리학자들은 이러한 편향을 인지 관점으로 보았다(인지 과정은 매우 중요한 것으로 이 책 제16장에서는 인지 과정에 대해서만 다룬다). 지난 수십 년 동안 심리학자들이 연구한 인지 편향 중에는 의사결정자가 인지 환경의 특정 기능에 주의하면서도 다른 것들은 무시하는 선택적 지각 현상 같은 것들이 있다. 예를 들어 앞서 설명한 집단 갈등에 관한 연구에서, M. 셰리프와 C. W. 셰리프(Sherif and Sherif, 1953, 1969)는 다음과 같은 방식으로 선택적 지각을 보여주었다. 경쟁 관계에 있는 두 오두막의 소년들이 정해진 시간 내에 어떤 오두막에서 더 많은 젤리 콩을 찾아낼 수 있는지 보기 위한 젤리 콩 수집에 초대되었다. 수집이 끝났을 때 연구원들은 소년들에게 젤리 콩 병의 사진을 보여주었다. 일부에게는 이것이 같은 오두막의 소년들이 수집한 젤리 콩을 담은 것이라고 말했고, 다른 일부에게는 항아리에 경쟁 오두막의 소년들이 수집한 젤리 콩이 들어 있다고 말했다. 두 셰리프는 자신이 속한 그룹의 노력 결과를 평가하라는 요청을 받은 소년들이 조직적으로 자기 그룹의 생산성을 과대평가했다는 사실을 발견했다. 그러나 '외부 그룹'의 작업을 평가하라는 요청을 받았을 때 젤리 콩의 수는 과소평가되었다. 사실, 두 그룹은 모두 동일한 사진을 보았다. 반쯤 찬 잔을 반쯤 차 있다고 보는 것과 반쯤 비었다고 보는 것 같은 선택적 인식의 차이가 발생한 것이다.

선택적 지각의 특별한 형태는 '왜곡된 가설 테스트'이다. 이를 통해 분쟁 중인 사람들은 그들의 적에 대한 대인관계 가설을 제시한다. 예를 들어 상대방이 지나치게 방어적인 사람이라는 가설을 뒷받침하기 위해 '당신은 왜 그렇게 방어적입니까?'라는 질문을 던지는 것은 가설을 확인하는 응답을 기다리는 것이다. 왜곡된 가설 검증에 관한 연구는 L. J. 채프먼과 J. P. 채프먼(Chapman and Chapman, 1969), 그리고 해밀턴과 기포드(Hamilton and Gifford, 1976)를 포함한 많은 사회심리학자들이 수행했다(인지 편향에 대해 이 부분에서 언급된 연구에 대한 훌륭한 논문은 Cooper and Fazio, 1979 참조, 이 연구 논문에 대한 추가 범위를 보려면 Rubin, Pruitt, and Kim, 1994 참조).

또 심리학자들이 관심을 갖는 인지 편향 중에는 '전형적 왜곡'의 일반적이고 중요한 주제가 포함된다. 이는 복잡한 인지 환경을 단순화하는 것인데, 정보를 선 대 악, 흑 대 백, 우리 편 대 상대편 등 극단적으로 분류한다. '전형적 왜곡'에 관심을 가진 사회심리학자들은 국제 갈등을 이해하는 데 몇 가지 중요한 기여를 했다. 발달심리학자인 브론펜브레너(Bronfenbrenner, 1961)는 미 - 소 관계에 관한 논문에서 냉전 시기 양쪽의 고정관념을 이해하기 위해 '거울 이미지' 역할로 설명했다. 그는 '그들은 침략자', '그들의 정부는 인민을 착취하고 오도한다', '그들의 인민대중은 정권에 동정적이지 않다', '그들은 신뢰할 수 없다', '그들의 정책은 광기에 가깝다'라는 다섯 가지 주요 주제가 상대 국가에 대한 양쪽의 관점을 특징짓는다고 했다. 그는 양쪽이 상대방에 대한 동일한 고정관념을 뒷받침하는 정보를 개발했다고 설득력 있게 주장했다. 사회심리학자 랠프 화이트(Ralph K. White)는 1984년에 『공포의 전사들: 미 - 소 관계의 심리학적 개요(Fearful Warriors: A Psychological Profile of U.S. - Soviet Relations)』라는 저서에서 '악마적인 적의 이미지(사탄은 항상 적의 편에 있다는 주장에 따라)'와 '도덕적 자아상(신은 우리 편이다)'이라고 부르는 것의 역할을 설명했다.

'귀인 왜곡(Attributional distortion)'은 갈등에 처한 사람들이 싸움을 일으키는 인지 편향의 또 다른 예이다. 적의 친절한 행위는 교묘한 의도에서 비롯되고, 무자비한 행위는 신뢰할 수 없는 성향 때문이라는 것이다. 자신의 친절한 행동은 자기가 착하고 친절한 사람이기 때문에 나타나지만, 그렇지 않은 행동은 상황이나 불친절한 반응을 피할 수 없는 상대방의 행동에 기인한다는 것이다. '귀인 편향'에 대한 연구는 주로 사회심리학자인 리건, 스트라우스, 파지오(Regan, Straus, and Fazio, 1974), 헤이든과 미셸(Hayden and Mischel, 1976) 등이 진행했다.

심리학자들의 인지 편향에 대한 마지막 예는 '자기충족적 예언'이다. 이에 따르면 A는 B가 어떤 식으로든(예를 들어, 공격적으로) 행동하기를 기대하므로 A는 방어를 위해 손을 들어 자신을 보호한다. 즉 이 움직임은 B에게 적극적 공격으로 간주되어 B는 방어를 위해 손을 들어 대응하도록 유도하고, 이는 A의 기대를 확인시켜 주는 행위이다. 이로써 A의 예언은 성취된다. '자기실현적 예언'의 중요성과 편재성을 문서화한 연구는 해리스와 로즌솔(Harris and Rosenthal, 1985), 주심(Jussim, 1986), 스나이더(Snyder, 1992)가 검토했다.

내 목록은 심리학 분야에서 커지는 움직임, 즉 인지 과정의 관점에서 개인의 행동을 이해하려는 움직임을 다루고 있다(Fiske and Taylor, 1991; Higgins and Kruglanski, 1996 참조). 그리고 목록에서 알 수 있듯이 이 작업은 대부분 갈등과 협상이라는 영역과 관련이 있다.

인지 편향에 관한 연구를 국제협상 영역에 적용하는 것은 매우 중요할 수 있다. 외교정책 결정권자는 협상에 참여하기 전에 일련의 문제들, 갈등의 본질, 그리고 테이블 반대편에 있는 협상자들에 대한 판단을 내려야 하는 위치에 있다. 인지 편향 연구는 그러한 정책 입안자가 내릴 수 있는 여러 종류의 판단과 다양한 편향, 지각적 성향의 형태 같은 것에 따라 종종 부정적인 영향을 받을 수 있다는 점을 분명히 하고 있다.

시간에 따른 학습과 변화에 대한 초점

심리학자들은 개인의 학습 과정에 관심을 보여왔다. 학습은 새로운 정보나 통찰력, 세상을 보는 새로운 방식, 새로운 행동 방식의 통합을 수반하며, 이 과정은 시간이 지나면서 반드시 변화한다. 개인이 한때 알지 못했거나 하지 않았던 일들이 이제는 그들이 할 수 있는 목록(repertoire)의 일부가 되었다.

경제학과 게임 이론 같은 학문은 시간에 따른 변화를 다루는 심리학의 관심을 공유한다. 심리학은 이 분야에 특별한 열의와 관점이 있었고, 이것은 두 가지 방식으로 나타났다. 첫 번째는 갈등의 소용돌이와 확대에 초점을 맞추는 것이고, 두 번째는 갈등을 해결하거나 해결하기 위한 전략에 초점을 맞추는 것이다.

정치학자들은 갈등의 소용돌이에, 심리학자들은 갈등이 확대 변화하는 역학에 더 초점을 맞추었다. 예를 들어 '덫(entrapment)'에 관한 사회심리학적 연구는 사람들이 행동에 빠져드는 과정을 연구했다. 여기에서 의사결정자는 어떤 목표를 추구하기 위해 더 큰 비용을 발생시키고 이를 정당화하는 비용을 높이고 있는 자신을 발견한다(Teger, 1980; Brockner 및 Rubin, 1985). 광범위한 실험실 연구를 기반으로 하는 이 사회심리학적 작업의 중요성은 협상자가 국제 문제에서 내리는 수많은 결정과 직접적인 관련이 있다. 협상자들은 협상 중 특정 관점, 논쟁의 방향 또는 입장에 얽매이거나 특정 협상 스타일(예를 들면 거칠고 무자비함)

을 발전시키고 그로 인해 상당한 손실을 치르지 않고는 쉽게 되돌릴 수 없음을 느낄 정도로 덫에 걸릴 수 있다. 덫에 빠진 결과, 갈등이 고조되면서 최초 인식과 다른 사물을 보게 된다. 국제 위기의 고통 속에 놓인 외교정책 결정권자는 이미 끝난 투자에 사로잡혀 현명한 결정을 내리는 데 필요한 합리적이고 냉정한 분석에 참여하지 못할 수도 있다. 그렇게 될 경우 국제협상에서 엄청난 결과가 초래될 수 있다.

갈등이 고조되는 과정에 특히 주의를 기울인 이는 심리학자들이다(Rubin, Pruitt, and Kim, 1994, ch. 5~7 참조). 이와 관련해 심리학적 기여의 유형에 대한 또 다른 예로서 도이치(Deutsch, 1973; 1983)의 연구를 살펴본다. 그는 국제 문제에서 '적대적인 상호 작용의 악성 나선형 과정'을 특성화하려고 시도했다. 도이치는 승패 경쟁 지향, 각 당사자들의 내부 갈등, 인지적 경직성, 오관과 오해, 자신도 모르는 헌신, 악의적으로 고조되는 나선형, 그리고 게임을 자신에게 유리하게 이끌려는 경향 등을 구별했다.

단계적 확대(escalation)에 대한 심리학 연구는 국제협상에도 적용할 수 있다. 테틀록(Tetlock, 1983; 1985; 1998)은 정책 입안자들의 '인지 복잡성(그들의 글과 말로 표현한 수사학으로 전개하는 주장의 복잡성으로 측정된)'과 갈등 확대 사이의 관계에 관한 광범위한 연구를 수행했다. 테틀록은 갈등이 심화되면서 당사자가 대결에 가까워질수록 각자가 내세우는 주장은 인지적으로 덜 복잡해진다는 것을 발견했다. 다른 말로, 갈등의 강도를 증가시키면 의사결정자들은 상대편과 논의 중인 쟁점에 대해 비교적 단순하고 고정적인 관점을 갖게 되는 경향이 있다는 것이다. 이러한 경향은 차례로 서로의 상대에 대한 '애완동물 가설'의 부당성을 확인하기 어렵게 만들고, 일단 갈등 확산이 시작되면 지속되도록 한다.

학습과 시간 경과에 따른 변화와 관련하여 심리적 관심의 두 번째 의미는, 앞서 언급한 것처럼 갈등을 해결하거나 정리하기 위한 전략의 지속적인 연구로 나타났다. 이 전통은 사회심리학자 도이치와 그의 학생들이 행한 연구실 실험에서 예시된 바와 같이 역사가 길다(예컨대 Deutsch, 1973 참조). 이 연구의 핵심은 적을 동맹으로 전환하는 데 사용할 수 있는 전략을 조사하는 것이다. 이 연구에서 조사된 전략 중에는 '반동적 방어' 전략(협력에는 동일하게 응답하지만, 공격에는 방어 전략으로 대응), '반동적 공격' 전략(협력에는 협력으로 응답하고 공격에는 반격으로 응대함), 또한 기독교인과 같이 한쪽 뺨을 맞으면 다른 쪽 뺨도 내주는 전략, 먼저 위협을 조성한 다음 화해로 전환하는 전략 등 여러 가지가 있다.

정치학자 액설로드(Axelrod, 1984)는 적으로부터 협력을 유도하는 전략과 관련된 광범위한 저작들을 요약했다. 이 전략은 특히 맞대응(tit-for-tat: TFT) 전략인데, 친절에는 친절로, 공격에는 공격으로 대응하는 것이다. 그는 저서 『협력의 진화(The Evolution of Cooperation)』에서, TFT 전략은 경쟁자를 협력자로 바꾸는 가장 효과적인 방법이라고 주장했다.

프루잇(Pruitt, 1998)은 이러한 입장을 지지하면서도, TFT 전략의 결함을 세 가지로 지적한다. 즉 보복은 갈등의 소용돌이를 일으킬 수 있고, 이러한 소용돌이에서 적은 협력에 대한 보상이 있다는 것을 결코 배우지 못하며, 맞대응 전략에 대한 대응으로 조성된 협력은 이 전략이 중단될 경우 지속되는 경우는 거의 없다는 것이다.

협상과 갈등 관리가 학습 과정이라는 가정도 있다. 이에 따르면 주인공들은 변화하는 현실과 적에 대해 변화하는 인식에 따라 새로운 행위와 신념을 얻게 된다. 이것은 국제협상 영역에 실질적인 영향을 미치는 중요한 작업이다. 상호 작용에 대한 심리적 초점과 마찬가지로 학습은 변화하는 협상 프로세스와 복잡한 특성을 알려주고 호응을 유도한다.

관계에 대한 초점

지적한 바와 같이 심리학자들은 상호 작용의 본질에 지속적으로 관심을 가져왔다. 심리적 영역은 협상에서 관계의 측면을 강조한다. 따라서 심리학자들은 다른 학문에 비해 등장인물 간의 새로운 관계 속에서 도달하는 합의나 합의에 실패하는 의미를 더 분석하는 경향이 있다. 협상 프로세스와에 관한 많은 연구와 저술은 '결론', 즉 합의에 따른 가시적 결과나 보상에 초점을 맞춘다. 그러나 대다수의 협상에는 이런 경제적인 것 이외의 고려 사항도 존재한다. 따라서 협상은 일회성 교환으로 이루어지는 것처럼 보이지만 실제로는 훨씬 더 많은 협상이 지속되는 기반 위에서 나타난다. 우리가 일회성 협상이라고 믿는 것조차도 지속적인 관계의 속성을 가진 교환으로 변형시키는 방법을 가지고 있다.

따라서 심리학자들은 협상에서 관계에 초점을 맞추는 것이 중요하다고 믿는다. 하지만 이 부분은 기존 연구에서 크게 무시되어 왔다. 기존 협상 연구는 주로 경제를 고려했는데, 이는 미국과 서유럽의 문화 전통에 부합한다. 협상학자, 연구자 및 실무자들은 협상의 관계적 측면과 의미를 더 많이 연구할 필요가 있다. 제6장에서 작업 관계에 대한 프루잇의 논의는 이러한 방향으로 나아가는 한 단계이다.

이는 문화와 현상 또는 국적과 협상 사이의 관계에 대한 보다 사려 깊고 광범위한 저술이다. 지금까지의 연구 중 많은 부분이 협상의 경제적 초점을 가정한 반면, 많은 문화권은 훨씬 더 관계에 초점을 가질 가능성이 크다. 의사결정자가 다른 국가의 대표와 협상할 때 옳고 그른 방법을 규정하는 수많은 책과 매뉴얼이 있지만, 이것들은 자신과 배경이 다른 사람과 협상할 때 작용해야 하는 기본 과정을 이해하는 데는 거의 기여하지 못했다. 이러한 방향에 관한 연구를 시작한 것은 포르와 루빈(Faure and Rubin)의 『문화와 협상(Culture and Negotiation)』(1993)과, 바이스와 틴슬리(Weiss and Tinsley)의 국제 비즈니스 협상에 관한 저널 《국제협상(International Negotiation)》 특별호(1999)에 기고한 사람들이었다.

다중 연구 접근방식에 중점

협상 연구에서 심리학적 접근의 마지막 특징은, 심리학자들이 전통적으로 의지하는 연구 기술의 과잉과 관련된 것이다. 이 책 제2부에서 설명한 각 학문 방법(법적 접근의 사례 분석적 방법, 역사의 기록 보관소 방법, 인류학자의 현장 연구 방법론, 사회학자의 현장 조사 등)은 갈등과 협상 연구에 대한 독특한 접근방식을 갖고 있지만, 심리학자들은 다수의 연구 접근방식에 오랫동안 전념해 왔다. 그 이유는, 개인의 행동과 집단의 행동은 너무 복잡하고 체계적으로 연구하기 어렵고 각기 다른 관점에서 당면한 문제를 바라보는 다양한 연구 접근방식이 있기 때문이다. 다양한 시각(실험실 실험, 기록 보관 연구, 현장 실험, 현장 연구, 시뮬레이션 연구 등 연구 접근방식의 조합 형태)이 수렴될 때 심리학 연구자는 이런 연구들을 통해 생성된 결과가 유효하고 신뢰할 수 있다는 믿음을 갖기 시작한다.

결론

정치학자 저비스(Jervis, 1976)는 『국제정치의 인식과 오해(Perception and Misperception in International Politics)』에서, 국제 관계에 대한 심리학적 기여에 대해 신랄하게 비판했다. 그는 ① 심리학이 인지적 요인보다 감정적 요인에 더 많은 주의를 기울이고, ② 연구실 실험에서 나온 데이터에 전적으로 의존하며, ③ 보다 복잡하고 현실적인 문제를 배제한 비교적 단순한 믿음과 결정에 관한 연구에 집중한다고 지적한다.

저비스의 비판적 논평 중 일부는 정당해 보이지만 일부는 그렇지 않다. 예를 들어 마지막 비판은 정당한 것으로 보이지만, 모두 정당하다고 볼 수 없다. 심리학자들은 경험적 연구에 도움이 되는 단순한 의사결정 작업과 배치에 초점을 맞추는 경향이 있다. 상호 작용의 역학을 추적하기는 어렵지만 사회적 복잡성에 대해서는 미래에 더 많은 작업이 이루어져야 한다. 연구자들은 또한 단순함의 중요성을 놓쳐서는 안 된다. 현상을 상대적으로 적은 수의 개념으로 분석하는 방법은 강점이 될 수 있다.

저비스의 첫 번째와 두 번째도 확실히 시대에 뒤떨어지고 정당하지 않은 것처럼 보인다. 이 장에서 지적한 바와 같이 심리학자들은 국제적 갈등과 협상에서 인지적 역할에 더 관심을 돌리고 있지만, 정서적(감정적) 역할도 무시하지 않았다. 또 심리학자들이 실험실에서만 수행하는 연구도 훨씬 줄었고, 앞서 언급한 것처럼 다른 연구 방법을 사용하는 쪽으로 점점 더 이동하고 있다.

심리학이 지난 10여 년 동안 국제협상에 관한 연구와 저술의 여백 수준으로 옮겨갔다는 것은 안타까운 일이다. 한때 호황을 누리던 협상 프로세스에 관한 연구는 주요 심리학 저널에 실린 실증 연구의 빈도로 볼 때 매우 어려운 시기에 빠져 있다. 심리학이 처음에는 활발한 논쟁을 유발했으나 더는 협상의 연구와 실천에 기여하는 부분이 많지 않다.

명확하진 않지만, 심리학 연구의 양이 감소한 이유에는 몇 가지 요인이 있다. 첫째, 실험적 사회심리학은 특히 죄수의 딜레마 게임과 같이 비교적 적은 수의 실험 패러다임에 수년 동안 의존해 왔다. 이러한 패러다임에 관한 관심이 사라지고 독립변수와 종속변수에 주목하면서 갈등과 협상 영역에 관한 관심도 사라졌다. 둘째, 갈등과 협상에 관한 연구는 항상 응용되어 왔는데, 이는 보다 일반적이고 개념적 접근방식을 가진 많은 연구심리학자들로부터 외면되었다. 셋째, 가장 중요한 것은 많은 심리학자가 여전히 갈등과 협상 프로세스를 검토하는 데 열심이라는 것이다. 실제로 전통적인 심리학 저널에 게재하는 이 학자들은 예를 들면 국제외교, 지역사회 관계, 환경 관리, 커뮤니케이션, 비즈니스, 법률 등 다른 연구지에서 더 목소리를 내고 있다.

심리학은 독특한 목소리를 가지고 있으며 앞으로도 계속 그럴 것이다. 심리학자들은 모든 협상에 대해 중요한 질문을 제기할 수 있는 좋은 위치에 있다. 정책 입안자에 대한 고문으로, 연구원으로, 컨설턴트로, 또는 관심 있는 관중으로 봉사하든지 간에 심리학자는 국제협상 프로세스에 관한 지속적인 연구에서 중요한 역할을 할 수 있다. 문제는 다른 학문적 관점을 통해 제공되는 전문 지식과 심리학적 전문 지식을 조정하고 심리학의 역할을 새롭게 하는 방법을 찾는 것이다. 심리학자들에게는 중요한 기회이다. 앞으로 몇 달, 몇 년 안에 그것을 활용하는 것은 그들과 우리에게 달려 있다.

제 16 장

인지 이론

크리스테르 옌손

협상과 교섭은 사회적 의사소통의 기초적인 부분이다. 피셔와 유라이(Fisher and Ury, 1981, xi)는 협상을 "당신과 상대방의 이해관계가 일부 일치하고 일부 반대될 때 합의에 도달하기 위해 고안된 의사소통"이라고 정의하며, "의사소통 없이는 협상도 없다"라고 주장한다. 슈타인(Stein, 1988)도 국제협상은 대체로 의사소통의 문제라는 데 동의한다. 그러나 국제협상 및 교섭의 소통적 측면에 대한 체계적인 분석은 거의 이루어지지 않았다(Tedeschi and Rosenfeld, 1980; Weiss-Wik, 1983; Stein, 1988 참조).

협상의 소통적 측면에 초점을 맞추게 되면, 인지적 요소들이 대두된다. 커뮤니케이션(communication)이라는 단어는 '공동화하다' 또는 '공유하다'라는 뜻을 가진 라틴어 동사 'communicare'에서 유래되었다. 의미의 공유는 인지 능력의 공유에 달려 있다. 따라서 의미(언어적이든 비언어적이든 메시지가 어떻게 의미를 획득하는지)는 인지 이론이 밝힐 수 있는 능동적이고 복잡한 과정이다. 인지 이론은 개인과 문화에 걸친 인지 과정의 규칙성을 가정하는 것으로부터 출발한다. 이는 실질적인 내용 면에서가 아니라 정보 처리와 메시지 해석이 기존의 신념을 바탕으로 이루어지는 방식에 관한 것이다(Steinbruner, 1974 참조).

인지 이론의 진화

1950년대 중반에 심리학에서 '인지 혁명'이 일어났다(Bruner, 1985). 이후 심리학 연구는 '동기 제국주의'의 멍에를 벗어던졌다(Nisbett and Ross, 1980). 20세기 초 심리학 정신 분석과 행동주의의 주요 학파들이 주로 동기 이론을 다루었던 반면, 이제는 인지적 요소와 '지적' 요소가 중심이 되었다. 프로이트학파의 관점에서, 설명이 필요했던 것은 **비합리적** 행동이었다. 인지 혁명과 함께, 합리적인 문제해결도 단순히 논리적으로 평가되기보다는 심리학적으로 설명되어야 할 문제로 인식되었다(Bruner, 1985).

인간을 단지 환경 자극에 반응하는 수동적 행위자로 보는 개념은 인간이 환경에 선택적으로 반응하고 능동적으로 형성해 나간다는 개념으로 대체되었다. 인간을 능동적 주체로 개념화하면서, 인간을 단지 '일관성을 추구하는 존재'로 보는 인지 균형 이론에서 점차 '문제해결자' 또는 '직관적 과학자'로 보는 귀인 이론으로 무게중심이 옮겨갔다(George, 1980).

인지 균형 이론가들은, 사람들이 받아들이는 정보를 기존의 이미지에 동화시키고 균형을 유지하거나 증가시키는 식으로 새로운 정보를 해석함으로써 보고 싶은 것만 보게 된다고 가정한다. 반면 귀인 이론가들은, 행동의 원인을 이해하려는 개인의 시도에 관심을 보였으며, 자발적인 사고는 과학적 연구와 거의 일치하는 체계적인 과정을 따른다고 추정한다. 로스(Ross, 1977, p.174)는 이렇게 말한다. "이제는 정보 처리자와 인지 균형 추구자의 수준을 넘어서 촉진된 급진적 행동주의의 자극-반응(S-R)식 자동화 장치가 아니라, 심리학자는 마침내 자신을 연구하는 과학자와 동등한 지위를 부여받았다. 귀인 이론의 관점에서, 인간은 행동에 관해 설명하고 행위자와 그들의 환경에 대한 추론을 끌어내려는 직관적 심리학자이다."

귀인 이론가들은 직관적인 과학자로서의 인간이라는 기본 개념에서 '과학자'와 '직관적'이라는 요소에 다양한 강조점을 두었다. 로스는 또한 "현대의 귀인 이론은 서로 구별되지만, 상호 보완적인 두 가지 목표를 추구해 왔다. 한 가지 목표는 사회 인식자들이 원인을 평가하고, 행위자와 상황에 대해 추론하고 예측하고 예견하는 경우에, 대체로 논리적이거나 합리적인 모형의 규칙을 따른다는 것을 입증하는 것이었다. 또 다른 목표는 이러한 판단을 왜곡하는 불완전함, 편향 또는 오류의 원인을 실증하고 설명하는 것이었다"(1977, p.177)라고 말한다.

과학적 추론과 상식적 추론 사이의 유사성을 표면화한 전자의 접근은 켈리(Kelley)의 초기 연구에서 영향력 있는 표현을 찾아냈다(1967; 1971; 1973). 켈리의 모형에서, 공변(covariation)은 일반인과 과학자 둘 다의 인과적 추론의 기본이 되는 원칙이다. 특정 결과와 잠재적 원인 사이의 공변에 주목함으로써 일반인도 숙달된 사회과학자가 공식적인 통계 분석과 논리적 원칙을 적용하여 도달한 것과 거의 같은 결론에 도달한다.

후속 연구들이 켈리의 모형에 적당한 경험적 증거를 제공했지만, 이에 대한 지지는 사람들이 과학적 추론 기준에서 이탈한다는 증거가 누적되면서 누그러졌다. 많은 연구가 일반인 추론의 근본적인 오류나 편향을 밝혀냈고(Nisbett and Ross, 1980; Sillars, 1982), 이러한 이유로 또 다른 연구 전통이 발전했다. 때때로 '결정론파'라고 부르는 이 전통은 정교함보다 사람들의 판단에 나타나는 편향에 초점을 둔다. '사람들은 무엇을 하는가?'보다는 '사람들은 무엇을 잘못하는가?'라는 질문이 지침이 된다.

오늘날 귀인학파와 결정론파의 차이는 뚜렷해 보이지 않는다. 한편으로 일반인 - 과학자 비유의 지지자들은 공변 원칙에 대한 그들의 초기 확신을 수정했다. 또 한편으로 결정론파의 대표들은 의사 편향이 반드시 불합리성을 의미하지는 않는다고 결론 내렸다.

요약하면, 인과관계에 대한 인식(특히 사회적 행동에 대한 인과적 추론)을 다루는 귀인 이론은 국제협상에서의 의사소통 연구와 특별한 관련이 있는 것으로 보인다. 협상자들은 명백한 신호 너머를 바라보고 상대편에 대한 추론을 끌어내는 문제에 끊임없이 직면한다. 그들은 왜 이러한 양보를 했는가? 이는 진정 회유를 위한 제스처인가, 아니면 단지 우리의 경계를 낮추려는 함정인가? 그들이 우리를 위협하기 위해 적대적인 움직임을 보인 것인가, 아니면 들끓는 여론과 강력한 압력 단체를 만족시키기 위해 강경한 입장을 취하도록 강요받은 것인가? 협상 환경에서의 의사소통은 필연적으로 귀인을 수반한다. 신호를 해석하기 위해, 행위자는 반드시 원인과 동기를 찾아야 한다. 상대편 제안의 근본적 동기를 평가해야만 행위자는 그것이 양보인지 철회인지를 판단하고 어떻게 대응할 것인지 결정할 수 있다.

왜 국제협상에 인지적 접근인가?

많은 협상 이론들은 공통적으로 게임 이론의 전통을 가지고 있다. 그러나 게임 이론가들은 의사소통을 중요하게 여기지 않으며 문제가 된다고도 생각하지 않는다.

그들의 전문 용어를 사용하자면, 협상은 게임에 덧씌워진 의사소통, 또는 의사소통 행위가 게임의 움직임이 되는 새로운 '전환된' 게임으로 특징지을 수 있다(Midgaard, 1965; Rapoport, 1960; 1964b). 이때 정보를 획득, 공개 및 은폐할 수 있는 인간의 능력이 결정적으로 중요하게 되며, 의사소통 움직임과 관련된 해석의 문제가 야기된다(Goffman, 1969; Rapoport, 1964b; Shubik, 1967).

여기서 인지 이론이 등장한다. 인지 이론을 국제 관계에 적용한 학자들(Holsti, 1976; Jönsson, 1982)은 일반적으로 선택의 상황이 '구조적 불확실성'으로 특징지어질 때 의사결정자들 사이의 인지 과정이 특별한 의미를 갖는다고 상정한다. 예를 들어 상황이 ① 익숙한 요소 없이 새롭거나, ② 고려할 요소가 많아 복잡하거나, ③ 서로 다른 요소들이 서로 다른 해석을 시사할 정도로 모순되는 경우가 이에 해당한다. 국제협상은 구조적 불확실성에 대한 탁월한 예시를 제공하는 듯하다.

인지적 초점을 채택하면, 선택적 주의와 해석이 제기하는 문제들은 게임 이론에서처럼 외면당하기보다는 분석의 출발점이 된다. 와일더와 쿠퍼(Wilder and Cooper, 1981, p.247)는 "인식은 우리가 직면하는 자극의 배열을 구조화하는 능동적인 과정이다. 우리는 조직된 배열에서 독립체들의 개연성 있는 특성과 행동을 예측하기 위해 이 구조를 이용한다. 아마도 조직과 추론의 과정은 우리의 환경을 이해하려고 하는 것보다 기본적인 필요성 또는 욕구의 일부일 것이다"라고 지적한다.

인지적 접근법은 협상 프로세스에 대해 대부분의 합리적 선택 접근법이 주목하는 양보-수렴의 초점과는 다른 관점을 수반한다. 협상을 상호 양보를 통한 최초 입찰부터 최종 결과까지의 간결한 과정으로 묘사하는 모형들과 비교해, 인지적 접근법은 협상 행위자들의 **변화에 대한 저항성**을 강조하는 경향이 있다. 모순되는 증거에 직면했을 때 기존의 신념을 고수하려는 인간의 경향은 문서로 잘 기록되어 있다. '신념에 대한 끈기'는 '동기부여 편향', 또는 특정 신념에 대한 정서적 몰입의 결과일 수 있다. 그러나 이와 같은 몰입이 없는 상황에서도 발생할 수 있는데, "왜냐하면 사람들은 ① 신념을 뒷받침하는 방식으로 증거를 찾아내고, 기억하고, 해석하는 경향이 있고, ② 초기 증거들에 대한 인과적 설명을 손쉽게 지어내고 이를 지나치게 확신하며, ③ 자기 확신적으로 자신의 신념에 따라 행동하기 때문이다"(Nisbett and Ross, 1980, p.192).

귀인적 전제: 지식 구조와 판단의 휴리스틱(Heuristics)

인지 과학자들은 이론을 근거로 한 지각의 본질을 강조한다. 개인은 기존의 '지식 구조'(과학자들은 연구자들에게 '신념 체계' 또는 '도식(schemata)'이라고 부르고, 자신의 학술 활동에는 '이론', 자신의 라이벌과 적에게는 '선입견'이라고 이름 붙이는 경향이 있는데, 이러한 도식화되고 추상화된 지식의 체계)를 통해 정보를 처리한다. 과학적 이론과 직관적 이론의 주요 차이점은, 전자의 연구가 공식적이고 공개적으로 검토 가능한 반면, 후자의 개념은 암묵적이고 의식 단계 아래에서 활용된다는 것이다(Hewes and Planalp, 1982). "기억 속에 저장된 이러한 구조들이 없다면, 삶은 의미 없는 소리와 같은 혼란일 것이다." 동시에 "정신 경제에는 대가가 따른다". 지식 구조는 "물리적 또는 사회적 현실의 본질에 대한 절대적인 가이드가 아니다"(Nisbett and Ross, 1980, p.7). 선입견은 우리가 보고, 이해하고, 기억하는 것을 —구조화하는 데 도움을 주지만— 왜곡할 수도 있다.

이론을 근거로 한 지각의 본질은 국제협상에서의 의사소통에 분명한 영향을 준다. "지각이 성향의 영향을 강하게 받는다는 사실은 상대방의 신념과 일관되지 않는 메시지를 전달하는 것이 매우 어렵다는 것을 의미한다. 정치인들이 이러한 영향을 이해하지 못한다면 다른 사람들이 어떻게 반응할지 예측하는 능력이 떨어지게 된다"(Jervis, 1983, p.28).

협상에서의 의사소통에 대한 해석은 시간적 측면을 포함한다. 인지 과정을 사전 메시지와 사후 메시지 과정으로 구별할 수 있다. 수신자는 일반적으로 의사소통 전에 구할 수 있는 정보를 활용하여 상대편이 어떤 입장을 취할지 예측한다. 이 예측은 상대편으로부터 수신된 신호에 의해 옳고 그름이 판별된다(Eagly, Chaiken, and Wood, 1981 참조). 사후 메시지 처리에서 수신자는 사전 메시지 예측을 지침으로 삼아 상대편의 입장에 대한 원인을 추론한다.

협상에서의 의사소통에 인지 이론을 적용할 때, 각 행위자의 판단이 상대편의 신호뿐만 아니라 자신의 신호에 대한 상대편의 반응 역시도 고려한다는 점을 잊지 말아야 한다. 사전 메시지 단계에서, 각 행위자는 신호를 생성할 때 상대편을 고려하여 가능한 반응을 예측한다. 이러한 예측은 누구나 자신의 신호 행위에 영향을 미친다(Roloff and Berger, 1982 참조). 사후 메시지 단계에서는, 자신의 신호에 대한 상대편의 관찰 가능한 반응(예를 들어 동의-비동의)을 해석하는 것의 문제이다.

다른 사람의 행동을 해석하기 위해서, 사람들은 복잡한 추론 작업을 단순한 판단 작업으로 축소하는 판단 휴리스틱 또는 경험 법칙에 의존하는 경향이 있다(Nisbett and Ross, 1980). 이러한 휴리스틱은 통계적 또는 논리적 모형의 규칙에서 현저히 벗어나며, 그 활용은 "일반적으로 자동적이고 비성찰적이며 특히 적절성에 대한 어떠한 의식적 고려도 없다"(1980, p.18). 비록 원시적이고 단순하지만, 판단 휴리스틱은 비이성적이거나 비합리적인 것은 아니다. "이는 아마도 잘못된 추론보다 훨씬 더 정확하거나 부분적으로 정확한 추론을 엄청난 속도와 적은 노력으로 가능하게 한다"(1980, p.18). 이러한 단순화된 인지 전략 중에서, '대표성'과 '가용성' 휴리스틱은 상당한 관심을 끌었고 국제협상에서의 의사소통과 분명한 관련을 맺고 있다.

대표성 휴리스틱은 "상대적으로 단순한 유사성 또는 '적합도' 기준을 범주화 문제에 적용하는 것"(Nisbett and Ross, 1980, p.22)을 의미한다. **가용성 휴리스틱**은 범주화가 기억 속에서 쉽게 '가용한' 객체나 사건을 기반으로 이루어진다는 것을 의미한다. 국제협상으로 바꾸어 말하면, 대표성과 가용성 휴리스틱은 **역사적 유추**와 **국가적 고정관념**에 의존하는 일반적인 경향을 가리킨다.

　역사적 유추의 사용은 일반적으로 유사점과 차이점을 세부적으로 설명하지 않고 새로운 사건을 역사적 사건의 관점에서 분류하는 것('또 하나의 베트남', '또 하나의 뮌헨')을 의미한다(대표성 휴리스틱). 역사적 유추는 일반적으로 중요하고 충격적인 사건을 포함한다(가용성 휴리스틱). "의사결정자가 직접 참여하거나 목격한, 자신의 국가와 관련된 역사적 사건은 다른 유형의 역사적 자료보다 훨씬 강력하고 지속적인 영향을 미친다. 결과적으로, 이것은 뜨거운 인지의 원천이 될 가능성이 크고, 가용성이 더 높고, 일찍부터 유추의 후보로 인식되며, 이러한 목적을 위해 의사결정자는 더 자주 사용할 것이다. 즉 결과적으로 가용성이 더 높아지게 된다"(Vertzberger, 1986, p.237).

　역사적 유추의 사용은 종종 '기저율의 오류', 즉 두드러지거나 개별적인 정보를 선호함에 따라 빈도와 확률을 적게 활용하는 경향을 수반한다(Borgida and Brekke, 1981). 역사적 유추는 통계적 빈도보다는 **대표적인 사건**에 초점을 맞춘다. 어떤 역사적 사건들은 **프로토타입**이 된다.

　국가적 고정관념은 '내집단'과 '외집단' 사이의 만남을 수반하는 또 다른 종류의 범주화 또는 국제협상과의 관련성을 나타낸다. 이러한 집단 간 환경에서, 외집단의 구성원은 상대적으로 '몰개성화'된 방식으로 보이는 경향이 있고, 더 큰 동질성은 내집단보다 외집단에 부여되며, 외집단의 차이를 강화하는 정보가 선호된다(Wilder and Cooper, 1981). 역사적 유추와 마찬가지로, 국가적 고정관념은 대표성 휴리스틱(특정한 국가의 모든 대표자는 유사한 특성을 가지고 있음)과 가용성 휴리스틱(국제 관계에서, 참여자들은 기억의 저장과 접근에 대한 지침 기준으로 국적을 사용하는 경향이 있음)에 기초한다. 또한, 국가적 고정관념에 의지하는 것은 기저율의 오류와 관련이 있다. 예를 들어, 많은 심리학 연구에서 특정 행위자가 왜 그런 행동을 했는지 판단하는 경우에, 관찰자들은 얼마나 많고 적은 수의 행위자들이 같은 상황에서 비슷하게 행동했는지에 대한 정보보다 특정 행위자에 대한 사회적 고정관념과의 '적합도'에 더 많은 영향을 받는다는 것이 증명되었다(Nisbett and Ross, 1908 참조).

미 - 소 협상에서 역사적 유추와 국가적 고정관념의 몫을 경험할 수 있었다. 전후 세대의 미국 의사결정자들에게 뮌헨의 비유는 깊은 영향을 미쳤다. 1930년대의 분명한 교훈은 침략자들을 달랠 수 없고, 전체주의 독재자들에게 양보하는 것은 역효과를 낳는다는 것이었다. 제2차 세계대전 이후, 이러한 교훈은 변하지 않는 소련의 협상 태도에 대한 고정관념과 혼합되었다. 1970년대 후반 미국과 소련의 지속적인 협력에 대한 기대가 산산조각 났을 때, 미국 협상자들은 소련의 비타협적인 태도에 대해 신앙처럼 '전향'했다(de Rivera, 1968; De Santis, 1983 참조). 소련의 융통성 없음과 부정직함에 대한 고정관념은 오래 이어져 온 것으로 드러났다(Jönsson, 1979 참조).

역사적 유추와 국가적 고정관념의 측면에서 생각하는 경향은 인지 이론에서 파생될 수 있지만, 그러한 범주화의 내용은 문화와 얽혀 있다. 다시 말해서, 유추와 고정관념에 기대는 것은 국제적인 (따라서 서로 다른 문화 간의) 의사소통을 더욱 어렵게 만든다.

인지 역학: 인식된 갈등의 지속 또는 완화

협상 상황에는 협력적 요소와 갈등적 요소가 동시에 존재하는 특징이 있다. 성공적인 협상을 위한 전제조건은 당사자들 공통의 이익이 그들의 서로 다른 이익보다 근본적으로 더 커야 한다는 것이다. 그러나 우리가 너무나 잘 알고 있듯이, 국제협상에서 갈등적 요소가 빈번히 우위를 점하곤 한다. 인지 이론은 상대편의 태도가 유화적임에도 상대편에 대한 부정적 이미지와 갈등에 대한 인식이 지속되는 이유를 설명해 줌으로써 이와 같은 현상을 보다 잘 이해하는 데 기여할 수 있다. 근원적인 심리적 메커니즘을 밝혀냄으로써, 인지 이론은 또한 어떻게 갈등적 인식이 결국에는 완화될 수 있는지 제시할 수 있다.

따라서 국제협상과 관련 있는 인지 이론에 대한 통찰과 가설의 목록은 세 가지 주요 질문을 따른다. ① 왜 협상 상황은 상대에 대한 부정적인 이미지를 불러일으키는 경향이 있는가? ② 왜 상대편의 태도가 유화적인데도 부정적 이미지가 지속되는가? ③ 부정적 이미지는 어떻게 극복될 수 있는가?

부정적 이미지의 형성

　귀인 이론가들은 자신의 행동을 설명하기 위해서는 상황적 요인을 강조하면서 타인의 행동을 설명하거나 해석할 때는 기질적인 요인들(고정된 개인 특성)을 지나치게 강조하는 일반적인 경향을 지적해 왔다. 흔히 '기본적 귀인 오류'라고 불리는 이 이중 잣대는, 흔히 공유되는 '기질 메타 이론'을 반영한다. 즉 "상대방의 행동은 불변이라는 그릇된 관념"(Nisbett and Ross, 1980, p.175)이다.

　존스와 니스벳(Jones and Nisbett, 1971, p.80)은 "행위자는 자신의 행동이 상황적 요인에 기인하고, 관찰자는 똑같은 행동이 고정된 개인의 기질에 기인한다고 보는 광범위한 경향"을 지적하며 행위자와 관찰자의 차이를 표면화시켰다. 이러한 분석에는 몇 가지 이유가 있다. 행위자가 이용할 수 있는 정보와 관찰자가 이용할 수 있는 정보에는 중요한 차이가 있다. 행위자와 달리, 관찰자는 '과정보'에 의존해야 하고 '원인 정보'에는 거의 접근할 수 없다. 게다가, 행위자와 관찰자는 정보를 다르게 처리한다. 즉 "행위 그 자체(그 형태, 리듬, 스타일, 내용)는 행위자보다 관찰자에게 더 두드러지게 인식되는데", 행위자는 "자신의 행동보다는 그것을 일으키고 형성하는 환경적 단서에 주의를 집중하곤 한다"(1971, p.85). 관찰자에게 행위자와 그들의 행위는 상황의 '배경'에 대한 '조건'이 되고, 행위자에게 일반적으로 조건이 되는 것은 상황이다(Nisbett and Ross, 1980).

　이런 종류의 편향은 수동적인 관찰자에게만 국한되지 않는다. 반대로, "관찰자가 행동을 행위자에게 귀속시키는 경향은 관찰자가 행위자이기도 한 정도, 그리고 관찰자이자 관찰되는 행위자들이 상호 우발적인 상호 작용으로 함께 묶여 있는 정도까지 증가할 수 있다". 실험적 증거에 의하면 교섭 행위자들은 그들이 겪는 갈등에 대한 책임을 할당할 때, "공통의 외부 상황(협상 문제)의 영향은 과소평가하고 상대편의 영향은 과대평가한다"(Kelley and others, 1970, p. 435). 즉, 행위자-관찰자 편향은 협상 상황에 한층 더 강력하게 적용되는 것으로 추정된다.

행위자-관찰자 편향은 흔히 성공을 자신의 공으로 돌리고 실패에 대한 책임을 부인하는 경향인 '자기 위주 편향'으로 강화된다(Stein, 1988 참조). 좋은 일은 자신의 기본적인 본성에 기인하고, 나쁜 일은 불운한 상황이나 다른 사람의 기본적인 본성에 기인한다고 보는 것이다. 자기 위주 편향과 관련된 것이 '허위 합의의 문제'이다. 즉 사람들은 "자신의 행동 선택과 판단을 기존 상황에 대해 비교적 일반적이고 적절한 것으로 보는 반면, 대안적인 방안은 일반적이지 않고, 일탈적이며, 부적절하다고 보는" 경향이 있다(Ross, 1977, p.188). 대부분 사람의 반응이 자신과 같을 것으로 추정하는 한 가지 결과는 "자신과 다른 견해를 그 보유자의 개인적 특성에 귀속시키려는 경향"이다(Kelly and Michela, 1980, p.464).

협상 상황에서, 이러한 편향들이 결합되어 갈등 요소가 주로 상대편에 의해 초래되고, 상황적 요소는 더 적은 원인이 되고, 자신의 행동에 의해서는 거의 갈등 요소가 초래되지 않았다는 인식을 형성한다. 이와 같은 편향들은 또한 '구두법(punctuation)'이라고 부르는 현상을 낳는다. 이 현상은 "일련의 행동 중 어떤 것이 자극이고 어떤 것이 반응인지에 대해 두 사람이 서로 다른 인식을 가지고 있는 경우"(Sillars, 1981, p.280)를 지칭한다. 이것은 순서뿐만 아니라 인과관계까지 가늠해야 하는 문제이다. 구두법이라는 용어는 시작과 끝을 표시하고 유동적인 과정들에 구조를 부여하는 기호를 쓰는 것과 유사한 의미로 사용된다(Condon and Youssef, 1975).

가토프(Garthoff, 1978)는 미국의 의사결정자들 사이에서 소련의 능력을 과대평가하는 경향에서 비롯된 구두법의 과정을 이렇게 지적한다. "그 자신의 강점(과 약점), 그리고 자신의 능력을 바탕으로 행동해야 하는 의도의 한계를 잘 알고 있으면서, 그의 강점과 그것의 사용 의도를 거짓으로 부풀림으로써 지지하려 하는 적대적 의도를 우리가 갖고 있다고 결론짓는 과대평가를 내리게 될 수 있다"(1978, p.23). 한 가지 예시는 1970년대 초강대국 간 데탕트의 쇠퇴를 이끈 일련의 사건들에 대한 미국과 소련의 서로 다른 설명에 관한 것이다. 소련의 구두법은 잭슨 - 배닉 수정 조항, 앙골라 내전에서 미국의 중국과 협력, 에티오피아를 대상으로 소말리아의 잃어버린 영토 회복 목표를 부추긴 것을 강조한다. 미국의 관점에서, 데탕트의 쇠퇴는 1973년 10월 중동 전쟁과 함께 일찍이 시작되었으며, 앙골라와 에티오피아에서 쿠바군에 대한 소련의 지원, 남예멘에서의 쿠데타, 아프가니스탄 침공으로 악화되었다(Larson, 1988).

간단히 말해서, 행위자 - 관찰자 편향과 자기 고양적 편향은 흔히 구두법, 즉 협상 상황에서의 인과관계 패턴에 대한 서로 다른 인식을 수반한다. 그 결과는 갈등의 책임을 상대편에게 떠넘기는 경향이다.

부정적 이미지의 지속

협상이 시작되면서, 각 행위자는 자신의 초기 예측을 시험해 볼 수 있는 위치에 놓이게 된다. 상대의 행동이 예측과 모순될 때, 행위자는 이성적으로는 자신의 예측을 조정해야 한다. 하지만 부정적 이미지는 상대편이 유화적으로 행동해도 지속되는 경우가 많다. 인지 이론은 이 흔히 관찰되는 현상에 대해 몇 가지 가능한 설명을 제공한다.

첫째, 긍정적인 행동은 부정적인 행동보다 해석하기 어렵다. 귀인 이론가들은 "행위자의 진정한 의도나 궁극적인 목적을 판단할 때, 해로운 행동보다 이로운 행동이 훨씬 더 애매모호한 경향이 있다. 이로운 행동의 모호성은 그 이면의, 조종하려는 목적이 수행되는 정도가 중심이 된다"(Jones and Davis, 1965, p.259). 특히 상대국 간의 협상에서 양보는 경계를 완화시키기 위한 전략적 속임수로 해석되는 경우가 많다. "국제정치에서 분명히 평화적이거나 유화적인 의도를 전달하는 행동을 찾기란 어렵다. 근본적인 동기가 동맹 체제를 틀어지게 하거나, 국방비에 대한 국내 지원을 약화시키거나, 공격 전에 상대국을 안심시키려는 것이라면, 표면상 협조적으로 보이는 협상 제안은 사실 공격적인 것이다"(Larson, 1988, pp.286~287).

따라서 소련은 미국이 제안한 마셜 플랜이 궁극적으로 소련에 대한 공격을 준비하기 위해 서유럽을 군사적으로 강화하기 위한 것이라고 보았기 때문에 이를 거절했다. 마찬가지로, 아이젠하워는 1958년 4월 흐루쇼프의 일방적인 핵 실험 모라토리엄에 회답하기를 거절했는데, 이를 미국인들을 현실에 안주하게 만들거나, 선전에서 승리를 거두거나, 미국의 핵군축을 압박하려는 시도로 보았기 때문이다. 1980년대 후반 고르바초프의 유화적인 제스처 뒤에 숨겨진 동기에 대한 서양의 논의는 이로운 행동의 모호성을 다시 한 번 보여주었다. 그들이 새로운 협력 전략을 반영한 것인가, 아니면 극심한 경제 위기를 해결하고 장기적으로 소련의 군사력을 재건하기 위해 고안된 책략인가?(Larson, 1988 참조)

둘째, 선택적 인식과 기억은 부정적 이미지의 지속성에 대한 또 하나의 설명을 제공한다. 특히 역사적 유추와 국가적 고정관념은 국제협상에서 활용될 때 자기 확신적인 경향이 있어 자기충족적 예언의 악순환을 낳곤 한다. 영국 의사결정자들이 1956년 수에즈 위기 당시 전개된 사건들을 해석하기 위해 1930년대와의 유사점에 의존한 것을 예로 들어보자. 내각의 구성원들은 대부분 히틀러를 '달래려는' 영국의 초기 노력에 상처를 입었던 전쟁 이전 세대들이었다. 뮌헨의 비유는 수에즈 위기에 대한 영국인들의 사고에 스며들었는데, 이는 내각뿐 아니라 야당과 언론에서도 마찬가지였다. '뮌헨 증후군'에 대한 의존은 영국의 정책 입안자들에게 1930년대의 독재자들을 떠올리게 하는 나세르의 행동에 대해 경고하는 한편, 그의 행동이 가진 다른 측면들에 대해서는 눈을 멀게 했다. 나세르의 수에즈 운하 국유화는 히틀러의 라인란트 점령에 비유되었고, 그의 후속 행동들은 사악한 계획의 전조라고 여겨졌다. 심지어 수에즈 위기가 끝난 후에도, 이든은 친한 친구이자 지지자에게 보낸 사적인 편지에서 다음과 같이 불평했다. "이 사건들을, 매우 비슷한데도 1936년과 비교하는 사람이 거의 없다는 것이 이상하다. 물론 이집트는 독일과 다르지만, 러시아는 다르지 않고, 이집트는 그저 졸개일 뿐이다. 우리가 봄까지 사태를 방치했다면, 그때쯤 러시아와 이집트가 이스라엘을 표면상의 목표로 하고 서방의 이익을 진짜 목표로 삼아 공격할 준비가 되어 있었을 것이라는 데 의심의 여지가 없다. 그러나 너무나 많은 사람들이 이를 보지 못하고 다른 사람들이 수년 전 히틀러에게 주었던 것만큼이나 많은 신뢰를 나세르에게 주는 것 같다"(James, 1986, p.593에서 인용).

셋째, 귀인적 편향은 조정된 예측을 배제시킬 수 있다. 우리는 다른 사람에 대해 가진 이미지와 일관되는 행동에 대해서는 기질적 원인에 귀속시키지만, 모순되는 행동은 상황적 원인에 귀속시키는 경향이 있다(Pruitt and Rubin, 1986). 따라서 "좋아하는 사람의 좋은 행동과 싫어하는 사람의 나쁜 행동은 개인적 요인에 기인하고, 일관되지 않은 행동은 상황적 요인에 기인한다고 보는 것이다"(Kelley and Michela, 1980, p.469). 앞서 논의한 자기 위주의 편향과 결합하여, 이러한 경향은 다음과 같은 종류의 귀인을 낳는다. "나는 본질적으로 선하지만 상황에 의해 때때로 나쁜 행동을 하도록 강요받고, 당신은 악하지만 상황에 의해 때때로 좋은 행동을 하도록 강요받는다." 이것은, 예를 들어 정치가들이 "자신의 경쟁적 행동은 강력한 안보 요구나 동맹의 압력에 대한 대응으로 설명하고, 비슷한 행동이 적에 의해 수행되는 경우 팽창주의적·공격적 경향에 귀속시키는" 경향을 의미한다(Larson, 1988, p.290). 역으로, 적의 선한 행동이 필요성에 기인한다면, 그것을 그들의 미덕으로 돌릴 필요는 없다.

이러한 편향은, 예를 들어 수년간의 미-소 협상에서 눈에 띄었다. 미-소 군비통제 협상에 대한 블래커(Blacker)의 평결을 살펴보자. "각 초강대국은 경쟁국의 군사 활동에서 우위를 점하기 위한 시도를 탐지한다. 각 나라는 서로가 핵전쟁에서 승리할 수 있다는 의견을 가지고 있다고 믿는다. 각 나라는 상대국의 군비 축소 제안을 진실하지 못하고 일방적인 군사적 이익을 창출하기 위해 계산된 것으로 본다. 게다가, 이들 및 관련 명제를 뒷받침하는 충분한 증거가 있어서 양국의 정치 지도자들이 즉시 묵살하는 것이 불가능하다"(1987, p.164; 강조는 원문대로).

같은 종류의 편향이 사후 메시지 단계에서 재발한다. 갈등 교섭 중인 상대가 우리의 제안에 동의할 때, 우리는 그들의 입장이 국면과 상황으로부터 크게 영향을 받은 것으로 보는 경향이 있다. 반면에, 비동의는 상대의 가치관과 본성에 기인한다고 본다(Goethals, 1976 참조).

이러한 귀인적 편향은 종종 상대의 행동을 실제보다 더 일원적이고, 계획적이고, 조정된 것으로 보는 일반적인 경향과 결합되고 강화된다(Jervis, 1976). 미-

소 인식에 대한 키신저의 이러한 논평은 좋은 예시를 제공한다. "초강대국들은 종종 중무장한 맹인 두 명이 방 안에서 갈 길을 더듬는 것처럼 행동하며, 각각 그가 완전한 시력을 가지고 있다고 가정하는 상대방으로부터 죽을 수 있다는 위험성을 믿고 있다. 양쪽은 불확실성, 타협, 일관성 없음이 흔한 정책결정의 본질임을 알아야 한다. 그러나 각각은 자신의 경험에서 허위임이 밝혀진 확실성, 선견지명, 일관성을 상대에게 부여하는 경향이 있다"(Kissinger, 1979, p.522).

인식의 변화를 부정적으로 보는 또 하나의 요인은 자신의 추리 능력에 대한 지나친 신뢰이다. 저비스(Jervis, 1985, p.495)는 "사람들은 종종 모호성을 과소평가하고 자신의 인지 능력을 과대평가하기 때문에, 정치가들은 다른 나라가 하고 있는 것에 대해 그들이 실제로 할 수 있는 것보다 더 정확한 추론을 이끌어낼 수 있다고 생각할 가능성이 높다"라고 주장했다. 다른 이들은 의사결정자들이 "그들의 불확실하고 무질서한 환경에서 실재하는 것보다 더 많은 질서와 확실성을 인식하고"(Kinder and Weiss, 1978, p.358), "상대편의 의도의 확실성과 자신이 선택한 정책의 정당성에 관한 근거 없는 가정"(Snyder, 1987, p.358)을 하는 경향에 대해 논평했다. 이러한 과도한 자신감은 의사결정자의 관점이 가진 정확성보다는 단순함에서 비롯된 것일 수 있다(Dawes, 1976).

간단히 말해서, '협상자의 과신'(Neale and Bazerman, 1985)은 국제협상에서 흔히 볼 수 있다. 협상 상황의 불확실성이 커질수록 의사결정자들이 자신의 판단을 더욱 과신할 것이라는 견해도 등장했다. 구체적으로 말하면, 그들은 상대방이 어떻게 생각하거나 행동할지 안다고 믿는 경향이 있다(Bazerman and Sondak, 1988). "정치가들은 자신이 상대의 세계관을 이해하고 있다고 믿기 때문에, 대개 자신의 메시지가 의도한 대로 수신되고 해석된다고 생각한다. 상대가 신호를 무시한다면, 정치가들은 실제로는 수신되지 않았을지라도 그것이 거부되었다고 결론짓는다"(Jervis, 1985, p.30).

이러한 인지적 요소들(긍정적 행동의 모호성, 선택적 인식과 기억, 귀인적 편향, 협상자의 과신)은 구두법 순환의 원인이 된다. 협상 당사자들은 빈번히 자신의 행동이 상대방에게 미치는 영향을 잘못 해석한다. "상호 의존적인 개인들은 종종 독립적이거나 동시적으로 공동의 결과를 낳는 행동을 계획하고 행하는 때가 있다. 이러한 시간적 패턴을 고려하지 못하면, 개인들은 자신의 행동이 상대에게 미치는 영향을 심각하게 잘못 해석할 수 있다"(Kelley, 1971, p.8).

협상에서, 이것은 각 당사자가 "자신의 이익과 일치하는 다른 사람의 행동을 자신 때문이라고 보는 경향이 있다"라는 것을 의미한다(Kelley, 1971, p.19). 역으로, 행위자들은 "자신의 행동이 상대의 갈등적 태도를 유발하는 정도를 과소평가하는 경향이 있다"(Sillars, 1981, p.285). 국제협상에서 국가들은 상대편의 적의를 공격적인 의도로 돌리는 경향이 있지만, 자신의 행동에 대한 반응으로 보는 경향은 덜하다(Jervis, 1986). 이러한 많은 경우에, 의사결정자가 자신의 이익을 증진시키는 것과 상대의 이익을 해치는 것 사이의 균형을 인식하지 못하기 때문에 불행한 결과가 뒤따른다. 그는 자신의 정책이 정당한 불만을 야기한다고 믿지 않기 때문에, 일어나는 반발을 과소평가하고 자신의 행동에 대한 저항을 공격적 의도를 나타내는 이유 없는 적대행위라고 본다(Jervis, 1976. p. 141).

부정적 이미지의 극복

지금까지 논의된 인지 가설들은 국제협상의 다소 비관적인 그림을 전달한다. 협상 상황에서 갈등적 측면이 우세한 경향이 있고, 부정적 이미지는 쉽게 변하지 않는다. 인지 이론이 부정적 이미지가 어떻게 극복될 수 있는지에 관해 단서를 제공하는가? 어떤 종류의 유화적 행동이 인식의 변화로 이어질 수 있는가?

첫째, **놀람**(surprise)의 요소가 필수적으로 보인다. 기존의 이미지로는 쉽게 설명할 수 없는 예측하지 못한 행동은 설명을 필요로 한다. 예컨대 1986년 레이캬비크 정상회담에서 전략 공세 핵무기 제거에 대한 진지한 논의에 기꺼이 들어가겠다는 고르바초프의 행동은 예상치 못한 것이었다. 이는 레이건이 소련에 대해 가지고 있던 '악의 제국'이라는 고정관념과 일치하지 않았고, 적에 대한 이미지를 점진적으로 수정하게 된 계기로 보인다.

둘째, 협상 중인 국가는 상대편의 양보가 **자발적**이고 상대편에게 상대적으로 **비용**이 많이 드는 것으로 인식되는 경우 그것이 진실되었다고 생각할 가능성이 높고 화답할 가능성도 높다. 역으로, 양보가 우발적인 것, 국내 또는 외부 압력의 결과물, 또는 상대가 일방적인 이해관계를 가지고 있는 것으로 보이는 경우 화답의 가능성이 낮다(Larson, 1988; Pruitt, 1981).

예를 들어, 사다트의 1978년 예루살렘 방문은 높은 정치적 비용과 연관되어 있었지만, 외부 압력의 결과로 보이지 않았기 때문에 진실된 유화적 제스처로 널리 인식되었다(Pruitt, 1981 참조). 또 다른 예는 1955년 오스트리아에서 물러나고 중립화에 동의하기로 한 소련의 결정에 관한 것이다. 이는 동유럽에서 소련이 물러나고 중립을 용인할 것이라는 대중의 기대를 불러일으킬 위험을 수반했다. 라슨(Larson, 1987)이 지적한 바와 같이, 미국 정책 입안자들은 그러한 위험을 감수하려는 소련의 의지에 깊은 인상을 받았고, 그에 화답해야 한다고 생각했다. "앨런 덜레스 CIA 국장은 오스트리아에서 소련의 움직임이 '유럽 위성국에서 소련이 차지하는 위치에 대한 상당한 위험을 수반한다'고 [국가 안전 보장 회의]에 보고했다. 덜레스 국무장관은 '오스트리아에서의 행동으로 소련은 통제할 수 없을 정도로 위성국에서의 세력을 잃을 수 있다. (⋯) 우리는 지금 진정한 기회에 직면해 있다'며, 이는 위성국들을 핀란드와 비슷한 지위로 만들 '소련 세력의 후퇴를 위한 것'이라고 말했다"(1987, p.48).

대조적으로, 다른 유화적 제스처들은 상대가 화답을 받든 그렇지 않든 간에 일방적인 이익을 취하게 된다고 인식되었기 때문에 묵살되었다. 예를 들어, 1955, 1956, 1958년 소련의 재래식 병력 감축은 워싱턴에서 선의의 표시로 여겨지지 않았다. 오히려 그것은 소련군을 현대화하고 산업과 농업으로 절실히 필요한 인력을 이전하려는 욕구에서 비롯된 것으로 추정되었다(Larson, 1988). 1980년대 후반 고르바초프의 일방적인 병력 감축에 대해 워싱턴에서 비슷한 의구심이 제기되었다.

마지막으로, 유화적 행동이 **상호성이 부족함에도 반복**된다면, 인지적 조정을 수반해서 부정적 이미지를 극복할 가능성이 높다. 이 개념은 장기간 격렬하게 유지된 적대국 간의 협상을 촉진시키기 위해 고안된 오스굿의 긴장 완화를 위한 점증적 상호주의(GRIT) 전략의 기초가 된다(Osgood, 1962). 오스굿은 협력의 개시자가 서로 다른 문제 영역이나 지리적 영역에 걸쳐 일련의 유화적인 행동을 취하고, 이러한 움직임이 긴장을 완화하기 위한 것이라고 공개적으로 명시할 것을 권고한다. 즉각적인 보답을 상정하지 않고, GRIT은 상대가 응답하지 않더라도 일정 기간 지속적으로 증대되는 양보 행위를 지시한다. 이것은 아마도 더 큰 신뢰를 형성하고 상대에게 선의를 확신시켜 줄 것이다. 적당히 위험한 양보 행위의 연속은 이기심과 적대감의 산물처럼 쉽게 묵살되지 않고, 결국 상대방이 화답하도록 설득하는 데 성공하여 긴장 완화의 소용돌이를 일으킬 것이다.

1955년 오스트리아 국가 조약이 체결되기에 앞서 소련이 취한 행동은 GRIT을 성공적으로 적용한 한 예시로 인용되어 왔다. 소련은 당시 동 - 서 대립의 다양한 영역에서 일련의 일방적인 양보 행위를 했다. 앞서 언급한 바와 같이, 1955년 2월에 모스크바는 독일의 평화 조약에 서명함으로써 오스트리아 합의에 대한 이전의 관계를 포기했다. 4월에 소련은 오스트리아와 소련군 철수 및 소련 경제 거점 철폐를 위한 상호 협정에 서명했다. "옛 독일 자산을 오스트리아에 되팔고 소련 관리 및 기술 인력을 철수하기로 합의함으로써, 소련은 오스트리아 독립을 전복시킬 수 있는 능력을 약화하고 서방의 불안감을 완화시켰다"(Larson, 1987, p.56). 오스트리아에 대한 4개국의 최종 협상 전날, 소련 협상자들은 여러 중요한 측면에서 서양의 입장에 가까워지는 군축 제안을 상정했고, 소련 정부는 고위급 사절단이 유고슬라비아를 방문할 것이라고 발표했다. GRIT와 일치해서, 소련은 오스트리아 국가 조약 체결의 목적이 긴장 완화에 있다고 공개적으로 설명했다.

GRIT을 성공적으로 적용한 또 다른 예는 1963년 핵실험 금지조약과 동반된 미 - 소 데탕트이다. 실험금지 문제에 소련이 명백한 비타협적 태도를 취함에도, 케네디가 아메리칸 대학교 연설을 포함한 일련의 유화적인 제스처를 취할 때 의식적으로 GRIT 원칙을 활용했다는 주장이 있다(George, 1988 참조).

요약하자면, 부정적 이미지는 ① 놀라움을 수반하고, ② 자발적이고 비용이 많이 들어 이기심이나 이면의 동기 때문이라고 할 수 없으며, ③ 즉각적인 응답이 없더라도 반복되는 유화적 행동에 의해 약화될 수 있다.

결론

국제협상에 관한 최근 연구자들은 "협상이 일어나는 맥락, 협상자들이 사용하는 언어의 의미, 문화적·사회적·제도적·정치적·심리적 요인이 의사소통과 선택의 과정에 미치는 영향을 무시하는 분석은 국제협상을 설명하기에 부적절하다"(Stein, 1988, p.230)라고 평가한다. 인지 이론은 이런 시야의 확장에 기여할 수 있다. 그것은 현존하는 협상 이론을 보완할 수는 있지만 대체할 수는 없다.

어떤 이론이나 모형도 연구된 현상의 특정 측면을 강조하고 다른 측면은 조명하지 않는다. 인지 이론은 게임 이론에서 영향을 받은 접근법으로는 상대적으로 조명되지 않았던, 국제협상에서 의사소통이 문제가 되는 측면을 조명한다. 마찬가지로, 인지 이론은 권력관계와 같은 협상의 다른 중요한 측면에 대해서는 거의 또는 전혀 설명하지 않는다. 간단히 말해서, 주어진 개념적 틀은 연구자를 데이터와 가능한 설명으로 인도하고 이에 대해 민감하게 하는 표지의 역할을 할 뿐만 아니라, 대립되는 설명을 뒷받침하는 증거들에 대해서는 둔감하게 하는 가리개의 역할을 하기도 한다.

인지 이론을 국제협상 연구에 적용하는 것은 방법론적인 문제를 수반한다. 어떻게 구두 진술로부터 인지 과정을 추론할 수 있는가? 연구원은 협상 테이블 너머의 상대방과 동일한 타당성 문제에 직면한다. 즉 "그의 말은 진심인가, 그리고 그는 진심을 말하는가?" 이 질문에 대한 확실하고 빠른 해답은 없다. 확실하게 말할 수 있는 유일한 것은, 인지적 접근은 맥락의 분석이 필요하다는 것이다(예: George, 1979 참조).

또한 인지적 접근법은 데이터와 소스 가용성에 많은 요구를 한다. 이러한 요구는 일반적으로 비밀에 둘러싸여 있는 현대의 국제협상에서 거의 충족되지 않는다. 따라서 인지적 접근법은 연구자가 당대 회담의 협상자를 인터뷰할 수 있거나, 역사적 사례에 관한 많은 기록 자료가 이용할 수 있고 기밀이 해제된 경우에 특별히 적용할 수 있는 것으로 보인다.

인지 이론은 협상 참여자들을 자신과 상대의 행동과 반응에 개입하는 보편적인 인지 과정과 편향에 민감하게 함으로써, 국제협상의 실행에 긍정적인 기여를 할 수 있다. "이상적인 협상자는 자신의 가정과 상대의 의도를 시험하려는 열린 마음뿐만 아니라 모호성과 불확실성에 대해 높은 관용을 가져야 한다" (Karrass, 1970, p.37)라고 주장할 수 있다. 그러나 앞서 언급한 바와 같이 우리는 '협상자의 과신'을 종종 목격한다. 인지 이론에 관한 지식은 이를 비롯한 지적 함정에 대한 유용한 예방책을 제공해 줄 수 있다.

│ 부록

  인지적 변수와 통찰은 대부분의 현대 국제협상 모델에 포함되는 경향이 있다. 예를 들어, 존 오델(John S. Odell)은 자신의 국제경제 협상에 대한 중대한 논의 (2000)에서, 행위자들이 대부분의 경제 이론에서의 합리적인 효용-확률 계산보다는 단순한 경험 법칙과 주관적 휴리스틱을 사용한다고 추정한다. BATNA (best alternative to a negotiated agreement, 협상 시 선택할 수 있는 최선의 대안)와 저항점과 같이 일반적으로 사용되는 개념들은 "관찰자가 규정한 방안에 전적으로 의지하는 것 대신의 인지적 변수(대안으로 인식되는, 협상자들의 마음에 위치한 판단)로 간주되어야 한다"(2000, p.28)라고 그는 주장한다. 급성장 중인 환경 협상에 관한 연구에서, '지식 공동체'에서 구현한 사회적 학습과 합의된 지식의 역할 (Haas, 1990)이 특히 강조된다. 지식 공동체는 공통의 규범적·인과적 신념, 타당성에 대한 공통의 관념, 그리고 공통의 정책 사업을 가진 전문가들의 지식 기반 네트워크로 이해된다(Haas, 1992).
  '여건성숙' 가설(갈등이나 쟁점이 해결하기에 무르익은 순간에 협상이나 중재를 하는 것이 결과를 가져올 가능성이 가장 높다는 개념. 이 책 제20장 참조)의 발전은 또 하나의 좋은 예이다. 여건성숙을 적용하고 명시하려는 후속 노력은 객관적 상태를 함축하는 것처럼 보일 수 있는 개념의 주관적 측면을 강조하는 경향이 있다 (예를 들어 Stedman, 1991; Pruitt, 1997b; Mooradian and Druckman, 1999 참조). 마지막 예는 협상 이론의 주요 가닥을 모으고 인지적 요소가 두드러지게 나타나는 국제협상 분석을 위한 종합적인 틀을 개발하고자 한 테런스 호프먼(P.

Terrence Hopmann)의 노력으로부터 제공된다(1966).

이번 장이 주로 초점을 맞추는 귀인 이론이 국제협상 연구에 활용될 가능성이 있는 유일한 인지 이론인 것은 물론 아니다. 한 가지 예를 들자면, 전망 이론의 유용성은 체계적으로 덜 검증되었더라도 자주 언급되어 왔다. 1970년대 후반 인지심리학자들이 개발한 전망 이론(Kahneman and Tversky, 1979)은, 사람들이 문제를 프레이밍하는 방식이 그들의 선택에 영향을 미친다고 상정한다. 구체적으로 말하면, 사람들은 비슷한 정도의 이득에 비해 손실을 과대평가하고 (손실 혐오), 이득과 관련해서는 위험을 회피하려 하고 손실과 관련해서는 위험을 감수하려는 경향이 있다는 것이다. 협상으로 바꿔 말하면, 이것은 양쪽 모두 자신의 양보를 손실로, 상대편의 양보는 이득으로 간주하는 경향이 있고, 따라서 협상 상대의 양보 행위보다 자신의 양보 행위를 과대평가한다는 것을 뜻한다(Stein, 1993; Levy, 1996). 이런 이유로 행위자들은 교착 상태의 결과에 대해 위험을 감수할 가능성이 높고, 협상이 타결될 확률은 합리적 선택 이론에서 예측한 것보다 낮을 수 있다.

전망 이론(프레이밍이 차이를 만든다)의 더 넓은 내용은 협상 이론뿐만 아니라 인지 과학의 다른 분야에도 잘 부합한다. 인지 과학자들은 범주화가 지닌 우발적인 특성을 보여주었고, 이는 일반적으로 인간 사고의 기본이 되며 문제 프레이밍의 중요한 측면을 구성한다. 범주는 범주화를 수행하는 사람과 무관하게 '이 세상에' 존재하지 않는다(Lakoff, 1987). 이와 비슷하게, 실제의 사회적 구성에서의 은유의 역할과 문제 정의와 선호되는 해결책에서의 '생성적 은유'의 역할은 충분히 입증되었다(Schön and Rein, 1994 참조). 프레이밍의 중요성은 협상 관련 문헌에서, 가장 명시적으로 공식(formula)의 개념("거래 조건, 해결책의 준거가 되는 인지 구조, 또는 정의의 적용 가능한 기준을 설정하는 갈등에 대한 공유된 인식 또는 정의")(Zartman and Berman, 1982, p.95)에서 인정된다.

전망 이론을 국제협상에 적용하는 것은 귀인 이론과 같은 방법론적 문제에 직면한다. 전망 이론과 귀인 이론은 둘 다 개인의 선택을 위해 개발되었고 그룹이 아닌 개인을 대상으로 시험되었다. 이들의 일반화는 국제협상의 복잡한 현실과 거의 유사하지 않은, 고도로 구조화된 실험실 환경에서의 실험적 연구로부터 나왔다. 그리고 협상 행위자들이 이슈를 어떻게 프레이밍하는지 알아내는 방법론적 과제는 그들의 귀인적 편향을 재구성하기만큼이나 어렵다. 텍스트에 반영된 인과적 및 준인과적 사고를 묘사하는 인지지도 매핑은 국제협상에서의 지식 구조, 인식, 학습을 분석하는 도구로서의 가능성을 보여주었다(Bonham, Sergeev, and Parshin, 1997 참조).

국제협상의 의사소통 측면에 관한 연구는 인지적 요인에 대한 중요한 보완물로 문화적 측면을 지적해 왔고, 협상 분석가들은 점점 더 문화 간 의사소통에 관한 문헌으로 눈을 돌리고 있다. 귀인 이론과 전망 이론이 인간의 공통적인 '하드웨어'에 초점을 맞춘 반면, 문화 간 접근법은 문화적 '소프트웨어'의 차이를 강조한다. 국가별 문화가 협상 스타일을 만든다는 개념은 학자들과 실무자들 모두에게 오랫동안 받아들여져 왔고, 냉전 기간 동안 소련, 중국, 일본과 같은 '어려운' 상대들의 협상 스타일은 서양에서 인기 있는 정밀 조사의 대상이었다. 그에 반해 대안적인 문화 간 의사소통 접근법은 협상에서의 만남을 강조한다. 문화를 단순한 행동의 결정요인으로 보는 것이 아닌 협상에서 서로 다른 문화 간의 만남에 주목하는데, 이는 절대적인 것이 아니라 상대적 가치와 의미에 관한 문제를 일으킬 수 있다. 공유된 문화적 배경은 협상을 용이하게 하지만, 문화 간 불화는 언어적/비언어적 의사소통을 더 어렵게 만든다(Cohen, 1993).

특히, 국제협상의 학생들은 '고맥락(high-context)' 문화와 '저맥락(low-context)' 문화 간 문제가 되는 만남을 지적했다. 고맥락 문화의 대표들은 직접적이기보다는 암시적으로 소통한다. 즉 그들은 언어를 사회적 도구로 보고, 단순명쾌함과 반박을 싫어하고, 정확성보다 근사치를 선호하며, 겉모습과 체면 손상에 신경 쓴다. 이와 대조적으로, 저맥락 문화에서는 명백함이 표준이 되고, 언어는 사회를 매끄럽게 하는 기능보다는 정보를 제공하는 기능을 가지고, 반박은 실용적인 것으로 간주되며, 내용이 겉모습보다 우선한다. 저맥락 협상자가 간과하는 미묘한 의미 차이에 주의를 기울이는 고맥락 협상자는 의도되지 않았던 뉘앙스를 감지할 수도 있다. 문화적 불일치에 근거한 그러한 주관적 오해는 협상에 상호 이익이 걸려 있는 경우에도 지장을 줄 수 있다. 미국-일본 협상과 이스라엘-이집트 협상은 저맥락 문화와 고맥락 문화 간의 만남과 관련된 문제들을 보여준다(Cohen, 1990, 1997; Jönsson, 1990 참조).

　요컨대, 협상을 설명하기 위한 종합적인 인지 이론이 등장했다고 하는 것은 과장일 것이다. 더 겸손하고 현실적인 평가는 인지적 변수가 불가피하고, 국제협상 프로세스에 대한 현대적 이해에 인지 과학의 몇 가지 통찰이 포함되었다는 것이다. 이론적이고 방법론적으로 진보를 이루었어도, 해결해야 할 일은 많이 남아 있다. 국제협상은 인간을 포함한다. 국제협상에서 '진짜'인 것은 인간이 진짜라고 인식하는 것이다. 따라서 인지 이론은 국제협상에 대한 더 나은 이해를 위한 탐구에 필수적인 역할을 한다.

제17장

협상 내용 분석

대니얼 드럭먼 (협력_ 테런스 호프먼)

내용 분석은 그 어떤 기법보다 국제교섭의 체계적인 연구에 중요한 역할을 해왔다. 내용 분석은 "메시지의 특정 특성을 객관적이고 체계적으로 식별하여 추론하는 모든 기술"(Holsti, 1969, p.14)로 정의되었다. 이는 서면 또는 구두로 이루어지는 모든 커뮤니케이션에 적용할 수 있고, 분석가는 이를 통해 다양한 맥락에서 커뮤니케이션의 내용을 비교할 수 있다. 이 기술은 협상 기록에서 발견되는 문서의 종류에 적합하며 다양한 사례 연구에서 사용되었다. 현재까지 대부분의 분석은 시계열 분석을 위한 데이터를 제공하는 것으로 구성되었다. 이러한 적용의 결과로 이전 시스템보다 정교한 버전이 개발되었다. 특히 교섭 과정 분석(BPA)이라고 하는 한 가지 버전은 사용 빈도와 이론적 유산 때문에 특별한 주의를 기울일 필요가 있다. 이 시스템은 일반적인 개념 및 기술 이슈의 맥락에서 볼 때 가장 잘 이해할 수 있다.

개념 및 기술 이슈

모든 측정 기술과 마찬가지로 내용 분석은 연구 설계에서 그 의미를 도출한다. 이 기술은 "이론, 데이터 수집, 분석 및 해석이 통합되도록 보장하는" 설계의 한 부분이다(Holsli, 1969, p.27). 설명과 추론의 구별은 내용 분석이 사용되는 다양한 목적을 요약한다. 무엇을, 누가, 누구에게의 질문을 다루는 것과 왜, 어떻게, 어떤 영향을 미치는지를 다루기 위해 설계된 연구가 있다. 추론 연구는 이 기술보다 창의적인 사용을 보여준다. 예를 들어, 협상 '의도'에 대한 추론은 여러 유형의 진술, 특히 협상자가 특정 문제 또는 접근방식에 할당하는 상대적 중요성을 나타내는 진술의 평가에서 도출할 수 있다. 협상 내에서 이루어진 의사소통과 근본적인 의도 사이의 관계는 인터뷰와 같은 다른 상황에서 협상자가 한 진술에 의해 확증될 수 있다. 협상 척도는 독립변수(1시간에 협상자 A의 진술)와 종속변수(2시간에 협상자 B의 진술)를 평가하는 데 사용되는 반면, A와 B의 외부 진술은 의도를 추론하는 데 사용된다(관찰된 협상에 대한 설명). 해석의 타당성을 강화하기 위해 외부 조치를 평가하는 데에도 동일한 설계를 사용할 수 있다.

모든 사회과학 기술과 마찬가지로 내용 분석의 주요 문제는 추론의 타당성이다. 이 문제는 정확성(신뢰성)과 의미(타당성) 사이의 절충점으로 이해될 수 있다. 기계적 코딩(coding)에서와 같이 신뢰성을 향상시키기 위해 코더(coders) 간의 일치를 최대화하려는 시도는 평가되는 개념의 왜곡을 초래하여 타당성을 떨어뜨릴 수 있다. 그만큼 실험실과 현장 설정에서 양보의 의미 사이의 차이가 예를 제공한다. 교섭 실험에서 양보는 일반적으로 시간 t와 $t+1$에서 이루어진 제안의 차이로 간단히 정의된다. 이 경우 양보의 코딩은 일상적이다. 대조적으로, 국제협상에서 이루어진 양보는 확인하기가 더 어렵다. 제안, 탐색적 제안 및 여러 제안을 결합한 패키지에서 추론해야 한다. 코딩은 협상 수사에서 나타나는 이러한 요소를 포착하도록 설계된 시스템으로 수행되는 해석적 과정이다. 그러한 시스템에 의해 제공되는 해석의 여지는 아마도 유효성을 향상시키면서 코더 간 동의를 감소시킬 가능성이 있다. 그러나 그것이 타당성을 향상시키는 정도는 코딩 범주의 적절성과 적절한 자료의 샘플링에 달려 있다.

타당성 기준에 따라 분석가들은 현상의 본질을 포착하도록 설계된 독창적인 시스템을 자주 선택했다. 신뢰성 기준에 초점을 맞추면서 분석가는 반복적으로 사용할 수 있는 표준 범주를 홍보하게 되었다. 일반적으로 전자 요구 사항이 선호된다. 독창성에 대한 프리미엄, 다른 사람의 범주를 채택하는 것에 대한 거부, 일반 도식의 이론적 근거가 표준 범주를 드물게 사용하는 이유로 인용된다. 그러나 더 기본적인 것은 범주가 현재 데이터와 독립적이지 않을 수 있다는 인식이다. 동일한 내용 속성을 정확하게 처리하는 애플리케이션은 거의 없기 때문에 다양한 범주 시스템이 만들어진다. 이러한 다양성 중 일부는 협상 연구 분야에서 발견된다.

주장 및 비판

내용 분석 방식에는 몇 가지 방안이 제기된다. 이러한 방법들은 제공되는 협상 프로세스에 대한 제한된 이해 범위를 강조한다. 첫째, 코드가 협상의 본질인 뉘앙스와 풍자를 놓치고 있다. 둘째, 내용 분석가는 구조적 및 실질적인 복잡성을 포함하여 프로세스의 다른 측면을 놓치고 수사학에만 집중한다. 셋째, 코딩 프로세스는 반드시 공식 협상으로 제한되어야 한다. 즉, 결과에 결정적일 수 있는 협상 장소에서 떨어진 개인 회의는 전혀 코딩되지 않을 수 있다. 마지막으로, 이 접근방식은 협상을 광범위한 외교적 또는 국제적 정치적 맥락에서 분리한다.

이러한 한계를 인정하면서도 그들이 내용 분석을 배제하지는 않는다. 이러한 연구들은 여러 수준에서의 상호 작용에 관한 협상의 더 넓은 개념화를 제안한다. 내용 분석은 맥락과 과정을 모두 조사하는 보다 포괄적인 연구에서 역할을 한다. 커뮤니케이션의 보다 미묘한 측면을 포착하기 위해 범주를 개발할 수 있다. '더 넓은 맥락'은 수사학의 경향을 포함하여 협상 프로세스의 다양한 측면에 영향을 미치는 것으로 간주될 수 있다.

비평가들은 사소한 결과를 낳거나 조사 중인 현상을 왜곡한다는 이유로 내용 분석을 중시하지 않는다. 어떤 사람들은 분석에서 도출된 결론이 종종 놀라운 일이 아니라고 주장한다. 이에 동의할 수도 있지만, 연구가 수행된 이후 발생한 사건과는 무관하고 한 번에 하나씩 취해진 조사 결과를 평가한 후에만 동의할 수 있다. 많은 관찰자들은 증거가 직관적인 관찰만으로 도출할 수 있는 것보다 특정 사항을 항상 알고 있었다고 주장하면서 사후 확증 편향을 보이는 경향이 있다. 반면에 일부 '명백한' 발견은 접근방식의 타당성에 대한 '증거'로 채택될 수 있다. 비평가들은 자명하지 않은 방법으로 도입된 오류의 증거로 취급했다.

세부적인 코딩이 콘텐츠를 '세분화'한 결과 의미를 잃게 한다는 것이다. 광범위한 주제를 찾는 과정에서 비평가들은 지나친 방법론적 집착이 전체 맥락의 의미를 상실하는 오류로 나타난다고 지적한다. 문제는 기술이 사용되는 방식에 관한 것이다. 분석 단위는 한편으로는 단어나 문장이 될 수도 있고, 다른 한편으로는 많은 양의 텍스트가 될 수도 있다. 연구자가 가장 관심을 갖는 것은 이러한 종류의 텍스트 분석을 통해 식별할 수 있는, 일정 기간 동안 협상 프로세스 내에서 전개되는 일련의 행위이다.

협상 프로세스 코딩

국제협상의 대표적 연구와 개념화는 내용 분석에 집중되어 왔다. 협상은 토론이 중심 활동인 소규모 대표 그룹 간의 상호 작용 과정으로 묘사된다. 협상 결과는 종종 밑에서부터 협상 프로세스를 늘려가거나 패키지를 구축하는 프로세스라고 하는 지속적인 구두 교류에서 나타난다. 다른 경우에는 프로세스가 합의를 구성하는 공식에 영향을 미친다. 두 가지 유형의 협상에서 내용 분석은 합의에 가까워지거나 멀어지는 상호 작용의 흐름을 문서화할 수 있다. 그러나 이러한 '썰물과 흐름'을 포착하려면 교섭 과정의 미묘함을 나타낼 수 있을 만큼 충분히 풍부한 범주의 코딩을 설계해야 한다.

교섭의 상호 작용을 코딩하기 위한 현존하는 대부분의 시스템은 베일스 (Bales, 1950)의 인기 있는 상호 작용 프로세스 분석(IPA)으로 거슬러 올라갈 수 있다. IPA를 노사 분쟁의 초기 협상 과정에 적용함으로써 협상과의 관련성을 입증했다(Landsberger, 1955). IPA에 반영된 문제해결과 교섭의 차이를 인식한 맥그라스와 줄리언(McGrath and Julian, 1963)은 혼합 동기 갈등인 협상의 특징인 대인 영향 및 영향 차원을 통합하는 새로운 시스템을 고안했다. 이 테마의 다른 변형에는 협상의 논쟁 측면을 연구한 체크마이스터와 드럭먼의 코드(Zechmeister and Druckman, 1973), 통합적 협상에 대한 프루잇과 루이스의 코드(Pruitt and Lewis, 1977), 그리고 진술의 종류(제안, 수용, 거부, 추구), 활동(구조화, 결과), 지시 대상(자신, 사람, 단체) 간의 구별 및 연결에 대한 스티븐슨, 나이브턴, 몰리의 시스템(Stephenson, Kniveton, and Morley, 1977)이 포함된다. 특히 국제협상과 관련이 있는 것은 내용과 스타일, 본질과 전략을 구분하는 것이다. 이러한 차원은 군비통제 회담의 녹취록을 코딩하기 위해 만들어진 분석모형에서도 나타난다.

군비통제 협상 연구에 사용된 범주는 실제로 제안된 내용(토론된 주제)을 기록하는 것부터 진술에서 추론할 수 있는 내용(기본 의도 또는 전략)까지 다양하다. 드럭먼과 호프먼(Druckman and Hopmann, 1978)은 3년간의 상호균형감축협상(MBFR)에서 논의된 주제를 인력 감축, 군비 감축, 계산 규칙 및 데이터, 참여, 논쟁, 관련 조치 및 절차와 같은 여러 범주에 따라 코딩했다. 젠센(Jensen, 1984)은 SALT I와 II(1969~1979)에서 제안의 변경에 따른 양보를 기록했다. 변화의 크기는 상대방의 제안을 향한 움직임(양보) 또는 반대의 움직임(후퇴)에서 추론되었다. 보넘(Bonham, 1971)은 1955년 UN 군축 소위원회에서 불안정, 선전, 적대감에 대한 회담을 코딩했다. 내용과 스타일은 모두 다음 범주로 표시된다. 군축의 안정성에 대한 불안은 실제 진술(예를 들어 과학적 돌파구에 대한 두려움, 합의 회피에 대한 두려움)에서 다소 직접적으로 결정되는 반면, 적대감은 "당신의 메모는 소비에트 국민에 대한 직접적인 모독이다"와 같은 진술에서 추론되는 감정이다. 월콧과 호프먼(Walcott and Hopmann, 1978)의 교섭 과정 분석(BPA)은 내용보다 스타일을 강조하지만 초기 접근방식 대부분의 요소를 결합한다. 드럭먼과 호프먼의 주제 코드(협상 중인 실질적인 문제에 따라 적절하게 변경될 수 있음)와 결합될 때 BPA는 다양한 자료를 코딩하기 위한 정교한 옵션 메뉴를 제공한다. 이는 다음 섹션에서 설명하는 많은 응용 프로그램에서 선택하는 시스템이다.

방법론의 적용

이 장에서는 내용 분석이 사용된 목적과 배경에 대한 개요를 제공한다. 실제 다양한 국제협상의 녹취록과 협상 시뮬레이션 분석 내용을 소개한다. 논의된 사례로는 부분 핵실험 금지 회담, 해저 비핵화 조약, MBFR, SALT 및 기지 권리 회담이 있다. 협상 프로세스에 대한 보다 기본적인 이해는 시뮬레이션된 정치적 의사결정과 커뮤니티 클리닉에서 중재를 원하는 커플 간의 교섭 분석에서 비롯되었다.

이론 연구

✓ **반응성의 협상 모델** ┃ 내용 분석은 드럭먼과 해리스(Druckman and Harris 1990)의 연구에서 협상자가 한 라운드에서 다음 라운드로의 움직임을 나타내는 데 사용되었다. 움직임에 대한 분석은 상대방의 교섭 행동에 대한 대안적 반응 모델을 테스트하기 위해 설계되었다.

움직임은 무기 통제 회담에 관한 젠센의 작업(Jensen, 1988)에 정의된 대로 의도 또는 양보 또는 철회로 코딩되었다. 의도는 협상의 각 라운드에 대한 점수로 요약된 강인한 또는 부드러운 교섭 행동의 집계 지수로 표현되었다. 양보 및 철회는 이전 제안에서 작성된 상대방의 입장에 대한 변화량 또는 반대 방향의 변화량에 대한 코딩 판단에서 파생된 가중 점수였다. 이 연구에서는 여섯 개의 국제협상을 분석했다. 세 개의 회담에서 BPA는 움직임을 강하거나 부드러운 교섭으로 코딩했다(미국 - 스페인 기지 권리, MBFR 및 핵실험 금지 회담의 후반 단계). 다른 협상에서 움직임은 각 라운드(SALT I와 II, 전후 군축 회담 및 핵실험 은행 회담의 전체 기간)에 대한 점수로 요약된 가중 양보였다.

각 협상에서 열 가지 교섭 반응성 모델이 평가되었다. 이 모델은 거래자들이 사용하는 다양한 종류의 정보 처리 전략을 가정한다. 이 모델 중 일곱 개는 세 가지 유형의 상호 방향성(또는 맞대응(tit-for-tat: TFT)), 추세 및 비교 반응성에 대한 변형이다. 방향 반응성은 거래자가 상대방의 직전 움직임에 반응한다고 가정한다. 반응은 맞대응에서와 같이 모방적, 착취적(부드러운 움직임에 대한 강경한 대응)이거나 항복(거친 움직임에 대한 부드러운 반응)일 수 있다. 추세 반응성은 거래자가 시간이 지남에 따라 상대방이 만든 일련의 움직임에 반응한다고 가정한다. 방향 반응성보다 상대방의 행동을 더 많이 모니터링해야 한다. 비교 반응성은 거래자가 이전 라운드에서 자신과 상대방의 움직임의 차이에 반응한다고 가정한다. 보다 복잡한 반응성 모드는 추세 및 비교 응답으로 구성된다. '임계값 조정'이라고 하는 이 모델은 교섭자들이 상대방의 이전 움직임 순서(상대방의 행동 추세 모니터링)와 이전 라운드에서 자신과 상대방의 움직임 사이의 관계(비교에 반응) 모두에 반응한다고 가정한다. 이 결합된 모델은 적합도를 테스트한 기본 모델의 여러 변형 중 하나이다. 다른 변형은 상대방의 초기 움직임과 최근 움직임의 다양한 지연 및 가중치를 나타낸다.

상관 분석의 결과는 매우 명확했다. 비교 모델은 각 협상에 가장 적합했다. 각 협상의 두 당사자 중 적어도 하나는 이전 라운드에서 자신의 움직임과 상대방의 움직임 비교에 응답했다. 결합된 모델 중 어느 것도 비교 모델에서 얻은 유의한 상관관계의 크기나 수를 개선하지 못했다. 모든 경우에 교섭자의 반응은 상대방이 이전 라운드에서 더 크거나 작은 양보를 했는지 여부에 따라 크기를 늘리거나 줄이는 상대방의 이전 양보 방향으로 양보를 조정하는 것이었다. 협상자들은 양보의 동기 패턴을 유지하기 위해 자신의 움직임과 상대방의 움직임 사이의 '갭 좁히기'를 시도했다.

내용 분석 방법론은 본 연구에서 복잡한 교섭의 교섭 역학에 대한 이해를 높이는 데 기여했다. 교섭자들은 다양한 유형의 교섭(다른 당사자, 이슈, 기간)에서 유사한 방식으로 상대방의 움직임에 반응했다. 상대방의 말투에 반응하든 양보에 반응하든, 국제 교섭자들은 자신의 움직임과 상대방의 움직임 사이의 일대일 비교에 민감하다. 교섭자가 크거나 작은 양보를 하거나 협상을 진행하거나 명시된 입장에 대한 약속할 의향을 보여줄 것인지를 결정하는 것은 전반적인 전략이 아니라 이러한 움직임의 집합이었다. 이러한 패턴은 국제 교섭자들이 협상 프로세스에서 공정성이나 정의에 대한 강한 열망을 가지고 있음을 시사한다. 그러나 비슷한 양보를 보장하기 위한 조치는 조정 방향에 따라 교착 상태나 합의로 이어질 수 있다. 상대방의 증가된 강경함이나 더 작은 양보에 대한 조정은 교착 상태를 야기할 가능성이 있는 반면, 상대방의 증가된 부드러움 또는 더 큰 양보에 대한 조정은 과정을 합의를 향한 궤도로 보낼 수 있다.

✓ **구조 및 행태** | 내용 분석은 해저 비핵화 조약, 유럽안보협력회의(CSCE), UN군축특별회의(UNSSOD)의 세 가지 사례 연구에서 구조적 요인과 협상 행태 간의 관계를 문서화하는 데 사용되었다. 이 연구에서 구조는, 예를 들어 다자 포럼에서 핵 국가와 비핵국가를 구별하는 것과 같이, 권력 참여국가 간의 차이로 정의되었다. 협상 행태는 해저 연구에서 BPA의 범주에 따라, 그리고 CSCE 및 UNSSOD의 사례에서 텍스트 저술 또는 '브래키팅(bracketing)'의 지표의 측면에서 코딩되었다.

이 연구에서 사용된 내용 분석 방법론은 협상 외부의 당사자 간의 상호 작용 및 결과에 대한 의미와 함께 프로세스 역학을 보여주었다. 해저 조약에 대한 호프먼(Hopmann, 1974)의 분석은 협상 전략과 일치와 불일치의 비율 사이의 관계를 보여주었다. 전략이 딱딱함(철회, 헌신, 위협의 BPM 범주)과 대조적으로 부드러움(개시, 조정, 약속의 BPA 범주)으로 특징지어질수록, 불일치에 비해 일치 수준이 높았고, 감정 지향적 교섭 스타일에 비해 과업 지향적 교섭 스타일의 비율이 높았으며, 협상 중인 문제에 대해서 불일치에 비해 일치의 비율이 높았다. 분석은 또한 당사자들 사이의 분열을 발견했다. 그 당시에는 국가 간의 새로운 상호 작용 패턴으로 간주되었다. 동·서부 블록 모두에 있는 원자력 발전소는 초기 의견 차이 후에 빠른 합의에 도달할 수 있었다. 이들 국가는 공동의 이익이 협력의 이유임을 알게 되었다. 핵 보유 국가와 비핵 국가 간의 협상은 더 어려웠고, 최종 조약에는 비핵 국가가 선호하는 여러 조항이 반영되었다.

호프먼(Hopmann, 1978)은 분석을 더 확장하여, CSCE 내 상호 작용에 대한 구조적 비대칭의 영향문제를 조사했다. 각 참여국가가 작성한 최종 텍스트 부분으로 정의된 결과에 대한 영향은 CSCE 내에서 합의를 수락하는 것에 대한 대안으로 정의된 위협 가능성과 군사 및 경제적 자산으로 정의된 자원과 관련되었다. 해저 분석에서와 같이 초강대국 사이에 쌍방 공동주권이 존재한다는 증거가 있었다. 그들은 그들의 블록과 비동맹 국가를 지배하는 공동 이익을 유지하기 위해 함께 행동했다. 또한 위협 가능성이 낮은 국가(유고슬라비아, 루마니아, 프랑스)가 지배적인 구조를 바꾸기 위해 함께 행동함으로써 영향력을 행사한다는 징후도 있었다. 그러나 이러한 '배신자'는 보다 강력한 지역 지도자인 미국과 소련에 의해 어느 정도 억제되었다. 초강대국들은 의제에 대해 거부권을 행사할 수 있는 권리를 행사하면서 '비의사결정'도 영향력의 원천이 될 수 있음을 보여주었다.

킹(King, 1979)은 이러한 분석적 전통을 계속해서 UNSSOD의 당사자들 사이의 이익 경쟁을 조사했다. 회의 참석자들이 '브래키팅'이라고 부르는 최종 문서 초안의 텍스트 변경 사항이 영향력의 척도로 사용된다. 이 척도는 참여국가가 자신의 이익을 보호하려는 시도를 반영했다. 그리고 다시 한 번 초강대국 간 쌍방 공동주권에 대한 증거가 있었다. 그들은 함께 행동하여 비동맹 국가들이 이득을 취하는 것을 방지하기 위해 이 메커니즘을 사용했고, 그로써 교섭 범위를 제한했다. 1970년대의 쌍방 공동주권에 대한 추가 증거는 MBFR의 맥락에서 드럭먼과 호프먼(Druckman and Hopmann, 1978)이 제시했다. BPA 범주로 4년간 (1974~1977)의 상호 작용을 코딩한 이 연구자들은 각 초강대국과 동맹국의 움직임보다 미국과 소련의 움직임에 더 높은 상관관계가 있음을 발견했다. 다시 말해, 미국과 소련 대표는 동맹국보다 서로에게 더 잘 반응했다.

이 기간 동안 분석된 회의는, 합의를 달성하기 위해 이해관계를 수용하려는 시도라기보다는 피해 제한을 위한 이해 조정 과정으로 볼 수 있다. 경쟁적 이해관계는 수사학 및 의사결정에 반영되었다. 녹취록에 관한 정량적 연구는 약속과 위협으로 코드화된 진술의 높은 비율(Hopmann, 1974; King, 1976; Druckman and Hopmann, 1978)을, 그리고 거부권과 텍스트 브래키팅의 빈번한 사용(Hopmann, 1978; King, 1979)을 보여주었다. 이는 순응을 유도하기 위한 일종의 강압이며, 이번 절에서 검토한 사례의 특징인 비대칭 교섭 상황에서 효과적일 가능성이 높다. 보다 광범위하게, 내용 분석 결과는 국제협상이 상호 만족스러운 합의에 도달하기 위한 시도라기보다 국가가 영향력을 행사하기 위해 힘을 사용하려는 시도로 더 적절하게 모델링될 수 있음을 시사한다.

✓ **합의 촉진을 위한 기술** ｜ 내용 분석은 협상을 통해 합의를 촉진하기 위한 여러 기술(techniques)의 효과를 평가하는 데 사용되었다. 상당한 주목을 받은 기술 중 하나는 역할 반전이다. 드럭먼과 호프먼(Druckman and Hopmann, 1989)이 검토한 수많은 실험실 연구에서 역할 반전이 협상 행태에 미치는 영향이 평가되었다. 주로 라포포트의 절차(Rapoport, 1964b)에 초점을 맞춘 연구에서는 기술의 효과적인 실행과 영향을 위한 몇 가지 조건이 확인되었다. 단점도 지적되었다. 연구들이 토론의 내용과 스타일과 같은 과정보다는 합의와 같은 결과에 주로 집중했다는 것이다. 또 다른 하나는 조사자가 절차에 참여할 준비가 되었는지 여부에 관계없이 피험자에게 절차를 부과한다는 것이다. 이러한 문제를 극복하기 위한 시도는 1962년부터 1963년까지의 핵실험 은행 회담 기간의 녹취록에 대한 킹의 분석(King, 1976)이다.

체크마이스터와 드럭먼(Zechmeister and Druckman, 1973)이 개발한 범주와 함께 BPA 범주를 사용하여, 킹은 라포포트의 절차에서 세 단계 각각의 발생 빈도를 계산했다. 그는 당사자들이 라포포트가 정의한 대로 역할을 바꾸거나 상대방의 타당성 영역을 탐색하려는 경향이 거의 없음을 발견했다. 자기표현(즉, 자신의 입장을 변호함)에 참여하는 횟수만큼 역할 전환에 참여한 것은 영국 협상자들뿐이었다. 이러한 분석은 협력적 토론이 군비통제 회담에서 드물게 발생함을 시사한다. 유사한 협상에 대해 수행된 다른 내용 분석 연구에서도 높은 비율의 진술이 딱딱한 교섭으로 분류되어 있으며(Hopmann and Walcott, 1977), 이는 이전 섹션에서 보고된 결과와 함께 국제협상이 당사자가 포럼을 사용하는 경쟁 프로세스임을 시사한다.[1]

그러나 사례 연구와 달리 실험실 시뮬레이션은 과정과 결과 관계의 체계적인 탐색을 허용하는 이점이 있다. 내용 분석은 이러한 연구에서 중요한 역할을 한다. 드럭먼(Druckman)과 그의 동료들이 합의를 촉진하기 위한 대안 기술을 평

---

[1] 역할 반전은 다른 방식으로 유용할 수 있다. 이는 MBFR 회담 사이에 실행되는 시뮬레이션의 일부로 일방적인 모의실험에 사용되었다. 이러한 연습을 통해 대표단은 다음 라운드에서 제출될 가능성이 있는 요소를 알 수 있었다. 단기 예측을 위한 기술의 이러한 사용은 이번 장의 뒷부분에서 논의되는 시그널링을 위한 내용 분석 방법을 보강할 수 있다.

가하는 작업이 이러한 분석의 장점을 보여준다. 이 연구자들은 다양한 영역에서 정책을 둘러싼 갈등의 해결에 얽힌 이해관계와 가치의 '연결 해제' 효과를 조사했다. 결과에 미치는 영향은 실험 조건에 의해 작동되는 프로세스의 관점에서 이해되었다. 예를 들어, 연결 해제 조건에서 가치에 대한 언급은 적었고 입장의 유사성은 더 많이 인정되었다(이해관계가 가치로부터 명시적으로 파생된 조건과 비교)(Zechmeister and Druckman, 1973; Druckman, Rozelle and Zechmeister, 1977). 보다 최근에, 이 연구자들은 협상자가 사전협상 워크숍('촉진')에서 가치 차이를 탐색하는 전략과 연결 해제 기술을 비교했다. 가장 흥미로운 결과는 협상 프로세스에서 얻은 것이었다. 결과는 조건에 따라 다르지 않았지만, 이러한 합의에 도달하는 데 사용된 프로세스는 상당히 달랐다. 예를 들어 촉진 조건에서 입장 간의 합의를 나타내는 진술이 더 많았고, 자기 이익보다 공동 이익을 향한 진술이 많았으며, 교섭자의 우세를 나타내는 진술이 더 적었다(Druckman, Broome, and Korper, 1988).

내용 분석은 결과 분석에서 드러나지 않은 중요한 통찰력을 제공했다. 다양한 종류의 프로세스는 협상 당사자 간의 관계에 영향을 미친다. 합의는 연결 해제 조건에서와 같이 경쟁적 교섭 또는 촉진 조건에서 볼 수 있는 협력적 문제 중심 토론에서 발생할 수 있다. 연결 해제 조건에서 협상자는 공동 이익보다 주로 자신의 이익에 중점을 둔다. 그들은 그룹 간의 미래 상호 작용에 부정적인 영향을 미칠 경쟁 지향이 있음에도 합의에 도달했다. 촉진 조건 교섭자는 자신과 다른 사람의 가치를 모두 수용할 수 있는 '정당한' 결과에 관심이 있는 토론자였다. 그들은 협력적 지향으로 인해 합의에 이르렀고, 그룹 간의 관계 구축에 긍정적으로 기여했다.

프로세스 효과는 커뮤니티 분쟁 해결 클리닉에서 사용되는 대안적 형태의 중재에 대한 프루잇(Pruitt)의 현장 연구에서도 설명된다. 구두 내용 분석 시스템은 논쟁자 행동(26가지 행동)과 중재자 행동(28가지 범주)을 모두 코딩하는 데 사용되었다. 언급된 다른 연구에서와 같이 이 작업은 결과가 아닌 프로세스에 강한 영향을 보여준다. 결과는 분쟁 당사자가 조정의 도움으로 의견 차이를 해결할 수 없는 경우 조정자가 중재자가 되는 절차에 유리했다(조정자/중재자). 이 실험 조건의 논쟁자는 새로운 당사자가 중재자가 되는 조건이나 계속되는 조정 조건에 있는 논쟁자보다 적대적이거나 경쟁적이지 않았다. 조정자/중재자 조건의 논쟁자는 또한 더 많은 새로운 제안을 하고, 양보하는 경향을 보였고, 상대방의 의견에 더 자주 동의했으며, 결과에 더 만족했다(McGillicuddy, Welton, and Pruitt, 1987 참조). 저자는 이러한 결과를 조건에 의해 유발된, 논쟁자 동기에 미치는 영향의 관점에서 설명한다. 조정자/중재자 조건에서 보다 협력적인 프로세스를 생성한 동일한 동기는 시간이 지남에 따라 당사자 간의 관계를 유지하는 역할도 할 수 있다.

기술에 대한 현장 연구와 함께, 시뮬레이션은 프로세스 효과가 결과로 다르게 나타나지 않더라도 향후 협상을 포함하여 당사자의 관계에 중요한 의미를 가질 수 있음을 시사한다. 이 통찰은 내용 분석이 기여한 바이다. 토론을 체계적으로 코딩하지 않았다면 다양한 실험 조건들은 달성된 결과의 관점에서 정의된 교섭 행동에 영향을 미치지 못했을 것이다.

응용 연구

응용 연구는 내용 분석이 협상자를 위한 기술적 지원으로 어떻게 사용될 수 있는지를 보여준다. 각 유형의 지원은 그림 17.1에 나와 있는 것처럼 협상 기능과 심리적 과정에 조정될 수 있다.

✓ **협상의 모니터링 기능** | 복잡한 협상은 진행 중인 논의를 추적하는 데 어려움이 있다. 내용 분석은 협상자(및 지원 직원)가 전개 상황을 파악하고 모니터링 기능을 촉진하며 기억력을 향상시키는 데 도움이 될 수 있다(그림 17.1 참조). 전산화된 검색 시스템을 통해 협상자는 진술을 언제, 누가 작성했는지, 어떤 주제가 처리되었으며 어떻게 발표되었는지를 결정할 수 있다. 정보는 소련(또는 미국) 대표가 초기 라운드에서 단계적 감축에 대한 서부(또는 동부)의 우려를 언제, 어떻게 다루었는지, 또는 영국 대표가 단계화에 대한 주제를 얼마나 자주 다루거나 동부 입장의 특정 요소에 동의하지 않았는지와 같이 다양한 형태로 검색될 수

그림 17.1. 지원이 제공하는 기능 및 프로세스

기술 지원	협상 기능	심리적 프로세스
정보 검색 ➡	모니터링 ➡	메모리
추세 분석 ➡	시그널링 ➡	기대치
예측 ➡	자세 ➡	영향 / 제어
처방 ➡	제안 패키지 ➡	문제해결

있다.

다른 질문은 국가 간 또는 서로 다른 시기에 국가 내에서의 비교를 제안한다. 협상 스타일의 국가 간의 차이는 협상에서 각 국가의 '평균 경도'를 보고하는 표의 형태로 나타낼 수 있다. 또는 자신의 입장을 정당화하기 위한 전체 진술과 다른 국가의 입장을 비판하기 위한 진술의 비율과 같은 논증의 차이에 초점을 맞출 수도 있다. 예를 들어, 서구권 국가는 그 반대의 경우보다 동구권의 입장을 더 비난할 수 있는 반면, 동구권 국가는 서구권의 입장에 대해 더 불쾌할 수 있다. 시간에 따른 국가 내 비교와 관련하여 흥미로운 질문은 소련(또는 미국)이 특정 문제에 대한 행동을 변경했는지 여부이다. 이러한 종류의 비교는 질문, 답변, 재작성 등의 범주에서 코딩되거나 딱딱함으로 코딩된 전체 명령문에 대한 문제별 회차 빈도를 보여주는 표로 요약할 수 있다. 특히 흥미로운 점은 협상의 여러 단계에서 쟁점에 대한 강조점의 변화이다. 내용 분석 시스템에서 파생된 국가, 주제, 기간 및 협상 행태 지표의 다양한 조합을 기반으로 많은 다른 비교가 수행될 수 있다.

이것은 협상자들에게 사소한 관심사가 아니다. 효과적인 협상에 기여하는 동시에, 전개 상황을 주의 깊게 모니터링하는 것은 전략의 기초이기도 하다 (Druckman, 1978b). 협상자는 정보를 사용하여 제안을 수정하거나 상대방의 입장이나 이전 약속의 불일치에 주의를 환기시킨다. 이 정보는 또한 다음 섹션에서 설명하는 것처럼 다양한 분석 목적으로 사용될 수 있는 전개 중인 협상의 기록이다.

✓ 주요 이벤트 시그널링 및 움직임 예측 ǀ 미래를 예측하는 것은 다음 협상 라운드를 계획하는 데 필수적인 부분이다. 협상자는 상대방의 행동에서 예상할 수 있는 것에 대한 단서를 찾기 위해 예상 질문에 몰두한다(그림 17.1 참조). 그리고 그럴 만한 이유가 있다. 협상의 효율성은 상대방의 움직임에 대한 정확한 예측에 달려 있을 수 있으며, 이는 징후와 신호로부터 다른 국가의 의도를 추론하는 보다 일반적인 문제의 일부이다(Jervis, 1972; Ramberg, 1989). 내용 분석은 다가올 사건을 나타내는 단서를 식별하고(시그널링) 과거의 반응 패턴을 미래로 투사하여(예측) 미래를 예측하는 과정에 기여할 수 있다.

자주 묻는 질문은 주요 이벤트가 발생하기 전에 정기적으로 진행되는 협상 패턴이 있는지 여부이다. 이 질문은 스페인과 미국 사이의 기본 권리 협상에서의 교착 상태에 대한 분석의 기초였다(Druckman, 1986). 또한 MBFR(상호균형감축협상)에서 상정된 제안에 대한 분석에서도 언급되었다. 두 분석 모두 BPA(교섭 과정 분석) 범주에 따라 코딩된 협상자의 언어 행동에 대해 수행되었다.

기본권 연구에서 내용 분석 범주는 교착 상태의 발생을 알리는 데 유용했다. 이는 협상이 위기로 인해 중단되거나 진전이 없다는 상호 인식으로 인해 중단된 경우와 같이 주요 중단으로 정의되었다. 이 시점에서 팀은 휴회했다. 이 기간 이전, 도중, 이후에 뚜렷한 행동 패턴이 발생했다. 교착 상태가 시작되기 전에는 BPA 시스템에 정의된 용어로 한 팀은 딱딱했고(hard) 다른 팀은 부드러웠다(soft). 상대 팀은 동기화되지 않았다. 교착 상태에서 팀 간의 격차가 줄어들었고 두 팀 모두 딱딱했다. 부드러운 쪽은 딱딱한 행동의 정도를 높였고 딱딱한 행동은 교착 상태를 초래했다. 더욱이 교착 상태에서 협상자들은 유연성이 떨어졌다. 교착 상태가 해결된 후 코드화된 협상 행태의 다양한 범주에서 알 수 있듯이 보다 유연해졌다. 이전 라운드의 딱딱한 행동의 차이 지수와 다음 라운드의 사건 지수(교착, 중립 또는 전환점으로 코딩됨) 사이의 통계적으로 유의미한 상관관계는 이것이 일관된 패턴임을 나타낸다. 이러한 일관성은 이러한 발견을 다가오는 교착 상태의 신호로서 유용하게 만든다. 이는 또한 이론 문헌에서 비교 반응성으로 언급된 보다 일반적인 패턴을 반영할 수도 있다(반응성의 교섭 모델에 대한 논의를 상기하라).

MBFR 회담에서 내용 분석 범주는 제안의 발생을 알리는 데 유용했다. 협상에서 서로 다른 시기에 이루어진 서로 다른 다섯 개의 제안이 분석되었다. 분석은 제안 상정 전후의 태도 스타일에 초점을 맞추었다. 각 제안에 대해 딱딱함 백분율 추세가 차트로 작성되었다. 첫 번째는 논의된 모든 주제에 걸쳐서, 두 번째는 제안에 포함된 주제에 대해서 작성되었다. 두 분석 모두에서 추세는 특징적인 패턴을 보여준다. 협상자들은 제안이 이루어진 세션에 접근함에 따라 협상 태도의 경직도 수준을 낮추었다. 제안이 제공된 세션에서 많은 수의 부드러운 진술이 이루어졌다. 해당 세션에서 유일한 딱딱한 진술은 제안이 상정되기 직전에 이루어졌다. 각 제안에 따라 딱딱함이 증가하는 추세가 여러 세션에서 계속되었다(전체 추세는 제안 전 세션에서 제안 후 세션으로 이동하는 U 자형 함수로 표시되었다). 또한 신호의 목적과 관련이 있는 것은 협상자가 다른 모든 주제에 대한 전반적인 평균 딱딱함보다 그들의 제안 주제를 논의하는 데 훨씬 덜 딱딱했다는 사실이다.

제안 전후의 이러한 행동 패턴이 계획된 전술을 반영한다면 아마도 이는 특정 협상 자세가 상대방의 행동에 미치는 영향에 관한 가정에 기반을 두고 있을 것이다. 한 가지 가정은 협상자가 협력함으로써 상대방의 행동에 영향을 미칠 가능성이 더 높다는 것이다. 이 가정의 타당성은 루빈과 브라운(Rubin and Brown, 1975)과 다른 사람들(Druckman and Mahoney, 1977)이 검토한 연구 결과로 분명해진다. 이 연구는 협력적 의사소통이 다른 협상자의 자기인식을 향상시킨다는 것을 보여준다. 그러한 긍정적인 인식은 협상자가 양보에 보답하고 보다 효과적으로 조정하도록 이끄는 것으로 나타났다. 따라서 MBFR 협상자는 상대방이 다가오는 제안을 수락하도록 유혹하거나 다른 문제에 대한 조정을 통해 절충안을 이루도록 부추겼을 것이다. 그러나 이 전술은 바람직하지 않은 부작용을 일으킬 수도 있다. 협력적인 협상자는 다른 사람들에게 약한 사람으로 인식될 위험이 있다. 이것은 협상자들이 제안 직전에 딱딱한 진술을 하는 경향과 제안이 표명된 후 점점 더 강해지는 자세를 설명할 수 있다. 이러한 자세는 부드러운 협상자라는 평판을 피하기 위한 방법일 수 있다.

콘텐츠 분석은 장기간에 걸쳐 코딩된 추세에서 특정 움직임을 예측하는 데에도 사용된다. 기술적 문제로 간주되는 예측은 선형 가정(회귀 분석) 또는 확률적 가정(마르코프 체인)[2]을 기반으로 하는 통계 모델로 수행된다. 선형이든 확률적이든 최고의 모델은 한 당사자의 과거 움직임에 대한 예측에 기반을 두지 않는다. 그것은 다른 국가의 대표자들 사이의 반응 패턴을 기반으로 한다(모델 검토를 위해서는 Druckman, 1977a 참조). MBFR(상호균형감축협상)에 적용할 때 상호적 모델은 다음 라운드에서 국가의 딱딱함을 가장 정확하게 예측한다. 다음 라운드에서 각 국가의 자세는 다른 참가 국가에 대한 가중 응답을 결합한 방정식에서 예측된다. 그러한 평가는 실용적인 의미도 있다. 협상자는 상대방이 자신의 움직임에 어떻게 반응하는지 안다면 전략의 영향을 확인할 수 있다. 이를 통해 협상자는 상대의 행동에 영향을 미칠 수 있는 정도와 이러한 효과를 달성하는 데 사용할 수 있는 태도의 종류를 측정할 수 있다(그림 17.1 참조).

국가가 그렇게 응답하는 이유에 대한 추가 통찰은 추가 통계 조사를 통해 제공된다. 다자간 협상에서 모든 국가의 반응 패턴은 1차 반응, 즉 한 국가의 대표가 1차적으로 대응(=반응)하는 대상 분석에서 도출할 수 있다. 이것은 각 독립변수(협상 중인 다른 국가)가 종속 변수(예측되는 국가)에 미치는 고유한 효과를 확인하는 것을 수반한다. 이는 참여 국가 수에 대한 기간의 비율 및 다중 공선성과 같은 문제를 고려하여 회귀 분석으로 수행할 수 있다.

효과 크기[3]에 대한 정확하고 신뢰할 수 있는 추정치를 얻기 위해 비교적 엄격한 통계 기준을 사용할 수 있다. 일련의 동시 및 시차 다중 회귀에서 얻은 결과를 조사하여 같은 시점(동일한 라운드)과 이전 라운드 모두에서 특정 대표자가 직접 응답하고 있는 다른 국가를 식별하는 것이 가능하다. 이러한 관계는 그림 17.2에 나와 있다.

그림 17.2에 표시된 패턴은 다자간 협상에 참여하는 동맹 내 국가 간의 전체

---

2) (옮긴이 주) 마르코프 체인(Markov chains)이란 소련의 수학자 마르코프(Andrei A. Markov)가 도입한 확률과정의 일종으로서, 각 시행의 결과가 바로 앞의 시행 결과에만 영향을 받는 일련의 확률적 시행을 의미한다. 마르코프 과정(Markov Process)이라고도 한다.

3) 이러한 통계 기준은 다중 공선성의 문제를 제거하지는 않지만, 효과의 크기 측면에서 변수의 순위 순서를 얻는 것을 가능하게 한다. 이것은 그다음 1차 반응성을 결정할 수 있게 한다(이 문제에 대한 자세한 논의는 Choucri and North, 1975 참조).

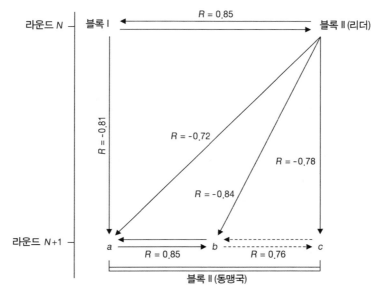

그림 17.2. 국가 및 블록 간의 대응성

관계 집합을 포함한다. 관계의 방향, 강도 및 명확성이 묘사된다. 방향은 화살
표로 표시되며, 수평 화살표는 동시대 관계를 나타내고, 수직 또는 대각선 화살
표는 지연 관계를 나타낸다. 강도는 화살표로 연결된 국가 쌍 간의 상관관계(R)
의 크기로 표시된다. 명확성은 직선 또는 점선으로 표시된다. 직선은 관계가 통
계적 기준을 충족했음을 나타낸다. 점선은 기준 중 하나 이상(전부는 아님)이 충
족되었음을 나타낸다. 결과는 BPA 범주에 의해 정의된 딱딱한 자세로 해석된
다. 그림에서 세 가지 결과가 표시된다. 첫째, 반대 동맹의 지도자들은 주로 긍
정적인 정치적 분위기를 유지하려는 욕망에 의해 동기부여가 되어 공동주권 관
계를 제안하면서 서로의 자세를 모방한다. 둘째, 블록 II 동맹국은 동맹의 계획
된 전술이나 지도자의 의도에 대한 의심 중 하나를 제안하면서 다음 라운드의
주요 문제에 대해 딱딱한 입장을 취함으로써 리더의 부드러운 자세에 반응했
다. 셋째, 동맹국 중 하나(그림에 a로 표시됨)가 두 블록 리더에 대해 반응했다.
이 블록 동맹국은 특정 문제에 대한 다른 블록의 입장을 비판했다. 자신의 블록 리더가 다른 블록 리더의 태도를 모방한 반면, 이 동맹국은 이전 라운드에서 리더가 부드럽게 행동한 후에 딱딱하게 행동하며 이러한 태도에 반했다. 리더의 부드러운 행동에 대응하기 위해 동맹이 지시했는지 아니면 독립적으로 행동했는지는 데이터상으로 명확하지 않다. 동기에 대한 추가 설명은 문제 코드와 관련된 실질적인 논의를 검토하여 얻을 수 있다. 실질(토론된 문제)과 스타일(BPA 범주)의 코딩을 통해 협상 전략의 보다 정확한 렌더링을 얻을 수 있다. 이는 협상 프로세스에 따른 동맹 결속력 변화의 원인 분석에서도 얻을 수 있다.

✓ **다자간 협상에서 동맹 결속력** ｜ 이중 구조는 많은 다자간 협상의 특징이다. 어떤 면에서 이는 블록 대 블록 대화이다. 제안은 동맹의 입장으로 제시된다. 다른 의미에서, 그들은 진정한 다자간이다. 한 블록 내의 국가들이 모두 같은 정도로 동맹의 제안에 동의하는 것은 아니다. 이 이중 구조는 변화하는 연합과 동맹 결속력의 변동에 반영된다. 내용 분석은 협상 프로세스에서 동맹 응집력의 진화를 설명하고 응집력 변화와 관련된 프로세스 내 요소를 식별하는 데 사용할 수 있다. 이 방법은 또한 상대방 동맹에서 온건파를 식별하고 자신의 태도가 상대방의 행동에 주는 영향을 조사하는 것과 같은 전술적 목적으로 사용될 수 있다.

MBFR(상호균형감축협상) 초기에 한 라운드에서 다음 라운드로의 응집력 변화를 평가하기 위해 BPA(교섭 과정 분석) 코드를 기반으로 응집력 지수가 고안되었다. 이는 각 라운드에서 각 동맹국가 사이의 강경대응 진술 비율의 차이를 계산하는 것으로 구성되었다. 이러한 차이 점수의 평균은 응집력 지수였으며, 점수가 낮을수록 블록 응집력이 높음을 나타낸다. 이 지수는 동맹 응집력의 두 가지 변동 요인, 즉 동맹 구성원의 행동 변화와 다른 동맹의 행동 변화(블록으로서)를 식별하는 데 사용되었다. 동맹의 특정 구성원의 행동과 해당 블록의 응집력 지수 사이의 상관관계는 해당 구성원이 시간이 지남에 따라 덜 일탈할수록 동맹이 더 응집력을 갖게 되었음을 나타낸다. 한 블록(예컨대 바르샤바조약)의 딱딱함과 다른 블록(예컨대 NATO)의 응집력 사이의 상관관계는 한 동맹이 이전 라운드에서 더 딱딱해지면 다른 동맹이 다음 라운드에서 응집력을 증가시키는 것으로 나타났다($R = .72$). 이 관계는 내집단 결속의 수준이 외집단 적대감에 따라 달라진다는 내집단 관계에 관한 문헌의 잘 알려진 가설을 뒷받침한다. 딱딱한 협상 태도로 보여주듯이, 외집단이 더 적대적이거나 위협적이거나 공격적일수록 내집단은 더 응집력이 있다(예를 들어 LeVine and Campbell, 1972 참조).

이 관계에 대한 더 깊은 이해는 응집력의 두 가지 변화 원인을 함께 고려함으로써 제공된다. 블록 응집력의 변화는 주로 우리가 '비정상'이라고 부르는 구성원의 다양한 행동으로 인한 것이다. 그 변동성은 이전 라운드에서 다른 동맹의 행동에 대한 반응이기도 했다. 일탈 멤버는 다른 쪽의 딱딱함이 증가함에 따라 속한 블록의 자세에 더 가깝게 이동했다. 이전 라운드에서 다른 블록의 딱딱함(모든 구성원에 대한 평균)과 다음 라운드에서 일탈 국가의 행동 사이의 0.78의 지연된 상관관계는 상대 동맹이 더 딱딱해질수록 일탈 국가가 덜 딱딱해짐을 나타낸다. 결과적으로 동맹은 더욱 응집력을 갖게 되었다. 복잡한 협상의 역학을 묘사하는 동시에 이 발견은 다양한 소그룹에서 관찰되는 보다 일반적인 행동 패턴을 설명할 수도 있다.

✓ **타협과 약속의 영역** | BPA(교섭 과정 분석) 코드는 교섭 입장에서 상대적으로 유연하거나 유연하지 않은 영역을 식별하는 데 사용할 수 있다. 내용 코드(말한 내용)와 스타일 코드(말하는 방법)를 결합하여 분석가는 어느 정도 타협이 가능한 문제와 헌신도가 분명한 문제를 구별할 수 있다. 이 정보는 상대방에게 제시하기 위해 개발된 제안이나 패키지의 종류에 중요한 의미를 가질 것이다(그림 17.1 참조). 분석은 또한 협상 블록 내에서 국가 간의 입장에 대한 다양한 수준의 헌신을 식별하고 협상 목표를 추론할 수 있는 정보를 제공한다. MBFR은 이러한 분석의 예를 제공한다.

MBFR 합의가 달성되기 위해 타협이 필요한 네 가지 넓은 영역은 ① 감축의 범위, ② 감축의 성격, ③ 한계의 성격, ④ 감축의 시기였다. 두 동맹(NATO와 바르샤바조약)은 각 주제에 대해 상반된 입장을 취했다. 관심 질문은 다음과 같다. 각 동맹은 어느 입장에 확고하게 전념하는가? 상대적으로 유연한 입장은 무엇인가? 절충이 가능한가? 동맹 내 각 국가의 비난 및 공약(BPA 범주) 분석을 통해 암시적 증거가 제공되었다. 설명을 위해 조약의 입장에 초점을 맞춰 이 분석 결과를 요약할 수 있다.

내용 분석 결과는 패키지의 대부분의 측면에서 바르샤바조약 국가 협상자의 경직성이 분명했다. 이 국가들은 초기 라운드에서 개념에 대해서만 타협하려는 의지를 보였다. 타협은 그들의 주요 목표에 영향을 미치지 않았다. 단계적 감축에 대한 서방의 입장에 더 가까이 다가가면서도 각 NATO 국가의 구체적인 감축 약속에 대한 입장을 누그러뜨리지 않았다. 집단 한도에 대한 NATO의 입장에 더 가까이 다가가면서도 각 NATO 국가에 특정 제한을 두는 요구 사항을 포기하지 않았다. 이러한 움직임이 실질적인 양보로 간주되는지 아니면 협상 전술로 간주되는지는 명확하지 않았다.[4]

상대적인 주제 강조와 양쪽의 자세는 타협 가능성을 시사했다. 서방의 제안은 감축의 필수 요소로 지상군 인력에 초점을 맞추었다. 이것은 중부 유럽의 전쟁이 재래식일 가능성이 가장 높고 동부가 지상군 범주에서 상당한 이점이 있다는 주장에 의해 뒷받침되었다. 동방의 제안은 군사 상황의 모든 요소에 초점을 맞추었으며 8차 수정 제안에서는 핵무기에 특별한 주의를 기울였다. 바르샤바조약 협상자들은 전술 핵무기가 군사 상황에서 가장 위협적인 요소이며 서방이 이 범주에서 상당한 이점을 가지고 있다고 주장했다. 이러한 주제 강조를 뒷받침하는 것은 다른 인력이나 군비 감축 범주보다 더 자주 논의되는 주제인 핵무기 감축에 대한 그들의 더 강력한 요구와 결합된 지상군에 대해 논의할 때의 상대적으로 부드러운 자세였다. 이러한 서로 다른 강조점과 스타일은 실제 전력의 비대칭성을 증대시키고 동방의 지상 인력과 서방의 전술 핵무기를 맞바꿀

---

4) 다음 주장은 협상 타결이 실제로 상대방으로부터 양보를 끌어내기 위해 고안된 협상 전술임을 시사한다. 바르샤바조약 국가들은 국가 상한선을 주장하지 않고 서독의 병력 규모를 효과적으로 제한할 수 있었다. 예를 들어, 그들은 어떤 국가도 협정 전 병력 수준보다 일정 비율 이상으로 병력을 늘릴 수 없다는 조항으로 집단 상한선에 동의할 수 있다. 또는 특정 국가에서 집단 상한선 내 세력의 비율에 대한 제한을 제시할 수 있다. 이것은 어떤 국가가 집단 상한선 아래에서 사용할 수 있는 힘의 절대적 또는 상대적 비율에 제한을 가할 것이다. 따라서 조약에 국가 상한선이 정의되어 있지는 않지만 이러한 조항은 각 NATO 국가의 군대 규모를 효과적으로 제한할 것이며 바르샤바조약의 관점에서 가장 중요한 문제인 서독이 동맹을 지배하는 것을 방지할 것이다.

수 있음을 시사한다. MBFR의 다른 관찰자들도 회담이 이 방향으로 진행되었을 가능성을 열어둔다(Ruehl, 1982; Coffey, 1977).

보다 일반적으로, 이러한 분석은 상황의 모든 요소를 고려하는 균형 잡힌 패키지를 구축하려는 양쪽의 시도에 기여한다. 그러나 이는 합의 없이 협상을 계속하려는 욕구를 포함하여 시간이 지남에 따라 변화하는 목표를 고려하는 보다 포괄적인 분석을 대체하지 않는다(이클레의 부작용에 대한 재협상 분석(Negotiating for side effects)(1964) 참조).

이론과 실제: 얻은 교훈

이 장에서 논의된 다양한 내용 분석 적용에서 얻은 몇 가지 교훈을 강조하려고 한다. 이론적 교훈은 방법론이 협상 역학, 교섭 과정에서 구조적 요인의 역할, 합의를 촉진하도록 설계된 개입의 영향에 대한 정제된 지식에 어떻게 기여했는지 보여준다. 다음은 내용 분석에서 파생된 협상 프로세스에 대한 통찰의 예이다.

교섭 역학

협상자는 이전 라운드에서 이루어진 자신의 움직임과 다른 사람의 움직임 사이의 차이에 응답한다. 그들은 상대방의 이전 움직임 방향으로 다음 움직임을 조정하여, 양보의 크기 또는 언어 행동에서 표시되는 강경함 정도의 차이를 좁힌다.

구조와 행동

많은 국제협상은 강대국이 모든 당사자를 만족시키는 지속적인 합의를 달성하기 위한 기회가 아니라 다른 국가의 대외(또는 군비통제) 정책결정에 영향력을 행사하기 위해 사용된다.

협약 촉진을 위한 기법

협상 결과는 달성된 프로세스를 반영하지 않을 수 있다. 협상자가 문제를 논의하고 대화에 접근하는 방식(예컨대 문제해결자 또는 경쟁적 교섭자)은 합의에 도달했는지 여부에 관계없이 당사자 간의 장기적인 관계에 영향을 미친다.

적용 연구는 방법론이 모니터링(기억 향상), 신호(예측 구조화), 영향력을 위한 태도, 제안 패키징(문제해결에 기여)을 포함한 여러 협상 기능에 어떻게 기여하는지 보여준다. 다음은 내용분석을 통해 국제협상 실천에 기여한 사례들이다.

신호 및 예측

미래의 움직임은 당사자의 과거 행동의 추세를 추정하는 것과 구별되는 당사자 간의 과거 상호 작용 패턴에 대한 정보에서 예측할 수 있다. 협상자들이 같은 라운드에서 서로 어떻게 반응하는지, 그리고 이전 라운드에서의 다른 사람들의 움직임에 어떻게 반응하는지를 보면 같은 세션이나 다음 라운드에서 취할 수 있는 반응과 이니셔티브를 예상하는 데 도움이 된다.

동맹 결속

다자간 포럼에서 국가적 협상 행태는 협상 과정에서 변동한다. 어떤 경우에는 협상자가 상대적으로 독립적인 행동을 보일 수 있다. 다른 때에는 동일한 협상자가 통일된 태도를 보이는 블록의 구성원처럼 행동한다. 이러한 변화는 반대 블록 구성원의 행동에 영향을 받는다. 상대 동맹이 강경한 입장을 취하거나 타협에 대한 저항을 보일 때 동맹 구성원의 태도와 입장이 더욱 통일된다.

타협 영역

합의는 종종 '교섭 영역' 안에 포함된 사안에서 나타난다. 이것은 협상자가 융통성을 발휘할 수 있거나 다른 곳에서 이익을 얻기 위해 거래를 고려할 의향이 있는지의 사안이다. 유연성은 다양한 문제에 대한 딱딱한 태도와 부드러운 태도를 분석하여 나타난다. 그러한 분석의 한 결과는 MBFR 회담에서 발생 가능한 서방 전술 핵무기와 동부 지상 인력의 거래를 제시하는 것이었다.

이론과 실천은 한편으로는 기초 연구를 통해 얻은 통찰이 협상 프로세스를 개선하는 데 사용되고, 다른 한편으로는 대표단에 대한 분석적 지원이 새로운 지식으로 이어질 때 연결된다. 이론과 적용 사이의 연결은 반응성에 대한 연구와 응집력 분석에서 이루어진다. 전자에서는 대응과 반대응의 교섭 역학이 미래 움직임을 예측하는 기초로 사용된다. 후자의 경우, 다자간 포럼 내에서 관찰된 블록의 반응은 외집단 적대감과 내집단 응집력 사이의 기본 관계를 뒷받침한다. 이러한 이론과 적용 연구의 가교는 내용 분석이 기여한 바이다. 이 장에서 논의된 예는 접근방식의 유용성을 보여주며, 국제협상에서 추가 적용을 위한 길을 열어준다.

결론

미래의 적용은 내용 분석 방법론의 주요 이점인 비교 작업을 활용할 가능성이 높다. 이번 장에서 논의한 몇 가지 예에서 설명하는 바와 같이, 내용 분석 시스템은 특히 동일한 사례에서 서로 다른 시점의 협상 행태, 복잡한 협상에서 같은 기간 동안 발생하는 서로 다른 프로세스 또는 논의, 그리고 서로 다른 협상에서 전개되는 병렬 프로세스를 비교하는 데 유용하다. 방법론은 실험적 또는 시뮬레이션된 협상에서 관찰된 프로세스를 현장에서 관찰된 프로세스와 비교하는 데에도 유용하다. 이러한 비교는 누적 목표에 기여하여 협상 행태 이론을 개선하는 데 도움이 되는 목록과 명제를 개발할 수 있게 한다. 그러나 이러한 노선에 따른 상당한 진전은 내용 분석 사용 비용에 대한 이점의 가중치와 관련하여 내린 결정에 달려 있다. 한 가지 비용은 시간과 노동이다. 신뢰성을 평가하려면 여러 명의 코더가 필요하며, 협상 스크립트를 코딩하는 데 걸리는 시간은 최소한 그것을 제작하는 데 걸린 시간만큼 걸린다(예를 들어, 세 시간 세션의 경우 MBFR에서는 코드를 할당하는 데 최소 세 시간이 걸렸다). 또 다른 비용은 정보의 가용성이다. 많은 중요한 토론은 비공개이며 녹음되지 않거나 '대화 메모'로 분류된다. 컴퓨터화된 시스템의 출현은 전자의 비용을 줄였다.[5] 협상 자료에 관한 정부의 보다 개방적인 정책은 후자의 문제를 줄일 수 있다.

또한 진전은 고려 중인 협상 프로세스의 새로운 개념에 달려 있다. 국제협상에 관한 문헌은 과정을 교섭(Druckman, 1983) 또는 점진적 의사결정으로 묘사하는 것에서 멀어지고 있다. 구조와 과정의 복잡성을 인식하고, 이 책에 기여한 여러 분들을 포함하여 많은 연구자들이 협상, 패키지 구성, 연합을 포함한 다자간 협상, 협상을 둘러싼 조직 구조의 문제해결적 측면을 분석했다. 흥미로운 것은 콘텐츠 분석이 이러한 복잡한 프로세스를 포착할 수 있는지 여부이다. 이제 우리는 증가된 실질적인 복잡성을 반영하고, 분석 단위에서 더 큰 텍스트 덩어리를 고려하고, 중요한 사건이나 전환점과 다양한 단계를 통해 발생하는 교환의 지속적인 흐름을 구별하기 위해 교섭 과정 분석을 수정하는 것을 고려해야 한다. 회담, 보다 광범위하게는 모든 내용 분석 시스템의 기초가 되는 이론을 명확히 해야 한다. 내용 분석 연구의 결과가 협상 이론의 발전과 개선에 기여하는 것처럼, 특정 범주와 코딩 규칙을 사용하기로 한 결정은 결과 해석에 프로세스의 특정 개념을 부과할 수 있다. 내용 분석을 협상 프로세스를 이해하는 데 유용한 도구로 만드는 것은 방법과 이론 간의 이러한 상호 작용이다.

부록

내용 분석은 협상 텍스트를 분석하는 데 계속해서 널리 사용되는 접근방식이다. 1990년대의 두 가지 발전은 교섭 과정 분석(BPA) 코딩 시스템의 변형의 새로

---

5) 또한 내용 분석은 상대적으로 비용이 많이 드는 접근방식이라는 점에 유의해야 한다. 이 방법론 개발의 상당한 진전은 연구 설계의 일부로 실험실 시뮬레이션 또는 현장 설정에서 협상자 간의 녹취록 내용을 분석하도록 제안하는 프로젝트에 대한 자금 지원 기관의 지원에 달려 있다.

운 사용과 협상 및 관련 상호 작용 프로세스를 이해하기 위한 새로운 시스템 및 접근방식의 개발로 구성되었다. 각각은 이 포스트스크립트에서 검토된다.

교섭 과정 분석

협상 연구의 내용 분석에 관한 자신의 논문에서 해리스(Harris, 1996)는 교섭에서 언어 행동을 코딩하는 데 사용되는 여러 시스템을 검토했다. 이러한 시스템은 대부분 이번 장에서도 검토되었다(예컨대 McGrath and Julian, 1963; Pruitt and Lewis, 1977, Zechmeister and Druckman, 1973). 그녀는 특히 두 가지 시스템이 유효성, 신뢰성, 이론적 관련성 및 사용 용이성 기준의 대부분을 충족한다고 결론지었다. 이것이 몰리와 스티븐슨(Morley and Stephenson)의 회의 과정 분석 시스템(1977)과 월콧과 호프먼(Walcott and Hopmann)의 교섭 과정 분석(1978)이다. 그러나 이 두 시스템을 비교할 때 해리스는 BPA가 더 넓은 범위의 이론적 질문을 다루고 사용하기 더 쉬울 수 있다고 주장했다. 결론은 이번 장에서 이루어진 BPA가 다양한 재료를 코딩하기 위한 정교한 옵션 메뉴를 제공한다는 평가와 일치한다. 이 장에서 논의한 많은 적용을 위해 선택하는 시스템이다. 그리고 1990년대에도 국제협상에 대한 추가 분석에서 계속 사용되었다. 이러한 적용 중 네 가지는 다음 섹션에 요약되어 있다.

① **다자간 협상에서의 반응성** | 그림 17.2에 표시된 반응성 분석은 고급 통계 기법으로 더욱 정교해졌다. 다중(여러 국가의 행동이 다른 국가의 반응에 미치는 영향)과 부분(한 국가의 행동이 다른 국가에 미치는 영향, 다자간 협상에서 다른 국가의 행동을 통제)의 다양한 조합을 사용하여, 우리는 회담에서 다른 국가 또는 국가들의 영향을 통제하면서 양자 간 또는 다자간 사이의 영향력을 더 정확하게 측정할 수 있다. 예를 들어, 우리는 주요 블록 I 동맹국의 영향이 제거되었을 때 다음 라운드에서 블록 I 리더의 행동의 효과가 블록 II 리더의 행동에 더 강한 영향을 미친다는 것을 발견했다. 동맹국은 블록 리더 간의 지연된 상관관계를 약화시켰다. 이러한 종류의 BPA 데이터 분석의 중요성은 다자 협상과 같은 고도로 상호 의존

적인 상호 작용 시스템에서 양자 간 사이의 영향을 분석한다는 것이다. 이를 통해 분석가는 인과 관계(지연 상관관계)를 추론하고 관계의 위조를 줄일 수 있다(부분 상관관계).[6]

② **코딩 시스템 확장** | 수정된 버전의 BPA는 월콧과 호프먼이 문제해결 행동을 고려하기 위해 개발했다. 이것은 경쟁적 교섭과 타협에 대한 강조에서 협력적 문제해결과 통합적 합의로 가는 협상을 반영한다(Hopmann, 1995). 범주 수를 13개에서 33개로 확장한 수정된 시스템은 더 다양한 협상 행태를 고려하여 프로세스 분석의 유효성을 높인다. 시스템의 유효성은 레베데바(Lebedeva, 1991)의 병렬 프로젝트에서 개발된 범주와 시스템 범주를 병합하여 더욱 향상되었다. 주로 시뮬레이션에서 협상 논의를 코딩하는 데 사용되는 레베데바의 시스템(ML이라고 함)에는 분류, 토론 및 조정으로 구분되는 협상 단계의 기능이 추가되었다. 다양한 행동의 빈도는 이러한 단계에 걸쳐 다를 수 있다. 레베데바의 범주 대부분은 초기 단계(공통점 강조, 차이점 강조)와 마지막 단계(합의 영역 확인, 제안 거부, 요구 확대)에 나타난다. 대부분의 BPA 범주는 협상의 두 번째 단계에서 나타난다. 동일한 시스템(BPA 또는 ML)을 사용하는 독립 코더와 다른 시스템의 유사한 범주에 대해 높은 수준의 일치를 얻었다. 두 시스템을 병합함으로써 협상 행태의 범주를 대화의 초기 단계, 중간 단계, 후반 단계로 나눌 수 있다. 또한 토픽 코드를 추가함으로써(Druckman and Hopmann, 1978), 시스템은 분석가가 단계 내 및 단계 사이의 실질적인 영역별로 전략의 추세를 도표화하는 것을 가능하게 한다.

결합된 시스템은 시뮬레이션된 국제협상에서 단계 움직임 가설을 평가하고 시뮬레이션의 행동을 동시대의 실제 협상과 비교하는 데 사용되었다. 랜즈버거(Landsberger)의 열두 번의 단체 교섭 세션에 대한 분석(1955)은, 행동의 경향이 작은 문제해결 그룹에서 발생하는 것으로 밝혀진 가정된 패턴을 따른다는 것을 보여주었다(Bales and Strodtbeck, 1951). 이 가설은 코딩된 시뮬레이션 녹취록의

---

6) 이러한 분석을 수행한 조지메이슨 대학 갈등 분석 및 해결 연구소의 지하루 오카지마(Chiharu Okajima)에게 감사드린다.

결과에 의해 부분적으로 뒷받침되었다. 가설은 긍정적 반응(공통점을 강조)과 부정적 반응(차이를 강조함) 모두가 행동의 첫 번째 단계에서 중간 단계, 마지막 단계까지 더 많이 발생할 것이라고 주장한다. 긍정적인 반응에 대해서는 지지를 얻었지만 부정적인 반응에 대해서는 지지를 얻지 못했다. 시뮬레이션된 협상과 실제 협상 간의 차이점도 발견되었다. 주요 차이점은 실제 협상자가 시뮬레이션에서의 학생 역할 수행자보다 훨씬 더 전략적인 기동(영향을 동반한)을 보였다는 것이다. 전반적으로 외교관은 시뮬레이션된 의사결정자보다 더 딱딱한 수사(차이를 강조하는 진술이 더 많음)를 보였다.

③ **실제 역사적 협상과 시뮬레이션된 협상의 비교** | 베리커와 드럭먼 (Beriker and Druckman, 1996)이 BPA 시스템을 통해 협상의 역사적 맥락에서 가설을 평가했다. 1923년 7월에 체결된 로잔 평화 조약은 제1차 세계대전 이후 연합군과 터키 민족주의자 사이의 갈등을 종식시켰다. 1922년 11월과 1923년 7월 사이에 이루어진 협상은 협상에서 권력 차이의 역할에 대한 가설을 테스트할 수 있는 기회를 제공했다. 실제 회의의 녹취록과 시뮬레이션 토론에서 전개된 내용의 내용 분석은 시뮬레이션 유효성에 대한 함의와 함께 유사점과 차이점을 확인할 수 있는 추가 기회를 제공했다. 여러 유사점이 발견되었는데, (연합체를 마주하는 단일 단체일 때와 비교했을 때) 연합에서 터키 대표의 강화된 경쟁심(BPA 범주에서)은 시뮬레이션에서 재현되었다. 유사하게, 그리스 대표들은 로잔과 시뮬레이션 모두에서 단일 단체를 마주한 연합의 일원으로서 경쟁심이 더 강했다. 회담 중 불일치의 발생과 관련하여 터키 대표와 달리 그리스 대표는 시뮬레이션 및 실제 설정에서 유사한 결과를 보였다. 이와 같은 프로세스의 유사성은 연합 소속 여부가 협상 행태에 미치는 영향에 대한 강력한 증거를 제공하는 것으로 보인다. 연합의 일원이 되면서 1920년대 외교관들과 1990년대의 역할 수행자들의 (이견은 아닌) 경쟁적 발언의 빈도가 증가했다. 이러한 발견은 또한 시뮬레이션의 수렴 타당성에 대한 사례를 강화한다.

④ **과거 기간 동안의 모델 테스트** | 베리커와 드럭먼(Beriker and Druckman,

1991)이 수행한 로잔 회담에 대한 초기 분석은, 반응성의 대안 모델을 평가하기 위해 드럭먼과 해리스(Druckman and Harris, 1990)가 개발한 데이터베이스를 확장했다. BPA 범주(딱딱한-부드러운 행동, 동의-비동의, 긍정적-부정적 감정의 두 가지 버전)에 기반한 네 가지 지표를 사용하여 베리커와 드럭먼(Beriker and Druckman, 1991)은 세 가지 반응 모델의 적합도를 비교했다. 방향(맞대응), 경향(반응에 대한 과거 경향 평가) 및 비교(이전 움직임에서 반응의 유사성 평가) 상호성이 그것이다. 방향 또는 경향 모델보다 비교 모델에서 더 유의미한 상관관계가 얻어졌다. 이러한 결과는 국제협상자가 서로의 움직임에 대응하는 방식에 대한 가장 좋은 설명으로 인지된 공정성을 강조하는 비교 모델에 대한 추가 지원을 제공한다. 그들은 동시대 협상자들의 행동을 특징짓는 동일한 패턴이 훨씬 더 이른 역사적 시기에 협상자들이 서로에게 대응하는 방식을 묘사했음을 보여준다.

기타 콘텐츠 분석 접근방식

협상 프로세스와 당사자 간의 관계 사이의 관계를 조사하고, 언어적 행동과 비언어적 행동을 모두 포함하는 협상 상호 작용에 대한 보다 포괄적인 분석을 제공하고, 국가적 협상 행태를 비교하기 위해 다른 콘텐츠 분석 시스템이 개발되었다. 또한 방법론은 텍스트 코딩을 위한 보다 복잡한 절차를 포함하도록 확장되었다. 이것들은 다음 섹션에서 논의된다.

✓ **협상 프로세스와 관계** | 가치와 이익에 대한 갈등에서 협상된 합의를 촉진하는 요인에 대한 연구에서 드럭먼과 브룸(Druckman and Broome, 1991)은 지향(경쟁, 중립, 협동)과 호소(자신, 공동, 기타)의 두 가지 범주를 기반으로 한 코딩 시스템을 고안했다. 흥미롭게도, '호감도가 낮은' 상태의 역할 참여자는 자기 이익에 더 호소하는 '호감도가 높은' 상태의 역할 참여자보다 더 많은 협력을 표현하고 공동 이익에 더 호소했다. 이 반(反)직관적 발견은 어렵고 완고한 상대를 타협으로 설득하기 위해 사용된 환심을 사려는 전술의 예로 해석되었다(Schelling, 1960). 즉, 상대를 싫어한 대표자는 상호 이익에 호소하고 다른 사람이 합의에 도

달하도록 설득하기 위해 협력적 지향을 사용했으며, 상대방을 좋아하는 대표자는 이러한 전술을 사용할 필요가 줄어들었고 결과적으로 보다 중립적인 자세(협동적이거나 경쟁적이지 않음)를 채택했다.

드럭먼과 리온스(Druckman and Lyons, 2000)는 나고르노 - 카라바흐(Nagorno-Karabakh)에 대한 1994년 협상과 1990~1992년 모잠비크 내전 종식 협상에 대한 비교 연구에서, 협상 프로세스와 협상 후 관계 사이의 관계를 조사했다. 토론은 네 가지 유형의 진술로 코딩되었다. 상대적인 힘 또는 절대적 이득에 대한 강조, 입장 또는 이해관계에 대한 강조, 분배 또는 통합적 교섭 행동, 양보 교환 대 정보 교환의 총체적 코드는 카라바흐의 협상자가 매우 경쟁적임을 보여주었다(0을 중간점으로 하는 가장 경쟁적인 +3부터 가장 협력적인 −3까지의 척도에서 네 가지 지표에 걸친 전체 평균 −2). 모잠비크 협상자들은 경쟁적 교섭과 협력적 문제해결로 구성된 혼합 동기로 설명되는 프로세스에 참여했다(전체 평균은 0). 카라바흐 프로세스는 제한된 휴전으로 귀결되었고, 당사자 간의 갈등 관계를 영속화했다. 모잠비크 프로세스는 적대행위의 중단, 군대 구조 조정 및 정치 선거의 결과를 낳았다. 이러한 결과는 합의 후 기간 동안 당사자 간의 관계 개선으로 이어졌다.

✓ **교섭 행동을 코딩하기 위한 확장된 시스템** | 구매자-판매자 상호 작용에서 교섭 행동을 코드화하기 위해 정교한 프로세스 분석 시스템이 개발되었다. 네우와 그레이엄(Neu and Graham, 1994)은 내용 변수(자기 공개, 약속), 언어 구조 변수(얼버무림, '우리'와 추정상 '당신'의 사용), 준(準)언어 변수(멈춤, 볼륨 변화, 음높이, 웃음)의 범주로 26가지 행동을 코딩하였다. 특정 총체적 행동(수다스러움, 도구적 행동)과 결과(이익, 만족도) 사이에 유의미한 관계가 발견되었지만 프로세스 코드는 유사한 개념의 조사 측정과 관련이 없었다. 이러한 불일치는 협상자가 협상 세션 직후에 질문을 받는 경우에도 자신의 행동을 회상하는 데 어려움이 있음을 시사한다. 두 가지 측정을 모두 포함하는 데 찬성하는 주장이 제기될 수 있다. 하나는 무엇을 어떻게 말하는지를 나타내는 것이고, 다른 하나는 자신의 교섭 경험에 대한 태도나 평가를 나타내는 것이다. 로머 등(Roemer and others, 1999)은 질문, 정보 진술, 약속, 조건(위협, 약속), 일관성 호소, 심리적 도구(보상,

처벌), 그리고 터무니없는 행동을 포함하는 21가지 행동 범주 측면에서 러시아인과 미국의 집단 내 교섭 행동을 비교했다. 그들은 두 그룹에서 유사한 행동 패턴을 발견했다. 대부분의 진술은 정보 교환 범주에 있었고 양쪽은 헌신, 명령 또는 요청, 약속을 자주 사용했다. 그들 사이의 차이점은 도구적 행동의 범주에 있었다. 미국인은 러시아인보다 약속과 위협에 더 중점을 둔다. 또는 러시아인은 미국인보다 명령과 요청, 일관성 호소를 더 강조했다. 문화 간 협상에서 유사점과 차이점이 발견되는지 여부는 아직 밝혀지지 않았다.

✓ **코딩에 대한 복잡한 접근방식** ｜ 이 장에서 설명하는 내용 분석 시스템은 주로 텍스트의 주제별 코딩으로 구성되어 있다. 내용 분석가는 일반적으로 협상에서 각 발언자가 말한 단어, 문장 또는 진술을 코딩하는 데 사용되는 개념 사전을 개발한다. 이것이 협상 텍스트 분석을 위해 취해진 주요 접근방식이었지만, 다른 접근방식이 관련 사회과학 응용 분야에서 인기를 얻었다. 로버츠(Roberts, 1997)가 의미론적 텍스트 분석으로 언급한 한 가지 접근방식은 주제 또는 개념 간의 관계를 인코딩하는 것으로 구성된다. 코딩은 주제 - 행동 - 객체 조합을 식별하는 의미 문법으로 구성된다. 네트워크 텍스트 분석이라고 하는 또 다른 접근방식은 주제 간의 인과관계를 강조한다. 한 주제 또는 개념이 다른 주제에 미치는 영향은 주제 네트워크의 관점에서 이해되며, 여기에는 주제가 다른 주제 쌍 간에 제공하는 연결 수 또한 포함된다. 이 분석의 목적은 조사자의 사전을 구성하는 주제의 인과적 현저성을 식별하는 것이다(Roberts, 1997, ch. 16 참조). 세 번째 접근방식은 내러티브 분석으로 알려져 있다. 자신의 경험에 대한 개인적인 해석에 초점을 맞춘 인터뷰 텍스트 분석에 대한 이 접근방식은 한 사람(또는 협상자)이 이벤트에 영향을 미치거나 협상 프로세스 또는 결과를 형성하는 데에서 자신의 역할을 해석하는 방식에 대한 통찰을 제공한다(내러티브 분석의 철학과 기술에 대한 논의는 Riessman, 1993 참조). 이러한 접근방식은 협상 상호 작용의 인지적 및 주관적 측면에 대한 추가 정보를 제공함으로써 협상 텍스트 분석에 중요한 기여를 할 것이다. 추가된 정보는 국제협상 프로세스에 대한 우리의 이해를 향상시킬 것이다.

사례 연구

국제협상에 대한 과학적 사고는 실무에 적용되어야 하며, 실무 중심의 연구는 실제 사례 연구가 포함되어야 한다. 제3부에는 국제협상의 여섯 가지 쟁점 분야에 대한 사례 연구가 포함되어 있다. 지역 분쟁 및 지역 분쟁에 관한 협상, 국제 사업 협상, 과학 교류에 관한 협상 등과 같은 이러한 사안 중 일부에 대한 협상이 항상 일반 대중의 주요 관심사가 되는 것은 아니다. 그러나 국제적/지역적 차원 모두에서 갈등 해결 과정을 개선하는 데 기여할 수 있는 보편적인 상황을 기반으로 한 협상 이론을 얻고자 하는 궁극적인 목표, 그리고 그 중요성에 대해 사소한 사안으로 치부해서도 안 된다.

제3부는 군비통제와 군비축소에 관한 미-소 회담에 관한 역사적인 두 장으로 시작된다. 역사적 진실성을 위해 두 장 모두 갱신된 것이 아니라, 1980년대 후반이 책의 초판이 집필된 당시의 사고와 현실을 제시하고 있다. 제18장은 미국의 관점을 제공하고, 제19장은 같은 주제를 소련의 관점에서 검토한다. 소련의 관점은 검증 문제와 같은 군비통제 협mm정에 실질적이고 기술적인 장애물에 초점을 맞춘다. 미국의 저자들은 실질적인 문제가 군비통제에 관한 합의를 달성하는 것과 관련이 있다는 것에 동의하지만 협상 프로세스가 협상의 사안과 궁극적인 성공에 결정적으로 기여하고 있다고 생각한다. 협상 프로세스에 대한

이러한 초점은 이 책 다른 장에 반영된 하버드 협상-분석 접근법에 의해 뒷받침된다.

제20장에서는 지역 갈등을 해결하기 위한 협상에 대해 논의하며, 이를 서로 양보를 교환하는 과정으로 보며 해결에 대한 비용 편익 개념을 고려한다. 만약 그러한 모형이 실질적으로 유효하다면, 갈등을 해결하는 데 규범적으로 사용될 수 있다. 가령, 합의된 협상에 대한 대안의 가치 변화를 통해 '게임'의 기본 구조를 변경함으로써 말이다.

제21장은 국제무역 협상과 환경 보호 협상에서 협상 프로세스에 초점을 맞추고 있으며, 관련된 사안들과 단체 및 여러 일련의 행동들을 당연하게 여김으로써 협상에 대한 실질적인 규범적 이론에 필요한 많은 특성을 간과하고 있음을 보여준다(환경 문제와 국제무역회담의 중요한 특징이 관련 사안들과 단체를 '추가'하고 '감'하는 현상을 가리키는 용어인 '협상산술'임을 밝힌다. 필자는 또한 국제협상 프로세스를 바꿀 수 있는 요소로 '자유무역주의'에서 전략적 '무역정책'으로 전환하는 등 무역 안건에서 '합의된 지식'의 변화 가능성을 지적한다).

제22장은 동-서 합작 사업을 중심으로 국제 사업 협상을 논의한다. 저자는 '판매 모델'에서 '협상 모델'로 전환하는 등 비즈니스 모델 영역에서 일어나는 변

화를 설명하고, 협상 모델이 큰 도움이 되는 상황을 파악한다. 이 장에서는 사전 협상 활동의 이점과 이슈 연계 및 변질의 문제점들을 강조한다.

제23장은 문화 교류와 관련된 협상을 고려한다. 이 문제가 자주 주목받는 분야는 아니지만, 권력이 직접적으로 관여하는 경우가 많은 분야이다.

지역 분쟁과 마찬가지로, 테러는 매우 다루기 힘든 분쟁의 영역이다. 점점 더 중요해지는 이 문제의 많은 측면들은 제24장에서 자세히 검토된다. 저자는 관련 행위자들의 합리성을 가정한 해결책을 허용하는 경우가 있다는 유용하고 위안이 되는 관찰을 제공한다. 예를 들어, 이탈리아는 죄수의 딜레마 게임 모델에 기반한 정책을 추구함으로써 붉은 여단을 무력화시킬 수 있었다. 특히 테러리스트의 합리성을 가정한 양쪽 협상 모델의 개발과 테스트는 이 분야에서 가장 유망한 연구 라인 중 하나로 간주된다.

제3부의 기여는, 하워드 라이파의 말을 빌리자면, 분쟁 당사자들 사이의 겉보기에 다루기 힘든 차이보다 이러한 협상을 수행하는 과정이 해결책을 도출하는 데 더 중요할 수 있음을 나타낸다.

제**18**장
군비통제와 군비감축: SALT I

테런스 호프먼 (협력_ 대니얼 드럭먼)

1987년 12월 8일 미 워싱턴 D. C.에서 로널드 레이건 대통령과 미하일 고르바초프 서기장이 중거리핵전력협정(Intermediate-Range Nuclear Forces Treaty: INF)에 서명하면서 동 - 서 간 8년의 교착상태를 이어오던 군비통제와 군비감축 협상을 타개했다. 1945년 핵무기 경쟁이 시작된 이후 두 초강대국(superpower)이 처음으로 핵 운반 수단을 폐기한 것이다. 이 합의는 북대서양조약기구(NATO)가 소련의 SS-020 미사일 배치에 대응하여 서유럽 5개국에 신형 미사일 572기를 배치하기로 결정한 1979년 12월 초에 시작해서 거의 8년간의 협상 끝에 이루어졌다. 그러나 이에 앞서 적절한 협상이 있었다면 미사일 배치를 하지 않아도 될 가능성은 처음부터 열려 있었다.

8년의 협상 기간은 여러 혼선과 함께 교착상태가 계속되며 어려운 협상 프로세스를 만들어냈다. 이는 대부분 당사자 간 큰 인식 차이에서 비롯되었지만, 협상의 성공 또한 협상 프로세스의 중요한 결과이기도 하다.

전후 군비통제 협상과 관련해 합의 전망이나 장애물에 관한 연구는 대부분 다음과 같은 주제를 주로 다룬다. 부분 핵실험 금지조약(Jacobson and Stein, 1966; Seaborg, 1981), 핵확산 금지조약(NPT)(Fischer, 1971), 제1차 전략무기제한협정(SALT I)(Newhouse, 1973; Wolfe, 1979; Smith, 1980), 제2차 전략무기제한협정(SALT II)(Talbott, 1979), 전략무기감축협정(START)과 중거리핵전력협정(INF) (Talbott, 1984; Coffey, 1985), 그리고 상호균형감축협상(Mutual and Balanced Forces Reduction: MBFR)(Ruehl, 1982; Dean, 1987) 등이다. 이 가운데 MBFR은 군비통제 협상의 보편적인 해결방법이었다(Myrdal, 1976; Blacker and Duffy, 1984). 군비통제 협상을 방해하는 실질적이면서도 기술적인 중요 요인은 이 책 제19장에서 찾을 수 있다.

군비통제에 관한 문헌은 대부분, 교착상태를 만들거나 난관을 극복하는 사이에 형성되는 이견 등과 같은 협상 프로세스에 대해 거의 관심을 기울이지 않았다. 게다가 이 문헌들은 셸링(Schelling)의 선구적 연구(1960) 이후 나타났던 협상 프로세스에 대한 분석작업을 대부분 잊고 있다. 최근 몇 년 동안 협상에 관한 문헌이 다수 등장했는데, 그 가운데 상당 부분은 무기 통제나 감축에 관한 분석에 집중되었다. 또 무기를 둘러싼 국제협상 가설을 체계적으로 시험하려는 연구가 증가하고 있지만 여전히 불충분하다.

이는 군비통제에서 합의를 달성하는 것과 관련이 있다. 군비통제 및 군비감축 협상은 독특한 이슈를 지니고 있다. 첫째, 생존 자체를 포함한 가장 중요한 국익이 걸려 있기 때문에 상위 정치(high politics)를 수반하는 경향이 있다. 둘째, 무기와 군사 독트린, 검증, 그리고 또 다른 많은 기술적인 문제들이 있어 복잡한 구조이다. 셋째, 보통 비참여자를 포함한 많은 국가들에게 중요한 결과를 가져다준다. 마지막으로, 대개 내부적으로 분열되고 많은 관료적·정치적 갈등의 대상이 되는 문제들을 수반한다.

이는 미국과 소련은 물론 NATO와 바르샤바조약기구의 안보에 대한 정의가 상당히 다르다는 사실에서 기인하는 것으로 보인다. 각각은 상대방의 목적에 대해 다른 정의를 내리고 있다. 전후 대부분의 기간, 이들은 다른 한쪽이 자신의 정치, 경제, 그리고 사회 시스템을 전 세계로 확장하기를 원한다고 믿어왔다. 그러나 이 요소는 소련에 '신사고(new thinking)'가 도래한 이후 차츰 사라졌는데, 소련은 미국 레이건 정부가 집권 말기 추진한 탈이념적 태도로 역공을 받았으며, 이는 부시 정부에서도 마찬가지였다.

또 다른 요소는 안보의 필요성에 대한 양쪽의 서로 다른 정의이다. 양쪽은 군비통제를 제안할 때 자신들이 가장 두려워하는 무기를 거론하고 상대적 우위를 강화하는 것으로 보는 경향이 있었다. 소련은 특히 탄두의 정확성과 전략적 방어와 관련한 미국의 기술적 진보를 우려했다. 미국은 이 장점들을 보호하고, 취약해지는 소련의 지상 기반 미사일 부대에 대한 미 핵무기의 선제타격 이점을 확보하려는 의도를 보였다. 미국은 소련의 중량급(heavyweights) 지상 기반 대륙간탄도미사일(ICBM)에 주목했는데, 소련은 많은 양의 다탄두 ICBM이 미국의 강화된 군사 목표물에 대한 선제타격 능력을 부여받은 것으로 인식했다.

1980년대 초, 전략무기감축협정(START)에서 소련은 핵무기 동결을 주로 지지했는데, 이는 그들이 패할지도 모르는 기술적 군비경쟁을 제한할 수 있는 최고의 희망인 것처럼 보였기 때문이다. 휴(Hough, 1985)가 지적했듯이, 소련은 과거의 군비통제 협정이 미국의 무기 기술을 성공적으로 제한하는 데 거의 도움이 되지 못할 것이라는 사실을 알고 있었다. 반면 미국은 전략무기감축협정이 전반적으로 소련의 중량급 미사일을 감소시킬 것이라고 보았다. 미국은 이것이 소련 전략무기의 가장 위협적인 요소를 제거할 것이라고 인식했지만, 소련은 미국에게 새로운 기술 혁신에 제한받지 않는 것을 허용하면서도 전략핵억지력의 핵심을 감소시킨다고 보았다.

제네바 협상을 분석한 많은 학술 문헌은 군대의 재편과 방어체계 또는 위성요격 무기 같은 공격체계를 불안정하게 하는 것에 대한 기술적 해결책에 초점을 맞추었다. 한쪽은 전략적 안전성을 유지하기 위해 무기 기술의 향상을 막거나 속도를 늦추기 위해 무기 실험을 금지해야 한다고 주장한다(Hopmann and Anderson, 1988; Arbatov, 1988). 또 다른 한쪽(예를 들어 Sloan, 1985)은 미국과 소련 사이의 전반적인 법적 관계 개선 없이는 그러한 기술적 해결책이 실현될 것 같지 않다고 주장했다. 그러나 이 두 가지 관점은 두 초강대국이 일방적 안보보다는 상호 안보를 추구하는 방식으로 전략적 관계를 재정립하도록 유도해야 하는 역할을 외면하고 있다.

군비통제 협상 이론에 대하여

협상에 관한 사회과학자들의 연구는 다양하다. 게츠코프(Guetzkow, 1957)가 '이론의 섬(islands of theory)'이라고 지칭한 이후 다양한 요소들이 결합되기 시작했다. 여전히 간과하고 있는 것은 전체 문헌의 중심 구성인데, 이것은 섬이 확장할 수 있게 하고 결국 그 섬이 '대륙(continent)'의 형태를 이루게 한다. 비록 대륙을 나타낼 만큼 명확하지는 않지만, 우리는 논리적으로 일관성 있는 이론을 개발하기 위한 몇 가지 방안을 제안할 수 있다. 따라서 우리의 목표는 이 책 제14장에 명시된 것과 유사하다. 이를 위해 다음과 같은 군비통제 이론의 두 가지 필수적인 기준을 명심해야 한다. ① 이론은 몇 가지 핵심 변수를 가지고 가능한 한 협상 프로세스에 대해 설명해야 하고, ② 이론은 복잡한 국제환경의 다양한 문제와 상황에 적용될 수 있을 만큼 충분히 풍부해야 한다는 것이다.

이러한 지침을 염두에 두고 적어도 한 가지 진행 방법을 제시할 수 있다. 가장 간단한 가정부터 시작하여 협상 프로세스의 전개를 설명할 수 있는 주요 요인이나 독립변수를 파악하는 것에 이르러야 하는 것이다. 그런 다음 다양한 군비통제 및 군비축소 문제에 적용하기에 충분히 풍부하고 유연한 체계를 가질 때까지 복잡성을 늘려나갈 것이다. 이런 과정에서 필수 종속변수가 협상의 결과에 어떤 영향을 미치는지에 관해 관심을 가져야 한다.

단일한 합리적 행위자 모델과 게임 이론

가장 간단한 가정에서 시작하여, 우리는 단일 차원에서 다룰 수 있는 간단한 문제에 대해 협상하는 두 개의 합리적이고 대칭적인 단일 개인의 기본 모델을 구성할 수 있다. 이 모델은 이 책 제13장에 요약된 게임 이론적 교섭 전통에 크게 의존한다. 이 모델에서 협상에 나서는 개인은 효용 극대화자(utility maximizers)로 간주되며, 이들은 협상 실패와 관련된 효용(또는 동등하게 협상된 협정에 대한 최선의 대안)과 비교해 가능한 최대 이익을 제공하는 합의를 달성하려고 노력한다.

교섭 모델은 일반적으로 효용을 명확하게 정의하고 서로의 효용을 완전히 구성한 양자 협상에 가장 적합하다. 정보가 주어지면, 교섭 문제는 해결되고 당사자들이 합의에 도달해야 하는 고유한 결과 또는 결과의 범위에 도달할 수 있다. 따라서 합리적 행위자가 합의에 도달해야 하는 한계와 그 한계 내에서 어떻게 행동해야 하는지를 확인하고자 한다(제3장 참조). 내쉬(Nash, 1950, 1953)가 제안한 이러한 게임에 대한 해결책으로 바토스(Bartos, 1974, p.23)는, "협상 참가자들은 게임을 마음속으로 분석하고 서로의 움직임을 예상할 수 있기 때문에 게임을 다시 할 필요가 없다는 것을 전제로 한다. 만약 그들이 합리적이라면, 그들은 어떤 합의를 해야 하는지 깨닫고 한 번에 만들 것"이라고 말한다.

그러나 그런 공식적인 교섭 모델에 의해 가정된 조건은 국제협상의 실제 세계에서는 거의 적용되지 않는다. 종종 둘 이상의 당사자가 포함되며, 내부적으로 통합된 국가들도 거의 없다. 행위자의 이익은 복잡하고 변화하기 때문에 각 당사자는 자신의 이익에 대해서조차 불확실하며, 다른 당사자의 선호도 역시 대개 고의적인 은폐나 기만의 결과가 따른다(Cross, 1983). 따라서 이러한 분석으로 해결 가능한 국제적 문제는 거의 없다.

공식적인 교섭 모델은 '안보 수준(Luce and Raiffa, 1957, p.65)'과 '목표'나 '저항점(Walton Mckersie, 1965, p.42)', 그리고 협상된 협정에 대한 최선의 대안 혹은 BATNA(Fisher and Ury, 1981)와 같은 협상 이론과 유용한 개념을 도입했으며, 합리적 행위자들은 몇 가지 구체화된 범위나 '협상 공간' 내에서 합의에 도달할 수 있다(Hopman, 1978, p.153). 그러나 국제협상에서 협상 이슈에 대해 유효한 '해결책'을 도출하려는 시도는 대체로 만족스러운 결과를 얻는 데 실패했다. 군비통제 같은 이슈에 대한 협상 결과는 주로 명확하게 정의된 초기 조건에서 도출되기보다는 과정을 통해 결정된다.

이런 이유로 인해 협상의 공식 모델은 협상의 특정 매개변수와 조건을 명확히 하는 데 유용할 수 있는 '휴리스틱'을 제외하고는 군비통제 협상 분석에 직접 적용되는 경우가 거의 없었다. 게임 이론적 관점은 유효한 국제협상 이론이 되기에는 많이 부족하지만, 기초가 될 수 있는 몇 가지 기본적인 공리를 제공한다. 이러한 단순한 가정들이 유용한 가설을 제시하더라도, 그들의 편협성(parismony) 때문에 더 복잡한 이론들이 선호될 수 있다.

비합리적 행위자 모델과 사회심리학적 관점

다음으로 우리는 개인이 완전히 합리적일 것이라는 가정을 완화시킬 수 있다. 오히려 사이먼(Simon, 1957, p.198)이 제안한 것처럼, 개인은 통제된 세계관 안에서 일종의 제한된 합리성에 따라 작동한다. 이 시점에서 서로에 대한 인식과 협상 중인 문제에 대한 인식은 매우 중요하며, 이에 따라 사회심리학자의 모델에 대한 관련성이 점점 높아지고 있다. 개인은 비슷한 상황에 다른 방식으로 반응하는 '특징'을 갖고 있다. 게다가 그들의 세계관은 자신이 자란 문화에 제약을 받는다. 따라서 협상자의 목표는 문화적 맥락 내에서 인지된 관심사에 의해 정의되며, 서로에 대한 반응이 상호 작용하면서 심리적 역학에 의해 영향을 받는다. 합의의 기준은 인식된 만족 가운데 하나가 되는데, 이는 상대방 또한 중요하다는 대인관계의 본성이기도 하다.

따라서 두 번째 접근 방법은 협상에 대한 사회 - 심리학적 관점이다. 게임 이론과 마찬가지로 이 연구는 두 당사자의 협상에 자주 적용된다. 그러나 효용 접근법에 기반한 모델과는 달리 이 관점은 추출된 결과보다 협상 프로세스에 초점을 맞추고 있다. 협상에 대한 사회심리학적 관점은 소여와 게츠코프(Sawyer and Guetzkow, 1965)가 처음 제기했으며, 드럭먼(Druckman, 1973, 1977b), 루빈과 브라운(Rubin and Brown, 1975) 및 프루잇(Pruitt, 1981)이 재검토하면서 확장되었고, 이 책에서 루빈(제15장)과 옌손(Jönsson, 제16장)이 분석하고 있다.

이 관점은 지금까지 국제협상 분야, 특히 군비통제 분야에 제한적인 영향을 미쳤다. 물론 실험실을 기반으로 한 가설을 군비통제 협상에 적용하려는 중요한 시도가 있었는데, 그중 일부는 이번 장의 뒤에서 검토한다. 예를 들어 고르바초프의 성격(Hermann, 1989) 및 그 동기(Winter, 1989), 운영 코드(Walker, 1989)에 대한 여러 연구는 콘텐츠 분석을 채택했다. 이 연구는 대체로 소련 지도자가 민감하고 문제해결사이며, 성취욕이 높고 사건 통제 능력에 자신감이 있다는 결론을 내렸는데, 이는 군비통제 협상에서 비교적 협조적 자세를 취할 가능성이 높은 사람의 성격과 일치한다. 그러나 미래에는 심리 분석을 넘어 많은 다른 심리학적 차원에 대한 탐구가 더 필요하다. 일부 연구로는 상호 오해로 보았던

'거울 이미지'(Bronfenbrenner, 1961)나 '악마 같은 적 이미지(diabolical enemy images)' 대 '도덕적 자기 이미지(moral self-images)'가 있는데, 이 연구는 미 - 소 관계에 일반적으로 사용되었으나 군비통제 협상에서의 상호 작용과 관련해 직접적으로 적용된 적은 거의 없었다. 또 인지심리학 전체 분야와 제16장에서 옌손이 위에서 검토한 '속성의 재미 오류'를 분석하는 접근방식은, 관련 가설의 풍부한 원천이 될 수 있지만 군비통제 협상에 대한 연구에서는 거의 주목받지 못했다. 따라서 통찰력이 풍부한 이 분야는 무기 협상의 분석에 더욱 적용될 필요가 있다.

조직 교섭 모델

셋째, 우리는 단일 행위자와 거래하고 있다는 가정을 버리고 조직과 관료의 역할과 그들이 대표자로 내세운 협상 대리인과 연결하는 '경계 역할(boundary roles)'을 도입할 수 있다. 여기에서 협상 위치는 그룹 내 협상의 결과에 의해 정의된다. 그룹 내 협상에서는 국가적인 목표에 도달하기 위해 다른 조직의 선호와 다른 역할을 하는 사람의 인식이 조정된다. 칸(Kahn)이 이 책 제11장에서 지적한 바와 같이, 정부 관료들은 그들의 성격뿐만 아니라 조직의 역할에 근거하거나 그들의 행동에 영향을 미치는 제도적 목표나 보상, 벌칙에 따라 행동한다. 따라서 협상자들은 대인관계를 단계별로 이해하거나 공감하는 것이 복잡해지며, 프로세스 자체에 직접 참여하지 않는 많은 대리인의 요구와 관심에 따라 제한된 환경에서 일하게 된다.

국제협상의 조직 내 프로세스 모델은 노동 협상의 행동 측면에 대한 월턴과 매커시(Walton and Mckersie)의 선구자적 연구에서 영감을 얻었다(1965). 이 모델은 군비통제 협상이 통일된 민족국가 간에 이루어지는 것이 아니라 다양하고 경쟁적인 이해관계를 반영한 대규모 관료들 사이에서 이루어진다는 것을 강조한다. 민족국가들은 입장을 진전시키기 전에, 우선 광범위하게 정의된 안보 정책의 목표와 우선순위에 대한 내부 분쟁을 해결해야 한다. 따라서 협상은 국가 간에서뿐 아니라 국가 내에서도 이루어지며, 외교관과 본국 정부 사이의 협상은 다른 나라와의 협상만큼이나 치열할 수 있다.

이 문제는 국제 군비통제 협상에서 중요하게 다루어지는데, 소련과 미국의 관료주의가 협상 프로세스에 미치는 영향을 강조하는 최근의 수많은 연구에서도 거론되고 있다(Jensen, 1988; Talbott, 1979, 1984; Smith, 1980). 관료의 효율성이 얼마나 중요한지를 강조하는 연구이지만 분석을 위해 개발된 모델은 부족하다. 군비통제 협상의 다른 많은 분야와 마찬가지로 체계적인 조사는 뒤처져 있다.

한 가지 예외는, 1973년에 시작되어 1988년에 합의 없이 끝난 NATO와 바르샤바조약 사이의 MBFR에 대한 협상의 분석에 월턴과 매커시의 조직 내 협상 모델을 적용하려는 호프먼(Hopmann, 1977)의 시도였다. 그는 NATO의 입장이 다양한 동맹위원회 내의 관료적 교섭에서 나왔고, 이들 위원회 내에서 다른 동맹국들이 취한 많은 입장이 국내의 다른 관료 기관들 간의 교섭 결과를 반영하고 있음을 보여주었다. 이러한 여러 단계의 협상과 그로 인해 야기된 높은 수준의 복잡성은 협상이 장기간 교착상태에 빠진 부분적 원인이 되었다.

그룹 내 요인들이 협상에 미치는 영향과 관련해 월턴과 매커시(Walton and McKersie, 1965)는 조직과 협상 대표에게 두 가지 요구를 강조해 왔는데, 이를 '경계 역할 갈등(boundary role conflict)'이라고 부른다. 드럭먼(Druckman, 1978a)이 국제협상에 적용한 이 개념은 협상자에게 교섭자와 대표자라는 두 가지 다른 역할을 의미한다.

이 두 역할 간의 갈등은 협상자의 두 가지 의무를 포함한다. 즉 상대방의 합리적인 제안에 답변하기 위해 윗사람으로부터 양보를 얻으려고 하거나 자신의 입장을 상대방에게 효과적으로 제시하는 것이다. 드럭먼(Druckman, 1978a; 1978b)은, 이런 갈등은 군비통제와 같은 이슈를 다루는 협상에서 중요한 복잡성을 만들어내는데, 미국과 소련의 국내 조직은 각국의 협상자들에게 상당한 압력을 가하기 때문이라고 밝히고 있다. 그러나 이 개념은 군비 협상에서 체계적으로 적용되지는 않고 있다.

옌손(Jönsson, 1979)은 시험 금지(test-ban) 협상 기간 군비통제에 대한 국내 영향이 소련과 미국의 의사결정에 어떤 영향을 미치는지를 분석했다. 조약에 대한 지지는 각국 내의 온건파와 극단파 가운데 어느 쪽이 더 영향력 있는지에 달

려 있었다. 이는 실험금지와 최종 조약(1963)에 대한 초기의 원칙적 합의(1958~
1960)와 제네바에서의 더 유화적인 소련의 행동을 설명하는 것처럼 보이는 두
나라 온건파들이 비슷한 목표를 동시에 달성하려는 노력이었다. 분할선(cross-
cuttuing)을 넘나드는 것은 교섭 프로세스를 촉진하는 역할을 했다.

국가 간 상호 작용: 교섭과 상호주의

일단 국가의 지위가 올라가면 그 국가는 상대방과 상호주의적으로 협상해야
한다. 이 상호 작용의 본질은 협상 결과에 영향을 미치는 넷째 요소를 구성한다.
상호 작용 과정의 두 가지 모델은 양보수렴모델(the concession model)과 진단상
세모델(the diagnosis-formula-detail model)이 있다.

첫 번째 관점에서는 교섭을 교섭 프로세스로 보고 있으며, 각 측은 아마도 상
대편의 오프닝 포지션에서 다소 떨어져 있는 모습을 보인다. 양보수렴 모델의
가장 단순한 형태는 두 당사자가 각기 오프닝 포지션에 이를 때까지 양보를 교
환하는 것이다(Cross, 1978; Hopmann and Druckman, 1981). 이 모델 내에서 합의
에 도달하기 위한 주요 조건은 일련의 상호 양보를 통해 수렴을 향한 모멘텀을
만들어내는 것이다.

최근 자트먼과 버먼(Zartman and Berman, 1982)이 밝힌 두 번째 접근법은 프로
세스가 진단, 공식, 세부 등 세 단계로 진행된다고 주장한다. 이 대안은 협상 프
로세스가 조직적 구조작업에 의해 추진된다고 강조한다. 이 공식은 다양한 하위
이슈 또는 해결을 구성하기 위한 다른 구조작업의 교환을 반영할 수 있다. 양보
의 역학관계는 협정의 세부 사항을 다듬는 마지막 단계에 이르러야 발생한다.

이 대안들 사이에서 중재를 시도한 몇몇 경험적 연구가 양보 프로세스를 지
지했다(Hopman and Smith, 1978; Jensen, 1984). 한 모델 또는 다른 모델에 대한
지원은 주로 방법론에 기인한다. 호프먼과 스미스(Hopmann and Smith, 1978) 및
젠센(Jensen, 1968)은 협상 기록에 대한 내용을 분석하는 방법을 사용했는데, 공
식 협상은 점진적인 단계를 강조했다고 보았으며, 자트먼과 버먼(Zartman and
Berman, 1982)은 협상자와의 인터뷰에 바탕을 두어 결론을 내렸다. 협상자는 자

신의 경험으로 돌파의 기초를 제공한 공식을 특히 잘 기억해 냈다. 또 호프먼과 스미스, 젠센이 강조했듯이 협상 가능한 문제가 확인되고 일반적인 공식이 확립된 후 세부 사항에 대한 협상의 수렴성을 강조하기 때문에 두 접근법이 완전히 반대되는 것은 아니다. 어쨌든 협상에 관한 보다 일반적인 연구와 마찬가지로 양쪽의 견해는 합의에 이르기 위한 어떤 형태의 상호 대응성(responsiveness)의 중요성을 인정하고 있다. 대응성은 여러 군비통제 협상에서 체계적으로 연구되어 왔으며, 성공적인 협상은 일반적으로 반대 측과 높은 대응성으로 특징된다. 예를 들어 젠센(Jensen, 1965)은, 부분 핵실험 금지조약으로 이어지는 협상은 접근 회피 갈등(approach-avoidance conflict)과 유사한 대응 패턴으로 특징된다는 것을 발견했다. 미국과 소련이 더 많은 양보를 하고 그들의 입장이 수렴되기 시작하면서 후퇴하는 경향이 있었고, 심지어 이전의 양보를 철회하는 경우도 있었다. 이것은 몇 가지 사실로 설명될 수 있는데, 하나는 마지막 양보가 종종 협상자들이 타협할 준비가 가장 덜 된 가장 어려운 사안과 관련이 있다는 것이다. 둘째, 합의와의 거리가 멀어 실제로 양보를 감수해야 할 가능성이 희박해 보이기 때문에 조기 양보는 다소 비현실적인 분위기를 풍긴다. 이와는 대조적으로 최종 양보는 사실상 합의를 완성하는 것을 가능하게 할 수 있으며, 따라서 양쪽이 거의 확실히 받아들여야 할 양보를 구성한다. 이로 인해 각각은 막판에 양보하거나 심지어 이전의 양보를 철회하는 것을 더욱 꺼리게 될 수도 있다.

호프먼과 킹(Hopmann and King, 1976, p.137)은 비슷한 연구에서 실험금지 협상은 협상 안팎에서 3대 협상국(미, 영, 소) 간의 실질적인 행동 상호주의로 특징되었다는 점을 발견했다. 특히 눈에 띄는 것은 1963년에 부정적인 상호 작용이 감소했는데, 이는 쿠바 미사일 위기가 성공적으로 해결된 몇 개월 후에 시작되었다. 이러한 상호 작용 감소는 6월 19일까지 계속되어 전반적인 양상이 비교적 중립적으로 바뀌었고, 이에 따라 이전의 매우 대립적인 상호 작용과는 대조를 이루었다. 따라서 호혜적 긍정적 상호 작용과 순환은 아마도 전후 최초의 주요 군비통제 협정의 성공적인 결과에 기여하는 중요한 특징으로 자리 잡았다(Druckman, 1983(Jensen, 1984의 재연구물) 참조. Hopmann and king, 1976 데이터 참조).

대응성은 또한 상대방에게 영향을 미치거나 협력을 촉진하기 위해 사용되는 전략으로 취급될 수 있다. 예를 들어 액설로드(Axelrod)의 연구인 『협상의 진화(The Evolution of Cooperation)』(1984)는 맞대응(tit-for-tat) 전략, 즉 상대방이 협력할 때 협력하고 상대방이 협력하지 못할 때 협력하지 못하는 전술을 입증하고 있다. 그는 이 전략의 몇 가지 장점을 제시한다. 우선 이탈하는 것은 결코 아니며, 쉽게 자극받고 때로는 이용될 수 있고, 용서하거나 상대방이 협력으로 바뀔 때 빠르게 보상을 제공하고 상대방이 쉽게 인정하고 이해한다. 컴퓨터에 의한 액설로드의 연구결과는 맞대응 전략이 다른 전략보다 더 협력적인 행동을 장려한다는 것을 보여주었다. 실험실에서 인간 실험 대상과 맞서는 전술에 대한 연구는 다소 더 엇갈린 결과를 도출한다. 라포포트와 샤마(Rapoport and Chammah, 1965)는 300차례의 '죄수의 딜레마' 게임에서 46 대 72퍼센트의 협력률을 보였다고 보고했다. 오스캄프(Oskamp, 1971)가 7개 연구에 걸쳐 계산한 평균 협력률은 62%였다. 그러나 윌슨(Wilson, 1971)은 맞대응 전략이 보다 유화적이고 보복적인 변수 모두를 포함한 여러 변수보다 더 높은 수준의 협력을 창출한다는 것을 보여주었다.

맞대응 전략에서 한 가지 심각한 문제는 갈등이 고조되는 동안 발생한다. 맞대응 전략은 상대방이 협조할 때까지 협력이 시작되지 않기 때문에 절망적일 수 있다. 협상자들의 전문 용어로 이것은 항상 '공은 상대방에게 있다'는 것을 암시한다. 다른 말로 그것은 비협력의 순환을 끊을 방법이 없으며, 시작 메커니즘이 필요하게 된다는 것이다. 피셔(Fisher, 1987, p.326)는 미 - 소 관계에 대해 "우리가 그들이 행동하고 있다고 생각하는 것만큼 행동하지 않는다면 관계는 꾸준히 악화될 것"이라고 언급했다. 이 문제는 신뢰도가 낮은 상황에서 특히 심각하다. 생각할 수 있는 해결책으로는 신호나 비공식(backchannel) 협상, 중재자 사용 등이 있다. 이것은 가장 주목받는 갈등의 악순환에서 벗어나는 메커니즘이지만 일방적인 이니셔티브이기도 하다.

일방적인 이니셔티브는 상대방의 비협조적인 행동에 대한 협력적인 대응으로 구성된다. 목표는 상대방의 긍정적인 반응, 보통 상호주의를 장려하는 것이다. 일방적 이니셔티브에 대한 가장 잘 알려진 이론은 오스굿(Osgood, 1962;

1979)이 개발한 것이다. 이 주제에 대한 가장 체계적인 연구는 린드스콜드와 그의 협력자들(Lindskold, Bennett, and Wayner, 1976; Linskold, Betz, and Walters, 1979)이 수행했다. 둘 다 전략을 효과적으로 실행할 수 있는 여러 가지 방법을 권장한다. 그 전략은 극복해야 할 적대자들 사이의 불신과 상호 오해의 역사를 가정한다. 따라서 한쪽은 상호 보복을 유도하면서 일방적인 긴장 완화 조치를 발표해야 한다. 이니시에이터는 이러한 단계가 제한된 시간 동안 반복적으로 대응을 계속하지만 대응이 없는 경우 무한정 반복되지는 않는다는 점을 명확히 해야 한다. 따라서 오스굿은, 미국은 소련이 단순히 속임수로 치부할 수 없을 만큼 분명하고도 일방적인 군축 조치를 충분히 개시해야 한다고 제안했다. 이후 미국은 소련에게 상호주의를 요구해야 한다. 동시에 미국은 이러한 이니셔티브가 단기간에 기본적인 핵 억지력 포기를 멈출 것임을 분명히 함으로써 빠르고 쉽게 군사적 승리를 달성하기 위한 일방적인 조치로 활용할 수 없다는 점을 소련에게 분명히 해야 한다는 것이다.

이러한 조치들은 전략의 이면에 있는 의도를 명확히 함으로써 강화될 수 있고, 너무 빨리 상호주의를 요구하지 않으며, 상호주의가 발생했을 때 상호주의로 보상하고, 다른 당사자가 이니셔티브를 설명하는 것을 어렵게 할 수 있다. 군비통제 협정을 촉진하기 위해 이 절차를 사용한 것에 대해서는, 1963년 6월 케네디 대통령이 미국 핵실험의 일방적인 중단을 선언하고 부분 핵실험 금지조약에 대한 협상을 완료하기 전에 동-서 간 긴장을 완화할 것을 촉구한 것과, 1988년 11월 고르바초프 서기장의 동유럽 전역 우랄산맥 서쪽의 소련 일부 지역에서 소련의 재래식 전력의 일방적인 대규모 감축으로 설명될 수 있다. 각각의 움직임은 양쪽에 의한 고도의 긴장이 많은 분쟁 비용을 발생시킨다는 것을 인식하며 이루어졌다. 이것은 양쪽의 일방적인 이니셔티브가 '고통스러운 교착상태(hurting stalemate)'를 경험할 때 특히 효과적이라는 것을 나타낸다(Touval and Zartman, 1985).

이런 접근방식은 긍정적인 상호주의의 순환을 만들기 위해 제한된 시간 동안 일방적인 이니셔티브를 사용하는 것이 바람직하다는 것을 보여준다. 그러나 한 걸음 더 나아가 피셔(Fisher, 1987, p.326)는 미국이 소련과 건설적인 관계를 구축하기 위한 최선의 전략은 무조건 건설적이라고 주장했다. 즉 무조건 건설적인 것만이 관계에 좋고 상호적이든 아니든, 우리에게 좋은 것이 된다는 것이다.

그럼에도 실험적인 증거로 볼 때, 상호주의(맞대응 전략)와 일방적인 유화 이니셔티브의 조합이 가장 강력한 근거가 될 수 있을 것으로 보인다. 이는 상대방의 회유와 강압적인 움직임에 동등하게 대응하는 한편, 상호 작용이 경쟁의 순환에 갇힐 경우 일방적인 움직임의 선택권을 유지하는 것으로 구성된다. 이 행동은 단호하지만 공정하다는 메시지를 전달하기 위한 것이다. 실제로 실험과 컴퓨터 시뮬레이션, 민족국가 간의 실제 상호 작용에 대한 현장 연구를 포함한 다양한 상황 증거는 연구 결과의 '명백한 수렴(Patchen, 1987, p.182)'을 보여준다.

경쟁의 소용돌이에서 벗어나기 위해 유화적 이니셔티브를 사용하는 것은 효과적일 수 있다. 특정 유형의 커뮤니케이션 스타일은 상대방이 협력하도록 유도하는 데도 효과적일 수 있다. 도이치(Deutsch, 1985, p.182)는 단호하지만 우호적인 한 가지 스타일을 언급한다. 그는 "호전성과는 대조적으로 확고함은 도발적이지 않으며, 따라서 악의 발전은 중단시키고 협력은 중단시키지 않는다"라고 강조한다. 그의 연구는 협력을 유도하는 데 가장 효과적인 것은 단호하고 호전적이지 않으며, 자신감 있고 우호적인 태도일 뿐이라는 것을 보여준다. 이는 프루잇과 루이스(Pruitt and Lewis)의 '유연 강도(flexible rigidity)'(1977, pp.183~184)와 유사하며, 협상자들이 "마지막(즉 목표나 열망)과 관련해서는 상대적으로 경직된 상태를 유지하면서 일정 기간 동안 그것을 고수하는" 반면 "수단과 관련해서는 유연하고 양쪽 모두를 만족시키는 하나를 찾기 위해 다양한 옵션을 시도하는" 상태를 유지한다면 협력은 장기적으로 개선될 수 있다. 이러한 실험적 발견은 또한 피셔와 유라이(Fisher and Ury)가 협상자들은 "사람에게는 관대하고 문제에는 엄격해야 한다"라고 한(1981, p.13) 것과도 어느 정도 일치한다는 것을 보여준다.

그러나 이러한 개념을 현재의 미 - 소 관계에 적용하면, 비록 소련의 글라스노스트 정책이 이 장애를 극복하는 데 크게 기여할 수 있을지라도, 효과적인 의사소통에 대한 심리적 전제 조건이 존재하는지 여부에는 의문이 약간 남아 있다. 열린 자세로 다른 사람과 소통하려는 의지는 어느 정도의 자신감을 필요로 한다. 그러나 이 문제가 극복되더라도 유화 메시지를 보낸 것으로 해석할 필요가 있다. 즉 협력의 뜻을 나타내는 것으로 해석할 필요가 있으며, 상대방은 자신의 일방적인 이익을 위해 유화적 행동을 해서는 안 된다. 수십 년 동안의 동-서 관계에서 만연해 온 상호 위협체제를 고려할 때 오해의 소지는 많다. 그러나 서로 유익한 상호 작용을 달성하기 위한 반복적이고 다양한 시도로 바뀔 수 있는 것은 시스템 그 자체이다. 상대방을 협력자로 변화시키기 위해 적극적인 자세를 취함으로써 파괴적인 관계에서 건설적인 관계 체제로 이행할 가능성이 있다.

비대칭성과 영향

다섯째, 대칭의 가정을 완화하고 영향력을 행사할 수 있는 능력에서, 그리고 협상 타결에 대한 매력적인 대안을 보유하는 것에서 비대칭의 효과를 도입할 수 있다. 전자에서, 당사자들 간의 능력 차이는 위협과 약속을 이슈화하는 능력에 영향을 미칠 수 있다. 이러한 전술이 내포하는 우발적인 보상과 처벌을 제공하기 위한 능력이 필요하기 때문이다. 후자에서, 협상된 합의에 대한 대안의 차이는 협상 결렬을 위협할 수 있는 비대칭을 만든다. 따라서 이러한 협상력 요소의 변동성을 도입하는 것은 협상 결과의 형평성에 직접적인 영향을 미칠 수 있다.

협상 결과의 비대칭성에 영향을 미치는 주요 요인은 힘의 차이다. 이 차이는 국가의 절대적인 능력과 관계로 만들어지며, 전술을 통해 협상 프로세스로 변환된다. 따라서 특히 셸링(Schelling, 1960)과 이클레(Iklé, 1964)의 국제협상에 관한 초기 작업은 대부분 약속과 위협 및 약속의 역할에 초점을 맞추고 있다. 이는 미래의 지위나 보상 및 처벌 또는 둘 다에 대한 협상 상황에서 이루어지는 우발적인 전술로, 사회심리학적 전통과 부분적으로 연계된다(Tedeschi, 1970). 따라서 국가의 협상 지위는 상대방이 신뢰할 만한 방식으로 이 전술을 전개할 수 있는 능력에 의해 크게 결정된다. 신뢰는 전술 수행에 대한 상대방의 인식된 의지와 보상 및 처벌을 이행하는 인식 능력에 좌우된다. 따라서 국제정치에서 힘의 분배는 이러한 협상 전술을 성공적으로 사용할 수 있는 단계별 능력으로 보이며, 따라서 모든 것이 동일하다면 협상에서 더 큰 힘을 가진 국가가 유리하다.

그러나 최근 분석에서는 월턴과 매커시(Walton and McKersie, 1965)의 입장을 채택했는데, 이는 갈등이나 분배에 유용한 전술이 보다 협조적이거나 통합적인 협상에는 불가능하다는 방안이다. 제14장에서 세베니어스(Sebenius)가 지적했듯이 '가치 주장(value-claiming)' 행위는 '가치 창출(value-creating)' 행위를 몰아내고 교착상태나 전쟁 규모를 확대하며, 격화된 갈등을 초래할 수 있다. 국제무대에서 협상의 목적은, 이익이 상반되는 상황에서 승리하는 것이 아니라 공통의 문제를 해결하는 것이다(Fisher and Ury, 1981).

결과의 비대칭성에 영향을 미치는 또 다른 측면은 협상 결과에 대한 대안의 차이이다. 피셔와 유라이(Fisher and Ury, 1981)는 협상자가 협상 결과의 효용을 합의에 대한 차선책의 가치와 비교해야 한다고 강조한다. 다른 조건이 같다면, 보다 유리한 대안을 가진 당사자들은 협상 실패에서 잃을 것이 적고 협상을 중단하기 위한 위협을 협상 전술로 더 효과적으로 사용할 수 있기 때문에 우위를 점할 수 있다. 호프먼(Hopmann, 1978)은 이것이 1975년 헬싱키 협정의 최종 원문에 대한 유럽안보협력회의에서 협상과 다양한 국가의 차이에 영향을 미치는 주요 요소임을 발견했다.

이 역시, 이 관점을 무기 협상에 적용하기 위해 더 많은 작업이 필요한 분야이다. 양쪽이 다소 대칭적인 것으로 인식되는 소련과 미국의 상호 작용에 대한 이 연구의 초점은 무기 협상에서 비대칭적인 영향에 대한 연구가 부족한 이유를 설명해 줄 것이다. 그럼에도 이 이론의 주체는 군비통제 협상이 점점 더 다자적으로 진행됨에 따라 더욱 관련성을 갖게 될 것이다. 따라서 유럽의 핵 비확산, 화학무기, 재래식 전력에 관한 협상이나 유럽군축회의 등의 논의는 모두 당사국의 영향력 행사 능력의 비대칭성이 매우 중요하며, 더 연구할 가치가 있다.

다자간 협상 및 조정 모델

여섯째, 제3자가 중재자로 참여하거나 협상이 다자간 협상이 될 수 있도록 하기 위해 두 당사자 사이의 협상만을 다루고 있다는 가정을 완화할 수 있다. 이는 우리의 모델에 복잡한 요소를 추가하는데, 협상 범위는 많은 수의 당사자들이 설정한 한도에 의해 정의되기 때문이다. 이는 두 당사자와는 달리 상당히 다른 관심이자 개념이며(Winham, 1977a), 복잡한 패턴 속에서 교차하거나 중복될 수 있다. 일부 쟁점에 대해 협상자들 간의 갈등은 다른 쟁점에 대한 공통의 이해관계에 의해 상쇄될 수 있다. 협상은 채택될 가능성이 적은 반면, 문제해결은 갈등 해결을 위한 효과적인 기술로 이루어질 가능성이 높다.

제3자는 중재자로서 협상에서 중요한 역할을 할 수도 있고, 단순히 공동 이익과 통합의 해결책을 정의하는 데에서 주도적인 위치를 차지할 수도 있다. 이러한 관점은 협상의 본질이 공통적인 문제를 해결하고 상호 이익이 되는 해결책에 도달하기 위한 문제해결이 되어야 한다는 것을 시사한다. 하지만 보통 갈등과 불신으로 특징되는 군비경쟁과 같은 상황에서 공통의 관심사를 인식하는 것은 어려울 수 있다. 이러한 공통의 이익을 실현하기 위한 한 가지 기술은 '토론'이나 '역할 바꾸기(role reversal)'일 수 있다.

✓ **토론과 역할 바꾸기** | 국제협상자 활동의 대부분은 토론, 즉 당사자의 인식과 선호에 대한 상호 이해와 조정을 위한 이슈와 개념에 대한 토론으로 구성된다(Deutsch, 1968, p.131). 대부분의 국제협상은 복잡한 맥락을 형성하며 공식이든 비공식이든 토론을 장려한다. 토론은 경쟁적·협력적, 또는 이 둘이 혼합된 것일 수 있다. 경쟁적 행위로서의 토론은 다른 한쪽을 희생시키면서 한쪽의 입장을 개선하기 위해 사용된다. 협력 행위로서의 토론은 상호 수용 가능한 합의를 향한 문제해결을 촉진하기 위한 장치로 활용된다.

가장 주목받는 협력 방안은 '역할 바꾸기'이다. 라포포트(Rapoport, 1960, 1964b)가 공식화한 바와 같이, 절차는 세 부분으로 구성된다. 즉 가능한 한 상대의 만족을 명확하게 진술(역할 바꾸기)하거나, 상대의 입장에서 합의된 영역을 탐색(유효 영역 식별)하고, 배경과 가치의 유사성에 대한 가정을 유도(동정)하는 것이다. 이 기법은 실험실 연구에서 나왔다. 이들 가운데 대부분은 '쌍방 초점(bilateral focus)'으로 거론되는 라포포트의 절차에서 처음 두 가지 측면을 공통적으로 지니고 있으며, 결과에 대한 영향력을 '자기 제시(self-presentation)'라고 부르는 토론 형식과 자신의 입장을 옹호하는 데 중점을 두고 비교한다. 여러 실험 결과를 종합하면, 합의 도출에서 '쌍방 초점'은 '자기 제시'보다 효과적이지 않다는 것을 알 수 있다. 그러나 이는 태도변화(유사성 추정) 또는 인지변화(상대방 위치 이해)를 일으킬 수 있다(Hammond and others, 1966). 반면 이해관계가 발전하면서 합의가 멀어지는 조화롭지 못한 면을 드러낼 수도 있다.

군비통제 협상의 논쟁 분석은 1962년 18개국 군축회의에서의 핵실험 금지 문제에 대한 협상록에 대한 킹의 연구(King, 1976)에서도 발견된다. 이 협상의 당사자는 쌍방 초점에 거의 관여하지 않았으며, 라포포트가 이러한 활동에 대해 정의했듯이 역할을 바꾸거나 유효 영역을 탐색하려는 의향을 거의 보이지 않았다. 그럼에도 역할 바꾸기 기법을 보다 협력적으로 사용하면 향후 협상에서 더 나은 결과를 가져올 수 있다고 가정할 수 있다. 다만 협상 프로세스를 진행하는 데에서 효용성에 대한 확실한 결론을 도출하기 전에 역할 바꾸기를 채택하고 있는 다양한 사례와 형식에 대해 체계적인 작업을 할 필요가 있다. 실제 국제협상에서 본격적인 역할 바꾸기 경험은 사실상 전무하다. 따라서 이 기술의 궁극적 가치는 여전히 의심스럽지만, 그럼에도 실제 협상에서 더 철저한 시도를 할 가치가 있는 접근법이다.

✓ **동맹과 제휴** ㅣ 다자간 협상은 서로 다른 이해관계와 입장을 가진 많은 당사자들이 참여해 협상이 더욱 복잡해질 수 있다. 그러나 많은 이론 연구는 다자간 협상에서 제휴와 동맹의 역할에 대한 분석을 통해 이 복잡성을 단순화할 수 있음을 시사하고 있다. 이 상황에서 동맹 또는 제휴 내의 의사결정 과정은 양자 협상에서 개별국가 내의 구조와 비슷할 수 있다. 예를 들어 호프먼(Hopmann, 1977)은 브뤼셀의 NATO 관료주의가 MBFR 협상을 위한 협상자를 준비하면서 국가 관료주의의 많은 전통적 속성을 어떻게 취했는지를 설명하고 있다. 한 가지 결과는 절차가 복잡하다는 것이었다. 왜냐하면 제안이 정식 협상 테이블로 가는 과정에서 통과되어야 하는 관문이 매우 많았기 때문이다. 제안은 국가 차원에서 여러 개의 경쟁 조직이 수행하는 심사를 받아야 했을 뿐만 아니라 다시 브뤼셀의 NATO 시스템의 심사를 받았다. 브뤼셀에서는 다른 국가의 선호와 함께 유럽연

합국(SHAPE)과 NATO의 정치적 실체인 북대서양조약기구 이사회(NAC)의 최고 사령부 내 군 조직과 같은 다른 다국적 기관의 선호에 의해 심사를 받았다. 이는 모두 바르샤바조약에 제출될 하나의 공통된 협상 지위로 조정되어야 했다.

대규모 다자회의에서 연합국의 역할은 해저비핵화조약(Hopmann, 1974)과 유럽안보협력회의(CSCE)(Hopmann, 1978), UN군축특별회의(UNSSOD)(King, 1979)를 포함한 다른 군비통제 사례에도 잘 나타나고 있다.

국제시스템 모델

일곱 번째이자 마지막으로, 우리는 이러한 협상이 공백 상태에서 일어난다는 가정을 버리고, 국제적인 맥락에서 가장 중요한 요소 가운데 일부를 소개하고 자 한다. 이런 요소에는 특히 국제 긴장이나 데탕트에 관한 협상 당사자 간 관계 의 역사와 현황, 그리고 협상이 포함된 국제시스템 구조가 포함된다. 국제적 맥 락은 더 넓은 시스템에서의 구조나 상호 작용, 사건을 말한다. 그것은 협상에 영 향을 주는 다양한 차이를 비롯해 민족국가라는 비교적 영속적인 측면 등으로 구성되어 있다. 이 요인은 통제하기 어려우며, 자주 합의를 방해하고 있다.

고르바초프가 모스크바에서 권력을 장악했을 때 INF 협상의 신속한 합의를 이끌어냈을 때처럼 몇 가지 외부 변수가 존재한다. 소련의 아프가니스탄 개입 으로 미국 정부가 SALT II의 즉각적인 비준을 거부했을 때처럼 다른 나라들도 부정적일 수 있다. 그 외의 영향은 간접적인 것으로 당사자 간의 관계가 협상에 도 영향을 미친다. 예를 들어 1970년대 초 미국과 중국 간 무르익은 화해 분위 기는 SALT I 협정에 대한 소련의 관심을 높이는 듯했지만, 1979년 미 - 중 간 외 교가 확대되는 SALT I 협상의 마지막 단계에서 소련의 행위에 지장을 주었다. 협상에 대한 이러한 간접적인 사건의 효과는 헨리 키신저(Henry Kissinger) 국무 장관이나 즈비그뉴 브레진스키(Zbigniew Brzezinski) 국가안보보좌관이 소련에 게 군비통제에 합의하도록 압력을 넣기 위해 '중국 카드'를 자주 사용했을 때처 럼 특히 신중한 전략의 일부로 사용될 경우 강하게 나타난다.

'연계 전략(Linkage Strategy)'은 외부 이벤트를 협상 프로세스에 포함시키기 위한 의식적인 노력을 나타낸다. 협상된 합의는 협상 밖의 문제를 해결하는 것과 연결될 수 있다. 젠센(Jensen, 1979)은 정치적 해결과 군비감축을 연계하는 것은 군비감축 협상에서 오랜 역사를 지니고 있다고 보았다. 젠센은 미국이 SALT에서 소련보다 자주 이 전략을 사용한다는 것을 발견했다. 이 전략이 합의를 방해하거나 촉진할지는 두 가지 변수에 달려 있다. 같은 영역의 이슈와 합의를 이루는 동등한 이익 사이의 연계는 진전을 촉진할 것이고, 그 반대의 경우도 마찬가지이다(Tollison and Wilett, 1979). 그러나 이슈 연계의 유형은 당사자의 연결 동기에 따라 달라지며(Jensen, 1979), 연계는 협상을 약화시키기 위해 사용될 수 있다. 몇몇 체계적인 연구는 두 가지 유형의 외부 영향을 검토했다. 즉 특정 외부의 사건이 협상 프로세스에 미치는 영향과 긴장되거나 안정적인 국제환경이 협상의 내부 역학에 미치는 영향이다.

✓ **외부 이벤트** ㅣ 외부 이벤트와 내부 협상 행태 사이의 관계가 여러 연구의 주제가 되었다. 호프먼과 킹(Hopmann and King, 1976), 호프먼과 스미스(Hopmann and Smith, 1979)는 1962년에서 1963년 사이 부분 핵실험 금지 협상의 내 - 외부 요인의 반응을 분석했다. 드럭먼과 슬레이터(Druckman and Slater, 1979)는 1975~1977년 MBFR 협상에서의 외부행위의 충격에 대한 연구에 집중했으며, 호프먼(Hopmann, 1979)은 1978년 말에 MBFR의 초기부터 16번째 협상을 분석했다.

실험금지 연구는 미국과 영국, 소련이 협상장 안팎에서 행하는 상호 작용을 조사했다. 호프먼과 킹(Hopmann and King, 1976)은 국가들 간에 이루어지는 협상 안팎의 계속된 상호 작용을 보여주었다. 대칭적 행위는 협력적(유연)이거나 갈등적(강경) 대응이라는 높은 수준의 상호 작용을 반영했다. 일관된 행동은 외부의 상호 작용(갈등 혹은 협력)과 협상 내부의 교섭(강경 혹은 유연)에서 높게 부합했다. 호프먼과 스미스(Hopmann and Smith, 1979)는 이 관계를 조사하기 위해 회귀분석을 사용해 호프먼과 킹의 발견을 주로 확인했다. 미국의 협상 행태는 강경하거나 유화적인 관점을 보였는데, 협상장 밖에서는 소련이 취한 행동에 영향을 받았다. 그러나 소련의 협상 행태는 협상장 밖에서 미국이 취한 행동에 영향을 받지 않았다. 소련은 자신의 과거 협상 행태에 더 많은 영향을 받았다.

그러나 MBFR에 대한 호프먼(Hopmann, 1979)의 또 다른 연구는, 협상 초기 단계에서 외부 사건과 협상 진전 사이의 고리가 약한 것을 밝혀냈다. 빈 회담에서 NATO의 행위는 서방세계에 대한 바르샤바조약 국가들과의 외부 행위와 일치하는 경향이 있었다. 그러나 빈(Wien) 내 바르샤바조약 국가의 행위는 협상 첫 28개월 동안만 NATO의 대외 행동과 관련이 있었다. 1976년부터 1978년까지 동-서 관계가 악화되었음에도 바르샤바조약 국가들은 일반적으로 MBFR에서의 협상 입장을 긍정적으로 변화시켰다. 빈 협상이 1970년대 후반 동-서 외교라는 일반적인 국면에서 벗어나게 된 것은 1979년 합의에 근접했지만, 최종 장애물을 극복하지 못한 협상의 혼란 상태를 보여주는 것일 수 있다. 이후 MBFR은 대체로 교착상태에 빠졌고, 결국 1989년 유럽재래식무기협상(CFE)으로 대체되었다.

✓ **국제환경** | 스트레스의 영향에 대한 대규모 실험연구는 일반적인 국제적 긴장과 협상 행태 관계에 대한 가설 자료이다. 이러한 맥락에서 스트레스는 개인이 상황을 해석하는 방식, 특히 그들이 사건에 대한 통제력이 거의 없다고 인식하는 상황을 의미한다. 실험연구에서 보고한 스트레스의 전형적인 영향은 지나치게 단순화된 인식, 모호함에 대한 내성의 재구성, 인지 경직성, 덜 효율적인 문제해결, 적대감이나 공격적인 행동(Hopmann and Walcott, 1977; Druckman, 1973 리뷰 참조)의 증가를 포함한다.

이러한 종류의 스트레스는 국제환경이나 협상에 반영될 수 있다. 따라서 다음과 같이 외부의 긴장은 협상된 합의를 위한 필수 전제 조건이라는 가설이 자주 제시되어 왔다. 싱어(Singer, 1962)의 '선긴장(tensions first)' 접근법은 긴장이 완화되었을 때 군비통제 회담이 가장 성공적일 것이라고 주장한다. 드럭먼(Druckman, 1973)은 높은 수준의 긴장(즉, 자극에 대한 과민반응으로 이어지는)과 낮은 수준의 긴장(다른 국가의 도발에 대한 과소 반응으로 이어지는)의 기능을 강조한다. 이 가설은 외부 긴장의 높이를 강조하는 미국 정책입안자들이 종종 취하는 접근법과 대조된다. 즉 위협과 공약을 강화하기 위해 긴장을 높일 수 있고, 상대방에게 양보를 하도록 요구하기 위해 군비를 조달하고 배치할 수 있다.

그러나 연구에 따르면 이 관계는 실제로 꽤 복잡하다. 상호 효과가 발견될 수 있으며, 악순환 또는 선순환을 만들어낸다. 국제적 긴장 수준이 높거나 낮으면 협상의 진행에 영향을 미칠 수 있다. 이러한 협상 결과는 결국 국제체제의 긴장 수준에 영향을 미칠 수 있다. 이러한 절차는 호프먼과 월콧(Hopmann and Walcott, 1977) 실험실과 현장에서 수행된 병렬분석을 통해 얻은 결과에서도 입증된다. 부분 핵실험 금지회담을 24차례의 시뮬레이션(1962~1963)을 통해 얻은 결과는 이 협상에 참여한 3개국(미국, 영국, 소련) 대표단의 실제 논의에 대한 분석을 뒷받침했다. 시뮬레이션 결과는 높은 스트레스 환경이 성과를 방해하지만, 낮은 스트레스 환경이 반드시 성과를 향상시키지는 않는다는 것을 입증했다. 긴장 완화는 시뮬레이션에서 합의에 필요한 전제 조건이 아니었다.

실제 협상을 적용한 시뮬레이션 결과는 호프먼과 월콧(Hopmann and Walcott)의 실제 실험 금지 논의(1977)에 반영되었다. 1962~1963년 18개국 군축회의(ENDC)를 둘러싼 긴장은 참가국 간의 모든 주요 외부 상호 작용에 대한 협력 갈등 차원에 따라 암호화되었다. 몇 가지 결과가 실험실 결과를 보강했다. 외부 상호 작용에서 코드화된 긴장 수준은 협상 행태 및 인식 지수와 가설 등과 유의미한 연관성이 있다. 그러나 실험실 결과는 가능성이 적지만, 낮은 수준의 긴장은(시작 조건과 비교해) 더 긍정적인 인식과(서방 국가들을 향한) 부드러운 교섭 전술과 관련이 있었다. 그들이 합의에 가까워질수록 관계는 더 돈독해졌다.

따라서 예상대로 1962년 10월 쿠바에서 소련의 미사일로 인한 카리브해의 위기는 단기적으로 실험금지 협상의 수위를 떨어뜨렸다. 그러나 케네디 대통령이 6월 19일 긴장을 줄이기 위해 조정된 조치를 발표하고 흐루쇼프 총서기가 빠르게 반응하면서 실험금지 협상에서 긴장이 감소하고 더 큰 협력이라는 긍정적인 순환이 즉시 이어졌다. 따라서 내·외부 긴장의 소용돌이 효과는 협상 결렬을 설명하는 중요 요소가 될 수 있는 반면, 정치적 데탕트와 군비축소는 긴장 완화의 선순환을 재강화하고 군비통제와 군비감축에 대한 협정에서 더 큰 성공을 이끌어낼 수 있다.

결론: 일곱 가지 관점의 통합

협상에 대한 일곱 가지 관점은 이론상으로는 '섬(island)'으로 볼 수 있지만, 각각의 관점 속에서도 접근법의 차이가 적지 않다는 점을 제시했다. 반면에 많은 유사한 개념들이 모든 접근방식을 포괄하여, 통합을 위한 몇 가지 요령이 있음을 보여주었다. 아마 이것들은 협상 결과에 영향을 미치기 때문에 군비통제 협상의 과정과 맥락 모두에 초점을 맞춘 일반적인 프레임의 기초를 형성할 수 있다 (Druckman, 1983; Druckman and Hopmann, 1989 참조). 협상에 단일 이론은 없지만, 이 복잡한 행동에 대해 포괄적 관점을 제공하기 위해 다른 전통에 뿌리를 두고 함께 다룰 수 있는 이론은 많은 것이 분명하다. 또 위에서 설명한 바와 같이 여러 '섬'은 군비협상에 대한 적용성 면에서 다른 섬들보다 더 체계적으로 탐구되었다. 군비통제 협상 결과에 대한 다양한 형태의 비대칭 영향의 문제뿐만 아니라 인지심리학의 모델 적용과 같은 영역에서 여전히 많은 연구가 이루어져야 한다.

우리 모델의 일곱 가지 요소가 미치는 영향을 모두 평가하더라도, 여전히 협상 프로세스를 통해 도출된 결과의 종류를 충분히 설명할 수는 없다. 이 경우 협상 중인 사안의 특수성을 포함하여 실질적인 협상 맥락을 바탕으로 한 집중적인 규명이 필요하다. '조직된 복합성'(Winham, 1977a; 1987 참조)에 초점을 맞춘 작업을 통해 협상 프로세스의 모델에 실질적인 맥락을 도입하는 데 약간의 진전이 있었다. 그럼에도 우리는 여전히 이러한 복잡성의 요소들을 효과적으로 이해하지 못하고 있으며, 이 모든 요소들을 완벽하게 제거하지 않고 단일 모델로 통합하는 우리의 능력에는 심각한 한계가 있을 것이다. 사회과학자들이 생각하는 규칙성으로 설명하는 데 한계에 다다랐다면, '예술'의 요소를 도입해야 한다. 사회과학의 한계를 넘어 전략적 분석가, 외교관 및 기타 실질적인 전문가의 직관적 견해는 군비통제 협상 프로세스를 보다 완벽하게 이해하는 데 기여할 수 있다.

제 19장

군비통제와 군비감축: 두 번째 시각(SALT II)

알렉세이 G. 아르바토프

20년 동안 구소련과 미국 간에 진행된 전략적 공세 전력(Strategic Offensive Forces: SOF) 통제와 감축 회담은 군사기술 발전 동향과 두 강대국의 전략적 경쟁, 정치·외교적 상호 작용을 분석할 수 있는 매우 귀중한 자료이다. 양쪽이 레이캬비크 정상회담(1986년 10월) 이후 추진해 온 SOF 50% 감축 협정은 지난 20년간의 긍정적 경험뿐 아니라 기존의 문제해결 방식이 갖는 부적절하고 비생산적인 접근법을 모두 포함하고 있다. 공식적인 규정과 그 내용에서 그간의 광범위한 경험의 진수를 취해 협상 절차의 효과를 높이기 위한 권고 사항을 만드는 것은 전문가 개개인이나 미-소 양국 학계의 능력 밖의 일이다.

무엇이 감축되었고 어떻게 감축을 달성할 것인가

SOF 조약은 일반적으로 인류 생존에 가장 위협적인 전략 핵무기의 50% 감축으로 일컬어진다. SOF를 절반으로 줄인다는 원칙은 레이캬비크에서 열린 미-소 정상회담에서 합의된 것으로, 핵무기에 대한 단순한 통제와 달리 전례 없는 규모의 실질적인 감축으로 세계 여론에 큰 영향을 미쳤다. SOF 50% 감축 합의는

1980년대에 군비경쟁을 중지하기엔 역부족으로 인식된 임시 SALT I 협정 및 SALT II 협정과 병치된다. 규칙, 추가 개정과 조항의 정의와 함께 양쪽 신무기 체계의 병행적 개발과 배치까지 계산했던 1986~1988년 실무협상 프로세스에서 핵무기 감축 예상 규모는 단계적으로 변경되었다.

레이캬비크 정상회담 초기에 50% 감축에 따른 전력 상한은 쌍방이 각각 핵탄두 6000발과 투발(投發) 체계 1600개만 보유하는 것으로 확정했다. 탄두 제한 6000발에 따라 당시 실제 미국 핵 군비 수준(탄두 약 1만 2000발)의 절반이 해체되었지만, 소련의 핵 군비 수준은 소폭으로 감소되었다(탄두 약 1만 발의 40%). 반면 투발체 및 발사대 감축은 양쪽 모두에게 타격이 덜했다. 소련의 경우 약 2480개의 전략 투발체를 보유했으므로 최종 1600대 상한선은 36% 감소를 의미했다. 발사대 2200개를 보유한 미국의 감축 규모는 28%였다(이상 소련 데이터). 미국 자체의 전략무기 데이터(투발 체계 1920개)를 기준으로 잡아도 감축 규모는 17% 미만밖에 되지 않았다.

이같이 상대적으로 적은 투발 체계 감축은 일반적으로 '비(非)다탄두화(deMIRV-ing)'[1](또는 빌드다운[2])라는 개념으로 설명된다. 즉, 핵탄두와 투발체의 수를 줄이고, 비다탄두화 탄두 미사일로 전환하며, 전략공격무기의 생존성을 향상시키는 것이다. 하지만 이는 다른 방법으로도 달성할 수 있었다. 발사대 수를 정확히 절반으로 줄이는 대신 탄두 보유량의 상한선을 훨씬 더 높게 두는 것이다. 이 계획은 발사대와 탄두 사이의 비율을 이전 시스템에 유리하도록 바꿨을 것이다. 그러나 핵탄두 감축은 최종 수준인 6000발로 고려했던 것과 다른 변수가 고려되기 시작했다.

시작 단계에서 미국은 1만 2000발, 소련은 1만 발로 탄두를 제한한 것은 양국 전력의 실제 전략공격무기 탑재량에 해당했다. 이는 양국 군이 핵무기 1회 발사 시 투발이 가능한 핵탄두의 수이다. 하지만 수많은 탄두가 다수의 탄두 미사일

---

1) (옮긴이 주) MIRV(Multiple independently targetable re-entry vehicle): 다탄두 각개목표 재돌입 미사일.
2) (옮긴이 주) 빌드다운(Build-Down)이란 신형 무기[핵탄두] 배치와 동시에 그 수량을 상회하는 수의 구형 무기[핵탄두]를 폐기하는 방식을 뜻한다.

에 탑재되어 시험 발사되고, 신형미사일 체계의 특성에 대한 정보가 상대방에게 넘어가는 것은 바로 그 비행 시험 때이다. 일반적으로 전개된 핵무기 체계에는 최대 탑재량보다 적은 수의 미사일이 장착되어 있다. 예를 들어, 대륙간탄도미사일(ICBM)[3]인 미닛맨-3(Minuteman III)[4]는 시험 발사에서 최대 7발의 탄두로 시험했지만, 실제 전개시킨 탄두는 3발이었다. 잠수함 발사식 탄도미사일(SLBM)[5]인 포세이돈(Poseidon)[6]은 탄두 14발로 시험했지만 실제 전개한 탄두 수는 10발이었다. 공중 발사 순항 유도탄(ALCM)[7]에 미국식 계수 규칙을 적용하면 공식 탄두 수와 실제 탄두 수의 차이는 더욱 커진다. 실제 탑재 능력과 관계없이 각 항공기당 미사일이 10기씩 들어가기 때문이다.

두 강대국 간에 합의된 공식 상한선은 1600~6000발이지만, 여기서 어떤 계산식과 여러 가능성을 따르느냐에 따라 실제 핵탄두 보유 수는 미국이 약 1만 발, 소련은 약 9000발까지 될 수 있다. 그렇다면 실제 핵탄두 감축은 50%가 아니라 미국의 경우 14%, 소련은 10% 정도에 지나지 않는다는 뜻이다. 심지어 이는 수백, 수천 기의 해상 발사식 순항 미사일(SLCM)[8]은 이 조약으로 효과적인 제한을 하기가 어렵다는 사실을 고려하지 않은 것이다. 아이러니하게도 이 경우는 50% 감축 이후 SOF의 최종 수량이 실제 조약이 체결되기 전보다 반대로 높을 수 있다(부실하다는 지적이 있었던 1979년 SALT II 조약이 체결되었을 때의 상황은 굳이 언급할 필요도 없다).

스톡홀름 국제평화연구소(SIPRI)[9]의 추정에 따르면, 특정 집계 규칙에 따른 실제 감축량은 SLCM을 제외하고 투발체의 경우 각각 18.6%(미국), 36.9%(소련)

---

3) (옮긴이 주) Intercontinental Ballistic Missile(ICBM).

4) (옮긴이 주) LGM-30G 미닛맨 III 대륙간탄도미사일로, 통상 W62 탄두를 장착한다. 도태 중이지만 2010년에 약 450발이 수명연장 및 업그레이드되었다.

5) (옮긴이 주) Submarine Launched Ballistic Missile(SLBM): 통상 잠수함의 수직발사관으로 발사한다.

6) (옮긴이 주) UGM-73 포세이돈 핵탑재형 잠수함 발사식 탄도미사일.

7) (옮긴이 주) Air-launched Cruise Missile(ALCM): 항공기에서 투발하는 순항 미사일을 말한다.

8) (옮긴이 주) Sea-launched Cruise Missile(SLCM): 함정이나 잠수함에서 발사하는 순항 미사일을 말한다.

9) (옮긴이 주) Stockholm International Peace Research Institute(SIPRI).

이고 핵탄두는 40%(미국), 44.9%(소련)이다. 실질적으로 쌍방이 합의한 제한인 4900기 수준을 유지할 것이므로, 소련의 지상 및 해상 발사식 탄도미사일 탄두만 50%로 감축될 것이다.

새 조약의 질적 한계에 대해서 논하자면, SALT II 협정의 조항이 훨씬 까다롭다는 공감대가 커지고 있다. 구체적으로, SALT II는 단 하나의 새로운 ICBM 종류만 허용했고, 중폭격기에 탑재할 ALCM의 수량을 고정했다. 조약의 원안은 장거리 해상 및 지상 기반 순항 미사일뿐만 아니라 이동식 ICBM의 전개도 금지했다. 종합하자면 SOF 조약안에 대한 서방측 관찰자들의 태도는 다음과 같이 요약될 수 있다. 최선의 경우, 현재 수립된 조약은 절대로 안정성에 심각한 영향을 미치지 않을 것이다; 최악의 경우에는 안정성을 떨어뜨릴 것이며, 따라서 투발체의 숫자(핵 선제공격을 위한 표적이므로)가 탄두(그런 타격을 전달하는 수단) 수보다 절대적인 측면에서 훨씬 더 많이 감소할 것이다. 그리고 감소된 전력 대신 새롭고, 더욱 유연하며, 훨씬 강력하고 정밀한 무기체계로 대체될 것이다.

해상 발사식 순항 미사일의 통제

해상 발사식 순항 미사일, SLCM의 제한은 SOF 조약의 해결되지 못한 주요 '내부' 문제로 남아 있다. 이는 이런 새로운 형태의 신형 핵무기 개발을 위한 미 정부의 사업이 낳은 문제이다.

이런 유형의 무기는 기술적·전략적 이유와 군비통제 및 외교적 고려 사항 등으로 인해 제한할 필요가 있다. SLCM의 통제되지 않은 배치에 대한 기술적 차원의 수용 불가함은 미사일 자체의 특성으로 설명이 가능하다. 이 미사일은 크기가 크지 않아 실질적으로 모든 수상함이나 잠수함에 탑재할 수 있다. 해당 미사일은 파생형 때문에 핵과 재래식 탄두 미사일, 혹은 단거리와 장거리 미사일을 구분하기가 어렵다. 이런 점은 양쪽의 국가적 기술 검증 수단을 통해서만 확인이 가능하다. 이는 핵무기와 재래식 무기, 전략무기와 전역무기(theater weapons) 간의 경계를 무너뜨릴 위협이 된다. 그 결과 쌍방은 모두 상대방의

SLCM이 자국 영토에 대한 핵 공격을 위해 전략무기로 사용하고자 핵탄두를 장착하고 있다고 간주해야 하므로, 전략적 상황의 불확실성과 예측 불가성이 증가한다. 만약 SOF가 투발체 1600개와 탄두 6000발 수준으로 50% 감축한다면, 이런 상황은 예를 들자면 미국 핵전력에 대한 추정치를 투발체 350%, 탄두 170% 범위에서 불확실성을 초래할 것이다.

외교적 군비통제 측면에서의 문제는 기존 투발체와 탄두에 의한 핵전략 삼위일체(strategic triad)[10]의 요소를 현저하게 줄이는 동안, 무제한의 군비경쟁을 그대로 열어두는 것은 필연적으로 군비경쟁이 새로운 경로로 집약적 확산될 가능성을 높인다는 점이다. 이는 군비경쟁이 조약보다 '우선'될 가능성이 높다.

1988~1989년 핵무기와 우주무기에 관한 협상에서, 소련 대표단은 해상발사식 장거리 핵 순항 미사일의 제한에 대한 포괄적인 검증 조치를 제안했다. 이 조치에는 미사일이 생산시설에서 나가는 것에 대한 지속적인 관찰, 해군기지의 집결 지점(미사일을 탄두와 통합하는 곳)에 대한 사찰, 선박 및 잠수함에 적재한 미사일 검증, 해군 함정 및 잠수함에 대한 강제 사찰(Challenge inspection)[11]뿐 아니라 의심스러운 활동에 대한 감시와 탐지를 위한 기술적 검증 방법 등이 포함되었다. 여기에 추가로 핵무기, 특히 항구에 정박한 해군 함정과 잠수함에 탑재된 핵 장착 SLCM을 탐지하기 위한 원격 제어 장치도 가능성이 있다.

그러나 미국은 자체적 해결책을 제공하지 않은 채 소련의 모든 제안을 거부했다. 특히 원격 제어 시스템은 짧은 거리에만 효과적이라 신뢰할 수 없는 데다 수중을 관통해 엑스레이처럼 볼 수 없어 잠수함 제어에 효과적이지 않고, 함정은 선체 안에 핵 순항 미사일을 은폐하고 차폐할 수 있는 충분한 공간이 있다는 주장이었다. 참고로 덧붙이자면, 원격 제어 장치는 SLCM에 탑재된 핵탄두와 다

---

10) (옮긴이 주) ICBM, SLBM, 전략폭격기 등 세 가지 핵심 전력.

11) (옮긴이 주) 정기사찰(Routine Inspection), 특별사찰(Special Inspection)과 함께 현장사찰(on-site inspection)의 한 형태로서 화학무기금지협정(Chemical Weapons Convention: CWC, 1997년 발효)에서 채택하고 있다. 협약의 한 당사국 이상이 상대국의 협약 위반 의혹에 대해 협약기구에 요청할 경우 실시될 수 있으며, 피사찰국 의지와 관계없이 언제 어느 곳이라도 사찰이 가능하다. 걸프전 종전 이후 UN 안보리 결의에 따라 이라크의 화학무기에 대한 강제사찰이 수행되어 대량의 화학무기를 발견하고 이를 폐기한 바 있다.

른 종류의 장약(공대공 미사일, 단거리 함대함 미사일, 투하식 폭탄, 어뢰, 대잠전(對潛戰) 폭탄, 미사일체계)을 구분할 수 없다.

미국 측 설명에 따르면 특정 유형의 해군 함정과 잠수함에 장착하는 핵 SLCM을 세는 규칙은 미 해군 활동의 가장 중요한 원칙과 타협해야만 한다. 함정에 핵무기가 탑재되어 있는지 긍정도 부정도 하지 않는 것이다. 이 정책은 해당 함정이 자국 영토 내에서 핵무기를 허용하지 않는 동맹국(예컨대 일본, 노르웨이, 덴마크, 아이슬란드, 스페인, 포르투갈)의 항구를 방문할 때 정치적으로 복잡한 문제를 야기할 수 있기 때문이다.

미국은 SLCM 배치 장소에 대한 성명을 교환하자는 소련의 제안을 제한하는 입장이었는데, 이를 수용했다면 군비통제의 효과는 분명히 크게 떨어졌을 것이다.

전략무기 감축 및 안정성

전략무기감축협정(START)에 대한 오늘날의 비판이 항상 정당화되어 온 것은 아니다. 미래 협정에서 양국의 전략적 군사력에 대한 공식 및 실제 수준은 미국 측 입장의 결과에 따라 상당히 다를 수 있다. ALCM, SRAM 및 중력 폭탄을 고려한다면, 핵탄두를 장착한 중폭격기는 알려진 바와 같은 1200~1300발 대신 3000~4000발의 핵탄두를 동시에 탑재할 수 있다. SLCM에 대한 제한 해제를 목표로 하는 미국의 노선이 받아들여진다면, 합의된 상한선보다 더 많은 숫자가 추가될 수도 있을 것이다. 배치된 ICBM에 계수 규칙이 허용한 상한선보다 더 많은 탄두를 전개하는 것은 매우 모호한 옵션이며, 특히 검증이 모든 작전기지와 항구에 대한 사찰은 물론 발사대에서 미사일 하나의 상단부를 일일이 열고 탄두의 수를 물리적으로 세야 한다는 내용이 포함된다면 더욱더 애매하다.

제안된 감축 범위를 고려한다면, 현재와는 다른 중폭격기의 계수 규칙을 설정하는 것이 좋을 것이다. 예를 들면 ALCM 투발체와 단거리 미사일 및 폭탄을 투발하는 다양한 항공기까지, 실제 장폭량에 근거한 계수 방식을 말한다. 또 다른 방법은 ALCM을 탑재할 수 있는 폭격기는 10~12개 탄두를 탑재한 것으로 간주하는 반면 ALCM이 없는 중폭격기는 단일 탄두 투발체가 아닌 최소한의 탄두를 가진 다탄두 탄도미사일과 동일시하는 것인데, 두 경우 모두 서너 개의 탄두(ICBM 미니트맨-3, ICBM SS-17, SLBM SS-N-23)를 장착하고 있다. 미국이 반대하는 가장 큰 이유는, 이런 조건하에서는 긴 비행시간 때문에 중폭격기가 선제 핵공격용으로 거의 쓰이지 않을 것이므로 다탄두 탄도미사일처럼 제약하거나 감축할 이유가 없다는 것이다. 폭격기는 핵 대응(비무장화) 공격을 위해 가장 잠재적으로 효과적이고 안정적인 무기이기 때문이다.

위의 주장은 논쟁의 여지가 있으며 근거도 분명하다. 이런 고려 사항은 탄두 수가 더 많은 ICBM 및 SLBM에 대해 보다 직접적인 제한을 확정하는 것을 생각해 볼 수 있다. 이 접근방식은 전략적 안정성을 고려하는 관점에서 권장할 만하다. 다탄두 탄도미사일에 대한 추가적인 제한은 SLCM 문제의 만족스러운 해법에 대한 상황을 개선할 수도 있다.

현재 SOF 협정은 전략적 잠재력, 즉 새로운 무기체계의 질적인 개선을 직접적으로 제한하지는 않는다. 전략적 잠재력에서 양쪽은 합의된 한도 내에서 배치할 수 있으며(탄도미사일 및 중형 ICBM의 총투발중량 제한은 제외), 이에 대해 미국은 단시간 내의 대규모 감축은 새로운 체계의 배치를 간접적으로 늦출 수 있다고 제시했다. 양쪽이 보유한 수백 대의 투발 수단이 수명주기가 끝나기 전에 도태시켜야 하기 때문이다. 반면, 허용된 종류만으로 한정한다고 하더라도 새로운 무기의 시험 및 전개에 대한 직접적 제한이 없다면 협정의 큰 결점 중 하나가 될 것임이 명백하다. 이는 국방비 지출 감소 목표에서도 마찬가지이다. SOF 영역에서 주요 지출은 현재 전력의 유지를 위한 것이 아니라 (즉, 감소된) 새로운 무기체계의 개발과 시험, 생산 및 배치를 위한 것이다.

전략적 안정성에 관한 한, 새로운 협정의 영향은 적어도 두 가지 이유에서 불확실하다. 첫째, 소련과 미국은 전략적 안정을 서로 다른 방식으로 이해한다. 상호 이해의 부족은 SOF 협정뿐만 아니라 전체 절차 및 전략적 공세, 방어, 우주체계의 감축과 제한에서의 핵심 결점이 필시 주요 난제가 될 것이다.

20년 회담의 역사를 통해 이끌어낸 또 하나의 중요한 결론은, 법적 혹은 필수 불가결한 전투 과업상의 사용 가능성이나 확률 같은 본질의 민감한 면은 우회하는 반면 소련 - 미국의 전략적 경쟁과 상호 작용의 형식(무기의 수와 특성)을 바꾸기 위한 대화를 하기가 갈수록 어려워졌다는 점이다. 이제 양쪽의 고려 사항과 우려 사항을 명확히 해야 한다. 이에 실패하면 협상은 막다른 골목에 이르게 될 것이다. 이 문제를 최소한 일반적인 방법으로 결정하는 것은 SOF 감축의 다음 단계를 촉진하고 50% 감축 작업을 완료하는 데 필요하다.

둘째, 협정이 전략적 안정성에 미치는 영향은 협정 자체 조건뿐만 아니라 쌍방의 미래 구조, 구성, 특성 그리고 합의된 상한선과 하한선에 따라 향후 10년 동안 배치될 전략 전력에 달려 있다. 특히 양쪽이 더 적은 수의 발사장과 발사대, 투발체에서 강력한 다탄두화 차량을 강조하고 높은 생존성의 이동 차량을 다운그레이드할 경우 전략적 균형의 안정성이 상대적으로 저하될 수 있다. 즉, 선제공격으로 적의 핵 잠재력을 상당 부분 파괴하거나 보복 공격 능력을 현저히 약화시키면 가상의 위기 상황에서 선제공격 가능성이 상대적으로 높아진다. 반대로, 한쪽 또는 양쪽 모두가 이동식 발사대를 사용해 적은 수의 탄두나 단일 탄두 체계에 중점을 둔다면, 다수의 발사 장소와 투발체로 탄두를 분산시킬 수 있고 SOF의 생존성은 크게 높아진다. 양쪽 모두의 가상의 선제공격 효과는 줄어들고 전략적 균형의 안정성은 크게 증가하며 핵전쟁의 가능성은 줄어들 것이다.

미국과 소련 모두 SOF 협정에 따른 변화의 정도에 따라 전략 프로그램을 재구성해야 한다. 이는 10~20년 전에 시작되었지만 현재 논의되는 군축 조치는 협상 의제에 없었으며 일반적으로 생각할 수 있던 시기도 아니었다. SOF 협정 자체가 전략적 능력의 저하로 이어진다고 말하는 것은 정확하지 않다. 그러나 새로운 군비 프로그램이 협정에도 불구하고 전개된 무기체계의 양적 수준을 떨어뜨린다고 하더라도, 이것이 계속된다면 이론적으로는 전략적 균형의 안정성을 약화시킬 수 있다. 그렇기 때문에 1986~1989년 SOF 협상에서 수립된 모든 긍정적인 매개변수를 유지하면서 전략무기 구조와 구성을 원활하게 하는 몇 가지 추가 조건으로 조약의 제한 효과를 개발하고 강화하는 것이 바람직할 것이다. 이는 상호 보복 공격을 강화하고 병력 수준을 낮추는 방향으로 가도록 전략적 전력 구조와 구성을 유도할 것이다.

군비감축 논의의 구체적인 내용

단계적으로 진행되는 광범위한 장기적 국제협상에서 군축 회담, 특히 전략무기 통제와 감축에 대한 소련과 미국의 회담은 각자의 독특한 특성을 갖고 있다. 일반적으로 협상은 특정 상황이 성립될 때 성공할 수 있으며, 그중 가장 중요한 조건은 다음과 같다.

- 협상 주제를 정하고 합의에 의해 영향을 받는 요소를 현실적이고 적절하게 이해한다.
- 협상 참가자들은 평행적인 관심 영역을 명확하게 시각화할 수 있다. 협상의 최종 목표를 설정하고 각 단계의 결과와 비교하여 협상이 올바른 방향으로 진행될 수 있도록 한다.
- 미래의 합의는 필요한 정보에 폭넓게 접근할 수 있고, 특정 제안의 수용 여부를 결정하는 데 정치적으로나 계층적으로 영향을 미칠 수 있는 의사결정 집단의 이익을 담는다.

원칙적으로 국가 간 회담에서는 이 모든 조건이 완전히 충족될 수 없다. 하지만 전략무기 협상에서는 이 모든 세 가지에서 갈수록 늘어나고, 상호 간에 계속 커지고 있는 간극이 미 - 소 합작에서의 주요하면서도 계속 커지고 있는 저주이다. 그럼에도 20년 동안 진행해 온 협상으로 두 가지 주요 협정(SALT I 및 SALT II)이 체결되었고 세 번째 협정(START)이 준비 중이다.

사실 협상 대상인 핵 균형에 대한 기술적·전략적 측면의 정보 부족과 태생적인 극도의 복잡성 때문에, 이를 이해하려면 다년간의 부지런한 연구를 바탕으로 한 특별한 지식이 필요하다. 따라서 일반 대중은 물론 대다수 정치인들도 협상 주제에 대해 모호할 뿐 아니라 종종 상당히 왜곡된 견해를 갖고 있다. 하지만 동시에 이런 이들이 협상에서 상당한 영향력을 행사한다.

예를 들어, 세계의 핵무기가 점점 더 빠르게 증가하고 있으며 그로 인해 우발적으로 또는 무단 사용의 결과로 초래될 수 있는 핵전쟁의 위험이 증가한다는 의견이 만연하다. 또 일각에서는 핵무기 증강이 군사비 지출을 증가시켜 경제와 국가예산을 훼손한다고 주장한다. 여기에 자연스럽고 단순한 탈출구가 있다. 우선 핵전력 증강을 중지하고 핵 무기수를 급격히 줄여 전쟁의 위협과 국방비를 줄이는 것이다.

그런데 현실은 크게 다르다. 지난 수년 동안 적어도 미 - 소에 한해서는 핵무기 수가 증가하지 않았다. 사실 두 국가 간에 경쟁을 하긴 하지만 주로 핵무기의 현대화와 도태 무기의 교체 정도였으므로 적은 수량이 느린 속도로 전개되었다. 군사적 관점에서 보면, 핵무기 교전 가능성은 여러 가정에 따라 증가 혹은 감소할 수도 있지만 기술적인 오류나 비허가 발사로 인한 전쟁의 위험이 높아졌다고 볼 근거는 없다. 새로운 무기체계는 일반적으로 낡은 무기체계보다 더 안정적이며 앞서 말한 문제가 발생하는 것을 방지하기 위한 효과적인 전자장치가 장착되어 있다. 따라서 전략 공세 무기의 급격한 감소는 특정 상황에서 전쟁의 위협까지 증가시킬 수 있다. 구형 무기체계는 도태하는 반면 새롭고 더 효율적인 신형 무기체계가는 계속 배치될 것이기 때문이다. 그리고 쌍방의 무기체계의 파괴력이 상대적으로 지나치게 되면 무기체계의 생존성, 그다음으로는 무장해제를 위한 선제공격 가능성이 더 커지게 된다. 이는 상대방의 선제공격을 피하기 위해 우리 측이 선제적이 될 가능성을 높이기 때문이다. 그렇다고 무기체계의 현저한 감축이 재정지출을 줄여주는 것도 아니다. 왜냐하면 구형 무기체계의 도태는 적은 유지관리 비용 정도만 보전하는 반면, 비용 대다수는 연구개발 및 신형 무기체계의 전개 비용으로 지출되어 무기 보유 수량을 낮추더라도 지출액은 기존보다 초과할 가능성이 크기 때문이다.

협상 주제에 대한 불충분한 이해는 통상적으로 최종 목표를 더 흐릿하게 만드는 경향이 있다. 분명한 목표 두 가지는 핵전쟁 방지와 국방비 절감이지만, 이러한 목표가 미국과 소련 간 협정의 결과물이나 협정의 부재로 달성될 수 있는 '핵 균형'을 위한 다양한 선택지와 어떻게 연관되는지는 전혀 명확하지 않다. 또한 그 합의가 어떻게 설정된 최종 목표에 더 가까이 다가갈 수 있도록 하는지도 불분명하다. 예를 들면 현재 수준과 유형의 군비 또는 새로운 유형이지만 더 적은 수의 무기체계 중 어느 경우가 핵전쟁의 위협을 더 높이는지도 아직 확인되지 않았다. 더욱이 이런 변화가 가져올 수 있는 가능한 경제적 효과에 대한 확실한 답도 없다. 마지막으로, 정보와 의사결정의 힘이 기관의 손에 집중되어 미-소 전략적 핵 경쟁이라는 협상 주제가 그 존재 자체와 밀접하게 연결되는 다른 국제협상은 거의 찾아볼 수 없었다.

따라서 회담에서 중점은 계산과 논의, 검증이 더 쉬운 보조적 세부 사항과 수치적 제한, 하위 제한에 대한 협상 프로세스 자체에 있다. 두 강대국 사이 관계의 요소로서 새로운 협정을 지지하는 강한 압력과 서로 다른 사고방식이라는 협상의 정치적 역할 때문에 과정이 종종 결과를 대체한다는 것은 그다지 놀라운 일이 아니다. 수단이 목표보다 우선하고 방법이 내용보다 중요하며 전술과 기술적 세부 사항이 전략 및 본질적 이슈보다 우선하는 것이다.

지난 20년간의 협상에서 실질적인 성과가 없었다고 말하려는 것이 아니다. SALT I과 SALT II가 없었다면 세계의 전략적 상황은 훨씬 덜 안정적이었을 것이고 전략적 수준과 시스템의 다양성, 경제적 비용은 더 커졌을 것이다. 동시에, 협상 자체의 특성 때문에 20년간 협상이 진행되면서 협정이 전략 자산과 프로그램이 훨씬 더 잘 수용된 것이 명백하다. 예를 들어, 군사 활동이 협정에 의해 제한되면 합의한 조건을 준수해야 한다. 그 결과 전략무기에 대한 회담에서 어떤 경우에는 남아 있는 '잔여' 군사 프로그램을 활용하거나, 법적 '게임의 규칙'을 수립하거나, 군비경쟁의 주변 관리를 위한 수단으로 제도화를 추진하기도 한다.

전략적 공격 무기의 50% 감축에 관한 미래의 협정은 군비 프로그램과 수, 양쪽의 전력 구조, 특히 소련군 구조에 더 강력한 제한을 가할 것이다. 그러나 이 협정조차도 현저하게 질적으로 보완된 제한이 없다면 주요 전략 프로그램이나 군사 개념 및 작전계획 개발에 영향을 미치지 못할 것이다. 이는 안정성 원칙에 모순될 뿐 아니라 핵전쟁 가능성을 더 높일 것이다.

일반적으로 군비축소를 찬성하는 정치인들과 일반 대중의 큰 오류 중 하나는 군대와 무기를 군비통제 및 제약의 대상으로만 취급하는 것이다. 상황은 때때로 정반대이다. 군비경쟁은 두 국가의 외교관이 진행하는 수동적인 협상의 대상이 아니다. 반대로 (정확히 말하면, 기술적 자극과 자금 조달, 행정 관리, 정치 전략적 노선에 관여하는 강력한 조직과 집단이 수행하는) 군비경쟁은 소련과 미국, 또 다른 나라들의 안보를 보장하기 위한 군사적·정치적 방식의 경쟁에서 매우 중요한 사안이다. 하지만 불행하게도 정치적인 방법은 이런 종류의 투쟁에서 승리하는 경우가 드물다. 군비경쟁은 협상보다 앞서고, 다른 방향으로 돌파구를 찾거나 심지어 이미 체결된 협정을 깨면서 한 영역에 가해진 제약을 성공적으로 보상한다.

이런 점을 설명하는 예는 찾기 쉽다. 1963년 부분 핵실험 금지조약(Partial Test Ban Treaty: PTBT)으로 지하 실험이 잦아졌다. SALT I에 의한 탄도미사일 발사대 제한과 미사일 및 항공 투발체에 대한 SALT II의 제약은 GLCM, ALCM, SLCM의 개발을 자극했다. 통상적인 지상 기반 시스템을 주요 대상으로 하는 ABM 조약은 우주 기반 시스템을 포함한 신형 무기 연구를 강화했다.

이러한 예는 부분적 군비 제한이 효과적이지 않음을 의미한다. 많은 영역에서 군비 제한은 군비경쟁을 중단시키는 유일한 방법이다. 하지만 이는 후속 협정을 발전시킬 때 협정의 허점을 막는 것이 필요하다는 뜻이다. 특히 지속적인 군비경쟁의 수단으로 사용되어 불안정한 결과를 초래할 것으로 예상되는 허점을 막아야 한다는 것이다. 새로운 선제공격 미사일 체계와 SLCM의 경우, 앞서 언급한 상황의 전형적 예도 있다. 이것은 사후가 아니라 사전에 명백하지만, 부정적 개발은 여전히 예방할 수 있다. 이는 50% SOF 협정의 맥락에서 이 문제의 해결 방안이 매우 중요하게 작용한다.

최근 군사적 대립은 (부분적으로는 미 - 소 협정의 결과로) 질적 요인에 더 의존적이기 때문에, 협상의 노력 방향은 새로운 난관에 맞게 방향을 전환해야 한다. 그렇지 않으면 안보를 강화하는 주요 정치적 수단이자, 보다 매력적이고 비용이 덜 드는 군비경쟁의 대안으로서의 협상 프로세스는 양국의 전략무기 사업에 대한 지엽적 규제와 합법화라는 공식 메커니즘으로 쉽게 변형될 수 있다. 앞서 언급한 일반적인 군축 회담의 특징, 특히 전략무기 관련 논의를 고려할 때 이러한 전개를 피할 수 있는 방법은 없을까?

중요한 것은 안보에 대한 실질적인 (터무니없지 않은) 위협이라는 현재 전략적 균형의 주요 추세와 특성을 명확히 서로 이해하는 것이다. 협상의 전반적인 목표(종종 너무 모호하고 슬로건 같은)는 군사 균형의 질적, 양적인 매개변수로 구체화되어야 한다. 지표는 협상의 각 단계마다 도달할 수 있도록 설정되어야 한다. 이 모든 것은 그 자체로 중요한 문제인 군사기술과 검증 능력에서 현재 진행 중인 경쟁에 대한 인식과 함께 이루어져야 한다.

양국이 채택해야 할 군비통제의 가장 중요한 원칙 중 하나는 군축 조치와 검증 방법의 상호 작용에서 후자가 아닌 전자의 목표를 우선시해야 한다는 것이다. 그렇지 않으면 보안의 심각한 문제가 관례와 편견에 의해 결정되는 기술적 능력에 구속될 수 있다. 적절한 검증 방법을 마련할 준비가 되어 있다는 것은 군비경쟁 중단 접근법에서 한 국가의 진정성을 보여주는 지표가 되었다.

군비통제에서 채택되어야 하는 다른 규칙도 하나가 더 있다. 새로운 무기체계를 도입하는 쪽은 그것을 기술적 검증이 가능하게 하거나 완전히 제거하기 위한 조치를 취해야 한다. 좋은 예는 미국이 1978~1979년경 ICBM 기반의 MX 체계[12]를 놓고 내린 결정과, 1987~1988년 지상 수송방식 ICBM 검증 문제를 풀기 위한 소련의 대응이었다.

양국의 안보를 강화하는 데에서 군축 체제가 군사 프로그램보다 우위에 있을 수 있는 필요조건을 제공하려면 의사결정 메커니즘이 급진적인 구조조정을 거쳐야 한다. 기존의 부처 구조로는 군사적 균형에 대한 올바른 접근방식을 개발하고 그에 따른 협상 과제를 구체화하며, 협상의 상징적(실질적이기보다는) 결과에만 관심이 있는 그룹의 영향력을 줄이는 것이 거의 불가능하다. 협상 정책을 조정하기 위한 부서 간 의사결정 기구도 비효율적임이 입증되었다. 이들의 입장은 일반적으로 다른 부서 간의 타협 결과를 나타내는 것뿐이기 때문이다.

상황을 개선하려면 여러 가지 중대한 변화가 필요하다. 첫째, 역사, 정치, 경제, 자연과학 및 정밀과학 전문가를 포함하여 군축 문제에 대한 다양한 지식 영역을 대표하는 대규모 부처 외 자문 위원회가 만들어져야 한다. 이런 위원회는

---

12) (옮긴이 주) LGM-118 피스키퍼(Peacekeeper) 다탄두방식(MIRV) 대륙간탄도미사일을 말한다. 최초 시험용 미사일로 개발되어 MX(Missile, Experimental)라는 별칭이 붙었으며, 미국이 1985년에 처음 실전 배치하여 2005년까지 운용했다. 한 기가 12대의 대기권 재돌입체(Reentry Vehicle: RV)를 장착하며, 각 RV에는 300킬로톤급 W87 핵탄두가 장착된다. 최대사거리는 약 9600km, 원형공차율(CEP)은 90m 정도에 지나지 않았다.

정치적인 고위 계층 집단의 직할로 있어야 하며, 군사 및 기술 분야에서 필요한 모든 정보에 접근할 수 있어야 한다.

둘째, 여러 국가에서 모인 이러한 위원회는 문제에 대한 공통 접근방식을 만들기 위해 서로 직접 접촉해야 한다. 이들은 부처의 입장이나 부처 간 타협으로 방해받아서는 안 된다. 이들의 접촉은 공식적인 협상을 대체하거나 보완해서는 안 되지만, 지적인 자극을 주고 무엇보다 행정적 입장에 실질적인 영향을 미칠 수 있는 협상의 틀을 만들어야 한다.

무기는 협상의 대상이기 때문에 그것을 생산하고 운영하는 부처가 협상에서 발언권이 있어야 하는 것은 당연하다. 하지만 협상 초기 입장을 준비하거나 타협점을 찾기 위해 최종 결정을 내리는 것은 그들이 아니다. 이들 부처 대표단의 진정성과 청렴성은 의심의 여지가 없지만, 해당 부처의 이해관계라는 부담을 고려해야 한다. 그 이해는 군비의 중요한 조기 감축과 통제와 일치하지 않는다. 이러한 대표단이 부처의 이익을 무시한다면 아마도 곧 직위를 포기해야 할 것이다.

나아가 외교부를 포함해 군비통제 전문가들은 군사 프로그램과 전략, 작전계획 등의 분야에서 의사결정 과정에 직접 참여해야 한다. 그들의 전문성이 안보 환경과 군축 협상에 직접적으로 영향을 미치기 때문이다.

명백히 두 경우 모두 군사 및 군비통제 정책 개발에 관한 최종 결정은 정치 지도부와 의회에 있다. 따라서 군비통제 및 안보 문제에 대한 전문가위원회의 주요 임무는, 내려진 결정이 근거가 있고, 잘 이해가 되었으며, 편견이 없는지 확인하는 것이다. 다시 말해 군비통제 복합체(arms control complexes)가 없었다면 '군산 복합체(military-industrial complexes)'를 압도하거나 소련, 미국, 또 다른 국가들이 상호 간의 안보 정책에 미치는 영향력을 상쇄하는 것은 거의 불가능했을 것이다.

위임장에 명시된 협상 의제와 주요 목표, 참가자 수를 포함하는 적절한 협상 형식을 만들어내는 것 또한 매우 중요하다. 형식은 주제의 정치적, 군사-기술적 측면과 밀접하게 연결되어야 한다. 적절한 형식의 필요성을 설명하기 위해, 1981년에서 1983년까지 소련이 영국과 프랑스의 핵무기를 미-소 간 중거리핵

전력협정(Intermediate Nuclear Forces: INF) 협상에 포함시키려는 시도가 애초부터 실패할 운명이었음을 떠올려 볼 필요가 있다. 또한 영국과 프랑스가 핵무기를 중거리 체계가 아닌 전략 체계로 간주한다는 사실을 알면서도 협상에 참여하도록 요구한 것도 무용지물임이 증명되었다.

전략공격무기 협상은 고위급 관료가 참여한 가운데 소련과 미국 사이에 쌍무적으로 진행해야 하는 것이 분명하다. 하지만 전략무기가 몇 차례 감축된 미래에는 다른 핵 보유 국가들도 회담에 동참할 필요가 있다. 헬싱키 프로세스의 산물인 기존 유럽의 회담은 여전히 35개국을 모두 포함할 수 없다. 이론적으로 현재 빈(Wien) 회담에는 23개국이 참여 중인데, 가까운 미래의 회담은 모두 북대서양조약기구(NATO)와 바르샤바조약기구(WTO) 가맹국에 집중할 것이 분명하기 때문이다.

더 복잡한 과제는 소련이 제안한 유럽 내 전술핵 전력 회담 참가국 수를 결정하는 것이다. 이러한 협상이 그런 무기를 소유한 국가나 자국 영토에 배치한 국가, 필요한 투발 수단을 가진 국가 또 전쟁이 벌어지면 그 사용의 희생자가 될 수 있는 국가들을 포함해야 하는지는 아직도 명확하지 않다. 아마도 심각한 정치적, 군사-기술적 문제를 피하려면 이러한 문제는 23개 국가에서 논의되어야 한다.

해군 군비통제 문제도 그만큼 어렵다. 해군 통제와 감축 과정은 소련과 미국에서 시작되어야 하며, 유럽 주변 바다뿐 아니라 추가적인 하한선도 협상해야 한다. 신뢰 구축 조치는 35개국 간 포럼에서 더 적절하게 논의될 것으로 보이며, 해군과 군비(예컨대 해군 항공 및 해병대)의 특정 요소를 제한하는 문제는 23개국 간 빈 회담에서 더 효과적으로 다루어질 수도 있다.

결론

군비통제 회담의 주제는 현재의 군사 전략적·기술적 현실을 적절히 반영해야 하며, 이는 성공적인 협상을 위한 또 다른 전제 조건이다. 핵무기와 우주무기에 관한 제네바 회담은 살펴볼 만한 좋은 사례가 아니다. 1987년부터 우주무기를 논의하는 집단이 ABM 협정 준수 문제에 대해 논의해 왔으며, 이들은 협정 조항에 따라 1972년 특별히 창설된 상설 협의 위원회가 되었다. 현재는 위성요격미사일(Antisatellites: ASAT) 금지 같은 우주무기 통제 문제는 논의조차 이루어지지 못하고 있다. 어쩌면 제네바 협정 내용을 개정하고 최소한 다음 네 가지 주제에 대해 논의할 필요가 있다. 바로 공격 전략무기, 방어 전략무기(탄도미사일 방어(Ballistic Missile Defense: BMD) 대잠전(Anti-Submarine Warfare: ASW) 및 방공), 위성요격미사일(ASATS), 전략적 신뢰 구축 조치(핵무기의 무단 사용 방지 조치 포함) 등이다. 이 경우 협상 형식은 일부 문제를 배제하거나 대체하지 않고 전략적 균형의 주요 매개변수와 상호 작용을 어느 정도 반영하게 된다.

협상 방식에 대한 몇 가지 아이디어도 언급하면 좋을 것 같다. 결과보다 과정에 중점을 두는 것을 탈피하기 위해 양쪽이 오로지 협상의 입장을 명시하고, 논쟁에서 어떤 관점을 갖는지, 혹은 쌍방이 완전히 동일한 협정 문구를 작성하는 데에서 상세 내용을 어디까지 동의하는지를 확인할 목적만으로 별도 회의를 가질 필요가 있다. 모든 주요 문제는 장관급이나 정상회담에서 해결해야 한다. 이러한 최고위급 수준의 돌파구가 없다면 협상은 무용지물이 될 것이다. 회담은 길어야 2주 또는 3주로 짧아야 하며, 대표단 수는 적되 정치 지도부와 의회를 위해 일하는 학계 및 군축 위원회의 전문가를 교차시켜 구성해야 한다. 대표단은 유연성, 자율성 및 결정권을 가져야 하는데, 이는 고위급에서 도달한 일반적 타협에 따른 세부 사항을 빠듯한 시간 내에 타결 짓기 위해서이다. 협상은 수많은 타협 선택지에 대한 토의를 하기 위해 평행 채널을 갖는 것이 유용하다. 이 선택지는 공식적으로 구속력이 없으며 새로운 아이디어를 개발하는 수단이 될 것이다.

협상 전날에는 상대방의 이해관계와 주장을 충분히 이해함으로써 협상 초기 입장이 형성될 수 있도록 하고, 유럽 재래식 무기에 관한 빈 회담이나 CFE의 사례처럼 협상의 오랜 교착을 피하기 위해 세부적인 과학적·외교적 협의를 벌이는 것이 바람직하다.

여기서 제안한 내용은 아마 군이나 외교 공동체의 대표단에게는 환영받지 못할 것이다. 현재 관행에 급진적 변화를 요구하기 때문에 이는 매우 자연스러운 일이다. 군축 분야의 모든 것이 그대로이고 20년간의 협상이 하나의 승전보로 끝났다는 주장에 동의한다면 사실 기존 관행을 바꿀 이유가 없다. 반면 위와 다른 견해를 가지고 있다면, 어떤 외과 수술적 개입과 마찬가지로 일부 장기에는 고통스러울 수 있지만, 전체 유기체에는 치유가 될 수 있는 구조적인 조정 없이는 상황이 해결될 수 없음이 분명하다.

제 20 장

지역 갈등 해결

I. 윌리엄 자트먼

지역 갈등이란 국제 관계에서 강대국들 간에 직접적으로 발생하지 않는 갈등을 말한다. 대부분 제3세계에서 일어나는 이런 갈등은 종종 국내적인 정치 통합과 국제적인 경쟁뿐만 아니라 영토 보전과 정치 독립이라는 기본적 가치를 수반한다. 따라서 지역 갈등은 사소하지 않으며, 그에 걸린 이익은 세계 정치 체계의 성장과 국가 건설 같은 높은 정치적 가치를 상징한다. 여기에는 국가 간 갈등도 포함되지만 냉전 종식 이후에는 점점 더 내부 갈등으로 흐르는 경향이 있다. 동시에 지원, 스필오버 파급효과, 성역 효과(sanctuary effects)를 통해 그 지역의 이웃 국가들과도 관련이 생긴다. 지역 갈등에는 빈번하게 외부세력이 개입하는데, 때로는 강대국 자체가 갈등 당사자들에게 힘을 빌려주거나, 자신들의 이해 때문에 그 갈등에 개입하기도 한다. 따라서 지역 갈등은 해결과 관리가 난제이고, 협상을 배우는 학생과 실무자 모두에게도 실질적인 도전이다. 이는 당사자들의 중요한 이해관계를 포함하고 원 행위자를 초월하여 상존하는 위험을 수반하면서 단순한 지역문제를 넘어서기 때문에 지속적인 관심을 기울여야 한다.

지역 갈등 협상에서는 단순히 갈등 관리와 해결을 구분함으로써 많은 전술적 통찰을 떠올릴 수 있다. 예를 들어, 갈등 관리 자체는 임시적이고 불안정한 중간 거주지 같은 것이다. 해결을 위한 노력으로 보완되지 않으면 곧 다시 불거질 근본적인 문제의 희생양이 된다(Touval, 1982; Zartman, 1989). 갈등이 관리와 부문별 해결로 나아가게 하기 위해 협상에 생산적으로 관여할 수 있는 당사자와 이슈를 찾는 데 사전협상 단계는 유용할 뿐 아니라 때로는 필수적이다(Stein, 1989). 또 중재(mediation)로의 돌입은 실제 협상 시작에 앞서 협상 지렛대와 수용 가능성이 개입되는 별개의 과정이다(Maundi and others, 2001). 지역 갈등의 중재는 한 당사자가 상대방과 합의를 얻기 위해 활용함으로써 또 위협적인 대안으로 진화하는 결과를 좇음으로써, 과정이 끝나기 전 결과의 형태에 대한 협상을 통해 강화할 수 있다(Davidow, 1984; Crocker, 1992; Crocker, Hampson, and Aall, 1999). 지역 갈등 당사자는 종종 불편한 상황에서 그들을 도와줄 중재자가 필요하다. 중재자는 한쪽 또는 다른 쪽과의 유대가 결여되어 있을 필요는 없으며, 유대관계는 여러 가지 어려움을 극복하는 데 도움이 될 수 있다(Assefa, 1987; Day and Doyle, 1986; Rothchild, 1997; Khadiagala, 2001). 약한 참여 집단은 하나 이상의 제3자와의 대안적 관계를 위협으로 이용하거나(Wriggins, 1987; Quandt, 1986) 더 큰 책임을 힘의 기반으로 활용함으로써 그들의 협상 지위를 향상시킬 수 있다(Habeeb, 1988).

하지만 분쟁 관리와 해결을 분쟁이론과 다시 연결 지어보면 작동방식과 가능성에 대해 더 자세한 이론적인 이해를 얻을 수 있다. 지역 갈등에 적합하지만 반드시 지역 분쟁에 국한되지는 않는, 갈등을 이해하는 다양한 방식이 있다(Pruitt and Rubin, 1986 비교; Bartos and Wehr, 2001). 기본적인 개념은 분쟁을 문제에 대해 만장일치 해결책을 강요하기 위한 양쪽 당사자의 단순한 경쟁으로 본다. 양쪽 모두 강요할 능력이 없다면, 갈등 관리와 해결은 한쪽이 모든 당사자가 만장일치로 동의하게끔 각자의 의지를 강요하려는 일방적 시도를 대체할 공동의 해결책을 찾게 된다. 갈등에 대한 두 번째 개념은 더욱 정제된 것이다. 평탄한 상호 작용의 장(場)에서 울퉁불퉁한 길을 가정하고, 여기에서 당사자들은 비용-이익 비율이 특정한 수준 이하에 머무르는 한 그들이 원하는 대로 비용-이익을 행사하기 위한 경쟁으로 본다. 그러면 갈등 관리와 해결은 비용과 이익을 조작하는 문제가 되고 각각이 보는 상황의 적절성에 달려 있게 된다. 갈등에 대한 세 번째 개념은 더 복잡하고 양성적(陽性的, benign)이다. 갈등을 맥락에서 벗어나 경쟁하는 의지의 결과가 아닌 세계 질서나 체제 요소의 변화의 결과로 보는 것이다. 수용된 규칙과 루틴이 무너지면, 무너진 규칙과 루틴의 부족한 부분이 확인되어야 하고, 새로운 질서가 수립됨에 따라 새로운 상황의 요구사항이 식별될 것이다. 이는 필연적으로 긴 과정이다. 그러나 이런 전환 관계 속에서 특정 사례를 해결하거나 관리하는 것이 체제 실험과 형성의 일부로 일어나지 않을 경우 유지될 수 없다. 협상은 진화 과정의 일부가 된다.

지역 갈등 협상에 대해 발견한 사실들을 정리하는 데 다른 방법을 사용할 수도 있다. 예를 들어 갈등이 내부적이냐, 국가 간이냐, 외부 세력의 침투에 의한 것이냐에 따라 수행 방식은 얼마든지 다양해질 수 있다. 하지만 이는 단지 동일한 수준의 갈등이거나 갈등이 고조되는 단계에 지나지 않는다. 비슷한 맥락에서 갈등 관리 및 해결은 갈등 당사자 또는 제3중재자가 수행할 수 있다. 갈등 당사자와 중재 당사자는 서로 다른 이유로 다르게 행동하지만 동일한 협상 절차에 참여한다(중재자는 당사자들이 해야 하지만 스스로 할 수 없는 일을 하도록 돕는 촉매 역할을 한다). 이 모든 차이의 구분은 좋은 문헌이 꾸준히 늘어나고 있는 '중재' 분야에서 매우 중요하며, 앞으로도 계속 인용될 것이다(Jackson, 1952; Raman, 1977; Fisher and Ury, 1978; Young, 1967; Rubin, 1981; Astouval and Zartman, 1985; Gulliver, 1979; Raiffa, 1982; Pruitt, 1981; Mitchell and Webb, 1989; Crocker, Hampson and Aall, 1999; Bercovitch, 1996; 2001; Kresseliboer, 1989; Bercovitch and Rubin, 1992).

만장일치부터 공동 해법까지

개개인을 포함한 협상 집단은 가능한 한 스스로 목표를 달성하기를 선호한다. 왜냐하면 협력은 목표 달성을 위해 타인과의 타협을 필요로 하기 때문이다. 상호 의존적 세계에서 혼자 행동하려는 욕구는, 놀랍게 들릴 수 있지만 기본적으로 합리적 행위자의 이기적 본성에 가깝다. 이는 무력 사용과 관련된 상황에서 쉽게 볼 수 있는데 체첸, 스리랑카, 콩고, 수단, 아프가니스탄, 이스라엘, 키프로스,

서사하라, 아프리카의 뿔1)을 비롯한 다른 여러 곳에서 볼 수 있다. 지역 내 현상 유지를 하려는 측은 자국 영토를 유지하고, 외부 도전 세력의 주장뿐 아니라 존재 자체를 부정하며 스스로 주어진 문제를 해결하고 싶어 한다. 그 결과 도전 세력은 자포자기 심정으로 일방적인 방식을 통해 문제해결을 원하는 듯 보이지만, 아마도 이는 부차적인 의도일 뿐이고, 실제로는 스스로를 상대방에게 몰아붙여 그 자체가 문제 일부이자 해결책으로 보이게 하려는 의도이다. 두 집단이 각각 일방적인 해결을 고집하는 상황에서 각각 다른 두 시도가 부딪히면 갈등이 생기고, 한쪽이 승리하지 못하는 한 협상으로 해결해야 한다.

이런 점에서 갈등 관리와 해결은 단순히 공동 해법을 모색하는 것이 아니라 공동의 결과를 매력적으로 만들기 위한 노력이 된다. 상호 간에 양보하거나 목표치를 낮추는 과정으로서의 통상적인 협상 개념은 공동의 성과를 매력적으로 보이게 하는 방법까지 제시하지는 않는다. 팔레스타인, 키프로스, 포클랜드에서 볼 수 있듯이 주로 상호 양보 과정으로 진행된 협상이 무산되는 일은 비일비재하다(Savir, 1998; Corbin, 1994; Bendahmane and McDonald, 1986; Haass, 1989). 갈등을 다루는 것은 합의에 대한 해법을 찾는 문제로, 해결책을 좌우하는 문제와 정의로운 원칙에 대한 공통의 정의나 트레이드오프(trade-off)2)로 인식된다 (Zartman and Berman, 1982). 이런 긍정적인 방법의 부속물이지만 협상 당사자들에게는 불충분한 방법으로서, 쌍방의 기대치와 협상 없이 얻은 결과물인 '기본 보장'을 낮추는 방법으로 공동결의안을 조금 더 매력적으로 보이게 하는 다소 부정적인 방법도 있을 수 있다.

당사자들이 공동결의안으로 가는 상황은 부족한 단독 자원, 상대방의 효과적 대응, 혹은 '악수'처럼 혼자서는 특정 행위를 수행할 수 없는 내재적 불가능성 때문에 단독 결의는 불가능한 경우가 포함된다. 분석적으로 이러한 상황은 명확

---

1) (옮긴이 주) 아프리카의 뿔(Horn of Africa)이란 동아프리카 북동부 소말리아 반도 지역을 말하며, 에티오피아, 에리트레아, 소말리아, 소말릴란드, 지부티를 주로 일컫지만 광범위한 의미에서는 케냐, 수단, 남수단, 우간다까지 포함한다. 대략 1억 4000명의 인구가 이 지역 188만 2757km² 면적에 거주 중이다.

2) (옮긴이 주) 한쪽 목표가 달성되면 다른 쪽은 목표 달성이 늦어지거나 희생되는 양자 관계.

하지만, 실행에서는 모두 인식의 대상이 된다. 악수할 상황은 추상적으로는 분명하지만, 현실은 상대방이 협정 내용에 동의할 자세가 되어 있거나 1차 당사자가 새로 생성된 재화를 공유할 수 있도록 하느냐의 여부에 달려 있다. 적대세력은 종종, 상대방이 공유하는 것을 막을 수 없다면 재화의 창조를 포기하는 것이 낫다고 생각한다. 자신을 위해 재화를 얻는 목표보다 상대방의 재화 획득을 막는 목표가 더 강력할 때 그러하다. 이것은 상품이 새로 만들어지고 지금까지는 그 재화가 없이 살아왔을 때 빈번히 나타나는 인식이다. 낮은 수준의 적대 관계에서 해결되지 않은 국경 분쟁(모로코-알제리, 에콰도르-페루, 이스라엘-시리아, 심지어 적대 관계 수준이 낮지 않은 이란-이라크)이 그 예이다. 일방적인 해결의 작은 희망이 남아 있고 현재의 교착 상태가 심각하게 괴롭지 않다면 공동 해결책은 피하게 된다. 이스라엘-팔레스타인, 스리랑카, 키프로스는 당사자들이 스스로 문제를 해결하겠다는 헛된 희망에 매달리고, 궁극적 해결책에 대한 비토(veto)권을 가진 상대방과 함께 문제를 해결하기를 거부해 분쟁이 지속되는 좋은 예이다.

협상으로 유인하는 부담은 해결책을 믿는 당사자들에게 있다. 이들은 일방주의자에게 문제를 종결하기 위해 수용 가능한 공동 해결책에 도달하려 기꺼이 자신의 목표를 누그러뜨릴 용의가 있으며, 자신의 위치를 인정하는 대가로 상대방에게 해결책을 기꺼이 제공할 용의가 있음을 보이고자 한다. 그런 예는 충분히 많지는 않지만 몇 가지를 찾아볼 수 있다. 예를 들어 소말리아의 케냐와의 갈등 관리는 소말리아가 케냐 내의 소말리아인들의 변호인 역할을 인정해 주는 대가로 영토 일부를 포기해 이루어졌다(Touval, 1972). 이스라엘과 팔레스타인 해방기구(PLO)3)는 비록 다음 단계로 나아가지는 못했지만 1993년 서로를 인정하기에 이르렀다(Pruitt, 1997a). 하지만 이 절충안은 아직 갈등 해결을 위한 해결

---

3) (옮긴이 주) Palestine Liberation Organization. 팔레스타인 독립을 목표로 1964년에 결성된 무장 조직이었으나, 1993년 9월 이스라엘과 오슬로 협정을 체결하면서 제도권으로 들어와 이스라엘의 승인을 받은 팔레스타인 자치정부(PLA)가 되었다. 주로 동예루살렘과 서안 지구 쪽을 장악하고 있으나, 가자(Gaza) 지구는 친(親)이란계 무장저항단체인 하마스(Hamas)가 장악하고 있다.

책을 내놓지 못했다.

일방적 해결책을 부과하려는 시도로부터 당사자들을 유인할 해법을 찾기 위해 지역 갈등 관리에 관한 많은 사례가 분석되었으며, 중동에 관한 자료가 가장 많이 연구되었다. 이스라엘-팔레스타인 분쟁의 최초 20년은 전쟁과 분단을 구미에 맞게 만들려는 헛된 시도로 끝났다. 하지만 세 번째 10년은 '안전을 위한 영토'라는 공식의 분절로 시작되었고, 시리아 일부와 주로 요르단 및 이집트 국경을 따라 이것이 적용되었다(Rubin, 1981; Golan, 1976; Quandt, 1986; Aronson 1978). 불행히도 40, 50년 차는 그 해법을 레바논과 팔레스타인 국경에 적용하는 데 낭비했는데, 이는 여러 다른 상황 때문에 해법이 맞지 않았기 때문이다(Ben Dor and Dewitt, 1987). 영토와 안전의 요소뿐 아니라 인구와 사법 기구, 특히 팔레스타인인을 지칭하는 요소까지 고려하는 새로운 해법이 필요했다. 그럼에도 '안전을 위한 영토'는 UN 안보리 결의 242호에 표현된 '트레이드오프' 해법의 간결한 예이다. 양쪽의 일방적인 해법을 결합해 만든 공동의 해법이 아프리카 남서부에서의 갈등 해결의 열쇠를 제공하기도 했다(Crocker, 1992; Zartman, 1989). 앙골라와 남서아프리카 민족기구(South West African Peoples Organization: SWAPO)와 SWAPO의 적대국인 남아프리카 공화국은 각각 나미비아에서 남아프리카 공화국 군대(및 주권)를 철수시키고, 앙골라에서 쿠바군 철수에 기초한 일방적인 해결책을 주장했을 때 이들 군대의 주둔 명분을 만들었다. 두 해법을 동시에 채택하는 확실한 해결책을 찾는 데 10년이 걸렸다. 그 결과로 탄생한 것이 1988년 12월 22일 뉴욕 협정이었다.

협상의 해법 측면에서 분석한 또 다른 지역 갈등 사례는 파나마운하 분쟁이다(Jorden, 1984; Furlong and Scranton, 1989; Habeeb, 1988). 오랜 협상 과정은 1964년의 국기 폭동을 시작으로 10년간 계속되어, 1903년 조약에 담긴 것처럼 주최국이 운영국의 해결책을 강요할 수 없다는 사실을 각인시켰다. 일방적인 작전이 불가능할 정도로 비용이 많이 든다는 점이 인정되자, 양쪽은 1973년 택(Tack) 원칙을 시작으로 각 당사자에게 중요한 요소를 교환하는 해법을 설정하기 위해 노력했다. 그 결과 조약의 후속 세부 사항에 대한 일련의 지침 역할을 한 '주권과 쌍방 방위와의 교환 사용'이라는 해법이 생겼다.

해법은 필요하지만 지역 갈등을 관리, 해결하는 데 항상 충분한 것은 아니다. 해법은 넘쳐나고 잠재적인 트레이드오프도 나타나지만, 갈등에 대한 최종 해결 패키지는 종종 문제의 초기 논쟁 기록에서 찾을 수 있다. 1965년 로디지아의 일방적 독립선언(UDI) 당시 "다수의 아프리카인이 지배한다는 원칙 이전에 독립은 없다(No Independence Before Majority African Rule: NIBMAR)"라는 말이 초기 슬로건이 되었고, 14년 후 마침내 진정한 독립이 도래했을 때 NIBMAR에 기초하여 타협의 시도를 막았다(Stedman, 1990). 콩고 분쟁 양쪽에서 외국 군대의 상호 철수와 진정한 국가 정부를 수립하기 위한 내부 집단 간의 진지한 대화에서도 1997년 또는 1998년 이후 해법이 테이블에 올랐고, 1999년 루사카(Lusaka) 협정에서 구체화되었다. 그러나 자이르 왕위 계승 전쟁은 수그러들지 않고 계속되었다. 이에 단순한 유인 이상의 다자간 트랙이 분명히 필요하다.

여건의 성숙과 비용-이익 계산

갈등에 대한 두 번째 관점은, 의지와 해결책이 절대로 양립할 수 없다는 개념을 다듬고, 상대적 비용과 이익에 기초한 많은 바람직한 목표들 중에서 정책이 선택된다고 가정한다.

이것은 변동이 심하고 조작 가능하므로(즉 외부 상황과 당사자들의 상호 작용에 의해 변경될 수 있음), 갈등의 관리와 해결에 어떤 시간이 다른 시간보다 더 나을 수 있다. 따라서 갈등에 대한 영향들은 갈등 관리를 조종하는 효과적인 방법이 될 수 있으며, 당근과 채찍(부정적 및 긍정적 유인)의 시기와 효과를 평가하는 것은 협상 가능성을 판단하는 데 중요하다. 이 접근법에서 갈등의 결과물에 대한 아이디어만큼 해결의 기회를 결정하는 것은 갈등의 주기이다. 특히 갈등의 심화와 확대 및 위기의 역할과 관련이 있다(Faure and Zartman, 2001). 한마디로, 갈등에 대한 이 두 번째 개념은 첫 번째보다 절대주의적인 접근에서 다양한 행동 과정에 대한 상대주의적 이해로, 해결의 본질에서 갈등의 본질로 이동한다.

여건이 성숙하는 순간의 여러 개별 구성 요소가 확인되지만, 이들은 협상 개시에 필요하나 충분하지 않은 요소로서, 긍정적인 결과가 나오는 데 도움이 될수는 있지만 좋은 결과를 보장하지는 않는다. 당사자(와 조정자)는 시작하는 순간을 이용하고, 과정을 완성해야 한다(Zartman, 2000b). 초기 요소는 특정 유형의 교착 상태로, 양쪽 당사자가 수용 가능한 비용 수준 속의 갈등에서 목표를 달성하지 못하게 하는 인식의 교착 상태이다. 중요한 것은 교착 상태에 대한 주관적인 자각으로, 인식이 가능하고 확실시되지만, 독립적인 객관적 요소들과 연관되어 있다. 하지만 교착 상태에 대한 인식만으로는 충분하지 않다. 그것은 양쪽이 불편할 만큼 상처를 입히고, 갈등 고조로 인해 벗어날 수 없으며, 그 비용도 수용할 만하다. 서로에게 상처를 주는 교착 상태조차도 충분하지 않을 수 있다. 일반적으로 협상의 데드라인 또는 환기된 경고로 작용하는 최근 혹은 앞으로 발생할 재난과 연관이 있으며, 받아들이기 어려운 수준의 비용 증가 가능성으로 위협한다. 재난 수준의 피해를 상호 간에 야기하는 교착 상태는 하나의 조건을 이룬다(Jackson, 1952; Modelski, 1964; Young, 1967; Ott, 1972; Edmead, 1971; Raman, 1977; Rubin, 1981; Touval, 1981; Touval, 1982; Touval, 1982).

하지만 이것으로도 충분하지 않다. 빠져나갈 길이 없다고 스스로를 코너에, 그것도 가장 불리한 코너로 몰아넣는 것은 도움이 되지 않는다. 협상이 가능한 해결책은 가능하다는 두 번째 인식이 있어야 하며, 협상 집단은 이를 추구할 뿐아니라 상대방이 그 방향으로 움직이게끔 긍정적으로 대응하는 것이다. 그 특징은 '보답행위(requitement)'라고 부른다(Zartman and Aurik, 1991). 여기에 첫 번째 부분에서 분석한 해법이 들어간다. 일단 협상이 시작되면 두 정의 요소의 중요성이 뒤바뀌게 된다. 즉, 잠재적인 매력적 대안을 차단하는 압박 요소로서 상처를 주는 교착 상태를 유지해야 한다. 하지만 성공적 결과를 위해 필요한(여전히 불충분한) 요소는 매력적인 탈출구 또는 양쪽을 해결로 이끄는 합의 방법을 개발하는 것이다(Olson, 1998). 이것은 단순히 어떤 순간적 상황적 아니라 협상 당사자(또는 중재자)의 일이 된다.

또한 협상된 해결책을 더 매력적으로 되게 하거나 교착의 피해를 더 크게 만드는 당근과 채찍의 사용을 통해 그 특성이 확인되면, 그 순간을 성숙시킬 가능성에 대한 논의도 있어왔다(Modelski, 1964; Swingle, 1970; Edmead, 1971; Raman,

1977; Touval, 1982; Touval and Zartman, 1985; Zartman, 1974). 여기서 두 극단적 사례가 제외될 수 있다. 즉 당근만으로 누군가를 협상 테이블로 데려갈 수도 없다는 것과, 채찍만으로도 그럴 수 없다는 것이다. 여건 성숙 모델이 시사하듯 당근과 채찍 모두가 필요하다. 교착 상태는 팽팽하고 고통스러운 것으로 보여야 하며, 필요하다면 추가적인 채찍질을 강화해야 한다. 이어 우선 탈출이 가능한 것으로 인식된 다음 매력적인 현실로 발전되어야 한다. 별도의 추가적인 연구는 채찍 들기와, 움직임을 시작하게 하는 고조(escalation)라는 특성이 있음을 보여준다. 참여 집단은 교착 상태에서 빠져나가기 위해 탈출구를 확장할 방법을 찾지만, 결국 성공할 수도 없고 유지도 어려운 고비용의 시도에 발목만 잡힐 뿐이다. 반면 참여 집단은 목표가 어디까지나 교착 상태를 야기하거나 대항적 확대(counter escalation)를 야기할 상황을 회피하려 한다는 점을 특별히 강조하여, '판돈을 올리기 위한 확대'를 실행함으로써 해결책에 다다르는 상황을 성숙시킬 수 있다(Zartman and Aurik, 1991; Faure and Zartman, 2001).

이런 측면에서 여러 지역 갈등이 분석되어 왔다. 나미비아와 앙골라의 중재 합의의 경우, 1987년 말 상황이 '무르익은 순간'까지 합의를 이루지 못했다(Crocker, 1992, p.363). 그해와 1988년 초 남부 앙골라에서 벌어진 유혈 충돌은 남아프리카와 앙골라 모두의 노력이 교착되었음을 보여주며 무승부로 종료되었다. 그 고통은 남아프리공화국에서는 백인 사상자들 때문에, 나미비아 영내로 추격 위협을 가하는 쿠바군의 마지못한 병력 증강으로 야기되었다. 이론이 예측했듯이, 협상이 뒤따랐으며 협상에 성공했다(Crocker, 1999; Zartman, 1989). 엘살바도르에서의 중재적 합의는 1989년 11월 파라분도 마르티 해방전선(FMLF)의 공세가 실패로 끝나면서 가능해졌다. 당시 양쪽은 비록 패배할 가능성도 없지만 승리할 수도 없음을 깨달았다. 수년간의 노력은 대량의 사상자를 야기했고, 당사자들은 평화적 해결을 중재하려는 UN의 노력을 수용했다(de Soto, 1999).

짐바브웨 분쟁은 고통스러운 교착 상태 문제에 대해 심각한 논쟁이 오갔다. 일각에서는 상호 간에 피해를 야기하는 무승부 상태가 아니라 승리와 패배의 입구에서 최종 합의를 강탈당했다고 주장한다. 이 연구는 양쪽 집단 내에서 결심의 복합적 단계의 역할과 대변인의 효과의 중요한 측면을 환기했다(Stedman, 1991; Matws, 1990). 그러나 이 경우는 역동적인 의미에서 심각한 교착 상태의 예이기 때문에 보이는 것보다 논쟁은 덜 첨예할 수 있다. 짐바브웨는 비대칭성에서 교착 상태가 야기된 경우로, 이전에 강했던 쪽이 약해지고 약했던 쪽은 강해졌다. 비록 후자 쪽에게 승리는 요원하다는 점은 동일했지만 말이다(하지만 장기적으로는 승리가 확실했다). 전자 쪽은 실질적인 단기적 피해를 줄 수 있는 능력이 여전히 있다(따라서 나중에 가능한 것보다 더 나은 조건을 협상할 기회를 제공한다)(Davidow, 1984; Low, 1985). 역동적 교착 상태는, 기존 압도적 세력에 대한 응당한 징벌과 세간에서 일컬어 약소세력으로 부르는 일시적 집단의 등장이 얽혀 있는 중동 지역에서 일어난 1973년 10월 전쟁[4] 이후 상황이 가장 좋은 예이다. 이 상황은 수에즈 운하의 양안(兩岸)에서 서로 포위 중인 두 군대가 얽혀 대칭적, 역동적 측면 모두에서 상호 간에 피해를 입히는 교착 상태를 야기했다(Rubin, 1981). 비용과 이익은 성숙의 역동성에서 보스니아의 세 번째 경우처럼 당사자들의 계산과 중재자 전술의 핵심이었다. 1995년 크로아티아-보스니아 공세가 세르비아 점령하의 일부 영토를 탈환하고 NATO가 세르비아 진지를 폭격하여 심각한 교착 상태에 빠질 때까지는 이 3자 간 분쟁이 일시적 교착 상태가 아니었다. 리처드 홀브룩(Holbrooke, 1998)[5]은 "서브슛을 넣기에 가장 좋은 때는 공이 올라가거나 떨어질 때가 아니라 공중에 떠 있을 때이다"라고 썼다. "우리는 1995년 10월 전쟁에서 이런 균형에 도달했거나 곧 도래할 것이라고 느꼈다." 이 교착 상태와 그 고통의 당사자들을 설득하는 것은 데이턴 협정[6]을 도출하는 중재자의 일이었다.

제1차 페르시아만 전쟁(1982~1988)[7]은 비용-이익 분석과 여건 성숙의 순간

---

4) (옮긴이 주) 1973년 10월 6~25일 동안 벌어진 제4차 중동전쟁(욤 키푸르 전쟁)을 말한다.

5) (옮긴이 주) 리처드 홀브룩(Richard Holbrooke, 1941~2010): 미국의 외교관. 카터와 클린턴 행정부 시절 각각 국무부 동아시아, 유럽/캐나다 차관보를 지냈고, 1999년부터 2001년까지 주 UN 미국 대사를 지냈다. 2009년 오바마 행정부에서는 새로 신설된 아프가니스탄-파키스탄 특별 대표를 맡았다.

6) (옮긴이 주) 1995년 11월 미국 오하이오주 데이턴에서 미국의 중재로 이루어진 보스니아, 세르비아, 크로아티아 3국의 평화 협정.

에 대한 연구 대상이다(Preece, 1988; Zartman and Aurik, 1991). 9년간의 처절한 전쟁으로 양쪽 전투력이 소진되고 이란의 무기 공급원이 붕괴되면서 교착 상태가 발생했다. 이 전쟁은 이라크가 테헤란에 화학탄이 탑재된 미사일을 발사할 경우 대재앙이 될 것으로 예측되었다. 이에 대한 보복 행동은 1982년과 1987년 이라크가 이란의 수락 여부에 따라 UN 휴전안을 조기 수락했을 때 나타났으며, 후자의 계획은 1987년 말과 1988년 초 이라크의 지속적인 갈등 고조를 통해 마침내 달성되었다. UN 사무총장은 폭력적 대결의 부담이 사라진 현재에는 성공을 장담할 수 없었음에도 다시 갈등 해법을 찾는 긴 과정을 당사자 간의 직접 협상에 맡긴 채 합의 방식을 제시했다(1990~1991 걸프전 때는 협상을 위한 여건이 성숙하지도 않았고 협상이 진행된 적도 없었다).

이러한 지역 분쟁 사례는 다양하지만, 통찰력 있는 분석 간의 유사성은 매우 크다. 갈등의 비용-이익 개념은 갈등 관리와 해결, 양자 관계를 더 명확히 이해하도록 할 뿐만 아니라 의사결정자의 사고방식도 반영한다. 여기서 몇 가지 중요한 딜레마도 제기할 수 있다. 갈등이 해결에 이르는 유일한 방법일까? 공공영역의 명백한 해법이 양쪽에 의해 정책의 지침으로 인식되기 전에 관계는 전쟁과 고비용의 폭력적 만남으로 밀려나야 하나? 갈등 관리가 해결의 가능성을 증가시킬까 감소시킬까? 갈등을 실행하는 수단이 제거되면 해결의 동기는 무엇일까? 분석가와 실무자는 여전히 이러한 딜레마를 통해 그 방법을 찾고 있다.

체제변동으로서의 갈등

갈등 분석에 대한 세 번째 부분은 훨씬 더 호의적이며, 협상은 그 안에서 더 자연스럽고 두드러진 위치를 차지한다. 이 접근방식은 더 넓은 범위에서 이전의 접근방식까지 포함한다. 이는 분쟁을 지진, 즉 특정한 구조조정이 필요한 지점까지 긴장을 일으키는 구조와 관계의 이동으로 본다. 구조란 국제 관계에서 특

---

7) (옮긴이 주) 이란-이라크 전쟁을 말한다.

정한 이슈를 둘러싼 행동을 통제하는 규칙과 루틴인 '체제'에 대한 현재의 관념을 통해 개념화될 수 있다. 정권은 끊임없이 도전받고 있으며, 도전을 성공적으로 물리치고 구조와 관습을 유지함으로써 재확인된다. 체제는 단순한 행동이 아니라 권력 구조를 반영하는 동시에 규제한다. 그러나 때때로 도전이 누적되어 증가하는 구조적 변화를 나타내기 시작한다. 현존하는 정권이 선호하는 세력은 도전을 물리치기 위해 통상적인 노력을 기울이지만, 갈수록 승리 확률이 떨어지게 된다. 최고지도자 자리가 공석이 되면 새로운 대안이 제안되고, 토론이 이루어지며, 새로운 지도자를 시험해 보고, 축출하며, 자리를 지키게 된다. 협상 과정에서 이런 구조적 관계는 점진적으로 새로운 체제가 들어서 자리를 잡고 수용될 때까지 계속 이동한다. 왜냐하면 국제 관계에서는 다른 방식으로든 새로운 질서를 창조할 수 있는 권위 구조나 결정 규칙이 없기 때문이다.

이러한 체제변동의 과정에서 지역 갈등은 체제의 도전과 변화를 나타낸다. 일부 체제는 식민체제나 지역 헤게모니처럼 실제적인 세계 질서의 구조이다(Puchala and Hopkins, 1983). 다른 것들은 양극화 경쟁 패턴이나 지역적 계급과 관계처럼 특정 문제를 다루는 규칙과 루틴이다(Kanet and Kolodziej, 1991). 체제변동은 네 가지 기능적 단계를 거치지만, 이는 중첩될 수도 있고 반드시 시간 순서대로도 아니다. 먼저 구체제에 대한 도전과 방어, 붕괴가 온다. 이 과정은 정권의 붕괴에 맞서 버티고 있는 영역이 계속 경쟁함에 따라 권력 부재 기간 전체에 걸쳐 확산할 수 있다. 다음은 다양한 절차와 시행착오를 거쳐 대안을 제거하는 것이다. 그뿐만 아니라 지적, 도식적으로 대안적 교체는 논리적으로 작동하지 않거나 구조적으로 사용할 수 없거나 또 상대적으로 매력적이지 않기 때문에 제거될 수 있다. 셋째는 권력 관계의 재조정으로, 일부 세력이나 정당의 성장과 다른 세력의 약화뿐만 아니라 지배적인 문제와 기술의 재편성을 수반하여 관계가 수행되는 새로운 차원이나 매개변수를 생성한다. 넷째는 새로운 체제를 수립하는 해법의 식별과 채택이다. 이러한 해법은 정권교체에 대단히 중요한 해법뿐만 아니라, 특정한 갈등을 해결하기 위한 더 작은 해법과 한 단계에서 다음 단계로 이동하기 위한 전환 해법도 포함될 수 있다.

이 여건 성숙의 맥락에서 갈등 관리와 해결을 위한 협상을 하는 것이 중요하다. 이는 갈등에 대한 다른 접근방식에서는 준비되어 있지 않은 여러 중요한 요소를 불러오기 때문이다. 갈등은 당사자 간의 권력관계를 고려하지 않으면 해결되지 않으며, 갈등의 범주와 관련된 루틴과 규칙, 행동에서 분리된 독특하거나 예외적인 해결에 서 있으면 지속되기 어렵다. 협상을 진화하는 정권 교체의 맥락에 두는 것은, 비록 명백한 해결책이 종종 공공의 영역에 있음에도 협상 결과를 찾는 데 왜 그렇게 오랜 시간이 걸리는지를 성숙한 순간의 국면을 넘어 설명하는 데 도움이 된다. 구체제에서 신체제로의 전환은 그 자체로 여러 단계를 포함하는 진화 과정이다. 그것은 그 자체로 시간이 걸리는 현실의 변화를 기반으로 하면서, 필연적으로 느리고 불완전하며 논쟁의 여지가 있고 모호한 현실에 저항하는 인식의 변화를 포함한다. 이 과정에서 새로운 체제는 협상상의 이익 없이 단순히 존재하게 될 수도 있다. 그러나 지역 분쟁의 관리와 해결은 종종 명시적인 협상을 요구하거나, 적어도 갈등이 새로운 정권의 맥락 내에서 단순히 해소되지 않을 때 협상을 요구한다(Jervis, 1978; 1982; Kransner, 1983; Hampson and Mandell, 1990).

몇몇 지역 분쟁은 동일한 체제의 전환에 관한 특별한 사례로 분석되었다(Bendahmane and McDonald, 1986). 파나마운하 분쟁은 일국의 식민지화가 아닌 일국 안의 식민지화의 사례이다. 1967년 조약은 로디지아 합의와 마찬가지로 해결 수단으로서는 결함이 있었다. 대안은 제거되어야 했고, 단순히 미해결 이슈를 충족하지 않았기 때문에 실패했다. 첫 번째 논의에서 보았듯이, 합법적 관계에 대한 세계의 관념이 바뀌었을 뿐만 아니라 권력관계가 변했고 파나마가 운하를 운영할 수 없게 만들 권한을 갖게 되었기 때문에 새로운 정권이 필요했다. 1977년 조약은 이러한 변화를 반영한다. 더 복잡한 경우는 키프로스의 사례로, 이는 탈식민지화의 초기 사례로 시작했지만 적절한 제도적 관계를 찾기 위한 일련의 시도로 바뀌었다(Bendahmane and McDonald, 1986). 독립의 해법은 영국, 그리스, 터키를 보증인으로 포함시켰기 때문에 경쟁적 개입의 가능성이 있었고 혼란은 그 방식을 자신들에게 유리하게 만들려는 지역 세력들에게 열려 있었다. 결과적으로 독립은 반복적으로 타협되었다. 식민 갈등은 독립체제를 위한 협상으로 해결되었다. 하지만 양자 갈등은 그렇지 못했고 대안과 새로운 권력관계를 조정하려는 시도는 원래의 독립 해법을 파괴했다. 키프로스는 새롭게 협상된 체제가 중요한 문제를 해결하기에 역부족이었던 지역 갈등의 사례이다(Ricarte, 2001).

중앙아메리카에서는 조금 다른 사례가 발견되는데, 19세기 초 이전의 식민체제를 대체하기 위해 수립된 독립체제가 곧 중미의 민족 엘리트들과 협력한 미국의 지배를 기반으로 패권체제로 전환되었다(Fagen, 1987; Blachman, Leogrande and Sharpe, 1986; Hampson and Mandell, 1990). 1954년 온두라스 분쟁은 구체제를 타파하려는 시도였지만 실패했다. 더 중요한 것은 1980년대 니카라과 혁명과 그에 대한 대응을 중심으로 한 중앙아메리카 분쟁이었다. 이 맥락에서 아리아스(Arias)와 에스키풀라스[8] 계획은 역내 관계를 위해 새로운 안보 체제를 구축하기 위한 새로운 협상 노력을 보여준다(Hopmann, 1988; Bagley and Tokatlian, 1987). 정치적·군사적 자율성과 불간섭에 기반을 둔 그들의 해법은 바람직한 권력구조의 전환을 나타내며 현재 정교화하고 시험하는 과정에 있다. 그러나 상황은 심각한 교착상태를 보이고 있으며, 이는 권력 관계의 변화를 보여주는 신호이다.

종종 협상을 통한 지역 분쟁 관리의 일환으로 소규모 체제가 수립된다. 신뢰구축조치와 작은 안보 체제는 갈등을 실제로 해결하기보다는 긴장 수위를 완화시키는 방식으로 관계를 진전할 수 있는 규칙을 세워야 한다. 따라서 1986~1988년 에티오피아와 소말리아 간 협상은 분쟁의 열기를 식히고 해결의 적절한 조건을 만들기 위한 일련의 국가 간 행동 규칙을 마련했다. 같은 일이 1967년에도 일어났지만 10년 후에도 더는 큰 성과가 나오지 않자, 소말리아는 갈등을 고조시키며 다시 전쟁에 돌입했다(Touval, 1972; Matthies, 1977; Faret, 1979; Zartman, 1989). 1956년 이스라엘과 이집트 사이에 보다 복잡한 안보체제가 단순한 형태로 수립되었다가 1967년 사라졌으며, 1974년과 1975년에 더욱 복잡한 형태로 복원되어 1979년 분쟁 해결의 토대가 되었다(Stein, 1985, 2001;

---

8) (옮긴이 주) 에스키풀라스(Esquipulas): 과테말라의 온두라스와의 동부 접경지역. 1987년 중미 5개국 정상이 평화 협정을 맺은 장소이다.

Mandell, 1987; Pelcovitz, 1985). 양쪽이 묵인할 만큼 충분히 매력적인 합의는 이행 세부 사항을 결정하는 해법의 개념을 통해 가장 잘 분석할 수 있다. 갈등의 특정한 국면에서 합의의 시기는 여건이 성숙한 순간에 대한 인식과 권력의 창조적 사용을 통해 비용-이익 측면에서 가장 잘 나타난다. 그러나 진화하는 관계의 일반적 맥락과 방향은 변화하는 대안과 두 국가 간 권력관계를 지배하는 진화된 안보체제에 대한 아이디어를 통해 가장 잘 알 수 있다(Saunders, 1985a).

교훈과 적용: 해법, 교착, 체제

이렇게 다르면서도 중복되는 갈등과 갈등 관리의 개념을 염두에 두고, 여러 다른 유형의 갈등에 적용하기 위해 다시 돌아가 보자. 지역 갈등은 크게 네 가지 범주로 나뉜다. 민족 정체성의 충돌, 중앙 정치 장악을 위한 투쟁, 국가 간 국경 충돌, 탈식민지 투쟁 등이다. 이들은 각기 고유한 역동성을 따르며 각각의 해법과 교착 상태, 체제에 대응하는 것으로 보인다. 이는 지역 갈등의 각 유형마다 단 하나의 적절한 역학관계나 해결책이 있다고 말하려는 것이 아니다. 협상 갈등 관리와 해결 방안에 특정한 규칙성의 경향이 있음을 인지하자는 것이다.

키프로스, 바스크 지방, 르완다, 나고르노-카라바흐, 아프가니스탄, 남수단, 스리랑카, 비아프라 같은 민족 분쟁은 소수 민족이 국가 혜택의 정당한 부분을 받지 못하고 문화적 정체성이 무시되거나 억압당함으로써 무시나 차별을 받는다고 느끼는 것을 특징으로 한다(Montville, 1989; Midlarsky, 1992; Zartman, 1995; Lake and Rothchild, 1998; Ayissi, 2001). 이러한 갈등은 본질적으로 국가 내부적인 면이 있지만, 조기에 누그러지지 않으면 오래 지속되지 않는 경향이 있다. 이 갈등은 청원이 거부되는 단계에서 시작해 두 번째 단계인 통합으로 이동하는데, 이때 준거 집단을 지원 그룹으로 결집시켜 정부의 관심을 끌기 위해 고군분투한다. 그 과정에서 저항은 지지를 얻기 위해 외부로 향하는 경향이 있고, 갈등은 삼자화된다. 교착 상태는 이러한 진화의 시작과 끝에서 발생하는 경향이 있다. 이때 갈등은 아직 계급적 청원 단계로, 통합 단계 지점에 이르지 않았으며, 삼자 갈등이 이웃 당사자에게 고통을 주게 될 때 중재할 동기가 발생한다. 어느 시점이든, 절충 해법은 보상의 대가로 평화를 포함하며, 가장 가능성이 높은 것은 어떤 형태든 간에 지역적 (내부적) 자치이다. 그러나 이러한 갈등은 대부분 존재의 승인과 저항하는 소수의 편에 서기 위한 투쟁을 나타내며, 이는 협상에서 협상 주제의 특별한 반전과 비대칭성을 더한다.

이란과 이라크, 소말리아와 에티오피아, 모로코와 알제리, 에티오피아와 에리트레아, 에콰도르와 페루, 이스라엘과 이웃 국가 사이의 갈등 같은 국경 분쟁은 종종 민족 분쟁과 많은 관련이 있다. 하지만 주로 국가 간 특성 때문에 그들만의 역학과 특징이 있다. 국경 분쟁은 다른 많은 안건을 의제로 하는 이웃 간에 발생하기 때문에 일반적으로 국경에 관한 주장과 불만, 양국 관계 모두가 포함된다. 첫 번째를 위한 압력 수단은 두 번째에서 나오기 때문에 국경 분쟁은 국가 간 국경 관계의 정상화라는 갈등 관리의 준비된 주제를 제시한다. 이는 화해를 위한 일시적 중단을 가져오지만, 해결을 위한 압력도 사라지게 한다.

갈등은 일반적으로 이 두 가지 문제를 중심으로 전개된다. 국경 분쟁에는 해결의 토대가 되는 준비된 해법이 있다. 예를 들면 협정 준수의 의무(pacta sunt servanda), 국민 투표, 인구 또는 지리적 특징 등이다. 하지만 이는 분쟁이 야기되는 명분의 형태 중 선택 가능한 범위를 넘어선다(Zartman and others, 1996; Nordquist, 2001). 국경 문제를 완고하게 만드는 것은 동등한 중요성을 가진 해법 간의 경쟁 때문이다. 마찬가지로, 안보 및 기타 관계를 다루는 여러 유형의 국경 제도가 있지만 일반적으로 세부 사항 또는 부수적 이익의 정도만 다를 뿐, 국경선을 결정하는 기준, 즉 세세한 국경 제도는 없다. 국민 투표(자결권)는 영토 귀속을 결정하는 데 일반적으로 인정되는 근거이지만, 국경은 일반적으로 협상력에 기반하여 결정되어 왔으며, 여기에는 아무 상관 없는 여러 곳에서 나온 권력 관계와 부수적 보상들이 개입되어 왔다(Lieb, 1985; Touval, 1972; Zartman, 1987a; Princen, 1987; Simmons, 1999, 2001; Einaudi, 1999).

탈식민화 문제는 알제리, 로디지아, 나미비아, 모로코, 케냐의 사례처럼 제2차 세계대전 이후의 전형적인 문제이다(Stedman, 1991; Crocker, 1992; Rothchild, 1973; Khadiagala and Rothchild). 탈식민화의 많은 초기 사례들은 협상이나 지역 분쟁 해결로 연구된 적이 없다. 그러나 사하라, 에리트레아, 동티모르, 팔레스타인, 오가덴, 파나마운하, 남아프리카, 캄푸치아와 같이 탈식민화와 유사하지만, 비유럽권 국가나 심지어 지역 내 강국을 포함하는 특이한 사례도 있다. 유럽으로부터의 탈식민화는 식민 질서가 주권국과 법적 평등 국가, 정치적 불평등 국가에 자리를 내준다는 강한 가정하에 진행된다. 비유럽권 식민지에 유사한 체제는 없으며 그 지위에 대한 합의조차 없다. 반식민지 투쟁의 교착 상태는, 일시적인 군사적 이점이 있음에도 정치적으로 조직된 민족주의 운동이 메트로폴에 의해 수용할 수 없는 장기적 비용을 초래하는 것으로 간주될 때 나타난다. 소수민족 시위와 마찬가지로 이 투쟁은 민족주의 운동에 대한 인정 문제와도 연관된다. 메트로폴은 그들의 정통성과 대표성을 부정함으로써 그 운동을 약화시키려 하기 때문이다. 이러한 것들이 긍정적인 결과보다 승패의 상황을 암시할 수 있지만, 탈식민지화의 공식은 주권과 교환하는 특권의 절충을 수반하며, 떠나는 메트로폴에게 더 큰 잔류 특권을 초래한다. 따라서 탈식민지화에서 공식, 교착 상태, 체제는 다른 가치를 뜻하며 협상에 최대한의 유연성과 융통성을 부여한다.

　라이베리아, 시에라리온, 콩고, 콩고-브라자빌, 아이티, 캄푸치아, 앙골라, 콜롬비아에서와 같은 국내 정치권력 투쟁에 대해서는 언급할 것이 많지 않다. 이곳에서의 분쟁은 매우 특이하며, 협상은 권력과 독창성에 대한 도전이다(Zartman, 1995). 이는 적어도 그 적용이 매우 한정적이라는 제한적 가정을 바탕으로 권력 공유와 같은 표준 해법에 대한 시도였다는 점에 주목할 만하다. 국내권력 투쟁이 견고한 정부와 경쟁 파벌 간의 내전 양상을 띠든, 약한 정부와 무법 집단 간의 제도적 붕괴의 형태를 띠든, 다른 지역 갈등보다 협상의 여지가 적다. 하지만 뒤이은 권력 경쟁 또는 권력 공백은 복잡한 여러 계층의 갈등에서 인접 국가를 유인한다. 여기서 해결의 핵심은 외부 차원에서 내부 차원을 분리하는 것이다(Crocker, 1992). 또 다른 문제는 협상 프로세스의 시작과 마지막, 그리고 실질적인 분쟁이 해결되기 전후의 휴전 시기이다. 또한 협상 중 전장에서 병력을 철수시킬 것인지 야전 기동을 허용할지 여부도 핵심 문제이다.

　지역 분쟁 협상의 마지막 특징은 당사자들이 억제를 화해로 극복할 수 있도록 중재가 필요한 취약한 국가들에게 중재를 위한 기본적인 가치를 제공한다는 것이다. 새로운 국가들은 탈식민화에 깊이 연루되어 민족적, 국내적, 국경 분쟁이 그들의 정체성과 정치적 존재에 필요하게 된다. 국가는 그들의 갈등을 사랑하는 법을 배우거나 적어도 그것이 유용하다는 것을 알게 되거나 화해를 생각하고 교착 상태를 받아들이며 갈등을 협력 노력에 종속시키는 것이 어려워진다. 때때로 중재자는 단순한 의사소통자의 역할에서 창의적인 해결책의 형성자 역할로 이동해야 한다. 때로는 그는 교착 상태를 유지하고 화해를 유도하는 조정자 역할까지 해야 하는 것이다(Rubin, 1981; Touval and Zartman, 1985, 2001; Saunders, 1985a; Day and Doyle, 1986; Crocker, Hamson, and Aall, 1999).

강대국뿐만 아니라 알제리, 토고, 코스타리카와 같이 작은 나라들도 스스로 중재역을 자처한다. 여러 복잡한 분쟁을 다루기 위해서는 다양한 중재 방식이 필요하다(Assefa, 1987). UN 총회, 외교 단체, 그리고 기능적으로 보완적인 조정자 그룹 등이 함께 조정하는 것도 필요하다(Bercovitch and Rubin, 1992; Touval 2001). UN 총회는 분쟁 조정에는 한계가 있지만, 분쟁 당사자들에게 압력을 가해 해결책을 찾는 데 크게 기여하고 있다. 반면, UN 사무국은 종종 국가의 정치적 노력을 보완하는 중요한 기술적 능력을 발휘한다. 과거 지역 분쟁의 갈등 관리와 해결의 사례에서 교훈과 통찰, 규칙성을 지속적으로 찾는 것은 당사자들이 자신의 문제를 스스로 해결할 수 없고 도움이 필요할 때 유용하다.

제**21**장

무역 및 환경에 대한 협상
다자간 접근방식의 변화

군나르 셰스테트

'이론'은 국제협상의 작동 원리에 대한 개괄적인 이해를 돕는다. 또 효과적인 협상을 위해 참여 집단이 어떤 식으로 행동하고 교류해야 하는지도 암시한다. 협상에 대한 일반적인 이론적 명제는 원칙적으로 누가 누구와 협상하는지, 무엇을 협상하는지와 관계없이 유효하다. 하지만 현실적으로는 협상 테이블에 올라간 특정 주제가 협상의 성격을 좌우한다. 예를 들어 예루살렘의 법적 위상에 대한 협상은 공업용 부품의 표준화를 놓고 벌이는 국제협상과 성격이 다를 수밖에 없다. 사실 절차(프로세스)상의 특성과 이슈의 다양성, 즉 문제의 범위 간에는 어떤 연관성이 엿보인다.

수십 년 동안 무역과 환경은 국제협상에서 가장 중요한 주제였다. 무역은 양자 간 협상이 이루어지고, 주로 지역통합이나 국제체제 구축의 맥락에서 이루어지는 것이다. 관세 및 무역에 관한 일반 협정(General Agreement on Tariffs and Trade: GATT)의 방패 아래의 성공적인 무역 협상은 말 그대로 제2차 세계대전 이후 세계경제를 이끈 주축의 상징이었다. 장거리 국경을 넘는 환경오염, 성층권 오존층 파괴, 생물 다양성 보존, 사막화, 기후변화 같은 문제처럼 늘어나는 환경 문제는 스톡홀름 국제연합 인간환경회의(UN Conference on the Human Environment in Stockholm, 1972)에서 다루어졌다.

무역과 환경 협상 간에는 중요한 유사성이 있다. 둘 다 기술적으로 복잡한 문제가 얽혀 있으므로 여러 다양한 기술 전문가의 참여가 필요하고, 이들은 특히 다자적 형태를 띤다. 하지만 동시에 무역과 환경 협상은 주제가 협상 패턴에 영향을 어떻게 끼치느냐를 놓고 중요한 차이점을 보인다. 무역과 환경에 대한 협상은 유사점과 차이점이 뒤섞여 있어 흥미롭다. 둘을 비교해 보면 오늘날 세상에서 국제협력을 위한 기본적인 도구인 다자 협상에 대한 새로운 점을 깨닫게 해준다. 무역과 환경은 이에 참여하는 협상자들에게 다소 생소한 어려움을 주지만, 이 비교분석은 다자간 프로세스의 위험과 가능성에 대한 관점을 넓히는 데 도움이 된다.

다자간 프로세스: 기본적인 특징

협상에 대한 대부분 이론서는 양자 간의 협상을 가정한다. 다자 협상에 중점을 둔 이론 기반 서적은 상대적으로 잘 없다. 하지만 다자간 협상이 무엇인지에 대한 개괄적인 설명은 쉽게 할 수 있다. 윌리엄 자트먼(William Zartman)은 다자간 프로세스를 '다당화(多黨化)', '다목적', '다(多)문제'로 묘사한다(Zartman and Associates, 1994). 다수의 집단은 몇 개에서 수많은 문제까지를 동시 대응하기 위해 참여한다. 같은 집단이 여러 문제에 매우 다른 성과를 낼 수 있고, 심지어 일관성 없게 행동할 수도 있으며, 동일한 협상 단계를 다르게 처리할 수도 있다. 예를 들어 특정 행위자는 어떤 주제가 협상 테이블에 올라와 있지만, 다른 이들은 이 문제에 대해 논의하지 않을 때 홀로 절차를 진행하고자 노력한다. 자트먼은 다자간 협상이란 '복잡성의 관리'라고 설명한다. '연합'은 복잡성을 줄이는 것이 본연의 기능 중 하나이므로 다자간 프로세스에서 매우 중요하다. 다자간 협상은 가끔 공식적인 의사결정 규칙하에서 국제기구를 통해 실시되기도 하지만, 기본적으로 결정은 합의를 통해 도출된다. 특히 다자간 협상은 체제 구축 절차의 특징을 갖고 있다. 다자간 협상은 가치를 직접적으로 분배 혹은 재분배하지 않고 오히려 특정 맥락에서 가치 분배나 성과를 위해 일반적으로 받아들여지는 기준을 만든다.

이론적 분석에서는 양자 간 협상이란 기술을 필요로 하는 게임에서 경쟁 혹은 협력적 행동을 취한 결과라고 곧잘 설명한다. 다자적 회의에서 상호 작용 패턴의 복잡성은 이런 관점을 배제한다. 다자적 협상의 발달은 프로세스 모델을 응용해야 한다. '프로세스'란 협상의 시작에서부터 완료까지 모든 상호 작용의 패턴을 특징화하기 위해 쓰이는 분석적 개념을 말한다.

공통적인 프로세스 모델은, 협상을 **사전협상**에서 시작해 **정책과제 설정**을 거쳐 **방식에 대한 협상**을 통한 뒤 세부 사항에 대한 협상으로 이어져 마지막 **합의**로 끝난다. 원칙적으로 이들 과정(프로세스)은 어느 협상에서나 항상 거쳐 가게 된다. 하지만 협상에 따라 한두 개의 과정이 다른 과정보다 더 두드러지거나 덜 두드러지기도 한다.

사전협상은 협상의 시작을 말한다. 이 단계에서 폭넓은 범위의 국가들이 특정 주제나 여러 주제를 놓고 협상을 시작할 준비에 들어간다. 특히 이 사전협상은 다수의 행위자가 협상을 시작하기 위한 공동결정(joint decision)으로 마무리된다.

의제 설정 단계(in agenda setting)에서 협상자들은 어떤 문제들이 협상 의제로 선정될지, 이러한 의제들이 어떻게 기술되고 구체화될 것인지 협의하려고 한다. 협상의 목표, 누가 담당할 것인지와 협상 일정 등이 이 단계에서 결정된다.

협상 진행 과정의 주요 **기능**은 어떤 이슈가 의제에 선정되는지와 확정적 합의를 찾기 위한 과정에 관련된다. 장기적인 공기오염을 줄이기 위한 협상에서, 협상 당사자들이 대기 중의 특정 물질(예를 들어 이산화황, 암모니아, 질소 또는 휘발성 유기화합물)의 배출을 줄이기 위해 약속을 해야 하는 형식적인 명시 등이 그 예이다. 때로는 이러한 형식적인 협상이 일반적인 지침만 제시하게 되고 다른 경우에는 일종의 과학적 모델과 유사한 특정한 제안을 구성할 수도 있다.

정책과제 설정은 실제 협상 테이블 위에 올라온 협상 방법을 실질적으로 활용하는 단계이다. 예를 들어 케네디 라운드(Kennedy Round)1) 중 무역 협상, 선형

---

1) (옮긴이 주) 케네디 라운드는 GATT 6차 회의로, 1964년부터 1967년까지 스위스 제네바에서

및 국경 전체에 걸친 관세 감세 방법이 제정 및 적용되었다. 대략 유사한 비율의 관세가 다양한 범위의 상품군에 적용되어 관세가 감면될 것으로 예상했다.

합의는 협상의 최종 단계와 관련이 있는데, 당사자들은 협상 과정에서 발전된 합의를 수용하기로 약속한다.

이런 경우의 '프로세스'는 개인 간 협상일 때와 매우 판이하다. 예를 들어 복잡한 다자간 협상에서 **사전협상**은 복잡하면서도 수년씩 오래 걸리는 과정이 되기도 하지만, 때에 따라서는 짧은 외교적 대화로 끝나기도 한다. 경우에 따라서는 협상이 시작되고 나서야 협상할 주제가 정해지기도 하며, 또 어떤 경우에는 **정책과제 설정**과 주제 명확화 과정에 회담 주제와 관련한 엄청난 양의 업무가 뒤따르기도 한다. 가끔 어떤 협상자는 모든 협상자들이 납득할 만한 교섭 접근을 위한 **방법**을 협상 초기 단계부터 갖고 오기도 한다. 가끔은 이런 방법의 전개는 협상의 가장 위험하면서도 어려운 과정이 되기도 한다. 비록 이렇듯 가변성의 범위가 넓기는 하지만 이 '프로세스 모델'은 원칙적으로 다자간 협상의 핵심적인 전개 과정을 정확히 포착하고 있다.

핵심 이슈의 특성

협상 이슈는 '자연히 주어지는 것'이 아니다. 협상 이슈는 **사전협상**과 **정책과제 설정**에서 협상 당사자들에 의해 구축된다. 이슈 구성의 특징은 이익과 권력, 그리고 이슈를 만들어낸 당사자들의 문화에 크게 좌우된다. 하지만 오존층 파괴나 산성비 같은 환경 문제, 그리고 관세 같은 무역 문제는 협상 테이블에 올라가면 곧장 협상 구축 단계에 반영될 정도로 내재적인 가치를 갖는다. 이러한 내재적 이슈의 가치는 예측 가능한 방식으로 협상 절차의 특성에 영향을 주기도 한다.

열렸다. 총 66개국이 참가하여 세계 전체 무역량의 80%가 반영되었으며, 1967년 6월 30일에 최종 합의되었다. 라운드의 이름은 회담 개시 6개월 전에 암살당한 미국 존 F. 케네디(John F. Kennedy, 1917~1963) 대통령의 이름에서 따왔다.

이슈는 협상 당사자들이 달성해야 하는 여러 가지 난제를 말한다. 난제는 원래부터 중요한 특징적 반응을 야기한다. 예를 들어 만약 이슈가 기술적으로 복잡하지 않다면, 협상 당사자들은 자신들이 대변하고 있는 이슈와 이익을 이해하는 것이 어려웠을 경우보다 이슈를 이해하기 위해 에너지와 자원을 덜 투입해도 된다는 의미이다.

국제무역 이슈: 일반적 특성

국제무역은 상품과 서비스가 상업 계약조건에 따라 개인 혹은 기업이 국경을 거쳐 거래하는 경우에 발생한다. 이론적으로 시장은 거래 가격을 정하지만, 실제로는 종종 판매자와 구매자 간에 협상의 여지가 존재한다. 하지만 모두가 이해하듯 **국제무역 이슈**는 시장 내 거래와 직접적으로 관련되지는 않으나 국내 정부가 직접, 혹은 국제기구의 도움을 받아 시장 내 행위자들에게 적용하기 위해 만들거나 철폐한 규칙이나 제약과 직결된다. 역사적인 무역 이슈는 **관세 이슈**로, 공식적인 수입세(輸入稅)가 상품의 가치에 따른 비율로 매겨진 것이다. 비관세 무역 장벽(Non Tariff barriers: NTB)은 허가제처럼 대표적인 무역정책 수단이 되어왔으나, 불평등한 무역 효과(국가 표준 같은)가 발생하는 국내 부문(산업, 농업, 환경 같은)에서는 '규제'로 풀이되기도 해왔다. 관세와 비관세 무역장벽(NTB)은 1970년대 말까지 국제무역 협상의 대세였다. 이후부터는 소위 '새로운' 무역 이슈들이 논의 주제로 추가되었다. 이 이슈들은 이미 국제무대에서 다루어져 온 것이었으며, 전체 혹은 일부가 무역 이슈의 틀 안으로 들어갔을 뿐이다. 좋은 예는 **교통**과 **금융** 업무의 변화를 서비스 **분야의 무역**으로 변환시킨 것이다.

제2차 세계대전 이후 세계에서 다자간 협상이 다루는 무역 이슈는 신(新)고전주의 무역 이론의 도움으로 틀이 잡혔다. 이 말은 다자간 무역 협상의 전반적인 목적은 전 세계 국경에 걸친 자유로운 상품과 서비스의 흐름을 막는 장벽을 줄이거나 궁극적으로는 제거하는 것이라는 의미이다. 자유무역 이론에 따르면, 이런 방식은 세계 무역을 늘리는 방향(전체 시장 확장)으로 모든 거래자에게 이득이 되며, 동시에 세계경제 성장에도 득이 된다. 무역 자유화는 경쟁력을 갖춘 수출기업이 수입 대상 국가의 보호적인 시장에 접근할 기회가 늘어난다는 점(시장 점유율의 확장)에서 명백히 유리하다. 수입 증가는 국가 경제 개발에도 유리하다. 가격을 낮게 유지하고 경제 효율성이 높아지는 데 도움이 되기 때문이다. 하지만 이런 긍정적인 효과는 본국 시장을 보호하려는 국내 생산자의 이익과 상쇄되곤 한다. 수출 이익보다 수입 이익이 국제무역 협상을 주도해 온 바가 더 크다.

다자간 무역회담의 특징적인 복잡성은 대다수 정부가 보여주듯 독특한 이익의 이중 잣대가 적용되었다. 그뿐만 아니라 **자유무역**을 협상에서 고취해야 할 모든 무역 상대의 상호 이익으로 인정하며, 여러 정부는 동시에 이 원칙에서 예외를 찾거나 관리 무역의 요소를 보전하고자 노력한다. 순전히 기술적인 협상 관점에서, 무역 이슈는 수량화하기 쉬우므로 상대적으로 협상 테이블에서 다루기가 덜 복잡한 편이다.

국제환경 이슈: 일반적 특성

국제 안건에서 전형적인 환경 이슈의 핵심은 산업, 교통, 에너지 생산, 농업, 어업에서 현재 진행 중이거나 계획된 경제 활동이 모두 미래에 환경 파괴나 건강 문제를 일으킬 것으로 예상된다는 사실이다. 예를 들어 발전소에서 석탄을 때우는 것은 끝없는 산성화를 야기해 내륙 지역의 물이나 초목, 건물에 좋지 못한 영향을 끼친다. 석탄 또한 이산화탄소를 발생시킴으로써 대기 중에 온실가스 농도를 올리며, 결국 기후 온난화를 초래할 뿐 아니라 다른 치명적인 결과(강우 지역 변화나 태풍 발생 빈도 상승 등)를 야기한다.

환경 이슈와 관련하여 협상 테이블에 올라가는 가장 보편적인 문제는, 현재 혹은 계획상의 경제 활동을 변화하거나 중단할 경우 발생하는 비용을 미래에 환경 피해 혹은 건강 위험을 줄이거나 피하기 위한 수단으로 어느 정도 크기까지 받아들일 수 있느냐 하는 것이다. 예를 들어 기후변화의 위험을 피하기 위한 하나의 방편은 대기로 방출되는 온실가스를 줄이는 것이다. 현저한 온실가스 방출 감소는 에너지 생산이나 산업 생산, 난방, 농업, 교통에 적지 않은 비용 변화를 강요하게 된다.

국제환경 이슈는 효과적인 취급을 위해 이 문제를 우려하는 둘 이상의 국가가 즉각 참여해야 한다는 점에서 내재적인 월경(越境) 개념이 존재한다. 예를 들어 효과적인 측면을 위해 라인강 청소를 목적으로 한 회의에는 라인강이 흐르는 국가 모두의 참여가 필요하다.

무역과 환경 협상의 차이: 비교적 접근

무역과 환경에 대한 국제협상은 각각 이슈에 직·간접적인 영향을 받은 몇 가지 차이를 보인다. 두 문제 영역의 비교는 유사성이 뚜렷한 각 영역의 참고 사례를 보면 더욱더 분명하다. 먼저 선정된 참고 사례는 다자간 GATT 협상에서의 다자간 무역 협상이고, 둘째는 기후변화에 대한 UN 협상이다. 두 협상 모두 이미 설립된 국제기구의 맥락에서 진행되었으며, 복잡한 문제에 연루된 전 세계 모든 대륙의 수많은 국가가 참여했다. 또한, 이들은 모두 모두 장기 체제 수립 절차에 참여하는 국가였다.

두 협상은 앞서 약술한 일반 프로세스 모델과도 잘 들어맞는다. 하지만 일반 프로세스 전개 과정에서는 여러 갈래로 갈라지는 분기성이 식별된다. 이는 협상이 어떻게 시작되는지, 어떻게 일반적인 협상 목표가 설정되는지, 어떻게 주제가 틀을 갖추고 리더십은 누구에 의해 어떻게 발휘되는지, 과학자와 과학의 역할, NGO의 참여, 여론의 중요성 등과 관련이 있다.

협상 개시

무역 분야의 참고 사례는 각각 별개지만 매우 상호 의존적인 세 협상을 포함한다. 이는 각각 케네디 라운드(1964~1967), 도쿄 라운드(1973~1979), 우루과이 라운드(1986~1994)이다. 이 세 개의 GATT 협상은 시작이 매우 유사했다. 우선 미국의 첫 주도가 매우 중요했다. 시작은 전통적인 강대국 외교(Great Power diplomacy)의 중점 요소를 포함한 과정이었다. 미국 정부는 먼저 주요 무역 상대국과 경쟁국부터 눈여겨보았다. 대표적인 곳은 현재의 유럽연합(EU)을 구성하는 초창기 유럽 국가군(EEC와 EC),[2] 그리고 일본이었다. 미 정부는 이들을 모두 신(新)GATT 협상에 참여하도록 초대했다. 특히 도쿄 라운드 개막은 새로운 다자간 무역 협상을 시작하기 위한 협의란 항상 조화로운 것이 아니라는 사실을 보여준다. 1971년 가을, 미국 정부는 관리 환율제인 브레턴우즈(Bretton Woods) 제도를 포기하기로 했다. 닉슨 쇼크(Nixon shock)라 부른 이 사건은 유럽과 일본을 협상 테이블에 올라오도록 강요하기 위한 미국의 대전략과 맞닿아 있었다. 주요 무역 상대국이 신GATT의 제안을 받아들이자 더 넓은 범위의 국가가 사전 협의에 참여하도록 초대받았다. 시작 과정은 차후 협상 당사자들이 GATT 내 다자간 무역 협상의 새 라운드에 참여할 것을 서약하는 공식 회의와 함께 종료되었다.

기후변화에 대한 협상 개시는 현저하게 다른 방식으로 시작했다. GATT 라운드의 사전협상은 복잡한 정치성 때문에 길어지는 경향이 있지만, 그럼에도 비교적 짧게 끝난다. 기후 회담의 시작은 국제 과학 공동체에 의해 시작되며, 여기서 기후 온난화와 그 이유, 징후, 예상되는 미래의 재난 결과에 대한 지식과 정보가 계속 축적된다. WMO나 UNEP 같은 몇 개의 UN 산하기관이 이 과정을 지원한다. 기후변화에 대한 지식의 수립과 전파는 갈수록 제도화되어, 결국 1990년경 UN에서 시작된 기후변화에 관한 공식 협상인 '기후변화에 관한 정부 간 협의체(IPCC)'[3]의 도움을 받아 거대 규모로 조직화되었다. 이 시점에서 여러 국가가 계속되는 기후변화와 관련된 위험에 대한 과학적 증거를 받아들이기 시작했으며, 이 시점부터 큰 비용이 수반된 완화 전략을 논의할 준비를 갖추었다. 반면 무역 협상에서는 강대국이 휘두르는 채찍의 강력한 영향 없이 협상이 시작되었다.

---

2) (옮긴이 주) EC, 혹은 EEC 가맹국은 벨기에, 서독, 이탈리아, 룩셈부르크, 네덜란드(이상 1957년 가입), 덴마크, 아일랜드, 영국(이상 1973년 가입), 그리스, 포르투갈, 스페인(이상 1986년 가입)을 포함한다.
3) (옮긴이 주) Intergovernmental Panel on Climate Change의 약자.

협상 목표 수립

신GATT 라운드가 시작되었을 당시, GATT 협정 그 자체는 우선 전반적인 목표를 규정했다. 모든 참여국은 협상 개시 단계부터 무역 자유화가 공동 이익을 반영한다는 점을 인정했고, 이렇게 협상을 진행할 것임에 동의했다. GATT 라운드의 목적은 근본적으로 무역 장벽을 줄이거나 철폐하는 것이다. 이 목표에 대해 따로 협상이 이루어진 적은 없지만, 이는 새로운 라운드의 시작의 주어진 전제 조건이 되었다.

기후변화 회담에서 종합적인 목표의 수립은 사전협상의 중요한 부분이며, 기후 문제의 종류와 묘사와 직결되어 있다. 과학계의 지식 수립 과정에서 공통적으로 등장하는 목표는 기후변화 후에 예상되는 재난을 회피하는 문제이다. 따라서 기후 협상에서 종합적인 목표를 수립하는 과정은 문제 분류와 밀접하게 통합되었다. 협상 당사자들은 기후 온난화의 부정적인 결과가 더 크고 분명하리라 예상했고, 기후 회담에서 공동 목표 역시 더 분명하고 뚜렷할 것으로 예상했다.

무역회담에서 정부 각국에서 온 대부분의 참여 대표들은 협상에서 각각 누려야 할 특수 이익에 대한 명확한 시각이 있다. 이러한 이익은 국제 혹은 국내 시장의 시장 점유율에 따라 특징적인 긍정적 가치가 발생한다. 일부 국가는 특정한 국제 시장(농업 문제에서 호주나 뉴질랜드 같은)에 더 큰 접근 권한을 갖고 싶어하고, 또 어떤 나라는 특정 시장 진출에 보류적인 입장을 갖기도 하지만, 무역회담에 참여하는 대부분 협상 참여 대표단은 수입, 수출 모든 분야에서 각각 장려 혹은 방어해야 할 것들이 있다. 따라서 GATT 라운드에 들어온 협상 대표들은 모두 협상에서 취할 제각각의 입장이 있으며, 타 대표들에게 요청하거나 제안할 내용이 포함된 생산집단에 따라 입장이 달라질 수 있다. 무역 협상은 동 시간의 차원적 위치에서 비용과 맞바꾸는 긍정적 가치의 배분에 대한 투쟁을 의미한다.

기후 회담에서는 대표들이 협상장에 들어설 때 뚜렷하게 상이한 이익을 갖지 않는다. 각 대표들의 이익은 계속 바뀌는 기후 문제의 개념 정의와 완화 전략에 따라 예상되는 문제(탄소 방출 제한 등)가 무엇인지에 달려 있다. 각자 이익의 척도는 두 종류이다. 첫째는 환경 문제에 따른 우려 수준, 둘째는 당사국이 예상하는 감소 비용의 할당(%)이다. 다른 모든 협상과 마찬가지로 환경 협상은 '직접적인 결과에 대한 부정적 인식'이라는 특징을 갖는다. 따라서 크게 보면 환경 변화 협상은 긍정적 가치보다는 부정적 가치의 전파에 더 영향을 미친다.

이슈의 틀

GATT 라운드에서는 협상 대상인 모든 이슈가 무역 이슈의 틀 안에 들어가야 한다. 새로운 GATT 라운드가 시작될 때는 앞서 다자간 무역 협상의 논의 과제였던 모든 이슈가 무역 이슈로 당연하게 귀결된다. 새로운 논의 이슈도 무역 이슈로 규정되어야 하나, 이들은 보통 국경을 걸친 상품과 서비스의 자유로운 흐름에 대한 방해물로 인식된다. 이는 기본적으로 두 가지를 의미한다. 첫째, 이 현상이 어떻게 자유무역의 방해에 영향을 끼치는지 분명해야 한다. 이 때문에 무역 협상은 우루과이 라운드 중 서비스 분야의 무역처럼 종종 경제학자나 과학자 같은 수많은 전문가의 참여가 필수가 되는 매우 복잡한 사안이 되기도 한다. 둘째, 새로운 무역 이슈는 자유무역을 필수로 하는 GATT 규범 구조 안에 포함될 수도 있다. 무차별 및 자유화 규범은 다자간 협상에서 모든 무역 이슈를 끌고 가게 된다.

기후 회담에서 문제의 틀 갖추기는 보통 협상 초기부터 시작되는 기나긴 과정이다. 비록 새로운 종류의 무역 문제가 오늘 갑자기 등장하더라도, 관세 같은 전통적인 무역 이슈는 제2차 세계대전 이후 GATT가 설립되었을 때 이미 명확하게 정의가 내려진 바 있다. 반면 기후변화와 관련된 모든 이슈는 기본적으로 기후 회담 및 사전회담에서 발전되었다. 이 건축 작업에서 정책 입안자들은 적절한 차원을 구분하여 미래 협상을 위한 이슈의 틀을 짰다. 원인, 현상, 기후 온난화의 영향, 적용 가능한 감소 수단 등이 그것이다. 핵심적인 초점은 특히 대기 온난화에 가장 영향을 끼치는 일명 온실가스, 특히 CO_2 방출에 맞춰졌다. 이에 따라 이슈의 틀 짜기는 전 협상 절차가 어떻게 전개되느냐에 결과가 달렸다.

이슈의 틀 짜기의 뒤에 선 주도자는 다자간 무역 협상 및 기후 회담 때와 달랐다. 무역 협상에서 주요 주도자는 현존하는 GATT 체제였고, 그중에서도 GATT 체제의 규범과 원칙이었다. 원칙은 인식론적 구성의 한 종류였으며, 학계의 신고전주의 이론을 상기시킨다. 바꿔 말하자면, 지식의 몸통을 구성한 것이다. 체제에는 또한 자유무역정책을 추구하기 위해 계약 당사자들을 지도하는 규범적 요소가 포함된다. 기후 회담에서는 이슈의 틀 짜기가 과학 회의나 나중에 순전히 틀 짜기 목적으로 설립된 IPCC에서 다루어진 체계적 지식 축적 기능을 수행했다.

협상에서의 리더십

모든 다자간 협상은 리더십 준비 여부에 달려 있다. 리더십은 협상의 시작, 그리고 결론을 내리는 데 필수적이다. 초기 단계에서 하나 혹은 그 이상의 '리더'는 다른 행위자들이 협상 테이블에 모이도록 자극하거나 강요한다. 리더십은 일반적으로 협상을 끝내거나 혹은 전체 절차가 진행되게 하는 데 필요하다. 예를 들어 교착상황을 깨기 위한 큰 제안을 던지는 것을 말한다. 리더는 최후의 합의를 끌어낼 제안 이면의 승리 연합을 구성할 설득력을 발휘한다.

GATT 라운드에서 미국을 포함한 강대국은 '리더'의 구실을 한다. 미국이 포함된 열강 게임의 역학에서 EU나 일본 역시 협상에서 추진력이 된다. 미국의 리더십은 케네디 및 도쿄 라운드에서 특히 강력했으며, 우루과이 라운드 초반에도 중요했다. 미국이 우루과이 라운드의 최종 단계에서 리더십 역할을 포기하기로 했을 때, 이 협상은 결론을 내리는 것이 어려워졌다. 강력하고 단호한 리더십의 부재는 제1차 WTO 라운드를 다자간 협상의 트랙 위로 올리는 것을 어렵게 하는 데 일조했다.

기후변화 협상에서는 열강에 의한 강력한 정치적 리더십이 항상 부족했다. 미국은 명백히 이 협상을 강압적으로 추진하기를 바라지 않았다. '환경 개발에 관한 국제연합회의(UNCED)'[4]에서 리더십을 발휘하려던 EU의 시도는 실패로 끝났다. 미국이 이들을 운용할 의지나 필요한 자원, 혹은 능력이 명백히 부족했기 때문이다. 리더십의 부재는 어째서 기후 회담이 길어졌고, 왜 수많은 나라들에게 적용하기 어려운지, 그리고 무미건조한 결론만 나왔는지에 대한 답이 된다. 지금까지 기후회담의 고점(高點)은 교토(京都) 의정서로, 이 회담은 온실가스(CO₂) 방출을 줄이기 위한 산업화 국가의 합의를 이끌어냈다. 온실가스 감소는 IPCC 과학자들이 주장한 것에 비해 대단하지 않았으며, 기후 온난화에 대응하기 위해 필요했다. 이 제안은 화석 연료 소비를 효과적으로 높이는 데 기여했으므로 결코 손해가 아니었다.

그렇지만 교토 의정서의 중요성을 간단히 일축해 버릴 수는 없다. 교토 의정서를 통해 기후 온난화를 감소시키기 위해 꽤 큰 국가군(群)에 법적 의무를 부여하는 등, 기후 회담의 복잡하고 긴 절차가 처음으로 그곳에서 진전을 보였기 때문이다. 이 관점에서 보자면 교토 의정서는 비교적 성공적이었다. 교토에서 열린 기후 회담은 교착상태로 끝나지 않았을 뿐 아니라 건설적인 협의로 마무리되었다. 그렇다면 어떻게 이 협상은 분명한 정치적 리더십이 부재했음에도 성공할 수 있었을까? 잠정적인 답은, 사실 비록 참여국 정부의 리더십은 아니지만 그곳에 리더십이 있었다는 것이다. 과학계나 기후변화에 대한 과학적 지식을 갖춘 이들이 정치 리더십을 대체하여 협상을 주도했다. 축적되고 조직화되고 IPCC가 국내외 정책결정자들을 위해 검증한 과학 지식은, 처음으로 기후 온난화 문제에 대한 총체적 경각심을 갖게 했고, 이를 통해 정책결정자들에게 압력을 계속 키워 기후 온난화 감소를 위한 행동을 취하게 했다.

과학자와 과학의 역할

기후 회담에서 과학의 리더십 역할은 기후 회담이나 다른 수많은 환경 협상의 또 다른 독특하면서도 전형적인 특징을 반영하고 있다. 기본적인 현상은 과

---

4) (옮긴이 주) UNCED: United Nations Conference on the Environmental and Development.

정 중 IPCC의 맥락 안에서 잘 조직된 광범위한 과학자의 참여였으며, 이는 협상에서 공식적으로 중요한 역할을 맡았다. IPCC는 독특했다. IPCC에 직접적으로 대응하는 다른 환경 협상이 없었기 때문이다. 그럼에도 과학자들은 다른 환경 회담에서도 중요한 임무를 수행했고, 사막화 문제나 오존층 파괴, 유럽에서 공해의 장거리 초월 문제 등에 참여했다. 특히 과학계와 과학자들은 기후 회담에서 국가 대표 및 국제기구 직원의 편에 선 제3의 압력집단이 되었다. 궁극적으로 각국 정부는 환경 협상에서 중요한 결정을 내렸으며, 특히 교토 의정서에서 공식 합의한 대로 온실가스 방출 감축을 계획대로 수행했다. 세계의 과학계는 기후 문제의 틀을 잡을 때 강한 영향을 끼쳤고, 협상 접근법 개발에도 영향을 미쳤다.

환경 회담 및 기타 환경 협상에서 과학과 과학계의 중요한 역할에 대해서는 몇 가지를 해석해 볼 수 있다. 하나는 훼손된 생태계와 지속적으로 악화되는 환경은 스스로를 대변하기 어려운 상황에 있는 이들에게 큰 우려를 낳을 것이 분명하다는 점이다. 과학자들은 이 때문에 이런 집단에 대한 옴부즈맨 역할을 맡아왔다. 과학자들은 환경 위험과 이로 야기되는 결과를 식별했으며, 이에 따라 계획 수립에 매우 중요한 행위자 역할을 해왔다. 마찬가지로 과학자들은 협상 방식 개발에도 적극적으로 참여했다. 과학과 과학자들은 협상을 주도한 협상 집단의 공동 이익을 분명히 했다. 앞서 말했듯이 이런 방법은 기후 회담에서 리더십 역할을 장악하게 했다.

과학자들은 환경 협상에 참여했던 것과 같은 방식으로 GATT 라운드에 참여하지 않았다. 다자간 무역협상에서 과학자들은 경제학자나 국제 변호사들이었다. 하지만 GATT 사무국이나 참여국을 대표한 변호사들은 과학자로서 참여한 것이 아니라 법적 자문으로 참여했을 뿐이다. 과학자 역할을 한 경제학자들은 실제 협상 테이블에 앉은 경우가 잘 없었으며, 주로 사전 준비 작업에 참여했다. 서비스 분야를 GATT 의제로 도입하기 위해 노력한 것이 한 예이다.

비정부기구의 역할과 여론

모든 GATT 회의는 각국 정부인 계약 당사자들이 강력하게 장악했다. GATT 사무국은 협상에서 중요했지만, 사무국의 기본 역할은 협상 당사자들을 다양하게 지원하는 것이 기본 역할이었다. 예를 들면 회의 내용을 기록하고, GATT 공식 문서를 만들고, 정부 기관이 관련된 제안과 요구를 관리하는 것이다. 문자 그대로 NGO는 그 어느 GATT 회담에도 참여한 적이 없으며, 오직 소수의 정부 산하기관(Government Organizations: GO)만 회담에 참여했다. 심지어 참가 자체가 매우 제한적이었다. 예를 들어 우루과이 라운드 당시 의제 설정 단계에서는 여러 GO들이 참여 초대를 받아 협상 당사자들에게 GATT 협상에서 다루어지게 될 각자의 활동과 책임 영역에 관해 설명해 줄 것을 요청받았다. 이 임무가 끝나자 이들 조직은 우루과이 라운드 절차에서 나갔다. GATT 협상은 여론에 영향을 받지 않았으며 상대적으로 고립된 정책 분야 내에서 진행되었다. 그런 관점에서 볼 때, 무역정책은 국내 경제정책보다 외교정책 쪽과 더 유사한 점이 많다.

몇몇 다른 회담과 마찬가지로 기후 협상은 극단적으로 달랐다. IPCC의 작업 덕에 여러 연구기관과 과학기구, 국가를 대표하는 수많은 과학자가 협상에 적극적으로 참여했다. 여러 NGO도 협상 절차에 참여하거나 가까운 지근거리에 있었다.

여론과 언론의 역할 역시 마찬가지로 무역과 환경 회담에서 각각 크게 다르다. GATT 협상 전개 과정은 거의 헤드라인을 장식하는 일이 없었다. 협상에 관한 기사는 세계경제 문제를 전문적으로 다루는 저널의 비즈니스 섹션에나 실렸다. 그거라도 아니면 GATT 협상은 미국과 EU 간의 무역전쟁이나 시한을 두지 않고 장관들끼리 따로 만나는 등 뭔가 드물거나 극적인 사건이 있는 게 아니라면 미디어의 관심을 끌지 못했다.

1999년 12월, 시애틀에서 열린 세계무역기구(World Trade Organization: WTO) 회의는 엄청난 시위대가 둘러싼 상태에서 열렸고, 일부는 폭력과 파괴 행위를 저질렀다. 몇 번인가는 농업 단체와 관련된 유사한 양상의 시위가 제네바

GATT 정문 밖에서 일어났다. 하지만 이런 사건은 예외적이다. 보통 GATT 회의의 협상은 여론의 압박으로부터 상대적으로 보호가 된 협상장에서 협상이 진행된다. 다시 말하지만, 기후 회담은 뚜렷하게 다른 모습이다. 1990년대에 협상이 진행되자 여론은 갑자기 기후 문제를 우려했고, 언론은 협상 전개 과정을 더 자세히 지켜보았다. 이러한 이해관계의 중요성을 요약하기는 쉽지 않다. 영향이 매번 다르기 때문이다. 다른 협상과 마찬가지로 여론과 언론의 우려는 협상 중인 협상자들을 제약할 수도 있다. 양보하기가 어려워 창의적인 타협안을 끌어내기 어렵기 때문이다. 반면 언론과 여론은 협상의 추진력 역할을 한다는 점에 대해선 이견을 갖기 어렵다. 예를 들어 언론이 기후변화에 관한 과학적 지식을 전파하는 데 도움을 주는 것은 정치적인 관점에서 더 큰 영향력을 갖는다.

무역과 환경에 관한 협상: 최근의 전개

과거에는 무역과 환경에 관한 협상은 의미심장하면서도 냉정한 차이점을 보여왔다. GATT에서 다자간 협상 회담은 전문 외교관이나 소수의 기술 전문성을 가진 무역 전문가들이 고립된 장소에서 언론이나 NGO, 여론의 간섭 없이 진행되었다. 협상 테이블 위에서의 협상은 마치 사업협상처럼 진행되었고, 이는 자유무역 독트린처럼 GATT 체제에 큰 영향을 받았다.

그 과정에서 다소 이데올로기적인 대립이 발생하기도 했다. 그 결과 제외된 무역 장애물에 관한 협상 결과는 인상적이다.

기후 회담, 그리고 환경 협상은 일반적으로 틀에 갇힌 무역 협상보다 더 공개적일 뿐 아니라 다양한 종류의 행위자들이 광범위하게 참여한다. 과학자와 과학은 협상에서 중요한 역할을 했으며, 무역을 비롯한 다른 협상의 경우에서 주도적인 역할을 하는 정치적 리더십 부재를 대체했다. 무역 분야와는 대조적으로 특정 환경 문제(오존 문제나 위험 폐기물, 기후 온난화 등)는 별도의 협상 프로세스를 통해 다루어졌다. GATT 라운드만 봐도, 단 한 번의 협상에서 새로 등장한 모든 무역 문제가 다루어졌다는 점을 상기해 볼 필요가 있다.

하지만 무역과 환경 회담 간의 차이가 사라져가고 있다는 징후가 있다. 이는 기본적으로 GATT 후신인 세계무역기구(WTO)에서 앞으로 예상되는 다자간 무역회담의 전개 때문이다. 1999년에 실패한 시애틀 장관급회의는 미래의 다자간 무역회담과 관련된 여러 개의 경고 신호를 보냈다. 시애틀 시내에서 벌어진 싸움 그 자체는 중요하고도 폭력적인 사건이었으나, 이 때문에 WTO 장관급 모임의 중요한 측면이 관심에서 멀어지게 되었다. 실패한 시애틀 WTO 회담의 가장 중요한 측면은, 무역 분야의 고립성이 처음으로 도전받았다는 사실이다. 시애틀이나 이후 다른 상황에서 무역 분야 밖의 행위자들은 국내외 수준에서 무역 정책의 개발을 위해 자신이 필요한 권리를 더 크게 행사했다. 이에 따라 WTO에서 국제무역 협상에 대한 중요한 가정은 앞으로 고립성이 더 희미해질 것이라는 점이며, 무역 협상은 갈수록 국내 정책 분야와 비슷해질 것이라는 사실이다. 이런 진화는 민주적 관점에서 과거보다 더 이익과 직접적인 우려의 중요성이 더 커진 점도 협상에 고려되었다. 하지만 이는 동시에 건설적인 합의에 도달하기 어려울 것을 의미한다.

환경 분야에서는 협상 프로세스의 성격은 별로 변할 것이 없다. 하지만 발생이 가능한 중요한 전개는 기후 회담이나 환경 협상 중 식별이 가능하다. 한 협상 라운드가 다음 라운드로 진행할 때, 협상 당사자들이 복잡한 문제를 다룰 수 있는 한계치는 과학적 접근과 고급의 통합 컴퓨터 모델을 사용하여 향상하는 것이 트렌드의 일부가 된 듯하다. 유럽의 장거리 대기 오염에 관한 협상이 좋은 예이다. 최초에는 유황 하나만이 오염체로 고려되었다. 반면 1999년의 산성화, 부영양화(富營養化), 지상층 오존 감소를 위한 예테보리 의정서에서는 오염체를 네 개의 집단으로 나누어 다루었으며, 각각 오염체를 다룬 집단 간의 교류도 있었다. 환경 협상에서 계속 우려가 커지는 것은 전 환경 분야에서 더 통합된 접근법을 달성하기 위해 모든 문제에 걸친 연결고리가 고려되어야 한다는 점이다.

제22장

국제 비즈니스 협상

크리스토프 뒤퐁

비즈니스 협상은 경제적 이윤을 얻기 위해 합의를 하고자 하는 목적을 가진 기업 (혹은 경제 조직) 간의 접촉으로 이해될 수 있다. 물론 이들의 협상 내용은 매우 범위가 넓지만(상품과 서비스의 구매와 판매, 노하우 이전, 프랜차이즈 계약이나 판매권 대행, 협력 협의, 인수 합병, 합작사 설립 혹은 합작사업 실행), 이들은 경제적 이윤을 얻기 위한 공동의 노력이라는 공통분모를 갖고 있다. 자원의 공급자와 지급방법 대신 이들 자원 구매에 관심을 두는 구매자 간 관계의 기반은 상호 보완적이며, 둘 다 보통 계약서 형태 같은 특정 조건에 동의한다.

비즈니스 협상은 당사자들이 각각 다른 국가에 소속되어 있으면 국제 비즈니스가 된다. 국제협상과 국내 협상을 구분하기 위해 다양한 요소가 사용되며, 그중 일부 요소(복잡성의 정도, 지리적 거리, 이동 시간 등)는 일부 국내 협상 역시 이 조건에 부합하기 때문에 특별히 차별적이라고 할 수 없다. 더 많은 구분 방법으로는 규격이나 법, 문화적 차이가 포함된다. 국제 비즈니스 협상(International Business Negotiations: IBN)은 이론뿐 아니라 현실적 관점에서도 이런 차이에 집중해야 한다.

모델이나 도구를 살펴보기 전에, 매일같이 일어나는 엄청난 수의 IBN을 보는 것이 도움이 될 것이다. 이런 협상은 보이는, 혹은 '보이지 않는' 무역 네트워크 양쪽에서 일어나며, 문자 그대로 매일같이 일어나는 수천만의 금융거래로 대변된다. 이 숫자는 일반화를 할 때 크게 조심해야 한다는 점을 상기하게 한다. 다른 점은 이들 금융거래의 상당수가 거의 반복적으로 일어나는 서역을 갖고 있으며, 인식이 가능하고 안정적인 패턴이라는 점이다.

제도의 맥락에서 본 구분

협상의제(판매, 합작사 설립 등등)와는 별개로, 세계적 관점에서 IBN의 구분이 만들어져야 경제 제도의 차이를 고려할 수 있게 된다. 경제 가치 제도, '게임의 법칙'과 경제 문제에 접근하는 방식은 각각 조금씩 차이가 있으며, 이는 국제협상의 '은유법'의 차이를 만든다.

제도화의 맥락에서 네 개로 구분한 매우 간단한 매트릭스(간단히 중간상태 혹은 기타 구분을 포함하여 3×3박스로 그릴 수 있다)를 통해 실제로 접할 수 있는 상황과 협상자들의 특정조정을 필요로 하는 경우를 볼 수 있다(그림 22.1 참조). 넓은 범위에서 '맥락'이란 IBN에서 매우 중요하다는 사실을 볼 때, 차별화는 거시뿐 아니라 미시적 관점에서 중요하며, 세계 무역 패턴의 이해(거시)와 특정 협상을 위한 준비(미시)가 이에 해당한다. 따라서 금융거래의 상대적 중요성, 그리고 이런 협상이 공공뿐 아니라 민간 분야(거시적 관점)까지 포함하느냐의 여부, 그리고 뒤섞인 순서로 협상의 실질적 진행이 가능한가(공공-민간, 미시적 관점)에 대해 질문해 볼 수 있다.

그림 22.1을 보면 ①번 칸은 시장경제의 맥락에서 활동하는 행위자를 말한다. 비록 협상자들은 주로 이윤 극대화 환경에서 서로를 상대하는 기업 대표를 말하지만, 이들 또한 공공 분야를 상대하는 상황이나 그 과정에서 특수한 제약조건을 상대하는 상황도 있을 수 있다. ④번 칸은 경제기구의 행위자들로, 이들은 이윤추구와 규제 환경의 한도를 합친 것을 말한다. ②번과 ③번 칸은 동-서 간 무역으로 요약되는 특징적 상황에 해당하며, 이는 협상자들이 목표를 달성하기 위한 특정한 조정을 의미한다. 매트릭스는 덜 산업화한 국가가 연루된

운용자 \ 행위자	시장경제	비(非)시장경제
시장경제	①	②
비시장경제	③	④

그림 22.1. 제도화 관점에서 본 IBN 매트릭스

협상의 분할 사례로 쉽게 확장할 수 있으며, 이는 차별화가 필요한 다른 협상을 말한다.

IBN 모델에 대한 논의의 출발점은 국내 상황과 대조적으로 이런 협상의 '특이한 경우'에 속한다. 이런 사례는 최초에 실행의 문제로 보였다. 이는 국제협상자들이 어떻게 행동해야 하는지(Posses, 1978), 어떻게 실수하지 않아야 하는지(Fayerweather and Kapoor, 1976; Jönsson, 1989), 혹은 법이나 금융 같은 '기능적' 문제를 다룰지(Fox, 1987; Usunier, 1985; 합작투자기업 및 유사 협정과 관련한 UN기구문제일지, 1987, 1988), 그리고 다양한 세계 법률 제도의 차이에 접근하기 어려운 복잡성 같은 기술적 측면의 문제 등이다(다양한 주요 법률'군(群)'에는 중요한 차이가 있다는 사실을 여기 말하는 것이 적절하다. 이는 로마법 기반의 법률, 사례 기반의 법률, 사회주의 법률, 무슬림 법률을 말한다).

실제 법률가들은 각자의 경험과 방식으로부터 영향을 받으므로 이들 문제에 대해 동일한 시각을 갖는 경우가 없다. 이들 간의 주요 논쟁은 협상에 직접 영향을 끼치는 범문화적 측면의 범위까지 간다. 따라서 이런 차이는 여러 요소 중 업무 협조, 목적의 공통성(예를 들자면 이윤추구), 그리고 이 시각은 제약('시장법'), 공통 참고점, 그리고 동일 혹은 유사한 교육 때문에 과대 해석되어서는 안 된다는 의견을 종종 보인다. 다른 협상자들은 다른 시각을 가지며, 비록 '비즈니스는 비즈니스'임에도. 문화적 차이는 협상에서 어쩌면 실체보다는 형태에 더 영향을 줄 수 있다(예를 들자면 '정신적' 측면). 이 단계에서 이 논의를 중재하기는 쉽지 않으며, 진실은 그 중간 어딘가에 있을 가능성이 크다. 이론가들은 두 번째 학파의 편을 드는 게 낫다고 보지만, 그보다는 이 문제를 명확하게 할 필요가 있다는 데 동의한다. 문화라는 것이 중요하기 때문에 국제협상자들은 그런 자세로 이 차원을 받아들여야 한다고 제안한다. 이론에 기반한 생각보다는 실행에 기반한 생각으로 전환하면, 이 분석은 여러 모델의 가용성으로 전환된다. 페이어웨더-커푸어(Fayerweather-Kapoor) 모델은 가장 적절하면서도 편리한 틀이다(이 모델은 1963~1964년 베크텔(Bechtel) 컨소시엄과 인도 정부 간의 협상에 기반하여 구성되었으며, 대규모 비료 사업과 관련되었다). 이 모델은 협상이란 비즈니스 거래에서 가장 중요한 메커니즘이라고 서술하고 있다. 협상은 다양한 요소가 협상 상황으로 모여드는 것을 상호적으로 조율하는 절차로 볼 수 있다. 이는 그림 22.2에 나온 다섯 개의 동심원으로 표시될 수 있다. 중심부에서 외곽까지 이들 요소는 각각 적절한 협상 상황(이 경우 '프로젝트'), 기능 분야(예를 들면 생산, 마케팅, 재무, 법률 등), 협상 방법(네 개의 C로 묘사되는 공통 이해관계, 협상해야 하는 목표, 이해관계 충돌, 무엇을 협상해야 하는지의 여부, 타협, 주고받기,[1] 그리고 기준과 목적 '달성을 위한 기반 확정'), 환경(정치적·경제적·사회적·문화적 요소 등 각 협상 당사자들에게 '직접적으로 협상 접근방식에 영향을 주는 요소'), 그리고 끝으로 큰 범위의 맥락(선행 사건, 압력 등)이다.

이 설명은 여러 다른 요소가 협상의 핵심으로 합쳐지는 과정을 표시했다. 각 집단은 유사성과 차이(이익의 차이, 목적의 차이, 기대의 차이, 해석의 차이 등등)를 모두 포함한 요소들을 아우르는 모습을 보여줌으로써 그 복잡성을 설명하고 있다. 더 나아가 퍼즐(여러 다른 시나리오를 연결)의 여러 다른 요소를 한곳에 모으는 것은 워낙 다양한 집단('외부인'도 있으므로)이 있으므로 어려울 뿐 아니라 시간이 가면서 계속 변화한다. 따라서 이 과정의 핵심은 당사자 집단이 각각의 기여가 특정 시기 각 집단의 목표에 관해 조정된 '패키지'를 만들기 위해 찾아가는 과정으로 보인다. 이에 따라 변화의 타이밍과 방향은 둘 다 협상에서 매우 중요하다.

다음 장에서는 모델에서부터 다자적 환경에서 행동 적응을 포함한 현실적 영

---

1) (옮긴이 주) 각각 'common interest', 'something to negotiate for', 'conflicting interests', 'something to negotiate about', 'compromise', 'give-and-take'.

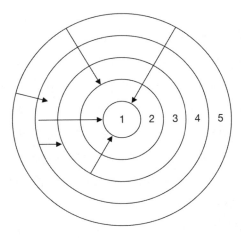

그림 22.2. 협상 상황 개입하는 요소들의 단순 시각화

자료: Fayerweater and Kapoor(1976)에서 응용.

향을 도출해 볼 것이다. 여기 모델에서 '기능 영역'의 중요성을 언급하고 지나가는 것이 흥미롭다. 이론가와 실행가들이 둘 다 강력하게 동의하는 부분이다. 비즈니스 협상은 관리 문제, 기능, 기술로부터 관심이 멀어질 수 없다. 과거에는 이들 영역을 나누는 경향이 있었으며, 마케팅과 협상을 별도로 바라봤다. 이제는 점진적으로 교정되는 중이다(McCall and Warrington, 1984; Xardel, 1984). 매콜과 워링턴(McCall and Warrington)은 "전 인류의 모든 통상협의는 비즈니스 단체의 마케팅 활동이 이루어지는 틀로 설명된다. 모두 다 협상이 필요하며, 대부분은 비즈니스를 위한 대인 관계 접촉의 맥락에서 이루어진다. 협상 테마는 마케팅 측면에 대한 특별한 관련성이 있기 때문에 도입된 것이며, 또한 사람들이 마치 과정의 중심에 있는 듯 느끼게 해주고, 효과적인 수행을 위해 필요한 기술을 강조하기 때문이다"라고 말한다(1984, ix).

법적 문제는 특별한 관계가 있다. 폭스(Fox)는 "주로 협상 기술을 필요로 하는 국내 기업 간 계약에 별로 적합하지 않은 국제적 합의의 초안 작성과 이행을 위한 수많은 고려 사항"이라 말한다. 그는 국내적 환경에 비추어 계약은 간간히 구두로만 하는 경우가 있다는 점에 특히 주목한다. "말 그대로 모든 국제 금융

거래는 종이 위에서 이행되는 합의이다." 그는 또한 특정 상황이나 언어 문제에 대한 거래는 종종 조정해야 할 필요성이 있음을 지적한다. 수많은 상업상의 합의가 태생적으로 반복적이고 식별이 가능한 패턴이 있지만, 동시에 비즈니스를 해본 적이 없는 협상 당사자들도 많으며, 이들은 수많은 국내적 환경에서 필요한 일정 수준의 신뢰를 쌓지 못한 경우도 많다.

기술적인 문제는 여러 측면에서 IBN에 만연하다. 다행히도 국제기구(UN의 지원을 받는 지역 기구에서부터 1980년 국제협정에 따른 빈 협약까지)는 언어와 실행 방법을 보편화하기 위해 노력 중이다. 법률가들과 국제 컨설턴트는 큰 도움이 될 체크리스트를 제공하는 방법으로 협상자들의 일을 용이하게 한다(Posses, 1978; Hearn, 1979; United Nations Center on Transnational Corporations, 1987; 1988).

어쨌든 이번 장에서 부각된 복잡한 부분은 국제 비즈니스 협상자들을 위해 현존 모델의 실질적 영향을 살펴볼 필요가 있다.

국제 영어협상자들을 위한 실질적 영향

현실적 영향은 여러 관점에서 볼 수 있다. 우선 다양한 문화 혹은 제도적 체제를 다룰 때 국제 비즈니스 협상의 독특한 특수성의 관점에서 보는 것을 피해야 한다. 문화적인 의식과 기술을 개발할 필요가 있으며, 특정한 종류의 실수나 위험을 피해야 하고, 또 시간과 관계된 과정을 정확하게 이해해야 한다. 학습 중인 모델을 구체적인 상황과 비교해 확인한 페이어웨더와 커푸어(Fayerweather and Kapoor, 1976)는 국제협상자들에게 특정한 타당성의 여러 특징을 언급했다.

- 문제는 복잡하고 불확실성은 높으므로, 국제 문제에서 의사결정자들은 선례로부터 영향을 받기 마련이다. 협상 계획 단계에서 선례를 분석하는 것은 변화가 시대적 규칙이며 "역사는 반복되지 않는다"라는 명제를 고려하더라도 전반적으로 도움이 된다.
- 수많은 협상자들은 협상에서 대립적인 요소를 보통 강화하는 장기적 영향

대신 단기적 영향에 집중할 것이다.

- 국제협상에서, 의사결정 네트워크는 보통 다단계적이며 정확하게 해석하기 어렵다.
- 사전협상 단계에서, 비공식적인 탐색과 공통성을 위한 예비 탐색은 중요하다.
- 좋은 인간관계는 성공의 사전 조건이다. 페이어웨더와 커푸어(Fayerweather and Kappor, 1976, p.44)는 "적합한 상대국 정부 관료와의 좋은 인간관계는 최소한 타당성 혹은 비용 효익 분석만큼이나 중요하다"라고 말한다.
- 외부 정보와 홍보는 지역적 상황에 대한 적절한 관심과 함께 다루어져야 한다.

이들 권고는 협상 전과 협상 간의 문맥을 계획하고 통합하는 것이 필요하다는 사실을 보여준다. 이 점에서 대면 접촉은 더 큰 그림 일부일 뿐이다. 문제의 사례는 두 협상 당사자 이상이 참여하자마자 개입하는 동맹과 연합의 문제이다. 그런 관점에서 첫 번째 문제는 단순히 일시적인 환경, 전술 혹은 이익의 통합에 기반하고 있는 이들 조합의 불안정성이다. 두 번째 문제는 외부 참가자(경쟁자, 대행사, 로비스트, 정치집단 등)의 개입으로, 이들은 모델 바깥쪽에 묘사되어 있으며 이들의 행동과 영향은 매우 중요하다. 국제 비즈니스 협상(IBN)과 '회의 외교(conference diplomacy)' 간에는 앞서 언급한 대로 카우프만(Kaufmann, 1988)이 분석했듯이 밀접한 유사성이 존재한다.

국제 비즈니스 협상에서 협상자들은 다문화적 환경 안에서 행동한다. 여기에는 적절한 범위의 유통 계획(Posses, 1978)부터 행동 적용까지 망라하는 일련의 현실적인 영향이 있다. 이 두 극단적인 요소 사이에는 몇 가지 현실적 문제가 존재한다. 일례는 언어 문제, 그리고 이로 야기되는 의사소통의 영향이다. 포세스(Posses, 1978, p.92)는 "이미지를 해외로 이동시키는 것은 공통 문화와 공통 언어의 부재 때문에 오래 걸릴 수밖에 없다. 협상자는 이를 ① 해외의 상대자가 파악할 수 있는 이미지로 이해시키고, ② 이들 이미지를 함축할 단어와 문구로 이해시키며, ③ 이 이미지를 받아들이고 수용할 수 있는 문화적 형태로 이해시켜야 한다"라고 말한다.

마찬가지로 비언어적 태도 역시, 정확하게 해석이 어려운 데다 협상자들이 잘못된 추론을 할 수 있으므로 문제가 야기될 수도 있다. 문화적 독특성의 문제는 의례, 제스처, '친절'의 모습, 얼굴의 표정, 침묵과 대화 중단 등의 실제 의미가 간단한 통역을 방해하며, 특히 국내 규범이나 관습과 관련된 사안은 협상자들의 명석함을 시험대 위에 오르게 만든다. 문화적 차이를 이해하는 것은 국제 협상자들에게 무엇보다 중요하다. 그다음은 잠재적 공동 이익의 무게, 그리고 현실적인 '비즈니스상의 사실과 숫자'와 관계하여 공유된 자료, '엄중한 비즈니스 조건'으로 만들어진 하위문화가 나머지 결정적인 요소이다.

이에 따른 또 다른 결과는 생소함이 불확실성이라는 요소를 증가하게 하고, 협상의 위험을 증가시키며, 신뢰와 믿음이 아직 굳건해지지 않았을 때 협상자들이 창의적인 옵션을 찾고 제안하기 어렵게 만든다. 신뢰와 믿음, 그리고 위험을 택하는 자세는 특히 협상에서 중요한 속성이다. 문화적 차이에 대한 연구(예를 들어 Hofstede, 1980; Hall, 1969)는 이런 측면에서 다양한 범위의 국가에 주목해 왔다. 고정관념과 별개로, 특정 문화를 배경으로 가진 협상자들은 이런 요소에 제각각으로 다르게 반응한다는 점이 학문적으로 입증되었다. 국가 비교분석에 대한 방법론적 문제가 있음에도, 협상 중인 국가의 스타일 차이를 구분하기 위한 기준이 존재한다(예를 들어 Weiss, 1985).

국제 비즈니스 협상의 일부 특징과 문화적 문제의 조합은 어째서 일부 국제협상자들이 실수할 수밖에 없는지를 설명한다. 페이어웨더와 커푸어(Fayerweather and Kapoor, 1976)는 이런 측면의 주요 실수 19개의 목록을 뽑은 바 있다.

1. 상대방의 입장과 생각하는 과정, 체면치레나 하려는 부족한 관심, 주재국에 대한 부족한 지식과 이해력 부족 같은 공감 능력의 부재

2. 정부의 정확한 역할에 대한 부족한 인식, 지역 내 외국 공동체에 대한 비즈니스 위상을 잘못 이해하는 실수

3. 상대방의 독특함에 대한 부족한 이해, 그리고 집단 구분, 시간, 개인 연줄의 역할 및 이를 받아들이는 관례, 이행의 정도별 차이를 포함한 상세한 의사결정 과정

4. 지역 환경의 협상 프로세스에 대한 조정 실패: 부족한 기획, 본부의 방해, 의사소통 부재, 협상자의 중재 역할의 미숙한 처리, 그리고 경쟁 요소에 대한 부족한 이해

국제 비즈니스 협상은 종종 다양한 행위자나 다양한 주제에 관한 활동이므로 일반적으로 오랜 시간에 걸쳐 이루어진다. 당연히 이는 수많은 예외(짧은 단발성 협상 등)가 존재하는 일반화이며, 반복적이고 유사한 틀 안에 규정된 협상을 위해 개정이 이루어져야 한다. 이 기간은 몇 가지 이론적, 현실적 문제를 야기한다. 그중 하나는 '결과란 대부분 경쟁적이거나 협력적'이라는 사실의 연장선에서 있다. 매콜과 워링턴(McCall and Warrington, 1984)은 두 개의 분명한 단계로 나눈다. 첫 단계(의례를 제외하고)는 극단적인 위치(이런 관점에서 문화적으로는 다양할 수 있지만)를 취하고, 또 경쟁자의 위치와 관심, 의지를 검증하려는 경향이 있으므로 경쟁적이다. 경쟁력은 문화적 관습, 협상자의 스타일, 최초 위치에서 유동성과 신뢰, 경험의 전략으로 축약될 수 있다. 두 번째 단계는 조정의 필요성 때문에 훨씬 협력적이다. 더 큰 수의 결과 사이의 다른 구분도 있다. 예를 들자면 폭스(Fox, 1987), 윌리엄스(Williams, 1983)는 네 개의 단계를 생각했다. 성향, 위치 선정과 논증, 주제 선정, 위기와 협상 결렬이다. 차이가 보여주듯 경쟁적 - 협력적 문제에 대한 일반화의 매우 강한 기반 따위는 없다.

하지만 협상자들은 합의까지 단계적으로 도달하기 위해 즉각적으로 반응할 수 있는 과정 패턴을 통제할 수 있는 위치를 인지하고 있어야 하고, 또 그 위치에 있어야 한다. 신호는 연속적 순환이나 의도, 전술의 변화를 표시하는 주요 방법이다. 신호를 보내고, 이해하고, 반응하는 능력은 프로세스에서 중요한 촉진자 역할을 하며, 이는 특정 단계에서 다음 단계로 이동할 수 있는 전환점을 제공한다. 이런 주목할 부분들은 국제 비즈니스 협상을 일찍부터 계획해야 하는 이유를 두 배로 강조할 뿐 아니라 논쟁 혹은 설득을 위한 토론은 피해야 한다는 사실을 보여준다. 논증은 상업 분야에서 의심의 여지 없이 중요하다는 사실로 미루어 보자면(다른 협상 당사자의 기대, 이해관계, 이윤에 대해 경쟁 우위의 메시지를 보내는 데 중요하다는 관점에서), 거래 또한 문맥 의존으로 시각화하는 것이 중요

하다. 실제 대면 만남은 결과가 더 큰 그림 일부라는 점을 보게 한다. 이는 전략적 행동은 상황 속에서 중요한 만큼 전술 통제 면에서도 중요하다.

합작투자기업(JV)

이제 여기서 국제협상 기업, 혹은 합작투자기업(Joint Ventures: JV)에 대해 살펴보자. 수많은 종류의 국제 비즈니스 협상(IBN) 중 합작투자기업은 국제협상 프로세스(Processes of International Negotiation: PIN)를 설명하는 데 특히 적절하다. 관심을 가져야 할 다른 이유는, 이들 합작투자기업 문제가 오늘날 비즈니스 세계에서 갈수록 중요해지고 있기 때문이다.

합작투자기업은 엄청나게 많은 수의 상업적 합의를 말하는 표현일 수 있으나, 꼭 여기 자본이 들어가야 할 필요는 없다. 따라서 넓은 의미로는 특정 계약(면허, 기술이전 등)부터 몇 개의 업체가 '빈껍데기' 파트너십을 만들어 단순히 정보 공유나 무역 기술 정보만 제한적으로 공유하는 느슨한 동맹(R&D 비용 공동 분할, 합동 판촉 활동이나 상품 디자인, 표면적인 하청 등을 포함한 공동 조직 설립) 체결까지 수많은 형태가 포함된다. 하지만 '합작투자기업'이라는 표현은 일반적으로 좁은 의미로 받아들여져 두 집단이 돈이나 관리기능 등의 자원을 투자하여 공동으로 소유하는 조직체를 구성하는 것을 말하며, 보통 이 조직은 생산을 위한 조직인 경우가 많다. 이러한 '벤처(ventures)' 기업은 두 기업 집단이 각각 다른 국적을 갖고 있을 때 '국제' 기업으로 일컬어진다. 물론 산업화 국가 간에도 수많은 합작투자기업이 설립되지만, 여기서는 두 종류의 국제 합작투자기업에 대해 알아볼 것이다. 하나는 산업화가 덜 된 국가에 소속된 파트너들로 구성된 다국적기업(Transnational Corporations: TNC)이며, 여기에는 개발도상국의 TNC도 포함된다. 다른 하나는 동-서의 기업이나 조직 간에 설립된 공동기업으로, 특히 1980년대 말 소련(USSR) 내에 합작투자기업을 설립하여 국제적 사업 참여가 가능하게 입법화된 사실을 고려했다(United Nations Center on Transnational Corporations, 1988).

합작투자기업 협상의 특별 요소: 개요

합작투자기업의 구체적인 특징 하나만 꼽으라면 '불안정성'을 꼽을 것이다. 다른 하나는 예비 접촉부터 최종 계약까지 일반적으로 오래 걸리는 특성이다. 제너럴 모터스-도요타 합작투자기업(Weiss, 1987)의 경우, 두 기업 간의 첫 접촉은 1981년 12월 21일에 이루어졌으며 최종 합의는 1984년 2월 21일에 승인되었다(주주합의서는 이미 발효에 들어갔고, 내규도 수락되었으며, 최종 기업은 1984년 4월 11일자로 미 연방통상위원회(FTC)에 의해 승인되었다). 바이스(Weiss)는 이를 틀짜기와 세부 내역 채우기라는 두 개의 단계로 구분했으며, 각각 단계는 몇 개의 다른 하위 단계를 갖는다. 두 개의 주요 단계 사이에는 약 30개의 핵심 에피소드를 추적할 수 있다. 비슷한 사례로, 영불해협 터널(Channel Tunnel) 사업(국가 협정, 그리고 다수의 건설사 및 은행 간 컨소시엄의 조합에 건설 책임을 위한 합작투자기업 설립까지 포함된 사업)은 공식 사업 출범(1984년 11월)에서 사전협상, 그리고 착공 계약이 성사되기까지 수년이 걸렸다(Dupont, 1989). 합작투자기업에 대한 IIASA 설문조사에 따르면(Djarova, 1988) 합작투자기업을 시작하기 위해 반드시 필요한 길이 무엇인지 보여준다.

시간과 불안정성이라는 요소는 모두 합작투자기업 설립 협상에 내재적인 구성요소이다. 공통 이해관계, 이해관계의 양립성, 기대와 목표, 상호 이해와 운영 방식에 대한 해석을 탐색하고 예비조사를 실시하기 위한 시간이 필요하다. 설립하려는 독립기업체(혹은 만들려는 동맹)의 틀을 짜는 것은 기업의 형태를 정하고, 내용과 운영 주체, 그리고 시간 적용(존속기간), 그리고 환경 변화 요소를 확정해야 하는 복잡한 문제이다(Harrigan, 1988). 그 핵심은 앞서 국제 비즈니스 협상 모델이 보여준 것처럼 전후 맥락과 관련된 요소 때문에 복잡하다. 특히 동-서 관계나 산업화, 중간 단계, 혹은 산업화가 덜 된 국가 간 관계 등으로 더욱 그렇다. 문화적 요소 역시 경제와 관리체계의 부동성(不同性), 우선순위 및 예상 결과에 대해 잠재적으로 갈라진 시각 등에서 중요하다.

합작투자기업 협상을 위한 몇 가지 영향

전략적 전선을 결정하는 것과 별개로, 국제 합작투자기업 협상자들은 상대방 기업이 운영되는 매우 다른 조건을 항상 염두에 두어야 한다. 이는 제약과 '안전 지점'의 위치에 영향을 주는 위험 요소의 관점에서 분석하고 다루어야 한다 (UNCTC 자문 연구는 전후 사정의 틀에서 차이에 대한 기록의 근원이다. 예컨대 United Nations Center on Transnational Corporations, 1987; IIASA 조사보고서는 Benedek, 1988; Razvigorova, 1989; Soloviev, 1989, Ranenko and Soloviev, 1989 참조). 협상자 들의 초점은 제약에 의해 한정되어선 안 된다. 이들은 미래의 파트너에 의한 협 력하려 하는 이유를 풀어내야 한다(동-서 간 무역 등이 좋은 예이다. Djarova, 1988 참조). 세 번째로 필요한 초점은 잠재적 이득의 현실이다. 하이먼(Heimann, 1989) 은 이를 위해 제너럴 일렉트릭(General Electric: GE)사가 합작투자기업을 설립하 면서 경험한 내용을 설명했다. "우리 쪽은 우리의 제약을 이해하는 데 현실적이 고, 파트너의 필요성을 인정했지만, 우리는 파트너가 제공할 도움에 대해 지나 치게 낙관적이었다"(Heimann, 1989, p.157). 마찬가지로, 겐나로(Gennaro, 1989, p.178)는 일렉트로룩스-자누시(Electrolux-Zanussi)의 사례를 언급하면서 '각 기 업 집단' 및 이들의 '상세한 관심사와 동기' 파악의 중요성을 지적했다. 울프-로 던(Wolf-Laudon, 1989)은 합작투자기업 협상을 기획하고 실시할 때는 맥락과 유 사 요소 등 협상자들이 합작투자기업 협상을 할 때 도움이 될 3차원 틀을 제시 했다.

합작투자기업에 관한 연구는 합작투자기업 파트너 측 공헌의 상보성(相補性) 수준에 대한 영향을 분석할 필요가 있다는 점을 보여준다. 일반적으로 상보성 은 협상을 촉진한다. 하지만 상보성이 강력한 상호 의존성과 조합되면 다툼의 원인이 되기도 한다(McCall and Warrington, 1984). 동등한 힘은 힘이 동등하지 않을 때보다 더 효과적인 교섭을 가능하게 하지만, 동일 체제 안에서 전체적인 힘은 크면 클수록 협상자들은 교섭에서 효과가 떨어지게 된다. 바꿔 말하자면 합작투자기업에서는 각 기업 집단이 상대방에게 더 큰 피해를 야기할 수 있는 능력이 있으며, 따라서 협상자들과 참여자들은 높은 수준의 관계를 구축할 필요가 있다. 이는 조직적('구조적 맞춤')과 인간관계적 요소 양쪽 모두에서 분석해 볼 수 있다. 따라서 잠재적 논쟁이나 감추지 못한 문제가 진행되는 것을 피하지 않는 동안에도 사전협상 활동이나 협상 내용의 전파는 신뢰 구축 단계로 볼 수 있다. 균형 역시 매우 중요하다. 이는 관계된 모든 당사 집단의 문맥적·구조적·조직적·인간관계적인 다면적 양립성을 탐색하고 검증하는 단계이기 때문이다.

합작투자기업 합의서 내용과 관련하여 가장 보편적으로 제기되는 문제는 동-서 사례(East-West case)에 잘 나타나 있다. 국제연합 다국적기업 본부(United Nations Center on Transnational Corporations: UNCTC, 1987; 1988)는 합작투자기업 합의서에 포함할 만한 의제 안건을 식별하기 위한 가이드를 만들었다. 첫 버전은 11개 카테고리로 나눈 65건으로 구성되어 있다. 이는 목적과 특징(3건), 각 파트너의 공헌 정도(9건), 책임과 의무(9건), 자본 소유권(45건), 자본구성(7건), 관리(9건), 보조계약서(4건: 면허 및 기술 계약서, 관리 계약, 기술 서비스 계약서, 해외 파트너의 기업 간접비 연계의 분배), 관리 정책(6건), 회계 및 재무 보고서(4건), 분쟁 해결 방법(3건), 그리고 법률문제(7건)이다. 그다음 버전은 더 상세해졌으며, 총 18개 카테고리 안에 142건으로 세분화되었다.

수많은 잠재적 문제는 행위자들을 위한 협상 전략의 문제점들을 제기했다. 어느 정도까지 문제를 포장하거나, 혹은 보기 좋게 하느라 자주 말하듯, '세부 포장(subpackage)'을 할 수 있을까? 이들 의제에서 최고의 결과를 도출할 수 있는 전략이 결정된 것이 있는가? 우선순위는 어떻게 세워야 할까? 문제를 세계화하기 전에 부분적 협의서를 체결해야 할까? 정성량 차원, 그리고 이분법 대(對) 분할식 협의서는 어떻게 합칠 수 있을까? 문화적 요소는 당연히 관계 초창기부터 매우 중요하다. 하지만 성공을 좌우하는 것은 계약서가 서명되고, 발효되고, 실제로 운영이 시작되는 합작투자기업의 운영 생명이다. 상이한 문화는 합작투자기업이 어떻게 기대와 목표를 달성하고, 어떻게 기능하며, 어떻게 변화하는 환경에 적응할지 등에서 관점의 차이를 갖게 만든다. 따라서 문화적 요소는 지속적인 협상, 그리고 결과적인 재협상 활동이 필요하다. 만약 문화적 요소가 널리 알려진 형태로 정의되었다면, 이는 가장 중요한 비즈니스 관계의 파라미터가 될 수도 있다. 국제 합작투자기업의 평론가들은 이를 종종 정치와 경제 요소

간의 균형 문제에 양쪽 파트너가 상황에 따른 다양한 무게를 더한 것으로 해석하는 경향이 있다. 그러므로 협상은 그저 유형 거래나 화폐거래 고려 사항만으로 요약될 수 없으며, 경제 및 비경제적 요소를 상호 만족스럽게 혼합한 것이 포함되어야 한다. 협상 기술은 이런 관점에서도 중요하다.

서구 기업과 중국 기업 간에 합작투자기업을 설립하기 위한 협상 문제를 다루고자 하는 현장 연구 중 하나인 포르(Faure, 2000b)의 연구는, 이것을 복잡한 제약의 네트워크 내 불확실성 조건하에서 문화가 혼재된 협상의 전형적인 사례라 말한다. 모든 과정은 네 단계로 나눌 수 있으며, 각각은 미래 합작사의 기본 정책, 기술 문제, 재무 관점, 법적 관점 같은 세부적인 문제나 업무와 관계가 있다. 세밀히 살펴본 수많은 문제 중 총 16개가 협의서를 구축하는 데 핵심적으로 중요한 '주요 문제(key issue)'로 간주된다. 목적의 숨겨진 차이, 관리 문화의 부재, 태도 뒤의 분쟁적 가치, 행정적으로 운영되는 경제에서 의사결정 과정은 서방측이 직면하게 되는 가장 큰 어려움으로 제시되었다.

현재의 방향과 미래의 시각

1990년대 개발 수준을 1980년대 말 당시의 최첨단 기술과 비교해 보면 몇 가지 측면에서 놀라게 된다. 첫째로 기업과 개인 간의 국제 금융거래가 작동하는 흐름 변화가 얼마나 빨랐는지(그리고 광범위해졌는지)이다. 여기에는 세계화, 자유시장 기능(과 이에 따른 이윤추구)의 등장, 금융 대 상품 거래의 (총량과 영향 측면의) 중요성 증가, 신기술의 전파가 포함된다. 비즈니스의 방법을 변화시킨 이 모든 방법은 심지어 더 전통적인 분야에서도 이루어진다.

충격적인 또 다른 발전은 관리 사고가 중대하고 더 광범위하게 이동했다는 것이다. 어떻게 적응할지, 조직할지, 국제관계를 맺을지, 국제 투자를 늘릴지, 직접적인 새로운 기회를 만들고 취하면서 네트워크/혁신/동맹의 역할을 늘릴지, 비즈니스의 국내외 분야 사이에서 어떻게 자산을 할당할지(그래서 어떻게 지불을 할지), 전략과 운영의 핵심 요소를 어떻게 유동화하고 조절하는지 등이다.

이러한 변화는 매우 강렬하여 협상 행태와 양식을 혁명적으로 변화시켰다. 하지만 국제 비즈니스 협상의 선천적인 성격 때문에 1990년대 국제 비즈니스 협상에 대한 분석은 협상에 적절하게 집중했던 것만큼 국제 관리에 집중했다.

국제협상의 분명한 공헌은 IBN의 다양성에 관한 관심이 증가한다는 사실, 국제 비즈니스 협상과 관계된 문화적 차원, 그리고 협상의 본질과 과정에 대한 새로운 기술 개발의 잠재적 영향이 커지고 있다는 사실이다.

국제 비즈니스 협상의 다양성 증가

국제 비즈니스 협상은 계속 판매자(상품 및 비금융 서비스)와 구매자 간의 전통적 상업 거래에 대응하는 일반적인 계약을 종결하기 위한 주도권의 중심 역할을 맡고 있다. 하지만 동시에 국제 비즈니스 협상의 여러 다른 형태 역시 상대적인(특히 금융 분야에서 절대적인) 중요성을 얻어왔다. 금융거래(주식 지분이나 금융 수단 협상 같은), 첫 번째 카테고리와 일부 중첩되는 인수 합병(M&A) 협상, 동맹 및 합작사(JV) 협상, 사업에 대한 협상 등이다.

전통적인 (국제) 판매자-구매자 관계 분석은 과거 이 주제에 관해 세밀한 연구를 한 적이 있는 몇몇 저자들의 관심을 받아왔다. 어쩌면 이런 핵심 노력 방향은 《국제 비즈니스 협상(International Business Negotiation)》지 편집장인 고우리와 위슈니에(Ghauri and Usunier, 1996)의 공동 연구에 잘 나타나 있다. 이들은 판매, 수출, 대리점 협약(McCall and Warrington, 1984), 면허계약(Parker, 1996), 프로젝트 협상(Cova, Nazat, and Salle, 1996) 같은 국제 금융 거래의 다양성을 보여준 개개인의 연구 노력을 하나로 묶었다. 이들의 연구 노력은 실질적인 실례를 설명하고 이런 상황에서 도출할 수 있는 교훈을 끌어낸다. 예를 들어 매콜과 워링턴은 개인과 공공 분야에서의 판매 합의 협상을 비교했다. 파커는 법적 요소의 중요성을 강조했다. 코바와 그 연구 동료들은 과정을 다양한 결과로 나누는 것이 얼마나 도움이 되는지 지적하고, 현재 진행 중인 협상은 관계에서 단순한 하나의 사건일 뿐이라는 점을 언급한다. 프로젝트 협상에선 다른 주요 매출 계산과 비슷하게 필수적인 특징으로 간주된다. 다른 핵심 요소는 협상 프로세스에서 전문지식의 무게이다.

고우리와 위슈니에[2]의 연구 역시, 국제 비즈니스 협상에는 단순한 상품과 서비스의 교환에 포괄시킬 수 없는 협상까지 포함하고 있음을 보여준다. 이들은 보통 더 큰 관리 및 조직적 문제의 범위까지 포함한다. 이는 특히 협상에 (종류가 많지만) 동맹 형성, 국제 합작사(JV) 설립, 혹은 인수 합병과 관련된 협상의 경우에 해당한다. 이때의 협상 프로세스는 다면적 구성요소 때문에 더더욱 복잡해진다. 행위자, 주제, 구조, 행동 방식, 전략 등이 그것이다. 비슷한 맥락에서 바이스(Weiss, 1987)는 IBM - 멕시코 마이크로컴퓨터 투자 협상의 '미시 분석' 역시 이런 형태의 협상 특유의 복잡성을 인정하고 있으며, 거시 및 미시 형태의 분석을 통해 IBN에 관한 추가적인 연구는 '협상 집단의 태도, 관객, 협상 조건의 복잡성 및 협상자들의 장기적 관계와 역학관계'에 더 중점을 두어야 한다고 주장한다.

IBN에 관한 연구는 커푸어(Kapoor, 1970) 및 페이어웨더와 커푸어(Fayerweather and Kapoor, 1976)의 전통에 따라갈수록 실제 사례의 분석 중심으로 가고 있다. 크레메뉴크와 셰스테트(Kremenyuk and Sjöstedt, 2000)는 전반적인 협상 분석과 관련하여 무엇이 경제 협상을 시작하게 하는가를 찾기 위해 비즈니스계와 무역계에서 가져온 사례를 정리했다. 예를 들어 포르(Faure, 2000b)는 중국의 합작사 협상 절차에 대해 연구하면서 그 과정에서 발생하는 복잡한 다면적인 이론적 근거를 밝혀냈다. 이런 교류 과정을 통제하는 핵심 요소로는 각 협상 집단의 기대치 차이, 거래 비용의 전략적 중요성, 인지적·문화적인 요소의 역할 등을 꼽았다. 같은 책에 수록된 다른 연구는 월트 디즈니 주식회사와 프랑스 정부가 '유로 디즈니(EuroDisney)' 설립(Fink, 2000) 및 AT&T 면허권 협상(Kervin and de Felice, 2000)을 놓고 진행한 협상 이면의 요소들을 살펴보았다.

바이스(Weiss, 1994a, 1994b)는 북미 지역과 중미 지역에 있는 두 기업이 얽힌 주제에 대해 분석해 보았다(실제 기록은 공개된 바 없으나, 이는 현실을 가장 유사하

---

2) (옮긴이 주) 장-클로드 위슈니에(Jean-Claude Usunier)는 스위스 HEC 로잔(Losanne)의 명예 교수로, 마케팅과 문화 분야의 권위자이다.

게 보여주는 사례로 꼽힌다). 포르는 프랑스와 중국 기업 간의 기술 이전 사례를 조명했으며, 여기서 구조적, 전략적 요소가 문화적인 맥락을 어떻게 방해했는지를 지적해 보였다(Faure and others, 2000). 그는 분석 툴을 사용하여 세 가지 하부 체계로 이 사례에 등장한 역할과 기능을 분석했다. 이는 각각 구조적, 이(異)문화적, 전략적 체계를 말한다. 그는 특히 데드록(deadlock: 교착상황)에 중점을 두고 있으며, 장기간 협상에서 이를 어떤 식으로 다루는지에 관심을 가졌다. 이는 계속 늘어나고 있는 협상 실 사례에 대한 연구의 일부일 뿐이다.

연구는 또한 IBN의 거시적 차원에서도 이루어졌다. 위슈니에(Usunier, 1985)와 크레메뉴크(Kremenyuk, 1993)는 개인적 연구발표 혹은 더 추상적이고 이론적인 차원에서 거시적 관점을 채택했다.

문화적 차원에서의 IBN

문화적 요소의 적절성과 교류성은 일반적인 협상과 관련된 보편적인 관심분야다(제2장 참조). 하지만 이 문제는 특히 국제협상(IBN도 포함된다)에서 특히 더 의미가 깊다. 그 이유는 이런 문화적 차원의 무게가 다른 협상 형태와의 차이를 만드는 결정적인 요소이기 때문이다. 1990년대에는 수많은 연구들이 몇 가지 주제에만 집중했다. 어떤 문화가 협상의 과정과 결과에 영향을 줄 수 있느냐의 문제, 문화와 협상 스타일 간의 연결고리, 전문가를 위한 현실적 조언, 연구와 연구방법에 대한 문제들 등이다.

포르와 루빈(Faure and Rubin, 1993)은 중요한 질문으로 "언제, 그리고 어떤 조건하에서 문화가 역할을 하는가?"를 제안함으로써 문제를 새로 구성했다. 이들은 다면적인 문화가 여러 방법으로 과정에 스며든다는 사실도 보여주었다. 이들은 문화의 영향이 협상 상황의 구조적 요소(외부 제약 등)의 무게에 반비례한다는 점에 따라 문제를 제기했다. 같은 책에서 살라큐스(Salacuse)는, "협상에서 가장 어려운 문화적 문제는 스타일 문제가 아니다. 가장 어려운 문화적 문제는 가치를 중심으로 한 차이에 의한 것이다"라는 말을 한 후, 협상에 대한 잠재적 장애물(문화를 '무기'나 '요새'로 간주)과 잠재적 '다리'로 보는 방법으로 국제협상에서의 문화를 분석하기 위한 새로운 접근법을 제공했다.

고우리와 위슈니에(Ghauri and Usunier, 1996)는 IBN의 과정은 세 개의 주요 구성요소로 이루어졌다고 정의했다. 그것은 배경 요소, '(분쟁 - 협력의 혼합체, 힘에 의존하는 관계, 그리고 장기 및 단기적 기대로부터 영향을 받는) 분위기', 그리고 과정이다. 단계의 발달을 통해 협상의 역동성을 만들어내기 위해 하나로 합쳐지는 각각의 구성요소는 각기 다른 뜻이나 시간의 중요성, 집단행동에서 개인의 역할, 의사소통의 패턴, 개인 관계의 중요도 같은 문화적 요소로부터 영향을 받는다. 판매자-구매자 교류에 특별히 집중한 칼레(Kale, 1996)는 국가적 문화뿐 아니라 조직적인 문화와 성격이 이런 교류에 영향을 줄 수 있다는 점을 보여주었다. 그레이엄(Graham, 1996)은 국제 비즈니스 협상에서 여러 문제 간에 어떤 계층이 존재한다는 사실을 발견했다. 중요도 측면에서 내림차순으로 보자면, 생각 및 의사결정 절차, 가치, 비언어적 태도, 언어 순서이다. 고우리와 위슈니에는 '국제 마케팅 협상에서 문화 차이의 영향'을 네 개의 카테고리(및 하위 카테고리)로 나누었다. 협상 집단의 행동 경향, 근본적인 협상의 구상과 협상 전략, 협상 프로세스(의제 설정, 스케줄 잡기, 정보 처리, 의사소통, 전술, 관계발전)와 결과의 방향성이 그것이다.

바이스(Weiss, 1994a, 1994b)는 《슬론 매니지먼트 리뷰(Sloan Management Review)》에서, 문화적 특성이 협상에 어떻게 영향을 끼치는지를 열두 개의 요소를 통해 보여주었던 그의 이전 연구(Weiss, 1985)를 갱신했다. 과정의 개념, 중요한 주제는 어떻게 다루어지느냐의 문제(예를 들자면 독립적, 관계기반적, 절차적, 개인 내부적), 협상자 선정, 개인의 열망, 집단에서 의사결정, 시간에 따른 지향성, 위험을 감수하는 경향, 신뢰의 기반, 의정서에 대한 우려, 의사소통의 복잡성, 설득의 본성, 협의서의 종류 등이다. 이렇게 문화 스타일을 구분할 수 있는 틀이 주어진 상태에서 바이스는 문화적으로(문화 친숙도의 개념에 따라) "협상자들이 협상 대본을 따를 수 있도록 하거나 협상자 간 상호 작용에서 상호적으로 일관적 형태를 유지할 수 있도록" 즉각 반응이 가능한 전략을 만들었다. 반면 "전략은 문화적 요소가 소박하거나 오해를 낳을 수 있다는 점을 고려하지 않는다"(Weiss, 1994a, p.52). 이들은 '비(非)로마인'을 상대로 하면 가끔 성공할지 모르나, 이것이 '신뢰할 수 있는 방책'이 되기는 어렵다.

계속 제기되어 온 질문은 협상 결과에서 공동의 이득에서 동일 문화권에 속한 협상자끼리 협상할 때와 문화적으로 차이가 있는 협상자들이 협상할 때 차이가 발생하는지 여부이다. 국제 실험 디자인의 결과, "협상이 동일 문화 내에서가 아니라 이종문화 간에 이루어지는 경우, 협상 전략에서 문화적 차이는 협상에서 공동의 이득에 도달하기에 더 힘들게 만든다"가 결론이 되었다(Brett and others, 1988).

국제 비즈니스 협상의 문화적 차원은 특정 활동을 기반으로 연구된 바 있다. 그중 특히 관심을 받은 연구는 국제 합작사(International Joint Venture: IJV)에 대한 사례이다(Weiss, 1985). 포르는 중국 내 국제 합작사(IJV) 사례에 대해 광범위하게 분석했으며, 특히 IJV를 설립하는 일(제23장 참조)이나 '게임의 본성' 같은 일반적인 문제에 집중했다(Kremenyuk and Sjöstedt, 2000). 그 요점은 "문화적 측면이 복잡한 역할을 하며, 통제도 잘 되지 않는다. 문화 문제에서 가장 효과적인 해결책은 협상을 능동적인 학습 과정으로 사용하는 것이다"가 되었다(2000, p.96).

문화와 협상 스타일 간의 연결고리는 계속 연구되고 있다. 지금까지 인용된 연구들은 이 주제와 관련된 다양한 요소를 담고 있다. 바이스(Weiss, 1994a, 1994b)나 그레이엄(Graham, 1996)은 이런 주제를 가장 광범위한 방법으로 다룬 연구자이다. '어떻게 협상을 해야 하는가'에 대한 연구는 계속 확장 중이다. 고우리와 위슈니에(Ghauri and Usunier, 1996)는 저서의 일부를 이 목적으로 할애했다. 스타일 비교에 대한 설문조사 역시 여러 가지가 있다(예를 들면 Brett and others, 1998).

협상자들을 위한 현실적 조언 부분에서도 동일한 발전이 눈에 띄며, 특히 대부분의 연구자들이 현역 협상자들을 위한 조언으로 분석을 끝내고 있다. 대표적인 연구는 살라큐스(Salacuse, 1993), 고우리와 위슈니에(Ghauri and Usunier, 1996), 바이스(Weiss, 1993) 등이 있다.

마지막으로, IBN에서 문화적 차원에 대한 연구는 연구와 연구방법론과 관련된 문제를 살펴본 바 있다. 문화에 대한 정의, 문화의 독특한 요소, 문화적 현상을 포착하기 위한 다양한 방법, 분석 수준의 결정, 관찰된 행동에서 상호 작용의 문화적 측면의 상대적 무게, 상황에 대한 행위자들의 인식, 집단 정체성의 문제, '회의론'과 '옹호론' 간의 차이, '차이의 딜레마'와 이에 대응하는 '이중 렌즈 접근법'은 모두 다 1990년대에 출판된 연구에서 인용되었다(예를 들자면 Faure and Rubin, 1993; Ghauri and Usunier, 1996 참조).

이론적 문제와 함께, 국제협상을 어떻게 가르칠 것인가를 놓고 학자와 전문가들의 지식을 더 심화시킬 필요성에 대한 인식에 대해서도 짚어볼 만하다. 바이스는 「협상의 문화적 측면: 경험적 방법의 범위(Teaching the Cultural Aspects of Negotiation: A Range of Experiential Methods)」라는 논문을 발표한 바 있다. 르위키(Lewicki, 1997)는 미국 대학의 비즈니스 상황에 대해 설명한 바 있다. 2000년 3월, 협상 교육학에 중점을 둔 회의가 열렸다(Metcalfe, 2000). 이 개요는 주로 미국에 대한 연구로 국한되지만, 주제 자체는 다른 나라에도 유효하다. 예를 들어 네덜란드의 메이르츠(Meerts, 2000)나 벨기에의 렘페러(Lempereur, 1998), 프랑스의 포르(Faure, 1999a) 등이 있다.

국제 비즈니스 협상과 신기술

신기술의 등장(특히 정보와 멀티미디어)은 국제협상자들에게 또 다른 난관이 된다. 난관은 여전히 답이 나오지 않은 형태로 남아 있다. 어느 정도까지 이러한 발전이 대면 모델에서 벗어나 새로운 형태의 협상으로 이어질 수 있을까? 심지어 비즈니스 - 비즈니스(B2B)[3] 모델까지 포함하여 인터넷을 통한 금융거래가 전통적인 개념 및 협상 실행과 일치할 수 있을까?(앞서 Hobson, 1999에서 연구되었던 주제이다.) 어느 정도까지 이런 새로운 발전이 새로운 능력이나 심지어 새로운 협상자들의 프로필을 요구할까?

다른 방식에서 보면, 국제 비즈니스 협상자들을 돕기 위해 컴퓨터 기술의 발

---

3) (옮긴이 주) 기업과 기업 사이에 이루어지는 인터넷 기반 전자상거래를 가리키는 경제용어로서 '기업 간 거래' 또는 '기업 간 전자상거래'라고도 한다.

달로부터 득을 얻는 신기술을 더하는 이점도 알아볼 만하다(예를 들자면 Nyhart and Samarasan, 1989).

이러한 발달은 최근에야 국제협상 연구에서 전적으로 탐구되기 시작되었으며, 가까운 미래에 가장 중요한 주제가 될 것임에 의심의 여지가 없다.

제23장

국제협상: 문화적 차원

기 올리비에 포르

자트먼(Zartman, 1976)이 지적한 것처럼, 협상은 세상만큼 오래된 행위이며 우리는 협상의 시대에 살고 있다. 기술의 발달로 현대 사회를 사는 사람들은 서로 가까워지고 거리를 좁혔으며, 이동 시간이 단축되면서 소통과 상호 작용의 기회가 늘어났다. 세계의 이념적 차이 붕괴와 제3세계 경제발전, 외국인 투자 급증과 교류의 큰 성장으로 세계경제는 한 단계 더 높은 수준의 통합을 이루는 쪽으로 나아갔다. 오랫동안 이러한 흐름에 벗어나 있던 나라들도 이제 이 흐름의 일부가 되었다. 그 결과 협상의 기회는 크게 증가했다. 이는 점점 더 많은 개인(혹은 개별국가)이 협상 테이블을 중심으로 문화적 만남을 위한 여건을 제공한다는 것을 의미한다. 희소한 자원을 관리하고 환경 위협, 전쟁의 위험과 같은 공동유산에 대한 우려는 각국의 사람들이 서로 만나 해결책을 찾도록 하는 데 기여한다.

미디어가 발전하고 국가 간 상호 의존이 증가하면서 국가문화의 중요성도 상당히 증가했다. 상호 의존이 문화의 경계를 초월하는 것으로 이어질지, 아니면 결과물이 차별화되는 효과에 더 민감할지는 두 가지 대조적인 추세를 고려할 수 있다. 강화된 의존성은 또한 모든 종류의 충돌 가능성을 증가시켰고, 외교와 협상의 수단이 그 어느 때보다 더 유용해졌다. 유럽연합 집행위원회(EUC)나 세계무역기구(WTO) 사무국과 같이 협상 기관들은 회원국들 사이에서 발생할 수 있는 골치 아픈 문제와 갈등에 적합한 일종의 협상 문화를 개발했다(Sjöstedt, 1994). 이는 협상과 문화가 국제무대에서 점점 더 주목받는 이유를 설명해 준다.

의미 있는 협상이란 행위자들의 감각에 따른 움직임이 어떤 중요한 인식을 부여하는지 이해하는 것이다. 협상에서 일어나는 많은 사건은 하나의 이론적 접근으로 설명될 수 없다. 일부 협상자들은 이해되지 않는 방식으로 행동하는 것처럼 보일 수 있기 때문이다. 협상자는 인간이다. 인간은 모호성과 복잡성은 물론 문화를 포함해 조건과 연관된 모든 속성을 행동으로 옮긴다. 문화가 협상에 영향을 미친다는 것은 의심의 여지가 없다. 카너벌(Carnevale, 1995)은 일반적인 협상 연구에 대해 전통적인 패러다임이 사회적 맥락을 파악하지 못하기 때문에 '지나치게 단순하다'고 주장한다. 협상 결과를 설명하기 위해 국가문화를 독립변수로 사용하는 것은 많은 문제를 불러온다. 지금의 과제는 문화의 유동적(quicksilver) 개념을 파악하고 어떤 상황에서 그것이 설명변수가 되는지 분석하는 것이다. 이어 이러한 사건이 어떤 결과를 초래하는지 조명하는 것이다. 두 문화의 만남이 불확실한 화학작용과 문화의 상관관계 속에서 무엇이 나올 것인가 하는 것에 의문을 던지고 있다.

문화의 역할과 그 독특한 효과에 대한 이러한 질문은 단순한 지식에서 비롯될 수 있다. 이는 협상자의 행위에 관련된 예측 수단을 구축하고, 협상 프로세스와 후속 결과를 보다 효과적으로 제어할 수 있는 수단을 제공하는 데 도움이 될 수 있다.

문화의 본질

문화를 정의하는 것은 너무 어려운 일이다. 이 개념은 모호하고, 여러 의미를 지니며, 이해하기 어려운 많은 추측을 낳는다. 프랑스 작가이자 정치가인 에두아르 에리오(Édouard Herriot)는 "문화는 모든 것을 잊어버렸을 때 남는 것"이라고 정의했다. 이 역설적인 명제는 문화의 가장 두드러진 특성 가운데 하나이다. 이는 실체의 문제가 아니라 개인이 일반적으로 인식하지 못하는 사고방식 또는 행동 방식이다. 이 주제를 좀 더 구체적으로 살펴보면, 문화는 "국가, 민족 또는 다른 집단들을 특징짓고 그들의 행동을 지향하는 공유되고 영구적인 의미, 가치, 신념의 집합"(Faure and Rubin, 1993)으로 정의될 수 있다. 문화는 학습 과정을 통해 한 세대에서 다음 세대로 전해지고 널리 받아들여진 믿음과 가정의 체계로 이해될 수 있다. 또 사람과 상호 작용, 사람과 환경 간의 관계, 가용 자원이 주어진 환경에서 가장 효과적으로 대처하는 방법에 관한 것이다(Trompenaars, 1993). 허스코비츠(Herskovits, 1995)는 문화를 인간이 자연에 남긴 "인간이 만든 환경의 일부"라고 생각한다. 트리안디스(Triandis, 1994)는 범주, 규범, 역할, 가치와 같은 주관적 문화(subjective culture)와 도구(tools)와 의자, 비행기와 같은 인간이 생산한 객관적 문화(objective culture)를 구분한다.

사람들은 현실과 그에 대한 인식 등에 의해 제약을 받는다. 사람들은 문화가 제공하는 믿음과 가치에 따라 행동하는 경향이 있다. 프랑스의 사회학자 아쿤(Akoun, 1989)은 "문제가 제기되기 전에 답하는 것이 문화의 역할"이라고 강조했다. 문화는 또한 인간이 자연, 공간, 시간 또는 주요 삶의 사건들을 고려하는 방식을 통해 표현된다. 그러나 문화는 행동의 방향뿐만 아니라 의미를 제공하고 정체성을 확립, 주장, 보존하는 데 기여하기 때문에 컴퓨터 속 소프트웨어로 정의될 수는 없다. 단기적인 관점에서 문화는 인간의 행동을 조절하고 사람들에게 영구적인 흔적을 남기는 구조적 구성 요소의 일종으로 볼 수 있다. 장기적인 관점에서 보면, 새로운 가치를 통합하고 이전의 주요 가치에 결함이 발생해 시간이 지나면서 변화를 제공하는 이질적인 사회현상이기도 하다. 인간은 결코 문화 로봇(culture robot)이 될 수 없다.

문화는 특정한 행동으로 이어지지만, 또한 주로 다른 사고방식으로 이어지기도 한다. 미시건 대학연구원인 니스벳(Nisbett)과 마수다(Masuda)는 미국인과 일본인의 인지적 접근법에서 반대되는 모드(mode)의 증거를 보여주었다. 일본인은 문맥을 매우 중요시 여긴다. 대조적으로 미국인들은 자신에게 가장 중요하게 보이는 것, 즉 상호 작용 자체를 중시한다. 서양의 사고방식은 분석적이고 추상적인 논리에 의존하는 반면, 중국은 경험적 증거에 기반을 둔 것으로 보인다. 따라서 단순한 인과관계와 개념적 범주에 대한 정의만으로 이루어지는 직설적인 사고는 보편적인 이행 방식이 아니라 전형적인 서구식 접근법이다.

유럽의 한 경영대학원에서 어느 교수가 같은 문제를 세 그룹의 학생들에게 제출했다(프랑스어, 독일어, 영어). 같은 회사 내 두 부서 간의 갈등에 관한 내용이었는데, 이 갈등을 어떻게 해결할 것인가가 문제였다. 프랑스는 최고위 계급으로 결정을 내렸고, 독일은 각 부서의 범위와 특권을 정확하게 규정하는 서면 규칙을 만들 것을 제안했으며, 영국은 두 부서장 간의 의사소통을 개선하겠다고 제안했다(Hofstede, 1987). 문화적 차이는 분명히 설명에서도 차이를 나타냈으며, 관련된 세 문화권 학생들은 각각 문제의 틀을 짜고, 기능 장애의 원인을 파악하며, 해결책을 제시하는 그 나름의 방법을 갖고 있었다. 조직 피라미드, 완벽한 기계, 정보교환장소와 같은 참조 모델이 암묵적으로 작동한다.

홀(Hall, 1976)은 데이터 수집과 신호 해석, 행동이 환경에 부여하는 중요성에 따라 문화를 **고맥락**(high-context)과 **저맥락**(low-context) 등 두 개의 클러스터로 나눈다. 중국인과 일본인은 고맥락의 사회에 속하는데, 이들은 예를 들어 간접적인 행동과 암묵적인 표현에 더 의존한다. 그러나 서양인들은 행동이 훨씬 더 직접적이고 표현이 더 분명한 저맥락 사회에 살고 있다. 한 사회의 유형에 속하는 사람들은 다른 유형의 사회 속 사람들의 메시지와 행동을 해석하고 그 뒤에 있는 것에 대해 올바른 가정을 하는 데 상당한 어려움을 겪는다.

태도는 문화적 프리즘을 통해 이해하지 않는 한 진정한 의도를 명확히 생각할 수 없다. 예를 들어 젠과 웰던(Jehn and Weldon, 1997)은 중국 내 갈등 처리를 연구하면서 갈등을 피하고자 하는 욕구의 표현인 침묵을 다른 문화권에서는 공격적으로 비칠 수 있음을 보았다.

호프스테더(Hofstede, 1980)는 협상자들의 행동을 분류하는 데 사용될 수 있는 문화의 네 가지 기본 차원을 구분했다. 그 첫째는 **권력거리**(power distance)인데, 이는 계급 차이를 수용하려는 사람들의 의지를 표현하는 것이다. 두 번째는 **불확실성 회피**(avoid uncertainty)로서, 스트레스와 안정성, 규제 집행 욕구와 밀접한 관련이 있는 불확실성을 피하는 경향을 측정한다. 셋째는 **개인주의**(individualism)로, 개인과 집단 간의 관계를 다룬다. 마지막은 **남성성**(masculinity)인데(예를 들어 사업 측면에서 보면), 성공을 이루고 최고가 되고 더 많이 벌고자 하는 열망과 관련이 있다는 것이다. 이는 **여성스러움**과는 반대되는 것으로, 여성스러움은 보다 겸손한 자세를 취하고 관계 지향적인 태도를 취하며 지원과 육성에 집중하는 것을 의미한다. 협상과 같은 행위자들의 행동은 이러한 각 범주에서 순위가 매겨질 수 있다. 비교 모드에서 국가문화 프로파일은 이러한 지표의 도움으로 특징될 수 있다. 말레이시아인들은 이스라엘인보다 권위에 대한 존중이 훨씬 더 높다(호프스테더의 측정에 따르면, 이스라엘인들은 13을 나타낸 반면 말레이시아인들은 104를 기록했다). 에콰도르인은 미국인보다 집단적 마인드가 훨씬 더 높다(개인주의 척도로 8 대 91을 나타냄). 그리스인은 싱가포르인보다 불확실성을 피하는 경향이 훨씬 강하며(112 대 8), 일본인은 스웨덴인보다 마스크라인 값을 훨씬 더 강조한다(95 대 5).

살라큐스(Salacuse, 1991)는 협상 스타일을 특징짓는 것과 관련해 협상 목표(접속 대 관계), 글로벌 태도(윈-윈-루즈), 개인 스타일(공식 대 비공식), 커뮤니케이션 스타일(직접 대 간접), 시간 민감도(높음 대 낮음), 감정주의(높음 대 낮음), 합치형태(특정 대 일반), 합치과정(하향식 대 상향식), 협상 팀 조직(1인 지도자 대 합의형), 위험 감수(높음 대 낮음) 등과 같은 열 가지 요인으로 분류했다.

언어는 문화적 요소가 사회적 행동에 어떻게 영향을 미치는지 설명하는 데 도움을 줄 수 있는 문화적 산출물이다. 언어의 기본 기능은 현실을 구조화하고 경험을 정리하는 것이다. 언어는 또한 사회의 가치와 받아들일 수 있는 행동 방식을 반영한다. 언어는 인식되는 것을 포착하고 표현하며 그것을 사고로 바꿀 수 있는 범주를 제공한다. 어떤 특정한 언어도 현실을 해석하기 위한 일련의 범주가 있다. 이 범주들은 사회마다 상당히 다를 수 있다. 예를 들어 아즈텍 사람들은 눈, 얼음, 서리를 단 한 단어로만 일컫는 반면, 이누이트 사람들은 눈의 종류를 구별하기 위해 20개 이상의 단어를 가지고 있다. 유럽 언어는 스펙트럼을 여섯 가지 기본적인 색으로 구분하는 반면, 뉴기니의 잘레족은 따뜻한 색과 차가운 색 두 가지로만 인식한다(Faure and Rubin, 1993). 아랍인들은 어휘에 낙타와 관련된 단어가 6000개이며 그 가운데 50개는 임신 단계만을 다루고 있다(Klineberg, 1954).

문화는 생각지도 못한 곳에 그 흔적을 남긴다. 이는 매우 구체적인 구성요소만큼이나 공통 물체를 표현하는(labelling) 것도 해당된다. 문어(octopus)를 예로 든다면, 문어의 이름은 각 문화에 의해 인식되는 방식에 따라 달라진다. 앵글로 색슨과 프랑스 문화권에서는 문어는 '8피트' 또는 '많은 발'의 모양으로 묘사한다. 중국 문화권에서는 비슷하게 '긴 다리를 가진 거미'라고 부른다. 독일과 스웨덴은 문어의 기능 가운데 하나에 초점을 맞추어 잉크를 생산하는 물고기인 '잉크 피시'로 표현한다. 이름은 지각에 기반을 두고 있다. 표현 이면의 문화적 프로세스는 의미 있는 특성을 선택하고 그것에 대한 해석을 기반으로 하며, 인식은 경로를 옮겨가며 변화한다.

민족문화는 자신의 영향력을 역사 및 정치체제의 영향과 결합해 '국가 협상 스타일'을 형성하는 데 크게 기여한다. 가족문화, 종교문화, 젠더문화, **기업문화**와 같은 하위문화도 행동규범, 상징, 의미를 제공함으로써 협상 행태에 영향을 미칠 수 있다. 예를 들어 기업문화는 민족문화를 보완하거나 모순될 수 있지만 상충될 수 있는 가치를 선호할 수도 있다. 호프스테더(Hofstede, 1991)는 조직문화 차원을 여섯 가지로, 즉 ① 과정 또는 결과 지향, ② 직원 또는 직무지향, ③ 편협하거나 프로적인 지배, ④ 개방적이거나 폐쇄적인 시스템, ⑤ 느슨하거나 엄격한 통제, ⑥ 규범적이거나 실용적인 접근법으로 분리한다. 마틴(Martin, 1992)은 조직문화의 측면을 세 가지로, 즉 ① 평등주의, 균질성, 조화, 직원복지, 일관성 및 명확성으로 특징지어지는 통합적 관점, ② 조직 내 분리와 갈등, 모순, 문화 클러스터에 초점을 맞춘 차별적 관점, ③ 조직 내 문화 클러스터로서 다중성, 통합되지 않은 해석의 흐름, 복잡성, 가시적 질서의 부재 및 예측 불가능성과 같은 개념에 기초한 단편화 관점 등으로 구분한다. 기업문화는 여러 국가에서 동시에 운영될 수 있다.

예를 들어 관리자, 엔지니어, 변호사, 회계사 또는 영업사원이 될 수 있는 자신의 회사에서, 협상자들의 업무와 연결된 하위문화인 **직업문화**(professional culture)는 유사한 방식으로 기능한다. 업무는 상호 작용과 관련된 다른 하위문화를 보완할 수 있는 행동과 가치의 구체적인 규범을 사람들에게 제공한다. 교육과 현장경험을 통해 직업의 모든 구성원이 공유하는 지식은, 공통의 기준틀과 문제를 구조화하고 다루는 구체적인 방법을 만들어냄으로써 사람들을 연결시킨다. 많은 연구자는 최근 전문적인 협상 문화 개념에 대한 더 많은 통찰력을 제공하기 위해 현장 연구와 분석을 하고 있으며, 이는 공유된 규범 또는 '새로운 문화적 결합'이 어떻게 협상을 촉진할 수 있는지 또는 협상 문화의 존재와 발전이 어떻게 과정을 역동적으로 강화시킬 수 있는지를 보여준다(Elgström, 1990; Dupont, 1993; Lang, 1993; Kremenyuk, 1993). 각각의 직업문화는 자신의 기술을 연습하고 다른 문화와 교류하면서 특정 가치를 촉진하는 경향이 있다. 협상 스타일은 전문가들이 스스로를 바라보는 방식과 강하게 연결되어 있다. 랑(Lang, 1993), 그리고 셰스테트와 랑(Sjöstedt and Lang, 2001)은 이 주제에 대해 몇 가지 중요한 관점을 제공한다. 예를 들어 사람들은 자신을 건설자와 문제해결자로, 변호사를 정의의 수호자로, 경제학자와 기획자를 정책 고문으로, 정치인은 공익의 수호자로 본다.

조직에서 극단적으로 다양한 직업문화가 작용하고 있는 조직문화와 같은 통합적 차원이 없다면 일종의 바벨탑으로 바뀔 수도 있다. 예를 들어 세대별, 종교별, 계층별, 지역별 또는 성별에 따른 다른 그룹들도 문화를 생산하고 문화 협력에 영향력을 더할 수 있다. 참가자들의 협상 행태에 대한 각각의 하위문화의 영향력을 평가하는 것은 매우 어렵다. 각 협상의 전반적인 문화 콘텐츠에 대한 불확실성은 문화적 하위 시스템이 경쟁하거나 충돌할 때 커진다. 그렇다면 일이 발생한다는 것은 이 모든 다양한 하위문화의 매우 복잡한 상호 작용으로 볼 수 있다.

많은 다국적 기업과 국제기구는 국가문화의 영향을 상쇄할 수 있을 만큼 강력한 조직문화를 만들어냈다. 그 구성원의 주요활동도 비슷한 효과를 수반할 수 있다. 따라서 유럽연합 위원회는 수십 년 동안 조직 시스템의 산물과 회원국의 법적 배경, 그리고 그들의 협상 관행, 즉 유럽 협상자 문화(Kolb and Faure, 1994)를 자체적으로 개발해 왔다.

사회집단의 문화는 시간이 지남에 따라 진화하고 변화한다. 그 역동성은 문화를 일관성 있고 안정적인 가치체계로 정의하면 발견 가능하다. 오히려 '변증법적 긴장(dialectic tension)'의 대상이 되는 '문화 규범의 집합'으로 정의될 수 있다(Janosik, 1987). 이러한 긴장에 대한 문화적 결과는 시간과 사람에 따라 다를 수 있다. 블레이커(Blaker, 1977, Janosik 인용)는 일본 문화 내에서 갈등 해결에 대한 매우 다른 두 가지 국내 차이, 즉 '화목한 협력'과 '전사적 윤리'를 구별한다. 이 두 가지 차이는 기본적으로 양립할 수 없지만 일본의 전통에 강하게 내재되어 있다. 따라서 상황에 따라 하나 이상이 합법적일 수 있게 된다. 가치 사이의 이 긴장은 변화를 위한 내부 역할을 제공하며, 그 결과 관련 행동은 호프스테더의 모델에 나타나는 것보다 훨씬 덜 지시적이게 된다. 비슷한 방식으로 프랑스의 원칙은 우선순위의 변화를 이끌어내면서 하나 또는 다른 하나가 지배할 수 있다. 선호도 규모에 대한 이러한 변화는 문화적 역학의 지표로 볼 수 있다.

협상의 문화적 이슈에 관한 연구

문화 간의 비교를 체계적으로 확립하는 것은 경험론보다 훨씬 더 어렵다. 같은 단어 뒤에도 매우 다른 현실이 있을 수 있기 때문이다. 예를 들어, 중국의 협상 개념은 앵글로색슨어의 개념과 겹치지 않는다(Faure, 1995a). 중국어의 개념은 갈등의 상황을 가리키는 반면, 앵글로색슨어의 개념은 훨씬 더 광범위하고 모든 종류의 차이를 포함한다. 이러한 관점은 협상 연습과 시뮬레이션에도 적용되는데, 한 문화에서의 협력 게임을 다른 문화에서는 경쟁 게임으로 볼 수 있기 때문이다. 협력과 경쟁은 문화에 따라 다른 의미에 해당한다. 결과적으로, 게임의 암묵적 규칙은 실험 대상자에 따라 다르게 이해될 것이다. 그러한 경우에 성과를 비교하는 것은 목적에 부합하지 않으며, 도출된 결론 역시 강한 편향성을 지닐 수 있다.

국제협상에 대한 연구는 문화적 조건에 의해서도 영향을 받는다. 사물과 사상을 바라보는 방법은 대중적 개념과 현대적 이슈로 틀이 짜인 문화적 동질성이다. 오늘날 우리가 가지고 있는 과학적 수단을 맨해튼에서 수행되었던 것과 같은 방식으로 팀북투[1]에서 수행되었던 협상을 연구하는 데 적용했는가? 현실

---

1) (옮긴이 주) 팀북투(Timbuktu): 아프리카 말리 공화국의 도시.

적으로 찬성할 수 없다.

협상에서 문화에 관한 대부분의 연구는 북미지역에 국한되어 있으며, 미국 이외의 전문가(Dupont, 1994)는 거의 관심이 없는 것으로 보인다. 다시 말하지만, 문화는 협상자들의 행동뿐만 아니라 협상 행태에 대해 연구하는 사람들에게도 영향을 미친다. 바이스(Weiss, 1995)가 강조했듯이 협상 수행체계는 미국 외의 국가, 즉 프랑스, 네덜란드, 스웨덴, 아르헨티나, 러시아와 같은 나라들에서 발전되어 왔다. 심지어 네팔과 중국 등 예상치 못한 곳에서 국제협상에 관한 연구가 진행되기도 했다(Faure, 1995c).

문화변수 또는 모델이나 패러다임에 문화적 요소를 통합하는 것에 중점을 둔 국제협상에 관한 연구는 매우 최근에 시작되었으며 여전히 진행 중이다. 특정 접근법에 연결된 네 가지 주요 흐름은 구조-과정 접근법, 행태 접근법, 인지-전략적 접근법 및 단계 접근법으로 구별할 수 있다.

소여와 게츠코프(Sawyer and Guetzkow, 1965)는 다양한 단계에서 협상에 개입하는 다섯 가지 범주의 변수를 나타내는 사회심리학 모델을 진행했는데, **구조-과정적 접근법**은 초기 모델을 정제하고 적응시키는 몇 가지 구성을 제공한다. 그 결과 분석구조는 환경적·절차적·전략적·결과적 관련 등 주요 요소를 결정한다. 문화는 맥락적 요소들 사이에 통합되거나(Fayerweather and Kapoor, 1976) 각각의 분석 범주 내에서 직접 작동하는 것으로 가정된다(Faure and Rubin, 1993; Elgström, 1992).

두 번째 유형의 행태 접근법은 협상 역학을 생산하는 기본 요소로서 협상자의 행동에 초점을 맞춘다. 사용된 분석 도구와 방법론에 따라 두 가지 다른 전통이 확립되었다. 첫째는 문화적 요소가 여러 행동 변수에 미치는 영향을 시험하는 것이다(Carnevale, 1995; Graham, 1983, 1984, 1993; Kirkbride, Tang and Westwood, 1991). 두 번째 전통은 문화가 협상자들의 행동에 미치는 영향을 설명하고(Frankenstein, 1986: Kimura, 1980) 그 결과를 분석하는 것을 목표로 한다. 수집된 데이터는 대부분 문화 간 협상 실무자들의 설문지나 인터뷰를 통해 얻어진다.

인지-전략적 접근법은 협상 중에 뒤따르는 논리를 설명하기 위해 행동의 주요 요소들을 포착하고 이를 행위자들의 인식과 연결하려고 노력한다. 협상자의 국가문화 프로파일을 비교하면서, 카세(Casse, 1982) 그리고 바이스와 스트립 (Weiss and Stripp, 1985)은 협상 개념, 문화적 성향, 그리고 각 협상자들의 전형적인 행동방식을 설명한다. 포르(Faure, 1998), 첸(Chen, 1999), 팡(Fang, 1999)은 행위자들과의 인터뷰와 현장 관찰을 바탕으로 중국인들 사이의 단일 문화 협상에 초점을 맞추고 있다. 그들은 중국 협상자의 인지지도를 제시하고 문화적 인과관계 측면에서 협상자가 수행하는 가장 전형적인 전략적 행동과의 관계를 설정한다. 이러한 방식으로 협상 역학을 파악해 명시하고 설명한다.

네 번째 개념구조는 단계적 접근이다. 살라큐스(Salacuse, 1991)는 자트먼과 버먼(Zartman and Berman, 1982)을 인용해 협상 프로세스를 각각 특정한 목표와 특정 근거를 가지고 있는 세 단계로 나눴다. 각 단계의 요구 사항을 충족하면 서로 다른 순서와 합의의 도달을 위한 효과적인 조정이 가능하다. 마찬가지로 코헨(Cohen, 1991)은 협상 프로세스의 다양한 단계인 선협상, 오프닝 동작, 미들 게임, 엔드 게임 등에 대한 협상 스타일을 면밀히 조사했다.

또 다른 연구자 집단인 샤쿤(Shakun, 1999)과 커스텐, 노로냐(Kersten and Noronha, 1999)는 서로 다른 전문 분야의 연구자들이 문화 간 상황에서 효과적인 의사결정을 내릴 수 있도록 정교한 소프트웨어를 사용하는 협상 지원시스템을 개발했다.

비판적 견해

협상 프로세스에서 문화적 요소를 고려하는 것에 대한 비판은 연구 방법에 대한 반대, 문화의 영향과 효과, 실천에 대한 의미 등 세 가지 유형으로 구분할 수 있다.

방법론에서 문화의 '에믹'[2]적 측면은 문화를 '에틱'[3]적 측면과 반대로 비교의

---

2) (옮긴이 주) 에믹(emic): 언어 - 문화 현상 등의 분석 - 기술에서 기능을 중시하는 관점.

근거를 제공한다. 에믹은 사회인류학자들이, 에틱은 문화심리학자가 관심을 갖고 있다. 연구는 예를 들어 다양한 사회의 사회적 거리 같은 에믹 구조의 측정에 의존하는 경향이 있다.

그러나 사회적 거리는 종종 부족, 종교, 사회집단 또는 국적과 같은 에믹 속성이다. 따라서 한 문화에서 사회적 거리두기 지표로 사용되는 것은 다른 문화에서는 의미가 없을 수 있다. 예를 들어 미국인에게 "당신의 토기를 튀르크인이 만져도 괜찮겠냐"라고 묻는 것은 인도에서만 말이 되는 질문이다(Triandis, 1994, p.72). 사실 연구는 반대 방향으로 진행되어야 하며, 각 문화의 구성원에 의해 그리고 그들을 비교하고 표준화한 후에 별도로 평행하게 축척을 만들고 그 후에만 에틱 구조의 에믹 측정을 사용해야 한다.

바이스(Weiss, 1999, p.70)에 따르면, 문화는 일관적이지 않고 적절하게 정의되지도 않는다. 크로버와 클럭혼(Kroeber and Kluckohn, 1963)과 같은 인류학자들은 문화의 정의를 160개 이상 수집했다. 또 바이스(Weiss, 1999)는 아브루치와 블랙(Avruch and Black, 1991), 포어팅아와 헨드릭스(Poortinga and Hendriks, 1989)와 같은 저자들이 문화라는 용어의 다른 사용을 배웠다고 보고 있다. 야노시크(Janosik, 1987)는 네 가지 기본 접근법을 식별했으며, 각각은 특정한 개념의 이해와 그 개념의 위치에 관한 것이다. 첫째는 학습된 행동으로서의 문화는 생각보다 행위를 일컫는다. 둘째, 문화를 공유된 가치로 정의한다. 셋째, 문화를 긴장 속에 있는 구성 요소들의 묶음으로 본다. 넷째는 문화가 의미 있는 측면에 완전히 도달하기 위해 맥락(개인적 혹은 사회적) 안에서 접근해야 한다는 경향이 있다. 자트먼(Zartman, 1993)은 또한, 집단의 행동 특성 총합으로 간주되는 문화는 여전히 모호한 개념이며 문화 바구니[4]는 분명하게 정의되지 않는 유령(ghost) 같은 것으로 남았다고 주장한다. 저자에 따르면 문화학자들은 그들의 주장을 진지하게 입증하지 않으며, 독립적인 문화적 특성을 공통적인 과정에서 나타나는 행동과 연관시킨다(1993, p.18). 자트먼은 각 개인이 국가문화, 민족문

---

3) (옮긴이 주) 에틱(etic): 언어-행동의 기술에서 기능면을 문제 삼지 않는 관점.
4) (옮긴이 주) 문화 바구니(cultural basket)란 한 개인의 삶에 영향을 미친 요소들의 총합을 말한다.

화, 종교적 가치 체계, 직업문화, 가족문화 및 조직문화에 동시에 속하기 때문에 협상자의 법적 뿌리를 식별하는 데 어려움이 있다고 강조한다. 문화 개념이 경험적 불확실성에 직면하는 만큼 특정한 행동의 선택을 결정하는 협상 수행 방법에서 나타날 수 있는 상상 가능한 문화의 세부적 특성은 무엇인지를 연구해야 한다.

문화의 효과 및 영향과 관련하여, 문화는 종종 다른 것이 효과가 없을 때 부정적인 결과를 설명하기 위한 편리한 범주로 사용된다(Zartman, 1993). 또 실패 시 협상자의 능력에 의문을 제기하지 않을 수 있는 장점이 있을 수 있다. 자트먼과 같은 회의론자들은 국제협상 연구의 현 상황을 고려할 때 그 과정에 서 문화적 영향이 과소평가되어 있는 것을 기본적 역할로 간주한다(1993, p.17). 문화는 자동 논리적으로 정의되는 경향이 있다. 문화가 독립변수와 관련될 때 이러한 변수들은 결국 문화적이게 된다. 예를 들어 만약 사회구조가 문화를 결정한다고 주장한다면 그것은 동시에 문화적 산물이다. 문화가 실재하지만 영향은 미약하다는 견해는, 걸리버(Gulliver, 1979)도 옹호한다. 문화는 주로 전략적 성격의 행동 표현을 덧칠하는 것일 뿐이다.

사실 엘리스트룀(Elgström, 1994)이 문화의 '삼원적 타당성' 문제를 관련 결정 요인으로 제기하면서 강조했듯이, 협상 프로세스에 작용하는 각 주요 변수의 상대적 영향력을 정확히 평가하기는 극히 어렵다. 결과는 구조적 변수나 프로세스와 같은 다른 변수에 의해 결정될 수 있으며, 문화를 전체 및 종종 복잡한 프로세스의 고유한 설명 변수로 바꾸는 것은 이치에 맞지 않을 것이다. 드럭먼 등(Druckman and others, 1976)이 수행한 인도인, 아르헨티나인, 미국인의 교섭 행동 연구는, 문화가 '결정 행태(determining behavior)'에서 중요하지만 나이, 성별, 환경과 같은 다른 요소들도 중요한 역할을 한다는 다중 이용 모델로 가는 길을 열었다. 협상 환경의 문화적 요소는 구조적, 전략적 차원 같은 다른 요소들과 상호 영향을 미치는 게임이다. 현실 환경은 결코 완전히 구별되고 자율적인 범주에 의해 만들어지지 않으며, 현상은 '삼원적 타당성' 사이의 다양한 상호 작용으로부터 나온다.

예를 들어 구조적 측면은 사회문화에 의해 광범위하게 좌우된다. 따라서 법적 체계와 행정 개입 방식은 내재된 문화와 관련된 가치와 습관에 의해 영향을 받는다. 마찬가지로 전략적 행동은 국가의 법과 행위자들이 준수하는 사회규범에 의해 좁혀지는 선택 범위의 일부이다. 따라서 특정한의 움직임이 협상에서는 허용되지 않으며, 게임의 수많은 룰이 뒤따르고 협상자들의 전략범위(maneuver)의 한계를 감소시킨다.

마찬가지로 상호 작용의 특성(공통 프로젝트 또는 차원의 분할) 때문에 문화적으로 상상할 수 있는 것이 반드시 가능한 것은 아니며, 목표는 가능한 영역을 감소시킨다. 마지막으로 전략적 요소는 다시 언급되거나 제도화 과정에 있을 때 설정된 새로운 규범을 통해 문화를 만들어낸다.

바이스가 편집자에게 보낸 '문화적 대응 전략'에 관한 편지(Weiss, 1999, p.69)에서 지적한 바와 같이, 미국과의 협상을 논의하는 후쿠시마(Fukushima)는 네거티브의 목적과 맥락, 카운터파트의 조직 내 지위, 미국인과 협상하는 상대편의 일반적 성향 등 문화적 친숙성보다 훨씬 더 중요할 수 있는 세 가지 변수를 제시했다.

문화적 중요성이 상당히 열려 있음에도 엘리스트룀(Elgström, 1994, p.25)은 문화적 요인에 의해 행동이 규정되는 반면, 행동은 구조적 현상인 힘의 분배에 의해 규정되는 위험성을 주장한다. 예를 들어 그는 탄자니아 협상자들이 해외 원조 제안을 거의 거절하지 않았지만, 일본 협상자들은 단도직입적으로 거절하는 것과 같은 방식은 아니었다(Elgström, 1990).

비평의 또 다른 흐름과 관련해 위넘(Winham, 1980)은 문화가 제한된 수의 상황을 단계화하는 중요한 경향이 있다고 강조한다. 복잡하고 다자적이며 고도로 전문화된 협상에서, 민족문화는 설명적 요소로서의 중요성이나 관련성을 잃는다.

협상에서 문화의 중요성에 대한 또 다른 반대는 심리학자들이 제기한 것인데, 이들은 개별 변수가 단연코 중요한 요소이고 성격이 상호 작용하는 과정이 주도적인 힘이라고 생각하는 경향이 있다. 그러나 이에 대한 해답은 실제 사례 연구에서만 찾을 수 있으며 매번 다른 답을 제공할 수도 있다. 또 이러한 제약은 쉽게 해소될 수 없으며, 문화적 변수와 성격 변수를 구분하는 것이 매우 어려운 경우도 있다. 예를 들어 위험 감수행동을 고려할 경우 두 경우에 모두 속할 수 있으며, 사례연구에서 특정 조사만이 연구자가 정확한 결론을 도출할 수 있게 할 것이다. 문화에 대한 주요 비판 가운데 하나는 상대방의 행동을 예측하기 어렵다는 것이다. 자트먼이 이미 지적했듯이 협상자의 성격에는 국가, 민족, 직업, 조직, 종교, 가족 등 여러 문화가 뒤섞여 있다. 협상 테이블에 앉아 이들을 구분하고 추진력을 가리는 것이 과제다.

우리가 문화스타일에 대해 알고 있는 것의 대부분은 문화 내 협상에서 개인과 집단의 관행을 관찰한 것에 기초한다. 우리는 행위자들이 다른 문화 간의 협상에서 같다고 추측해서는 안 된다(Weiss, 1987; Frances, 1991). 그룹의 대표는 얼마나 개인적인가? 그 혹은 그녀는 사회적 집단의 규범 가운데 얼마나 내면화되었는가? 국제협상에서는 외부그룹의 동질성에 대해서는 과대평가하는 경향이 있으며(Jönsson, 1990) 이는 현실과 비교할 때 편견이기도 하다. 살라큐스가 지적했듯이(Salacuse, 1993, p.201), 협상자가 문화적 로봇이 아니라면, 협상 프로세스에서 협상자가 취할 수 있는 선택의 범위가 너무 넓다면, 예측할 수 있는 가능성은 거의 없다.

한 사람이 다른 사람의 문화에 대해 충분히 알고 있을 때, 다음 질문은 무엇을 해야 하는가이다. '로마에 있을 때는 로마법을 따르라'는 조언은 실현 불가능하거나 효과적이지 않을 수 있다(Weiss, 1994a). 중국에 있을 때 서방측 협상자가 중국의 신에 협상자처럼 행동할 것으로 기대된다는 것은 분명하지 않다. 그런 행동은 대답보다 더 많은 의문을 불러일으키고 결국 상대방을 혼란스럽게 만들 수도 있다.

문화가 협상에 미치는 영향

보이지는 않는데 우리를 계속 따라다니는 것은 무엇인가? 그것은 문화이다 (Faure and Rubin, 1993, xi). 문화가 협상에 미치는 영향이 미묘하다는 것도 종종 보이지만, 이 미묘함은 문화의 중요성을 감소시키는 것이 아니라 문화의 가시성을 떨어뜨릴 뿐이다(Faure and Rubin, 1993). 문화의 미묘한 영향력을 조직적으로 파악해 일부라도 공개해야 한다. 문화가 눈에 보이는 임팩트가 있거나 영향력이 있다고 의식적으로 인식할 필요는 없다. 더욱이 매우 지배적인 문화에 속한다는 것은 문화적 무감각 현상을 증폭시킬 수 있다. 종종 중요하지 않은 문화에 속한 협상자들은 이 차원에서 더 높은 민감성을 보이고 관계의 주요 구성 요소로 본다. 그 개념 자체는 사회과학에서는 까다로운 것인데 그 이유는 사용하기 쉽고 만족스럽지 못하기 때문이다((Huntington, 1987, p.22). 사실 문화는 협상 상황의 다양한 측면에 대한 외부의 표현을 통해 더 잘 이해될 수 있다. 따라서 문화의 독특한 효과는 행위자, 구조, 전략, 과정, 결과와 같은 협상의 핵심 요소와 관련될 수 있다.

행위자

우선 문화는 개인, 단체 등 행위자들에 의해 협상장에 들어온다. 문화는 현재 진행 중인 게임의 종류인 협상을 어떻게 보는지를 조건으로 한다. 예를 들어 권력 대결, 협동 연습, 토론, 의식, 인적 모험이 그것이라면, 미국인들에게 협상은 주고받기식의 연습이지만 일본인에게는 관계에 훨씬 가깝다(Kimura, 1980). 다른 사람들이 인식하는 방식도 다르며 고정관념이나 인식된 의도, 행동을 안내하는 가치관 등에 의해 영향을 받는다. 협상자들이 상황을 어떻게 프레임화하고 대처하느냐는 자국 문화의 영향을 받는다. 예를 들어 계속되는 이슈는 미국인들이 할 수 있는 것처럼 순차적으로 논의되어야 할 항목의 목록으로 볼 것인가 아니면 일본인이 할 수 있는 것처럼 전체적으로 접근해야 할 상호 연결 요소의 시스템으로 볼 것인가(Graham and Sano, 1984, p.29)이다.

중국의 어느 더운 날 오후, 두 사람이 테니스를 치면서 땀을 흘리고 숨을 헐떡였다. 끝났을 때 동정심 많은 중국인 친구가 물었다. "하인을 둘 불러서 당신을 위해 이걸 대신 하도록 할까요?"(Triandis, 1994, p.81) 여기서도 문화는 관찰자 개개인이 상황을 해석하는 방식을 통해 나타난다.

이슈는 또한 단순하고 이성적인 이해에서 멀어지게 하는 상징적인 가치를 가지고 있을 수 있다. 근본적인 상징적 의미, 과거 경험의 기억, 그리고 때때로 역사적 기억은 강력한 영향을 미칠 수 있고 진정한 설명변수가 될 수 있다. 전통 사회에서는 신, 악령, 유령, 조상 등 미개척자들이 그 과정에 합류해 중요한 역할을 할 수 있다.

윤리는 협상자들이 스스로도 상호 작용에 관여한다. 해야 할 일과 해서는 안 되는 일 사이에 그어진 문화적 경계는 문화마다 다르다. 어떤 문화권 사람들은 다른 문화권에서는 용납할 수 없는 거짓말, 속임수, 뇌물과 같은 행동 수단에 쉽게 의존한다.

구조

법적 틀과 조직적 설정과 같은 협상의 구조적 요소들은 문화와는 거리가 멀다. 그것들은 전형적으로 사회적 산물이다. 다른 구조적 요인으로는 관련 당사자의 수, 의제의 수, 당사자 간의 힘 배분, 언론 등 외부 관찰자에 대한 공정의 투명성(개방성) 정도 등도 꼽힌다.

그러나 문화는 구조적 측면의 일부에 영향을 미칠 수 있다. 예를 들어 협상에서 한 당사자를 대표하는 협상자의 수는 분명히 문화적 습관과 관련이 있다. 중국 내 비즈니스 협상에서는 외국인 팀이 3~5인으로 구성되는 경우가 많은 반면 중국 측은 15~30인을 협상장에 불러들일 수 있다. 또 외국팀은 중국 측과 협상할 뿐만 아니라 현지 당국과 정부 등 다른 당사자들과도 간접 또는 직접 협상한다. 이는 중국 문화와 사회가 협상 구도에 어떻게 각인될 수 있는지를 보여준다. 권력분배는 어떤 경우에는 매우 불평등할 수 있고, 문화는 자원, 지위, 나이, 역할과 연결된 것과 같은 상황 권력을 정당화하고 다른 것들을 부정하는 경향이 있다. 중국에서는 비즈니스 협상이 항상 불균형한 상황으로 인식된다. 외국인에게서 물건을 사는 것은, 중국에게 파는 외국인이 아니라 중국이다. 그러므로 중국인들의 견해로는 구매자는 강력한 협상 위치에 있고, 이는 그 자신의 시각을 부각할 수 있을 만큼 상당히 파워풀하고 합법적이다. 만약 외국인이 중국인을 동등하게 대한다면, 그는 오만하게 보일 것이다(Fang, 1999; Faure, 1999a). 옛 소련에서 공산당도 마찬가지였다. 전통적인 아프리카 마을에서의 토론은 항상 최고령자가 마지막 말을 한다. 그런 우선적인 판단은 강한 무게감을 지닌 협상자들의 행동에 의해 전체 프로세스에 영향을 미칠 것이다.

국제기구의 조직문화는, 예를 들어 그 기관이 의사결정이나 갈등 처리를 다루는 방식에서 문화가 구조적 구성 요소가 되는 또 다른 예를 제공한다.

전략

협상은 다차원적인 활동이며, 행위자가 목표를 달성하기 위해 채택하는 전반적인 지향점은 전략이다. 전략적 선택은 문화와 관련된 흥미와 가치에 의해 주도된다. 어떤 문화권에서는 행동이 직접적이고, 갈등은 널리 받아들여지며, 정면으로 문제에 부닥친다. 다른 문화권에서는 행동이 간접적이고, 갈등은 공개적으로 인정되지 않으며, 암시를 통해 간접적으로만 문제를 다룰 것이다. 예를 들어 러시아인은 강한 입장에서 협상하는 경향이 있어 위협 등 공격적인 전술을 마다하지 않는 반면, 일본인은 상대방을 직접 상대하는 것을 극도로 꺼린다 (Kimura, 1980).

협상 당사자들이 설정한 목표도 어느 정도 문화의 영향을 받는다. 예를 들어 서양인은 공정성의 개념과 기본 원칙, 규칙 등을 존중하며 강하게 추진한다. 중국인은 규칙과 추상적인 원칙을 지키는 것보다 협상 참가국 간의 화합이나 체면치레를 훨씬 더 걱정하고 때로는 규칙이 부차적인 것처럼 행동하기도 한다 (Faure, 1999). 문화는 협상자들이 합의에 도달하기 위해 사용하는 방법에도 영향을 미칠 수 있다. 프랑스인이나 독일인과 같은 일부 문화권에서는 연역적 접근법을 선호하며, 먼저 수용 가능한 원칙을 찾고 나서 이를 구체적인 문제에 적용한다. 미국인과 같은 다른 문화권은 오히려 귀납적 접근법을 채택하고, 어려움에 직면했을 때 실용적으로 대처하며, 근본적인 원칙들은 마지막에 분별될 수 있다(Salacuse, 1991). 다자 협상에서 문화는 연합체(coalitions)를 형성할 때 영향력을 가질 수 있다. 어떤 행위자들은 그들이 누구인지와 상관없이 공통의 관심사를 가진 사람들과 힘을 합치는 데 동의할 것이고, 다른 행위자들은 같은 가치를 공유하는 사람들과만 협력할 것이다. 전자는 마키아벨리적 문화라고 부르고, 후자는 원칙적 문화라고 부를 수 있다.

과정

과정은 협상의 핵심 행위자 간의 실제 상호 작용으로 정의될 수 있다. 이 상호 작용은 정보를 교환하거나, 새로운 옵션을 만들거나, 자원을 분할하거나, 양보를 교환하기 위해 설계된 모든 움직임이나 전술로 이루어진다.

이러한 행위들은 가치와 관련이 있고, 한 문화에서 합법적으로 보일 수 있는 것이 다른 문화에서는 완전히 거부될 수 있다. 예를 들어 약속을 지키지 않거나 마감일에 상대방을 속이지 않는 것은 매우 다른 각도에서 볼 수 있다. 어떤 문화권에서는 예의가 바른 것이 진실을 말하는 것보다 더 중요하다. 어떤 사회에서는 엄포와 협박이 협상자에게 사용할 수 있는 허용 가능한 수단으로 볼 수 있다. 다른 사회에서는 전체 협상을 중단시키는 충분한 이유가 된다.

피셔와 유라이(Fisher and Ury, 1981), 애들러(Adler, 1986)는 북아메리카 문화에서 '더러운 속임수'로 불리는 15가지 전술목록을 만들었다. 그중 일부는 중국 문화에서 결코 더러운 속임수가 아닌 일반적인 관행으로 이해될 것이다. 예를 들어 중국에서 아이컨택을 거의 안 하는 것은 심리전을 시작하는 것과 무관하며 공손하고 겸손한 태도를 반영하는 것일 뿐이다. 마찬가지로 사적으로 이야기할 장소가 없다는 것이 중국 협상자가 외국 협상자를 압박하려는 상황에 놓기 위한 것을 의미하지는 않는다. 중국 문화에서 사생활은 거의 없고, 협상은 전문적인 상황에서 다른 모든 것과 마찬가지로 공적인 토론이다. 심지어 호텔 방도 보통 공적인 공간으로 여겨진다.

또 다른 예는 극한의 요구이다. 사실 한 문화권에서 크게 과장된 것은 다른 문화권에서는 상당히 합리적인 것으로 볼 수 있는데, 특히 외국인 판매자를 부자로 본다면 더욱 그렇다. 여기에 양보의 여지를 주고 양자의 조건을 평준화할 수 있는 기회를 제공해 중국 내의 본질적 가치를 충족시킨다.

낡은 요구를 재개하는 것은 중국에서 매우 흔한 일이다. 중국 협상대표가 무슨 꼼수를 부리려는 게 아니라 협상에 대한 또 다른 이해가 있고, 자신이 역행하는 문제에 대해 강한 우려를 갖고 있다는 의미이다. 계약을 위해 재귀적인 과정의 사건을 보는 경향이 있다.

행동이 인식되고 이해되는 방식 또한 매우 문화적이다. 한 세기 전에 서양을 여행하던 한 중국인이 자신의 친구 중 한 명에게 보낸 편지에 의미 있는 예가 있다. "나는 백인 남성 두 명이 배의 갑판에서 만나는 것을 보았다. 각각 자신의 오른팔을 내밀고 상대방의 손을 잡았다. 나는 그들이 서로를 물속에 던지려고 하는 줄 알았다. 왜냐하면 나는 그들이 싸움을 하고 있다고 믿었다. 사실 그것은 그들이 서로 인사하는 방법이었다. 그들은 친구였다"(Chih, 1962, p.203). 중국인들에게 악수를 예의나 우정의 표현으로 보는 것은 상상도 할 수 없었다. 제스처의 의미가 부여되는 것은 문화의 프리즘을 통해서이다.

의사소통은 협상 프로세스의 또 다른 주요 요소이다. 그 효과는 문화 간 차이점에 의해 상당한 영향을 받을 수 있다. 의사소통이 간접적이고 내용이 모호하며 관련 피드백이 희박할 때 협상은 참가자들로부터 많은 해석이 필요하다. 문화와 문맥은 상대방이 보낸 신호를 정확하게 인식하기 위한 두 가지 주요 열쇠를 제공한다. 말하는 것뿐만 아니라 어떻게 말하는지, 토론의 사회적 맥락에는 차이가 있는 것이다. 예를 들어 미 - 일 교섭에 대한 필드 스터디에 대한 결론 묘사와 관련해 그레이엄(Graham, 1993, p.139)은 "미국인들은 일본인의 표현을 읽을 수 없고 잘못 묘사하는 것"을 보았다.

일본식 미소는 연구의 복잡성과 동시에 객관적 데이터에서 어떻게 상반된 결론을 도출할 수 있는지를 보여주는 흥미로운 사례이다. 일본인의 미소는 공손함의 가면으로 인식될 수 있으며, 그 뒤에 있는 불투명한 벽은 상대방을 관찰한다. 그것은 협력이나 부정, 기쁨과 분노, 확신이나 완전한 무지, 신뢰와 불신, 기쁨과 당혹감을 표현할 수 있다. 일본 문화에 대한 약간의 지식과 미소의 현재 상황에 대한 언급만이 진정한 의미로 접근할 수 있다.

세계의 많은 곳에서 의식은 협상에서 필수적인 역할을 할 수 있다. 의식은 상징적인 특성을 지닌 모든 공식적인 행동으로 정의될 수 있다. 의식 행위는 공동의 사회적 의미를 담고 있으며 일종의 의식을 통해 행해진다. 많은 서양인들이 종종 무의미한 것으로 여기는 의식들은 중국에서는 관계의 질에 대한 보증으로 여겨지는데, 왜냐하면 중화인민공화국과 중국 왕조에서는 문명화된 사람과 악당을 구별하는 능력이기 때문이다. 협상에서 의식화된 행동들은 많다. 두 손으로 제물로 든 명함 교환, 환영 선물, 연설과 건배사를 포함한 특정한 예절에 따른 정장 차림의 연회, 회의 중 우선순위 규칙, 사람들을 부르는 방법, 상징과 숫자의 취급, 합의 서명식 등이다. 중국 측 협상단은 상대국들의 의식 수행 능력에 따라 만족스러운 평가를 하고 이를 바탕으로 양국 관계가 발전될 가능성에 대해 의견을 낼 것이다. 따라서 빈껍데기처럼 보이는 의식은 기능적으로 협상 역학에 기여하는 구조적인 요소가 된다.

문화 간 인식 차이도 협상 프로세스에 영향을 미칠 수 있다. 서양에서 사건은 비용이 수반되는 상품으로 인식되며 인색하게 사용해야 한다. 반대로 동양에서는 시간을 모든 사람이 숨 쉬는 공기처럼 무한한 자원으로 본다. 결과적으로 시간 압박은 아시아인의 협상 행태에 거의 영향을 미치지 않을 것이다. 한 중국 협상자는 서방측 협상자에게 "중국은 5000년 동안 당신의 기술 없이도 해낼 수 있었다. 우리는 몇 년을 더 기다릴 수 있다"라고 말한다.

유머는 촉진 장치로 사용될 수 있고, 그것이 작동할 때 관계적 화학을 업그레이드하는 데 많은 도움을 줄 수 있다. 하지만 서로 다른 문화에서는 말도 안 되는 것으로 보이거나 심지어 불쾌하게 보일 수도 있다. '볼테르주의자의 아이러니'와 전통적으로 '잉글랜드 유머'라고 부르는 것 사이의 차이는 뉘앙스 문제 그 이상이다. 그들은 본성적으로 꽤 구분되는 지적 구조의 차이를 나타낸다.

결과

협상의 최종 산물은 다른 핵심 요소 간의 기능이며, 결과적으로 문화 역시 이러한 요소들의 영향과 관련이 있다. 권력과 마찬가지로 문화는 특정한 상황에서 결과에 영향을 미칠 수 있다. 문화는 다양한 형태의 가능한 계약 중에서 선택된다. 그것은 호환 가능한 조합에 따라 재구성함으로써 잠재적 계약 영역을 수정하고, 게임의 전반적인 가치를 변화시킨다. 또한 문화와 협상 결과 사이에는 더 직접적인 연관성이 있다. 예를 들어 어떤 문화권에서는 각각의 단어가 신중하게 평가된 협정을 선호하지만, 다른 문화권에서는 더 느슨하게 공식화된 협정을 선호할 수 있다. 따라서 서방이 중국에서 맺을 합작 계약은 수백 페이지에 달할 수 있지만, 중국인은 여섯 페이지로 쉽게 줄일 수 있다. 그 결과에 포함되는 것은 항상 문서로 작성되는 것과는 거리가 멀고 문화에 따라 다르다. 사업 계약서에 언급되는 일반적인 조항, 숫자, 수치 외에도 서양인은 합의에 도달하는 데 소비된(또는 절약된) 시간이 결과의 일부라고 생각할 것이다. 일본은 체계적으로 신뢰와 관계의 질을 결과의 주요 요소로 삼을 것이다.

문화는 또한 당사자들이 달성된 결과를 어떻게 해석하는지에 영향을 미칠 수 있다. 어떤 사회에서는 합의가 엄격하게 이행되는 것을 최종 결정으로 본다. 다른 경우, 합의서는 서명 당일에 유효했던 것이며, 서명 당시 우세했던 조건이 변경된 경우 수정할 수 있다. 예를 들어 중국에게 계약 체결은 거래를 체결하는 것이 아니라 장기간의 과정에서의 관계를 증명하는 것이다.

합의에 도달하기 위해 각 당사자는 보통 그들의 최종 제안에서 공정성의 규범을 충족해야 한다. 인식된 공정성은 문화적 차이와 밀접하게 연관될 수 있다(Roth and others, 1991). 그러한 개념의 이면에는 사회적 가치와 연관된 정의와 상충되는 원칙이 있다. 일부 문화권에서는 양보에 평등이나 공정의 기본 규범과 같은 이익이 있으며, 이것이 다른 문화권에서는 각 당사자의 특정 요구에 따라 분배되는 불균형한 이득을 선호할 수 있다.

합의에 이르렀을 때 다음 단계는 양쪽이 그 조항을 이행하도록 하는 것이다. 서구에서는 이것이 법원이나 국제 중재와 같은 제도적 장치를 통해 이루어진다. 일부 문화권에서는 이러한 태도를 불신의 신호로 보며, 당사자들은 소송보다는 추가 협상이나 중재에 의존할 것이다.

협정의 실질에 대해 대부분 서양인은 언급된 원칙을 준수하는 것을 절대적인 필요성으로 간주할 것이고, 반면 중국인은 결정된 것을 존중하지 않는 결과에 더 관심을 기울이고 결과를 만드는 첫 번째 기준으로 고려할 것이다. 계약 조건을 모두 이행하지 않는 사람의 피해자라면 먼저 손해액을 산정하고, 상대적으로 규모가 작으면 비열한 모습을 보이지 않기 위해 항의하지 않을 것이다.

문화 수준과 영향력

제2차 세계대전 중 태평양에서 소규모의 미군 장교들이 일본군에게 포로로 잡혔다. 그 미국인들은 태평양 한가운데의 작은 섬에 있는 나무 막사에 갇혀 있었다. 어느 날 저녁에 교도관들은 이 미국인 장교들이 굴욕을 겪었음을 생각하고는, 이들의 손이 닿는 곳에 면도칼을 몇 개 놓아두었다. 이튿날 아침, 일본인 사령관이 놀랄 만큼 이 장교들은 꼼꼼하게 면도를 했고, 이는 매우 뜻밖의 방법으로 품위를 회복한 것이었다. 진실이든 허구이든 이 이야기는 특정 계략 조건 내에서 적절하게 행동하는 방법과 다양한 가능한 결과에 대한 문화의 영향을 분명하게 보여준다.

포르와 루빈(Faure and Rubin, 1993)은, 문화의 영향력에 대한 반복적인 질문을 통해, 문화가 중요한 특별 조건이나 상황에 대한 좀 더 적절한 유형의 질문으로 대체되어야 한다고 믿었다. 그런 다음 다양한 수준의 영향에 관련 결과를 다루어야 한다고 질문한다. 문화는 여러 가지 방법으로 협상에 영향을 미치며 관찰자에게 현대 세계의 다양한 사회집단과 연관된 매우 넓은 범위의 관행을 제공한다. 포르(Faure, 2001)는 학자들이 일반적으로 사용하는 기본 데이터의 일부가 아닌 광범위한 문화와 맥락에서 도출한 많은 협상 사례를 제시한다. 이러한 다양한 표현들은 인지와 믿음, 행동 그리고 정체성 등 네 가지 수준에서 다른 유형의 결과를 초래한다. 루빈과 샌더(Rubin and Sander, 1991)가 강조했듯이 문화의 가장 중요한 효과 중 일부는 협상이 시작되기 전부터 느껴진다. 이것은 행위자들에게 문화가 묵묵히, 무의식적으로 보이지 않는 흔적을 남기는 네 단계의 경우이다.

인지는 협상에서의 돈과 힘, 기술, 지위, 재화 등에서 무엇이 위태로운지를 인식하고 이해하는 방법과 관련이 있다. 인지 장애와 편견은 잘못된 인식이 원인이며, 따라서 합의에 도달하지 못하는 경우가 많다(Jönsson, 1990). 인지는 또한 협상이 그 자체로 어떻게 인식되는지 행위자들이 하는 게임의 본질인 힘 테스트, 관계, 정의 추구, 토론, 유혹 게임, 건설 연습 등과 관련이 있다. 인지 또한 한 당사자가 다른 당사자에 대해 알고 있는 것과 관련이 있다. 운영 - 강제형, 역사적 기억, 개인적 과거 경험 그리고 다른 것들은 어떤 인식이냐는 것이다. 다양한 특성을 한데 모아 고정시키면 인지 복잡성이 간단한 용어로 줄어들어 협상 준비과정에서 다루기 쉽다.

인지적 측면은 문제의 틀과 전략, 행동의 관점에서 선택하는 데 필수적인 기능을 한다. 1521년에 마젤란이 세계 일주를 마치고 태평양의 한 섬에 도착했을 때, 왕을 만나 선물을 바쳤다. 그는 대등한 관계를 맺고 싶어 했고, 왕을 형제처럼 생각한다고 설명했다. 그러나 왕은 그 생각에 강하게 반대했고, 마젤란에게 그는 아버지처럼 여겨질 수밖에 없다고 말했다. 이 초기의 문화적 만남에서 중요한 것은 정확히 발전해야 할 관계의 틀이었다. 일본에서 사업을 하는 것과 같은 최근의 유형을 보면, 일본인에게는 갈등적 협상으로 보이는 것이 미국인에게는 그렇게 보이지 않을 수도 있다. 마찬가지로, 미국 협상자에게 종종 지연 장치로서 보이는 것이 일본인에게는 단순히 상대방을 더 잘 알기 위해 필요한 시간일 수 있다.

포르(Faure, 2000c)에서 보듯이, 중국 합작 협상의 큰 걸림돌 가운데 하나는 양쪽이 쟁점과 심지어 협상 프로세스 자체를 같은 방식으로 인식하지 못하고 있다는 점이다. 종종 양쪽의 견해는 서로 잘 맞지 않아 큰 오해에 근거한 합의를 이끌어낸다.

협상에 대한 일반적인 접근방식은 행위자들의 문화에 의해 분명히 규정된다. 서양에서 구현된 데카르트-분석적 접근법은 일본과 중국인이 공유하는 전체론적 접근법에 반대할 수 있다. 전자의 접근법은 문제를 하위 집합으로 나누고 필요할 때 어려움을 해결하고자 한다. 후자는 전체 상황을 평가하고 관련된 많은 힘의 상대적 영향을 수용하는 방법을 배우는 경향이 있다(Redding, 1990). 기본적인 문화적 산물인 언어는 인지 활동의 주요 도구이다. 기존 범주 내에서만 정의할 수 있는 문제는 이미 언급되었다. "유일한 도구가 망치라면, 모든 문제는 못이다"라는 말이 있듯이, '라벨링(Labelling)'은 주요한 문화 활동이며 어느 정도의 광범위한 사회적 행동을 형성하는 것이기도 하다. 다시 말하지만 다수의 역효과들은 인지적 분리에 의해 수반될 수 있다. 예를 들어 중국-네덜란드 협상에서 중국이 네덜란드 상대에게 얼굴을 내밀기 위해 의도적으로 사용한 단어들은 신뢰의 부족과 그들의 지위에 대한 위협으로 잘못 이해되었다(Li, 1999).

두 번째 단계인 **믿음**은 협상자의 문화적 배경에서 오는 일련의 가치를 제시한다. 무엇이 바람직하고 무엇이 바람직하지 않은지를 명시하는 이러한 가치들은 도구적 목표로 작용하며 행위자들의 행동을 직접적으로 지향한다. 예를 들어 중국문화는 조화를 선호하며, 이는 체면치레, 간접행동, 집단 관심사, 관계 지향성과 같은 협상 관행에 영향을 미친다(Faure, 1999b). 만약 국가문화만 참여한다면 공유된 가치의 집합으로서 문화는 매우 예측 가능한 협상 행태의 패턴을 만들어낼 것이다. 기업문화, 직업문화와 함께, 동질성에 대한 가정은 그 타당성을 잃고 일반적 가치들은 더욱 구별하기 어렵게 된다. 이러한 문화적 변수들이 성격 변수와 전략적 행동과 결합되면, 최종 태도는 예측이 훨씬 더 불가능해진다.

인지능력이 게임 유형을 다루고 신념이 게임에서 달성해야 할 것을 다룬다면 3단계에서 **관심**은 행위자들이 어떻게 행동을 해야 하는지이다. 여기에는 수용 가능한 행동과 방어 가능한 주장의 범위를 선택하는 것이 포함된다. '받아들이거나 떠나거나' 또는 직접적인 위협을 가하는 것과 같은 전술은 미국 문화의 일부이다. 아시아 태평양 문화권에서는 살라미 전술(nibbling)[5]이나 혹은 침묵을 지키고 대답하지 않는 경향이 더 강하다. 각 문화에는 어느 정도의 위협을 감수해야 하는지에 대한 감각이 있으며, 적절한 수준의 감각은 매우 다양한 것일 수 있다(Faure, 1995b). 예를 들어 호프스테더(Hofstede, 1980)가 53개 문화로 분류한 불확실성 회피 척도는, 싱가포르가 8(불확실성을 피하는 중요도에서 가장 낮음)에서 그리스가 112까지 다양하다. 문화 학습은 상호 작용 내내 계속되는 과정이며 행동에 대한 이해를 돕는다. 협상 과정에서 얻은 경험의 일부로서의 행동은 결국 인지에 영향을 미칠 수 있다.

협상의 행동 측면을 다루며 '협상 스타일'이라는 제목으로 문화적 차이를 강조하는 출판물이 많다(Binnendijk, 1987; G. Fisher, 1980). 어떤 사람들은 라틴아

---

5) (옮긴이 주) 하나의 과제를 여러 단계로 세분화해 하나씩 해결해 나가는 협상전술의 한 방법. 얇게 썰어 먹는 이탈리아 소시지 살라미(Salami)에서 이름이 유래되었다.

메리카인, 일본인, 중국인 또는 아랍인인 협상자들이 행동하는 전형적인 방식을 묘사하는 경향이 있다. 결론은 "중국의 상대방을 이름으로 부르지 말라", "천막에 앉아 있는 동안 아랍의 상대에게 신발 밑창을 보여주지 말라"와 같은 실무자를 위한 조언은 틀에 박힌 표현일 수 있다. 이어 "일본인의 어깨를 치며 동정을 표하지 말라"라며 "중남미 협상자를 만날 때는 친해지기 전에 일을 시작하자고 제안하지 말라"라고 당부한다. 이런 관찰은 낯선 곳에 있는 사업가에게는 유용할 수 있지만 테이블이나 카펫, 텐트 너머 상대방의 문화를 이해하는 데는 별로 도움이 되지 않기 때문에 한계가 있다.

정체성은 네 번째 단계의 개입이고, 가장 깊고, 가장 민감하고, 다루기 가장 어렵다. 요르단강 수역을 둘러싼 이스라엘과 팔레스타인 간의 협상(Lowi and Rothman, 1993)이나 종글레이 운하(Deng, 1993)를 놓고 아랍 수단 북부와 남부 아프리카 수단 간의 협상 등 일부 협상에서는 매우 중요하다. 차별화에 의해 정체성이 구축되는 것이 아니라 주로 상대방에 대한 반대를 통해 정체성이 구축되는 경우, 합의 조건을 개선할 가능성이 있는 변화는 반대의 결과로 나타날 수 있다. 자신의 정체성을 구성하는 요소들을 수정하는 것은 자신을 부정하는 것이며, 상징적인 차원에서 파괴적인 시도로 볼 수 있다. 국가 정체성과 국권(Salacuse, 1993) 같은 근본적 핵심가치가 도전을 받으면 협상은 무자비한 싸움으로 쉽게 바뀔 수 있다. 파악하기 어렵고 조작하기 매우 복잡하며 복원 비용이 많이 드는 정체성 같은 문제는 여전히 바뀌기 어려운 문화의 핵심으로 남아 있다.

실천에 미치는 함의

문화는 협상 프로세스에 여러 가지 방법으로 작용하지만 주로 장애물이 되거나 협상을 촉진하는 요소로 작용한다. 살라큐스(Salacuse, 1993)는 문화의 실질적인 효과를 무기, 요새 또는 다리의 효과로 묘사한다. 양쪽의 문화가 양립할 수 없는 것으로 비칠 경우 각 협상자는 상대방의 문화를 자신의 가치와 신념에 반하는 무기로 인식하고 극도로 방어적이 될 수 있다. 이러한 위협에 저항하는 방법의 예는 문화적인 특성을 바탕으로 다른 쪽을 악마화함으로써 문화적인 요새를 건설하는 것이다. 한 당사자가 문화적으로 주장하는 무기는 다른 당사자에게 문화 요새를 건설할 것을 촉발시킨다. 전자가 더 단호하게 나타날수록 후자는 더 방어적이 된다. 이러한 무기-요새 현상은 종종 문화적 오만함의 표시로 해석되는 태도로 촉발된다. 예를 들어 협상을 매우 구체적인 방식으로 구성하자는 미국인의 제안을 상대방이 건설적인 제안으로 받아들이지 않을 수 있다. 설득은커녕 상대 협상자가 방어적으로 변하면서 오히려 장애물을 설치할 수 있다.

문화는 협상 과정에서 여러 가지 방식으로 운영될 수 있지만, 주로 장애물이나 촉진재로 사용된다.. 그러나 이러한 희생양 기능 외에도 두 협상자 간 가교 역할을 할 수 있다. 한쪽은 다른 쪽 문화의 특정 요소에 의존해 다리를 건설할 수 있다. 이러한 공통의 기반, 공유된 가치, 전체적인 관계는 시너지 효과를 내며 이익을 얻게 된다. 예를 들어 유럽연합과 같은 국제기구에서 당사자들이 오랜 시간 함께 협상할 때 잘 이해된 상징과 공유된 습관으로 만들어진 공동의 협상 문화를 개발한다(Lang, 1993; Hofstede, 1989; Sjöstedt, 1994). 이 새로운 문화는 이슈의 차이를 다루는 데 매우 효과적일 수 있다. 좀 더 일반적으로 보자면, 협상 프로세스에서 상대방의 문화를 학습하고, 협상을 상호 학습의 기회로 활용해야 한다는 것이다(Faure, 2000b).

다리를 놓는 것은 위험을 약간 수반하지만 이 일을 시작할 때 항상 안전하다는 것을 인식해야 한다. 이를 위해 고정관념에 집착하지 않고 상대방의 문화를 배우는 것은 상대방을 존중하는 것이고 이로써 방어적인 자세를 취할 가능성이 낮아진다. 이를 통해 상호 보완성을 확립하는 길을 닦게 되고 결국 공동 잠재력이 풍부해진다.

문화적 차이의 가장 중요한 용도 가운데 하나는, 문제에 직면했을 때 창의적으로 새로운 선택지를 찾는 것이다. 각 문화는 혁신을 위한 특정한 범위의 능력을 갖고 있다. 두 범위가 겹치지 않기 때문에 결과 범위는 다른 문화보다 넓고 가능한 옵션도 넓어지게 된다.

살라큐스(Salacuse, 1999, p.233)는 문화적 차이가 협상의 한 부분에서 효과적인 가교 역할을 하는 것으로 다음과 같은 몇 가지 방식을 제안한다.

- 상대방의 문화를 배워볼 것.
- 고정관념을 갖지 말 것.
- 사람들을 문화 로봇이 아닌 개인으로 대할 것.
- 관계를 구축하고 확인하기 위해 상대방의 문화를 사용해 차이에 다리를 놓을 것.
- 다른 사람이 당신의 문화에 더 친숙해지도록 도와줄 것.
- 두 문화의 요소들을 통합적인 문화 혼합으로 결합할 것.
- 예를 들어 양쪽이 공통의 나라에서 공부하거나 살았다면, 제3의 문화에 의지할 것.

바이스(Weiss, 1994b)는 매우 다른 각도에서 규범적인 이슈를 다루면서, 협상자가 서로의 문화에 대해 친숙한 수준에 따라 선택할 수 있는 여덟 가지 문화전략을 설계한다. 여기에는 대리인을 고용하거나 상대편의 대본에 적응하는 것, 상대방이 자신의 스크립트를 따르도록 유도하는 것, 새로운 대본(효과 교향곡)을 즉흥적으로 만들어 문화를 초월하는 것 등이 포함된다.

이는 문화가 협상자들이 감수해야 하는 외부 제약이 아니라, 적절하게 사용할 수 있다면 합의에 도달하는 데 결정적인 역할을 할 수 있는 능동적인 요소라는 것을 보여준다. 문화는 또한 빈틈없는 협상자들에 의해 전략적으로 도구화될 수 있다. 예를 들어 영리한 중국 협상자는 그가 실제 전략적으로 문화를 이용할 때 상대방은 그가 사회적 습관과 전통에 따라 행동하고 있다고 믿게 만들 수 있다. 상대방은 어느 쪽이 중국 행위의 원동력인지 꼼꼼히 따져보고 이를 위해 유의미한 지표를 찾아야 한다.

모란과 스트립(Moran and Stripp, 1991), 포스터(Foster, 1992), 살라큐스(Salacuse, 1991)는 실천에 기반을 둔 다양한 책이 발간되었을 때 특별한 환경하에서 협상을 진행하는 동안 무엇을 할지에 대한 단서나 충고를 제시했다.

연구는 또한 협상의 효과와 협상 효율을 높이기 위한 지침으로 사용될 수 있는 몇 가지 유용한 결론을 제공했다. 엘리스트룀은 포르와 루빈(Faure and Rubin, 1993)에 동의하면서, "문화의 문제는 무엇인가", "어떤 조건이 문화 문제에 놓여 있는가"(Elgström, 1994, p.229)에 대한 이슈를 제기하며 다음과 같이 지적한다.

- 협상 당사자 간의 차이가 있다면 문화가 더 큰 영향력을 행사하게 한다 (Cohen, 1987, p.75). 예를 들어 문화는 스웨덴 - 노르웨이 협상에서 더 중요한 요소가 될 것이다.
- 문화가 원인이 된 오해는 정기적인 만남보다 새로운 관계 속에서 비롯된 부분이라는 것이 더 설득력이 있다(Elgström, 1990).
- 본질적인 이해관계가 걸려 있을 때 문화는 협상 프로세스에 영향을 미칠 기회가 적다(Cohen, 1987, p.76).
- 문화의 역할은 갈등의 강도와 관련이 있다. 갈등이 증가함에 따라 문화의 역할도 마찬가지가 된다(Faure and Rubin, 1993, p.216). 복잡하고 다자간, 오래 지속되는 협상(WTO와 같은)은 양자 간의 일회성 만남보다 문화적 영향이 덜하다(Winham, 1980).

결론

홀(Hall, 1976)이 지적하듯이, 국제협상은 문화 탐구로 모든 문화 탐구는 길을 잃은 경험에서 시작되지만, 결국 상대방의 문화인 보이지 않는 만리장성을 만나게 될지 모른다. 다행히 협상은 긴 과정이라 다시 길을 찾을 기회가 있다. 이러한 양면적인 활동은 더 많은 지식을 파악하는 것으로 이어지지만, 동시에 문화에 의한 심리적 결과인 의심을 자연스럽게 이끌어낼 수 있다. 국제협상은 사람들을 같은 테이블에 앉히고, 따라서 가능한 한 효과적인 것으로 만들어야 하는 조합을 만들어냄으로써 문화적 차이에 맞서는 것 이상의 역할을 한다. 각 테이블에는 민족문화와 조직문화가 하나로 뭉쳐 있고 협상 팀 내에서는 전문문화가 갈라져 있다. 테이블 전체에 걸쳐서 국가문화와 조직문화가 나뉘지만, 직업문화는 가교 역할을 한다. 전체적인 결과는 일종의 최소 공통분모 이상의 것이다. 그것은 생산되는 소리의 풍부함과 다양성을 가진 매우 중요한 문화적 오케스트라이다. 이 과정에서 장벽을 푼다는 것은 오해와 오해를 풀고 공통의 문제를 틀로 만드는 방식의 불일치를 줄이겠다는 뜻이다. 결국 주요 과제는 언어의 완전한 혼동이 마비로 이어지는 바벨 효과(Gauthey, 1995)를 피하는 것이다.

두 문화 사이의 상호 작용은 협상의 불확실성을 높인다. 배타적인 전략적 단계가 작동하지 않는 협상체제가 가동되기 때문이다. 다차원적인 불확실성을 다루는 협상자들은 단순히 이 불확실성을 줄일 수 없는 핵심 이슈를 맞이하게 된다. 외국에서 협상자가 겪는 어려움은 문화적인 성질이다. 상대방의 행동을 예측하는 것이 어렵다면 불확실한 두 문화 사이에서 협상을 도출해 내는 것은 더 어려우며, 무엇이 문화적 결합의 합리성을 지배하는지를 밝히는 것도 마찬가지이다.

그러나 건설적인 지향은, 매우 생산적일 수 있는 다문화 상호 작용으로 증대된 시너지 효과를 증대시킬 수 있다. 일반 협상에서 다리를 놓는 것은 이미 공동의 문화의 핵심을 발전시키고 있지만, 정체성은 포기하지 않고 있다. 무엇이 다른지 어쩌면 잘못되었는지를 먼저 찾기보다는 상호 보완성과 시너지를 찾고 문화적 만남을 창의력의 원천으로 만들어 협상 역할을 만들어내는 것이 중요하다. 기본적으로 협상은 구조적, 조직적 맥락 내에서 문화적으로 지향하는 전략적 행동으로 정의될 수 있다(Faure, Mermet, Touzard, Dupont, 2000). 문화와 협상 사이의 복잡한 연관성에 대한 향후 연구는 다음과 같은 네 가지 주요 관점을 중심으로 설명되어야 한다.

- 비교 초점에서 문화 간 조사로의 변화
- 어떤 문화집단의 모순을 해석하는 것에 대한 더 강한 관심
- 인지적 측면과 행동적 차원 사이의 더 나은 연관성
- 전략적 차원에서 문화적 차원의 명확한 위치

이런 유형의 연구는 사고와 실천에 자양분이 되며, 협상에 대한 문화의 영향을 더 잘 이해하게 된다. 그 결과 전체 협상에서 더 높은 수준의 효율성은 물론 협상단계를 높이는 데에도 도움이 될 것이다.

제 **24** 장

테러리스트와의 협상

리처드 E. 헤이스

─────────────────────────────

테러리즘과 테러 세력과의 협상에 대해 관심이 높은 것과는 달리, 눈에 띄는 체계적인 연구는 이루어지지 않았다. 테러리즘에 대한 대부분의 연구는 비교나 분석, 증거 기반, 누적된 연구가 아닌 묘사나 일화, 그리고 개별 사건에 치중되었다 (Hayes, 1988). 이번 장에서는 가설과 이론을 통해 이론적으로 충분한 근거가 있는 것을 다룬다.

이번 장에서 테러리즘은 폭력의 직접적인 표적이 되거나 피해를 입은 사람들, 정부의 행동에 영향을 주기 위한 비국가 행위자들의 극단적인 공공폭력의 사용 또는 위협을 의미한다(Hayes, 1988). 실제적인 현상인 국가의 테러는 여기서 다루지 않는다. 테러리스트의 선이나 악도 마찬가지이다. 이 장에서는 정부와 테러리스트 간 적대적 혹은 혼합된 동기의 관계만을 다룬다. 이는 테러리스트들이 서로 협상하거나 그들을 지원할지도 모르는 정부와 협상하는 것은 제외하는 것이다. 이는 정부와 개별 테러리스트 간의 협상을 살피고자 함이며, 테러 사건이나 선거기간 이루어지는 협상을 고려할 것이다. 마지막으로 더 큰 이슈에 대한 협상도 검토한다. 명시적 협상과 암묵적 협상 모두 고려된다.

이번 장에서는 비일관적인 결과물로 긴장을 해소하려는 특별한 노력은 다루지 않았다. 이것은 앞으로의 연구 과제이다. 이러한 발견 패턴은 특정 가설이나 이론의 제한 조건을 지적하는 데 사용되어 왔다. 정부는 두 가지 다른 맥락에서 개별 테러리스트들과 협상하는데, 테러리스트가 항복하도록 유도하기 위한 정책을 개발하거나 정부의 통제하에 있는 테러 용의자나 유죄판결을 받은 테러리스트가 있을 경우에만 협상하는 것이다.

사면

정부는 테러리스트에게 종종 안전한 항복, 사면 또는 과거 범죄에 대한 감형, 보상, 개인과 가족의 안전 보장을 제공한다. 이러한 프로그램의 목표는 현장의 테러리스트 수를 비용 대비 효과적으로 줄이는 데 있다. 테러리스트들의 불신과 의심은 부작용으로 작용할 수 있다. 예를 들어 필리핀에서 아키노 대통령의 사면 운동은 일부 반란 단체들 사이에서 유혈 숙청을 초래했다. 콜롬비아에 초점을 맞춘 사면 프로그램의 효과를 조사하기 위한 데이터 기반 노력(Hayes, 1982)으로 최초의 사면 프로그램이 이후의 것보다 훨씬 더 성공적이었음이 드러났다. 이에 다음과 같은 세 가지 설명이 제시되었다. 첫째, 초기의 노력으로 많은 테러리스트들이 기꺼이 항복하려고 했다. 둘째, 테러리스트 그룹은 M-19(Movimiento 19 April, April 19 Movement)와 FARC(Fuerzas Armadas Revolucion-arias de Colombia, Revolutionary Forces of Colombia) 등이 있는데, 이들은 경계를 강화했다. 셋째, 이어진 사면에서는 정부가 제안을 철회할 것을 강요하기 위한 것으로 보이는 유혈 공격이 쇄도했다. 테러리스트들의 적응 행동(adaptive behavior)은 전술에 맞서는 것이었다.

체포된 테러리스트: 고전적인 죄수의 딜레마

테러리스트가 체포되거나 유죄판결을 받았을 때 그들을 억류하고 있는 정부는 또 다른 협상의 기회를 갖는다. 이 협상은 정보와 감형을 교환하려는 노력이다. 이 방법의 가장 유명한 예는 이탈리아 정부의 '참회 테러범법(repentant terrorists law)'으로서, 붉은 여단을 무력화시키는 데 사용되는 주요 도구 가운데 하나로 널리 알려져 있다. 이후 테러리스트의 도전에 직면한 서구 민주주의 국가에서도 유사한 노력이 이루어졌다. 피사노(Pisano, 1979)는 붉은 여단에 대해, 이탈리아 주요 테러리스트들에게 가장 큰 이데올로기를 제공했으며 1970년에서 1978년 사이에는 체포되더라도 당국에 협조할 가능성이 가장 낮았다고 묘사했다. 그들의 힘과 활동이 왕성했던 때는 알도 모로(Aldo Moro)의 납치와 연쇄살인(1978년 3~5월)이었다.

이 단체의 쇠퇴를 한마디로 설명할 수는 없지만, 참회 테러범법은 주요 요인이었다. 고전적인 '죄수의 딜레마' 게임의 원칙이 이 법에 의해 적용되었다는 증거도 있다. 첫째, 당국은 협조한 자에 대한 포상(자유나 형량 감축, 보복으로부터의 보호 등)과 그렇지 않은 자에 대한 처벌 사이에 큰 차이를 둘 수 있었다. 둘째, 죄수들 간의 의사소통이 제한되었다. 마지막으로(아마도 가장 중요한) 체포된 회원들 사이의 신뢰는 낮았다. 붉은 여단은 이념적으로 헌신적인 개인으로 이루어진 비교적 작은 그룹에서 제한된 조직원을 모집하는 크고 복잡한 조직으로 성장했다. 새로운 조직원 몇몇은 혐오스러운 폭력적인 일을 하기 위해 끌려온 깡패였다. 일부는 마약 문제가 있던 것으로 알려졌으며, 대부분은 원조 멤버보다 덜 이념적이었다. 따라서 그들은 협력할 수밖에 없는 상당한 동기를 지녔다.

이는 비슷한 노력이 있었지만 실패했던 서독의 경험(Steiner and Hayes, 1984)에 대한 분석으로도 뒷받침된다. 독일 법체계는 검찰이 판결에 강한 영향력을 제공하는 것을 금지했고, 테러범들은 서로 소통을 유지할 수 있었으며, 체포된 조직원들은 긴밀한 유대를 유지했기 때문에 대인 간 신뢰도 지속적이었다. 언론보도를 보면 IRA 회원에 대한 유사한 영국의 노력 효과 또한 이러한 패턴에 맞는 것으로 보였다.

이런 연구 결과는 흥미롭고 중요한 것으로 법치와 개인의 자유를 중시하는 민주주의 사회가 테러를 억제하는 데 안고 있는 문제점들을 부각시킨다. 서구 민주주의 국가들 가운데 근본적으로 사법 절차를 변경하지 않고 이탈리아의 접근법을 가깝게 모방할 수 있는 나라는 거의 없을 것이다.

이념과 신념의 테러리스트들: 협상 가능성이 희박

처벌을 피하면서 안전과 보상을 추구하는 테러리스트 개개인의 인간적인 의지가 이데올로기에 헌신적인 자에게까지는 확장되지 않을 수도 있다. 초기 붉은 여단 대원과 독일 테러리스트들이 협상을 꺼리거나 콜롬비아의 핵심 단체들이 사면을 거부한다는 것은 이데올로기주의자들이 협상할 가능성이 낮다는 것을 보여준다. 라포포트(Rapoport, 1984)는 일부 역사적 종교 테러리스트들의 자살 성향을 논했고, 현대 시아파 집단에 대한 미콜로스의 연구(Micholous, 1987)는 이 논쟁을 지지했다.

도전자 집단의 이념적 특성에 대한 세더버그의 논의(Sederberg, 1995)는, 극단주의 이념의 경우 타협할 수 있는 가능성이 모호한 반면, 불성실하거나 일관되지 않은 이념을 갖고 있으면 이탈을 통해 해체가 촉진될 가능성이 열려 있다고 지적했다. 자살폭탄 테러범들이 종교의 이름으로 계속 행동할 경우 그 단체와의 협상 지렛대는 개인 공격 수준에서는 거의 존재하지 않는다.

테러 사건과 캠페인 기간의 협상

가장 눈에 띄는 협상은 테러 사건 때 발생한다. 사건에는 중요한 형태가 두 가지 있는데(Corsi, 1981), 테러리스트와 희생자의 위치가 알려진 사건(인질, 바리케이드, 비행기 납치 등)과, 위치를 알 수 없는 사건(유괴)으로 나뉜다. 알려진 위치에서 테러범은 즉각적인 위협을 받게 되며, 보통 외부인들과 직접 소통하지 않는다. 테러 집단은 고위 조직원들이 가장 위험한 작전에 참여하는 것을 거의 허용하지 않기 때문에 의사결정은 상대적으로 젊은 조직원들이 한다. 현장의 작은 조직들은 동질적이고 사건이 지속되면 피로도가 커진다. '집단사고'[1](Janis, 1982)와 피로한 집단에 동일한 원칙이 적용된다는 사실(Moorhead, 1982)은 불행

---

1) (옮긴이 주) 집단사고(groupthink)란 합의를 쉽게 하려는 심리적 성향을 말한다.

하게도 체계적으로 연구되지 않았다.

오랜 시간 계속되는 테러리스트 사건들은 '협상된 행위'(Oots, 1986)나 '대테러 기회'(Hayes, 1982)라고 불려왔다. 대부분은 적의를 포함한다. 이는 정부와 테러 단체가 극단적 방법으로 이득을 얻거나 잃을 수 있는 **아주 중대한 상황**이기도 하다. 테러범들은 현장에서 어떤 결정을 내려야 한다. 이와는 대조적으로, 사건들, 특히 일시적 사건들(총격이나 폭탄 공격 등)은 비교적 침착하고 안전한 환경에서 준비되고 수정되는 계획에 따라 수행된다. 선거기간 동안 테러리스트들 간의 의사소통도 비교적 용이하다.

대부분의 캠페인 지향적인 테러리즘은 억제를 위한 노력이다(Turk, 1982). 즉, 테러리스트들은 정부의 일부 행동을 미리 차단하거나 불법행위를 계속하거나 협박함으로써 정부 정책을 변경하고자 한다. 정책적 영향에 대한 바람이 거의 또는 전혀 없는 순수한 홍보 또는 복수의 동기를 완전히 무시하면 안 된다. 초기 팔레스타인과 후기 크로아티아 테러리스트들이 좋은 예이다. 그러나 이들 단체 조차 정부 정책에 대해 특별한 변화를 요구했다. 따라서 선거보다 사건에 대한 연구에 집중하는 것은 테러리스트와의 주요 협상 유형을 무시하는 것이 된다.

인질극에 관한 연구

불행하게도 테러 사건을 이해하기 위한 대부분의 체계적인 노력은 납치(피해자와 테러리스트의 위치를 알 수 없는 곳)와 다른 유형의 인질 사건 사이 구분을 무시해 왔다. 메러리(Merari, 1978)는 '호모파이터(homofighter, 조직 내부에 적을 가진 사람들)'는 납치와 같은 선별적인 전술을 사용하는 경향이 있는 반면, '제노파이터(xenofighter, 우선적인 적이 외부에 있는 사람들)'는 안목이 덜하다고 주장한다. 애스턴(Aston)의 경험적 발견(1986)은 이를 뒷받침한다. 그가 1970년에서 1982년 사이에 유럽국가평의회에서 작성한 75건의 납치 사건은, 한 건만 제외하고 모두 토착그룹이나 외국 단체의 현지 지부에서 자행한 것이었다. 반면 다른 1986년 데이터 71건 가운데 66건은 해외에서 활동하거나 현지 지하조직이 없는 조직들이 자행했다(Aston, 1986).

애스턴은 이것이 능력의 차이 때문이라고 주장한다(Jenkins, Johnson, and Ronefeldt, 1977에 따름). 다만 그가 메러리의 목표지향적 주장과 함께 보고한 패턴의 두드러진 일관성은, 두 가지 요인이 모두 작용하고 있음을 시사한다. 게다가 팔레스타인 해방기구가 유럽에 광범위한 지하 네트워크를 가지고 있음에도 납치를 행하지 않았다는 그의 예외적인 주장은 메러리의 제안과 일치하기도 한다.

코시(Corsi, 1981)는 ITERATE[2] 데이터 세트(data set)에 의존했는데, 슈미트와 용만(Schmid and Jongman, 1988)은 이 데이터 세트가 테러에 대해 잘 알려진 것으로 생각하고 있다. 그는 납치와 인질극에 가담한 테러리스트들이 자살할 확률은 1%에 지나지 않았으며, 대부분(94%)은 죽을 의사가 있지만 그렇지 않는 것을 선호한다는 사실도 발견했다. 납치 등 다른 유형의 테러범들은 정교한 탈출 계획을 세울 가능성이 높았다(83%). 그럼에도 테러리스트들이 협상 중에 실제로 그들의 요구를 취하한 시간은 1%에 지나지 않는다고 코시는 보고한다. 비행기 납치와 인질극 상황에 연루된 테러범들이 독자적인 결정을 내리기보다는 훈련과 표준 운영 절차에 따르고 있음을 시사하는 대목이다.

워(Waugh, 1982) 또한 인질 사건에 대한 조직적인 제안 테스트를 시도한 첫 번째 연구자 중 한 사람이었다. 그의 데이터베이스는 1968년부터 1977년까지 91건이었는데, 그는 다음과 같이 결론 내렸다.

- 정부가 외부사건에서는 양보하지만 내부 사건에서는 양보를 거부하는 경향은, 중요하지 않지만 식별할 수 있다.
- 수감자들의 석방에 대한 요구가 다른 어떤 범주보다 빈번하게 발생하지만, 정부는 몸값, 망명, 안전 통행권(safe passage)에 대한 요구보다 수감자들의 석방에 대한 요구를 더 거부하는 경향이 있다.
- 각국 정부는 적어도 부분적으로는 비행기 납치나 유괴(50% 대 41%)보다 인

---

2) (옮긴이 주) ITERATE(International Terrorism: Attributes of Terrorist Events)는 국제테러: 테러사건의 속성 평가 데이터로서 국제적 영향을 미치는 다국적 테러리스트 그룹의 특성과 활동에 관한 데이터 정량화를 일컫는다.

질 사건에 대한 테러범들의 요구에 더 응하기 쉽다(61% 대 50%).

- 테러범의 요구나 사건 유형에 관계없이, 전체 또는 부분적 순응은 인질의 안전을 높이는(96% 대 56%) 것과 상당한 관련이 있다.

그러나 지금까지 논의된 테러범 인질극에 관한 연구는 사회과학 이론에 깊이 기초하고 있지 않다. 이어지는 두 부분에서는 기존의 지식을 좀 더 체계적으로 구축하려는 최근의 연구를 살펴본다.

테러 협상의 합리적 모델

합리적 선택 가정과 모델은 오츠(Oots, 1986)가 인질 환경에 적용했다. 그는 폭력은 실패한 협상 신호이며 거대한 테러조직과는 다양한 이익 변수 때문에 효과적인 협상이 어려울 것이라고 주장한다. 또한 '제휴단체(coalition groups, 둘 이상의 테러그룹이 함께 행동하는 경우)'는 더욱 어려운 경험을 하게 될 것이라고 강조한다. 그는 이를 위한 논리로 올슨(Olson, 1971), 리커(Riker, 1962)와 미콜로스(Micholous, 1981)를 인용하고 있다.

오츠는 1968년과 1977년 초국가 테러사건의 ITERATE 데이터베이스에 자신의 생각을 시험했다. 그러나 조직의 규모는 기대와 일치하지 않는다는 것을 발견했다. 중간집단(6~10명)이 관련되었을 때 사망률이 현저히 높아지고 소그룹(2~5명)은 그다음이었다. 부상도 같은 패턴을 보이지만 통계적 의미는 떨어진다. 연합조직의 행동은 더욱더 예측 가능한 것으로 입증되었다. 연합조직에 의한 협상 행태는 단일집단의 행동보다 사망과 부상을 수반할 가능성이 훨씬 더 컸다.

오츠는 둘 이상의 테러리스트 조직원들이 있는 집단은 공통의 세계관이 부족하고, 요구 사항이 더 많고, 성공적인 협상에 어려움을 겪을 수 있다고 주장한다. 더 큰 조직이 더 많은 폭력을 경험하지는 않지만, 연합조직은 평균적으로 단일 조직보다 약간 더 크다. 따라서 연합조직의 일부 속성이 원인임이 틀림없다.

그러나 오츠는 의사소통의 문제나 규율 부족과 같은 다른 가능성을 무시하고, 이익의 공유가 부족한 것만을 고려한다. 오츠(Oots, 1990)는 연합행위에 필요한 위험 프리미엄과 단일집단행위에 대한 폭력 발생률을 높이는 원인으로 집계된 이러한 사항을 충족시키지 못하는 당국의 무능력을 다루고 있다. 본질적으로 그는 연합조직들이 그들의 요구에 융통성을 보여주는 데 더 어려움을 겪고 있다고 주장한다. 그의 연구 결과는 폭력이 협상 실패의 신호라고 가정하고, 더 큰 문제나 이후의 사건에 대한 함축적인 협상 전술이라기보다는 한쪽 또는 양쪽의 협상 전술이라고 가정한다.

테러리스트들의 합리성은 인질 사건 동안의 협상에 대한 가장 유명한 연구 가운데 하나인 테러 사건의 쌍방 협상 모델의 개발과 테스트의 핵심 가정이기도 하다. 이 접근법은 테러리스트들이 고위험 및 저위험 작전 포트폴리오를 관리하는 샌들러, 치르하트, 콜리의 연구(Sandler, Tschirhart, and Cauley, 1983)에서 처음 나타난다.

샌들러와 스콧(Sandler and Scott, 1987), 그리고 앳킨슨, 샌들러, 치르하트(Atkinson, Sandler, and Tschirhart, 1987)는 『십자가의 작업』(1969, 1977)을 바탕으로 모형에 대한 경험적 검증을 발표했다. 사용된 데이터는 1968년부터 1984년까지 549건의 국제 인질 사건을 포함해 ITERATE 이상의 것이다. 이들은 테러 집단의 경우에도 요구 가운데 일부를 성취하더라도 성공적인 협상으로 정의한다고 보았다. 로짓(Logit)의 회귀분석은 선택한 변수가 성공 가능성에 미치는 영향을 검증하는 데 사용되었다. 두 개 이상의 요구를 하는 것이 가장 중요한 요인으로 사람 모델에 따라 협상 성공 확률을 23%에서 26%로 높아졌다. 사망자 수는 두 번째로 중요했는데(19%에서 21%로) 이는 요구를 달성할 가능성이 적은 사람을 죽이는 테러리스트들이었다. 납치에서 성공할 확률은 다른 유형의 인질 사건보다 8%에서 12%까지 높았다. 테러 국적 수와 협상 성공 가능성 사이에 중요한 연관성이 발견되었지만, 효과의 크기(약 1%)는 중요하지 않았다.

또 부정적인 결과 가운데 중요한 것도 있다. 데드라인이 지났더라도 성공 가능성이 줄지는 않는데, 이는 허풍이 감지될 경우 협상 해결의 가능성을 감소시킨다는 주장과 모순된다. 인질의 숫자는 협상의 성공과 연결되지도 않았고, 이는 미국 시민을 붙잡고 있더라도 마찬가지였다. 마지막으로 몇몇 인질을 석방하거나 대체하려는 테러리스트의 결정은 협상 성공의 가능성을 높이는 것이었지만 이 주장을 뒷받침할 만한 증거는 없었다.

이 연구는 매우 중요하지만 많은 문제점을 안고 있다. 첫째, 샌들러와 스콧(Sandler and Scott, 1987)이 지적했듯이, 그들의 쌍방향 협상 이론은 테러리스트 그룹의 한쪽에서 운용되고 있다. 둘째, 미콜로스(Micholous, 1987)는 저자들이 테러보다 경제이론과 연구 방법에 더 익숙하기 때문에 운용화의 오류를 범한다고 주장한다. 예를 들어 그는 변수인 복수국적자가 여러 시민권을 갖고 있을 때 종종 같은 인물을 두 번 이상 세는 경우가 있음을 지적한다. 더 중요한 것은 핵심 의존 변수는 사건을 평화적으로 끝내기 위한 수단적 양보, 몸값 지불, 안전한 통행 허가, 그리고 홍보 양보를 포함한 모든 테러리스트 요구의 수용을 하나로 묶는다는 것이다. 집합체가 이렇게 과잉되면 협상에 대한 의미 있는 분석을 매우 어렵게 만들고 결과의 효용성을 크게 감소시킨다.

마지막으로 납치와 다른 유형의 인질 사건을 조사하는 것은 분석을 혼란스럽게 한다. 샌들러와 스콧은 테러 사건이 오래 진행될수록 해결 성공 가능성이 높아진다는 가설을 확인하지 못했다. 이 명제는 납치와 인질극 사건, 그리고 다른 모든 것(예를 들어 요구의 수, 살해된 사람의 유무)에도 적용될 것이다. 그러나 유괴는 이러한 패턴에 부합하지 않을 수 있다. 유괴는 테러리스트들에게 매우 다른 압력을 가하는 장기간에 걸친 사건들이 될 것이 거의 확실하다.

자트먼(Zartman, 1989)은 교섭 과정과 테러리스트와의 경험에 관한 기존 문헌을 바탕으로 인질 협상에 관한 이론(상호 관계 제안 집합)을 공식화했다. 이러한 유형의 계속된 연구는 현장을 발전시키는 데 필요하다.

더 큰 맥락에서의 협상

정부와 테러리스트 사이의 협상도 단일 사건보다 더 큰 맥락에서 이해되어야 한다. 연계 이벤트, 즉 캠페인의 중요성은 이미 지적된 바 있다. 또 테러가 전염이나 확산과정에 의해 확산되고 감소한다는 증거도 있다(Midlarsky, Crenshaw and Yoshida, 1980; Heyman and Micholous, 1981; Sederberg 1995). 마지막으로, 테러리즘 자체가 종종 정치적 변화, 자율성, 다른 대우나 목표를 추구하는 더 큰 투쟁의 일부이다. 이러한 수준의 교섭은 종종 암묵적이거나 간접적이다(테러 활동과 밀접하게 연관되지 않은 책임 있는 지도자와의 협상에서는). 그러나 이를 무시하고 테러 활동의 유형과 수준에 미치는 영향을 고려하지 않으면 경솔하며 정책결정이나 분쟁 해결을 위한 연구의 유용성도 크게 감소시킨다.

행위의 형태와 목표에 관한 교섭

테러 조직은 그들의 경험과 정부가 제공한 경험과 방어와 결과를 토대로 공격형태를 만들어낸다. 랜즈(Landes, 1978)와 거(Gurr, 1979)는 미국 공항에 금속 탐지기를 설치한 후 비행기 납치가 크게 감소했다고 지적했다. 슈타이너와 헤이스(Steiner and Hayes, 1984)는 서독이 비행기 납치를 물리칠 수 있는 능력과 의지를 증명하자 납치가 중단되었음을 보여주었다. 세더버그(Sederberg, 1995)는 단기적인 이익은 단기적인 비용에 의해 상쇄되며, 한 가지 유형의 활동비용이 증가하면 도전자들이 더 나은 보상을 받는 출구를 찾게 된다고 설명한다.

대사관에 대한 공격은 이러한 패턴에 부합한다. 라쿠어(Laqueue, 1987)는 비행기 납치가 감소하기 시작했을 때 대사관 공격이 일시적으로 증가했다고 언급했다. 거(Gurr, 1979)는 공격 효과가 입증되었을 때 대사관 공격이 증가하다가 보안 및 대응능력이 향상되면서 감소했다고 지적했다.

성공적인 행동은 반복될 가능성이 높다. 루벤스타인(Rubenstein, 1987)은 어떤 행위의 반복성은 몇몇 조직의 결정 기준이 된다는 것을 납득한다. 왜냐하면 그들은 많은 인원이 반란을 일으킬 준비가 되어 있지만 그렇게 할 방법 모델도 필요하기 때문이다.

공격유형과 대상에 대한 가장 상세한 연구는 1982년과 1985년 사이에 디펜스 시스템즈 주식회사(Defense Systems Inc.)가 새로운 접근법을 통한 연구를 수행하며 시작되었다. 먼저, 다른 유형의 사건을 별도로 조사했다. 특히 납치 사건은 장소가 알려진 사건(히잡이나 인질극 사건)과는 별개로 분석되었다. 둘째, 단일 국가의 경험은 시간이 지나면서 이루어졌고, 이를 통해 즉각적인 사건의 발생뿐만 아니라 각 사건이 향후 유사한 사건의 빈도에 미치는 영향도 평가할 수 있게 되었다. 따라서 정부와 테러리스트 그룹 간의 묵시적 협상으로 초점이 확장되었다. 게다가 테러 단체들에 의해 조직된 사건들도 있었다. 좌파, 분리주의자, 바스크 에우스카디 타아스카타수나(ETA) 등이 벌인 테러 사건 패턴의 변화를 볼 수 있었던 것이다.

연구 방법은 정부 정책(행동 지침으로 정의되고, 행동과 발표에 기초해 운영됨)을 시간의 경과에 따라 추적하고, 그것이 변화한 시기를 찾아낸 다음, 다양한 유형의 테러리스트 사건 빈도의 변화를 측정하기 위해 준 실험적 설계를 사용하는 것을 포함했다. 초기에는 프랑스, 콜롬비아, 이스라엘(1968~1982)에 적용했다. 이 국가들은 다양한 테러 위협과 대테러 정책 때문에 대표로 선택되었다.

직접적인 대응조치의 대상이 되는 사건(납치, 인질극 사건)에 대한 프랑스의 정책이 좋은 예이다. 그런 공격은 1973년 중반(.0046 특정 날짜에 공격 가능성) 프랑스가 사우디 대사관을 점거할 때 중요한 양보를 했던 시기에는 드물었다. 1976년까지 프랑스가 지속적으로 양보하면서 테러리즘은 크게 증가했다. 2월 19일 지부티에서 시작해 9월까지 세 번의 주요 사건 때 프랑스는 매우 다른 정책을 적용했다. 그들은 지부티에서는 테러리스트들을 죽이고, 이전에 그들에게 정치적 망명을 허락한 상황에서 기로를 위해 바더마인호프(Baader-Meinhof) 멤버들을 독일로 돌려보냈으며, 크로아티아 테러리스트들을 매우 단호하게 다루었다. 이 기간 프랑스를 겨냥한 주요 테러 사건의 빈도는 안정화되었다. 테러리즘은 프랑스가 확신했던 네 차례의 연속적 사건 이후 쇠퇴하기 시작했으며(.015 범위에서), 그러한 쇠퇴는 지스카르 데스탱(Giscard d'Estaining) 정부의 남은 기간에 걸쳐 급격히 진행되었다(하루에 .0054까지).

이 연구결과는 나중에 이탈리아(Hayes and Schiller, 1983), 스페인(Hayes and Shibuya, 1983), 서독(Steiner and Hayes, 1984), 포르투갈(Hayes and Schiler, 1984), 제3세계 여러 국가(Steiner and Hayes, 1985)와 미국 정책(국방체계, 1985)에 적용

되어 개선되었다. 인질 상황에 대한 다섯 가지 주요 발견은 다음과 같다.

- 협박에 대해 중대한 실질적 양보를 하는 정부는 테러리즘이 계속해서 증가 하는 것을 경험할 수 있다. 사건 관리 기간 동안 매우 확고한 정책을 채택 하고 사건 전반에 걸쳐 결의를 보여주는 정부는 특히 그들이 단호했던 유 형의 테러를 감소시킬 것이다.
- 테러리스트들은 낙관주의자들이다. 일관성 없는 기록을 제시하면, 그들은 정부가 양보할 것이라고 추측한다.
- 테러리스트들은 적응하는 행동을 한다. 그들은 그들을 물리칠 수 있는 정 부의 의지와 능력을 바탕으로 그 공격 목표와 유형을 바꿀 것이다.
- 식량 제공, 안전한 항복, 심지어 인질들이 무사하게 풀려났을 때 안전 통로 와 같은 사소하고 도구적인 양보는 테러의 증가와 관련이 없다.
- 만약 실질적인 양보가 이루어진다면, 이후 테러리즘에 대한 그들의 영향은 부정과 비밀에 의해 최소화될 수 있다.

실질적인 교섭

정부는 또한 테러 관련자에 대한 대우와 테러를 일으킨 근본적인 이슈 등 적어 도 두 가지 실질적인 이슈에 대해 테러 단체들과 교섭한다. 두 가지 모두 테러 운 동 과정에서 잠재적으로 중요하다.

테러와 관련된 개인에 대한 대우

정부 요원들은 테러에 대항하기 위해 다양한 사람들과 접촉한다. 여기에는 테러와 관련이 없는 일반인, 동조자, 지지자, 용의자, 테러리스트 등이 포함된 다. 각 집단을 향해 올바른 자세를 확립하는 것은 앞으로 겪게 될 테러의 정도를 결정하는 중요한 요소이다.

리흐바흐(Lichbach, 1987)는 비폭력적 반대의견에 대한 억압, 억압과 수용을 혼합하는 정부의 일관성 없는 행동, 폭력적 반대의견에 대한 수용 모두 더 많은 폭력을 발생시킬 가능성이 있다고 강력한 주장을 제시했다. 라쿠어(Laqueur, 1987)와 헤이스(Hayes, 1982)는 모두, 소규모 폭력집단에 대한 억압이 불완전하면 경험 많고 결연한 테러리스트들을 남길 것이라고 주장했다. 휴잇(Hewitt, 1982)이 1982년에 발표한 다섯 가지 테러 운동에 대한 종적 분석 결과도 체포가 테러를 줄인다는 것을 보여준다. 그러나 너무 가혹한 정책이 역효과를 가져온다는 증거는 충분하다. 헤이스와 실러(Hayes and Schiller, 1983)는 용의자들과 유죄판결을 받은 테러리스트들에 대한 가혹한 처우와 테러리즘의 증가 사이의 연관성을 발견했다. 휴잇(Hewitt, 1982)은 비상 권력이나 시민의 자유 감소는 테러리즘의 감소와 아무 관련이 없다고 지적했다. 게다가 커뮤니티 형법과 사형제 정책은 초기에는 효과적이었지만, 시간이 지나면서 전체에 미치는 영향이 줄어든다는 것을 알게 되었다. 헤이스(Hayes, 1982)는 이미 엄격한 정책을 강화하려는 노력이 아무런 영향을 미치지 않는다는 것을 발견했다.

따라서 그 증거는 정부가 무고한 사람들에 대한 자의적인 행동에 관여하지 않고 특정 범죄 행위로 유죄판결을 받은 개인에 대해 단호하게 행동할 필요가 있음을 시사한다. 매우 강경한 정책이 필요하지만, 테러범을 대중의 동정심과 지지로부터 분리시키려면 법치 만능적이고 자의적인 행동 또한 피해야 한다.

원인에 대한 교섭

테러조직의 정치적 목표를 둘러싼 협상의 효과에 대한 일부 분석이 이루어졌다. 라쿠어(Laqueur, 1987)는 온건파 지도자들에게는 양보가 테러리스트들을 고립시키고 온건파의 역할을 강화하는 데 사용될 수 있다고 주장한다. 헤이스와 실러(Hayes and Shiller, 1983)는 이탈리아에서 이러한 패턴을 발견했는데, 이는 좌파를 정치적 과정에 끌어들이기 위한 더 큰 노력의 일환이었다. 로스와 거(Ross and Gurr, 1987)는 박해의 출현을 막는 효과적이고 평화적인 대안과 가벼운 문장의 조합으로 퀘벡해방전선(Quebec Liberation Front, Quebec Liberation de Quebec: FLQ)이 캐나다에서 파괴되었다고 결론 내렸다.

하지만 강력한 권력은 이런 전술을 어렵게 만든다. 라쿠어(Laqueur, 1987)는 테러리스트 지도자들이 합법적인 정치에 들어가는 것을 꺼린다고 지적한다. 그들의 자기 개념, 지지기반, 경험은 모두 다른 무대에 있다. 게다가 그들은 실질적인 양보를 받아내면 테러리즘의 압박에서 비롯되었다고 믿기 쉽다. 실제로 헤이스와 시부야(Hayes and Shibuya, 1983)는 스페인 정부가 자치권에 대한 중대한 양보를 했을 때 ETA 내에서 있었던 활발한 논쟁을 발표했다. 일부 지도자들은 테러리즘을 포기할 때라고 느꼈고, 다른 지도자들은 완전한 자치를 달성하는 유일한 방법은 테러를 계속하는 것이라고 주장했다.

헌신적인 테러리스트, 특히 허무주의나 무정부주의적인 관점을 가진 테러리스트는 협상 타결을 위한 노력에 관련된 사람들을 공격할 것으로 예상된다. 정부는 또한 책임감 있는 중재자로서 정치적 역할로 협상하는 것이 어렵다는 것을 알게 될 수도 있다. 테러범이 그들을 위협해 정부의 교섭을 막는다면 말이다.

크렌쇼(Crenshaw, 1985)는 (조직론에 근거해) 테러집단의 초기 목표가 달성되더라도 테러집단 자체는 지속되며 새로운 목표를 정의하거나 성공이 불완전하다고 주장한다. 같은 주장 또한 소그룹 관점에서도 만들어질 수 있는데(A. Fisher, 1980), 여기서 동기는 집단의 결속력과 그것이 구성원들에게 제공하는 객관적인 성공이 아닌 본질적인 보상이다. 헤이스와 시부야(Hayes and Shibuya, 1983)는 스페인에서 이 현상을 기록할 수 있었다.

이 증거는 테러집단의 전술적 또는 작전적 실패가 그 조직의 종말을 의미한다는 주장을 뒷받침하지 못한다. 소그룹과 조직론의 관점 모두 정서적 성공을 이룬다면 임무 실패는 무관할 수 있다는 데 동의한다. A. 피셔(A. Fisher, 1980)는 실패하는 소규모 집단은 지속될 가능성이 높다고 지적했다. 거듭되는 실패는 새로운 전술과 심지어 시행착오적 의사결정으로 이어질 수 있다. 그것이 목표를 포기하는 것으로 이어지는 경우는 거의 없다.

결론

테러리스트와의 협상

비록 테러리스트와의 협상에 대한 과거의 작업이 생산적이긴 하지만, 여전히 많은 것이 이루어져야 한다. 이에 다음과 같은 몇 가지 지침이 제공될 수 있다.

- 연구팀의 구성은 개선되어야 한다. 테러리즘에 대한 풍부한 이해와 사회 과학 이론, 연구 방법이 한데 모여야 한다. 이들 분야 중 어느 하나라도 부족하면 연구는 근본적으로 결함이 있는 경우가 많다.
- 초점은 개별 테러 사건의 맥락에서 교섭 이상으로 확대되어야 한다. 캠페 인과 움직임에 대한 보다 명확한 분석이 필요하다.
- 양변 데이터베이스의 모델이 필요하다. 대부분의 기존 연구는 테러 협상에 초점을 맞추고 정부 협상의 중요한 측면을 다루지 못한다.
- 납치와 인질극 사건 동안의 테러 집단 의사결정에 대한 연구는 위기관리와 집단 사고에서 나온 제안의 테스트들로부터 이익을 얻을 것이다.
- 협상 프로세스의 심리가 중요하긴 하지만, 특히 비테러주의자(정부, 가족 대표 또는 제3자)의 주제에 대한 경험적 연구는 거의 이루어지지 않았다. 이 분야는 연구가 필요하다.
- 테러리스트 집단은 그들의 경험을 바탕으로 적응하는 행동에 관여한다. 이 점을 고려하지 않은 고정 모형(static model)은 유용하지 않을 것이다.
- 테러행위에 대한 우리의 경험적 이해의 기초가 되는 많은 양의 데이터는 약 10년 이상 되었다. 특히 적응형 테러 행위에 비춰 볼 때 새로운 데이터 가 필요하다.
- 결정적으로 필요한 것은, 기존 연구를 추적하며 유효한 연구를 기반으로 풍부한 이론을 구성하는 문제에 초점을 둔 보다 많은 누적된 연구이다.

더 넓은 협상 문헌

지금까지의 연구는 테러 집단이 다른 인간 조직과 같은 방식으로 행동한다는 것을 보여준다. 이는 협상 프로세스를 더 잘 이해할 수 있는 풍부한 영역을 나타내며, 협상에 대한 일반적인 지식이 테러 현장에 효과적으로 적용될 수 있음을 의미한다.

테러 사건의 수가 많고 그들이 발생하는 문화적 맥락의 다양성, 다양한 원인, 그에 대한 상세한 보고가 있기 때문에 테러는 협상에 대한 제안을 시험하는 실험실을 대표한다. 예를 들어,

- 테러 사건은 문화 간 교섭이 강하게 부정적이거나 혼합된 환경에서 일어나는 몇 안 되는 반복되는 맥락 가운데 하나이다. 단일 문화 협상과의 비교는 풍부한 통찰력을 제공할 수 있다.
- 테러리즘이 억제 논리에 부합한다는 터크의 주장(Turk, 1982)은 고전적인 게임 이론 공식(치킨 게임과 죄수의 딜레마 등)에 대한 연구를 시사한다.
- 사건 발생 시 테러 집단의 의사결정에서 구성과 숫자가 미치는 영향에 대한 오츠의 제안(Oots, 1986)은 유사한 연구기회를 제공한다.
- 아직 체계적으로 연구되지는 않았지만, 특히 국제협정의 협상과 이행 과정에 대한 분석과 짝을 이룬다면 국제적인 협력과 대테러 정책의 조정도 매력적인 주제가 될 것이다.

여기서 검토한 연구는 국제응용시스템분석연구소(IIASA)의 국제협상 프로세스(PIN) 프로젝트에도 중요한 의미를 갖는다. 첫째, 협상의 성공을 결정짓는 갈등 해결의 이익에 대한 공통된 비전을 만드는 중요한 역할이 강조된다. 이번 협상은 테러범 개개인의 안전한 자수에서부터 납치와 비행기 납치 문제를 해결하기 위한 방안 모색에 이르기까지 협상 과정의 특히 문화적 혼합 상황에서 어떻게 이미지가 만들어지고 소통되는지에 대한 중요한 쟁점에 달려 있다. 둘째, 매우 다른 협상 상황이 다양한 분석 수준에서 발생한다는 사실(정부와 개인 테러리스트, 정부와 그룹 테러리스트, 테러 활동을 야기하는 문제에 대해 우려하는 사람들)은

협상 상황을 언제 확장하고 좁혀야 하는지를 아는 것이 중요하다는 주장에 대한 강력한 지지를 제공한다. 이 두 가지 주제는 테러리스트와의 협상을 이해하는 데에서 가장 중요한 누락 요소이다.

제4부

교육과 훈련

교육과 훈련은 국제협상 이론과 현실 분석에 대한 적용 가능성 측면에서 가장 우선적인 고려 대상이다. 지금까지는 교육과 훈련의 일반적 목적이 무엇인가에 대한 확실한 대답이 없었다. 협상 문제 특수 전문가를 예를 들면 택시나 버스 기사를 교육하는 것처럼 교육해야 하는가? 아니면, 어디서나 운전자를 교육하듯이 협상이 직업의 일부인 분야에서 일하는 모든 사람들에게 최소한의 교육을 제공해야 하는가? 두 가지 방법이 모두 가능해 보인다. 저서 『예스를 이끌어내는 협상법(Getting to Yes)』(1981)에서 피셔와 유라이(Fisher and Ury)는 일반 사람들도 매일 생활에서 협상을 하며 적어도 협상 기술의 '기본'은 습득했음에 틀림없다고 주장한다. 이 부분의 일부 저자들은 국제협상 영역에서는 긍정적 결과를 얻기 위해 고도로 전문적인 훈련이 필요하다고 여긴다.

제25장에서는 협상자의 훈련 방법을 개괄하고, 행동 표준의 명백한 변화를 보여주는 역사적 관점을 제공한다. 중요한 것은 사람들이 자기 자신은 물론 상대의 감정을 처리하는 방식의 변화이다. 저자는 지난 수년간 사람들이 더욱 다재다능해졌으며 자신의 감정과 반응을 더욱 잘 변별하게 되었다는 것이다. 모든 협상자들은 이와 같은 학습 과정을 거친다. 이 장에서는 이 차별화 과정이 어떻게 구체적으로 협상 기술과 관련되는지 자세히 설명한다. 네 가지 활동을 구

별하는 협상 모델도 제시되는데, 국제협상자 교육에 이용되는 모델을 통해 중요한 구별을 더 잘 이해할 수 있어 효과적인 협상이 가능해진다.

제26장은 대외 정책 협상자 교육에 관한 상황을 간략히 설명하고 교육생 유형, 도구, 훈련 유형을 각각 기술하고 훈련의 특징을 제시하고 상세히 분석한다. 저자는 또한 협상자 훈련에 사용되는 연습 유형을 설명하고 실무가, 연구자, 교육자 사이의 간극을 메우기 위한 적절한 방법을 찾는 것이 필요하다는 말로 결론을 맺는다.

마지막 장인 제27장에서는 무역과 분쟁 해결, 해저 채굴 및 특수 경제 게임 관리 등 서로 다른 분야의 협상자 연구와 교육을 위한 다양한 시뮬레이션 방법과 기술을 설명한다. 저자는 해당 분야의 개인적 경험을 바탕으로 훈련 과정을 완성하고 협상 자체를 더욱 잘 이해하기 위한 시뮬레이션의 가능성에 대한 생각으로 결론을 맺는다.

제 25 장

협상 기술 개발

빌럼 F. G. 마스텐브룩

국제협상자를 위한 정식 교육이 시작된 것은 17세기 프랑스의 외교관인 프랑수아
드 칼리에르(François de Callières, 1645~1717)부터였다. 그는 첫 저서(de Callières,
[1716]1963)에 협상에 초점을 둔 외교 관행에 대해 썼다.

이전의 외교 관계에 대한 책은 유형이 달랐다. 뒤 로지에(Du Rosier)의 『생물
학자 대사(Embaxiator breviologus)』는 1436년에 출판되었는데, 매팅리(Mattingly,
1955)는 뒤 로지에에서 스페인 데 베라(De Vera)의 『대사(El embaxador)』(1620)
에 이르는 200여 년에 걸친 외교 문헌을 조사했다. 이 책은 40편이 넘는 논문을
다루고 있는데, 대체로 외교관의 권리와 면책 특권을 정의하는 법학자의 저작
이었다. 이후 중요한 주제 가운데 하나인 '완벽한' 대사의 관점에서 훌륭한 외교
관이 갖추어야 할 자질에 대한 것으로 옮겨갔다. 이 두 주제, 법적 문제와 외교
관의 권장 덕목이 몇 세기 동안 논의를 지배했다.

협상 기술의 역사

킨스-소퍼와 슈웨이저(Keens-Soper and Schweizer, 1983)는 초기 외교 문

헌을 잘 정리해 놓았다. 그들은 네덜란드 학자인 아브라함 더 위크포르트 (Abraham de Wicquefort)를 드 칼리에르의 계승자로 본다. 그는 실제 외교 관행에 더 주목한 최초의 학자였다. 위크포르트(Wicquefort, 1606~1682)는 『대사와 그의 기능(L'ambassadear et ses fonctions)』에서, 특사가 무슨 일을 하는지 그리고 어떻게 행동해야 하는지를 묘사했다. 위크포르트는 외교 문헌에 새로운 방향을 제시했지만 여전히 협상이라는 주제를 다루지는 않았다. 드 칼리에르는 외교관에게 협상 기술을 교육하는 것의 중요성을 강조한 최초의 인물로 부각되는데, 그의 논문에서 다음 첫 문장이 그 모든 것을 대변한다. "군주와의 협상 기술은 너무도 중요하여, 위대한 국가의 운명이 흔히 협상의 성공적 수행 여부와 협상자의 역량 정도에 달려 있다"(de Callières, [1716] 1963, p.8). 또 같은 장의 뒷부분에서 그는 이렇게 말한다. "그들(훌륭한 협상자)은 실로 우리 중에 드물다. 일반적으로 협상자가 될 선량한 시민이 이런 종류의 고용에 필요한 지식을 스스로 배울 수 있는 폐하의 외교업무에 대한 규율이나 고정된 규칙이 없었기 때문이다. 그리고 나는 폐하의 모든 직무에서 협상보다 해고하기 어려운 직업은 없을 것이라는 추측을 감히 해보는 것이다"([1716] 1963, p.9). 그는 중세의 질서가 무너진 후 유럽에서 상호 의존성이 더욱 긴밀해지고, 그에 따라 협상의 필요성이 대두된 것에 대해 주의 깊게 설명한다.

외교의 영구적 사용과 지속적인 협상의 필요성을 이해하려면 우리는 유럽을 구성하는 국가들이 모든 종류의 필요한 상업적 관계에 연결되어 있는 부분을 이해해야 하며, 그들이 하나의 공화국 구성원으로 간주될 수 있으며 그들 중 어느 하나에서 상당한 변화가 일어나면 반드시 다른 국가들의 상태에 영향을 미치거나 평화를 방해하게 된다고 생각해야 한다. 가장 작은 주권국의 실수가 전체 강대국들 사이에 불화의 불씨를 던질 수 있다. 왜냐하면 아무리 큰 국가라도 작은 국가들과 관계를 맺고 서로 가장 작은 국가로 구성된 경우라 하더라도 다른 당사자들 사이에서 우방을 찾는 것이 유용하지 않다고 생각하는 경우는 없기 때문이다. 역사는 아주 작은 사건에서 시작되어 초기에는 통제하거나 억누르기 쉬웠으나 그 크기가 커지면서 기독교 국가의 주요 국가를 황폐화시킨 길고 피비린내 나는 전쟁의 원인이 되어버린 분쟁의 결과로 가득하다([1716] 1963, p. 11).

지금도 세계적인 수준에서 적용할 수 있는 아주 현대적인 말이 아닐 수 없다. 같은 제1장에서 드 칼리에르는, 인정할 수 없는 협상자들의 '정상적인' 행동 사례 몇 가지를 들고 있다.

협상자는 담화에 혐오스러운 비교와 간접적 위협을 섞어 넣어 군주가 자신의 약점을 민감하게 의식하고, 그들이 섬기는 척하는 주권자에 대한 혐오감을 불러 일으키는 데 실패하는 일이 거의 없다. 그리고 그들은 자신의 주인과 자신을 파견한 국가의 군주 사이에 교류를 발전시키는 것이 주된 목적이 되어야 하고, 힘을 사용하여 시민을 멸시하고 질투와 원한을 키우는 것이 아니라 시민의 힘을 유지하거나 확대하는 수단이 되지 않는 한 결코 시민에게 자신의 힘을 과장하게 해서는 안 된다는 전령을 닮았다(Keens-Soper and Schweizer, 1983, p. 67).

그는 협상자에게 필수적인 몇 가지 행동 양식을 이렇게 묘사한다.
- 오만하게 행동하지 말 것.
- 경멸을 나타내지 말 것.
- 위협에 즉시 의지하지 말 것.
- 적대적인 태도를 취하지 말 것.
- 분노에 굴복하지 말 것.
- 자신을 과시하거나 드러내지 말 것.

그는 또 협상자가 되어서는 안 되는 사람의 유형에 관해서도 이야기한다. 이는 도박꾼이거나 주정뱅이, 성미가 급하고 열정적인 성격, 제멋대로이고 비정상적 행동을 하는 사람, 또는 수상쩍은 인물들과 어울리고 경솔한 오락에 빠지는 사람이다. 이것은 생각해 볼 문제다. 그 자체로 맞는 말이지만, 이 지침은 분명 자명하지는 않다. 드 칼리에르는 이러한 유형의 행동이 특히 효과적이지는 않다고 반복해서 강조했다.

유의할 만한 것은 드 칼리에르가 특히 자기 절제와 규율에 주목했다는 점이다(de Callières, [1716] 1963).

무엇보다도 좋은 협상자는 자기 자신을 충분히 제어하여 무슨 말을 해야 하는지 진실로 생각하기 전에 말하고자 하는 갈망에 저항할 수 있어야 한다([1716] 1963, p. 19~20).

타고나기를 폭력적이고 쉽게 감정에 휘말리는 사람은 협상 수행에 적합하지 않다. 왜냐하면 자신의 제어되지 않은 욕망을 만족시키려 하는 순간 그는 주군의 최고의 비밀조차도 팔아넘길 태세가 되어 믿을 수 없기 때문이다([1716] 1963, p. 34).

자기 주인이자 항상 냉정하게 행동하는 사람은 생기 있고 쉽게 영향 받는 성질을 가진 사람보다 크게 유리하다. 실제로 그들은 같은 무기를 가지고 싸우지 않는다고 말할 수 있다. 이런 종류의 일에서 성공하려면 말하기보다는 들어야 하기 때문이다. 그리고 어떤 시련에도 꺾이지 않는 침착한 성질, 절제, 온전한 분별과 인내가 성공의 종이다([1716] 1963, pp. 35~36).

현대의 사례를 통해 사람들이 확고하고 안정적인 행동 수단에 따라 행동하지 않는다는 것을 증명하기는 쉬울 것이다. 대체로 사람들은 이성보다는 열정이나 기질의 지배를 받는다([1716] 1963, pp. 47~48).

그리고 마지막으로, 그[홀륭한 협상자]는 일단 자신의 개인적이거나 날뛰는 감정이 협상에서 행동을 좌지우지하도록 내버려 두면 바로 재앙으로 가는 확실한 길에 오른 것임을 기억해야 할 것이다([1716] 1963, p. 108).

이 모든 것은 협상자들의 선택일 뿐 아니라 일반 직원들의 선택이기도 하다. "개인 비서를 선택하는 것은 아마도 가장 중요한 일일 것이다. 경박하고, 변덕스럽거나 신중하지 못한 비서는 주인에게 돌이킬 수 없는 피해를 입힐 것이다"([1716] 1963, p.97).

오늘날에도 대부분의 권고 사항이 여전히 적용되고 있다. 규제되지 않은 욕망과 난폭한 감정에 대한 수많은 주목할 만한 언급이 있다. 현대의 연구(Iklé, 1964; Kaufmann, 1988)는 더욱 규율된 기질을 당연하게 여기며, 새삼 재고할 필요도 없다. 협상자들이 항상 기준을 만족시키는 것은 아니겠지만 기준 자체는 자명하다. 드 칼리에르의 시대에는 자세한 설명이 필수적이었다. 다음은 드 칼리에르의 다른 권고들을 간략히 요약한 것이다:

- 진정한 감정을 숨겨라. 자신의 이익을 숨기고 은폐해라.
- 교활한 조종자라는 인상을 주지 마라. 이러한 특성은 숨겨져야 한다.
- 다른 사람들의 약점을 이용해라.
- 아첨을 활용해라.
- 기본적인 욕구를 채워주는 전략을 이용해라.

또한 드 칼리에르는 상대의 역사와 문화 그리고 예의범절에 익숙해야 함을 강조한다. 그는 몇 페이지에 걸쳐 면책법을 존중해야 할 필요성을 역설한다. 그는 또한 국가에 대한 음모를 자제할 것을 권고한다. 부정직한 행동에 대한 그의 거듭된 경고는 주목할 만하다. 성실하고 선의에 찬 인상을 주는 것이 중요하다. "협상자는 상냥하고, 계몽되었으며, 멀리 내다볼 줄 아는 사람으로 보여야 한다. 교활하거나 노련한 조종자로 자신을 너무 눈에 띄게 보이려는 시도를 주의해야 한다. 기술의 본질은 그것을 숨기는 데 있으며 협상자는 동료 외교관에게 그의 성실함과 선의에 대한 인상을 남기기 위해 항상 노력해야 한다"([1716] 1963, p.124). 주목할 용어는 '보이다', '너무 지나치게', '숨기다', '인상' 등이다. 그럼에도 더욱 신뢰할 만한 행동에 대해서도 이야기할 수 있다. 드 칼리에르 시대의 일반적 관행은 위협, 혼란, 거만함 등에 가까웠다. 사기는 흔히 볼 수 있었다. 비잔틴 제국에서 협상은 기술로 발전했다. 이탈리아의 도시국가 간의 외교는 국가의 목적을 이루기 위해서라면 모든 수단을 허용했다. 음모, 모의, 심지어 살인까지도 정상적인 도구였다. 마키아벨리는 군주의 미덕으로 겉모습에 의존했다.

당시에 사신들은 정탐꾼이었는데, 국익을 위해 적극적으로 음모를 꾸미고 거짓말을 하고 기만했다. 이러한 외교적 행동은 수 세기 동안 정상적인 관행이었다. 1604년에 헨리 와튼 경(Sir Henry Wotton)은 다소 익살스러운 표현을 썼다(de Callières, [1716]1963, xii). "Legatus est vir bonus peregre missus ad mentiendum Rei Publicae causa(대사는 국가의 이익을 위해 거짓말을 하기 위해 해외로 파견된 선량한 사람이다)". 따라서, 드 칼리에르의 지침은 초기와 비교하면 다소 정제된 행동을 나타내는 것이었다. 그 자신도 이렇게 말한다. "영리한 협상자가 기만술의 대가가 되어야 한다는 것은 널리 퍼져 있는 중대한 오류이다"([1716]1963, p.31).

드 칼리에르에서 두 세대 후, 18세기 후반의 프랑스 작가 포르튠 바르텔레미드 펠리스(Fortune Barthelemy de Félice, [1778]1987)는 더 많은 협상의 기술에 대한 지침을 제공했다. 그는 협상을 강력한 상호 의존성의 발전과 관련된 '최근의' 기술로 보았다. "주민들이 유사한 관습, 공통된 종교 기반, 빈번한 상업 및 지속적인 지적 의사소통으로 밀접하게 결합되어 있는 현대 유럽이 되어서야 협상이 예술로 격상되고 안정되었다. 이러한 변화는 공동 이익의 부상과 고대에는 없던 정치 체제의 수립에 의해 일어났으며, 이는 유럽을 일종의 동맹 공화국으로 만들어 통치자들이 대륙의 모든 법원에 상주하는 장관을 유지하게 했다"([1716]1963, p.60). 그렇다고 해도 중단 없는 협상의 관습, 적어도 그렇게 할 수 있는 가능성은 공공 협상을 한층 더 복잡하게 만들었다. 중단 없이 협상하는 습관은 정치인들이 서로를 속이는 데 사용하는 모든 계략을 알려주고, 서로를 지치고 놀라게 하는 데 충분한 시간을 제공한다. 다른 사람의 감정을 표출하고, 살펴보고, 이용할 기회도 계속 있다. 드 펠리스에 따르면 협상자는 다음과 같아야 한다.

- 상대의 충동과 열정을 안다.
- 감정을 숨기고 다른 감정을 연기한다.
- 성실할 것.
- 다른 사람의 가면을 꿰뚫어 보는 법을 배운다.
- 대립을 피하고 동의하는 것처럼 행동한다. 공개적인 설득으로 되돌아가서는 안 된다: '암시 기술'.

- 음모를 위한 협상을 하는 실수를 하지 말 것.
- 불안, 두려움, 용기, 의심, 열정과 같은 감정의 역할을 인식할 것.

특히 정교한 감정과의 싸움은 주목할 만하다.

사람은 감정만으로 움직인다. 얼핏 보기에는 일반적으로 감정적인 행동이라고 부르는 것에서 가장 거리가 먼 것처럼 보이는 행동조차도 배후에 감춰진 정서적 동기가 있곤 한다.

만일 다른 사람의 감정을 지배하고 싶다면 우리 자신의 감정을 마스터해야 한다. 그렇지 않으면 항상 우리의 모험은 실패로 돌아갈 것이다. 감정에 휩쓸려 적절한 순간을 기다리지도, 알맞은 기회를 포착하지도 못할 것이다.

부드러운 암시나 매력적인 말을 쓰지도 못할 것이다. 우리의 감정은 다른 사람들이 우리를 경계하도록 만들 것이며 종종 있지도 않은 이익을 가진 것으로 상상하게 될 수도 있다. 감정은 우리가 이용해야 하는 자원의 성격과 이용 방법을 보지 못하게 만들 것이다. 진정 협상에서 성공하고자 하는 사람은 슬픔에 휩싸여 있을 때도 냉정하게 보이고 격정에 휘둘릴 때조차 침착하게 보일 정도로 자신의 감정을 숨길 수 있어야 한다. 하지만 모든 감정을 제거하는 것은 불가능하고 완전히 감정을 느끼지 않는 것은 위험할 것이므로, 감정을 견제하고 보이지 않게 숨길 줄 알아야 한다. 때로는 감정에 흔들리는 것으로 보이는 것이 유용하다. 하지만 실제 느끼는 것과 다른 감정으로 보여야 한다. 열정적인 사람은 설득할 수 있다는 희망을 주지만, 속마음을 드러내지 않는 사람은 다른 사람들이 경계하도록 만든다. 사실, 감정을 꾸미는 사람은 그들의 우위에 서려고 하는 사람들을 혼란시킨다. 그런 연기는 허용되며 올바른 행동과 어긋나는 것도 전혀 아니다 ([1716] 1963, p. 49, 53).

여기서 하나의 패턴을 볼 수 있다. 두 작가의 저작은 충동이 잘 제어되지 않았던 사회를 반영하고 있다. 충동이 규제되지 않는 상황이 오늘날보다 더욱 강했던 것이다. 당시 행동 양식은 지금보다 훨씬 더 제약이 없었고 덜 복잡했다. 하지만 이제 일차적 정서와의 투쟁은 훨씬 더 강력해지고 있다. 위 인용문은 정서를 억누르고 감정을 꾸밀 것을 요구하고 있는 것을 명백히 보여준다. 다른 사람들도 똑같이 하고 있다는 것을 알기 때문에, 당시 협상은 적어도 현대의 눈으로 보면, 서로를 속이는 것에 가깝게 보인다. 이는 서로를 기만적으로 대하는 것은 물론 투박한 방법이라 할 수 있다. 하지만 하나의 단계, 자신의 감정을 마스터하는 법을 배우는 과정으로 볼 수도 있다.

드 칼리에르와 드 펠리스의 협상 관련 논문은 개인의 감정을 누르고 보다 세련된 행동 양식을 따르는 방향으로 이끌고 있다. 협상의 새로운 규칙이 등장하게 된 이러한 사회적 발전은 프랑수아 드 칼리에르의 다른 저작들인 1692년의 『세련된 언어와 현대적인 말하기(Des mots a la mode et des nouvelles facons de parler)』, 1717년 출간된 『세상에 대한 기술과 생활에 유용한 지식(De la science du monde et des connaissances utiles a la conduite de la vie)』에도 반영되어 있다. 드 칼리에르의 저서는 크게 호응을 얻어, 행동 기준에 대한 관심이 크다는 사실을 방증했다. 이러한 관심의 원천은 단순한 호기심 이상이었다. 변화하는 행동 양식에 관한 불안감과 관련이 있었다. 어떤 방식으로 바뀌고 있는가? 이를 명료히 하려면 다시 역사를 돌아보는 것이 가장 좋다.

예의범절과 행동 기준의 발전을 더 살펴보기 위해 로테르담의 에라스무스(Erasmus)를 소개한다. 1530년 그는 라틴어로 귀족 청년들을 대상으로 한 예의범절과 교양 있는 행동거지에 대한 안내서인 『사교(De civilitate)』를 출간했다. 이 책자는 판을 거듭하며 엄청난 인기를 누렸다. 6년 동안 30회 이상이나 재발행되었다. 모두 합쳐 130판 이상이 나왔고, 그 가운데 13회는 18세기에 들어서 간행된 것이었다. 수많은 번역판, 모작, 속편 등이 쏟아져 나왔다. 최초의 네덜란드판 『훌륭한 매너 습관(Goede manierlijcke seden)』은 1546년에 나왔다.

독자들은 무엇을 그렇게 절실히 필요로 했을까? 이 책자는 그때 이후 거의 사라진, 생각하고 느끼는 방식에 대해 논한다. 이 책은 오늘날에는 너무 뻔해서 책으로 쓰기가 쑥스러울 정도로 보이는 규칙에 대한 내용이다. '자발적 감정과 일차적 충동의 억제와 통제' 같은 주제는 앞서 논한 저작들에서 더 명백했다. 이는 우리가 통제를 늘려가는 지속적인 발전 방향을 다루고 있음을 의미한다. 드 칼리에르와 비교하면 에라스무스(Erasmus, [1546]1969)는 그 주제를 좀 더 기본적인 수준에서 다룬다.

- 침을 뱉을 때는 고개를 돌려 다른 사람들에게 튀지 않게 하라. 식탁에 침을 뱉지 말라.
- 냅킨에 코를 풀지 말라. 냅킨은 끈적이는 손가락을 닦기 위한 것이다.
- 공동 접시에서 음식을 가져올 때 쓰는 같은 손가락으로 코를 풀지 말라.
- 접시에서 양손을 쓰지 말라. 먹다 만 조각을 공동 소스 접시에 다시 담그지 말라.
- 다른 사람들을 더럽히지 않는 한 구토는 부끄러운 일이 아니다.

이것은 우리에게 금기가 된 충동과 욕구에 대한 거의 고통스러운 기록이다. 너무나 완벽하게 통제되고 억눌러서 사라진 것으로 보인다. 충동의 통제는 그야말로 당연한 처사가 되었다. 이는 에라스무스 당시와는 크게 대조되는데, 그의 상세한 묘사와 묘사의 진지함과 용기는 놀라운 것이다.

협상 양식

엘리아스(Elias, 1978)는 협상 양식을 점차 증가하는 상호 의존과 사람들을 묶어주는 조밀한 네트워크와 관련하여 설명한다. 서부 유럽에서 중세 이후 이 과정은 두 가지 결정적인 권력의 원천, 즉 세금과 군대가 소수 중앙집권자에게 독점되면서 가속화되었다. 엘리아스는 새롭게 번성하는 상업적 정치적 중심에서 특권이나 권력의 자리를 차지할 가능성을 높이기 위해 필요한 더욱 절제되고 억제된 방식에 대해 생생히 묘사한다. 더욱 주의를 기울이고 지속적으로 감정을 절제해야 할 또 다른 동력은 사람들이 권력의 자리를 공고히 해야 할 필요였다.

이는 보다 억제된 행동을 통해 자신을 구별 짓고 더 힘센 사람들의 심기를 거스르지 않도록 매우 조심함으로써 가능했다. 협상 영역에서의 이러한 발전이

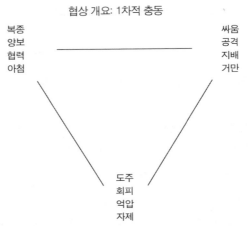

협상 개요: 1차적 충동

복종   싸움
양보   공격
협력   지배
아첨   거만

도주
회피
억압
자제

그림 25.1. 1차적 충동의 힘의 장

함축하는 바가 그림 25.1에 나타나 있다. 그림은 협상 기술의 초기 발달 단계에 널리 쓰이던 보다 단순한 행동 레퍼토리의 개요를 도식으로 보여준다.

초기 발달 단계의 협상 스타일은 보다 일방적이고 극단적이며, 덜 차별화되고 혼합되고, 보다 격양되어 있으며 불규칙한 경향이 있었다. 힘의 격차가 크고 예측할 수 없는 맥락에서 자신의 진짜 감정과 의도를 숨기는 수단으로 극도로 억제하거나 위장하는 경향이 있다. 예를 들어, 드 칼리에르나 드 펠리스를 읽으면 아첨이나 억제를 지배를 위한 수단으로 사용했음이 명백히 드러난다. 이는 전술적 행동을 말하는 것이다. 위장, 암시, 조종의 기술이 고도로 발달했다. 그럼에도 계산되고 세밀하게 조정된, 미묘하다고도 말할 수 있는 이 행동은 현대적인 시각에서 볼 때 어설프고 인위적으로 보인다. 내부 통제 메커니즘은 덜 포괄적이고 더 많은 감정적 에너지를 빨아들인다. 유연성과 비공식성도 떨어진다. 지배와 아첨 또는 극단적인 억제로 가려져 있는, 지배를 위한 지속적 추구이다. 더 유연하고 혼합된 행동의 여지는 적다. 이는 사람들 사이의 힘의 균형의 비대칭과 감정의 부분적 억제로 설명될 수 있다. 이러한 부분적이고 균일하지 않은 억제는 상호 작용을 예를 들면, 갑작스런 공격이나 모욕 행위, 또는 예상치 않은 격분 등에 의해 실제로 더 위험하게 만들 수 있다.

최근 상호 의존성이 훨씬 더 커지고 힘의 균형은 더욱 대칭적으로 되면서 감정을 더욱 억제하는 것이 일반적인 관행이 되고 있다. 역설적으로 이러한 발전은 자신의 감정에 대해 더욱 솔직할 수 있는 새로운 기회가 된다. 이러한 행동은 심지어 사람들 간에 신뢰와 확신을 발전시키는 수단이 되기도 한다. 하지만 이는 단지 이 행동이 긴밀한 상호 의존과 잘 훈련되고 포괄적인 감정의 절제에 기반하기 때문이다.

　　감정의 엄격한 억압, 감정의 가장, 아첨, 거만함은 역효과가 나거나 효과적이지도 않다. 그러한 행동은 융통성을 없애며 의심을 불러일으킨다. 물론, 매우 절제된, 거의 관례적인 행동에도 분명한 기능이 있다. 예측 불가능한 감정 폭발의 위험을 최소화시켜 준다. 분노 발작, 위협, 나중에 후회하게 될 나약함의 신호 등이 나타나는 것을 막아준다. 개인의 감정을 통제하는 방법인 것이다. 또다른 기능은 지위와 힘의 차이를 지속적으로 드러내고 확인하는 것이다. 감정의 통제가 제2의 본성이 되고, 힘의 차이가 덜 극단적이면 공식적이고 반복적인 협상의례에 주의를 기울이지 않게 된다. 그러한 의례는 성가신 전통이 되고 보다 직접적이고 유연하며 건설적인 처리를 방해하는 것이 된다.

　　프랑수아 드 칼리에르의 시대에는 지배와 복종에 대한 충동이 분노와 두려움과 같은 감정과 함께 높은 강도를 보였다. 현대와 비교하면 덜 복잡했으며 다른 감정이나 이성도 끼어들 여지도 적었다. 하지만 감정의 폭발 역시 통제하기 쉽지 않았으며, 1차적 충동을 견제해야 할 필요성이 더욱 촉박해졌다. 드 칼리에르의 사회에서 그것은 나약함의 신호로 여겨졌다. 규제의 주요 형태는 감정을 자제하고, 억제하며 인정하지 않는 것이었다. 자신의 의도와 충동을 숨기는 경향은 잘 드러났다. 자발적이지 않으면서도 계산된 행동과 같은 경향이 더 발달했다. 라 브뤼에르(La Bruyère, [1688] 1922, p.211)는 루이 14세의 궁정에서의 전형적 행동에 대해 "궁정을 아는 사람은 몸짓과 눈과 표정의 달인이다. 깊고 꿰뚫어 볼 수 없다. 잘못된 패턴을 감추며, 적을 향해 웃고, 나쁜 성질을 억누르고, 열정을 숨기며, 마음을 부인하며, 느낌에 반해 행동한다"라고 묘사했다.

　　비록 위장을 하더라도 다른 사람을 따르려는 소망을 유지하면서 직접적 공격을 규제하고 은폐하는 것은, 상호 의존의 특정 네트워크에서는 높은 수준의 완성도에 도달할 수 있다. 무관심으로 가장된 지배의 욕망은 은폐된다. 여기에 다른 기술들이 합세한다. 교묘한 계략과 교활한 수단으로 계속해서 우위를 점하려고 하는 것이다.

이런 의도는 크게 변하지 않았으나 행동은 훨씬 더 규제되고 억제되었다. 이제는 그림 25.1에 보인 세 가지 극단으로 바로 휩쓸려 가지 않으며, 좀 더 지속적이고 덜 격정적이게 된다. 이 삼각형 안에서 그것은 또한 '비잔틴 음모'의 완성에 이른다. 하지만 긴장이 빠르게 폭력으로 발전해 해결되던 상황에 비하면 커다란 변화이다. '투쟁 행동'은 여전히 빈번하지만 이전보다 덜 공개적이고 자발적으로 일어난다.

한동안, 직접적이고 폭력적인 대치 대신 결투와 은밀한 학살, 즉 상당히 조잡한 규제 방식을 여전히 볼 수 있다. 하지만 당시의 정부는 이러한 처리 방식을 점점 더 성공적으로 억제할 수 있게 되었다.

사회 기술의 발달은 먼저 상업적·정치적 관계에서 나타났던 상호 의존성의 증가와 관련되어 있다. 이는 더 교양 있고 세련된 행동을 타고났거나 자연적 경향과는 아무런 상관이 없었다. 에라스무스, 드 칼리에르 또는 기타 '위대한' 인물들의 자질이나 특별한 기술의 요소도 아니었다. 그 동인은 사람들 간의 연쇄적 의존 관계가 더 확장된 것과 직접 관련되어 있다. 이것은 더 강력하고 대칭적인 상호 의존성을 가진 광범위한 네트워크의 발전이며, 사람들은 행동을 변경하는 것이 자신의 이익에 부합하게 되었다. 이 과정을 엘리아스(Elias, 1978)가 자세히 설명하고 있다.

협상 기술의 발달은 다음 세 단계로 구분할 수 있다. ① 낮은 수준의 충동 억제(싸움, 도주, 굴복)가 있다. 구속은 일방적이고 불안정하며, 의도는 지배하려는 것이다. ② 억제가 더욱 지속적이고 균일해진다. 충동의 억압이 나타나고 의도는 위장된다. ③ 구속이 덜 엄격해진다. 감정의 통제는 해제되며, 의도는 때때로 이익을 위해 압력을 가하면서 상호 이익을 위해 신뢰할 수 있는 관계를 발전시킨다. 이 과정에서 우리는 충동을 보다 효과적으로 관리하는 법을 배우게 된다. 충동을 더 잘 통제할 뿐 아니라, 감정과 행동을 더욱 구별하기 위해 조직화하고 모델링하는 것을 배우게 된다. 우리는 감정을 조절하고 변화시키는 법을 배운다. 감정의 조절과 억제가 제2의 본성이 되면, 세련된 협상의 새로운 가능성이 더욱 활짝 열린다. 자기 통제가 구별되면 더 큰 유연성과 정서적 충동(조절되고 방향이 잡힌)의 여지를 허용한다. 이런 종류의 자기 통제가 이루어졌을 때만 세 번째 단계가 가능해진다.

협상 기술은 자발적 감정과 상충하는 충동들을 더욱 효과적으로 다루는 방법에 대한 구체적 단서를 제공한다. 이 기술들은 내면화하고 협상자의 심리와 합쳐져 어떤 의미에서는 자발적이 되어야만 완전한 효과를 누릴 수 있다. 때로는 대립되는 다양한 충동이 서로 공존할 수 있다는 어느 정도의 내부적 구조를 말하는 것이다. 본능적 충동을 포용하는 것뿐만 아니라 적극적으로 육성하고 개발하는 것을 의미한다. 다른 사람은 물론 자신과도 양질의 커뮤니케이션을 구축한다. 다른 사람들과의 커뮤니케이션은 우리 주변을 둘러보고, 잘 듣고, 질문을 하고, 다른 사람의 입장에 자기를 놓아봄으로써, 자기 자신과는 스스로의 감정과 긴장과 접촉을 유지하고, 그것들을 구별하며, 정보의 중요한 원천으로 활용함으로써 효과적인 커뮤니케이션이 가능하다.

이렇게 더욱 능숙하고 다양한 행동을 향한 억제와 억압의 학습 과정은 여전히 진행 중이며 사람들 간에 큰 차이가 있다. 우리는 점진적으로 효과적 행동 양식, 가능한 장애물과 함정, 효과적인 절차와 기법 등을 특정하고 훈련할 수 있게 된다. 협상자의 스타일을 개발하고, 상대와 그리고 자신에 관련된 변별적 능력을 강화하는 것은 힘든 과정이다.

최근 협상교육

최근 들어 협상 관련 정규 교육은 중요한 변화를 겪었다. 특히, 지난 10년간 협상 교육은 점점 더 빠르게 퍼졌다. 유럽과 미국에서, 경영대학원, 대학, 교육 개발 에이전시 등은 다양한 협상 기술 강좌를 제공하고 있다. 일반적으로 이런 과정들은 주로 학생과 관리자들을 대상으로 한다. 필자가 받은 인상은, 외교관들의 협상 기술 교육은 덜 보급되어 있고 대부분 국가에서 정규 과정이 되지 않았다는 것이다. 하지만 적어도 몇 가지 기회는 열려 있다. 국제협상에 초점을 맞춘 몇 가지 교육안이 개발되었다. 이 교육안은, 관련 주제의 책을 읽고 경험 많고 노련한 외교관들이 경험을 이야기하는 것을 듣는 외교관의 '정규' 공식 교육과는 다르다. 물론 그것은 그것대로 매우 흥미로울 수 있지만 실질적으로 협상 기술을 가르치는 데는 그리 효과적이지 않다.

이런 이유로, 워크숍 모델을 따르는 교육안이 개발되었다. 이 워크숍은 간단한 연습, 역할극, 국제협상 시뮬레이션을 활용한다. 최근 국제협상에 대한 사례연구 및 시뮬레이션 카탈로그(국제 문제의 사례 교육 및 작문 프로그램(Pew Program in Case Teaching and Writing in International Affairs), 1989))가 제공되었다(시뮬레이션 사용에 대한 내용은 이 책 제27장 참조, 국제협상 워크숍에 대한 자세한 내용은 제26장 참조). 영상과 개인적 피드백을 통해 참가자들은 자신의 전략, 태도, 행동의 효과에 대한 구체적이고 상세한 정보를 받을 수 있다. 간단한 강의를 통해 최신 기술, 행동수칙(Do's and Don'ts), 사용 가능한 개념 및 모델 등을 소개받는다. 예를 들어, 홀란드 컨설팅 그룹(Holland Consulting Group)은 네덜란드 국영교육기관(Netherlands State Training Institute: ROI)과 함께 두 부분의 설계를 개발했다. 첫 번째 부분은 3일이 소요되며 강의, 몇 가지 간단한 연습, 양자 및 다자 협상 시뮬레이션으로 구성되고, 두 번째 부분은 하루 반이 소요되며 문화적 차이의 효과에 중점을 둔다. 또 네덜란드 국제관계연구소(Clingendael, 클링언달)는 국제협상을 위한 자료 개발과 교육 설계 개선을 위해 적극적으로 실험을 진행한다. 왕립 열대연구소(Royal Tropical Institute)와 몇 개 네덜란드 대학과 함께, 이러한 조직은 느슨한 네트워크를 형성하여 네덜란드 PIN 그룹으로 기능하며 회원들은 경험과 연구를 교류한다. 파리의 릴 대학교와 르네 데카르트 대학교를 기반으로 하는 프랑스 PIN 그룹과도 연결되어 작업한다. 주로 교육 분야의 공동 제작 및 라인강 오염 협상 연구에 대한 공동 프로젝트에 관한 것이다. 국제협상 훈련에 관련된 또 다른 유럽 센터는 스위스의 국제협상응용연구센터(Centre for Applied Studies in International Negotiations in Switzerland)이다.

이들 설계안은 아직 개발 단계에 있다. 특히 필요한 것은 개인의 협상 스타일과 관련한 조기 학습 과정이다. 따라서 개인적 피드백을 지지하며 위협적이지 않은 방식으로 전달하기 위한 구체적인 기법과 도구를 개발해야 한다. 또 다른 문제는 다양한 권고 사항을 아우르고, 이해를 촉진하며, 더욱 필수적인 지렛대에 주의를 기울이는 통합적 협상 모델을 개발하는 일이다.

협상 모델

네덜란드에서 1978년 국제협상 워크숍으로 시작해서 점진적으로 협상 모델을 개발했다. 이 모델은 이번 장의 첫 부분에 설명된 역사적 과정에 대한 지식과 관련되어 있다. 역사적 지식은 우리의 이해를 증진시킨다. 하지만 이것으로 충분하지 않다. 더 구별이 잘 되지만 그래서 어떻단 말인가? 어떤 구별이 효과적인 협상과 관련이 있는가? 경험 있는 협상자들과의 긴밀한 상호 작용을 통해 우리는 숙련된 협상과 관련된 구별을 탐색했다. 역사적 교훈도 좋지만 현대의 저자들은 어떤 이야기를 할까? 현대적 교훈과 역사적 관점을 간결하고 통합적인 모델, 이해를 도모하면서도 행동을 돕는 그런 모델로 통합할 수는 없을까? 현대 문헌에서 우리는 다음 세 가지 관점을 선정했다.

- 여러 가지 딜레마를 다루는 것을 기본으로 하는 기술로서의 협상(관련 자료는 문헌에 흩어져 있다. Karras, 1970; Morley and Stephenson, 1977).
- 시간적 구조를 갖는 과정으로서의 협상(Douglas, 1962; Himmelmann, 1971).
- 다양한 유형의 활동의 복합으로서의 협상(Walton and McKersie, 1965의 연구는 이러한 관점을 기반으로 함).

첫 번째 관점은 나머지 둘과 결합되었다. 차츰 다른 곳에서 인지된 중요하고 구체적인 협상 기법(Dupont, 1982; Fisher and Ury, 1981; Scott, 1981)들이 통합되었다. 유능한 협상자들의 지식과 경험에서 도움을 받고 질문과 비판도 받았지만, 개선과 적응이 바람직하고 가능하다는 점도 분명해졌다. 시행착오를 거쳐 효과적 협상에 필요한 구별의 유형을 설명하는 간결한 모델을 얻을 수 있었다. 이 모델을 개선하기 위해 몇 년에 걸쳐 협상 활동의 구별을 네 가지 척도로 표현하는 방법을 알아냈다. 최초의 열두 개 목록에서 네 가지 협상 딜레마만이 남았고 모두 과감한 재구성을 거쳤다(Mastenbroek, 1989). 그것은 ① 실질적 결과 얻기, ② 힘의 균형에 영향을 미침, ③ 건설적 환경 촉진, ④ 유연성 확보이다. 이 네 가지 척도는 국제협상 워크숍에서 사용되었다. 중요한 목적 가운데 하나는 협상 양식에 대한 효과적 피드백을 촉진하는 것이었다.

실질적 결과 얻기

협상 행위에서 중요한 것은, 자신의 이익 실현과 결과의 내용에 영향을 미치는 것에 주력한다는 것이다. 여기에는 정보, 주장, 사실, 의제, 양보, 입장 등이 관여한다. 이 활동들은 가시적 성과를 얻어내는 것을 목적으로 한다. 비용과 편익을 유리한 방향으로 나누어 해결책에 도달하려는 의도에서 시작된다. 이 범주에서 가장 중요한 활동은 이익, 기대, 수락할 수 있는 해결책에 관한 정보를 교환하고, 달성 가능한 목표에 대한 서로의 인식에 영향을 미치고, 서로 양보하며 단계적으로 타협안을 도출하는 것이다. 이런 활동은 협상자들에게 잘 알려져 있다. 대부분의 협상자들은 이런 활동에 많은 주의를 기울인다(좋은 일이다. 하지만, 노련한 협상자는 나머지 세 활동도 민감하게 인식하고 있다).

이 분야에서 협상자가 해야 하는 전술적 선택은 양보와 좀 더 끈질긴, 어쩌면 완고한 행동의 균형을 이루는 것으로 이해될 수 있다. 이 딜레마는 표 25.1에 예

표 25.1. 완고함 대 양보 모델

단호, 완고함	끈기, 시험	너그러움, 관대함
정보와 주장은 자명하고 도전할 수 없는 것으로 제시된다.	사실과 주장을 확고하게 표현해야 하지만 당연히 여지가 있는 것으로 여긴다.	정보와 주장은 토론을 위해 열린 상태로 제공된다.
상대의 이익은 이의를 제기하거나 경시한다.	상대방의 이익은 우선 순위를 정하기 위한 것으로 취급한다.	상대방의 이익은 설명된 대로 수용한다.
최후통첩을 제시하거나 위기를 자극하는 경향이 있다. : '최종 제안, 첫 번째 입찰'	교착 상태는 게임의 일부이며 상대적으로 작은 양보가 가능하다.	관대한 양보는 타협안 도출을 용이하게 한다.

와 함께 제시되어 있다.

힘의 균형에 미치는 영향

협상자들은 그들 간의 힘의 균형에 지대한 관심을 보인다. 좀 더 유리한 힘의 균형을 수립하거나 상대의 힘과 저항을 시험해 보고 싶은 유혹을 느낄지 모른다. 협상 테이블에서 스스로의 힘의 입지를 강화하는 데에는 다양한 방법이 있다. 중요한 전술은 다음과 같다.

1. **싸움**. 이러한 전술은 상대를 누르는 것을 직접적인 목표로 한다. 예를 들어 상대방의 정보와 주장을 무시하고 분노, 조바심 같은 감정을 가장하는 것이다.

2. **조종**. 이는 협상 테이블에서 입지를 강화하기 위한 좀 더 간접적인 시도이다. 가장 미묘한 조종은 사람의 자긍심에 영향을 미치는 것이다. 예를 들어, 자신의 방법만이 논리적인 것처럼 주장하거나 '함께하지 않는' 사람들이 스스로 걸림돌이라는 느낌이 들도록 동적인 태도를 보이는 것이다.

3. **사실과 전문성의 이용**. 여기에는 협상 파트너에 대한 배경 정보뿐 아니라 자신의 입장에 유리한 사실과 자료, 명확하게 제시할 수 있는 능력이 포함된다.

4. **탐색**. 이 기술은 더 자세히 다루어질 것인데, 여러 가지 이유로 개인의 입지를 강화할 수 있다. 탐색은 질문 제기, 정보 제공, 제안, 가능한 패키지 딜 생성 등의 주도권을 의미한다. 탐색은 또한 상대의 이익을 고려하려는 시도를 포함한다. 탐색하는 사람의 태도는 "우리는 이에 대한 해결책을 어떻게 함께 찾을 수 있을까?"로 표현될 수 있다. 이러한 태도는 개인의 성과를 정당화하고 그에게 권위를 부여한다.

5. **관계 강화**. 상대와의 관계는 수용과 신뢰의 개발을 통해 강화될 수 있다. 상호 의존성 역시 강화된다.

6. **설득의 힘 이용**. 설득의 요소는 자신의 의견을 명확하고 잘 구조화된 방식으로 설명하며 적절히 느긋하지만 냉담하지 않은 태도이다. 조종과 싸움은 일시적으로 이득이 될 수 있지만 대인 관계의 악화와 짜증을 유발할 위

표 25.2. 복종함 대 지배적 모델

최소저항	일정한 균형 유지	공격적, 지배 시도
'유리한 사실'의 사용 자제, 압력의 회피.	사실과 억제된 압력을 통해 균형에 영향을 미치려 시도.	위협, 조종, 혼란 및 거만함을 통해 균형에 영향을 미침.
도전을 받았을 때 저항이 적음.	도전을 받으면 비례하여 반응.	도전을 받으면 공격.
현재 관계에 대한 대안에 적극적 관심이 없음.	현재 관계 내에서 자신의 입지 개선을 위한 대안에 높은 관심.	다른 매력적인 대안이 많은 것처럼 행동. 문제의 징후가 조금만 있어도 관계를 끊을 것처럼 행동.

험이 있다. 다른 방법들이 더 건설적이다.

7. **시작하는 입지 강화.** 협상자들이 실제로 시작하기 전에 자신의 입장을 강화하고 공고히 할 몇 가지 방법이 있다. 몇 가지 중요한 방법은 다음과 같다.
   - 대안. 의제 항목에 대한 대안 해결책만이 아니라, 때로 상대편과 함께 목표에 도달하는 다른 방법을 포함함.
   - **'정치적' 접근과 정치적 본능.** 힘의 관련 중심에 쉽게 접근하는 것이 중요함.
   - 지위. 가시적 성공, 비공식적 권위, 위계적 지위, 개인적 신용, 신뢰성이 모두 중요한 기여 요소임.
   - **다른 사람의 지원.** 회의 중 동맹국과 다른 이해 관계자로부터 얻을 수 있는 지원이 포함됨. 고립되어 움직이지 않음.

이 사실들은 협상 테이블에서 효과를 증명할 것이다. 당사자들 간의 모든 활동은 힘의 균형에 의해 물들고 모델링된다. 협상자들이 힘의 의존도 균형의 변화에 매우 민감한 것은 놀라운 일이 아니다. 여기서 딜레마는 파워게임이 상황 악화의 위험을 증가시킨다는 사실이다. 동시에 때로는 힘의 균형을 시험하는 것이 필수적이다. 이렇게 하지 못하거나 자신이 시험되고 있고 아니면 심지어 다소 도발했는데도 인식하지 못하면, 약해 보이며 이용당하는 표적이 될 수 있다. 문제는 단호하지만 공격적이지 않은 입지에 대한 사실적 의존을 유지하는 것이다. 이 딜레마를 다루는 방법은 표 25.2에 제시되어 있다.

표 25.3. 유쾌함 대 적대적 모델

유쾌한, 은밀함	신뢰성 견고함	적대적, 짜증
개인적 매력에 의존; 농담을 하는 경향; 친밀함 선호.	비공식 토론 촉진, 개인적인 문제에 대한 관심, 적당한 유머, 일관된 행동.	상대방과 일정 거리 유지. 형식적 행동, 때로 냉소적, 짜증, 예측할 수 없음.
의존: "당신의 이익이 나의 이익이다."	상호 의존적: "우리가 어떤 해결책을 찾을 수 있을까?"	독립적: "여기서 내가 무엇을 얻을 수 있을까?"

건설적 환경 촉진

협상자들은 건설적 풍토와 존경할 만한 개인적 관계를 촉진하는 것이 중요하다고 여긴다. 적대적이거나 지나치게 형식적인 분위기는 효과적인 협상을 방해한다. 따라서 믿음, 수용, 신뢰도를 발전시키려 한다.

이런 식으로 상호 의존을 나타내고 이를 바탕으로 관계를 키워갈 수 있다. 이 전술의 예는 다음과 같다.

- 상대의 의견에 주의를 기울임.
- 비공식적이고 개방적인 접촉 촉진.
- 체면이 깎이는 행동을 피함.
- 계략과 전략을 사용하거나 속임수를 쓰지 않고, 예측 가능하고 진지하게 행동.
- 역할 행동(예: 확고한 요구)을 개인적 호의 및 상호 존중과 구별.

여기서 딜레마는 상대를 전폭적으로 신뢰하는 것은 자신의 입장을 약화하거나 지나친 타협의 위험을 의미한다는 점이다. 따라서 일종의 계산된 신뢰를 하되 매우 개인적이고 은밀한 관계의 가능성에 대해서는 전적으로 인식하고 있어야 한다. 믿음과 신뢰는 중요하다. 그러나 신뢰와 개인적 관계에 지나치게 투자하면 위압적이거나 약하거나, 어리석은 것으로 비칠 수 있다. 유쾌, 신뢰, 적대적 모델은 표 25.3을 참조한다.

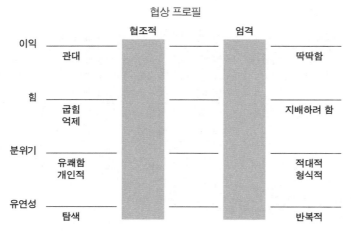

협상 프로필

	협조적	엄격	
이익	관대	딱딱함	
힘	굽힘 억제	지배하려 함	
분위기	유쾌함 개인적	적대적 형식적	
유연성	탐색	반복적	

그림 25.2. 협상에 대한 접근(엄격 대 협조적)

유연성 확보

협상자는 얼마나 탐색적일까? 일부 협상자들은 양쪽을 만족시킬 해결책을 끈질기게 찾는다. 이는 양보의 함정에 빠지지 않고 이루어질 수 있다. 이 목적을 위해 사람들은 어떻게 진행할지에 대한 아이디어가 필요하며, 이 과정들을 유연하게 사용할 수 있어야 한다. 예를 들어 방대한 정보교환, 다양한 잠정 해결책의 시도, 브레인스토밍, 비공식 질의 등이 포함된다. 탐색은 공동의 이익을 추구함으로써 가능하다. 당사자들이 기본 가정을 공유하는가?

상대방에게 중요할 수 있는 상대적으로 작은 양보가 가능한가? 상호 이익의 결합을 패키지 딜로 만들어낼 수 있는가? 이 모든 것의 배후에 있는 기본 개념은 상호 의존성이다. 당사자들은 서로 의존적이므로 협상을 한다. 상호 의존성은 공동의 이익을 의미하므로 먼저 공동의 이익을 가능한 눈에 보이게 만들어라. 두 개의 축이 그림 25.2에 제시되어 있다. 이것은 딜레마를 제기할 수도 있다. 반복적이고 경직적인 행동은 피해야 하지만 지나친 유연성은 기회주의적이고 충동적인 행동으로 해석될 수 있다. 표 25.4는 이 모델들의 특징을 나열한다.

연구자들은 물론 실무자들(Pruitt, 1983)도 숙련된 협상을 위해 적극적인 전략

표 25.4. 탐색 대 회피

유연, 탐색, 능동적	침착, 인내, 수동적	한 트랙에 머물기
기회 활용, 충동적	시간을 들여 가능성을 평가하고 분석	고정된 절차에 의존.
새로운 아이디어 제시, 임기응변 능력	일관성 유지 노력	원래 입장에 충실; 이것이 "옳다"는 증거를 제공
대안 형성	대안에 열려 있음	반복적, 경직

적 태도가 중요함을 여러 차례 강조해 왔다. 협상은 여러 단계를 거친다. 협상 연구에 대한 접근법으로서 단계 개념은 잘 수립되어 있지만(Douglas, 1962; Gulliver, 1979; Himmelmann, 1971) 상대적으로 탐색되지 않았다. 우리는 유연성 향상을 위해 절차적 기법으로 자트먼과 버먼(Zartman and Berman, 1982)이 결정한 것과 유사한 3단계 모델을 사용한다. 상호 전제 및 이해관계 진단에서 시작해, 겹치는 관심 부분을 조사하고 양쪽의 우선순위를 살핀다. 다른 선택지와 대안을 검토하는 것도 중요하다. 폭넓은 '플랫폼 제안'은 흔히 효과적인 다음 단계가 된다. 제안 플랫폼은 타협안에 도달할 때까지 마지막 단계인 수정과 교체의 개요 역할을 할 수 있다. 이 단계를 이용하면 적대적 논쟁 상황으로 악화되는 것을 방지할 수 있다.

얻을 수 있는 교훈

협상 양식에 대해 구체적인 피드백을 제공하는 것은 네 가지 척도의 가장 중요한 목적이다(Mastenbroek, 1989). 하지만 척도에 대한 참가자들의 점수는 그들에게 중요한 그 이상의 정보를 제공한다. 이 정보는 흔히 다양한 협상 행위의 특정 조합에 관한 것이다. 몇 가지 예를 들면 다음과 같다. ① 자신의 이익을 확고히 추구한다고 해서 상대에게 무례하거나 짜증을 내거나 불신을 표현한다는 의미는 아니다. 실질적인 결과를 얻으면서 건설적 분위기를 촉진할 수 있다. ② 권력 투쟁을 유리한 실질적 결과와 동일시하지 말라. 확고한 협상은 득점, 토론 주도, 위협 및 조작과는 관련이 없다. ③ 이익을 끈질기게 추구하면서도 절차적 유연성을 유지할 수 있다. 유용한 기술의 예를 더 들어보면 다음과 같다.

- 공식 혹은 비공식 '예비회담'을 주선한다. 당사자들은 상대의 이익과 생각을 조사해야 한다. 그들은 확고한 입장을 취하는 것을 피해야 한다.
- 대안을 만들려고 시도해라. 너무 빨리 판단이나 반박으로 대응하지 마라. 대신 대체할 수 있는 제안과 해결책을 찾아라.
- 협상의 장을 넓혀라. 장기간 여러 이슈를 토론하면 때로 상대적으로 양쪽에 더 유리한 패키지 딜을 성취할 가능성이 늘어난다.
- 교착 상태가 올 것 같으면 움직인다. 이 기법이 성공하려면 정보를 수정하거나 부정적으로 판단하는 대신 더 많은 다양한 정보를 찾고, 확신과 위협 대신 교착 상태의 뿌리에 있는 문제점을 찾고, 우월하게 행동하거나 위축되는 대신 형평성과 상호 의존을 강조하고(예를 들어 교착 상태가 계속되는 경우의 부정적 결과를 탐색하여), 모임을 계속하는 대신 휴회하고 비공식 접촉을 시도해 보는 것이 중요하다.

이 기법들은 실질적 결과를 성취하려는 시도와 결합할 수 있다. 이러한 행동의 특정 조합은 간결하고 중요한 금언 하나로 요약될 수 있다. **유연하되, 확고하라.**

워크숍 참가자들은 네 가지 척도에 대해 배운 것을 다음과 같이 몇 가지로 기술한다. 자신의 행동에 대한 구체적 피드백을 받고, 각 활동 유형에 대해 더 잘 이해하게 되었고, 활동 유형의 구별 능력이 높아졌고, 특정 활동 조합에 대한 이해가 향상되었다.

협상들을 위한 교훈

협상자들은 자신의 행동과 감정을 구별하는 법을 배운다. 이는 결국 협상 활동의 유형을 구별하고 적절히 조합해서 사용할 수 있게 된다는 의미이다. 순진한 협상자들은 이 과정을 '오염시킬지' 모른다. 자기 이익에 대해 강건한 태도를 취하면 그들은 짜증스럽고 잘못된 방식으로 행동하는 경향이 있다. 점수를 얻으려 하고 같은 길을 유지하려 한다. 그들의 강한 입장은 필요 이상으로 강한 것으로 비춰질 것이다. 그림 25.2는 이 프로필을 보여준다. 오른쪽 막대는 협상 접근법의 연속에서 강한 입장이 어디에 위치하는지 보여준다.

이 방식은 상황의 악화로 이어지고 지속적인 투쟁을 조장하는 경향이 있다. 대안은 개인적이며 우호적인 분위기 조성과 관계 개발에 더 투자하는 것이다. 탐색 행동과 쉽게 결합하여 권력이 더는 중요한 문제로 간주되지 않도록 할 수 있다. 다시 말하지만, 더 순진한 협상자들은 특정 '오염' 행동으로 기우는 경향을 보인다. 그들은 보다 이익 영역에서는 더욱 유연하고 협조적인 태도로 기운다. 이 프로필은 그림 25.2의 왼쪽 막대로 표현된다. 이 방식은 이용하려는 행동을 부추긴다. 잘 문서화되고 건설적인 주장과 제안을 감안했을 때 다른 쪽에서 양보를 얻어내고, 상대의 협조적 행동이 필수적인 것으로 설명하기가 너무 쉽다.

네 가지 행동 양식을 구별할 수 있는 협상자들은 자신들의 실질적 이익을 끈기 있게 추구하는 데 집중한다. 그들은 짜증스러운 분위기가 자신들의 입장을 강화시키는 것이 아님을 알고 있다. 더욱이 관계의 연속성으로 인해 관계를 긍정적으로 유지하는 것이 가장 도움이 된다. 그들은 또한 점수를 얻고 상대를 코너에 몰아붙이는 것은 협상과 아무런 상관이 없음을 알고 있다. 또한, 상호 의존이 아마도 모든 관련 당사자에게 이익이 될 수 있음을 알며, 굴하지 않고 대안과 선택들을 탐색하는 법을 안다. 그림 25.3은 이 구별되는 접근을 보여준다.

이 구별은 그림 25.1에서 보여주는 바와 같이 싸움(공격), 도피(회피), 복종(협조)의 삼각형을 기반으로 이루어진다. 이익과 개인적 관계, 그리고 힘과 의존 측면의 균형을 구별함으로써 공격과 협조 사이의 선택을 더욱 다양하게 잘 구사할 수 있다.

우리는 회피와 억압의 대안으로 탐색적 기술을 개발하여 삼각형으로부터 벗어나는 법을 배울 수도 있다. 이러한 행동 레퍼토리를 개발하면 더욱 유연해질 수 있다. 스스로를 경직된 일방적 행동에 제한할 필요가 줄어든다. 갑작스럽고 예측 불가능한 극단으로의 전환의 필요가 덜해지므로 행동은 더욱 예측할 수

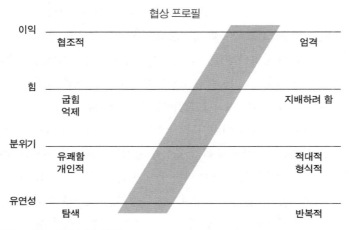

그림 25.3. 협상에 대한 혼합 접근

있게 된다. 좀 더 단순하고 더욱 구별되고 혼합된 행동의 대안이 있는 것이다.

결론

우리는 협상자들이 자신의 충동을 인도하고 구별하는 법을 배워야 함을 분명히 했다. 협상을 네 가지 행동 유형으로 구별했으며, 각각은 특정 딜레마와 관련되어 있다. 이 구별에 따라 어떤 일이 벌어지고 있는지, 방향 상실을 방지하고 효과적인 협상을 이루려면 어떻게 해야 하는지 더 쉽게 이해할 수 있다. 따라서 특정 행동의 의미와 협상 파트너의 의도를 더 정확히 이해하고 더 적절하게 대응할 수 있다. 네 가지 행동은 그림 25.4에 나타나 있다. 이 협상 모델은 상대와의 관계뿐 아니라 선거구와의 관계에도 적용될 수 있다. 이 조직 내 교섭(bargaining)은 무척 중요하다. 기관 내 협상은 본국의 관료 조직 간 협상의 결과 고정된 입장을 취하는 경향이 있다. 이런 점에서 일반적으로 협상 파트너와의 이익 탐색 단계를 기관 내 협상과 연결할 것이 권장된다.

두 번째 권장 사항은, 기관 내 협상의 초점을 이해 관계자들의 이익을 명료하

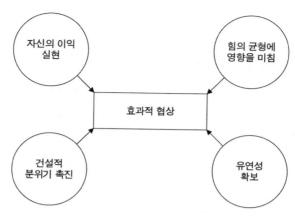

그림 25.4. 효과적 협상에 기여하는 주요 활동 요약

게 하고 하나의 특정 해결책으로 제한하지 말며 유망한 대안을 탐색하는 데 두라는 것이다. 이 기관 내 협상 프로세스는 '실제' 협상보다 더 어려운 경우가 많다. 더욱 주의를 기울이고, 용기를 내고, 창의적이 되어야 할 것이다. 이 과정은 다른 곳에서 더 자세히 다룬다. 협상자들에게 이런 측면의 구체적 피드백을 주기 위한 척도가 개발되었다(Mastenbroek, 1989).

그림 25.4에 제시된 각 행동은 딜레마의 성격을 가진다. 이 네 가지 딜레마는 사람들이 상호 의존과 자율, 공동 이익과 보다 사적인 관심사 사이의 긴장과 균형을 다루는 방식을 보여준다. 이번 장의 첫 부분에서 살펴본 것과 같이, 사회적 기술의 발전은 상호 의존성 네트워크의 변화와 밀접한 관련이 있다. 발전 정도는 척도로 제시되어 협상자의 행동을 파악하는 도구로 사용할 수 있다. 네 가지 딜레마의 점수는 행동이 어떻게 보이는가를 나타내며, 구조화된 피드백의 효과적 도구이다. 협상자들이 저지르는 중요한 실수 중 일부는 이 척도에 매우 명확히 나타난다. 예를 들어, 실질에 대한 강건한 입장은 일종의 파워게임과 혼합될 수 있다. 지침은 세 가지 특정 프로필로 표현되었다.

필자는 협상자들이 지속적으로 참여해야 하는 복잡한 다극적 네트워크에 더 적합하도록 점차 행동 양식이 구별되어 가는 역사적 과정을 기술하려고 시도했다. 효과적인 협상자가 되려면 같은 발전 과정을 압축된 형태로 거쳐야 한다.

과거의 협상 프로세스를 돌아보면 그 어설프고, 의례적이고, 시간 소모적인 방식에 당혹감을 느낄 수도 있다. 미래의 역사가들이 우리의 협상 방식을 어떻게 바라볼까 의아해하기도 한다. 아마도 현재의 협상 방식은 미래 세대에게 조잡하고 경직된 것으로 비춰질 수도 있다. 그들은 좀 더 다양하고 정교한 구별을 일반적 협상 기준으로 삼고 있을지도 모른다.

필자는 국제협상 양식이 점차 발전하고 있다는 인상을 갖고 있다. 장기적 발전에 좀 더 의식적인 관심을 기울이면 선택 범위를 넓히는 데 도움이 될 것이다. 국제협상의 더욱 신중한 개발은 경직된 행동 양식을 바꾸고 보다 효과적으로 상대를 대하는 협상 패턴을 수립하는 데 도움이 될 것이다.

제 26 장

협상자 훈련

파울 W. 메이르츠

협상은 현대 훈련 기술이 성공적으로 적용될 수 있는 분야이다. 강의나 책을 통해 배울 수 없는 학생들에게 이런 기술은 유용하다. 협상 기술의 본질은 과정(process)이다. 제25장에서 빌럼 마스텐브룩이 언급했듯이 협상자에 대한 정식 교육도 큰 변화가 있었다. 외교관을 위한 훈련 기법은 관리 분야에 비해 뒤떨어져 있다. 그 이유는 두 가지이다.

첫째, 외교관들의 교류는 전통적인 방식을 따르며 훈련 기관들도 마찬가지이다. 둘째, 고위 외교관들은 협상이란 학습되지 않는 기술이라고 생각하는 경향이 있으며, 협상 재능은 타고나거나 그렇지 않거나라고 생각한다(물론, 고위 외교관들은 태어날 때부터 이 능력을 소유한 것으로 간주된다). 따라서 지도교사들은 외교관 교육자들에게 새로운 방법의 필요성을 설득하는 데 오랜 시간이 걸렸다. 매년 외교아카데미 원장과 외무공무원학교 학과장들이 모여 고민한다. 이 회의에서 우리는 북미인이 현대 훈련 기법을 쓰는 데 앞서 있었고, 유럽인은 이제야 어깨를 나란히 할 수준이 되었으며, 라틴아메리카인, 아시아인, 아프리카인은 여전히 수준이 뒤처져 있음을 알 수 있었다. 그럼에도 그 격차는 매년 좁혀지고 있다. 이는 미국과 유럽의 교육자들이 개도국을 다니며 세미나를 비롯한 여러 프로그램을 통해 자신의 노하우를 공유하기 때문이다. 그들은 협상에 대한 다양한 문화적 접근방식을 접하며 이 새로운 발견을 모국에서 가르칠 때 사용한다. 이런 방식으로 협상 교육 프로그램은 풍요로워지고 서구 지향적 편향성도 사라진다. 이러한 문화 간 교류의 과정은 이제 막 시작되었기 때문에 국제협상에 대한 이상적인 세미나가 궁극적으로 어떤 모습이 될지는 예측하기 어렵다.

훈련생의 유형

훈련 유형은 참가자의 경험 수준에 따라 달라진다. 연수생은 네 개 범주로 구분할 수 있다.

- 유형 I: 국제적으로 협상하지 않지만 협상 프로세스와 더 구체적으로 그 결과에 대한 통찰력을 얻고자 하는 사람들(예컨대 외교관 배우자를 위한 동기가 될 수 있음)
- 유형 II: 경력 초기 단계로 국제 경험은 없지만 미래에 협상할 수 있는 사람(예컨대 외교 학교를 다니는 대사관원(attaché) 또는 최근 졸업한 사람)
- 유형 III: 어느 정도 경력이 있어 경력 2단계에 있는 자(예컨대 중견 외교관, 공무원)
- 유형 IV: 국제교섭 경험이 있고 경력이 막바지 단계에 있으며 스스로 결정을 내리는 사람(예컨대 대사나 외교부 국장 같은 고위 외교관)

훈련의 도구

광범위한 훈련 기술에 대한 목록을 작성할 수 있지만 그림 26.1처럼 훈련 상황에 사용되는 주요 방법에 대해 간략한 개요로 한정하는 것이 더 적절해 보인다.

	주로 수동적 도구	주로 능동적 도구
개인	문헌	자기 평가
집단	소개 평가	워크숍 사례 / 시뮬레이션

그림 26.1. 훈련 상황에서 사용되는 네 가지 방법

수동적 도구

수동적 도구는 참가자가 행동을 취하도록 강요하지 않는 수단이다. 주요 작업은 참가자가 읽어야 하는 기사나 책의 저자, 또는 강사나 지도자와 함께 한다. 수동적 도구가 사용되는 상황에서는 교사가 지배적이고, 능동적 도구가 사용되는 상황에서는 학생이 지배적이다.

문헌에서 이 주제에 대한 많은 인용을 찾을 수 있지만 훈련 대상자를 위한 적절한 국제협상 자료를 찾는 것은 쉽지 않다. 기사나 논문의 수도 제한적이고 교육에 사용하기에 충분하지도 않다. 때때로 비디오가 정보의 원천으로 문헌을 대체하기도 한다.

소개 도입부와 강의는 해당 분야의 지도자와 전문가가 할 수 있다. 이 전문가는 학자 또는 실무자를 말한다. 네덜란드 국제관계연구소(Clingendael Institute, 클링언달)에서 실무자들은 자신의 경험과 그 경험에서 얻을 수 있는 교훈을 토론하는 포럼에 참석하도록 요청받았다.

평가를 통해 우리는 갓 완료된 연습 과정에 대한 지도자(그리고 연수생)의 견해를 이해할 수 있다. 디브리핑[1]은 가장 중요한 훈련 도구 중 하나이다. 전문적인 평가를 위해서는 자격을 갖춘 숙련된 지도자가 필요하다. 그는 숙련되지 않은 자가 인식하지 못하는 과정을 간파해야 한다.

---

1) (옮긴이 주) 디브리핑(Debriefing)이란 결과를 놓고 다시 복기하는 과정을 말한다.

능동적 도구

자기 평가 연습은 스스로 수행한 것을 이해하는 데 사용되는 중요한 도구이다. 이 훈련은 지도자가 도입부 이론에 대한 도입부를 준비하는 데 사용될 수 있다. 네덜란드 국제관계연구소 국제협상 세미나에서 자기 평가 연습은 지도자가 자신의 짧은 강의와 협상 스타일에 관한 토론을 하기 전 사용한다. 이러한 방식으로 참가자는 자신의 스타일이 어떤지 미리 알게 되고, 강의를 더욱 잘 이해하게 된다.

워크숍은 커뮤니케이션처럼 매우 구체적인 영역에 대한 훈련 도구로서 모든 종류의 짧은 연습을 총칭한다. 이런 짧은 훈련을 통해 참가자는 사례 논의나 시뮬레이션에 대한 준비를 할 수 있다.

협상 프로세스에서 가장 광범위하게 응용되는 것은 사례 또는 역할극(시뮬레이션)에서 찾을 수 있다. 제27장에서는 시뮬레이션 연습의 장점, 단점, 한계 및 가능성에 대해 많은 것을 알려준다. 제27장은 연구 도구로서의 시뮬레이션에 관한 내용으로 국한하지 않을 것이며, 연구만큼이나 훈련에 대해서도 다룬다.

마지막으로 그림 26.1에는 포함되지 않았지만 항상 실시해야 하는 대표적인 도구로서 토론이 거론된다. 단, 토론이 너무 지배적이어서는 안 된다. 이런 종류의 상호 작용은 명확성에 대한 설명으로 이루어질 수 있지만 혼란을 야기할 수도 있다. 토론 도구를 교육 기간의 틀 안에서 어떻게 사용할 수 있을지는 강사의 선호도에 달려 있다. 훈련 도구 자체가 토론의 주제가 되어서는 안 된다. 이럴 경우 세미나 자체가 위태로워진다.

훈련의 유형

다음 유형 분류표는 참가자가 지도자에게 다소 수동적인 태도를 취하거나 더 많은 참여가 요구되는 도구를 사용하는 유형을 구분한다. 나아가 참가자들이 완전히 익숙하지 않은 형태의 교육과 경험은 많이 얻게 되지만 당장 기술은 부족한

	수동적 도구 지배적	능동적 도구 지배적
낮은 지식 수준 국제 경험 없음	유형 I / II 연수생	
높은 지식 수준 국제 경험		유형 II/ IV 연수생

그림 26.2. 훈련의 유형

형태의 교육이 있다. 이런 차원을 결합하면 그림 26.2와 같은 행렬을 얻을 수 있다. 이 분류표에는 앞서 설명한 네 가지 유형의 참가자가 있는데, 이를 통해 다양한 유형의 연수생에 적합한 도구나 훈련 방법을 대략적으로 파악할 수 있다.

유형 I 연수생의 경우 필요한 정보를 제공하기 위해 광범위한 강의와 문헌을 사용하는 것이 좋다. 테스트에는 능동적인 도구를 사용할 수도 있지만, 과용하지는 않도록 주의해야 한다. 네덜란드 국제관계연구소에서는 국제정치 과정을 점검하기 위해 일종의 능동적 도구를 사용한다. 협상 워크숍을 하는 것은 참가자들의 통찰력이 향상되었다는 증거이다. 워크숍 참가자는 문헌과 강의, 토론을 통해 얻은 정보로 뭔가를 할 수 있음을 보여줘야 한다. 스태프는 워크숍 내내 참가자들을 이끌어야 한다. 그렇지 않으면 협상 프로세스의 신뢰도가 낮다. 이런 상황에서는 참가자의 자유가 제한되지만 길을 벗어날 위험은 최소화된다.

유형 II 연수생은 보다 적극적인 훈련 도구에 노출이 가능하지만, 참가한 워크숍을 지원하기 위해서는 수동적 도구도 필요하다. 참가자들은 특정한 국제협상 이슈에 대해서는 많이 알고 있지만 다른 영역에서는 심각한 격차가 있다. 그들의 전문 분야는 수강한 대학 과정에 따라 다르다. 지식의 격차 외에도 사회적 기술도 부족하다. 대학들도 훈련에 점점 더 능숙해지면서 빠르게 변화하고 있다. 그렇더라도 국제협상을 연습하게 하는 것만으로는 충분하지 않다. 다양한 주제의 강의를 수강하고 듣기, 말하기, 쓰기 등의 능력을 개발하며 준비할 수 있도록 해야 한다. 준비는 이들이 창의성을 펼칠 수 있는 충분한 기회를 제공하며, 초기 교육에서 얻은 지식과 기술은 그들과 강사진 사이에 이해 높아지면서 협상 프로세스에서 실패할 수 있는 가능성에 대비한 자산이 된다. 협상은 생산적이지 못할 수 있지만, 과정 자체는 현실적인 경험으로 남는다.

유형 III 연수생인 중견 외교관 또는 공무원들의 경우, 보충 강의 없이도 능동적 도구를 사용할 수 있다. 이들은 주어진 주제에 대해 박식하다. 다만 능동적 도구가 단조로워서는 안 된다는 점을 명심해야 한다. 다시 말해, 참가자들은 다른 종류의 검증된 도구를 요구한다. 지도자는 이 도구를 정기적으로 변경해야 한다. 강의 소개 이후 간단한 연습을 한 다음 사례에 대한 토론을 진행하고, 이후 비디오나 다른 수단을 사용해 평가할 시뮬레이션을 준비하기 위한 워크숍을 진행할 수 있다. 이 참가자 그룹은 명확한 가이드와 함께 많은 표현의 자유가 필요하다. 그들은 자신들 업무와 관련된 많은 것을 배우고 싶어 한다. 아마 가장 요구가 많은 집단일 것이다.

마지막으로 유형 IV의 고위 외교관은 국제 문제에서 시뮬레이션이 아닌 실제 현실을 다루는 데 익숙하다. 그럼에도 그들은 협상에서 초보자와 같은 기본적인 오류를 범한다. 긴장 완화가 필요할 때 고조시키고, 기회를 간과하며, 너무 앞서가거나 모욕적일 수 있는 방식으로 이야기도 하고, 또 너무 길게 얘기하기도 한다. 고참과 신참들의 실수를 살펴보면 선배들의 실수가 덜 명백하다는 것이다. 고참은 외교적 기교와 두터운 말장난의 층으로 덮여 있다. 훈련자들은 이런 참가자들의 오류를 감지하는 데 매우 능숙해야 한다. 또한 참가자의 행동을 평가할 때 아주 신중해야 (심지어 외교적이어야) 한다. 지도자는 외교 분야에서 실제 행위자나 과정 모니터로 쌓은 경험을 바탕으로 연수생의 신뢰를 얻고 정당성을 구축해야 한다. 그들은 다루어야 할 주제 소개에 충분한 시간을 할애해야 하며, 연습이 과도하지 않도록 각별히 주의해야 한다. 고위직은 대부분 앉아서 토론하고 경청하는 것을 좋아한다. 그들은 실용적인 연습이 불필요하며 역효과를 낳을 수 있다고 믿는다. 그들은 자신을 너무 많이 드러내는 것을 좋아하지 않으므로 그 연습의 적절성과 현실감을 비판하는 경향도 있다.

훈련 유형 I

초보자(유형 I)의 경우 교육 프로그램은 과정의 일부로만 구성되거나 가급적 교육 과정의 마지막 부분에 있는 것이 좋다. 이 워크숍은 어떻게 구성되어야 할까.

예를 들어 네덜란드 국제관계연구소 과정의 마지막에 사용되는 국제정치 시뮬레이션 게임을 보면, 초심자 교육 프로그램의 성격과 과정, 절차 및 결과에 대한 아이디어를 얻을 수 있다. 훈련기간은 하루로 그 목적은 다자간 협상의 항목과 과정, 절차에 대한 이해를 높이는 것이다. 초보자에게는 다자 협상 시뮬레이션이 가장 효과적인 실습이다. 참가자에게 국제협상의 복잡성과 문제들에 대한 좋은 아이디어를 제공해야 하지만 그 본질에 대해 너무 많이 배우도록 요구하지는 말아야 한다. 연관된 사람과 의제 수는 본질적인 지식을 제한하는 경향이 있을지언정 과정의 지속을 보장한다. 반대로 양자 시뮬레이션은 고급 협상자의 훈련에 더 적합하다. 양자 연습에서는 협상 프로세스가 제한되고 훈련 조교의 관찰과 평가가 우선시된다.

1983년부터 유고슬라비아 사회주의 연방 공화국이 해체된 8년 뒤까지, 네덜란드 국제관계연구소는 중립 혹은 비동맹국가의 국가적 위기가 국제 위기로 비화될 위험이 있는 곳을 분석하는 시뮬레이션을 했다. 다른 비동맹국가(NNA), 바르샤바조약기구(WP), 북대서양조약기구(NATO) 국가들은 외교적 수단을 통해 위기를 통제하려 한다. 이들은 훗날 유럽안보협력기구(OSCE)가 된 유럽안보협력회의(CSCE) 세미나에서 이 문제를 논의한다. 위 세 그룹의 국가는 안보, 경제, 인권 세 가지 주요 항목을 고려해야 한다. 프로그램은 다음과 같이 진행된다.

1. 프로그램 소개, CSCE/OSCE, 참여국가, 국제협상.
2. 세 개의 병렬 코커스(NNA, WP, NATO)의 협상: 코커스의 목표가 무엇이며 어떤 전략과 전술을 사용할지를 결정한다.
3. 안보, 경제, 인권의 세 개 작업그룹(OSCE 용어로 'baskets(바구니)')에 속한 세 개 국가 그룹 대표 간의 예비협상에 이은 전체 회의.
4. 예비협상을 검토하고 그룹의 최종 목표를 설정하기 위한 세 개 코커스 내의 2차 협상.
5. 세 개 작업그룹 내에서의 2차 협상은 최종 문서를 도출해야 한다(로비를 벌이고 동맹국들과 접촉하기 위해 참가자들은 휴식한다).

6. 전체 회의 이후 지도자들의 광범위한 평가가 이루어진다.

이 프로그램의 각 부분은 약 한 시간이 걸린다. 참가자 수는 10명에서 100명까지 가능하다. 모든 참가자는 한 국가를 대표한다. 참가자가 충분하면 모든 국가가 모든 바스켓(작업 그룹)을 대표한다. 그렇지 않으면 대표자들은 자신이 참여할 바스켓을 선택한다.

이에 따라 첫째, 참가자들은 복잡함을 관리하는 법을 배운다. 12~35개 국가와 국가당 쟁점이 최소 세 가지가 있는 만큼, 참가자들은 다자간 협상의 진면목을 경험하게 된다. 올바른 방향을 유지하기 위해, 그들은 모든 항목에 대한 간단한 지침을 받는다. 그렇지 않으면 상황이 어려워진다. 둘째, 국가적 위상을 더잘 이해하고 각기 다른 정치 문화에 대해 더 잘 알게 된다. 셋째, 테이블에 앉은 다른 당사자들과 협력해 동맹과 협상하는 것이 얼마나 어려운 일인지를 배운다. 다른 상대보다 동맹국 간에 합의를 이루는 것이 더 어려운 경우가 많다는 것을 배운다. 왜 그럴까? 무엇보다 협상의 진전을 위해서는 소속 코커스(caucus) 내의 실질적인 합의가 절대적으로 필요하지만 상대측과의 합의는 무익할 수 있기 때문이다. 넷째, 그들은 자신의 코커스 외부에 있는 국가와의 공통분모를 감지하기 위한 방법을 배운다. '블록'에서 일하는 것은 회의의 질서를 위해서는 좋지만, 시각을 왜곡시킨다. 때때로 동맹보다도 적과 더 많은 공통점을 가지기도 한다. 그것을 당신의 이익을 증진시키기 위해 사용해야 한다. 마지막으로, 참가자들은 회의의 주제인 국가에 대해 배우며, 가장 약해 보이는 국가가 실제로는 보이는 것보다 더 큰 힘이 있어 나머지 모두를 협박할 수 있음을 배운다. 모두 다 결혼식에서 신부와 춤추고 싶어 하는 법이다. 약한 국가는 결국 끝에 가면 춤을 가장 많이 신청받는 국가가 되곤 한다.

훈련 유형 II

유형 II 연수생의 경우, 예비 외교관 및 경험이 부족한 초보자로 다른 종류의 협상 훈련이 필요하다. 네덜란드 국제관계연구소는 한 번에 3개월씩 1년에 두 번 열리는 국제관계 과정을 개설하고 있다. 네덜란드 외교관 후보자는 모두 이 커리큘럼을 통과해야 하며 이 같은 과정은 중부 유럽, 동유럽, 중앙아시아 및 남부 아프리카의 초보 외교관에게도 제공된다. 이 과정은 세계 주요 지역 국가의 국제관계, 국제경제, 국제안보나 유럽연합 등의 정치 상황을 다룬다. 이 연구소는 1960년대 후반에 이 과정을 시작했는데, 초창기부터 커리큘럼의 마지막 과정으로 1주일간의 시뮬레이션 게임을 실시했다. 시뮬레이션의 목표는 세 가지이다. 시뮬레이션 당시 관련성이 있는 특정 핵심 이슈에 대한 참가자의 지식을 강화하고, 회의 외교 및 다자간 협상 기술을 향상하며, 이 모든 것을 그들이 적절한 방법으로 수행할 수 있도록 한다. 이 마지막 실습이 최종 시험이기도 하다.

흥미로운 점은 이 시뮬레이션이 단순한 모델이 아닌 실시간 연습이라는 점이다. 예를 들어, 유럽연합 외교장관 회의 시뮬레이션이 역할극 연습으로 구성된다. 쟁점은 환경, 내부시장 및 대외관계이다. 참가자는 커리큘럼 시작 부분에서 광범위한 지침을 받는다. 이후 자신의 입장을 방어할 논거를 찾아야 한다. 공식 문서와 공식 연설, 뉴스레터, 신문, 기사, 책 그리고 시뮬레이션에서 대표해야 하는 해당 국가 외교관과의 인터뷰 등 거의 모든 자료에서 이러한 논거를 찾을 수 있다. 나아가 현실에 따라 자신의 나라 입장을 방어해야 한다는 점도 염두에 둬야 한다. 다시 말해 과정이 진행되는 3개월 동안 현실 정치가 바뀌면 참가자들은 그에 따라 자신의 입장을 수정해야 한다. 매일 뉴스 보도를 접해야만 그렇게 자신들의 주제를 잘 알게 되며 자국의 위치에 매우 깊이 관여하게 된다.

준비해야 할 것은 세 가지이다. 첫째, 참가자는 모의실험이 될 컨퍼런스의 본질에 대해서 많이 알아야 한다. 따라서 특정 주제와 유럽연합 자체에 대한 여러 강의가 제공되어야 한다. 둘째, 참가자들은 컨퍼런스 외교에 필요한 기술을 훈련받아야 한다. 협상에 관한 한, 국제협상에 대한 강의와 협상 및 다자 협상에 대한 워크숍(유형 I 연수생에게 적용한 것과 동일한 워크숍) 등으로 구성된다. 셋째, 참가자들은 실제 마무리 시뮬레이션이 시작되기 전 동료들에게 자신의 관점을 알리기 위해 외교 문서를 작성해야 한다.

훈련 유형 III 및 IV

유형 III 및 IV의 협상자는 네덜란드 국제관계연구소 내에서 국제협상에 관한 별도의 2~3일 세미나와 함께 가장 좋은 대우를 받는다.

세미나의 리더는 강사와 참가자를 소개하고 참가자에게 협상 경험을 물어보며 세미나에 대한 기대치를 결정하는 것으로 시작한다. 최적의 교육생 수는 20명이다. 다음 날에는 사례나 시뮬레이션을 다루며, 대부분 사례나 시뮬레이션은 대상 집단의 특정한 요구사항을 맞출 수 있도록 맞춤 형태로 짠다.

오후에는 협상 기술 및 스타일에 대한 워크숍을 진행한다. 강사 소개와 실습을 대체할 수도 있다. 저녁에는 두 나라 간 협상 연습 준비를 위해 활용하며, 주요 쟁점은 대표단 내의 내부 협조에 두도록 한다. 이 시뮬레이션에 대한 정보는 인쇄물과 비디오로 제공한다. 다음 날 아침에는 양자 간 시뮬레이션을 시행하고, 비디오로 녹화한 뒤 광범위한 평가를 시행한다. 오전은 여러 문화 간의 협상 워크숍으로 끝난다. 오후에는 짧은 다자간 훈련과 세미나에 대한 최종 평가가 있다.

참가자들에게는 세미나와 밀접하게 관련된 많은 기사와 워크북이 제공된다. 워크북에는 다음 주제의 내용이 포함되어 있다.

- 보다 효과적인 방법으로 협상하는 법 배우기.
- 참가자들의 국제협상에 대한 의미와 활용 방안 이해하기.
- 성공적인 국제협상자의 특성 식별하기.
- 협상에서 계획 및 준비의 중요성 인식하기.
- 협상 효과를 향상시키는 몇 가지 실용적인 방법 경험하기(기술, 유형).
- 협상의 효율성을 향상시키기 위해 자신과 다른 사람의 협상 스타일을 이해하도록 돕기.
- 협상 프로세스에서 전략과 전술의 역할과 중요성을 이해하기.
- 비언어적 의사소통의 중요성 인식하기.

결론

이번 장에서는 사람들이 더 능숙한 협상자가 되도록 훈련받을 수 있는 방법을 알아보았다. 물론 본문에 언급된 것 외에도 다른 방법이 많이 있을 것이다. 세미나는 물론 연수생과 주제에 접근하는 방식도 많은 차이가 있다. 그 분야에는 풍부한 세미나가 있고 연수생과 주제에 접근하는 방식에도 많은 차이가 있다. 최근 트렌드는 본질과 방법론의 완벽한 조화를 추구하는 것이다. 예를 들어, 네덜란드 국제관계연구소는 NATO 국방대학교에서 '위기관리 도구로서의 국제협상'이라는 세미나를 개최했다. 목표는 특정 보안 문제에 대한 정보를 배포하고 위기를 억제하기 위해 이 정보를 적용하는 데 필요한 협상 기술을 가르치는 것이었다. 현재 네덜란드 국제관계연구소는 유럽연합 내에서 유럽 통합에 대한 유사한 세미나를 제공한다. EU의 과정과 절차 및 제도에 관한 정보는 협상 훈련과 결합된다. 특히 중요한 것은 연합 내에서 다양한 협상 스타일을 어떻게 인식하고 대처하는가의 여부이다. 이는 EU 회원국이 되기를 원하고 자국의 가입을 협상해야 하는 중부 유럽 국가에 특히 유효하다. 그들에게는 유럽 이외의 다른 많은 국가와 마찬가지로 참가자들에게 상대적으로 낮은 비용으로 교육을 받을 수 있는 현장교육 프로그램이 구성된다. 1990년대 '응용시스템분석연구소(Institute for Applied Systems Analysis: IIASA)에서 수행된 것처럼 때때로 훈련자 교육 프로그램도 추가된다.

1987년 여름 IIASA 국제협상 회의에서, 실무자와 연구자, 교육생 사이의 간극을 메우는 것이 얼마나 어려운지가 분명해졌다. 이상적인 상황은 교육생들이 실무자들의 경험을 자신의 미래 직업의 기반으로 사용하는 것이다. 안타깝게도 이는 이 책에서 묘사한 과정과는 아직 거리가 멀다. 이 책은 다른 책들과 더불어 국제협상에서 주요한 세 주자의 커뮤니케이션 문제의 일부를 해결하는 데 도움이 되어왔지만, 아직 이상적인 환경은 요원하기만 하다. 이런 환경을 만들기 위해서는 적절한 실무 경험과 건전한 학문적 결과물, 최신 교육 기술 등을 바탕으로 협상 기술과 지식의 이전을 촉진하기 위한 세미나와 워크숍이 더 많이 개발되어야 할 것이다. 이것이 바로 국제협상 프로세스(Process on International Negotiation:

PIN) 프로젝트 운영위원회가 1999년 네트워크 조직화에 이미 활동 중인 학계와 실무진들에 협상 훈련자를 추가하기로 결정한 이유이기도 하다.

제 27 장

교육 및 분석을 위한 시뮬레이션

길버트 R. 위넘

시뮬레이션은 사회과학에서 중요한 분석 도구이다. 국제관계에서 광범위하게 사용되었고 최근에는 국제협상에 대한 접근법으로 사용되고 있다. 용도는 주로 교육(또는 훈련)과 연구이다.

1973년 이후 정부관계자들을 상대로 협상 기법 시뮬레이션 연습을 해왔다: 협상 행태를 관찰하기 위해 연습은 동일하게 진행되었다. 연습은 오타와, 워싱턴 D.C, 제네바(GATT), 그리고 개발도상국의 다양한 장소에서 열렸다. 일반적으로 2~3일 동안 진행되었으며, 역할을 맡은 참가자들은 시뮬레이션 시나리오에 의해 설정된 범위 내에서 협상된 합의에 도달하려고 노력한다. 이 시뮬레이션의 협상 상황에는 다음과 같은 것이 포함된다. 다자간 무역 협상, 해양법에 관한 협약에 의해 설립된 '권한'과 광산업 회사들의 컨소시엄 사이의 협상, 작은 개발도상국과 두 외국 다국적 기업 사이의 협상, 그리고 여섯 가지 이슈에 대한 두 나라 사이의 양자 협상이다(시뮬레이션 연습은 이 장의 부록에 간략히 설명되어 있다). 이 장의 목적은 일반적인 국제협상에 대한 접근방식으로서, 시뮬레이션을 통해 기술 상태를 조사 및 평가하고, 향후 작업에 대한 방향을 제시하고, 국제협상에 응용할 수 있는지에 대한 함의에 대해 논평하는 것이다.

국제관계와 국제협상의 시뮬레이션

1950년대부터 사회과학자들은 국제관계 연구에서 다양한 표현기법을 실험해 왔다. 이 실험의 핵심은 물리 과학자들이 실험실에서 실험하는 것처럼 국제적 측면을 연구하는 사회과학자에게도 동등한 기능을 제공하기 위한 노력이었다. 이 실험의 한 부분은 특히 정치학자들과 경제학자들의 도움을 받아 사회심리학자들이 개발한 게임 문헌에 나타나 있다. 게임은 일반적으로 인간관계(예를 들어 갈등)의 구조적 측면을 단순하고 제한된 모델로 표현하려는 시도이다(Schlenker and Bonoma, 1978). 대체로 게임은 어떤 행동 이론에 따라 구성되며, 더 넓은 이론을 시험하고 자세히 설명하기 위한 수단이다. 예를 들어 게임 이론, 특히 죄수의 딜레마(PD) 게임은 협력적이고 갈등적인 행동과 관련하여 많은 실험실 게임을 자극했다.

실험실 게임은 추상적 이론과 운영 분석 사이의 다리 역할을 하기 때문에 과학적 지식을 발전시키는 데 중요한 역할을 해왔다. 이 같은 추세는 협력을 유도하기 위한 맞대응 전략 개발에서도 확인할 수 있다. 중요한 전략 개념의 자성적 계보는 게임 이론(von Neumann and Morgenstern, 1953)과 같은 중요한 초기 단계부터 실험실 게임과 같은 발전 단계(Rapoport and Chammah, 1965)를 거쳐 경쟁 가설에 대한 시험이 진행된 후 널리 공개되는 나중 단계까지 역추적될 수 있다(Axelrod, 1984).

시뮬레이션은 현재 정책적 상황보다 더 완벽한 그림을 제시하려고 시도한다는 점에서 게임과 다르다. 실제 항공기를 비행할 때 직면하게 될 모든 상황을 거의 맞닥뜨리게 하는 비행 시뮬레이터와 유사할 수 있다. 정책 상황 시뮬레이션은 가정을 단순화하기 때문에 시뮬레이터만큼 현실주의적이지는 않다. 그러나 정책 상황에서 중요한 변수는 시뮬레이션에 포함되어야 하며 변수 간 관계는 정확하게 그려져야 한다. 만약 시뮬레이션이 비현실적이라면, 교육 도구나 이론을 생성하기 위한 수단으로서 가치가 없을 것이다.

국제관계에서 시뮬레이션의 가장 두드러진 예는 1950년대 후반에 게츠코프와 동료들(Guetzkow and others, 1963)이 개발한 국가 간 시뮬레이션(Inter-Nation

Simulation: INS)이다. 그들은 시뮬레이션을 "현실 중심 기능의 작동 표현"(1963, p.25)으로 정의했고, 실험자가 제시한 조건 등을 기초로 참가자가 외교정책 결정을 하도록 요구하는 상호 연습을 개발했다. INS는 기존의 국제관계 이론에 대한 풍부한 이해를 바탕으로 한 정교한 연습이었고(Coplin, 1966), 이는 더 많은 이론적 발전을 위한 수단이 되었다(Hermann and Hermann, 1967).

비슷한 시기에 시작된 또 다른 중요한 발전은 랜드 연구소의 정치연습(political exercise, 혹은 '폴렉스(polex)')였는데, 이는 후에 링컨 블룸필드와 MIT의 동료들이 이어받았다. 폴렉스의 목적은 교육과 정책계획(또는 분석)이었고, 가상적이지만 비교적 현실적인 위기 상황에서 정부 관료들과 역할극을 하는 것이었다. 연습은 참가자 팀이 공통적으로 국가 의사결정 단위를 대표하는 형식이었지만, 정확한 역할은 연습 시나리오에 따라 달라진다.

폴렉스는 중동 위기에서 이란이나 앙골라의 정권 붕괴에 이르기까지 많은 상황을 모델링하는 데 사용되었다. 비록 시뮬레이션에서 묘사된 시나리오가 실제 세계에서 정확히 일어나는 경우는 드물지만, 의사결정 과정과 관료의 상호 작용, 심지어 최종 정책 선택은 "실제 과정과 놀라울 정도로 유사했다" (Bloomfield, 1984, p.788). 폴렉스는 정책 커뮤니티를 위한 용도가 명백했기 때문에 미국 국방부는 1960년대부터 정치와 위기 게임을 담당하는 조직 단위를 유지해 왔다(예를 들어, 미국 합동참모본부나 참모부에 보고하는 연구자들, 분석과 게임 에이전시, SAGA).

이론적(: INS)이든 폴렉스(: polex)이든, 다양한 국제관계 시뮬레이션은 협상 프로세스를 포함한다. 국제관계 시뮬레이션에는 외교적 개입이 포함될 가능성이 높기 때문에 이는 피할 수 없는 일일 것이다. 니콜슨(Nicolson, 1963, p.4)이 우리에게 상기시켜 주듯이 외교는 사실상 '협상을 통한 국제관계 관리'이다.

초기의 국제관계 시뮬레이션은 협상 프로세스를 포함하고 있었지만, 초·중급 경력의 외국인 서비스 요원들(FSOs)이 협상 기술 교육을 받으면서 협상과 시뮬레이션이 접목되었다. 1970년대 초 미국 국무부 외교연구소(FSI)는 하루 동안의 양자 협상 시뮬레이션을 폭넓게 활용한 일주일간의 협상 기술 워크숍을 시작했다(Winham and Bovis, 1978). 위넘(Winham)의 무역 협상 시뮬레이션은 자주 사용되지는 않았다. 비슷한 협상 훈련 활동은 1973년쯤 캐나다 외무부에서 시작되었고, 재(再)시뮬레이션 훈련 방법이 두드러졌다. 시뮬레이션이 포함된 협상 교육은 미 국무부와 캐나다 외교부에서 계속 활용되고 있다. 나아가 1982년 미 국무부의 FSI는 훈련의 질을 향상시키기 위해 외무 연구센터를 설립했다. 그곳에서는 다양한 국제협상과 갈등 해결 과정의 시뮬레이션을 개발하는 과제를 지니고 있었다.

국가 정부 이외의 기관들도 시뮬레이션 기법을 통해 협상 훈련에 대한 관심을 키워왔다. 이것은 비정부기구에 해당된다(NGOs). 예를 들어, 뉴욕의 국제 평화 아카데미와 몰타의 국제 해양 연구소는 정기적으로 훈련 프로그램에 협상 시뮬레이션을 포함하는데, 안보 문제와 해양 관리를 따로 다룬다. 예를 들어, 하버드 로스쿨의 협상 프로그램과 관련된 교수진들은 일주일 동안 공개적으로 이용할 수 있는 협상 훈련 프로그램을 개발했으며, 그중 절반 이상은 다양한 시뮬레이션 연습으로 구성되어 있다. 이와 비슷하게, 칼튼 대학 국제문제 대학원 교수진은 최근 캐나다 외국인 서비스 요원(FSO)을 위한 시뮬레이션 훈련 과정을 준비했다. 협상에 관한 훈련 프로그램인 협상 시뮬레이션은 발전하는 중이다.

국제관계를 연구하거나 가르치기 위한 도구로서의 시뮬레이션에 대한 관심은 1960년대에 관심이 최고조에 이른 뒤 점차 멀어진 것으로 보인다. 그러나 국제협상에서 시뮬레이션 사용이 가속화되었는데, 두 가지 이유가 있다. 하나는 협상이 '시뮬레이션 가능한' 경험이라는 점이다. 협상에 내재된 인간 상호 작용이 복잡한 환경(모의 군사 작전을 위한 넓은 지형과 같은)이나 복잡한 장비(유인(有人) 우주 비행 시뮬레이터와 같은) 없이도 모델링될 수 있다. 두 번째 이유는 최근 몇 년 동안 협상에서 훈련의 필요성이 사회의 모든 수준에서 증가했기 때문이며, 시뮬레이션은 종종 훈련을 수행하는 가장 효과적인 수단 중 하나로 보인다. 인간 행동의 한 형태로서, 협상은 응용 기술과 지적 기술을 모두 필요로 하며, 방법론으로서의 시뮬레이션은 이러한 요구 사항에 대한 훈련을 제공할 수 있다. 즉 협상과 시뮬레이션은 상호 보완성이 있다(시뮬레이션과 비즈니스 의사결정 사이에는 유사한 상호 보완성이 존재하며, 그 결과 비즈니스 스쿨에서 시뮬레이션 사용이 증가하고 있다(Faria, 1987).

시뮬레이션 평가 및 설계

커닝엄(Cunningham, 1984)은 사회과학에서 사용되는 시뮬레이션의 유형을 제시했다. 커닝엄은 시뮬레이션을 "실험, 예측, 평가 또는 학습 목적을 위해 현실의 일부 측면을 대체하는 장치"(1984, p.215)로 정의한다. 실험에 시뮬레이션을 사용할 때, 분석가는 일반적으로 의사결정 과정에 대한 가설이나 통제된 실험실 실험을 만든다. 여러 변수 간의 관계를 이해하는 것이 목표인 예측 시뮬레이션은 어떤 일이 일어날 수 있는지를 나타내기 위해 사용된다. 평가 시뮬레이션은 조직 작업의 루틴을 평가하는 데 사용되며, 간단한 예로는 구급차의 비상절차가 있을 수 있다. 마지막으로, 교육 시뮬레이션은 참가자들에게 단순히 정보를 습득하는 것 외에도 정보를 사용하는 방법을 가르치는 목표를 가지고 있다. 커닝엄은 실험적인 시뮬레이션으로부터 교육적인 시뮬레이션으로의 진행 단계에서는 해결책을 찾는 것에서 지식을 전달하는 것으로 바꿀 것을 제안하고 있다. 또 어떤 시뮬레이션에서 성공하기 위해서는 현실에서의 정확한 표현이 중요하다고 강조했다.

앞에서 논의한 시뮬레이션 가운데 INS는 실험 또는 예측 유형의 예로 보일 것이다. INS의 행동 환경은 게임 규칙에 의해 엄격하게 통제되었고, 참가자들의 움직임은 정량적 공식에 따라 평가되었으며 차례로 다음 움직임을 위한 조건을 명시했다. 게임 규칙과 엄격한 공식은 가설 테스트를 용이하게 했다. 이에 비해 폴렉스(polex)는 예측 또는 교육 시뮬레이션의 혼합으로 보이며, 의사결정 진전에 대한 가설을 만들어내는 측면에서 실험의 일부 요소가 있을 수 있다.

모의실험이 특히 전문가 참가자와 함께 교육 목적으로 사용되는 경우 연구자의 능력은 상당히 제한된다. 블룸필드(Bloomfield, 1984, p.786)의 표현을 인용하자면, 연구자들이 일반적으로 노트 필기나 테이프 녹음과 같은 눈에 띄지 않는 형태의 관찰을 제한하며 주기적으로 설문지나 인터뷰처럼 보다 적극적인 형태의 관찰도 배제한다는 것을 의미한다.

협상 시뮬레이션은 어떻게 설계되어 있을까?(여기서 시뮬레이션은 인류 주제를 이용한 롤플레잉 연습을 말한다. 컴퓨터 시뮬레이션을 포함한 더 복잡한 모델의 설계는 Mahoney and Druckman, 1975 참조). 예피모프와 코마로프(Yefimov and Komarov,

1982)는 개념, 정의, 개발, 운영의 개발 순서를 제시했다. 실질적으로 각 시뮬레이션은 시나리오 개념으로 시작해야 하며, 이는 설계자가 참가자를 배치하려는 상황을 일컫는다(Mahoney and Druckman, 1975). 참가자들에게 흥미를 유발하기 위해, 협상 시뮬레이션은 종종 협상에서 당사자들을 분열시키는 요소를 포착하려 해야 한다. 무역 협상에서 자유주의와 보호주의 사이의 긴장과 심해 채굴 계약에 대한 협상에서 사적 권리와 집단적 권리 사이의 분열이 그 예일 수 있다. 시나리오는 또한 참가자들에게 어떤 조치를 요구해야 하며, 협상 시뮬레이션에서는 일반적으로 협상된 합의를 수용하거나 거부하는 결정이 될 것이다.

시나리오가 일반적인 용어로 명시되면, 대략적인 가상의 의제를 작성해야 한다. 어젠다는 연습에 포함될 수 있는 다양한 회의(협상 회의)의 종류와 시간이다. 어젠다는 일반적으로 연습에 허용된 전체 시간, 플레이가 계속 또는 중단되는지 여부 등 여러 가지 절차적 고려에 의해 영향을 받는다. 주요 고려 사항은 참가자들이 시뮬레이션 동안 수행해야 하는 작업량과 함께 그들이 취할 것으로 예상되는 조치와 관련해 의제가 현실적인지 확인하는 것이다.

다음으로 참가자 역할 설계이다. 역할은 시나리오와 수행해야 할 작업과 관련해 현실적이어야 한다. 각 참가자는 가능한 한 정의된 과제를 가져야 한다. 그다음 단계는 시나리오를 다듬고 협상 당사자들의 이익을 분명하게 해주는 사안들을 추가하는 것이다. 어렵고 고통스럽고 일반화될 수 있는 원칙적 질문을 제기해야 한다. 쟁점 초안에는 당사자들이 그들의 협상 입장과 관련하여 받아야 할 지침이 포함되어야 한다. 마지막 단계는 참가자들이 연습을 수행할 때 따라야 할 규칙과 절차를 명시하는 것이다.

특히 전문 참가자와 함께 실시되는 연습의 경우 모든 단계에서 현실성과 신뢰성이 강조되어야 한다. 여기에서 현실성은 시뮬레이션 상황에 대한 철저한 지식은 물론 신의를 잃지 않고 상황을 단순화할 수 있는 게임 프로세스에 대한 충분한 지식으로 뒷받침된다. 일반적으로 시뮬레이션할 상황에 대한 지식은 시나리오를 설계하고 협상할 쟁점을 도출하는 데 가장 중요하다. 시뮬레이션에 대한 절차적 지식은 의제, 규칙 및 게임 절차를 설계하는 데 중요하다. 가장 어려운 단계는 이슈 구축인데, 대부분의 국제협상에서 당사자들이 쟁점에 대해 취하는 입장이 핵심이라는 점을 고려하기 때문이다.

시뮬레이션 설계에서 직면하는 한 가지 선택은 정적 연습 또는 동적 연습 중 어느 것을 만들 것인가이다. 정적 시뮬레이션(static simulation)은 참가자들이 연습을 끝낼 수 있도록 처음부터 모든 정보를 제공하는 시뮬레이션이다. 동적 시뮬레이션(dynamic simulation)은 참가자들에게 초기 시나리오가 주어지고, 미리 결정된 경로로 계속 진행되도록 새로운 변경 정보를 주기적으로 주입하는 시뮬레이션이다. 국제협상의 동적 시뮬레이션은 종종 협상에서 한 당사자가 통제를 하고, 참가자가 하나 이상의 당사자를 연기하는 시나리오를 수반한다. 이러한 통제는 참가자에게 주는 응답으로 연습을 지시할 수 있다. 이 형식은 연습에서 긴장을 증가시키기 위해 협상을 조작할 수 있도록 제어하기 때문에 위기 협상의 시뮬레이션에서 일반적이다.

정적 시뮬레이션은 일반적으로 동적 시뮬레이션보다 국제협상 훈련에 더 가치가 있다. 정적 시뮬레이션은 참가자들의 비인격과 외부적인 힘에 대항하는 인위성을 제거한다. 연습 마감일 등 적절하게 조작된 시뮬레이션에서는 기술적 비전략적 질문을 관찰하거나 답변하는 것 외에 다른 기능을 통제하지 않아야 한다. 참가자들의 스케줄을 조정하고 시뮬레이션을 하기 전에 작업에 적용할 우선순위를 결정하는 완전히 현실적인 문제를 남긴다. 당사자들이 이런 명백한 일상적인 절차 문제를 처리하는 방법은 최종연습이 성공하거나 실패하는 데 가장 중요한 요소 중 하나이다.

│ 시뮬레이션 및 협상 훈련

협상을 가르칠 수 있는가? 답은 명확하지 않지만, 시뮬레이션이 참가자들을 협상 방법을 직접 경험할 수 있는 상황에 놓이게 한다는 것이다. 시뮬레이션을 이용해 협상을 가르치는 장점은 다른 방법을 통해 전달하기 어려운 협상 프로세스에 대한 주관적인 이해를 촉진한다는 것이다(Foster, Lachman, and Mason, 1980).

시뮬레이션을 비판하는 사람들은 학생들이 강의와 독서의 전통적인 방법을 통해 배우는 것처럼 시뮬레이션 연습을 통해서도 정보를 배울 수 있는지 종종 의문을 제기한다. 이 점은 논란의 여지가 있지만, 역할극 시뮬레이션이 참가자들이 겪고 있는 상황의 복잡성에 대해 주관적인 통찰력을 얻을 수 있도록 한다는 것은 분명해 보인다. 이러한 통찰력의 장점을 행정학 시뮬레이션에 참여한 학생은 이렇게 표현했다. "저는 제가 이런 종류의 정보에 대해 **생각**하는 법을 배웠기 때문에 사실과 이론 모델을 통해 많은 것을 배웠다고 생각하지 않는다. 그것은 나에게 다른 행정 이론과 모델을 보유할 수 있는 참고자료를 주었다"(Foster, Lachman, and Mason, 1980, p.238). 지적 능력과 운영 능력을 모두 갖춘 협상에서는 특정 상황과 관련된 정보에 대해 생각하는 능력을 정확히 협상 과정에서 가르쳐야 한다.

협상 시뮬레이션에 대한 경험은 학생들이 경험하기 전까지는 완전히 이해할 수 없는 협상의 일부 측면이 있음을 시사한다. 위넘(Winham)의 배타적 경제수역(EEZ) 관리 시뮬레이션을 예로 들 수 있다. 시뮬레이션 참가자들을 위한 과제는 개발도상국과 두 개의 외국 기업 사이에 협상된 두 개의 계약서를 작성하는 것이다. 참가자들은 원칙적으로 구두 합의에 도달한 후 서면 합의를 완료하는 데 필요한 시간을 너무 적게 잡는다. 문제는 단순히 물건을 적는 데 걸리는 시간을 잘못 계산하는 것이 아니다. 단순히 적는 데 걸리는 시간을 잘못 계산하는 것이 아니라, 참가자들이 서면 의사소통의 정확성에 비해 의사소통의 부정확성을 인식하지 못하는 것이다. 이러한 차이가 얼마나 많은 것을 복잡하게 만들고 지연시킬 수 있는지 깨닫지 못한다. 중요한 것은 이 문제가 크지 않고, 강의에서 쉽게 파악할 수 있다고 생각할 수 있지만, 실제로 충분히 이해되기 위해서는 반드시 경험해야 하는 것이다.

주관적인 이해를 도출하는 시뮬레이션의 능력에 대한 두 번째 예는 위넘(Winham)의 다자간 무역 협상 시뮬레이션(TNS) 연습에서 나온다. 이 시뮬레이션의 경험은 다자간 협상이 종종 가정하는 것처럼 명확한 개념이 아니기 때문에 다자간 협상이 실행되기가 어렵다는 것을 시사한다. 다자간은 본질적으로 두 개 이상의 당사자를 의미하지만, 다자간 협상의 일부 당사자들이 중요한 참여자가 아닐 수 있다는 사실로 인해 복잡해질 수 있으며, 다극성의 효과를 감소시키거나, 양자 간 협상에 참여하는 국가들의 협상이 효과적으로 확대되는 것에 몰두할 수 있다.

협상 과정에서 '다자적 사고'가 이루어지기 어렵다는 증거가 있다. 그 이유는 참여자들이 행동의 1차적 효과와 2차적 효과를 동시에 추적하도록 요구하기 때문이다. 이는 도어너(Doerner, 1980, p.92)가 제기했다. "복잡함을 다루는 데 익숙하지 않은 피실험자들은 대개 열망하는 주효과만 볼 뿐 동시에 나타나는 부작용은 볼 수 없다." 다자간 협상에서, 당사자들은 보통 제3자와의 입장을 추적하는 동시에 눈앞의 이익에 더 중요한 다른 당사자들과 거래할 의무가 있다. 그래서 종종 혼란스럽고 더 큰 압박을 주면서 2차적 효과를 추적하는 것은 더욱 어렵게 된다.

TNS에서의 다자간 협상은 실생활의 관행을 따른다. TNS는 주로 4개국 간의 관세 협상이며, 당사자들은 가장 선호되는 국가(Most Favored Nation: MFN)의 원칙을 따른다. 실질적으로 당사자들은 제품당 하나의 관세만을 유지하는 것을 의미하고, 만약 그들이 어느 나라와의 협상 후에 주어진 관세를 낮추면, 그들은 그들이 가장 선호되는 국가에 부여한 새로운 관세를 모든 당사자에게 확대해야 한다(이 원칙은 상업적 교섭을 넘어 집단 상품교섭에 적용될 수 있다. 예를 들어, 국가가 무기를 제한하거나 환경오염을 줄이기로 합의하면, 협정 당사자가 아닌 국가들이 합의의 이익을 실현할 수 있다). 이 원리는 교실에서는 이해하기 쉽지만, 실제로는 종종 오해가 생긴다. TNS에서 각 당사자들이 다른 국가에 다른 관세 인하를 했다는 것을 발견하는 것은 흔한 일이다(예를 들어 신발의 경우 한 국가에게는 10%의 관세를 인하하고 다른 국가에게는 동일한 제품에 20%의 관세를 인하하는 것이다). 협상이 거의 끝나갈 때 이것이 발견되면, 발전하는 다자간 협정에 지장을 초래할 수 있다. 당사자들은 '규칙'이 의도했던 것보다 더 많이 줄 것을 요구하는 것을 발견하고 괴로워하지만, 이전에 제시했던 양보를 철회하려고 할 때 똑같은 보복을 당한다. 결국 그 협상은 완전히 결렬될 심각한 위험을 안게 된다.

이 상황에서는 참가자들이 어떻게 협상해야 하는지 분명해지고, 실제로 사전 브리핑에서도 설명된다. 참가자들은 주어진 제품의 주요 공급자와 협상하고, 2

차 공급자에 대한 협정의 영향을 추적한 다음, 보상 이익을 얻기 위해 2차 공급자와도 협상해야 한다. 그러나 당사자들이 실제로 하는 일은 '희망적인 주요 효과만 본다'는 것이다(이 분석은 1972년에 한 캐나다 무역 협상자가 인터뷰에서 한 논평과 매우 유사하다. 1967년에 끝난 케네디 라운드를 평가하면서, 그 담당자는 미국이 유럽 공동체에 대해 '터널 비전'을 가지고 있었고 캐나다와 매력적인 계약을 맺을 기회를 놓쳤다고 불평했다). 참가자들은 시뮬레이션 연습에서 MFN 원칙을 적용함으로써 주관적인 이해를 얻은 것으로 보인다.

협상의 주관적 이해를 향상시키는 것 외에도, 교육 기술로서의 시뮬레이션은 정보 전달에도 몇 가지 이점이 있다. 정보를 전달하기 위해 시뮬레이션을 사용하는 것의 문제점 하나는, 비용 면에서 효율적이지 않다는 것이다(Jacobs and Baum, 1987). 시뮬레이션을 구축하기 위해서는 상당한 연구가 필요하며, 강의와는 달리 시간이 훨씬 더 든다. 이러한 단점들은 왜 전문적인 훈련 프로그램에서 시뮬레이션 사용이 제한되는지를 설명한다(Jacobs and Baum, 1987).

그러나 시작 비용이 갖춰지면 시뮬레이션은 교육 방법으로서도 상당한 이점을 제공한다. 시뮬레이션은 교실 수업과는 다른 기술을 개발하며(Brademeier and Greenblat, 1981), 이러한 기술 중에는 특히 창의적이고 혁신적이라는 주장이 있다(Brewer, 1984). 이 기술은 특히 실용적이고 제도적인 의미에서 창의성이 협상의 중요한 부분이라고 가정되기 때문에 협상 훈련에서 특히 중요하다.

시뮬레이션이 다른 교육 방법보다 사실적 지식을 더 잘 유지할 수 있다는 주장도 있다(Brademeier and Greenblat, 1981). 두 가지 상황을 예로 들어보자. 첫째로는 시뮬레이션에서 전문 지식 또는 데이터의 적용을 필요로 하는 경우이다. 예를 들어, 위넘의 해저광업 시뮬레이션에서, 참가자들은 UN 해양법에 관한 협약의 관련 조항에 따라 공동 벤처 계약 초안을 작성할 것으로 예상된다. 공동기업에 대한 협약의 조항이 모든 세부 사항에서 완전히 명확하지는 않기 때문에 시뮬레이션 참가자들은 기존 강의보다 공동기업의 법적 프레임워크를 더 잘 이해할 수 있다.

둘째로는 시뮬레이션이 전문 분석 기술을 필요로 하는 경우이다. 스프레드시트 소프트웨어를 사용하는 개인용 컴퓨터가 한 국가와 두 외국 기업 간의 대체

비용 분담 협정을 계산하는 EEZ 시뮬레이션에서 한 예를 볼 수 있다(컴퓨터의 추가 효과는 시뮬레이션에서 정치적, 심리적 요소를 줄이고 경제적·기술적 요소를 증가시키는 것이었다. 해저 채굴의 컴퓨터 모델을 개발하면서 UN 해양법 회의에서 협상 행태에 비슷한 영향을 미쳤다).

시뮬레이션과 연구

시뮬레이션의 가장 유용한 측면은, 실제 협상 세계에서 직면하는 문제를 입증한다는 것이다(Brooker, 1983). 입증할 수 있는 문제 가운데 하나는 '비합리적' 요소이다. 정부 간 협상은 복잡하다. 적절한 정보와 분석이 없는 상태에서 진행되며, 비효율적인 의사소통 패턴을 지닌다. 전쟁 수행 과정에서도 유사한 현상을 목격한 클라우제비츠(Clausewitz, [1832] 1976)는 이러한 현상을 '전쟁의 안개'라는 인상적인 구절로 묘사했다. 이와 비슷한 표현을 묘사한 국제협상 또한 많다.

실제 협상을 충실하게 모델링하는 시뮬레이션은 비합리적 요인을 면밀히 관찰할 수 있는 실험실로 가져올 수 있는 능력을 지니고 있다. 그러나 이 일을 하는 데는 약간의 지적 저항이 따른다. 예를 들어 브래큰(Bracken, 1984)은 미국 정부 내부에서 대규모 정치 군사 게임이 펼쳐질 때 합동과 소통에서 발생하는 불가피한 문제는 주로 게임의 결함으로 본다고 지적했다. 그 결과, 조직의 역동성이 방해받지 않을 가능성이 있는 더 작고 더 통제된 게임을 사용하는 경향이 있다는 것이다. 브래큰은 소규모 게임들은 분쟁 관리와 관련된 제도적, 조직적 행동을 탐구할 수 있는 능력이 부족하며, 이는 "억제의 가장 잘 이해되지 않는 부분"이라고 주장한다.

협상에서 비합리적인 요소는 대체로 복잡성이다. 복잡성은 참가자들이 함께 고민해 만든 결과를 시뮬레이션으로 설계할 수 있다. 예를 들어, 무역 협상 시뮬레이션에서 4개국과 30개 제품이 있다고 치자. 제품에 대한 관세가 6단계(50, 40, 30, 20, 10, 그리고 마지막 0퍼센트)에 걸쳐 인하될 수 있다고 가정할 때, 협상에서 따를 수 있는 가능성은 720개($4 \times 30 \times 6$)에 달한다. 물론 30개의 제품 TNS는 현실에서는 크게 단순화되었지만, 그럼에도 3일간의 연습 기간 동안 참가자들에게는 상당한 복잡성을 야기한다.

시뮬레이션 연습에서 볼 수 있듯이 복잡성이 협상 상황에 미치는 영향은 무엇일까? 한 가지 효과는 참가자들이 의사소통을 하지 못한다는 것이다. 예를 들어, 브래큰(Bracken, 1984, pp.800~801)은 다음과 같이 말한다. "내 경험으로는, 대규모 게임을 하는 동안 가장 신중한 자제와 결의의 신호는 수용되지 않는다. 여기에는 많은 이유가 있다. 정보 조정 문제, 심리적 편견, 그리고 상황에 대한 적대자의 견해를 이해하지 못하는 것이다. 또 다른 요인은 대규모 연습에서 신호의 높은 밀도이다." TNS에서도 비슷한 현상이 기록되었는데(Winham, 1977a), 협상에서 양보를 제안하려는 시도에서 최대 50%가 의도된 수신자에게 양보로 인식되지 않는 것이 관찰되었다. 이러한 의사소통의 문제들은 합리적인 양보 전략의 적용을 어렵게 한다.

복잡성의 두 번째 효과는 협상 상황이 전략 계획에 부분적으로만 적용할 수 있다는 것이다. 예를 들어, 도어너(Doerner, 1980, p.101)는 "상황에 대한 완전한 지식이 있는 것이 아니라, 행동을 하면서 이 정보를 습득해야 하는 것이 복잡한 상황의 특징"이라고 지적한다. 도어너의 관찰은 사이버네틱 의사결정 이론과 일치하는데, 상황이 너무 복잡해 개요(synoptic) 분석을 허용하지 않으면 의사결정자가 조치를 취할 것이라는 점을 인정한다. 따라서 협상에서의 복잡성은 전략적 계획을 희생하면서 이니셔티브의 중요성을 증가시킨다.

복잡성의 세 번째 효과는 통제력을 상실할 수 있는 위험을 야기하고 따라서 협상에서 실패한다는 것이다. 통제력 상실은 지적인 의미로 이해되는데, 압력에 시달리는 당사자들이 합의에 실패하는 것은 그들의 입장이 양립할 수 없기 때문이 아니라 상황에 대한 이해에 합의할 수 없기 때문이다. 예를 들어, 통제력 상실과 실패의 관계에 주목하여 도어너(Doerner, 1980)는 "실험에서 피실험자들이 상황에 대한 통제력을 잃을 때마다 관찰되었던 지적 수준의 감소"에 대해 썼다 (1980, p.97). 통제의 또 다른 측면은 협상 상황에서 중요한 의사결정자의 의사소통과 구조 선택을 관리하는 협상자의 능력이다. 예를 들어, 정부 관료의 시뮬레이션에서 협상 팀과 정부 팀 간의 소통 통제력 상실이 협상 실패의 주요 원인으로 보였다(Winham and Bovis, 1978). 또 도쿄 라운드 협상에서는 내부 협상자들과 국내 유권자들 사이의 통제가 가장 중요한 요소로 여겨졌다(Winham, 1986).

넷째, 복잡성은 협상자들에게 협상의 우선순위를 정하라는 압력을 증가시킨다. 단순한 상황에서 협상자의 우선순위는 보통 당연하게 여겨진다. 복잡한 협상에서는 윗선의 지시가 불분명하고, 협상 접근방식에 대해서는 위임받은 사람과 위임을 한 사람 간에 이견이 있는 경우가 많으며, 협상자가 반드시 처리해야 할 자료가 부정확하고 불확실한 경우가 많다. 이러한 요인에 따라 협상자들에게 상반된 요구가 생겨나고 협상 우선순위를 정하기 어렵게 된다. 그러나 우선순위가 정해지지 않으면 협상 팀은 합의에 도달하는 데 필요한 절충안을 구성할 수 없다. 우선순위를 설정할 때 협상자를 안내할 수 있는 이론적 모델은 거의 없다. 오히려, 그것은 경험으로부터 그리고 '어려움을 통해' 배우는 행동이다.

복잡성 외에도, 조직적인 요소들은 현대 국제협상에서 또 다른 중요한 측면이지만 분석되지 않고 있다. 조직 구조는 우선순위와 행동에 영향을 미칠 수 있는 힘을 가지고 있다. 조직 구조의 효과는 시뮬레이션을 통해 유용하게 검토될 수 있다. 무역 협상 시뮬레이션에서 위임 조직과 구조가 커뮤니케이션 패턴에 미치는 영향을 고려해 보라.

TNS의 평균 대표단 규모는 4개국당 네 명이다. 대표단은 단체로 함께 협상하거나(플리너리 모델: 대사+모든 대표단 구성원) 양자 또는 부문별 회담으로 갈라져 보다 분산된 협상을 추진할 수 있다. 두 국가가 그들의 협상을 조직하는 방법의 예는 그림 27.1에 제시되어 있다.

플리너리 모델은 더 일반적이며, TNS에서의 협상은 일반적으로 이 구성으로 시작하고 끝난다. 이 모델은 내부 위임 제어 및 조정을 최소화하지만 위임 간의 잠재적 정보 흐름 전체를 크게 제한한다. 그것은 천천히 진행되는 신중한 협상을 낳는 경향이 있다. 두 번째 모델은 GATT의 실제 무역 협상에 자주 사용되지만 시뮬레이션의 시간 내에서는 추구하기가 더 어렵다. 그것이 채택되면, 두 번째 모델은 당사자 간의 의사소통 흐름을 크게 증가시키고, 상호 학습을 개선하며, 일반적으로 협상에서 제안의 흐름을 증가시킨다.

그러나 이 모델은 또한 한 부문에서 만들어진 제안이 다른 부문에서 그 국가

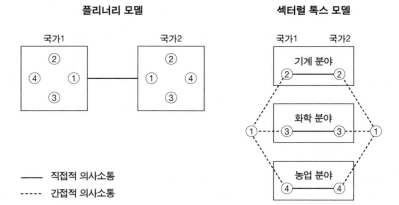

플리너리 모델

국가1   국가2

섹터럴 톡스 모델

국가1 국가2

기계 분야

화학 분야

농업 분야

―――― 직접적 의사소통
----- 간접적 의사소통

그림 27.1. 플리너리 모델 대 섹터럴 톡스 모델 상호 작용

의 지위에 부정적인 영향을 미칠 때처럼 대표단 내 조정과 통제의 문제를 증가
시킨다.

행동에 대한 조직 구조의 역할에 대한 이해는 협상의 성공에 중요하며, 협상
의 복잡성이 커질수록 더욱 중요해진다. 예를 들어, 실제 무역 협상에서 대사들
과 GATT 직원들은 협상을 진전시킬 결과를 내기 위해 협상 회의의 구조를 계획
하는 데 엄청난 양의 시간을 보낸다. 이런 요인들은 통상 협상 이론에서 강조되
지 않는다. 그들의 중요성을 인식하는 한 가지 방법은 이 장에 설명된 협상 시뮬
레이션 연습을 통해서이다.

결론

국제관계에서 협상은 지난 10년 동안 상당히 증가했으며, 시뮬레이션 접근법
의 고유한 가치 때문에 추가적인 성장을 기대할 수 있다. 정부 기관과 국제기업
들이 국제 문제에서 정책수행 수단으로서 협상의 중요성을 인식하고 있고, 이에
따라 협상 방식에 대한 교육수요가 많은 것은 분명하다. 이 장에 제시된 시뮬레

이션은 협상에서 가장 가치 있는 지시 매체 중 하나이다. 따라서 우리는 미래에는 사용이 증가할 것을 기대할 수 있다. 이것은 협상의 실천에 영향을 미칠 것이다. 즉, 미래의 실무자는 아마도 자신이 직면하게 될 일을 더 잘 준비할 것이다. 예를 들어, 협상이 특정 분야의 정상적인 부분일수록 국제무역은 시뮬레이션과 함께 정규화된 훈련 과정을 사용해 협상 방법에서 학습 곡선을 단축하는 데 사용될 가능성이 더 높다.

시뮬레이션이 연구자와 실무자 모두에게 가치가 있는 수많은 분야가 있다. 그러한 분야 중 하나는 인지이다. 협상 행태를 분석하려면 참가자가 협상 상황을 어떻게 보고, 어떻게 어떤 자료를 선택할 것인지, 합의를 촉진하기 위해 절충 구조에 어떻게 나설 것인지 이해하는 것이 중요하다. 이러한 인지 문제는 협상의 복잡성이 증가할수록 증가한다. 간단한 분석 모델이나 실험실 모델을 통해 복잡한 인지 문제를 검토하는 것은 어렵지만 시뮬레이션 접근법에 의해 채택된 더 풍부한 시나리오는 이러한 문제를 해결하는 데 적합하다. 예를 들어, 위기 상호 의존성을 시뮬레이션하는 세르게예프와 동료들의 연구(Sergeev, Akimov, Lukov, and Parshin, 1989)는 위기에 처한 당사자들이 직면한 선택을 모델링하는 기술로서 '인지도'를 언급한다. 이 작업은 학술적 분석뿐만 아니라 협상에 대한 보다 실질적인 이해에 대한 가능성을 가지고 있다.

시뮬레이션 접근법의 두 번째 유망한 영역은 협상에서의 비합리적 요인 분석이다. 실제 협상에서의 의사결정의 상당 부분이 합리적인 의사결정 모델에 부합하지 않으며, 특히 협상에서의 복잡성과 시간 압박이 증가함에 따라 더욱 그렇다. 사이버네틱 의사결정 모델과 같은 다른 모델들이 협상에 더 적합할 수 있지만, 이러한 모델들은 이해도가 크지 않다. 시뮬레이션은 이러한 모델을 탐색하는 데 유용한 수단을 제공한다. 드럭먼(Druckman, 1971)이 언급했듯이, 시뮬레이션은 발견을 위한 도구이며, 시뮬레이션 모델을 구성하는 과정조차도 분석가가 특정 협상 상황에서 작용하는 힘을 더 잘 이해할 수 있게 해준다. 시뮬레이션은 참가자에 의한 '프리 플레이'를 허용하기 때문에, 그것은 실무자와 연구 공동체 모두에게 가치가 있는 협상 행태에 대한 새로운 지식을 창출하기 위한 훌륭한 접근법이다.

부록: 네 가지 협상 시뮬레이션 연습에 대한 설명

무역 협상 시뮬레이션(TNS)

✓ **서술** ┃ TNS는 30개 제품에 대한 4개국 무역 협상이다. 이러한 제품에 대한 관세 및 기타 제한을 줄이는 상호 협정을 달성하는 것이 목적이다. 각 국가는 자국 정부와 협상 팀에 의해 대표된다.

✓ **사용** ┃ TNS는 2일에서 4일 이내에 수행될 수 있다. 참가자의 수는 13명에서 25명까지 다양하다. 설명서에는 시나리오를 설명하는 60페이지의 소책자와 지침, 통신 규칙 및 정보를 명시한 추가 자료가 포함되어 있다. 이번 훈련은 캐나다 외무부 FSO를 대상으로 2회(1974~1975), 미국 외교연구소의 FSO를 대상으로 5회(1975~1978), 1980년 이후 제네바 GATT의 상업 정책과정 개도국 정부 관계자를 대상으로 16회 실시되었다.

해저광업 합작 시뮬레이션(Seabed)

✓ **서술** ┃ 해저 시뮬레이션은 UN해양법협약에 따라 설립된 당국과 민간 광산 업체 컨소시엄 간의 협상을 의미한다. 협약의 배합 제한원료(Annex III)에 따라 당국이 관리하는 지역의 광물 탐사 계약을 협상하는 것을 목적으로 한다. 더 넓은 과제는 해저 개발에서 민간자본의 역할에 대한 광범위한 국가관을 대변하는 당국과 해저광물 개발에 필요한 기술을 보유한 컨소시엄 사이에 상호 이익이 되는 체제를 구축하는 것이다.

✓ **사용** ┃ 해저 시뮬레이션은 약 3일이 소요되고, 11명의 참가자가 필요하며, 이 중 여덟 명은 당국에, 세 명은 컨소시엄에 참여해야 한다. 설명서에는 시나리오를 설명하는 10페이지 분량의 소책자와 개별 점수표가 포함되어 있다. 추가적인 참고문헌을 추천한다. 이번 훈련은 몰타 국제 해양 연구소(IOI)가 주관하는

해양광업 강좌에서 5회(1981~1985), UN해양법회의 제11차 회의 국가 대표단과 함께 1회(1982) 실시되었다.

배타적 경제수역(EEZ) 관리 시뮬레이션

✓ **서술** ｜ EEZ 시뮬레이션은 개발도상국과 두 개의 외국 다국적기업(석유회사와 어업회사) 간의 동시 협상을 나타낸다. 개발도상국과 해상 석유 탐사 협정을 체결하고 외국 단체와 공동 어업 협정을 체결하는 것이 목적이다. 그 나라는 총리, 내각, 그리고 두 개의 협상 팀으로 대표된다. 그 회사들은 각각 한 팀으로 대표된다. 이 연습은 참가자들이 국가 발전의 대안적인 과정을 고려하고 기술이전이 실제 계약에서 실행되도록 요구한다. 스프레드시트 소프트웨어가 있는 개인용 컴퓨터는 대체 비용 분담 제도를 투영하는 데 사용된다.

✓ **사용** ｜ EEZ 시뮬레이션은 약 3일이 소요되며, 22명의 참가자를 위한 역할을 이렇게 식별했다. 즉 열 명의 각료와 네 개의 협상 팀 각각에 세 명의 개인이며, 필요에 따라 다섯 개의 역할을 추가하거나 뺄 수 있다. 설명서에는 시나리오와 개별 해안 시트를 설명하는 아홉 페이지의 소책자가 포함되어 있다. 이 훈련은 달하우시 대학의 IOI 해양 관리 훈련 과정과 트리니다드, 탄자니아, 중국, 말레이시아의 IOI 지역 훈련 과정에서 6회(1983~1989) 실시되었다. 참가자는 관리 분야에서 책임을 지는 개발도상국의 정부 관리들을 포함했다.

외무부 '슬로보비아' 협상

✓ **서술** ｜ 슬로보비아(Slobbovia) 시뮬레이션은 여섯 가지 쟁점에 대한 두 나라 사이의 협상을 나타낸다. 각 국가는 정부 간 팀(IGT)과 협상 팀(NT)으로 대표되며, 이들 그룹 간의 의사소통은 제한된다. 참가자에게는 개별 역할 점수표가 주어지며, 이를 통해 문제에 대한 다양한 결과를 개별적으로 평가할 수 있다. 이번 훈련은 관료 정치와 불완전한 의사소통이 국제협상에서 겪는 어려움을 대

변한다.

✓ **사용** ㅣ 시뮬레이션은 하루 만에 수행된다. 여기에는 16명의 참가자가 필요하며, 각각 네 명 또는 IGT와 NT이다. 설명서에는 시나리오와 개별 점수 시트를 설명하는 다섯 페이지의 소책자가 포함되어 있다. 그 연습은 위넘과 보비스(Winham and Bovis, 1978)에서 부록으로 포함되어 있다. 1972년부터 FSI의 협상 훈련 과정에서 자주 실시되었다.

후기

빅토르 A. 크레메뉴크

국제협상의 문제는 점점 더 중요해지고 복잡해지고 있다. 세계화를 향한 추세, 진정한 세계경제의 도래, 냉전의 잔재, 국제 질서에 대한 다른 도전들은 모두 국제 문제에서 일상적인 삶의 일부가 되고, 불가피하게 더 복잡한 환경과 시대에서 일해야 하는 협상자들에게서 더 진보된 접근을 요구한다. 전통적인 접근방식이 지속된다면 실행 가능하고 안정적인 협상 합의에 진전이 거의 없을 것이 분명하다. 협상은 끝이 없고 성과가 없는 절차로 진화할 가능성이 높으며, 이는 현실적으로 잃어버린 기회의 배열이 되는 동시에 합의에 대한 잘못된 인상을 만들어낼 것이다.

이 책의 기여자들은 새롭고 더 유망한 접근법을 찾아야 한다는 것에 동의한다. 서로 무관한 아이디어와 선의를 인위적으로 구축한 것이어서는 안 되며, 당연히 기존 협상 관행에 완전히 생경한 것이 되어서도 안 된다. 매우 일반적인 관점에서 볼 때, 현재의 관행을 이어가지만 단점은 없애야 하며, 문화 간 상호 작용과 응용 시스템 분석 기여에 의해 풍부해야 한다.

이러한 접근법의 본질을 발췌하기 위해서는 이 책의 분석과 숙고로 발견한 몇 가지 부분이 강조되어야 한다. 첫째, 국제협상은 국제 분쟁의 종속적인 부분으로 간주되어서는 안 되며, 적어도 분쟁에 대한 대안으로 취급되거나 심지어는 분쟁의 대체물로 대해져야 한다. 둘째, 국제협상은 국가와 사회의 삶과 무관한 '동떨어진' 관행이 아니라 국내 문제와 국제관계 모두에 직접적인 영향을 미치는 필수적인 부분으로 여겨져야 한다. 셋째, 국제협상은 국제 분쟁을 해결하기 위한 가장 일반적인 방법이며, 문제의 범위와 규모가 증가함에 따라 그 영향력이 커지고 지구촌에 더욱 중요해질 것이다. 넷째, 일종의 '외교예술'에서 '통상적인 비즈니스' 형태의 국제적 소통과 상호 작용으로 전환할 수 있는 방법과 수단이 발견되면 국제협상은 체계적인 인간 활동으로 전환될 수 있다.

협상 자체뿐만이 아니라 협상 방식에서도 유사점을 찾는 것이 시급하다. 이 목표는 공통의 가치, 공통의 이익, 공동의 접근, 그리고 유사한 스타일과 절차라고 부를 수 있는 보편적인 '협상 문화'의 토대를 마련하기 위한 여러 다른 국가의 이념적·문화적 배경이 다른 전문가들의 노력으로 설명될 수 있다. 장기적으로는 일반적인 규칙과 구체적인 절차 규정을 모두 포함한 일종의 구체적인 '협상 강령'으로 이행할 수 있으며, 단기적으로는 국제분쟁 해결을 위한 협상의 역할에 대한 공동의 평가, 절차의 실효성에 대한 공동의 기대 그리고 지속적이고 안정적인 합의로 협상을 완료할 필요성에 대한 합의로 이해할 수 있다.

협상의 양과 규모는 모두 계속해서 확대될 것이 분명하다. 지금까지, 안보 차원에서, 냉전 기간을 끝내기 위한 노력은 군비통제, 신뢰 구축, 경제 및 과학 협력에 대한 모든 범위의 협상을 만들어냈다. 이러한 '견제를 넘어서는' 추세를 이어가기 위해서는 안보 협력 분야에서 협상의 범위와 내용이 확대되어야 한다. 무역, 금융, 원자력 안전, 확대 및 기타 많은 분야에 대한 협상에도 동일한 원인이 있을 수 있다. 이 점에서, 협상 패턴을 포함한 몇몇 새로운 관계 패턴이 협력관계 영역의 어딘가에서 나타나야 할 것이다.

지금 보이는 것처럼, 이러한 패턴은 문제해결 접근법에 기초할 수 있고 또 그래야 한다. 언론, 과학 문헌 및 국제회의에서 국제관계에서 논쟁의 여지가 있는 문제와 가능한 해결책을 식별하는 진행 중인 프로세스는 향후 협상을 위한 의제를 도출할 수 있는 기회를 제공한다. 또한 국내 및 국제 연구 센터의 비공식 네트워크 구성을 허용하고, 개별 연구자들이 형평성과 정의에 기초하고 그러한 해결책을 촉진할 수 있는 기술 혁신을 고려하여 가능한 해결책을 논의하기 시작하도록 장려한다. 이는 새로운 접근법을 바탕으로 조직된 공식적인 정부 간 협상 시스템을 촉진할 수 있는 적절한 분위기를 조성할 수 있다.

그런 점에서 이 프로젝트는 국제협상을 완벽하게 진행하기 위한 중요한 단계 중 하나로 볼 수 있다. 이는 향후 연구에 대한 관점을 제공하기 위해 다양한 방법과 도구의 집중적인 비교를 통해 기존 관행과 연구 결과 및 시도에 대한 필요한 분석을 제공한다. 동시에 모든 당사자들 간의 국제협상 문제에 대한 폭넓은 논의의 물꼬를 트고, 이 책에서 제시된 다양한 의견에 대해 최대한 많은 반응을 다각도로 제공하기 위해 검토, 제안, 평론의 형태로 다양한 참여를 받았다.

참고문헌

Acheson, D. *Present at the Creation. My Years at the State Department.* New York: Norton, 1969.

Adams, J. S. "The Structure and Dynamics of Behavior in Organization Boundary Roles." In M. D. Dunnette (ed.), *Handbook of industrial and Organizarional Psychology, Skokie,* Ill.: Rand McNally, 1976.

Adler, S. *International Dimensions of Organizational Behavior.* Boston: Kent Publishing, 1986.

Akoun, A. *L'illusion Sociale.* Paris: PUF, 1989.

Albin, C. (ed.). "Negotiation and Global Security," *American Behavioral Scientist,* 1995, 38(entire issue 6).

Albin, C. *Justice in Negotiation.* Cambridge: Cambridge University Press, 2001.

Allison, G. T. "Conceptual Models and the Cuban Missile Crisis." *American Political Science Review,* 1969, 3, 691-718.

Allison, G. T. *Essence of Decision: Explaining the Cuban Missile Crisis.* New York: Little, Brown, 1971.

Anstey, M. *Managing Change: Negotiating Conflict.* Kenwyn, South Africe: Juta, 1999.

Antrim, L., and Sebenius, J. K. "Multilateral Conference Mediation: Tommy Koh and the Law of the Sea." In J. Bercovitch and J. Z. Rubin (eds.), *Mediation in International Relations: Multilateral Approaches to Conflict Management.* London: Macmillan, 1990.

Applbaum, A. "Knowledge and Negotiation: Learning Under Conflict, Bargaining Under Uncertainty." Unpublished dissertation, Harvard University, 1988.

Arbatov, A. G. "Glasnost, peregovory, razoruzheniye" [Glasnost, negotiations, disarmament]. Pravda, Oct 17, 1988.

Argyris, C. *Personality and Organization.* New York: HarperCollins, 1957.

Aron, R. *Paix et guerre entre les nations* [War and peace between nations]. Paris: Calmann-lé vy, 1962.

Aronson, S. *Conflict and Bargaining in the Middle East.* Baltimore: Johns Hopkins University Press, 1978.

Arrow, K. J. *Social Choice and Individual Values.* New York: Wiley, 1951.

Ashkenas, R., Ulrich, D., Jick, T., and Kerr, S. *The Boundaryless Organization.* San Francisco: Jossey-Bass, 1995.

Assefa, H. *Mediation of Civil Wars: The Sudan Conflict.* Boulder, Colo. Westview Press, 1987

Aston, C. C. "Political Hostage-Taking in Western Europe." In W. Gutteridge (ed.), *The New Terrorism.* London Mansell, 1986.

Atkinson, S. E., Sandler, T., and Tschirhart, J. T. "Terrorism in a Bargaining Framework." *Journal of Law and Economics,* 1987, 30, 1-202.

Aumann, R. J., "Agreeing to Disagree." *Annals of Statistics,* 1976, 4, 1236-1239.

Aumann, R. J. "Game Theory." In J. Eatwell, M. Milgate, and P. Newman (eds.), *Game Theory.* New York: Norton, 1989.

Aumann, R. J., and Brandenburger, A. "Epistemic Conditions for Nash Equilibrium" *Econometrica,* 1995, 63, 1161-1180.

Aumann, R. J. and Hart, S. (eds.). *Handbook of Game Theory,* Vols. 1 and 2. Amsterdam: North-Holland, 1994.

Avenhaus, R., and Canty, M. *Compliance Quantified: An Introduction to Verification Theory.* Cambridge: Cambridge University Press, 1996.

Avenhaus, R., Kremenyuk. V. A., and Sjöstedt, G. (eds.). *Containing the Atom: International Negotiation on Nuclear Security and Safety.* Laxenburg. Austria: International Institute of Applied Systems Analysis, 2001.

Avruch, K. *Culture and Conflict Resolution.* Washington: U.S. Institute of Peace, 1998.

Avruch, K. and Black, P. W. "The Culture Questions and Conflict Resolution." *Peace and Change,* 1991, 16, 22-45.

Axelrod, R. *Conflict of Interest.* Chicago: Markham, 1970.

Axelrod, R. *The Evolution of Cooperation in the Prisoner's Dilemma.* Discussion Paper no. 143. Ann Arbor: Institute of Public Policy Studies, University of Michigan, 1979.

Axelrod, R. *The Evolution of Cooperation.* New York: Basic Books, 1984.

Axelrod, R., and Dion, D. "The Further Evolution of Cooperation." Science, 1988, 238, 1385-1390.

Axelrod, R., and Keohane, R. "Achieving Cooperation Under Anarchy." *World Politics,* Oct. 1985 (entire issue).

Ayissi, A. "Territorial Conflicts: Claiming the Land." In I. W. Zartman (ed.), *Preventive Negotiation: Avoiding Conflict Escalation.* Lanham, Md.: Rowman and Littlefield, 2001.

Bacharach, S. B., and Lawler, E. J. *Bargaining: Power, Tactics, and Outcomes.* San Francisco: Jossey-Bass, 1981

Bagley, B., and Tokatlian, J. *Contadora: The Limits of Negotiation.* Washington, D. C.: Foreign Policy Institute, 1987.

Bales, R. F, *Interaction Process Analysis: A Method for the Study of Small Groups.* Reading, Mass.: Addison-Wesley, 1950.

Bales, R. F., and Strodtbeck, F. L. "Phases in Group Problem Solving." *Journal of Abnormal and Social Psychology*, 1951, 46, 485-495.

Ball, G. *Diplomacy for a Crowded World.* New York: Grove/Atlantic, 1976.

Barclay, S., and Peterson, C. *Multiattribute Utility Models for Negotiations.* Technical Report no. 76-1. McLean, Va.: Decisions and Designs, 1976.

Barry, B. *Theories of Justice.* Berkeley: University of California Press, 1989.

Bartos, O. J. *Process and Outcome of Negotiation.* New York: Columbia University Press, 1974.

Bartos, O. J. "Simple Model of Negotiation." In I. W. Zartman (ed.), The Negotiation Process: Theories and Applications. Thousand Oaks, Calif.: Sage, 1978.

Bartos, O. J., and Wehr, R. *Conflict and Its Control.* Cambridge: Cam bridge University Press, 2001.

Bartunek, J. M., Benton, A. A., and Keys, C. B. "Third-Party Intervention and the Bargaining of Group Representatives." *Journal of Conflict Resolution*, 1975, 19, 532-557.

Bartunek, J. M., Benton, A. A., and Keys, C. B. "Third-Party Intervention and the Bargaining of Group Representatives." *Journal of Conflict Resolution*, 1975, 19, 532-557.

Bazerman, M. H., Curran, J., and Moore, D. "The Death and Rebirth of the Social Psychology of Negotiations." In G. Fletcher and M. Clark (eds.), *Blackwell Handbook of Social Psychology: Interpersonal Processes.* Oxford: Blackwell, 2000.

Bazerman, M. H., Curran, J., Moore, D., and Valley, K. L. "Negotiations." In *Annual Review of Psychology.* Palo Alto, Calif.: Annual Reviews, 2000.

Bazerman, M. H., and Neale, M. A. "Heuristics in Negotiation: Limitations to Dispute Resolution Effectiveness." In M. H. Bazerman and R. J. Lewicki (eds.), *Negotiating in Organizations*, Thousand Oaks, Calif.: Sage, 1983.

Bazerman, M. H., and Neale, M. A. *Negotiating Rationally.* New York: Free Press, 1992.

Bazerman, M. H., and Sondak, H. "Judgmental Limitations in Diplomatic Negotiations." *Negotiation Journal*, 1988, 4, 303-317.

Beeker, D. "Kompensationsregelungen im Klimaschutz und Opportunismus." Ph. D. dissertation, University of Siegen, Germany, 2000.

Bell, D., Raiffa, H., and Tversky, A. (eds.). *Decision Making: Descriptive, Normative, and Prescriptive Interactions.* Cambridge: Cambridge University Press, 1989.

Bendahmane, D., and McDonald, J. W., Jr. (eds.). *Perspectives on Negotiation.* Washington, D.C.: Foreign Service Institute, U.S. Department of State, 1986.

Ben Dor, G. and Dewitt, D. B. *Conflict Management in the Middle East.* Lexington Mass.: Heath, 1987.

Benedek, T. *Some Experiences of Joint Venture Establishment and Operation in Hungary.*

Laxenburg, Austria: International Institute of Applied Systems Analysis, 1988.

Benedick, R. "Perspectives of a Negotiation Practitioner." In G. Sjöstedt (ed.), *International Environmental Negotiation.* Thousand Oaks, Calif.: Sage, 1993.

Benton, A. A., and Druckman, D. "Salient Solutions and the Bargaining Behavior of Representatives and Nonrepresentatives." *International Journal of Group Tensions,* 1973, 3, 28-39.

Benton, A. A., Kelley, H. H., and Liebling, B. "Effects of Extremity of Offers and Concession Rate on the Outcomes of Bargaining." *Journal of Personality and Social Psychology*, 1972, 23, 78-83.

Ben-Yoav, O., and Pruitt, D. G. "Accountability to Constituents: A Two-Edged Sword *Organizational Behavior and Human Performance*, 1984a, 34, 282-295.

Ben-Yoav, O., and Pruitt, D. G. "Resistance to Yielding and the Expectation of Cooperative Future Interaction in Negotiation." *Journal of Experimental Social Psychology*, 1984b, 20, 323-353.

Bercovitch, J. *Social Conflict and Third Parties.* Boulder, Colo.: Westview Press, 1984.

Bercovitch, J. (ed.). *Resolving International Conflicts: The Theory and Practice of Mediation.* Boulder, Colo.: Reiner, 1996.

Bercovitch, J. "Mediation in International Conflict." In I. W. Zartman and L. Rasmussen (eds.), *Peacemaking in International Conflict.* Washington, D.C.: U.S Institute of Peace, 1997.

Bercovitch, J. (ed.). *Studies in International Mediation.* New York: Bedford/St. Martin's, 2001.

Bercovitch, J., and Houston, A. "Influence of Mediator Characteristics and Behavior on the Success of Mediation in International Relations." *International Journal of Conflict Management*, 1993, 4, 297-321.

Bercovitch, J., and Rubin, J. Z. (eds.). *Mediation in International Relations: Multiple Approaches to Conflict Management.* New York: Bedford/St. Martin's, 1992.

Beriker, N., and Druckman, D. "Models of Responsiveness: The Lausanne Peace Negotiations (1922-1923)." *Journal of Social Psychology*, 1991, 131, 297-300.

Beriker, N., and Druckman, D. "Simulating the Lausanne Peace Negotiations, 1922-23: Power Asymmetries in Bargaining." *Simulation and Gaming*, 1996, 27, 162-183.

Berman, M. R., and Johnson, J. E. (eds.). *Unofficial Diplomats.* New York: Columbia University Press, 1977.

Berton, P., Kimura, H., and Zartman, I. W. (eds.). *International Negotiation: Actors Structure, Process, Values.* New York: Bedford/St. Martin's, 1999.

Bilder, R. B. *Managing the Risks of International Agreement.* Madison: University of Wisconsin Press, 1981

Binnendijk, H. (ed.). *National Negotiating Styles.* Washington, D. C.: Center for the Study of Foreign Affairs, Foreign Service Institute, U. S. Department of State, 1987.

Blachman, M., Leogrande, W., and Sharpe, K. (eds.). *Confronting Revolution: Security Through Diplomacy in Central America.* New York: Pantheon, 1986.

Blacker, C. D. *Reluctant Warriors: The United States, the Soviet Union, and Arms Control.*

New York: Freeman, 1987.

Blacker, C. D., and Duffy, G. *International Arms Control: Issues and Arguments.* Stanford, Calif.: Stanford University Press, 1984.

Blau, P. M., and Scott, W. R. *Formal Organizations,* San Francisco: Chandler, 1962.

Blechman, B. M. (ed.). *Preventing Nuclear War.* Bloomington: Indiana University Press, 1985.

Bloch, M. *The Historian's Craft.* New York: Vintage, 1953.

Bloomfield, L. P. *The Foreign Policy Process: Making Theory Relevant.* London: Sage, 1982.

Bloomfield, L. P. "Reflections on Gaming." *Orbis,* 1984, 27, 783-790.

Bonham, G. M. "Simulating International Disarmament Negotiations." *Journal of Conflict Resolution,* 1971, 15, 299-315.

Bonham, G. M., Sergeev, V. M., and Parshin, P. B. "The Limited Test-Ban Agreement Emergence of New Knowledge Structures in International Negotiation." *International Studies Quarterly,* 1997, 41, 215-240.

Boorstin, D. J. *Hidden History: Exploring Our Secret Past.* New York: Vintage, 1989.

Borgida, E., and Brekke, N. "The Base Rate Fallacy in Attribution and Prediction." In J. H. Harvey, W. Ickes, and R. F. Kidd (eds.), *New Directions in Attribution Research,* Vol. 3. Mahwah, N. J.: Erlbaum, 1981.

Boulding, K. E. *Conflict and Defense.* New York: HarperCollins, 1962

Boyer, B. (ed.). "Implementing Policies of Sustainable Development: Examining Actors and Negotiation Processes." *International Negotiation,* 1999, 4(entire issue 2).

Boyer, B., and Cremieux, L "The Anatomy of Association: NGOSs and the Evolution of Swiss Climate and Biodiversities Policies." *International Negotiation,* 1999, 4(2), 255-282.

Bracken, P. "Deterrence Gaming and Game Theory." *Orbis,* 1984, 27, 790-802.

Brademeier, M. E., and Greenblat, C. S. "The Educational Effectiveness of Simulation Games: A Synthesis of Findings." *Simulation and Games,* 1981, 12, 307-332.

Brams, S. J. *Game Theory and Politics.* Old Tappan, N. J.: Macmillan, 1975.

Brams, S. J. *Rational Politics: Decisions, Games, and Strategy.* Washington, D. C.: Congressional Quarterly Press, 1985.

Brams, S. J. Negotiation Games. New York: Routledge, 1990.

Brams, S. J. *Theory of Moves.* Cambridge: Cambridge University Press, 1994.

Brams, S. J, and Kilgour, D. M. *Game Theory and National Security.* New York: Blackwell, 1988

Brams, S. J., and Taylor, A. D. *Fair Division: From Cake Cutting to Dispute Resolution.* Cambridge: Cambridge University Press, 1996.

Brams, S. J., and Taylor, A. D. *The Win-Win Solution: Guaranteeing Pair Shares to Everybody.* New York: Norton, 1999.

Brandel, F. *Écrits sur l'histoire* [Essays on history]. Paris: Flammarion, 1969.

Brandenburger, A. M., and Nalebuff, B. J. *Co-opetition,* New York: Currency Double-day, 1996.

Brett, J., and others. "Culture and Joint Cains in Negotiation. Negotiation Journal, 1998, 14, 61-86.

Brewer, G. D. "Child of Neglect: Crisis Gaming for Politics and War." *Orbis,* 1984, 27, 803-812.

Brockner, J., and Rubin, J. Z. *Entrapment in Estalating Conflicts: A Social Psychological Analysis.* New York: Springer-Verlag, 1985.

Bronfenbrenner, U. "The Mirror-Image in Soviet-American Relations." *Journal of Social Issues,* 1961, 16, 45-56.

Brooker, R. G. "Elections and Governmental Responsibility: Exploring a Normative Problem with Simulations." *Simulation and Games,* 1983, 14, 139-154.

Brown, R., Peterson, C., and Ulvila, J. "An Analysis of Alternative Mideastern Oil Agreements." Technical Report no. DT/TR 75-6. MacLean, Va.: Decisions and Designs, 1975.

Bruner, J. "In Search of Mind: An Interview with Jerome Bruner." *Dialogue,* 1985, 69(3), 17-20.

Buchheim, R. W., and Farley, P. J. "The U. S.-Soviet Standing Consultative Commission." In A. L. George, P. J. Farley, and A. Dallin (eds.), *U. S.-Soviet Security Cooperation.* New York: Oxford University Press, 1988.

Bueno de Mesquita, B., Newman, D., and Rabushka, A. *Forecasting Political Events: Hong Kong's Future.* New Haven, Conn.: Yale University Press, 1985.

Bunker, B. B., Rubin, J. Z., and Associates. *Conflict, Cooperation, and Justice: Essays Inspired by the Work of Morton Deutsch.* San Francisco: Jossey-Bass, 1995.

Burns, J. W. *Leadership.* New York: HarperCollins, 1978.

Burton, J. W. *Conflict and Communication: The Use of Controlled Communication in International Relations.* London: Macmillan, 1969.

Burton, J. W., and Sandole, D. J. D. "Generic Theory: The Basis of Conflict Resolution." *Negotiation Journal,* 1986, 2, 333-345.

Byrne, J. A. "The Virtual Corporation." *Business Week,* Nov. 21, 1993, pp. 98-102.

Cable, D., Aiman-Smith, L., Mulvey, P, and Edwards, J. "The Sources and Accuracy of Job Applicants' Beliefs About Organizational Culture." *Academy of Management Journal,* 2000, 43, 1076-1085.

Camerer, C. C. F. "Progress in Behavioral Game Theory." Journal of Economic *Perspectives,* 1997, 11, 167-188.

Carlyle, T. *On Heroes. Hero-Worship, and the Heroic in History.* Boston: Houghton Mifflin, 1907.

Carnevale, P. "Property, Culture, and Negotiation." In R. Kramer and D. Messick (eds.), *Negotiation as a Social Process.* Newbury Park, Calif.: Sage, 1995.

Carnevale, P. J. D., and Isen, A. M. "The Influence of Positive Affect and Visual Access on the Discovery of Integrative Solutions in Bilateral Negotiation." *Organizational Behavior and Human Decision Processes,* 1986, 37, 1-13.

Carnevale, P. J. D., Pruitt, D. G., and Seilheimer, S. D. "Looking and Competing: Accountability and Visual Access in Integrative Bargaining." *Journal of Personality and Social Psychology,* 1981, *40,* 111-120.

Carr, E. H. *What Is History? The George Macaulay Trevelyan Lectures.* New York: Vintage Books, 1961.

Carter, J. *Keeping Faith: Memoirs of a President.* New York: Bantam Books, 1982.

Cartwright, D., and Zander, A. E. *Group Dynamics*(3rd ed.). New York: HarperCollins, 1960.

Casse, P. *Training for the Multicultural Manager.* Washington, D. C.: Society of *Intercultural Education*, Training, and Research, 1982.

Chapman, L. J., and Chapman, J. P. "Illusory Correlation as an Obstacle to the Use of Valid Psychodiagnostic Signs." *Journal of Abnormal Psychology*, 1969, *74*, 271-280.

Chatman, J. "Matching People with Organizations: Selection and Socialization in Public Accounting Firms." *Administrative Science Quarterly*, 1991, *36*, 459-484.

Chatman, J., and Jehn, K. "Assessing the Relationship Between Industry Characteristics and Organizational Culture: How Different Can You Be?" *Academy of Management Journal*, 1994, *37*, 522-553.

Chatterjee, K. "Incentive Compatibility in Bargaining Under Uncertainty." *Quarterly Journal of Economics*, 1982, *82*, 717-726.

Chatterjee, K. "Disagreement in Bargaining: Models with Incomplete Information." In A. E. Roth (ed.), *Game-Theoretic Models of Bargaining.* Cambridge: Cambridge University Press, 1985.

Chen, D. "Three-Dimensional Chinese Rationales in Negotiation." In D. Kolb (ed.), *Negotiation Eclectics.* Cambridge, Mass.: PON Books, 1999.

Chen, K., and Underwood, S. E. "Integrative Analytical Assessment: A Hybrid Method for Facilitating Negotiation." *Negotiation Journal*, 1988, *4*, 183-198.

Chernoff, H., and Moses, L. E. *Elementary Decision Theory.* New York: Wiley, 1959.

Chertkoff, J. M., and Conley, M. "Opening Offer and Frequency of Concession as Bargaining Strategies." *Journal of Personality and Social Psychology*, 1967, *7*, 181-185.

Chih, A. *L'Occident chrétien vupar les Chinois (1870-1900).* Paris: PUF, 1962.

Choucri, N., and North, R. C. *Nations in Conflict: National Growth and International Violence.* New York: Freeman, 1975.

Churchill, W. *The Second World War. Vol. 6: Triumph and Tragedy.* London: Cassel, 1954.

Clausewitz, C. von. *On War.* (M. Howard and P. Paret, eds. and trans.) Princeton, N. J.: Princeton University Press, 1976(Originally published 1832).

Cleveland, H., and Bloomfield, L. P. *Rethinking International Cooperation.* Minneapolis: Hubert H. Humphrey Institute of Public Affairs, 1988.

Coddington, A. J. *Theories of the Bargaining Process.* Hawthorne, N. Y.: Aldine de Gruyter, 1968.

Coffey, J. I. *Arms Control and European Security: A Guide to East-West Negotiations.* New York: Praeger, 1977.

Coffey, J. I. *Deterrence and Arms Control: American and West German Perspectives on INF.* Monograph Series in World Affairs, no. 21:4. Denver, Colo.: University of Denver Press, 1985.

Cohen, R. "International Communication: An Intercultural Approach." *Cooperation and Conflict*, 1987, 22(1), 63-80.

Cohen, R. *Culture and Conflict in Egyptian-Israeli Relations: A Dialogue of the Deaf.* Bloomington: Indiana University Press, 1990.

Cohen, R. *Negotiation Across Cultures: Communication Obstacles in International Diplomacy.* Washington, D.C.: U.S. Institute of Peace, 1991.

Cohen, R. "An Advocate's View." In G.-O. Faure and J. Z. Rubin (eds.), *Culture and Negotiation.* Thousand Oaks, Calif.: Sage, 1993.

Cohen, R. *Negotiating Across Cultures: International Communication in an Interdepen dent World.* (Rev. ed.) Washington, D. C.: U. S. Institute of Peace, 1997.

Coleman, J. S. *The Mathematics of Collective Action.* London: Heinemann, 1973.

Commonwealth Group of Experts. *The North-South Dialogue.* London: Commonwealth Secretariat, 1983.

Condon, J. C., and Yousef, F. S. *An Introduction to Intercultural Communication.* New York: Bobbs-Merrill, 1975.

"The Conferences at Malta and Yalta, 1945." In *Foreign Relations of the United States: Diplomatic Papers.* Washington, D. C.: U. S. Government Printing Office, 1955.

Constantin, L. *Psychosociologie de la négociation* [Psychosociology of negotiation]. Paris: PUF, 1971.

Cooper, C. L., and Payne, R. *Stress at Work.* New York: Wiley, 1978.

Cooper, J., and Fazio, R. H. "The Formation and Persistence of Attitudes That Support Intergroup Conflict." In W. G. Austin and S. Worchel (eds.), *The Social Psychology of Intergroup Relations.* Pacific Grove, Calif.: Brooks/Cole, 1979.

Coplin, W. D. "International Simulation and Contemporary Theories of International Relations." *American Political Science Review,* 1966, *60,* 562-578.

Corbin, D. *The Norway Channel.* New York: Atlantic Monthly Press, 1994.

Corcos, M. *Les technique de vente··· qui font vendre* [Sales techniques··· that sell]. Paris: Garnier Frères, 1982.

Corsi, J. R. "Terrorism as a Desperate Game." *Journal of Conflict Resolution,* 1981, 25, 47-86.

Cova, B., Nazet, F., and Salle, R. "Project Negotiations: An Episode in the Relationship." In P. Ghauri and J. C. Usunier (eds.). *International Business Negotiation.* New York: Elsevier, 1996.

Craig, G. A., and George, A. L. *Force and Statecraft: Diplomatie Problems of Our Time.* (3rd ed.) New York: Oxford University Press, 1995.

Crenshaw, M. "An Organizational Approach to the Analysis of Terrorism." *Orbis,* 1985, *28,* 465-489.

Crocker, C. A. *High Noon in South Africa.* New York: Norton, 1992.

Crocker, C. A., Hampson, F.-O., and Aall, P. (eds.). *Herding Cats: Multiparty Mediation in a Complex World.* Washington, D.C.: U.S. Institute of Peace, 1999.

Cross, J. G. *The Economics of Bargaining.* New York: Basic Books, 1969.

Cross, J. G. "Negotiation as a Learning Process." *Journal of Conflict Resolution,* 1977, *21,* 581-606.

Cross, J. G. "Negotiation as a Learning Process." In I. W. Zartman (ed.), *The Negotiation Process: Theories and Applications.* Thousand Oaks, Calif.: Sage, 1978.

Cross, J. G. *A Theory of Adaptive Economic Behavior.* Cambridge: Cambridge University Press, 1983.

Cross J. G. "Negotiation as Adaptive Learning." *International Negotiation,* 1996, *1,* 153-178.

Crouch, A. G., and Yetton, C. "Manager Behavior, Leadership Style, and Subordinate Performance: An Extension of the Vroom-Yetton Conflict Rule." *Organizational Behavior and Human Decision Processes,* 1987, *39,* 384-396.

Cunningham, J. B. "Assumptions Underlying the Use of Different Types of Simulations." *Simulation and Games,* 1984, *15,* 213-234.

Dahl, R. "Hierarchy, Democracy, and Bargaining in Politics and Economics." In R. Dahl (ed.), *Research Frontiers in Politics and Government.* Washington, D. C.: Brookings Institution, 1955.

Dahl, R. *Modern Political Analysis.* Upper Saddle River, N.J.: Prentice Hall, 1976.

Davidow, J. *A Peace in Southern Africa.* Boulder, Colo.: Westview Press, 1984.

Davis, J. H., Schoorman, D., and Donaldson, L. "Toward a Stewardship Theory of Management." *Academy of Management Review,* 1997, *22,* 20-47.

Dawes, R. M. "Shallow Psychology." In J. S. Carroll and J. W. Payne (eds.), *Cognition and Social Behavior.* Mahwah, N.J.: Erlbaum, 1976.

Day, A., and Doyle, M. *Escalation and Intervention: Multilateral Security and Its Alternatives.* Boulder, Colo.: WestviewPress, 1986.

Dean, J. *Watershed in Europe.* Lexington, Mass.: Heath, 1987.

de Bourbon-Busset, J. *La Grande Conférence* [The Great Conference], Paris: Gallimard, 1962.

de Callières, F. *On the Manner of Negotiating with Princes* (A. F. Whyte, trans.). Notre Dame, Ind.: University of Notre Dame Press, 1963. (Originally published 1716)

De Dreu, C. K. W., Weingart, L. R., and Kwon, S. "Influence of Social Motives on Integrative Negotiation: A Meta-Analytic Review and Test of Two Theories." *Journal of Personality and Social Psychology,* 2000, *78,* 889-905.

de Felice, F. B. "Negotiations, or the Art of Negotiating." In I. W. Zartman (ed.), *The 50% Solution: How to Bargain Successfully with Hijackers, Strikers, Bosses, Oil Magnates, Arabs, Russians, and Other Worthy Opponents in This Modern World.* New Haven, Conn.: Yale University Press, 1987(Originally published 1778).

Defense Systems. *History and Impact of U. S. Terrorism Policy, 1972-1984.* McLean, Va.: Defense Systems, 1985.

Deng, F. "Northern and Southern Sudan: The Nile." In G.-O. Faure and J. Z. Rubin (eds.), *Culture and Negotiation.* Newbury Park, Calif.: Sage, 1993.

Denoon, D., and Brams, S. J. "Fair Division: A New Approach to the Spratley Islands Controversy." *International Negotiation,* 1995, *2,* 303-329.

de Rivera, J. H. *The Psychological Dimension of Foreign Policy.* Columbus, Ohio: Merrill, 1968.

De Santis, H. *The Diplomacy of Silence: The American Foreign Service, the Soviet Union, and the Cold War, 1933-1947.* Chicago: University of Chicago Press, 1983.

de Soto, A. "Ending Violent Conflict in El Salvador." In C. A. Crocker, F.-O. Hampson, and P. Aall (eds.), *Herding Cats: Multiparty Mediation in a Complex World.* Washington, D. C.: U. S. Institute of Peace, 1999.

Deutsch, K. *The Analysis of International Relations.* Upper Saddle River, N. J.: Prentice Hall, 1968.

Deutsch, M. "Trust, Trustworthiness, and the F Scale." *Journal of Abnormal and Social Psychology,* 1960, *61,* 138-140.

Deutsch, M. *The Resolution of Conflict: Constructive and Destructive Processes.* New Haven, Conn.: Yale University Press, 1973.

Deutsch, M. "The Prevention of World War III: A Psychological Perspective." *Political Psychology,* 1983, *4,* 3-31.

Deutsch, M. *Distributive Justice: A Social-Psychological Perspective.* New Haven, Conn.: Yale University Press, 1985.

Deutsch, M., and Coleman, P. T. (eds.). *The Handbook of Conflict Resolution: Theory and Practice.* San Francisco: Jossey-Bass, 2000.

Djarova, J. *Joint Ventures: A New Reality of East-West Cooperation.* Laxenburg, Austria: International Institute of Applied Systems Analysis, 1988.

Doerner, D. "On the Difficulties People Have in Dealing with Complexity." *Simulation and Games,* 1980, *11,* 87-106.

Doob, L. W. (ed.). *Resolving Conflict in Africa: The Fermeda Workshop.* New Haven, Conn.: Yale University Press, 1970.

Doob, L. W. "A Cyprus Workshop: An Exercise in Intervention Methodology." *Journal of Social Psychology,* 1974, *94,* 161-178.

Douglas, A. *Industrial Peacemaking.* New York: Columbia University Press, 1962.

Druckman, D. "Dogmatism, Prenegotiation Experience, and Simulated Group Representation as Determinants of Dyadic Behavior in a Bargaining Situation." *Journal of Personality and Social Psychology,* 1967, *6,* 279-290.

Druckman, D. "Understanding the Operation of Complex Social Systems: Some Uses of Simulation Design." *Simulation and Games,* 1971, *2,* 173-195.

Druckman, D. *Human Factors in International Negotiations: Social-Psychological Aspects of International Conflict.* Thousand Oaks, Calif.: Sage, 1973.

Druckman, D. "Boundary Role Conflict: Negotiation as Dual Responsiveness." *Journal of Conflict Resolution,* 1977a, *21,* 639-662.

Druckman, D. (ed.). *Negotiations: Social-Psychological Perspectives.* Thousand Oaks, Calif.: Sage, 1977b.

Druckman, D. "Boundary Role Conflict: Negotiation as Dual Responsiveness." In I. W. Zartman (ed.), *The Negotiation Process: Theories and Applications.* Thousand Oaks, Calif.: Sage, 1978a.

Druckman, D. "The Monitoring Function in Negotiation: Two Models of Responsiveness." In H.

Sauermann (ed.), *Contributions to Experimental Economics: Bargaining Behavior.* Tübingen, Germany: Mohr, 1978b.

Druckman, D. "Social Psychology and International Negotiations: Processes and Influences." In R. F. Kidd and M. J. Saks (eds.), *Advances in Applied Social Psychology,* Vol. 2. Mahwah, N. J.: Erlbaum, 1983.

Druckman, D. "Stages, Turning Points, and Crises: Negotiating Military Base Rights, Spain and the United States." *Journal of Conflict Resolution,* 1986, *30,* 327-360.

Druckman, D. "The Situational Levers of Negotiating Flexibility." *Journal of Conflict Resolution,* 1993, *37,* 236-276.

Druckman, D. "Determinants of Compromising Behavior in Negotiation: A Meta-Analysis." *Journal of Conflict Resolution,* 1994, *38,* 507-556.

Druckman, D. "Situational Levers of Position Change: Further Exploration." *Annals of the American Academy of Political and Social Science,* 1995, *542,* 61-80.

Druckman, D., and Broome, D. J. "Value Differences and Conflict Resolution: Familiarity or Linking?" *Journal of Conflict Resolution,* 1991, *35,* 571-593.

Druckman, D., Broome, B. J., and Körper, S. H. "Value Differences and Conflict Resolution: Facilitation or Delinking?" *Journal of Conflict Resolution,* 1988, *32,* 489-510.

Druckman, D., and Harris, R. "Alternative Models of Responsiveness in International Negotiation." *Journal of Conflict Resolution,* 1990, *34,* 234-251.

Druckman, D., and Hopmann, P. T. *Negotiation Assessment Model II: Mutual and Balanced Force Reductions.* Bethesda, Md.: Analytic Support Center, Mathtech, 1978.

Druckman, D., and Hopmann, P. T. "Behavioral Aspects of Negotiations on Mutual Security." In P. Tetlock and others (eds.), *Behavior, Society, and Nuclear War.* New York: Oxford University Press, 1989.

Druckman, D., Husbands, J. L., and Johnston, K. "Turning Points in the INF Negotiations." *Negotiation Journal,* 1991, *7,* 55-67.

Druckman, D., and Lyons, T. "Negotiation Processes and Post-Settlement Relationships: Comparing Nagorno-Karabakh to Mozambique." Paper presented at the Processes of International Negotiation (PIN) conference on Forward-Looking Outcomes, Helsinki, Finland, 2000.

Druckman, D., and Mahoney, R. "Process and Consequences of International Negotiations." *Journal of Social Issues,* 1977, *33,* 60-87.

Druckman, D., and Mitchell, C. (eds.). *Flexibility in International Negotiation and Mediation.* Vol. 542 of the Annals of the American Academy of Political and Social Science. Thousand Oaks, Calif.: Sage, 1995.

Druckman, D., and Robinson R. "From Research to Application: Utilization Research Finding in Negotiation Training Programs." *International Negotiation,* 1998, *1,* 7-38.

Druckman, D., and others. "Cultural Differences in Bargaining Behavior: India, Argentina, and the U. S." *Journal of Conflict Resolution,* 20(3), 1976.

Druckman, D., Rozelle, R. M., and Zechmeister, K. "Conflict of Interest and Value Dissensus:

Two Perspectives." In D. Druckman (ed.), *Negotiations: Social-Psychological Perspectives.* Thousand Oaks, Calif.: Sage, 1977.

Druckman, D., and Slater, R. *External Events and Arms Control Negotiating Behavior.* Bethesda, Md.: Analytic Support Center, Mathtech, 1979.

Duchacek, I. D. (with K. W. Thompson). *Conflict and Cooperation Among Nations.* Austin, Tex.: Holt, Rinehart and Winston, 1960.

Duffy, G. "Conditions That Affect Arms Control Compliance." In A. L. George, P. J. Farley, and A. Dallin (eds.), *U. S.-Soviet Security Cooperation: Achievements, Failures, Lessons.* New York: Oxford University Press, 1988.

Dupont, C. *La négociation: Conduite, théorie, applications* [Negotiation: Conduct, Theory, Applications]. Paris: Dalloz, 1982.

Dupont, C. "Negotiating a Research Project on Negotiation: The Fixed Link (Trans channel) Prenegotiations." In E Mautner-Markhof (ed.), *Processes of International Negotiations.* Boulder, Colo.: Westview Press, 1989.

Dupont, C. "The Rhine: A Study of Inland Water Negotiations." In G. Sjöstedt (ed.), *International Environmental Negotiation.* Newbury Park, Calif.: Sage, 1993.

Dupont, C. *La négociation: Conduite, théorie, applications* [Negotiation: Conduct, Theory, Applications]. (2nd ed.) Paris: Dalloz, 1994.

Eagly, A. H., Chaiken, S., and Wood, W. "An Attribution Analysis of Persuasion." In J. H. Harvey, W. Ickes, and R. F. Kidd (eds.), *New Directions in Attribution Research,* Vol. 3. Mahwah, N. J.: Erlbaum, 1981.

Easton, D. *A Systems Analysis of Political Life.* New York: Wiley, 1965.

Eban, A. *The New Diplomacy: International Affairs in the Modern Age.* London: Weidenfeld and Nicolson, 1983.

Eco, U. *The Name of the Rose.* New York: Warner Books, 1984.

Edmead, F. *Analysis and Prediction in International Mediation.* New York: UNITAR, 1971.

Einaudi, L. "The Ecuador-Peru Peace Process." In C. Crocker, F. O. Hampson, and P. Aall (eds.), *Herding Cats: Multiparty Mediation in a Complex World.* Washington, D. C.: U. S. Institute of Peace, 1999.

Einhorn, H. J., and Hogarth, R. M. "Behavioral Decision Analysis: Processes of Judgement and Choice." In D. E. Bell, H. Raiffa, and A. Tversky (eds.), *Decision Making: Descriptive, Normative and Prescriptive Interactions.* Cambridge: Cambridge University Press, 1988.

Eisenhardt, K. "Agency and Institutional Theory Explanations: The Case of Retail Sales Compensation." *Academy of Management Journal,* 1988, *31,* 134-149.

Eisenhower, D. D. Farewell address. *New York Times,* Jan. 18, 1961.

Elgström, O. "Norms, Culture, and Cognitive Patterns in Foreign Aid Negotiations." *Negotiation Journal,* 1990, *6,* 147-159.

Elgström, O. *Foreign Aid Negotiation: The Swedish-Tanzanian Aid Dialogue.* Aidershot, U.K.: Avebury, 1992.

Elgström, O. "National Culture and International Negotiations." *Cooperation and Conflict*, 1994, 29(3).

Elgström, O. "The Role of Culture." In D. Kolb (ed.), *Negotiation Eclectics*. Cambridge, Mass.: PON Books, 1999.

Elias, N. *The Civilizing Process*. New York: Pantheon Books, 1978.

Ellsberg, D. "Theory and Practice of Blackmail." In O. R. Young (ed.), *Bargaining: Formal Theories of Negotiation*. Champaign: University of Illinois Press, 1975.

Emery, F. E., and Trist, E. L. *Toward a Social Ecology*. New York: Plenum, 1973.

Erasmus, D. *Goede manierlijcke seden* [Well-bred manners], Antwerp: Van Waesberghe, 1546. Reprinted in *Het boeckje van Erasmus aengaende de beleefheidt* [Erasmus's book on civility]. Amsterdam: University of Amsterdam, 1969.

Etzioni, A. "The Kennedy Experiment." *Western Political Quarterly*, 1967, *20*, 361-380.

Evan, W. M. "The Organization Set: Toward a Theory of Interorganizational Relations." In J. D. Thompson (ed.), *Approaches to Organizational Design*. Pittsburgh: University of Pittsburgh Press, 1966.

Fagen, R. *Forging Peace: The Challenge of Central America*. Cambridge, Mass.: Blackwell, 1987.

Faley, T. E., and Tedeschi, J. T. "Status and Reactions to Threats." *Journal of Personality and Social Psychology*, 1971, *17*, 192-199.

Fang, T. *Chinese Business Negotiating Style*. Newbury Park, Calif.: Sage, 1999.

Farer, T. J. *Warclouds in the Horn of Africa*. Washington, D. C.: Carnegie Corporation, 1979.

Faria, A. J. "A Survey of the Use of Business Games in Academia and Business." *Simulation and Games*, 1987, *18*, 207-224.

Faure, G.-O. *Time in the Negotiating Process*. Working Paper no. 81-48. Brussels: European Institute for Advanced Studies in Management, 1981.

Faure, G.-O. "Mediator as a Third Negotiator." In F. Mautner-Markhof (ed.), *Processes of International Negotiations*. Boulder, Colo.: Westview Press, 1989.

Faure, G.-O. "La négociation: De la théorie au réel" [Negotiation: From theory to reality], *Encyclopaedia Universalis*, 1991a, pp. 245-248.

Faure, G.-O. "Negotiating in the Orient." *Negotiation Journal*, 1991b, *7*, 279-290.

Faure, G.-O. "Conflict Formulation: The Cross-Cultural Challenge." In B. Bunker and J. Rubin (eds.), *Conflict, Cooperation, and Justice*. San Francisco: Jossey-Bass, 1995a.

Faure, G.-O. "Nonverbal Negotiation in China." *Negotiation Journal*, 1995b, 11(1), 11-18.

Faure, G.-O. "Research on Negotiation in China." *PIN Points*, 1995c, *8*.

Faure, G.-O. "Negotiation: The Chinese Concept." *Negotiation Journal*, 1998, 14(1).

Faure, G.-O. "The Cultural Dimension of Negotiation: The Chinese Case." *Group Decision and Negotiation*, 1999a, 9(3).

Faure, G.-O. "L'Approche Chinoise de la Négociation: Stratégies et Stratagèmes." *Gérer et Comprendre, Annales des Mines,* June 1999b, 36-48.

Faure, G.-O. "Traditional Conflict Management in Africa and China." In I. W. Zartman (ed.),

Traditional Cures for Modern Conflicts: African Conflict Medicine. Boulder, Colo.: Reiner, 2000a.

Faure, G.-O. "Joint Ventures in China and Their Negotiation." In V. Kremenyuk and G. Sjöstedt (eds.), *International Economic Negotiation.* Cheltenham, U. K.: Edward Elgar, 2000b.

Faure, G.-O. "Negotiation for Setting Up Joint Ventures in China." *International Negotiation,* 2000c, 5(1).

Faure, G.-O. (ed.). *How People Negotiate.* Laxenburg, Austria: International Institute of Applied Systems Analysis, 2001.

Faure, G.-O., Mermet, L., Touzard, H., and Dupont, C. *La négociation: Situations, problématiques, applications* [Negotiation: Situations, issues, applications]. Paris: Dunod, 2000.

Faure, G.-O., and Rubin, J. Z. (eds.). *Culture and Negotiation.* Thousand Oaks, Calif.: Sage, 1993.

Faure, G.-O., and Zartman, I. W. (eds.). *Escalation and Negotiation.* Laxenburg, Austria: International Institute of Applied Systems Analysis, 2001.

Fayerweather, J., and Kapoor, A. *Strategy and Negotiation for the International Corporation.* Cambridge, Mass.: Ballinger, 1976.

Feis, H. *Between War and Peace: The Potsdam Conferences.* Princeton, N.J: Princeton University Press, 1960.

Fiedler, F. E. "The Contingency Model and the Dynamics of the Leadership Process." In L. Berkowitz (ed.), *Advances in Experimental Social Psychology,* Vol. 2. Orlando, Fla.: Academic Press, 1978.

Fiedler, F. E. "Leader Effectiveness." *American Behavioral Scientist,* 1981, *24,* 619- 632.

Fink, G. "Negotiating Between the French Government and the Walt Disney Company." In V. A. Kremenyuk and G. Sjöstedt (eds.), *International Economic Negotiation: Models vs. Reality.* Cheltenham, England: Elgar, 2000.

Fischer, G. *The Non-Proliferation of Nuclear Weapons.* (D. Willey, trans.). New York: Bedfors /St. Martin's, 1971.

Fisher, A. *Small-Group Decision Making: Communication and the Group Process.* (2nd ed.) New York: McGraw-Hill, 1980.

Fisher, G. *International Negotiation: A Cross-Cultural Perspective.* Chicago: Intercultural Press, 1980.

Fisher, R. (ed.). *International Conflict and Behavioral Science.* New York: Basic Books, 1964.

Fisher, R. *International Conflict for Beginners.* New York: HarperCollins, 1969.

Fisher, R. "The Structure of Negotiation: An Alternative Model." *Negotiation Journal,* 1986, *2,* 233-235.

Fisher, R. "What Is a 'Good' U.S.-Soviet Relationship—and How Do We Build One?" *Negotiation Journal,* 1987, *3,* 319-328.

Fisher, R. "Systems of Negotiations." Unpublished manuscript. Program on Negotiation, Harvard Law School, May 1988.

Fisher, R. *The Social Psychology of Intergroup and International Conflict Resolution.* New

York: Springer-Verlag, 1989.

Fisher, R. "The Role of Power and Principle: Getting and Using Influence." In J. Breslin and J. Z. Rubin (eds.), *Negotiation Theory and Practice.* Cambridge, Mass.: Harvard Law School, 1991.

Fisher, R., and Brown, S. *Getting Together: Building a Relationship That Gets to Yes.* / Boston: Houghton Mifflin, 1988.

Fisher, R., and Ury, W. *Mediation: A Handbook.* New York: International Peace Academy, 1978.

Fisher, R., and Ury, W. *Getting to Yes: Negotiating Agreement Without Giving In.* (ed. B. Patton). Boston: Houghton Mifflin, 1981.

Fisher, R., Ury, W, and Patton, B. *Getting to Yes: Negotiating Agreement Without Giving In.* (2nd ed.) Boston: Houghton Mifflin, 1991.

Fiske, S. T., and Taylor, S. E. *Social Cognition.* (2nd ed.) New York: McGraw-Hill, 1991.

Foster, J. L. *Bargaining Across Borders.* New York: McGraw-Hill, 1992.

Foster, J. L., Lachman, A. C., and Mason, R. M. "Verstehen, Cognition, and the Impact of Political Simulations: It Is Not as Simple as It Seems." *Simulation and Games,* 1980, *11,* 223-241.

Fox, W. *International Commercial Agreements.* London: Kluwer, 1987.

Frances, J. N. P. "When in Rome: The Effects of Cultural Adaptation on Intercultural Business Negotiations." *Journal of International Business Studies,* 1991, *22,* 403 – 428.

Frankenstein, J. "Trends in Chinese Business Practices: Changes in the Beijing Wind." *California Management Review,* 1986, 29(1).

Fraser, N., and Hipel, K. *Conflict Analysis.* Amsterdam: Elsevier, 1984.

Freymond, J. F. "Diplomatie multilatérale et négociation informelle" [Multilateral diplomacy and informal negotiation]. *Relations Internationales,* 1984, *40,* 403-412.

Freymond, J. F. "Réflexions sur le champ de relations extérieures de l'état et la complexité du système international" [Reflections on the scope of government foreign relations and the complexity of the international system]. In *Annuaire Suisse de Science Politique.* Bern, Switzerland, 1988.

Friedhelm, R. *Parliamentary Diplomacy.* Arlington, Va.: Center for Naval Analysis, 1976.

Friedheim, R. "North-South Bargaining on Ocean Issues." In I. W. Zartman (ed.). *Positive Sum: Improving North-South. Negotiations.* New Brunswick, N.J.: Transaction, 1987.

Friedheim, R. *Negotiating the New Ocean Regime.* Columbia: University of South Carolina Press, 1993.

Friedman, T. L. *The Lexus and the Olive Tree.* New York: Anchor Books, 2000.

Fry, W. R., Firestone, I. J., and Williams, D. L. "Negotiation Process and Outcome of Stranger Dyads and Dating Couples: Do Lovers Lose?" *Basic and Applied Psychology,* 1983, 4, 1-16.

Furlong, W, and Scranton, M. *The Dynamics of Foreign Policy Making.* Boulder, Colo.: Westview Press, 1989.

Garthoff, R. L. "On Estimating and Imputing Intentions." *International Security,* 1978, 2(3), 22-32.

Gauthier, D. *Morals by Agreement.* New York: Oxford University Press, 1986.

Gauthy, F. "Au-delà de la malédiction de Babel." *A. N. D. C. P. Personnel,* May 1995, *360.*

Gennaro, P. "International Multiparty Negotiation: The Electrolux-Zanussi Case." In F. Mautner-Markhof (ed.), *Processes of International Negotiations.* Boulder, Colo.: Westview Press, 1989.

George, A. L. "The Causal Nexus Between Cognitive Beliefs and Decision-Making Behavior." In L. S. Falkowski (ed.), *Psychological Models in International Politics.* Boulder, Colo.: Westview Press, 1979.

George, A. L. *Presidential Decision Making in Foreign Policy: The Effective Use of Information and Advice.* Boulder, Colo.: Westview Press, 1980.

George, A. L. "Strategies for Facilitating Cooperation." In A. L. George, P. J. Farley, and A. Dallin (eds.), *U. S.-Soviet Security Cooperation: Achievements, Failures, Lessons.* New York: Oxford University Press, 1988.

Ghauri, P., and Usunier, J. C. (eds.). *International Business Negotiation.* New York: Elsevier, 1996.

Gillespie, J. J., Thompson, L. L., Loewenstein, J., and Gentner, D. "Lessons from Analogical Reasoning in the Teaching of Negotiation." *Negotiation Journal,* 1999, *15,* 363-371.

Goethals, G. R. "An Attributional Analysis of Some Social Influence Phenomena." In J. H. Harvey, W. Ickes, and R. F. Kidd (eds.), *New Directions in Attribution Research,* Vol. 1. Mahwah, N. J.: Erlbaum, 1976.

Goffman, E. *The Presentation of Self in Everyday Life.* New York: Doubleday, 1959.

Goffman, E. *Strategic Interaction.* Philadelphia: University of Pennsylvania Press, 1969.

Golan, M. *The Secret Conversations of Henry Kissinger.* New York: Quadrangle, 1976.

Graham, J. "Brazilian, Japanese, and American Business Negotiations." *Journal of International Business Studies,* Spring/Summer 1983.

Graham, J. "A Comparison of Japanese and American Business Negotiations." *International Journal of Research in Marketing, 1,* 1984.

Graham, J. "The Japanese Negotiating Style: Characteristics of a Distinct Approach." *Negotiation Journal,* April 1993, 9(2).

Graham, J. "Vis-a-Vis International Business Negotiations." In P. Ghauri and J. C. Usunier (eds.), *International Business Negotiation.* New York: Elsevier, 1996.

Graham, J., and Sano, Y. *Smart Bargaining: Doing Business with the Japanese.* Cambridge, Mass.: Ballinger, 1984.

Graham, N., and others. *Handbook for U. S. Participation in Multilateral Diplomacy.* Glastonbury, Conn.: Futures, 1981.

Grant, M. J., and Sermat, V. "Status and Sex of Other as Determinants of Behavior in a Mixed-Motive Game." *Journal of Personality and Social Psychology,* 1969, *12,* 151-157.

Graybeal, S. N., and Krepon, M. "Making Better Use of the Standing Consultative Commission." *International Security,* 1985, *10,* 183-199.

Greenhalgh, L. *Managing Strategic Relationships.* New York: Free Press, 2001.

Grader, C. L. "Relationship with Opponent and Partner in Mixed-Motive Bargaining." *Journal of*

Conflict Resolution, 1971, *15,* 403-416.

Guetzkow, H. "Isolation and Collaboration: A Political Theory of Inter-Nation Relations." *Journal of Conflict Resolution,* 1957, 1, 48-68.

Guetzkow, H., and others. *Simulation in International Relations: Developments for Research and Teaching.* Upper Saddle River, N.J.: Prentice Hall, 1963.

Gulliver, P. H. *Disputes and Negotiations: A Cross-Cultural Perspective.* Orlando, Fla.: Academic Press, 1979.

Gurr, T. R. "Some Characteristics of Terrorism in the 1960s." In M. Stohl (ed.), *The Politics of Terrorism.* New York: Dekker, 1979.

Haas, E. B. *The Uniting of Europe.* Stanford, Calif.: Stanford University Press, 1958.

Haas, E. B. "Why Collaborate? Issue Linkage and International Regimes." *World Politics,* 1980, *32,* 357-405.

Haas, E. B. *When Knowledge Is Power: Three Models of Change in International Organizations.* Berkeley: University of California Press, 1990.

Haas, P. M. "Introduction: Epistemic Communities and International Policy Coordination." *International Organization,* 1992, *46,* 1-35.

Haass, R. *Unending Conflicts.* New Haven, Conn.: Yale University Press, 1989.

Habeeb, W. M. *Power and Tactics in International Negotiation.* Baltimore: Johns Hopkins University Press, 1988.

Hall, E. T. *The Hidden Dimension.* New York: Bodley Head, 1969.

Hall, E. T. *Beyond Culture.* Garden City, N. Y.: Doubleday, 1976.

Hamilton, D. L., and Gifford, R. K. "Illusory Correlation in Interpersonal Perception: A Cognitive Basis of Stereotypic Judgments." *Journal of Experimental Social Psychology,* 1976, *12,* 392-407.

Hammond, J. S., Keeney, R. L., and Raiffa, H. *Smart Choices.* Boston: Harvard Business School Press, 1998.

Hammond, K. R., Todd, F. J., Wilkins, M., and Mitchell, T. O. "Cognitive Conflict Between Persons: Application of the 'Lens Model' Paradigm." *Journal of Experimental Social Psychology,* 1966, *2,* 343-360.

Hamner, W. C. "Effects of Bargaining Strategy and Pressure to Reach Agreement in a Stalemated Negotiation." *Journal of Personality and Social Psychology,* 1974, *30,* 458-467.

Hampson, F. O. *Multilateral Negotiations.* Baltimore: Johns Hopkins University Press, 1994.

Hampson, F. O., and Mandell, B. (eds.). "Managing Regional Conflict." *International Journal,* 1990, 45(entire issue 2).

Hannan, M. T., and Freeman, J. "The Population Ecology of Organizations." *American Journal of Sociology,* 1977, *82,* 929-964.

Hansberger, F. O. *Say It: 888 expressions pour négocier en anglais* [Say it: 888 expressions for negotiating in English]. Paris: Mazarine, 1985.

Harford, T., and Solomon, L. "'Reformed Sinner' and 'Lapsed Saint' Strategies in the Prisoner's

Dilemma Game." *Journal of Conflict Resolution*, 1967, *11*, 104-109.

Harrigan, K. R. "Joint Ventures and Competitive Strategy." *Strategic Management Journal*, 1988, 9, 141-158.

Harris, K. L. "Content Analysis in Negotiation Research: A Review and Guide." *Behavior Research Methods, Instruments, and Computers*, 1996, *28*, 458-467.

Harris, M. J., and Rosenthal, R. "Mediation of Interpersonal Expectancy Effects: 31 Meta-Analyses." *Psychological Bulletin*, 1985, *97*, 363-386.

Harsanyi, J. C. "Games of Incomplete Information Played by Bayesian Players, Parts I-III." *Management Science*, 1967-1968, *14*, 159-182; 320-324; 486-502.

Harsanyi, J. C. "Rejoinder to Professors Kadane and Larkey." *Management Science*, 1982a, *28*, 124-125.

Harsanyi, J. C. "Subjective Probability and the Theory of Games: Comments on Kadane and Larkey's Paper." *Management Science*, 1982b, *28*, 120-124.

Harsanyi, L. "Bargaining." In J. Eatwell, M. Milate, and P. Newman (eds.), *Game Theory*. New York: Norton, 1989.

Hart, O. "Firms, Contracts, and Financial Structure." In *Clarendon Lectures in Economics*. Oxford: Oxford University Press, 1995.

Hasenclever, A., Mayer, P., and Rittberger, V. *Theories of International Regimes*. New York: Cambridge University Press, 1997.

Hawking, S. W. A *Brief History of Time: From the Big Bang to Black Holes*. New York: Bantam Books, 1988.

Hawley, A. *Human Ecology*. New York: Ronald Press, 1950.

Hayden, T., and Mischel, W. "Maintaining Trait Consistency in the Resolution of Behavioral Inconsistency: The Wolf in Sheep's Clothing?" *Journal of Personality*, 1976, *44*, 109-132.

Hayes, R. E. *The Impact of Government Behavior on the Frequency, Type, and Targets of Terrorist Group Activity*. McLean, Va.: Defense Systems, 1982.

Hayes, R. E. *Models of Structure and Process of Terrorist Groups: Decision-Making Processes*. Vienna, Va.: Evidence Based Research, 1988.

Hayes, R. E., and Schiller, T. *The Impact of Government Behavior on the Frequency, Type, and Targets of Terrorist Group Activity: The Italian Experience, 1968-1982*. McLean, Va.: Defense Systems, 1983.

Hayes, R. E., and Schiller, T. *The Impact of Government Behavior on the Frequency, Type, and Targets of Terrorist Group Activity: The Portuguese Experience, 1968-1982*. McLean, Va.: Defense Systems, 1984.

Hayes, R. E., and Shibuya, M. *The Impact of Government Behavior on the Frequency, Type, and Targets of Terrorist Group Activity: The Spanish Experience, 1968-1982*. McLean, Va.: Defense Systems, 1983.

Hearn, P. *Successful Negotiation of Commercial Contracts*. London: Oyez, 1979.

Heimann, F. "International Joint-Venture Negotiations." In F. Mautner-Markhof (ed.), *Processes of International Negotiations*. Boulder, Colo.: Westview Press, 1989.

Hermann, C. R, and Hermann, M. G. "An Attempt to Simulate the Outbreak of World War I."
    American Political Science Review, 1967, 61, 400-416.

Hermann, M. G. "Personality Profile Data on Gorbachev." Paper presented at the annual
    convention of the International Studies Association, London, Mar. 28-Apr. 1, 1989.

Hermann, M. G., and Kogan, N. "Effects of Negotiators' Personalities on Negotiating Behavior."
    In D. Druckman (ed.). Negotiations: Social-Psychological Perspectives. Thousand Oaks,
    Calif.: Sage, 1977.

Herskovits, M. J. Cultural Anthropology. New York: Knopf, 1995.

Hewes, D. E., and Planalp, S. "There Is Nothing as Useful as a Good Theory: The Influence of
    Social Knowledge on Interpersonal Communication." In M. E. Roloff and C. R. Berger
    (eds.), Social Cognition and Communication. Thousand Oaks, Calif.: Sage, 1982.

Hewitt, C. The Effectiveness of Counter-Terrorist Policies. Washington, D. C.: U. S. Department
    of State, 1982.

Heyman, E., and Micholous, E. F. "Imitation by Terrorists: Quantitative Approaches to the Study
    of Diffusion Processes in Patterns of International Terrorism." In Y. Alexander and J.
    Gleason (eds.). Behavioral and Quantitative Perspectives on Terrorism. New York:
    Pergamon Press, 1981.

Hicks, J. R. Theory of Wages. Old Tappan, N.J.: Macmillan, 1932.

Higgins, E. T. and Kruglanski, A. W. Social Psychology: Handbook, of Basic Principles. New
    York: Guilford Press, 1996.

Hiltrop, J. M., and Rubin, J. Z. "Effects of Intervention Mode and Conflict of Interest on Dispute
    Resolution." Journal of Personality and Social Psychology, 1982, 42, 665-672.

Himmelmann, G. Lohnbildung durch Kollektivverhandlungen [Wage development through
    collective negotiations]. Berlin: Dunker und Humbolt, 1971.

Hinton, B. L., Hamner, W. C., and Pohlen, M. F. "The Influence of Reward Magnitude, Opening
    Bid, and Concession Rate on Profit Earned in a Managerial Negotiation Game." Behavioral
    Science, 1974, 19, 197-203.

Hobson, C. "E-Negotiations." Negotiation Journal, 1999, 15, 201-209.

Hofstede, G. Culture's Consequences. Thousand Oaks, Calif.: Sage, 1980.

Hofstede, G. "Relativité Culturelle des Pratiques et Théorie de L'Organisation. Revue Française
    de Gestion, September-October 1987.

Hofstede, G. "Cultural Predictors of National Negotiating Styles." In F. Mautner-Markhof (ed.),
    Processes of International Negotiations. Boulder, Colo.: Westview, 1989.

Hofstede, G. Culture and Organizations: Software of the Mind. London: McGraw-Hill, 1991.

Holbrooke, R. To End a War. New York: Random House, 1998.

Hollander, E. P. "Leadership and Power." In G. Lindzey and E. Aronson (eds.). The Handbook
    of Social Psychology. (3rd ed.) New York: Random House, 1985.

Hollander, E. P., and Julian, J. W. "Leadership." In E. F. Borgatta and W. F. Lambert (eds.),
    Handbook of Personality Theory and Research. Skokie, Ill.: Rand McNally, 1975.

Holsti, O. R. Content Analysis for the Social Sciences and Humanities. Reading, Mass.:

Addison-Wesley, 1969.

Holsti, O. R. "Foreign Policy Formation Viewed Cognitively." In R. Axelrod (ed.), *Structure of Decision.* Princeton, N. J.: Princeton University Press, 1976.

Homans, G. *Social Behavior.* Orlando, Fla.: Harcourt Brace, 1961.

Hook, S. *The Hero in History.* Atlantic Highlands, N. J.: Humanities Press, 1943.

Hopmann, P. T. "Bargaining in Arms Control Negotiations: The Seabeds Denuclearization Treaty." *International Organization,* 1974, *28,* 313-343.

Hopmann, P. T. "Bargaining Within and Between Alliances on MBFR: Perceptions and Interactions." Paper presented at the annual convention of the International Studies Association, Saint Lotiis, Mo., 1977.

Hopmann, P. T. "Asymmetrical Bargaining in the Conference on Security and Cooperation in Europe." *International Organization,* 1978, *32,* 141-177.

Hopmann, P. T. "Détente and Security in Europe: The Vienna Force Reduction Negotiations." Paper presented at the eleventh World Congress of the International Political Science Association, Moscow, 1979.

Hopmann, P. T. "Negotiating Peace in Central America." *Negotiation Journal,* 1988, 4, 361-380.

Hopmann, P. T. "Two Paradigms of Negotiation: Bargaining and Problem Solving." *Annals of the American Academy of Political and Social Science,* 1995, *542,* 24-47.

Hopmann, P. T. *The Negotiation Process and the Resolution of International Conflicts.* Columbia: University of South Carolina Press, 1996.

Hopmann, P. T., and Anderson, J. E. "Vulnerability, Uncertainty, and Priorities for Strategic Arms Control." In J. R. Goldman (ed.), *American Security in a Changing World.* Lanham, Md.: University Press of America, 1988.

Hopmann, P. T., and Druckman, D. "Henry Kissinger as Strategist and Tactician in the Middle East Negotiations." In J. Z. Rubin (ed.), *Dynamics of Third-Party Intervention: Kissinger in the Middle East.* New York: Praeger, 1981.

Hopmann, P. T., and King, T. D. "Interactions and Perceptions in the Test Ban Negotiations." *International Studies Quarterly,* 1976, *20,* 105-142.

Hopmann, P. T., and Smith, T. C. "An Application of a Richardson Process Model: Soviet-American Interactions in the Test Ban Negotiations, 1962-1963." In I. W. Zartman (ed.). *The Negotiation Process: Theories and Applications.* Thousand Oaks, Calif.: Sage, 1978.

Hopmann, P. T., and Walcott, C. "The Impact of External Stresses and Tensions on Negotiations." In D. Druckman (ed.), *Negotiations: Social-Psychological Perspectives.* Thousand Oaks, Calif.: Sage, 1977.

Horai, J., and Tedeschi, J. T. "Effects of Credibility and Magnitude of Punishment on Compliance to Threats." *Journal of Personality and Social Psychology,* 1969, *12,* 164-169.

Hornstein, H. A. "The Effects of Different Magnitudes of Threat upon Interpersonal Bargaining." *Journal of Experimental Social Psychology,* 1965, *1,* 282-293.

Hough, J. F. *Soviet Interpretation and Response.* Occasional Paper no. 36. New Britain, Conn.: Stanley Foundation, 1985.

Hudson, R. (ed.). *Global Report,* 1986, 20(entire spring issue).

Huntington, S. "The Goals of Development." In M. Weiner and S. Huntington (eds.), *Understanding Political Development.* Boston: Little, Brown, 1987.

Ichihashi, Y. *The Washington Conference and After: A Historical Survey.* Stanford, Calif.: Stanford University Press, 1928.

Iklé, F. C. *How Nations Negotiate.* New York: HarperCollins, 1964.

Isen, A. M., and Levin, P. F. "Effect of Feeling Good on Helping: Cookies and Kindness." *Journal of Personality and Social Psychology,* 1972, *21,* 384-388.

Jablin, F. (ed.). *Handbook of Organizational Communication.* Thousand Oaks, Calif.: Sage, 1988.

Jackson, E. *Meeting of the Minds.* New York: McGraw-Hill, 1952.

Jacobs, R. L., and Baum, M. "Simulation and Games in Training and Development." *Simulation and Games,* 1987, *18,* 385-394.

Jacobson, H., and Stein, E. *Diplomats, Scientists, and Politicians: The United States and the Nuclear Test Ban Negotiations.* Ann Arbor: University of Michigan Press, 1966.

James, R. R. *Anthony Eden.* London: Weidenfeld and Nicolson, 1986.

Janis, I. L. *Victims of Groupthink: Psychological Studies of Foreign-Policy Decisions and Fiascoes.* Boston: Houghton Mifflin, 1972.

Janis, I. L. *Victims of Groupthink: Psychological Studies of Foreign-Policy Decisions and Fiascoes.* (2nd ed.) Boston: Houghton Mifflin, 1982.

Janosik, R. "Rethinking the Culture-Negotiation Link." *Negotiation Journal,* 1987, *3,* 385-395.

Jehiel, P., Moldovanu, B., and Stacchetti, E. "How (Not) to Sell Nuclear Weapons." *American Economic Review,* 1996, *86,* 814-829.

Jehn, K. A., and Weldon, E. "Management Attitudes Toward Conflict: Cross-Cultural Differences in Resolution Styles." *Journal of International Management,* 1997, 3(4), 291-321.

Jenkins, B. M., Johnson, J., and Ronefeldt, D. *Numbered Lives: Some Statistical Observations from 77 International Hostage Incidents.* Santa Monica, Calif.: Rand, 1977.

Jensen, L. "Approach-Avoidance Bargaining in the Test-Ban Negotiations." *International Studies Quarterly,* 1968, *12,* 152-160.

Jensen, L. "Bargaining Strategies and Strategic Arms Limitations." Paper presented to the American Political Science Association, Washington, D. C., 1979.

Jensen, L. "Negotiating Strategic Arms Control, 1969-1979." *Journal of Conflict Resolution,* 1984, *28,* 535-559.

Jensen, L. "Soviet-American Behavior in Disarmament Negotiations." In I. W. Zartman (ed.). *The 50% Solution: How to Bargain Successfully with Hijackers, Strikers, Bosses, Oil Magnates, Arabs, Russians, and Other Worthy Opponents in This Modern World.* New Haven, Conn.: Yale University Press, 1987.

Jensen, L. *Bargaining for National Security: The Postwar Disarmament Negotiations.*

Columbia: University of South Carolina Press, 1988.

Jensen, M., and Meckling, W. "Theory of the Firm: Managerial Behavior, Agency Costs, and Ownership Structure." *Journal of Financial Economics,* 1976, *3,* 305-360.

Jervis, R. *The Logic of Images in International Relations.* Princeton, N. J.: Princeton University Press, 1972.

Jervis, R. *Perception and Misperception in International Politics.* Princeton, N. J.: Princeton University Press, 1976.

Jervis, R. "Cooperation Under the Security Dilemma." *World Politics,* 1978, *30,* 167-214.

Jervis, R. "Security Regimes." *International Organization,* 1982, *36,* 362-368.

Jervis, R. "Deterrence and Perception." *International Security,* 1983, 7(3), 3-30.

Jervis, R. "Perceiving and Coping with Threat." In R. Jervis, R. N. Lebow, and J. G. Stein, *Psychology and Deterrence.* Baltimore: Johns Hopkins University Press, 1985.

Jervis, R. "Intelligence and Foreign Policy: A Review Essay. " *International Security,* 1986, 11(3), 141-161.

Jervis, R., Lebow, R. N., and Stein, J. G. *Psychology and Deterrence.* Baltimore: Johns Hopkins University Press, 1985.

Johansen, L. "The Bargaining Society and the Inefficiency of Bargaining." *Kyklos,* 1979, *32,* 497-522.

Johnson, D. E, and Tullar, W. L. "Style of Third-Party Intervention, Face-Saving and Bargaining Behavior." *Journal of Experimental Social Psychology,* 1972, *8,* 319-330.

Jones, E. E., and Davis, K. E. "From Acts to Dispositions: The Attribution Process in Person Perception." In L. Berkowitz (ed.), *Advances in Experimental Social Psychology.* Orlando, Fla.: Academic Press, 1965.

Jones, E. E., and Nisbett, R. E. "The Actor and the Observer: Divergent Perceptions of the Causes of Behavior," In E. E. Jones and others (eds.). *Attribution: Perceiving the Causes of Behavior.* Morristown, N. J.: General Learning Press, 1971.

Jönsson, C. *Soviet Bargaining Behavior: The Nuclear Test Ban Case.* New York: Columbia University Press, 1979.

Jönsson, C. "Introduction: Cognitive Approaches to International Politics." In C. Jönsson (ed.), *Cognitive Dynamics and International Politics.* London: Pinter, 1982.

Jönsson, C. "Communication Processes in International Negotiation: Some Common Mistakes." In E Mautner-Markhof (ed.), *Processes of International Negotiations.* Boulder, Colo.: Westview Press, 1989.

Jönsson, C. *Communication in International Bargaining.* London: Pinter, 1990.

Jönsson, C., and others. "Negotiations in Networks in the European Union." *International Negotiation,* 1998, *3,* 319-344.

Jorden, W. J. *Panama Odyssey.* Austin: University of Texas Press, 1984.

Jussim, L. "Self-Fulfilling Prophesies: A Theoretical and Integrative Review." *Psychological Review,* 1986, *93,* 429-445.

Kadane, J. B., and Larkey, P. D. "Subjective Probability and the Theory of Games." *Mangement Science,* 1982a, *28(2),* 113-120.

Kadane, J. B., and Larkey, P. D. "Reply to Professor Harsanyi." *Management Science,* 1982b, *28(2),* 124.

Kagel, J., and Roth, A. E. *The Handbook of Experimental Economics.* Princeton, N.J.: Princeton University Press, 1995.

Kahneman, D., and Tversky, A. "Judgment Under Uncertainty." *Science,* 1974, *184,* 1124-1131.

Kahneman, D., and Tversky, A. "Prospect Theory: An Analysis of Decisions Under Risk." *Econometrica,* 1979, *47,* 263-291.

Kahneman, D., Slovic, P., and Tversky, A. *Judgement Under Uncertainty: Heuristics and Biases.* Cambridge: Cambridge University Press, 1982.

Kaitala, V, and Pohjola, M. "Sustainable International Agreements on Greenhouse Warming: A Game Theory Study." In C. Carraro and J. A. Filar (eds.), *Control and Game-Theoretic Models of the Environment.* Basel, Switzerland: Birkhauser, 1995.

Kalai, E., and Smorodinski, M. "Other Solutions to Nash's Bargaining Problem." *Econometrica,* 1975, *43,* 513-518.

Kale, S. "How National Culture, Organizational Culture and Personality Impact Buyer- Seller Interactions." In P. Ghauri and J. C. Usunier (eds.), *International Business Negotiation.* New York: Elsevier, 1996.

Kanet, R., and Kolodziej, E. (eds.). *Cold War as Cooperation.* Baltimore: Johns Hopkins University Press, 1991.

Kapoor, A. *International Business Negotiations: A Study in India.* New York: New York University Press, 1970.

Karrass, C. L. *The Negotiating Game.* New York: Crowell, 1970.

Katz, D., and Kahn, R. L. *The Social Psychology of Organizations.* (2nd ed.) New York: Wiley, 1978.

Kaufmann, J. *Conference Diplomacy.* The Hague: Nijhoff, 1988.

Keeney, R. L. "Value-Focused Thinking and the Study of Values." In D. E. Bell, H. Raiffa, and A. Tversky (eds.). *Decision Making: Descriptive, Normative and Prescriptive Interactions.* Cambridge: Cambridge University Press, 1988.

Keeney, R. L. *Value-Focused Thinking: A Path to Creative Decision Making.* Cambridge, Mass.: Harvard University Press, 1992.

Keeney, R. L., and Raiffa, H. *Decisions with Multiple Objectives: Preferences and Value Trade-Offs.* New York: Wiley, 1976.

Keeney, R. L., and Raiffa, H. "Assessing Trade-Offs: Structuring and Analyzing Values for Multiple-Issue Negotiations." In H. P. Young (ed.), *Negotiation Analysis.* Ann Arbor: University of Michigan Press, 1991.

Keeney, R. L., Renn, O., and Winterfeldt, D. von. *Structuring Germany's Energy Objectives.* Los Angeles: Social Science Research Institute, University of Southern California, 1983.

Keens-Soper, H. M. A., and Schweizer, K. W. "Diplomatic Theory in the Ancient Regime." In H.

M. A. Keens-Soper and K. W. Schweizer (eds.), *The Art of Diplomacy.* Leicester, England: Leicester University Press, 1983.

Kellerman, B., and Rubin, J. Z. (eds.). *Leadership and Negotiation in the Middle East.* New York: Praeger, 1988.

Kelley, H. H. "A Classroom Study of the Dilemmas in Interpersonal Negotiations." In K. Archibald (ed.), *Strategic Interaction and Conflict.* Berkeley: Institute of International Studies, University of California, 1966.

Kelley, H. H. "Attribution Theory in Social Psychology." In D. Levine (ed.), *Nebraska Symposium on Motivation,* Vol. 15. Lincoln: University of Nebraska Press, 1967.

Kelley, H. H. "Attribution in Social Interaction." In E. E. Jones and others (eds.). *Attribution: Perceiving the Causes of Behavior.* Morristown, N. J.: General Learning Press, 1971.

Kelley, H. H. "The Process of Causal Attribution." *American Psychologist,* 1973, *28,* 107-128.

Kelley, H. H., Beckman, L. L., and Fischer, C. S. "Negotiating the Division of Reward Under Incomplete Information." *Journal of Experimental Social Psychology,* 1967, *3,* 361-398.

Kelley, H. H., and Michela, J. L. "Attribution Theory and Research." *Annual Review of Psychology,* 1980, *31,* 457-501.

Kelley, H. H., and Stahelski, A. J. "Errors in Perception of Intentions in a Mixed-Motive Game." *Journal of Experimental Social Psychology,* 1970a, *6,* 379-400.

Kelley, H. H., and Stahelski, A. J. "The Inference of Intentions from Moves in the Prisoner's Dilemma Game." *Journal of Experimental Social Psychology,* 1970b, *6,* 401-419.

Kelley, H. H., and Stahelski, A. J. "Social Interaction Basis of Cooperators' and Competitors' Beliefs About Others." *Journal of Personality and Social Psychology,* 1970c, *16,* 66-91.

Kelley, H. H., and others. "A Comparative Experimental Study of Negotiating Behavior." *Journal of Personality and Social Psychology,* 1970, *16,* 411-438.

Kelman, H. C. (ed.). *International Behavior: A Social-Psychological Analysis.* Austin, Tex.: Holt, Rinehart and Winston, 1965.

Kelman, H. C. "Reduction of International Conflict: An Interactional Approach." In W. G. Austin and S. Wbrchel (eds.). *The Social Psychology of Intergroup Relations.* Pacific Grove, Calif.: Brooks/Cole, 1979.

Kelman, H. C. "Overcoming the Psychological Barrier: An Analysis of the Egyptian - Israeli Peace Process." *Negotiation Journal,* 1985, *1,* 213-234.

Kelman, H. C. "Informal Mediation by the Scholar/Practitioner." In J. Bercovitch and J. Z. Rubin (eds.). *Mediation in International Relations.* New York: Bedford / St. Martin's, 1992.

Kennedy, G. *Everything Is Negotiable: How to Get a Better Deal.* Upper Saddle River, N. J.: Prentice Hall, 1983.

Keohane, R. O. *After Hegemony: Cooperation and Discord in the World Political Economy.* Princeton, N.J.: Princeton University Press, 1984.

Keohane, R. O., and Nye, J. *Power and Interdependence.* New York: Little, Brown, 1977.

Kerby, W, and Göbeler, F. "The Distribution of Power in the United Nations." In R. K. Huber and R. Avenhaus (eds.), *Models for Security Policy in the Post-Cold War Era.* Baden-

Baden, Germany: Nomos, 1996.

Kersten, G., and Noronha, S. "Negotiation Via the World Wide Web: A Cross-Cultural Study of Decision Making." *Group Decision and Negotiation,* 1999, 8(3).

Kervin, R., and de Felice, F. B. "Silicon for the Masses." In V. A. Kremenyuk and G. Sjöstedt (eds.), *International Economic Negotiation: Models vs. Reality.* Cheltenham, England: Elgar, 2000.

Khadiagaia, G. *Mediation in East Africa.* Washington, D. C.: U. S. Institute of Peace, 2001.

Khadiagaia, G., and Rothchild, D. (eds.). *Negotiating Independence.* Forthcoming.

Khury, F. "The Etiquette of Bargaining in the Middle East." *American Anthropologist,* 1968, *70,* 698-706.

Kilgour, D. M., and Zagare, F. C. "Credibility, Uncertainty, and Deterrence." *American Journal of Political Science,* 1991, *35,* 305-334.

Kimmel, M. J., and others. "Effects of Trust, Aspiration, and Gender on Negotiation Tactics." *Journal of Personality and Social Psychology,* 1980, *38,* 9-23.

Kimura, H. "Soviet and Japanese Negotiation Behavior: The Spring 1977 Fisheries Talks." *Orbis,* 1980, *24,* 43-67.

Kinder, D. R., and Weiss, J. A. "In Lieu of Rationality: Psychological Perspectives on Foreign Policy Decision Making." *Journal of Conflict Resolution,* 1978, *22,* 707-735.

King, T. D. "Role Reversal Debates in International Negotiations: The Partial Test Ban Case." Paper presented to the International Studies Association, Toronto, Canada, 1976.

King, T. D. "Bargaining in the United Nations Special Session on Disarmament." Paper presented to the American Political Science Association, Washington, D. C., 1979.

Kirkbride, P., Tang, S., and Westwood, R. "Chinese Conflict Preferences and Negotiating Behavior: Cultural and Psychological Influences." *Organization Studies,* 1991, 12(3), 365-386.

Kissinger, H. A. "The Vietnam Negotiations." *Foreign Affairs,* 1969, *47,* 211-234.

Kissinger, H. A. *White House Years.* New York: Little, Brown, 1979.

Kissinger, H. A. *Years of Upheaval.* New York: Little, Brown, 1982.

Kissinger, H. A. *Diplomacy.* New York: Simon and Schuster, 1994.

Kleiboer, M. *The Multiple Realities of International Mediation.* Boulder, Colo.: Reiner, 1998.

Klimoski, R. J. "The Effects of Intragroup Forces on Intergroup Conflict Resolution." *Organizational Behavior and Human Performance,* 1972, *8,* 363-383.

Klineberg, O. *Social Psychology.* New York: Holt, 1954.

Koestler, A. *La quête de l'absolu* [In search of the absolute], Paris: Calmann-Lévy, 1981.

Kogan, N., Lamm, H., and Trommsdorff, G. "Negotiation Constraints in the Risk-Taking Domain: Effects of Being Observed by Partners of Higher or Lower Status." *Journal of Personality and Social Psychology,* 1972, *23,* 143-156.

Koh, T. "(JNCED Leadership." In B. I. Spector, G. Sjöstedt, and I. W. Zartman (eds.), *Negotiating International Regimes: Lessons Learned from the UN Conference on Environment and Development.* London: Graham and Trotman, 1994.

Kohlberg,. E., and Mertens, J.-F. "On the Strategic Stability of Equilibria." *Econometrica,* 1986, *54,* 1003-1038.

Kolb, D., and Faure, G.-O. "Organizational Theory: The Interface of Structure, Culture, Procedures, and Negotiation Process." In I. W. Zartman (ed.). *International Multilateral Negotiation.* San Francisco: Jossey-Bass, 1994.

Komorita, S. S., and Brenner, A. R. "Bargaining and Concession Making Under Bilateral Monopoly." *Journal of Personality and Social Psychology,* 1968, 9, 15-20.

Kotter, J. *Power and Influence: Beyond Formal Authority.* New York: Free Press, 1985.

Kramer, R. M., and Messick, D. M. (eds.). *Negotiation as a Social Process.* Thousand Oaks, Calif.: Sage, 1995.

Krasner, S. D. (ed.). *International Regimes.* Ithaca, N. Y.: Cornell University Press, 1983.

Krasner, S. D. *Structural Conflict: The Third World Against Global Liberalism.* Berkeley: University of California Press, 1985.

Kremenyuk, V. A. "A Pluralistic Viewpoint." In G.-O. Faure and J. Z. Rubin (eds.), *Culture and Negotiation.* Newbury Park, Calif.: Sage, 1993.

Kremenyuk, V. A., and Sjöstedt, G. (eds.). *International Economic Negotiation: Models vs. Reality.* Cheltenham, England: Elgar, 2000.

Kremenyuk, V. A., Sjöstedt, G., and Zartman, I. W. "Introduction." In V. A. Kremenyuk and G. Sjöstedt, *International Economic Negotiation.* Cheltenham, England: Elgar, 2000.

Kremenyuk, V. A., and Zartmann, I. W. (eds.). *Negotiating Forward- and Backward Looking Outcomes.* Laxenburg, Austria: International Institute of Applied Systems Analysis, 2002.

Kreps, D. M. "Nash Equilibrium." In J. Eatwell, M. Milgate, and P. Newman (eds.), *Game Theory.* New York: Norton, 1989.

Kreps, D. M., and Wilson, R. "Sequential Equilibrium." *Econometrica,* 1982, 50, 863-894.

Kressel, K. *Labor Mediation: An Exploratory Survey.* Albany, N. Y.: Association of Labor Mediation Agencies, 1972.

Kressel, K. "Kissinger in the Middle East: An Exploratory Analysis of Role Strain in International Mediation." In J. Z. Rubin (ed.), *Dynamics of Third-Party Intervention: Kissinger in the Middle East.* New York: Praeger, 1981.

Kressel, K., Pruitt, D. G., and Associates. *Mediation Research: The Process and Effectiveness of Third-Party Intervention.* San Francisco: Jossey-Bass, 1989.

Kriesberg, L. (ed.). *Deescalation and Negotiation.* Syracuse, N. Y.: Syracuse University Press, 1990.

Kroeber, A., and Kluckhohn, C. *Culture: A Critical Review of Concepts and Definitions.* New York: Random House, 1963.

La Bruyère, J. de. *Caractères* [Characters]. Paris: Hachette, 1922 (Originally published 1688).

Lake, D., and Rothchild, D. (eds.). *The International Spread of Ethnic Conflict.* Princeton, N. J.: Princeton University Press, 1998.

Lakoff, G. *Women, Fire, and Dangerous Things.* Chicago: University of Chicago Press, 1987.

Lakoff, G., and Johnson, M. *Metaphors We Live By.* Chicago: University of Chicago Press, 1980.

Lail, A. *Modern International Negotiations.* New York: Columbia University Press, 1966.

Landes, W. M. "An Economic Study of U. S. Aircraft Hijackings, 1961-1976." *Journal of Law and Economics,* 1978, *21,* 1-31.

Landry, E. M., and Donnellon, A. "Teaching Negotiation with a Feminist Perspective." *Negotiation Journal,* 1999, *15,* 21-30.

Landsberger, H. S. "Interaction Process Analysis of the Mediation of Labor-Management Disputes." *Journal of Abnormal and Social Psychology,* 1955, *51,* 552-559.

Lang, W. "Multilateral Negotiations: The Role of the Presiding Officers." In F. Mautner- Markhoff (ed.), *Processes of International Negotiations.* Boulder, Colo.: Westview Press, 1989.

Lang, W. "A Professional's View." In G.-O. Faure and J. Z. Rubin (eds.), *Culture and Negotiation.* Newbury Park, Calif.: Sage, 1993.

Laqueur, W. *The Age of Terrorism.* New York: Little, Brown, 1987.

Larson, D. W. "Crisis Prevention and the Austrian State Treaty." *International Organization,* 1987, *41,* 27-60.

Larson, D. W. "The Psychology of Reciprocity in International Relations." *Negotiation Journal,* 1988, *4,* 281-301.

Larson, D. W., and Druckman, D. (eds.). *International Negotiation,* 1998, 3(entire issue 2).

Lawler, E. E., III, Mohrman, S. A., and Ledford, G. E., Jr. *Creating High Performance Organizations: Practices and Results of Employee Involvement and TQM in Fortune 1000 Companies.* San Francisco: Jossey-Bass, 1995.

Lawrence, P. R., and Lorsch, J. W. *Organization and Environment.* Boston: Harvard Business School Press, 1967.

Lax, D. A. "Optimal Search in Negotiation Analysis." *Journal of Conflict Resolution,* 1985, *29,* 456-472.

Lax, D. A., and Mayer, F. W. "The Logic of Linked Bargains." Working Paper no. 89-012. Boston: Harvard Business School, 1988.

Lax, D. A., and Sebenius, J. K. "Insecure Contracts and Resource Development." *Public Policy,* 1981, 29, 417-436.

Lax, D. A., and Sebenius, J. K. "The Power of Alternatives and the Limits of Negotiation." *Negotiation Journal,* 1985, *1,* 163-179.

Lax, D. A., and Sebenius, J. K. *The Manager as Negotiator: Bargaining for Cooperation and Competitive Gain.* New York: Free Press, 1986.

Lax, D. A., and Sebenius, J. K. "The Power of Alternatives and the Limits of Negotiation." In J. Breslin and J. Z. Rubin (eds.), *Negotiation Theory and Practice.* Cambridge, Mass.: PON Books, 1991a.

Lax, D. A., and Sebenius, J. K. "Thinking Coalitionally: Party Arithmetic, Process Opportunism, and Strategic Sequencing." In H. P. Young (ed.), *Negotiation Analysis.* Ann Arbor: University of Michigan Press, 1991b.

Lax, D. A., and Sebenius, J. K. "Basic Dealcrafting: Principles for Creating Value in Negotiation." Unpublished manuscript. Boston: Harvard Business School, 2000.

Lax, D. and others. *The Manager as Negotiator and Dispute Resolver.* Washington, D. C.: National Institute for Dispute Resolution, 1985.

Lebedeva, M. M. "The Analysis of Negotiating Behavior in Simulations." Paper presented at the annual meeting of the International Studies Association, Vancouver, Canada, 1991.

Lebow, R. N. *Between Peace and War: The Nature of International Crisis.* Baltimore: Johns Hopkins University Press, 1981.

Lempereur, A. (ed.). *Négociation: Théories versus pratique* [Negotiation: Theory versus practice]. Paris: ESSEC, 1998.

LeVine, R. A., and Campbell, D. T. *Ethnocentrism.* New York: Wiley, 1972.

Levy, J. S. "Loss Aversion, Framing, and Bargaining: The Implications of Prospect Theory for International Conflict." *International Political Science Review,* 1996, 17, 179-195.

Lewicki, R. J. "Teaching Negotiation and Dispute Resolution in Colleges of Business: The State of the Practice." *Negotiation Journal,* 1997, *13,* 253-270.

Lewicki, R. J., and Bunker, B. B. "Trust in Relationships: A Model of Trust Development and Decline." In R. Kramer and T. Tyler (eds.), *Trust in Organizations.* Newbury Park, Calif.: Sage, 1996.

Lewicki, R. J., and Litterer, J. A. *Negotiation.* Homewood, Ill.: Irwin, 1985.

Lewicki, R. J., McAllister, D., and Bies, R. H. "Trust and Distrust: New Relationships and Realities." *Academy of Management Review,* 1998, *23,* 438-458.

Lewicki, R. J., Saunders, D. M., and Minton, J. W. *Negotiation.* (3rd ed.) Boston: Irwin McGraw-Hill, 1999.

Lewicki, R. J., and Wiethoff, C. "Trust, Trust Development, and Trust Repair." In M. Deutsch and P. Coleman (eds.), *Theory and Practice of Conflict Resolution.* San Francisco: Jossey-Bass, 1999.

Lewin, K. *Principles of Topological Psychology.* New York: McGraw-Hill, 1936.

Lewis, S. A., and Fry, W. R. "Effects of Visual Access and Orientation on the Discovery of Integrative Bargaining Alternatives." *Organizational Behavior and Human Performance,* 1977, *20,* 75-92.

Li, X. *Chinese-Dutch Business Negotiations.* Amsterdam: Rodopi, 1999.

Lichbach, M. I. "Deterrence or Escalation: The Puzzle of Aggregate Studies of Repression and Dissent." *Journal of Conflict Resolution,* 1987, *31,* 261-297.

Lieb, D. "Iran and Iraq at Algiers." In S. Touval and I. W. Zartman (eds.), *The Man in the Middle: International Mediation in Theory and Practice.* Boulder, Colo.: Westview Press, 1985.

Lieberfeld, D. "Conflict Ripeness Revisited: The South African and Israel-Palestine Cases." *Negotiation Journal,* 1999, *15,* 63-82.

Likert, R. *New Patterns of Management.* New York: McGraw-Hill, 1961.

Lindskold, S. "GRIT: Reducing Distrust Through Carefully Introduced Conciliation." In S.

Worchel and W. G. Austin (eds.), *The Social Psychology of Intergroup Relations.* (2nd ed.) Chicago: Nelson-Hall, 1985.

Lindskold, S., Bennett, R., and Wayner, M. "Retaliation Levels as a Foundation for Subsequent Conciliation." *Behavioral Science, 1976, 21,* 13-18.

Lindskold, S., Betz, B., and Walters, D. S. "Transforming Competitive or Cooperative Climates." *Journal of Conflict Resolution,* 1986, *30,* 99-114.

Lodge, J., and Pfetsch, F. (eds.). "Negotiating the European Union." *International Negotiation,* 1998, 3(entire issue 3).

Low, H. "The Zimbabwe Settlement, 1976-1979." In S. Touval and I. W. Zartman (eds.). *The Man in the Middle: International Mediation in Theory and Practice.* Boulder, Colo.: Westview Press, 1985.

Lowi, M., and Rothman, J. "Arabs and Israelis: The Jordan River." In G.-O. Faure and J. Z. Rubin (eds.). *Culture and Negotiation.* Newbury Park, Calif.: Sage, 1993.

Luce, R. D., and Raiffa, H. *Games and Decisions.* New York: Wiley, 1957.

Mahoney, R., and Druckman, D. "Simulation, Experimentation, and Context: Dimensions of Design and Inference." *Simulation and Games, 1975, 6,* 235-270.

Maier, K. G. "The Acid Rain Game." Paper prepared for the ESF Workshop on Economic Analysis for Environmental Toxicology, Amsterdam, May 1989.

Malmgren, H. *International Economic Peacekeeping in Phase II.* New York: Quadrangle, 1972.

Mandell, B. *The Sinai Experience. Arms Control Verification Study no. 3.* Ottawa, Canada: Department of External Affairs, 1987.

Mansbridge, J. (ed.). *Beyond Self-Interest.* Chicago: University of Chicago Press, 1990.

Martin, J. *Cultures in Organizations.* New York: Oxford University Press, 1992.

Marx, K., and Engels, F. *Manifest der Kommunistischen Partei* [Communist Party manifesto], Stuttgart, Germany: Neue Wort, 1953(Originally published 1848).

Mas-Colell, A. "Cooperative Equilibria." In J. Eatwell, M. Milgate, and P. Newman (eds.), *Game Theory.* New York: Norton, 1989.

Mastenbroek, W.F.G. *Negotiate.* Oxford: Blackwell, 1989.

Matthews, R. O. "Conflict in Rhodesia, 1965-1979." In F. Hampson and B. Mandell (eds.), "Managing Regional Conflict," *International Journal,* 1990, 45(2).

Matthies, V. *Der Grenzkonflikt Somalias mit Aethiopien und Kenya* [Somalia's border conflict with Ethiopia and Kenya], Hamburg, Germany: Institut für Afrika Kunde, 1977.

Mattingly, G. *Renaissance Diplomacy.* Boston: Houghton Mifflin, 1955.

Maundi, M., and others. *Entry into Mediation.* Washington, D. C.: U. S. Institute of y Peace, 2001.

Mautner-Markhof, F. (ed.). Processes *of International Negotiations.* Boulder, Colo.: Westview Press, 1989.

Mayer, F. W. "Bargains Within Bargains: Domestic Politics and International Negotiation." Ph. D. dissertation, Harvard University, 1988.

Mayer, F. W. "Managing Domestic Differences in International Negotiations: The Strategic Use of Internal Side-Payments." *International Organization,* 1992, 46(4), 25-27.

Mayo, E. *The Human Problems of an Industrial Civilization.* Old Tappan, N.J.: Macmillan, 1933.

McAllister, D. "Affect and Cognition-Based Trust as Foundations for Interpersonal Cooperation in Organizations." *Academy of Management Journal,* 1995, *38,* 24-59.

McCall, J. B., and Warrington, M. B. *Marketing by Agreement.* New York: Wiley, 1984.

McGillicuddy, N. B., Welton, G. L., and Pruitt, D. G. "Third-Party Intervention; A Field Experiment Comparing Three Different Models." *Journal of Personality and Social Psychology,* 1987, *53,* 104-112.

McGrath, J. E., and Julian, J. W. "Interaction Process and Task Outcome in Experimentally Created Negotiation Groups." *Journal of Psychological Studies,* 1963, *14,* 117-138.

McGregor, D. *The Human Side of Enterprise.* New York: McGraw-Hill, 1960.

McKersie, R. B. "What Would You Do on the Back of a Camel?" *Negotiation Journal,* 1997, *13,* 13-16.

McKersie, R. B., and Fonstad, N. "Teaching Negotiation Theory and Skills over the Internet." *Negotiation Journal,* 1997, *13,* 363-368.

McNamara, R. J. "The Military Role of Nuclear Weapons." *Foreign Affairs,* Fall 1983, pp. 59-80.

Mee, C. L., Jr. *Meeting at Potsdam.* New York: Evans, 1975.

Meerts, P. "International Negotiation Training." *PINPoints,* 2000, *15,* 15.

Merari, A. "A Classification of Terrorist Groups." *Terrorism,* 1978, *1,* 331-346.

Metcalfe, D. "Rethinking Pareto Efficiency and Joint Feasibility." *Negotiation Journal,* 2000, *16,* 29-36.

Michener, H. A., and others. "Factors Affecting Concession Rate and Threat Usage in Bilateral Conflict." *Sociometry,* 1975, *38,* 62-80.

Micholous, E. F. "Combating International Terrorism." Unpublished doctoral dissertation, Yale University, 1981.

Micholous, E. F. *international Terrorism: Attributes of Terrorist Events, 1968-77.*

Ann Arbor, Mich.: Inter-University Consortium for Political and Social Terrorism, 1982.

Micholous, E. F. "Comment: Terrorists, Governments, and Numbers." *Journal of Conflict Resolution,* 1987, 31, 54-62.

Midgaard, K. *Strategists tenkning.* Oslo: Norsk Utenrikspolitisk Institutt, 1965.

Midgaard, K. "Forhandlingsteoretiske momenter." Unpublished manuscript. Department of Political Science, University of Oslo, 1971.

Midgaard, K., and Underdal, A. "Multiparty Conferences." In D. Druckman (ed.), *Negotiations: Social-Psychological Perspectives.* Thousand Oaks, Calif.: Sage, 1977.

Midlarksy, M. (ed.). *The Internationalization of Communal Strife.* New York: Routledge, 1992.

Midlarsky, M., Crenshaw, M., and Yoshida, F. "Why Violence Spreads: The Contagion of International Terrorism." *International Studies Quarterly,* 1980, *24,* 262-306.

Miller, J. G. "Living Systems: Basic Concepts." *Behavioral Science,* 1965a, *10,* 193 - 237.

Miller, J. C. "Living Systems: Structure and Process." *Behavioral Science,* 1965b, *10,* 337-379.

Miser, H. G. and Quade, E. S. (eds.). *Handbook of Systems Analysis* (2 vols.). New York: Wiley, 1985, 1988.

Mitchell, C., and Webb, K. (eds.). *New Approaches to International Mediation.* e Westport, Conn.: Greenwood Press, 1989.

Mnookin, R. H., Peppet, S. R., and Tulumello, A. S. *Beyond Winning: Negotiating to Create Value in Deals and Disputes.* Cambridge, Mass.: Harvard University Press, 2000.

Mnookin, R. H., and Susskind, L. (eds.). *Negotiating on Behalf of Others.* London: Sage, 1999.

Modelski, G. "International Settlement of Internal War." In J. Rosenau (ed.), *International Aspects of Civil Strife.* Princeton, N.J.: Princeton University Press, 1964.

Monod, J. *Le hasard et la nécessité: Essai sur la philosophie naturelle de la biologie moderne* [Risk and necessity: Essay on the natural philosophy of modern biology]. Paris: Éditions du Seuil, 1970.

Montville, J. (ed.). *Conflict and Peacemaking in Multiethnic Societies.* Lexington, Mass.: Heath, 1989.

Mooradian, M., and Druckman, D. "Hurting Stalemate or Mediation? The Conflict over Nagorno-Karabakh, 1990-95." *Journal of Peace Research,* 1999, *36,* 709-727.

Moorehead, G. "Groupthink: Hypotheses in Need of Testing." *Group and Organizational Studies,* Dec. 1982, pp. 429-444.

Moran, R., and Stripp, W. *Dynamics of Successful International Business Negotiations.* Houston: Gulf, 1991.

Morgenthau, H. J. *Politics Among Nations: The Struggle for Power and Peace.* (5th ed.) New York: Knopf, 1978.

Morley, I. E., and Stephenson, G. M. *The Social Psychology of Bargaining.* London: Allen and Unwin, 1977.

Morrow, J. D. "Bargaining in Repeated Crisis: A Limited Information Model." In P. Ordeshook (ed.). *Models of Strategic Choice in Politics.* Ann Arbor: University of Michigan Press, 1989a.

Morrow, J. D. "Capabilities, Uncertainty, and Resolve: A Limited Information Model of Crisis Bargaining." *American Journal of Political Science,* 1989b, *33,* 941-972.

Morrow, J. D. *Game Theory for Political Scientists.* Princeton, N.J.: Princeton University Press, 1994.

Morse, N. C., and Reimer, E. "The Experimental Change of a Major Organizational Variable." *Journal of Abnormal and Social Psychology,* 1956, *52,* 120-129.

Most, B. A., and Starr, H. *Inquiry, Logic, and International Politics.* Columbia: University of South Carolina Press, 1989.

Murnigham, J. *The Dynamics of Bargaining Games.* Upper Saddle River, N.J.: Prentice Hall, 1991.

Murnighan, K., and Brass, D. "Intraorganizational Coalitions." In M. H. Bazerman, R. J. Lewicki, and B. Sheppard (eds.), *Research on Negotiation in Organizations,* Vol. 3. Greenwich,

Conn.: JAI Press, 1991.

Muthoo, A. *Bargaining Theory with Applications.* New York: Cambridge University Press, 1999.

Myerson, R. B. "Incentive Compatibility and the Bargaining Problem." *Econometrica,* 1979, *47,* 61-74.

Myerson, R. B. "Analysis of Incentives in Dispute Resolution. In H. P. Young (ed.). *Negotiation Analysis,* Ann Arbor: University of Michigan Press, 1991.

Myerson, R. B., and Satterthwaite, J. "Efficient Mechanisms for Bilateral Trading." *Journal of Economic Theory,* 1983, *29,* 265-281.

Myrdal, A. *The Game of Disarmament: How the United States and Russia Run the Arms Race.* New York: Pantheon Books, 1976.

Nagel, S. S., and Mills, M. K. *Multicriteria Methods in Alternative Dispute Resolution.* Westport, Conn.: Greenwood, 1990.

Nash, J. F. "The Bargaining Problem." *Econometrica,* 1950, *18,* 155-162.

Nash, J. F. "Noncooperative Games." *Annals of Mathematics,* 1951, 54, 286-295.

Nash, J. F. "Two-Person Cooperative Games." *Econometrica,* 1953, *21,* 128-140.

Neale, M. A., and Bazerman, M. H. "The Effect of Framing on Conflict and Negotiator Overconfidence." *Academy of Management Journal,* 1985, 28, 34-49.

Neale, M. A., and Bazerman, M. H. *Cognition and Rationality in Negotiation.* New York: Free Press, 1991.

Neu, J., and Graham, J. L. "A New Methodological Approach to the Study of Interpersonal Influence Tactics: A 'Test Drive' of a Behavioral Scheme." *Journal of Business Research,* 1994, 29, 131-144.

Neustadt, R. E., and May, E. R. *Thinking in Time: The Uses of History for Decision Makers.* New York: Free Press, 1986.

Newhouse, J. *Cold Dawn: The Story of SALT.* Austin, Tex.: Holt, Rinehart and Winston, 1973.

Nicolson, H. *Peacemaking 1919.* New York: Oxford University Press, 1939.

Nicolson, H. *The Congress of Vienna: A Study in Allied Unity, 1812-1822.* London: Methuen, 1961.

Nicolson, H. G. *Diplomacy.* (3rd ed.) New York: Oxford University Press, 1963.

Nierenberg, G. *Fundamentals of Negotiating.* New York: Hawthorn, 1973.

Nisbett, R., and Ross, L. *Human Inference: Strategies and Shortcomings of Social Judgment.* Upper Saddle River, N.J.: Prentice Hall, 1980.

Nordquist, K. A. "Boundary Conflicts: Drawing the Line." In I. W. Zartman (ed.), *Preventive Negotiation: Avoiding Conflict Escalation.* Lanham, Md.: Rowman and Littlefield, 2001.

Nyhart, J., and Samarsan, D. "The Elements of Negotiation Management." *Negotiation Journal,* 1989, 5(1), 43-62.

Odell, J. S. *Negotiating the World Economy.* Ithaca, N.Y.: Cornell University Press, 2000.

Okada, A. *A Cooperative Game Analysis of CO2 Emissions Permit Trading: Evaluating Initial Allocation Rules.* Discussion Paper no. 495. Kyoto, Japan: Institute of Economic Research, 1999.

Ohlson, T. *Power Politics and Peace Politics.* Uppsala, Sweden: Department of Peace and Conflict Research, University of Uppsala, 1998.

Olson, M. *The Logic of Collective Action: Public Goods and the Theory of Groups.* Cambridge, Mass.: Harvard University Press, 1971.

O'Neill, B. "Game Theory Models on Peace and War." In R. J. Aumann and S. Hart (eds.), *Handbook of Game Theory,* Vol. 2. Amsterdam: North-Holland, 1994.

Oots, K. L. *A Political Organization Approach to Transnational Terrorism.* Westport, Conn.: Greenwood Press, 1986.

Oots, K. L. "Bargaining with Terrorists: Organizational Considerations." *Terrorism,* 1990, *13,* 3-10

O'Quin, K., and Aronoff, J. "Humor as a Technique of Social Influence." *Social Psychology Quarterly,* 1981, *44,* 349-357.

O'Reilly, C. "Corporations, Culture, and Commitment: Motivation and Social Control in Organizations." *California Management Review,* 1989, *31,* 9-25.

O'Reilly, C., Chatman, J., and Caldwell, D. "People and Organizational Culture: A Profile Comparison Approach to Assessing Person-Organization Fit." *Academy of Management Journal,* 1991, *34,* 487-516.

Ortega y Gasset, J. *History as a System, and Other Essays Toward a Philosophy of History.* New York: Norton, 1961.

Ortega y Gasset, J. *Obras completas.* Madrid, 1963.

Osgood, C. E. *An Alternative to War or Surrender.* Urbana: University of Illinois Press, 1962.

Osgood, C. E. "GRIT for MBFR: A Proposal for Unfreezing Force-Level Postures in Europe." *Peace Research Review,* 1979, 8(2), 77-92.

Oskamp, S. "Effects of Programmed Strategies on Cooperation in the Prisoner's Dilemma and Other Mixed-Motive Games." *Journal of Conflict Resolution,* 1971, 15, 225-259.

Oskamp, S. (ed.). International Conflict and National Public Policy Issues. Thousand Oaks, Calif.: Sage, 1985.

Ostrom, E., Gardner, R., and Walker, J. *Rules, Games, and Common-Pool Resources.* Ann Arbor: University of Michigan Press, 1991.

Ott, M. C. "Mediation as a Method of Conflict Resolution." *International Organization,* 1972, 26, 595-618.

Oye, K. "The Domain of Choice: International Constraints and Carter Administration Foreign Policy." In K. Oye, D. Rothschild, and R. Lieber (eds.), *Eagle Entangled.* New York: Longman, 1979.

Parker, V. "Negotiating Licensing Agreements." In P. Ghauri and J. C. Usunier (eds.), *International Business Negotiation.* New York: Elsevier, 1996.

Patchen, M. "Strategies for Eliciting Cooperation from an Adversary: Laboratory and International

Finding." *Journal of Conflict Resolution,* 1987, *31,* 164-185.

Pelcovitz, N. *Peacekeeping in the Sinai.* Lanham, Md.: University Press of America, 1985.

Pen, J. "A General Theory of Bargaining." *American Economic Review,* 1952, *42,* 24-42.

Pen, J. *The Wage Rate Under Collective Bargaining.* Cambridge, Mass.: Harvard University Press, 1959.

Pew Program in Case Teaching and Writing in International Affairs. *Catalogue Case Studies on International Negotiation.* Pittsburgh: Graduate School of Public and International Affairs, University of Pittsburgh, 1989.

Pfetsch, F. R. "Negotiating the European Union: A Negotiation-Network Approach." *International Negotiation,* 1998, *3,* 293-317.

Pfetsch, F. R., and Landau, A. "Symmetry and Asymmetry in International Negotiation." *International Negotiation,* 2000, *5,* 21-42.

Pilisuk, M., and Rapoport, A. "A Non-Zero-Sum Game Model of Some Disarmament Problems." *Peace Research Society Papers,* 1964, *1,* 57-78.

Pillar, P. *Negotiating Peace.* Princeton, N.J.: Princeton University Press, 1983.

Pisano, V. F. S. "A Survey of Terrorism of the Left in Italy, 1970-1978." *Terrorism,* 1979, *2,* 171-212.

Plantey, A. *La négociation internationale: Principes et méthodes* [International negotiation: Principles and methods]. Paris: Éditions du CNRS, 1980.

Poortinga, Y. H., and Hendriks, E. C. "Culture as a Factor in International Negotiations: A Proposed Research Project from a Psychological Perspective." In F. Mautner- Markhof (ed.), *Processes of International Negotiations.* Boulder, Colo.: Westview, 1989.

Posses, F. *The Art of International Negotiation.* London: Business Books, 1978.

Pratt, J. W, and Zeckhauser, R. J. "The Impact of Risk-Sharing on Efficient Division." *Journal of Risk and Uncertainty,* 1989, *2,* 219-234.

Preece, R. *Iran-Iraq War.* Issue Brief no. 88060. Washington, D.C.: CRS, 1988.

Preeg, E. *Traders and Diplomats.* Washington, D.C.: Brookings Institution, 1970.

Princen, T. "International Mediation: The View from the Vatican." *Negotiation Journal,* 1987, 3, 347-367.

Pruitt, D. G. *Negotiation Behavior.* Orlando, Fla.: Academic Press, 1981.

Pruitt, D. G. "Strategic Choice in Negotiation." *American Behavioral Scientist,* 1983, *27,* 167-194.

Pruitt, D. G. "Negotiations Between Organizations: A Branching Chain Model." *Negotiation Journal,* 1994, *10,* 217-230.

Pruitt, D. G. (ed.). "Lessons Learned from the Middle East Peace Process." *International Negotiation,* 1997a, ¿(entire issue 2).

Pruitt, D. G. "Ripeness Theory and the Oslo Talks." *International Negotiation,* 1997b, *2,* 237-250.

Pruitt, D. G. "Social Conflict." In D. T. Gilbert, S. T. Fiske, and G. Lindzey (eds.), *The Handbook of Social Psychology.* (4th ed.) New York: McGraw-Hill, 1998.

Pruitt, D. G. "The Tactics of Third-Party Intervention." *Orbis,* 2000, *44,* 245-254.

Pruitt, D. G. "Escalation, Readiness, and Third-Party Functions." In G.-O. Faure and I. W.

Zartman (eds.), *Escalation and Negotiation*. Laxenburg, Austria: International Institute of Applied Systems Analysis, 2001.

Pruitt, D. G., and Carnevale, P.J.D. *Negotiation in Social Conflict*. Pacific Grove, Calif.: Brooks/Cole, 1993.

Pruitt, D. G., Carnevale, P.J.D., Forcey, B., and Van Slyck, M. "Gender Effects in Negotiation: Constituent Surveillance and Contentious Behavior." *Journal of Experimental Social Psychology,* 1986, *22,* 264-275.

Pruitt, D. G., and Drews, J. L. "The Effect of Time Pressure, Time Elapsed, and the Opponent's Concession Rate on Behavior in Negotiation." *Journal of Experimental Social Psychology,* 1969, *5,* 43-60.

Pruitt, D. G., and Johnson, D. F. "Mediation as an Aid to Face-Saving in Negotiation." *Journal of Personality and Social Psychology,* 1970, *14,* 239-246.

Pruitt, D. G., and Lewis, S. A. "The Psychology of Integrative Bargaining." In D. Druckman (ed.), *Negotiations: Social-Psychological Perspectives*. Thousand Oaks, Calif.: Sage, 1977.

Pruitt, D. G., and Rubin, J. Z. *Social Conflict: Escalation, Stalemate, and Settlement*. New York: Random House, 1986.

Pruitt, D. G., and Snyder, R. C. *Theory and Research on the Causes of War*. Upper Saddle River, N.J.: Prentice Hall, 1969.

Puchala, D., and Hopkins, R. "Lessons from Inductive Analysis." In S. D. Krasner (ed.), *International Regimes*. Ithaca, N.Y.: Cornell University Press, 1983.

Putnam, R. D. "Diplomacy and Domestic Politics: The Logic of Two-Level Games." *International Organization,* 1988, *42,* 427-460.

Putnam, R. D., and Bayne, N. *Hanging Together*. Cambridge, Mass.: Harvard University Press, 1987.

Quandt, W. B. (ed.). *Camp David: Peacemaking and Politics*. Washington, D.C.: Brookings Institution, 1986.

Quirk, P. "The Cooperative Resolution of Policy Conflict." *American Political Science Review,* 1989, *3,* 905-920.

Rahim, M. A. *Managing Conflict in Organizations*. New York: Praeger, 1986.

Raiffa, H. *Applied Statistical Decision Theory*. Cambridge, Mass.: Division of Research, Harvard University, 1961.

Raiffa, H. *Decision Analysis*. Reading, Mass.: Addison-Wesley, 1968.

Raiffa, H. *The Art and Science of Negotiation*. Cambridge, Mass.: Harvard University Press, 1982.

Raiffa, H. "Mock Pseudo Negotiations with Surrogate Disputants." *Negotiation Journal,* 1985a, *1,* 111-115.

Raiffa, H. "Post-Settlement Settlements." *Negotiation Journal,* 1985b, *1,* 9-12.

Raiffa, H. *Lectures on Negotiation Analysis.* Cambridge, Mass.: PON Books, 1997.

Raman, V. (ed.). *Dispute Settlement Through the United Nations.* Dobbs Ferry, N-Y: Oceana, 1977.

Ramberg, B. *Signaling in International Crisis.* Los Angeles: Center for International Strategic Affairs, University of California, 1989.

Ranenko, V., and Soloviev, J. *Joint Ventures with Foreign Capital Participation in the Soviet Union.* Laxenburg, Austria: International Institute of Applied Systems Analysis, 1989.

Rapoport, A. *Fights, Games, and Debates.* Ann Arbor: University of Michigan Press, 1960.

Rapoport, A. *Strategy and Conscience.* New York: HarperCollins, 1964a.

Rapoport, A. *Two-Person Games.* Ann Arbor: University of Michigan Press, 1964b.

Rapoport, A. *N-Person Games.* Ann Arbor: University of Michigan Press, 1970.

Rapoport, A., and Chammah, A. M. *Prisoner's Dilemma: Study in Conflict and Cooperation.* Ann Arbor: University of Michigan Press, 1965.

Rappoport, D. C. "Fear and Trembling: Terrorism in Three Religious Traditions." *American Political Science Review,* 1984, *78,* 658-677.

Rasmusen, E. *Games and Information.* Oxford: Blackwell, 1989.

Raven, B. H., and Kruglanski, A. W. "Conflict and Power." In P. Swingle (ed.), *The Structure of Conflict.* Orlando, Fla.: Academic Press, 1970.

Ravenhill, J. *Collective Chentelism.* New York: Columbia University Press, 1984.

Rawls, J. *A Theory of Justice.* Cambridge Mass.: Harvard University Press, 1971.

Razvigorova, E. *Joint Ventures: A New Practice in Bulgarian Foreign Economic Relations.* Laxenburg, Austria: International Institute of Applied Systems Analysis, 1989.

Redding, G. *The Spirit of Chinese Capitalism.* Berlin: De Gruyter, 1990.

Regan, D. T., Straus, E., and Fazio, R. "Liking and the Attribution Process." *Journal of Experimental Social Psychology,* 1974, *10,* 385-397.

Renouvin, P., and Duroselle, J, *Introduction a l'histoire des relations Internationales* [Introduction to the history of international relations]. Paris: Colin, 1964.

Richarte, M.-P. "Looking Backward in Cyprus." In I. W. Zartman (ed.), *Preventive Negotiation: Avoiding Conflict Escalation.* Lanham, Md.: Rowman and Littlefield, 2001.

Riessman, C. K. *Narrative Analysis.* Thousand Oaks, Calif.: Sage, 1993.

Riker, W. *The Theory of Political Coalitions.* New Haven, Conn.: Yale University Press, 1962.

Roberts, C. W. (ed.). *Text Analysis for the Social Sciences: Methods for Drawing Statistical Inferences from Texts and Transcripts.* Mahwah, N.J.: Erlbaum, 1997.

Roemer, C., Garb, P., Neu, J., and Graham, J. L. "A Comparison of American and Russian Patterns of Behavior in Buyer-Seller Negotiations Using Observational Measures." *International Negotiation,* 1999, *4,* 37-61.

Roethlisberger, E J., and Dickson, W. J. *Management and the Worker.* Cambridge, Mass.: Harvard University Press, 1939.

Roloff, M. E., and Berger, C. R. "Social Cognition and Communication: An Introduction." In M. E. Roloff and C. R. Berger (eds.), *Social Cognition and Communication.* Thousand Oaks,

Calif.: Sage, 1982.

Rosenthal, R. "Interpersonal Expectancies, Nonverbal Communication, and Research on Negotiation." *Negotiation Journal,* 1988, *42,* 267-279.

Ross, J. I., and Gurr, T. R. "Why Terrorism Subsides." Paper presented to the American Political Science Association, Sept. 1987.

Ross, L. "The Intuitive Psychologist and His Shortcomings: Distortions in the Attribution Process." In L. Berkowitz (ed.), *Advances in Experimental Social Psychology.* Orlando, Fla.: Academic Press, 1977.

Roth, A. E. *Game-Theoretic Models of Bargaining.* Cambridge: Cambridge University Press, 1985.

Roth, A. E., and Schoumaker, F. "Subjective Probability and the Theory of Games: Some Further Comments." *Management Science,* 1983b, *29,* 1337-1340.

Roth, A., and others. "Bargaining and Market Behavior in Jerusalem, Ljubljana, Pittsburgh, and Tokyo: An Experimental Study." *American Economic Review,* 1991, *81.*

Rothchild, D. *Racial Bargaining in Independent Kenya.* Oxford: Oxford University Press, 1973.

Rothchild, D. *Managing Ethnic Conflict in Africa.* Washington: Brookings Institution, 1997.

Rothschild, M., and Stiglitz, J. E. "Increasing Risk I: A Definition." *Journal of Economic Theory,* 1970, *2,* 225-243.

Rubenstein, R. E. *Alchemists of Revolution: Terrorism in the Modern World.* New York: Basic Books, 1987.

Rubin, J. Z. "Experimental Research on Third-Party Intervention in Conflict: Toward Some Generalizations." *Psychological Bulletin,* 1980, *87,* 379-391.

Rubin, J. Z. (ed.). *Dynamics of Third-Party Intervention: Kissinger in the Middle East.* New York: Praeger, 1981.

Rubin, J. Z. "Some Wise and Mistaken Assumptions About Conflict and Negotiation." Working Paper no. 88-4, Program on Negotiation, Harvard Law School, 1988.

Rubin, J. Z. "The Timing of Ripeness and the Ripeness of Timing. " In L. Kreisberg and S. Thorsen (eds.), *Timing the Deescalation of International Conflicts.* Syracuse, N.Y.: University of Syracuse Press, 1991.

Rubin, J. Z., and Brown, B. R. *The Social Psychology of Bargaining and Negotiation.* Orlando, Fla.: Academic Press, 1975.

Rubin, J. Z., Pruitt, D. G., and Kim, S. H. *Social Conflict: Escalation, Stalemate, and Settlement.* (2nd ed.) New York: McGraw-Hill, 1994.

Rubin, J. Z., and Sander, F. "When Should We Use Agents? Direct vs. Representative Negotiation." *Negotiation Journal,* 1988, *42,* 395-401.

Rubin, J. Z., and Sander, F. "Culture, Negotiation, and the Eye of the Beholder." *Negotiation journal,* 1991, *7,* 249-254.

Rubinstein, A. "Perfect Equilibrium in a Bargaining Model." *Econometrica,* 1982, 50, 97-110.

Rubinstein, A. "The Electronic Mail Game: Strategic Behavior Under 'Almost Common Knowledge.'" *American Economic Review,* 1989, *79,* 385-391.

Ruehl, L. MBFR: *Lessons and Problems.* Adelphi Paper no. 176. London: International Institute for Strategic Studies, 1982.

Rusk, D. "Parliamentary Diplomacy." *World Affairs Interpreter,* 1955, *2,* 121-138.

Saaty, T. L. The Analytic Hierarchy Process. New York: McGraw-Hill, 1980.

Saaty, T. L. "An Exposition of the AHP in Reply to the Paper 'Remarks on the Analytic Hierarchy Process.'" *Management Science,* 1990, *36,* 259-268.

Salacuse, J. W. *Making Global Deals: Negotiating in the International Marketplace.* Boston: Houghton-Mifflin, 1991.

Salacuse, J. W. "Implications for Practitioners." In G.-O. Faure and J. Z. Rubin (eds.), *Culture and Negotiation.* Thousand Oaks, Calif.: Sage, 1993.

Salacuse, J. W. "Intercultural Negotiation in International Business." *Group Decision and Negotiation,* 1999, 9(3).

Sander, E, and Goldberg, S. "Fitting the Forum to the Fuss." *Negotiation Journal,* 1994, *49.*

Sandler, T., and Scott, J. L. "Terrorist Success in Hostage-Taking Incidents: An Empirical Study." *Journal of Conflict Resolution,* 1987, *31,* 35-53.

Sandler, T., Tschirhart, J. T., and Cauley, J. "A Theoretical Analysis of Transnational Terror." *American Political Science Review,* 1983, 77, 36-54.

Saner, R. *The Expert Negotiator.* The Hague: Kluwer, 2000.

Saunders, H. H. *The Other Walls: The Politics of the Arab-Israeli Peace Process.* Washington, D.C.: American Enterprise Institute for Public Policy Research, 1985a.

Saunders, H. H. "We Need a Larger Theory of Negotiation." *Negotiation Journal,* 1985b, *3,* 249-262.

Saunders, H. H. "We Need a Larger Theory of Negotiation: The Importance of Pre Negotiating Phases." In W. Breslin and J. Z. Rubin (eds.), *Negotiation Theory and Practice.* Cambridge, Mass.: PON Books, 1991.

Saunders, H. H. *A Public Peace Process.* New York: Bedford/St. Martin's, 1999.

Savir, U. The Process. New York: Random House, 1998.

Sawyer, J., and Guetzkow, H. "Bargaining and Negotiation in International Relations." In H. C. Kelman (ed.). *International Behavior: A Social-Psychological Analysis.* Austin, Tex.: Holt, Rinehart and Winston, 1965.

Schein, E. H. *Organizational Culture and Leadership: A Dynamic View.* San Francisco: Jossey-Bass, 1985.

Schelling, T. C. *The Strategy of Conflict.* Cambridge, Mass.: Harvard University Press, 1960.

Schelling, T. C. *Arms and Influence.* New Haven, Conn.: Yale University Press, 1966.

Schlenker, B. R., and Bonoma, T. V. "Fun and Games: The Validity of Games for the Study of Conflict." *Journal of Conflict Resolution,* 1978, *22,* 7-38.

Schmid, A. P., and Jongman, A. J. *Political Terrorism: A New Guide to Actors, Authors, Concepts, Data Bases, Theories, and Literature.* New Brunswick, N.J.: Transaction, 1988.

Schön, D. A., and Rein, M. *Frame Reflection*. New York: Basic Books, 1994.

Scott, J. B. *The Hague Peace Conferences of 1899 and 1907*. (A series of lectures delivered at Johns Hopkins University in the year 1908.) 2 vols. Baltimore: Johns Hopkins University Press, 1909.

Scott, W. P. *The Skills of Negotiating*. Hampshire, England: Gower, 1981.

Scott, W. R. *Organizations: Rational, Natural, and Open Systems*. (2nd ed.) Upper Saddle River, N.J.: Prentice Hall, 1987.

Seaborg, G. T. *Kennedy, Khrushchev, and the Test Ban*. Berkeley: University of California Press, 1981.

Sebenius, J. K. "Negotiation Arithmetic: Adding and Subtracting Issues and Parties." *International Organization,* 1983, *37,* 281-316.

Sebenius, J. K. *Negotiating the Law of the Sea: Lessons in the Art and Science of Reaching Agreement.* Cambridge, Mass.: Harvard University Press, 1984.

Sebenius, J. K. "Designing Negotiations Toward a New Regime: The Case of Global Warming." *International Security,* 1991a, 15(4), 110-148.

Sebenius, J. K. *International Negotiation Analysis*. Upper Saddle River, N.J.: Prentice Hall, 1991b.

Sebenius, J. K. "Challenging Conventional Explanations of Cooperation: Negotiation Analysis and the Case of Epistemic Communities." *International Organization,* 1992a, *46,* 23-365.

Sebenius, J. K. "Negotiation Analysis: A Characterization and Review." *Management Science,* 1992b, *38,* 18-38.

Sebenius, J. K. "Dealing with Blocking Coalitions and Related Barriers to Agreement: Lessons from Negotiations on the Oceans, the Ozone, and the Climate." In K. Arrow, R. H. Mnookin, L. Ross, A. Tversky, and R. Wilson (eds.), *Barriers to Conflict Resolution.* New York: Norton, 1995a.

Sebenius, J. K. "Overcoming Obstacles to a Successful Climate Convention." In H. Lee (ed.), *Shaping National Responses to Global Climate Change: A Post-Rio Guide.* Washington, D.C.: Island Press, 1995b.

Sebenius, J. K. "Toward a Winning Climate Coalition." In I. Mintzer (ed.), *Negotiating Climate Change.* Cambridge: Cambridge University Press, 1995c.

Sebenius, J. K. "Sequencing to Build Coalitions: With Whom Should I Talk First?" In R. Zeckhauser, R. Keeney, and J. K. Sebenius (eds.), *Wise Decisions.* Boston: Harvard Business School Press, 1996.

Sebenius, J. K. "Negotiating Cross-Border Acquisitions." *Sloan Management Review,* 1998, *39,* 27-41.

Sebenius, J. K. *Dealmaking Essentials: Creating and Claiming Value for the Long Term.* Boston: Harvard Business School Press, 2000.

Sebenius, J. K. "Negotiation Analysis." In *International Encyclopedia of the Social and Behavioral Sciences.* Cambridge: Cambridge University Press, 2001.

Sebenius, J. K., and Geanakoplos, J. D. "Don't Bet on It: Contingent Agreements with

Asymmetric Information." *Journal of the American Statistical Association,* 1983, *78,* 424-426.

Sederberg, P. C. "Conciliation as Counter-Terrorist Strategy." *Journal of Peace Resarch,* 1995, *32,* 295-312.

Selten, R. "Einführung in die Theorie der Spiele mit unvollständiger Information" [Introduction to game theory with incomplete information], *Schriften des Vereins für Sozialpolitik,* 1982, *126,* 81-147.

Selten, R. "Game Theory, Experience Rationality." In W. Leinfellner and E. Köhler (eds.), *Game Theory, Experience Rationality.* Dordrecht, Netherlands: Kluwer, 1998.

Sergeev, V. M., Akimov, V. P, Lukov, V B., and Parshin, P. B. "Interdependence in a Crisis Situation: Simulating the Caribbean Crises." Paper presented at the annual meeting of the International Studies Association, London, Mar. 28-Apr. 1, 1989.

Shakun, M. *Evolutionary Systems Design.* Oakland, Calif.: Holden-Day, 1988.

Shakun, M. "An ESD Computer Culture for Intercultural Problem Solving and Negotiation." *Group Decision and Negotiation,* 1999, 8(3).

Shapley, D. "Antarctica: Why Success?" In A. L. George, P. J. Farley, and A. Dallin (eds.), *U.S.-Soviet Security Cooperation: Achievements, Failures, Lessons.* New York: Oxford University Press, 1988.

Shapley, L. S. "A Value for N-Person Games." *Annals of Mathematical Studies,* 1953, *28,* 307-317.

Shapley, L. S. "On Balanced Sets and Cores." *Naval Research Logistics Quarterly,* 1967, *14,* 453-460.

Sharkansky, I. "Environment, Policy, Output, and Impact: Problems of Theory and Method in the Analysis of Public Policy." In I. Sharkansky (ed.), *Policy Analysis in Political Science.* Chicago: Markham, 1970.

Sheehan, E. R. F. *The Arabs, Israelis, and Kissinger: A Secret History of American Diplomacy in the Middle East.* New York: Reader's Digest Press, 1976.

Shell, G. R. *Bargaining for Advantage.* New York: Penguin, 1999, Sheppard, B. "Negotiating in Long-Term Mutually Dependent Relationships Among Relative Equals." *Research on Negotiation in Organizations,* 1995, *5,* 3-44.

Sheppard, B., and Tuchinsky, M. "Interfirm Relationships: A Grammar of Pairs." *Research in Organizational Behavior,* 1996a, *18,* 331-373.

Sheppard, B., and Tuchinsky, M. "Micro O.B. and the Network Organization." In R. Kramer and T. Tyler (eds.), *Trust in Organizations.* Thousand Oaks, Calif.: Sage, 1996b.

Sherif, M., and Sherif, C. W. *Groups in Harmony and Tension.* New York: HarperCollins, 1953.

Sherif, M., and Sherif, C. W. *Social Psychology.* (Rev. ed.) New York: HarperCollins, 1969.

Shotwell, J. T. *At the Paris Peace Conference.* Old Tappan, N.J.: Macmillan, 1937.

Shubik, M. "The Uses of Game Theory." In J. C. Charlesworth (ed.), *Contemporary Political Analysis.* New York: Free Press, 1967.

Shubik, M. *Game Theory in the Social Sciences,* Vol. 1. Cambridge, Mass.: MIT Press, 1982.

Siegel, S., and Fouraker, L. E. *Bargaining and Group Decision Making: Experiments in Bilateral Monopoly.* New York: McGraw-Hill, 1960.

Sillars, A. L. "Attributions and Interpersonal Conflict Resolution." In J. H. Harvey, W. Ickes, and R. F. Kidd (eds.), *New Directions in Attribution Research,* Vol.3. Mahwah, N.J.: Erlbaum, 1981.

Sillars, A. L. "Attribution and Communication: Are People 'Naive Scientists' or Just Naive?" In M. E. Roloff and C. R. Berger (eds.), *Social Cognition and Communication.* Thousand Oaks, Calif.: Sage, 1982.

Simmons, B. *Territorial Disputes and Their Resolution.* Washington: U.S. Institute of Peace, 1999.

Simmons, B. "Looking Forward in the Andes." In I. W. Zartman (ed.), *Preventive Negotiation: Avoiding Conflict Escalation.* Lanham, Md.: Rowman and Littlefield, 2001.

Simon, H, A. *Models of Man: Social and Rational.* New York: Wiley, 1957.

Singer, J. D. *Deterrence, Arms Control, and Disarmament.* Columbus: Ohio State University Press, 1962.

Sisk, T. *Democratization in South Africa.* Princeton, N.J.: Princeton University Press, 1995.

Sjöstedt, G. (ed.). *International Environmental Negotiation.* Thousand Oaks, Calif.: Sage, 1993.

Sjöstedt, G. "Negotiating the Uruguay Round of the G.A.T.T." In I. W. Zartman (ed.), *International Multilateral Negotiation.* San Francisco: Jossey-Bass, 1994.

Sjöstedt, G., and Lang, W. (eds.). *Professional Cultures and Negotiation.* Laxenburg, Austria: International Institute of Applied Systems Analysis, 2001.

Sloan, S. R. *A New Dilemma for NATO.* Occasional Paper no. 36. New Britain, Conn.: Stanley Foundation, 1985.

Smith, D. L., Pruitt, D. G., and Carnevale, P.J.D. "Matching and Mismatching: The Effect of Own Limit, Other's Toughness, and Time Pressure on Concession Rates in Negotiation." *Journal of Personality and Social Psychology,* 1982, *42,* 876-883.

Smith, D. L., and Wells, L. *Negotiating Third World Mineral Agreements.* Cambridge, Mass.: Ballinger, 1975.

Smith, G. *Doubletalk: The Story of SALT I.* New York: Doubleday, 1980.

Snow, C. C., Lipnack, J., and Stamps, J. "The Virtual Organization: Promises and Payoffs, Large and Small." In C. L. Cooper and D. M. Rousseau (eds.), *Trends in Organizational Behavior.* Chichester, England: Wiley, 1999.

Snow, C. C., Miles, R., and Coleman, P. "Managing 21st Century Organizations." *Organizational Dynamics,* 1992, 20(3), 5-20.

Snyder, G. H., and Diesing, P. *Conflict Among Nations.* Princeton, N.J.: Princeton University Press, 1977.

Snyder, J. L. "Rationality at the Brink: The Role of Cognitive Processes in Failures of Deterrence." *World Politics,* 1978, *30,* 345-365.

Snyder, M. "Motivational Foundations of Behavioral Confirmations." In M. P. Zanna (ed.),

Advances in Experimental Social Psychology, Vol. 25. Orlando, Fla.: Academic Press, 1992.

Soloviev, I. *Guidelines of Foreign Partner Selection in the USSR.* Laxenburg, Austria: International Institute of Applied Systems Analysis, 1989.

Spector, B. I. "Negotiation as a Psychological Process." In I. W. Zartman (ed.), *The Negotiation Process: Theories and Applications.* Thousand Oaks, Calif.: Sage, 1978.

Spector, B. I. "Decision Theory: Diagnosing Strategic Alternatives and Outcomes Trade-Offs." In I. W. Zartman (ed.), *International Multilateral Negotiation: Approaches to the Management of Complexity.* San Francisco: Jossey-Bass, 1994.

Spector, B. I., Sjöstedt, G., and Zartman, I.W. (eds.). *Negotiating International Regimes: Lessons Learned from the UN Conference on Environment and Development.* London: Graham and Trotman, 1994.

Spector, B. L, and Zartman, I. W. (eds.). *Getting It Done.* Forthcoming.

Stahl, I. *Bargaining Theory.* Stockholm, Sweden: Economic Research Institute, 1972.

Stedman, S. J. *Peacemaking in Revolutionary Situations.* Boulder, Colo.: Reiner, 1990.

Stedman, S. J. *Peacemaking in Civil War: International Mediation in Zimbabwe, 1975-1980.* Boulder, Colo.: Reiner, 1991.

Stedman, S. J. "Spoiler Problems in Peace Processes." In P. Stern and D. Druckman (eds.). *International Conflict Resolution After the Cold War.* Washington: National Academy Press, 2000.

Stein, A. A. "Coordination and Collaboration: Regimes in an Anarchic World." *International Organization,* 1982, *37,* 299-324.

Stein, J. G. (ed.). *Peacemaking in the Middle East.* New York: Barnes and Noble Books, 1985.

Stein, J. G. "International Negotiation: A Multidisciplinary Perspective." *Negotiation Journal,* 1988, *4,* 221-231.

Stein, J. G. (ed.). *Getting to the Table.* Baltimore: Johns Hopkins University Press, 1989.

Stein, J. G. "International Cooperation and Loss Avoidance: Framing the Problem." In J. G. Stein and L. W. Pauly (eds.), *Choosing to Cooperate: How States Avoid Loss.* Baltimore: Johns Hopkins University Press, 1993.

Stein, J. G. "Looking Both Ways in the Middle East." In I. W. Zartman (ed.), *Preventive Negotiation: Avoiding Conflict Escalation.* Lanham, Md.: Rowman and Littlefield, 2001.

Steinbruner, J. D. *The Cybernetic Theory of Decision.* Princeton, N.J.: Princeton University Press, 1974.

Steiner, M., and Hayes, R. E. *The Impact of Government Behavior on the Frequency, Type, and Targets of Terrorist Group Activity: The West German Experience, 1968-1982.* McLean, Va.: Defense Systems, 1984.

Steiner, M., and Hayes, R. E. *The Impact of Government Behavior on the Frequency, Type, and Targets of Terrorist Group Activity: Third World Country Studies and Inter-Cultural Comparison.* McLean, Va.: Defense Systems, 1985.

Stephenson, G. M., Kniveton, B. H., and Morley, I. E. "Interaction Analysis of an Industrial Wage Negotiation." *Journal of Occupational Psychology,* 1977, 50, 231-241.

Stevenson, W., Pearce, J., and Porter, L. "The Concept of Coalition in Organization Theory and Research." *Academy of Management Review,* 1985, *10,* 256-268.

Stinchcombe, A. L. "Contracts as Hierarchical Documents." In A. L. Stinchcombe and C. A. Heiner (eds.), *Organizational Theory and Project Management.* Oxford: Norwegian University Press, 1985.

Stroebe, W., Kruglanski, A. W., Bar-Tai, D., and Hewstone, M. *The Social Psychology of Intergroup Conflict.* New York: Springer-Verlag, 1988.

Sunshine, R. *Negotiating for International Development.* Dordrecht, Netherlands: Nijhoff, 1990.

Swap, W. C., and Rubin, J. Z. "Measurement of Interpersonal Orientation." *Journal of Personality and Social Psychology,* 1983, *44,* 208-219.

Swingle, P. (ed.). *The Structure of Conflict.* Orlando, Fla.: Academic Press, 1970.

Talbott, S. *Endgame: The Inside Story of SALT II.* New York: HarperCollins, 1979.

Talbott, S. *Deadly Gambits: The Reagan Administration and the Stalemate in Nuclear Arms Control.* New York: Knopf, 1984.

Tedeschi, J. T. "Threats and Promises." In P. Swingle (ed.), *The Structure of Conflict.* Orlando, Fla.: Academic Press, 1970.

Tedeschi, J. T., and Rosenfeld, P. "Communication in Bargaining and Negotiation." In M. E. Roloff and C. R. Berger (eds.), *Social Cognition and Communication.*

Thousand Oaks, Calif.: Sage, 1980.

Tedeschi, J. T,, Schlenker, B. R., and Bonoma, T. V. *Conflict, Power, and Games: The Experimental Study of Interpersonal Relations.* Hawthorne, N.Y.: Aldine de Gruyter, 1973.

Teger, A. I. *Too Much Invested to Quit.* New York: Pergamon, 1980.

Temperley, H. W. V. (ed.). *A History of the Peace Conference of Paris.* London: Frowde and Stoughton, 1920-1924.

Tetlock, P. E. "Policy Makers' Images of International Conflict." *Journal of Social Issues,* 1983, *39,* 67-86.

Tetlock, P. E. "Cognitive Perspectives on Foreign Policy." In *Political Behavior Annual.* Boulder, Colo.: Westview Press, 1985.

Tetlock, P. E. "Social Psychology and World Politics." In D. T. Gilbert, S. T. Fiske, and G. Lindzey (eds.), *The Handbook, of Social Psychology, Vol. 2.* (4th ed.) New York: McGraw-Hill, 1998.

Thaler, R. *Quasi-Rational Economics.* New York: Russell Sage Foundation, 1992.

Thomas, K. "Conflict and Conflict Management." In M. D. Dunnette (ed.), *Handbook of Industrial and Organizational Psychology.* Skokie, Ill.: Rand McNally, 1976.

Thomas, K., and Kilmann, R. H. "Developing a Forced-Choice Measure of Conflict- Handling Behavior: The 'Mode' Instrument," *Educational and Psychological Measurement,* 1977, *37,* 309-25.

Thompson, J. D. *Organizations in Action.* New York: McGraw-Hill, 1967.

Thompson, L. *The Mind and Heart of the Negotiator.* (2nd ed.) Upper Saddle River, N.J.: Prentice Hall, 2001.

Thompson, L., and Hastie, R. *Social Perception in Negotiation.* Evanston, Ill.: Department of Psychology, Northwestern University, 1988.

Thucydides. *The Peloponnesian War* (trans. Rex Warner). Harmondsworth, England: Penguin, 1972. (Originally published 413 B.C.) Tichy, N. "Revolutionizing Your Company." *Fortune,* 1993, 128(15), 114-118.

Tirole, J. *The Theory of Industrial Organization.* Cambridge, Mass.: MIT Press, 1988.

Tollison, R. D., and Willet, T. D. "An Economic Theory of Mutually Advantageous Issue Linkages in International Negotiations." *International Organization,* 1979, *33,* 425-449.

Touval, S. *Boundary Politics of Independent Africa.* Cambridge, Mass.: Harvard University Press, 1972.

Touval, S. "Biased Intermediaries." *Jérusalem Journal of International Relations,* 1975, *1,* 51-69.

Touval, S. *The Peacebrokers.* Princeton, N.J.: Princeton University Press, 1982.

Touval, S. *Divided We Mediate: Mediation in the Yugoslav Wars, 1990-95.* Old Tappan, N.J.: Macmillan, 2001.

Touval, S., and Zartman, I. W. (eds.). *The Man in the Middle: International Mediation in Theory and Practice.* Boulder, Colo.: Westview Press, 1985.

Touval, S., and Zartman, I. W. "International Mediation in the Post-Cold War Era." In C. A. Crocker, F.-O. Hampson, and P. Aall (eds.), *Managing Global Chaos.* (2nd ed.) Washington: U.S. Institute of Peace, 2001.

Touzard, H. *La médiation et la résolution des conflits* [Mediation and the resolution of conflicts], Paris: PUF, 1977.

Triandis, H. C. *Culture and Social Behavior.* New York: McGraw-Hill, 1994.

Trompenaars, F. *Riding the Waves of Culture: Understanding Cultural Diversity in Business.* London: The Economist Books, 1993.

Truman, H. S. *Memoirs.* (2 vols.) New York: Signet, 1965.

Tuchman, B. W. *Practicing History: Selected Essays.* New York: Ballantine, 1982.

Turk, A. T. "Social Dynamics of Terrorism." *International Terror, Annals of the American Academy of Political and Social Science,* 1982, 119-128.

Ulvila, J., and Snyder, W. "Negotiation of Tanker Standards: Application of Multi-attribute Value Theory." *Operations Research,* 1980, *28,* 81-95.

Undetdal, A. "Causes of Negotiation 'Failure.'" *European Journal of Political Research,* 1983, *11,* 183-195.

Underdal, A. "Leadership Theory: Rediscoving the Arts of Management." In I. W. Zartman (ed.), *International Multilateral Negotiation.* San Francisco: Jossey-Bass, 1994.

United Nations Center on Transnational Corporations. *Arrangements Between Joint Venture*

Partners in Developing Countries. New York: United Nations, 1987.

United Nations Center on Transnational Corporations. *Joint Ventures as a Form of Economic Cooperation.* New York: United Nations, 1988.

Ury, W. L. *Getting Past No.* New York: Bantam Books, 1991.

Ury, W. L., Brett, J. M., and Goldberg, S. B. *Getting Disputes Resolved: Designing Systems to Cut the Costs of Conflict.* San Francisco: Jossey-Bass, 1988.

Usunier, J. C. *Management International.* Paris: PUF, 1985.

Usunier, J. C. "Cultural Aspects of International Business Negotiations." In P. Ghauri and J. C. Usunier (eds.), *International Business Negotiation.* New York: Elsevier, 1996.

V ertzberger, Y.Y.I. "Foreign Policy Decision Makers as Practical-Intuitive Historians: Applied History and Its Shortcomings." *International Studies Quarterly,* 1986, *30,* 223-247.

Veyne, P. *Comment on écrit l'histoire: Essai d'épistémologie* [How history is written: An epistemological essay]. Paris: Éditions du Seuil, 1971.

von Neumann, J., and Morgenstern, O. *Theory of Games and Economic Behavior.* [3rd ed.] Princeton, N.J.: Princeton University Press, 1953.

W agner, R. H. "Uncertainty, Rational Learning, and Bargaining in the Cuban Missile Crisis." In P. C. Ordeshook (ed.), *Models of Strategic Choice in Politics.* Ann Arbor: University of Michigan Press, 1989.

Walcott, C., and Hopmann, P. T. "Interaction Analysis and Bargaining Behavior." In R. R. Golembiewski (ed.), *The Small Group in Political Science: The Last Two Decades of Development.* Athens: University of Georgia Press, 1978.

Walder, F. *Saint-Germain, ou la négociation* [Saint-Germain, or negotiation]. Paris: Gallimard, 1958.

Walker, S. G. "The Cognitive Dimensions of Gorbachev's Operational Code: Patterns of Self-Attributions and Self-Scripts." Paper presented at the annual convention of the International Studies Association, London, Mar. 28-Apr. 1, 1989.

Wall, J. A., Jr. "Effects of Constituent Trust and Representative Bargaining Orientation on Intergroup Bargaining." *Journal of Personality and Social Psychology,* 1975, *31,* 1004-1012.

Wall, J. A., Jr., and Lynn, A. "Mediation: A Current Review." *Journal of Conflict Resolution,* 1993, *37,* 160-194.

Wallace, H. "Negotiations and Coalition Formation." Paper presented to the International Political Science Association, 1985.

Walton, R. E. "The Topeka Story, Part II." *Wharton Journal,* 1978, *3,* 36-41.

Walton, R. E., and McKersie, R. B. *A Behavioral Theory of Labor Negotiations: An Analysis of a Social Interaction System.* New York: McGraw-Hill, 1965.

Waltz, K. N. *Theory of International Politics.* Reading, Mass.: Addison-Wesley, 1979.

Warren, R. L. *The Community in America.* Skokie, Ill.: Rand McNally, 1963.

Watkins, M. D. "Building Momentum in Negotiations: Time-Related Costs and Action-Forcing Events." *Negotiation Journal,* 1998, *14(3).*

Watkins, M. D. "Negotiating in a Complex World." *Negotiation Journal,* 1999, *15,* 245-270.

Watkins, M. D., and Lundberg, K. "Getting to the Table in Oslo: Driving Forces and Channel Factors." *Negotiation Journal,* 1998, *14(2).*

Watkins, M. D., and Passow, S. "Analyzing Linked Systems of Negotiations." *Negotiation Journal,* 1996, *12(4).*

Watkins, M. D., and Rosegrant, S. "Sources of Power in Coalition Building." *Negotiation Journal,* 1996, *12.*

Watkins, M. D., and Winters, K. "Intervenors with Interests and Power." *Negotiation Journal,* 1997, 13(2).

Watzlawick, P. *How Real Is Real? Communication, Disinformation, Confusion.* New York: Random House, 1976.

Waugh, W. L. *International Terrorism.* Salisbury, N.C.: Documentary Publications, 1982.

Weber, R. "Negotiation and Arbitration: A Game-Theoretic Perspective." In D. A. Lax, W. Samuelson, J. K. Sebenius, R. Weber, and T. Weeks (eds.). *The Manager as Negotiator and Dispute Resolver.* Washington D.C.: National Institute for Dispute Resolution, 1985.

Webster, C. K. *The Congress of Vienna, 1814-1815.* (4th ed.) London: Bell, 1945.

Weeks, T. "International Debt: From Debtors' Alliance to Global Bargain." Unpublished dissertation, Harvard University, 1988.

Weiss, H., and Adler, S. "Personality and Organizational Behavior." In B. M. Staw and L. L. Cummings (eds.) *Research in Organizational Behavior,* Vol. 6. Greenwich, Conn.: JAI Press, 1984.

Weiss, S. E. "Alternatives for Multilateral Development Diplomacy." *World Development,* 1985, *13,* 1197-1209.

Weiss, S. E. "Creating the GM-Toyota Joint Venture: A Case in Complex Negotiation." *Columbia Journal of World Business,* Summer 1987.

Weiss, S. E. "Analysis of Complex Negotiation in International Business: The RBC Perspective." *Organization Science,* 1993, 4(2), 269-300.

Weiss, S. E. "Negotiating with Romans, Part 1." *Sloan Management Review,* 1994a, 35(2), 51-61.

Weiss, S. E. "Negotiating with Romans, Part 2." *Sloan Management Review,* 1994b, 35(3), 85-99.

Weiss, S. E. "International Business Negotiations Research: Bricks, Mortar, and Prospects." In B. Punnett and O. Shenkar (eds.), *Handbook on International Management Research.* Cambridge, Mass.: Blackwell, 1995.

Weiss, S. E. "International Negotiations: Bricks, Mortar, and Prospects." In B. J. Punnett, and O. Shenkar (eds.), *Handbook of International Management Research.* Cambridge, Mass.: Blackwell, 1996.

Weiss, S. E. "Opening a Dialogue on Negotiation and Culture: A Believer Considers Skeptics, Views." In D. Kolb (ed.), *Negotiation Eclectics.* Cambridge, Mass.: PON Books, 1999.

Weiss, S. E. "Teaching the Cultural Aspects of Negotiation: A Range of Experiential Methods."

Mimeograph. Toronto: Schulich School of Business, 2000.

Weiss, S. E., and Stripp, W. *Negotiating with Foreign Business Persons.* GBA Working Paper no. 85-6. New York: New York University Press, 1985.

Weiss, S. E., and Tinsley, C. H. "International Business Negotiation." *International Negotiation,* 1999, 4(entire issue 1).

Weiss-Wik, S. "Enhancing Negotiators' Successfulness: Self-Help Books and Related Empirical Research." *Journal of Conflict Resolution,* 1983, *27,* 706-739.

Welton, G. L., and Pruitt, D. G. "The Mediation Process: The Effects of Mediator Bias and Disputant Power." *Personality and Social Psychology Bulletin,* 1987, *13,* 123 - 133.

Whelan, J. G. *Soviet Diplomacy and Negotiating Behavior: Emerging New Context for U.S. Diplomacy.* Washington, D.C.: U.S. Government Printing Office, 1979.

White, R. K. *Fearful Warriors: A Psychological Profile of U.S.-Soviet Relations.* New York: Free Press, 1984.

White, R. K. (ed.). *Psychology and the Prevention of Nuclear War.* New York: New York University Press, 1986.

Wierzbicki, A. P. "Critical Essay on the Methodology of Multiobjective Analysis." *Regional Science and Urban Economics,* 1983, *13,* 5-29.

Wilder, D. A., and Cooper, W. E. "Categorization into Groups: Consequences for Social Perception and Attribution." In J. H. Harvey, W. Ickes, and R. F. Kidd (eds.), *New Directions in Attribution Research,* Vol. 3. Mahwah, N.I: Erlbaum, 1981.

Williams, G. R. *Legal Negotiation and Settlement.* St. Paul, Minn.: West, 1983.

Wilson, R. "The Theory of Syndicates." *Econometrica,* 1968, *36,* 119-132.

Wilson, W. "Reciprocation and Other Techniques for Inducing Cooperation in the Prisoner's Dilemma Game." *Journal of Conflict Resolution,* 1971, *15,* 167-195.

Winham, G. R. "Complexity in International Negotiation." In D. Druckman (ed.), *Negotiations: Social-Psychological Perspectives.* Thousand Oaks, Calif.: Sage,. 1977a.

Winham, G. R. "Negotiation as a Management Process." *World Politics,* 1977b, *30,* 87 - 114.

Winham, G. R. "International Negotiation in an Age of Transition." *International Journal,* 1980, *35,* 1-20.

Winham, G. R. *International Trade and the Tokyo Round Negotiation.* Princeton, N.J.: Princeton University Press, 1986.

Winham, G. R. "Multilateral Economic Negotiations." *Negotiation Journal,* 1987, *3,* 175-189.

Winham, G. R., and Bovis, H. E. "Agreement and Breakdown in Negotiation: Report on a State Department Training Simulation." *Journal of Peace Research,* 1978, *15,* 285-303.

Winnubst, J.A.M. "Stress in Organizations." In P.J.D. Drenth, H. Thierry, P. J. Willems, and C. J. de Wolff (eds.). *Handbook of Work and Organizational Psychology,* Vol. 1. New York: Wiley, 1984.

Winter, D. G. "Gorbachev's Motives: Opportunities, Issues, and Problems." Paper presented at the annual convention of the International Studies Association, London, Mar. 28-Apr. 1, 1989.

Wolfe, T. E. *The SALT Experience.* Santa Monica, Calif.: Rand, 1975.

Wolfe, T. E. *The SALT Experience.* (2nd ed.) Cambridge, Mass.: Ballinger, 1979.

Wolfers, A. *Discord and Collaboration: Essays on International Politics.* Baltimore: Johns Hopkins University Press, 1962.

Wolf-Laudon, G. "How to Negotiate for Joint Ventures." In F. Mautner-Markhoff (ed.), *Processes of International Negotiations.* Boulder, Colo.: Westview Press, 1989.

Worchel, S., and Austin, W. G. (eds.). *The Social Psychology of Intergroup Relations.* (2nd ed.) Chicago: Nelson-Hall, 1985.

Worchel, S., and Simpson, J. A. (eds.). *Conflict Between People and Groups.* Chicago: Nelson-Hall, 1993.

Wriggins, H. "Up for Auction." In I. W. Zartman (ed.), *The 50% Solution: How to Bargain Successfully with Hijackers, Strikers, Bosses, Oil Magnates, Arabs, Russians, and Other Worthy Opponents in This Modern World.* New Haven, Conn.: Yale University Press, 1987.

Xardel, D. *Lavente* [Selling]. Paris: PUF, 1984.

Yefimov, V. M., and Komarov, V. E "Developing Management Simulation Games." *Simulation and Games,* 1982, *13,* 145-163.

Young, H. P. (ed.). *Negotiation Analysis.* Ann Arbor: University of Michigan Press, 1991.

Young, O. R. *The Intermediaries.* Princeton, N.J.: Princeton University Press, 1967.

Young, O. R. (ed.). *Bargaining: Formal Theories of Negotiation.* Urbana: University of Illinois Press, 1975.

Young, O. R. *Compliance and Public Authority.* Baltimore: Johns Hopkins University Press, 1979.

Yuki, G. A., Malone, M. P., Hayslip, B. and Pamin, T. A. "The Effects of Time Pressure and Issue Settlement Order on Integrative Bargaining." *Sociometry,* 1976, *39,* 277 – 281.

Zagare, F. C. "Game Theoretic Analysis of the Vietnam Negotiations." In I. W. Zartman (ed.), *The Negotiation Process: Theories and Applications.* Thousand Oaks, Calif.: Sage, 1978.

Zagare, F. C., and Kilgour, D. M. "Asymmetric Deterrence." *International Studies Quarterly,* 1993, *37,* 1-27.

Zagare, F. C., and Kilgour, M. *Perfect Deterrence.* Cambridge: Cambridge University Press, 2000.

Zartman, I. W. *The Politics of Trade Negotiations Between Africa and the EEC.* Princeton, N.J.: Princeton University Press, 1971.

Zartman, I. W "The Political Analysis of Negotiation." *World Politics,* 1974, *26,* 385- 399.

Zartman, I. W. *The 50% Solution.* New York: Anchor, 1976.

Zartman, I. W. (ed.). *The Negotiation Process: Theories and Applications.* Thousand Oaks, Calif.: Sage, 1978.

Zartman, I. W. "The Strategy of Preventive Diplomacy in Third World Conflicts." In A. George (ed.), *Managing U.S.-Soviet Rivalry.* Boulder, Colo.: Westview Press, 1983.

Zartman, I. W. "Negotiation: Theory and Reality." In *Center for the Study of Foreign Affairs: International Negotiation.* Washington, D.C.: Foreign Service Institute, U.S. Department of State, 1984.

Zartman, I. W. "Negotiating from Asymmetry." *Negotiation Journal,* 1985, *2,* 121-138.

Zartman, I. W. (ed.). *The 50% Solution: How to Bargain Successfully with Hijackers, Strikers, Bosses, Oil Magnates, Arabs, Russians, and Other Worthy Opponents in This Modern World.* New Haven, Conn.: Yale University Press, 1987a.

Zartman, I. W. (ed.). *Positive Sum: Improving North-South Negotiations.* New Brunswick, N.J.: Transaction, 1987b.

Zartman, I. W. "Common Elements in the Analysis of the Negotiation Process." *Negotiation Journal,* 1988, 4, 31-43.

Zartman, I. W. *Ripe for Resolution.* New York: Oxford University Press, 1989.

Zartman, I. W. "A Skeptic's View." In G.-O. Faure and J. Z. Rubin (eds.), *Culture and Negotiation.* Newbury Park, Calif.: Sage, 1993.

Zartman, I. W. "Les relations entre la France et l'Algérie" [Relations between France and Algeria]. *Revue Française des Sciences Politiques,* 1994, *14,* 1087-1113.

Zartman, I. W. (ed.). *Elusive Peace: Negotiating an End to Civil Wars.* Washington, D.C.: Brookings Institution, 1995.

Zartman, I. W. "Explaining Oslo." *International Negotiation,* 1997, *2,* 195-215.

Zartman, I. W. "La théorie de la négociation en tant qu'approche de la résolution des conflits é conomiques" [Negotiation theory as an approach for resolving economic conflicts]. In A. Lempereur (ed.), *Négociation: Théories versus pratique* [Negotiation: Theory versus practice]. Paris: ESSEC, 1998.

Zartman, I. W. (ed.). *Preventive Negotiation: Avoiding Conflict Escalation.* Lanham, Md.: Rowman and Littlefield, 2000a.

Zartman, I. W. "Ripeness: The Hurting Stalemate and Beyond." In P. Stern and D. Druckman (eds.), *International Conflict Resolution After the Cold War.* Washington: National Academy Press, 2000b.

Zartman, I. W. (ed.). *Negotiating Backward- and Forward-Looking Outcomes.* Laxenburg, Austria: International Institute of Applied Systems Analysis, 2001.

Zartman, I. W., and Aurik, J. "Power Strategies in Deescalation." In L. Kriesberg and S. J. Thorson (eds.), *Timing the Deescalation of International Conflicts.* Syracuse, N.Y.: Syracuse University Press, 1991.

Zartman, I. W., and Berman, M. *The Practical Negotiator.* New Haven, Conn.: Yale University Press, 1982.

Zartman, I. W., and Rubin, J. Z. (eds.). *Power and Negotiation.* Ann Arbor: University of Michigan Press, 2000.

Zartman, I. W., and Associates. *International Multilateral Negotiations: Approaches to the*

Management of Complexity. San Francisco: Jossey-Bass, 1994.

Zartman, I. W., and others. "Negotiation as a Search for Justice." *International Negotiation,* 1996, *1,* 79-98.

Zechmeister, K., and Druckman, D. "Determinants of Resolving a Conflict of Interest: A Simulation of Political Decision Making." *Journal of Conflict Resolution,* 1973, *17,* 63-88.

Zeckhauser, R., Keeney, R. and Sebenius, J. K. (eds.). *Wise Decisions.* Boston: Harvard Business School Press, 1996.

Zeuthen, F. *Problems of Monopoly and Economic Welfare.* London: Routledge, 1930.

Zubek, J. M., Pruitt, D. G., Peirce, R. S., and Iocolano, A. "Mediator and Disputant Characteristics and Behavior as They Affect the Outcome of Community Mediation." Paper presented at the second conference of the International Association for Conflict Management, Athens, Ga., 1989.

찾아보기

항목 찾아보기

IIASA 소개

국제응용시스템분석연구소(IIASA)는 1972년 12개국의 주요 과학 기관들에 의해 설립된 간학문적 민간 연구 기관이다. 유럽의 중심에 있는 오스트리아의 빈(Wien) 바로 옆에 위치한 락센부르크에 본부를 둔 IIASA는 30년 동안 경제, 기술, 환경 문제에 대한 귀중한 과학 연구를 수행해 왔다. IIASA는 세계적인 환경, 기술, 개발 문제를 체계적으로 연구한 최초의 국제기관 중 하나이다. IIASA의 이사회는 국제적, 간학문적인 과학 연구를 수행하여 적시에 관련 정보와 여러 가지 해결 방안을 제공하고, 일반인, 과학계, 국가와 국제기관의 이익을 위해 지구 환경, 경제 및 사회 변화의 중요한 문제를 해결하는 것이 연구소의 목표라고 말한다. 연구는 세 가지 중심 주제를 중심으로 구성된다.

• 에너지와 기술
• 환경 및 천연자원
• 인구와 사회

IIASA는 현재 다음과 같은 국가에 국가별 회원 조직을 보유하고 있다.
(준회원은 *로 표시, 제휴 회원은 **로 표시)

오스트리아	오스트리아 과학아카데미
불가리아*	환경, 수력부
체코	체코공화국 과학아카데미
핀란드	핀란드 IIASA 위원회
독일**	IIASA 발전을 위한 협회
헝가리	헝가리 응용 시스템 분석 위원회
일본	일본 IIASA 위원회
카자흐스탄*	과학부, 과학아카데미
네덜란드	네덜란드 과학 연구 기구(NOW)
노르웨이	노르웨이 연구 위원회
폴란드	폴란드 과학아카데미
러시아	러시아 과학아카데미
슬로바키아*	슬로바키아 IIASA 집행위원회
스웨덴	스웨덴 환경 연구위원회, 농업과학과 공간계획(FORMAS)
우크라이나	우크라이나 과학아카데미
미국	미국 예술과학아카데미

지은이 소개

알렉세이 G. 아르바토프(Alexei G. Arbatov) | 러시아의 국회의원이며 국회 국방안보위원회 위원장이다. 러시아 국회 당선 이전에는 교수이자 모스크바 세계경제국제관계연구소의 군축문제 연구소장을 역임했다. 『Lethal Frontiers: A Soviet View of Nuclear Arms Strategy, Programs and Negotiations』을 비롯한 국제안보, 안정, 군축에 관한 여러 책을 썼다. 역사학 박사학위를 가지고 있다.

루돌프 아벤하우스(Rudolf Avenhaus) | 뮌헨에 있는 독일 연방군 대학교의 통계 및 운영 연구 교수이다. 1980년에 제네바 대학교와 카를스루에 대학교의 수학 및 물리학 연구소에서 조교로 근무했으며, 만하임 대학교의 강사로 재직했다. 1973년부터 1975년까지, 그리고 1980년에 다시 오스트리아 락센부르크에 있는 국제응용시스템분석연구소(IIASA)에서 일했다. 물리학, 통계학, 게임 이론과 그 응용(특히 군비 통제와 군축)에 대한 수많은 논문을 썼고, 핵 안전장치에 관한 네 권의 책을 공동으로 엮었으며, 『Material Accountability, Safeguard Systems Analysis, and Compliance Quantified』의 공동저자이다.

프란츠 세데(Franz Cede) | 오스트리아 외무부 대사의 법률 고문으로 수많은 국제회의와 양자 협상에 참여했으며, UN 총회의 정기 대표를 지냈다. UN 우주평화이용위원회의 법적 기구에서 위성을 통한 원격 감지와 우주의 원자력 발전원에 대한 지침을 확정한 두 개 작업 그룹의 의장을 맡았다. 1991년에는 플라스틱 폭발물 표시에 관한 국제협약기관인 ICAO의 후원 아래 외교 회담의 부회장으로 선출되었다. 1993년에는 빈(Wien) 세계인권회담을 준비하면서 고위공무원회담의 의장을 맡았고, 이 회담에서 오스트리아 대표단을 이끌었다. 현재는 오스트리아와 외국의 학술기관에서 강사로 자주 활동하고 있으며, 잘츠부르크에 있는 오스트리아 인권연구소의 과학 자문 그룹과 오스트리아 국제법학회의 회원이다. 또한 《Austrian Review of International and European Law(ARIEL)》의 공동 편집자이기도 하다. 주된 관심사는 UN 체제의 체계화 과정, 유럽 법, 인권 문제들이다.

존 G. 크로스(John G. Cross) | 미국 미시간 대학교 경제학과 교수로서, 1974년부터 미시간 대학교 정신건강연구소 부연구경제학자이며, 미시간 대학교 문학과학예술대학 부학장이다. 1960년 애머스트 대학에서 학부학위를 받았고 1964년 프린스턴 대학교에서 박사학위를 받았다. 『The Economics of Bargaining』의 저자이자 『Social Traps: A Theory of Adaptive Economic』의 공동저자이며 의사결정이론, 협상 및 연합 행동, 갈등 해결에 관한 수많은 논문을 쓰기도 했다.

대니얼 드럭먼(Daniel Druckman) | 미국 국립과학아카데미의 수석 연구책임자이자 조지메이슨 대학교 갈등분석 및 해결 센터의 겸임 교수이다. 이전에 미국 외무기관, 미국 군축청의 고문이었으며, 빈(Wien) 군축회담의 미국 대표단이었다. 주요 연구 관심사는 갈등 해결 및 협상, 비언어적 의사소통, 그룹 프로세스, 시뮬레이션을 포함한 모델링 방법론 분야이다. 이 주제들에 대한 다섯 권의 책과 수많은 기사를 출판한 바 있다. 사회심리학 박사학위를 가지고 있다.

크리스토프 뒤퐁(Christophe Dupont) | 프랑스 릴 대학교 경영학부의 협상학과 교수이다. 주앙조자에 있는 CRC(Centre de Recherches d'Etudes d'Chefs d'Entreprises)의 고문이기도 하다. 또한 『La negotiation: Conduite, theorie, applications』의 저자이다.

기 올리비에 포르(Guy-Olivier Faure) | 프랑스 파리 소르본 대학 사회학 부교수로, 국제협상과 협상 이론을 가르치고 있다. 주요 관심사는 초갈등 협상이고, 연구는 가치와 전략에 초점을 맞추고 있으며, 간학문적 접근법과 분석 도구를 개발하는 데 특히 관심이 있다. 또한 컨설팅과 연수 활동에도 몰두하고 있다. 최근 저서로는 『Processes of International Negotiations』, 『Evolutionary Systems Design: Policy Making Under Complexity』 및 『Conflits et negotiations dans le commerce international: L'Uruguay Round』 등이 있다.

장 F. 프레이몽(Jean F. Freymond) | 제네바 국제협상응용연구센터의 소장이다. 관심 분야는 협상, 역사, 무역 및 비즈니스 협상의 이론적 연구에서 교육 및 훈련 문제에 이르기까지 광범위하다. 국제협상에 많은 업적을 남겼으며, 『The Third Reich and the Economic Reorganization of Europe, 1940-1942: Origins and Projects and Political Integration in the Commonwealth Caribbean』의 저자이다. 스위스 정치학협회 의장이며 정치학 박사학위를 가지고 있다.

리처드 E. 헤이스(Richard E. Hayes) | 증거기반연구주식회사(Evidence Based Research, Inc.)의 설립자이자 대표이다. 정치학자, 사회심리학자, 방법론자로서 훈련을 받았고 정치학 박사학위를 받았다. 전문 분야는 정치적 불안정과 사회적 폭력, 정치와 경제적 발전, 지표와 예측 시스템의 개발과 검증, 위기관리, 정치군사 사안, 연구 체계, 시뮬레이션과 모델링, 검사와 평가, 군사 지휘, 통제, 통신, 정보, 의사결정 지원 시스템 등이다.

P. 테런스 호프먼(P. Terrence Hopmann) | 미국 브라운 대학교 정치학 교수이자 국제관계 프로그램의 책임자이며 대외정책개발센터의 연구원이다. 편파적 핵실험 금지와 유럽의 재래식 전력에 관한 협상을 비롯한 국제협상 이론과 군비 통제 협상에 관한 수많은 논문을 썼다. 『Unity and Disintegration in International Alliances』의 공동저자이며 1980년부터 1985년까지 국제 연구 계간지 《International Studies Quarterly》의 편집자로 재직했다. 벨기에의 풀브라이트-헤이스 장학 프로그램에 두 번이나 참여했으며, 제네바에 있는 카네기 국제평화기금의 회원이기도 하다. 정

치학 박사학위를 가지고 있다.

크리스테르 옌손(Christer Jönsson) ㅣ 스웨덴 룬드 대학교 정치학 교수이다. 연구 관심사는 국제협상 외에도 국제기구와 미-소 관계를 포함한다. 『Soviet Bargaining Behavior, Superpower: Comparing American and Soviet Foreign Policy』, 『International Aviation, and the Politics of Regime Change』, 『Communication in International Bargaining』이 세 권의 책을 썼으며, 정기 간행물과 학술지에 수많은 글을 기고했다. 정치학 박사학위를 가지고 있다.

로버트 L. 칸(Robert L. Kahn) ㅣ 미국 미시간 대학교 사회연구소의 연구 과학자이며, 보건 서비스, 경영, 정책과 심리학과의 명예 교수를 지냈다. 그의 연구 관심사는 생산성에 영향을 미치는 요인의 측면에서 대규모 조직의 문제들과 이어 구성원의 건강과 복지에 미치는 영향의 측면에도 집중되어 왔다. 그의 최근 연구는 국제관계에 대한 조직 이론과 연구의 함의를 다루었다. 『Organizational Stress: The Social Psychology of Organizations and Work and Health』를 포함한 수많은 책의 저자 또는 공동 저자이다. 심리학 박사학위를 가지고 있다.

빅토르 A. 크레메뉴크(Victor A. Kremenyuk) ㅣ 러시아 과학아카데미의 미국 및 캐나다 연구소 부소장이다. 그의 관심 분야는 국제 분쟁 해결, 위기관리, 외교정책 협상 프로세스이다. 러시아어와 그 외 다른 언어로 된 자료를 100권 이상 출판했다. 이 중 『Processes of International Negotiations』, 『Windows of Opportunity』, 『Cold War as Cooperation』 또한 포함되어 있다. 1988년부터 국제협상 프로세스(PIN) 프로젝트의 IIASA 연구원으로 일하고 있다. 역사학 박사학위와 이학 박사학위를 가지고 있다.

로이 J. 르위키(Roy J. Lewicki) ㅣ 학장 임명의 저명 강의 교수이자 미국 오하이오 주립대학교의 맥스 M.피셔 경영대학 경영 및 인사과 교수이다. 르위키 교수는 다트머스 대학에서 심리학 학사를, 컬럼비아 대학교에서 사회심리학 박사학위를 받았다. 오하이오주에 오기 전에 예일 대학교, 다트머스 대학, 듀크 대학교의 교수직을 역임했으며, 그 외에도 피셔 경영대학원에서 대학원 경영 프로그램 부학장(1984~1991)과 행정교육학 학사장(1991~1992)을 역임했다. 또한 다트머스 대학 아모스 턱 경영대학원의 경영학 초빙교수(1995), 조지타운 대학교 경영윤리학과 초빙교수(1996)를 역임했다. 『Essentials of Negotiation, The Fast Forward MBA in Negotiation and Dealmaking』, 『Think Before You Speak: A Complete Guide to Strategic Negotiation』, 『Research on Negotiation in Organizations』, 『Organizational Justice』(1994년 국제분쟁관리협회 최우수도서상 수상)를 비롯한 24권의 책을 저술하거나 엮었다.

빌럼 F. G. 마스텐브룩(Willem F. G. Mastenbroek) ㅣ 1970년부터 경영 컨설턴트로 일하고 있으며, 암스테르담에 있는 네덜란드 컨설팅 그룹의 이사이자 공동 설립자로서 조직의 구조적, 문화적 혁신 관리에 관한 활동을 한다. 협상문제 전문가로서 이 분야에서 다양한 훈련 프로그램을 개발했다. 갈등 관리 및 조직 개발과 협상을 포함한 여러 책과 조직 이론, 조직 혁신 관리 및 협상에 대한 100개 이상의 논문을 저술했다.

파울 W. 메이르츠(Paul W. Meerts) │ 흐로닝언과 레이든 대학에서 네덜란드의 정치 엘리트에 대해 연구했다. 1978년에는 네덜란드 외교부의 모든 젊은 외교관에게 요구되는 훈련의 일부로서 네덜란드 국제문제협회의 국제관계 수업 지도교수가 되었다. 현재 네덜란드 국제문제연구소의 강좌 책임자이다. 외교관과 공무원을 훈련시키는 도구로서 시뮬레이션 게임에 대한 전문가이다.

딘 G. 프루잇(Dean G. Pruitt) │ 미국 뉴욕 주립대학교 버팔로 캠퍼스의 저명한 심리학 교수이다. 예일 대학교에서 심리학 박사학위를 받았고 미시간 대학교의 심리학 박사후연구원과 노스웨스턴 대학교의 국제관계학 박사후연구원을 지냈다. 『Negotiation Behavior』의 저자이자 『Social Conflict: Escalation, Stalemate, and Settlement』와 『Negotiation in Social Conflict』의 공동저자이며, 『Theory and Research on the Causes of War』와 『Mediation Research: The Process and Effectiveness of Third-Party Intervention』의 공동 편집자이기도 하다.

하워드 라이파(Howard Raiffa) │ 미국 하버드 대학교에서 경영 경제학의 프랭크 P. 램지 의장을 맡고 있다. 복잡한 결정 문제를 연구하는 응용 수학자이다. 주요 연구로서 분석이 의사결정을 개선할 수 있는 방법을 연구한다. 1972년부터 1975년까지 국제응용시스템분석연구소(IIASA)의 초대 소장, 1982년부터 1987년까지 미국 예술과학아카데미가 후원하는 국제협상 프로세스(PIN) 프로젝트의 수석 조사관을 지냈으며, 『The Art and Science of Negotiation』을 비롯한 많은 책을 썼다. 수학 박사학위를 마치기도 했다.

제프리 Z. 루빈(Zeffrey Z. Rubin) │ 미국 터프츠 대학교 심리학 교수이자 하버드 로스쿨 협상 프로그램의 이사를 지냈다. 사회심리학자로서 수많은 책과 글을 집필 또는 공동 집필하거나 엮었다. 최근의 책(공저)으로는 『Power and Negotiation』, 『Conflict, Cooperation, and Justice』, 『Social Conflict: Escalation, Stalemate, and Settlemen』, 『Leadership and Negotiation in the Middle East』, 『Culture and Negotiation』, 『When Families Fight』 등이 있다.

제임스 K. 세베니어스(James K. Sebenius) │ 미국 하버드 경영대학원의 고든 도널드슨 경영학 교수로서 복잡한 협상의 분석과 조언을 전문으로 한다. 하버드 케네디 스쿨 교수로 재직하던 때 『The Manager as Negotiator』를 공동 집필했다. 1977년부터 1980년까지 해양법 협상에 대한 국무부 대표단과 함께 엘리엇 L. 리처드슨 대사의 고문으로 일했으며, 하버드를 떠나 있던 몇 년 동안에는 뉴욕 투자 은행 회사인 블랙스톤 그룹의 설립을 도왔다. 해양법 협상과 협상에 관한 수많은 학술적이고 대중적인 기사의 저자이다. 1984년 외교위원회의 임기 위원으로 선출되었으며, 전 세계 기업과 정부에 협상 자문 및 역량 강화 서비스를 제공하는 회사의 설립자이자 대표이다.

빅토르 M. 세르게예프(Victor M. Sergeev) | 국제관계연구소(MGIMO)의 의사결정 프로세스 연구소장이다. 주요 관심사는 정치적 사고와 협상 프로세스의 모델링이다. 『Democracy as a Process of Negotiation』(러시아, 모스크바, 1998)을 비롯한 인공지능, 의사결정 과정, 군축 문제에 관한 수많은 논문을 썼다.

군나르 셰스테트(Gunnar Sjöstedt) | 스웨덴 국제문제연구소 선임연구원이자 스톡홀름 대학의 정치학 부교수이다. 연구 분야는 협상이 중요한 요소를 대표하는 국제 협력 및 협의 과정과 매우 큰 관련이 있다. 소통체계로서의 OECD와 유럽공동체의 대외적 역할을 연구해 왔고, 현재 관세 및 무역에 관한 일반협정과 그 대외관계에 편입된 국제무역체제의 변화에 관한 프로젝트를 진행하고 있다. 또 다른 분야로서 경제제재와 정보조작과 같은 비군사적 수단에 의한 국제적 힘의 행사에 대해 연구하고 있다.

아릴 운데르달(Arild Underdal) | 노르웨이 오슬로 대학교 정치학 교수이다. 주요 관심사는 협상, 국제협력, 외교정책결정에 대한 연구이다. 『The Politics of International Fisheries Management』의 저자이며 『Norsk oljepolitikk og fiskerinaeringens interesser』와 『Overordnet styringsinstans og sideordnet part』의 공동저자이다. 정치학 박사학위를 가지고 있다.

길버트 R. 위넘(Gilbert R. Winham) | 캐나다 노바스코샤주 핼리팩스에 위치한 달하우스 대학교의 정치학 교수이다. 관심사로는 국제협상과 외교 관례가 있다. 국제 상업정책과 무역협상의 전문가로서, 모의훈련을 통해 정부 임원들에게 협상 방법을 훈련시킨 풍부한 경험이 있다. 최근 저서로는 『International Trade and the Tokyo Round Negotiation』과 『Trading with Canada』, 『The Canada - U.S. Free Trade Agreement』, 『New Issues in International Crisis Management』 등이 있다.

I. 윌리엄 자트먼(I. William Zartman) | 미국 존스홉킨스 대학교의 고등국제학대학원 분쟁해결 및 국제조직 교수이다. 『The Practical Negotiator』의 공동저자이자 『Ripe for Resolution』의 저자이며, 『The 50% Solution, The Negotiation Process』와 『Positive Sum』 등 여러 책을 엮거나 공동 집필했다. WIN(Washington Interest in Negotiations) 그룹의 주최자이며 SAIS와 러시아 과학 아카데미의 미국 및 캐나다 연구소 사이에서 협업하는 지역 분쟁 감소(Conflict Reduction in Regional Conflicts: CRIRC) 프로젝트의 책임자이다.

옮긴이 소개

차재훈(편역) | 현재 경기대학교 정치전문대학원에서 북한학 및 외교안보학 주임교수로 재직하며 통일교육선도대학 단장으로 활동하고 있다. 독일 하이델베르그 대학교 정치학과 객원교수, 미국 아메리칸유니버시티(AU) 교환교수 및 경기대학교 정치전문대학원장을 역임했고 한국협상학회의 부회장 겸 편집위원장, 한국정치학회와 한국국제정치학회의 부회장, 국방부 자문위원과 NSC(국가안전보장회의) 외교안보자문위원을 역임하기도 했다. 역서로『일본의 대미무역협상』(2005), 『대통령학』(2009) 등이 있으며, 논문은「협상력 증대를 위한 조직 매니지먼트」(2002), 「북핵 협상 20년: 연구 쟁점과 과제」(2011), 「한-미 정부의 대북인식과 핵정책 상관성연구」(2014) 등이 있다.

김문경(옮김) | 한국외국어대학교 이란어과를 졸업한 뒤 동 대학원에서 중동연구로 정치학 석사학위를 받았다. 미국 듀크 대학교 아시아안보연구프로그램 방문연구원을 지냈으며, 경기대학교 정치전문대학원에서「남북 전략문화 비교 연구」로 국제정치학 박사 학위를 받았다. YTN 굿모닝 코리아 등 앵커를 거쳐 사회부 사건팀장, 정치부 국회 팀장, 통일외교안보부장 겸 남북교류추진단장 등을 역임했다. 저서로 천안함 특종 취재기를 담은『우리들의 일그러진 자화상』과, 『남북 전략문화와 북한 핵 가스라이팅』이 있다.

김희준(옮김) | 이화여자대학교 신문방송학과를 졸업한 뒤 동 대학원에서 '정치 커뮤니케이션'으로 석사학위를 받았다. 미국 컬럼비아 대학교 웨더헤드 동아시아연구소(WEAI) 방문연구원(Professional Associate)을 지냈고 경기대학교 정치전문대학원 국제정치학 박사과정을 수료했다. YTN에 입사한 뒤 외교·안보·국제 분야를 주로 취재해 왔으며 워싱턴 특파원으로 부임한 3년 동안 허버트 맥매스터 백악관 국가안보좌관, 마이크 폼페이오 국무장관을 단독 인터뷰한 바 있다. 이후 통일외교안보부장을 거쳐 국제부장으로 재직 중이다. 한국여성기자협회 부회장을 역임했고 외교부 정책자문위원으로도 활동하고 있다.

박남수(옮김) | 예비역 육군중장으로 육군사관학교 35기이며, 육군대학 정규과정 42기를 졸업했다. 합동참모본부 작전기획참모부장과 수도방위사령관, 육군사관학교장을 역임했다. 미국 스탠포드 대학교 아태연구소(APARC) 방문학자(2014~2015), 국방부 전쟁연습 관찰단장(2016), 합동참모본부 전구 동맹 전쟁연습 사후검토조정관(2017~2019), 행정안전부 정부전쟁연습 사후강평조정관(2021~2022)을 거쳐, 현재 한국국가전략연구원 국방전략센터장으로 재직하며 경기대학교 정치전문대학원 국제정치학 박사과정 중이다.

박병일(옮김) ㅣ 고려대학교 정치외교학과를 졸업하고 동 대학원에서 비교정치로 석사학위를 받았으며, 동 대학원에서 박사과정을 수료한 후 고려대학교 평화연구소에서 3년간 연구원으로 재직했다. 박사과정을 끝낸 후 SBS 기자로 입사해 사회부, 정치부 등을 거쳐 LA 특파원으로 3년간 활동했다. 이후 대통령 취임식 방송 TF팀장과 정책사회부장 등을 역임했으며 현재는 SBS 보도국 선임기자이자 부국장으로 활동하고 있다.

윤경민(옮김) ㅣ 건국대학교 일어교육학과를 졸업하고 한국외국어대학교 정치행정언론대학원에서 미디어커뮤니케이션 전공으로 석사학위를 받았으며 경기대학교 정치전문대학원에서 북-일 국교 정상화 교섭에 관한 논문으로 국제정치학 박사학위를 받았다. YTN에서 도쿄특파원을, 채널A에서 국제부장, 문화과학부장을 역임했다. 현재는 LG헬로비전 보도국장으로 재직하면서 인덕대학교 겸임교수로도 활동하며 일본 정치·사회·문화에 관한 강의와 연구를 지속하고 있다. 저서로『데스크노트』,『한일전쟁 미래소설 2045년』등이 있다.

윤상용(옮김) ㅣ 미국 머서스버그 아카데미(Mercersburg Academy)와 서강대학교 정치외교학과를 졸업했으며, 동 대학교 국제대학원에서 국제관계학 석사학위를 받고 경기대학교 정치전문대학원에서 박사학위를 취득했다. 한국항공우주산업(KAI)을 비롯한 방산업체와 대한민국 국회에서 비서관으로 근무했다. 현재 한국국방안보포럼(KODEF) 연구위원과 국방부 정책 자문위원회 자문위원으로 활동하고 있다. 미 육군성에서 수여하는 육군근무유공훈장(Army Achievement Medal)을 수훈했다. 저서로『무기백과사전 1』(공저)이 있으며, 역서로『명장의 코드』,『영화 속의 국제정치』(공역),『아메리칸 스나이퍼』(공역),『이런 전쟁』(공역)이 있다.

표언구(옮김) ㅣ 고려대학교 영문학과를 졸업하고 동 대학원에서 미국의 사회극 연구로 석사학위를 받았다. 공군사관학교 영어과 교관으로 군복무를 마친 뒤 SBS에 입사해 사회부, 정치부를 거쳐 베이징특파원, 시민사회부장, 남북교류협력단장, 뉴스토리 팀장 등을 역임했다. 경기대학교 정치전문대학원 정치학 박사과정을 수료했다.

이정용(편집 연구원) ㅣ 경기대학교 경영정보학과 졸업 후 동 대학교 정치전문대학원 석사과정 중이다. 현재 한국정보방송통신대연합에 근무하고 있다.

한울아카데미 2495

국제협상의 이해
갈등 해소를 위한 분야 간 협력 연구

엮은이 ┃ 빅토르 A. 크레메뉴크
지은이 ┃ 알렉세이 G. 아르바토프, 루돌프 아벤하우스, 프란츠 세데, 존 G. 크로스, 대니얼 드럭먼, 크리스토프 뒤퐁, 기 올리비에 포르, 장 F. 프레이몽, 리처드 E. 헤이스, P. 테런스 호프먼, 크리스테르 옌손, 로버트 L. 칸, 빅토르 A. 크레메뉴크, 로이 J. 르위키, 빌럼 F. G. 마스텐브룩, 파울 W. 메이르츠, 딘 G. 프루잇, 하워드 라이파, 제프리 Z. 루빈, 제임스 K. 세베니어스, 빅토르 M. 세르게예프, 군나르 셰스테트, 아릴 운데르달, 길버트 R. 위넘, I. 윌리엄 자트먼
편 역 ┃ 차재훈
옮긴이 ┃ 김문경·김희준·박남수·박병일·윤경민·윤상용·표언구
펴낸이 ┃ 김종수
펴낸곳 ┃ 한울엠플러스(주)
편집책임 ┃ 조수임

인쇄 ┃ 2023년 12월 20일
발행 ┃ 2024년 1월 25일

주소 ┃ 10881 경기도 파주시 광인사길 153 한울시소빌딩 3층
전화 ┃ 031-955-0655
팩스 ┃ 031-955-0656
홈페이지 ┃ www.hanulmplus.kr
등록번호 ┃ 제406-2015-000143호

Printed in Korea.
ISBN 978-89-460-7496-5 93340(양장)
      978-89-460-8290-8 93340(무선)

책값은 겉표지에 표시되어 있습니다.
무선 제본 책을 교재로 사용하시려면 본사로 연락해 주시기 바랍니다.